COMITÉ EDITORIAL

Francisco Javier Jiménez Ríos

Universidad de Granada (España)

Abigail López Alcarria

Universidad de Granada (España)

Enric López C.

CETT - Universitat de Barcelona (España)

Lorena López Oterino

Universidad de Castilla-La Mancha (España)

Sidoní López Pérez

Universidad Internacional de La Rioja (España)

Manuel José López Ruiz

Universidad de Granada (España)

Paloma López Villafranca

Universidad de Málaga (España)

Arantza Lorenzo De Reizábal

Universidad Pública de Navarra (España)

Manuel Osvaldo Machado Rivero

Universidad Central "Marta Abreu" de Las Villas (Cuba)

Cristina Manchado Nieto

Universidad de Extremadura (España)

Rafael Marcos Sánchez

Universidad Internacional de La Rioja (España)

Pedro Pablo Marín Dueñas

Universidad de Cádiz (España)

Sara Mariscal Vega

Universidad de Cádiz (España)

María José Márquez Ballesteros

Universidad de Málaga (España)

Davinia Martín Critikián

Universidad CEU San Pablo (España)

Marta Martín Gilete

Universidad de Extremadura (España)

Nazaret Martínez Heredia
Universidad de Granada (España)
Soledad María Martínez María-Dolores
Universidad Politécnica de Cartagena (España)
Alba María Martínez Sala
Universidad de Alicante (España)
Xabier Martínez Rolán
Universidade de Vigo (España)
Sendy Meléndez Chávez
Universidad Veracruzana (México)
María Isabel Míguez González
Universidade de Vigo (España)
Olga Moreno Fernández
Universidad de Sevilla (España)
Louisa Mortimore
Universidad Internacional de La Rioja (España)
Daniel Muñoz Sastre
Universidad de Valladolid (España)
Sara Navarro Lalanda
Universidad Internacional de La Rioja (España)
Daniel Navas Carrillo
Universidad de Málaga (España)
Marta Oria De Rueda
Universidad Isabel I (España)
Inmaculada Concepción Orozco Almario
Universitat Jaume I de Castellón (España)
Delfín Ortega Sánchez
Universidad de Burgos (España)
Enrique Ortiz Aguirre
Universidad Complutense de Madrid (España)
Graciela Padilla Castillo
Universidad Complutense de Madrid (España)

Lecturas emergentes en los campos de la ciencia, tecnología y técnica

CIENCIAS SOCIALES EN ABIERTO

Editada por

DAVID CALDEVILLA DOMÍNGUEZ
ALMUDENA BARRIENTOS-BÁEZ

Vol. 27

PETER LANG

Berlin - Bruxelles - Chennai - Lausanne - New York - Oxford

Francisco Javier Cristófol Rodríguez /
Alexandra Sandulescu Budea /
Raúl Terol Bolinches (eds.)

Lecturas emergentes en los campos de la ciencia, tecnología y técnica

PETER LANG

Berlin - Bruxelles - Chennai - Lausanne - New York - Oxford

Información bibliográfica publicada por la Deutsche Nationalbibliothek
La Deutsche Nationalbibliothek recoge esta publicación en la Deutsche Nationalbibliografie; los datos bibliográficos detallados están disponibles en Internet en http://dnb.d-nb.d.

Catalogación en publicación de la Biblioteca del Congreso
Para este libro ha sido solicitado un registro en el catálogo CIP de la Biblioteca del Congreso.

ISSN 2944-4276
ISBN 978-3-631-91613-1 (Print)
E-ISBN 978-3-631-93454-8 (E-PDF)
E-ISBN 978-3-631-93455-5 (EPUB)
DOI 10.3726/b22715

Publicado por Peter Lang GmbH, Berlín, Alemania
info@peterlang.com - www.peterlang.com

PREFACIO

El presente libro, *Lecturas emergentes en los campos de la ciencia, tecnología y técnica*, incluido en la colección '*Ciencias sociales en abierto*' de la editorial PETER LANG reúne textos que sirven de puente entre el ayer y el hoy y lanzan sus redes al mañana.

Todos los capítulos que conforman las presentes páginas suponen una apuesta comprometida con la Academia, la ciencia y sus investigadores por parte de unos autores que quieren exponer sus experiencias profesionales en las aulas y en los laboratorios, transmitiendo y compartiendo sus logros. Los campos del saber en los que se centra la colección '*Ciencias sociales en abierto*' compendian lo que damos en llamar Ciencias Sociales, Docencia y Humanismo pues en ellas encontramos el verdadero centro del universo: el hombre, ya que sin él nada tendría sentido.

La Academia halla su esencia y motivo de ser en esfuerzos como el que aquí se presenta, fruto de años, si no de carreras docentes completas, llenos de labores concienzudas, vocacionales y reiteradas, las más de las veces calladas, pero con gran predicamento social pues la imagen de la Ciencia y los científicos es socialmente siempre muy valorada, aunque sea más citada que comprendida por el gran público.

Los autores de los capítulos conformantes de este volumen son profesores investigadores con años de desempeño en Universidades de muchos países, en especial los de la Lengua y los de los países hermanos lusófonos, a los que se unen algunos europeos que trabajan en idioma italiano, francés e inglés.

Su valía, su profesionalidad y su buen hacer revierten en la sociedad el esfuerzo que ésta realiza para que los centros de investigación y docencia mejoren y la hagan avanzar; es un camino de doble sentido que busca una simbiosis perfecta. Acompasar necesidades y aportaciones de una y de otra, Academia y sociedad, deben ser el motor de esta relación nuclear para el desarrollo del hombre.

El compromiso de calidad, exigido y exigible en todo producto científico se halla respaldado por la inestimable, y pocas veces valorada en su justa medida, labor del conspicuo Comité Editorial conformado por más de 200 doctores de más de 40 universidades internacionales, y cuyas filiaciones encabezan cada libro. Así podemos asegurar que los resultados aquí expuestos responden a los cánones de excelencia científica irrenunciable en el trabajo académico; es decir, todos los capítulos han superado la llamada revisión por doble par ciego (*peer review*). Este método, apriorístico y secular en la Universidad avala que la evaluación es llevada a cabo por académicos de igual categoría (pares), que desconocen la autoría de los textos arbitrados (ciegos) y al menos en número de dos (doble).

Deontológica e inconcusamente, todos los firmantes se han comprometido a salvaguardar las exigencias propias de la ética investigadora: renunciar al plagio, veracidad en la obtención de datos, presentación de conclusiones pertinentes y desinteresadas, planteamiento de resultados que supongan un avance académico-científico, eludir la autoalabanza y la colusión académica, las autocitas o las de favor a terceros, evitar la parcialidad en la selección de las fuentes epistemológicas y teóricas, remitirse a todos los datos procedentes, adecuados, relevantes y actuales y no omitir informaciones que puedan colisionar con los postulados o pretensiones del texto o directamente los refuten.

Por ello, está garantizado el total cumplimiento de todos los requisitos imprescindibles y la observancia rigurosa de lo anteriormente descrito. Todo ello supone la marca identitaria de la colección '*Ciencias sociales en abierto*' y que este título cumple plenamente. Por ello, la editorial, los coordinadores y los autores coinciden al manifestar:

- El consentimiento en la publicación de su trabajo y, de existir, de sus entidades financiadoras (tácita o explícitamente).
- La originalidad del texto como fruto de un trabajo, análisis y/o reflexión personales.
- Las citas empleadas no obedecen a criterios de favor.
- La bibliografía es actualizada y pertinente.
- Trabajo de revisión a cargo de revisores externos a la editorial PETER LANG y pertenecientes a la Comunidad Universitaria Internacional.
- Coherencia y calidad de los resultados, aportaciones, objetivos y conclusiones.

Por ello, supone un honor poder afirmar que, gracias a su esfuerzo editorial y a sus autores, en ideal simbiosis, la colección 'Ciencias sociales en abierto' se posiciona a la altura de las mejores y más grandes recopilatorios de literatura científica mundial, logrando que PETER LANG sea una de las editoriales más señeras, según el índice referencial SPI (2022).

Rogamos al lector marque estas iniciales páginas como si de un *albo lapillo notare diem* se tratase ya que podrá dumir dulces frutos del árbol de la ciencia.

David Caldevilla-Domínguez

I. P. Grupo Complutense de Investigación en Comunicación ***Concilium*** (nº 931.791)

Universidad Complutense de Madrid (España)

Coordinador adjunto en la colección 'Ciencias sociales en abierto'

ÍNDICE

PRÓLOGO

En un mar cada vez menos en calma como el del progreso tecnológico en el que navegamos a diario, Lecturas emergentes en los campos de la ciencia, tecnología y técnica se presenta como una imprescindible Rosa de los Vientos. El lector tiene ante sí un interesante compendio en el que los constantes desafíos pueden, si no encontrar respuestas, ser al menos planteados de una forma menos relativa. Es esta una ventana a los desarrollos más recientes de una variedad de disciplinas interconectadas.

Es esta una obra que compila 35 trabajos meticulosamente seleccionados y que representan el saber de más de 60 especialistas en cada uno de los campos. Por tanto, cada capítulo es diferente entre sí, pero imprime en el lector la pasión por la investigación científica y la búsqueda por ampliar las fronteras del conocimiento.

Por tanto, la obra que ahora llega a tus manos es un testimonio de la interdisciplinariedad que define la ciencia y la tecnología modernas. Desde la neurociencia aplicada a la salud mental en contextos laborales hasta las implicaciones de la inteligencia artificial en la privacidad de datos en la industria turística, los temas aquí tratados son tan variados como relevantes. Se abordan también las intersecciones entre la tecnología y las humanidades, como la influencia de la cibernética en el arte y la importancia de la comunicación efectiva en la era de la información.

En un mundo donde la especialización es a menudo la norma, este libro se atreve a cruzar fronteras, a conectar puntos entre disciplinas que a primera vista parecen distantes. La neurociencia dialoga con la educación, la ingeniería se encuentra con la sociología, y la tecnología de la información se entrelaza con las ciencias sociales, demostrando que el conocimiento es más rico y más potente cuando se construye sobre la convergencia de perspectivas.

La relevancia de esta obra radica no solo en la actualidad de sus temas, sino también en su enfoque práctico. Los autores no se limitan a teorizar; ofrecen aplicaciones concretas, soluciones innovadoras y reflexiones críticas que invitan a los lectores a participar activamente en el diálogo científico y tecnológico. Es un recurso indispensable para profesionales, académicos y estudiantes que buscan estar al frente de las tendencias emergentes en sus campos.

Como prólogo a esta fascinante travesía intelectual, la intención de los coordinadores es simplemente preparar el escenario para la riqueza de ideas y descubrimientos que se despliegan en las páginas siguientes. Este libro no es solo una colección de lecturas; es una invitación a mirar hacia el futuro, a cuestionar y a explorar. Es una activa llamada a reconocer y apreciar la complejidad y la belleza de la ciencia, la tecnología y la técnica en su constante evolución.

Que este libro sirva como una brújula para navegar por la vastedad de la ciencia emergente, y que cada capítulo sea un paso hacia adelante en nuestro viaje colectivo hacia el conocimiento y la comprensión. Bienvenidos a una exploración sin fronteras de lo que significa ser un aprendiz en el siglo XXI.

Francisco Javier Cristófol Rodríguez
Alexandra Sanduslecu Budea
Raúl Terol Bolinches
Universidad Loyola Andalucía (España)
Universidad Rey Juan Carlos (España)
Universitat Politècnica de València (España)

ENSEÑANZA APRENDIZAJE DE UNA LENGUA EXTRANJERA DESDE LA NEUROCIENCIA Y LA MEDIACIÓN DE RECURSOS DIGITALES

Rosa Isabel Abad Castro[1]

El presente texto nace en el marco del Proyecto de Investigación de la Universidad Complutense de Madrid de la tesis doctoral sobre "Estrategias de enseñanza aprendizaje de una lengua extranjera desde la perspectiva de la neurociencia cognitiva y mediada por recursos digitales".

1. INTRODUCCIÓN

La enseñanza aprendizaje de idiomas ha sido objeto de estudio y análisis desde el año 3000 a. C, (Titone, 1968). Sin embargo, a pesar de la gran variedad de planteamientos metodológicos formulados, no existe acuerdo sobre cuál de ellos es el más adecuado (Muñoz Restrepo, 2010). En este sentido, el Marco Común Europeo de Referencia para las lenguas: aprendizaje, enseñanza, evaluación (MCER) creado con el objetivo de establecer "una acción común en el ámbito cultural" y "una mayor unidad entre sus miembros" (Europarat, 2003, p. 2) establece las competencias generales y comunicativas por niveles en el aprendizaje de lenguas. Estas competencias son: saber, saber hacer, saber ser y saber aprender. Igualmente, el MCER determina que, en el aprendizaje de idiomas la competencia comunicativa incluye tanto la competencia lingüística, como la sociolingüística y pragmática, además de la competencia plurilingüe, pluricultural y de lengua de signos (Europarat, 2020).

Vivimos en una sociedad en continuo cambio y evolución, cuyas necesidades educativas están alejadas de las necesidades educativas de siglos pasados. La sociedad del s. XXI requiere nuevos planteamientos en la enseñanza aprendizaje de lenguas que den respuesta eficaz a esta nueva realidad social (Muñoz Restrepo, 2010) en la que el aprendizaje de idiomas (Richards y Rodgers, 2001) y la competencia digital (Domínguez Macías, 2022) resultan fundamentales en una sociedad globalizada y en permanente desarrollo tecnológico.

En base a estos parámetros de desarrollo de habilidades y competencias, especialmente comunicativa y digital, que den respuesta eficaz a las necesidades de la sociedad del s. XXI y permitan al individuo la plena integración en ella, surge esta investigación con el planteamiento de los objetivos que se presentan a continuación.

---

1. Universidad Complutense de Madrid (España)

2. OBJETIVOS

Como objetivo general se establece observar cómo diferentes estrategias de enseñanza aprendizaje basadas en la neurociencia cognitiva y con el apoyo de recursos digitales favorece la práctica educativa en cuanto a resultados académicos y bienestar personal.

Paralelamente se establecen como objetivos específicos:

- Detectar y analizar las necesidades y dificultades de aprendizaje que tanto docentes como alumnos perciben en relación con la enseñanza aprendizaje de una segunda lengua.
- Analizar las principales aportaciones de la neurociencia al proceso de enseñanza aprendizaje y mostrar el aspecto neurocientífico de algunos recursos digitales que se pueden utilizar en la práctica educativa con el objetivo de mejorar el nivel de efectividad del proceso de enseñanza aprendizaje, tanto a nivel curricular como emocional.
- Presentar estrategias de enseñanza aprendizaje basadas en los avances de la neurociencia con la intención de favorecer no sólo la adquisición de competencias y habilidades en los alumnos, sino también la motivación, la atención, la memoria y la creatividad.
- Evaluar el impacto que la implementación de estas estrategias basadas en la neurociencia cognitiva mediadas por recursos digitales tiene en el desarrollo del proceso de enseñanza aprendizaje de una segunda lengua.

3. MARCO TEÓRICO

Gracias al Gracias al desarrollo de técnicas no invasivas, la neurociencia cognitiva ha experimentado un gran avance en el conocimiento y comprensión de cómo funciona el cerebro en los procesos de aprendizaje, realizando interesantes aportaciones a la educación. Es así que, la neurociencia permite conocer no sólo el proceso de adaptación al entorno que realiza el individuo a partir del aprendizaje (Blakemore y Frith, 2001) sino también todos aquellos aspectos emocionales involucrados en este aprendizaje (Manes y Niro, 2015). Lejos de tratarse de una ciencia aislada, abarca una gran variedad de disciplinas que van desde la biología, la psicología, la informática, la ingeniería, la química y la física entre otras, que de manera conjunta e interdisciplinar, permiten conocer mejor la actividad neuronal que realiza el cerebro en los procesos de aprendizaje (Cavada, 2017).

El cerebro es un órgano con forma de nuez y tamaño de coco, con un peso aproximado de 350 gramos en neonatos y de 1000-1500 gramos en adultos, lo que equivale a un 5% del peso del cuerpo y con un consumo de energía del 20% del consumo total del organismo (Dierssen, 2019). Alberga unos 100.000 millones de neuronas, lo que supone que en un milímetro cuadrado de cerebro se concentren unos 1000 millones de neuronas (Ibarrola, 2013). Sin embargo, este número de neuronas no es estático, sino que hay un continuo proceso de pérdida y generación de neuronas (Blakemore y Frith, 2001), unida a una constante transmisión de información de una neurona a otra mediante conexiones sinápticas, es decir, conexiones tanto químicas, producidas por la liberación de sustancias químicas denominadas neurotransmisores, como eléctricas (Dierssen, 2019). El cerebro está recorrido de delante a atrás por el cuerpo calloso que lo divide en dos hemisferios, que trabajan de manera global y permanentemente interconectada (Bueno Torrens, 2017), controlando el hemisferio izquierdo la parte derecha del cuerpo y el hemisferio derecho, la parte izquierda (Aguado Aguilar, 2019). Cada hemisferio tiene 4 lóbulos: occipital, parietal, temporal y frontal (Seminara y Di Gesù, 2012). Al mismo tiempo el cerebro se compone de tres cerebros, superpuestos e interconectados entre sí, que son en orden de aparición evolutiva: el cerebro reptiliano, que asume las funciones automáticas del organismo, tales como sensaciones corporales de hambre y sed, la respiración, la temperatura, ritmo cardiaco y reproducción. El cerebro límbico, superpuesto al cerebro reptiliano, encargado de las emociones, la motivación, el sueño, la atención y la sexualidad. Por último y ubicado encima del cerebro límbico, se encuentra el neocórtex, responsable de las funciones ejecutivas de planificación, razonamiento, control inhibitorio, memoria, lenguaje, atención y resolución de problemas (Aguado Aguilar, 2019). Tanto el cerebro límbico como el neocórtex representan un papel fundamental en el proceso de aprendizaje, por lo que se puede afirmar que su estudio y conocimiento por parte de los docentes, resulta imprescindible a la hora de diseñar estrategias de enseñanza aprendizaje con el objetivo de mejorar la práctica educativa y el bienestar personal de los participantes.

El cerebro, considerado por muchos investigadores, como la realidad más compleja que existe en el universo (Manes y Niro, 2015) además es el órgano responsable de las funciones ejecutivas de orden superior, entre las que se encuentra el lenguaje (Amparo y Uribe, 2008). Así, el lenguaje, como una función exclusiva del ser humano, depende tanto de una adecuada estructura anatómica del individuo como de una adecuada estimulación del entorno (Castaño, 2003). El lenguaje en el cerebro se desarrolla en el área de Broca (encargada de la producción articulada del lenguaje), en el área de Wernicke (responsable de la comprensión del lenguaje), en el área de Luria (se ocupa de la coordinación muscular, del lenguaje escrito, de la formación de imágenes verbomotrices y de la recepción de información fonoarticulatoria), en el área de Dejèrine (asume la comprensión de textos escritos tras la interpretación de estímulos visuales) y en el área de Exner (encargada de la escritura junto con el área de Luria superior) (Fajardo, 2008). Todas estas áreas deben funcionar adecuadamente para tener un correcto funcionamiento neurolingüístico del cerebro (Castaño, 2003) y aunque los dos hemisferios cerebrales trabajan de manera global y conjunta, a partir de la evidencia científica se puede afirmar que, en el caso del lenguaje existe una lateralización del hemisferio izquierdo (Aguado Aguilar, 2019)

Como ya intuyó el premio Nobel en Fisiología y Medicina en 1906 D. Santiago Ramón y Cajal (The Nobel Prize in Physiology or Medicine 1906, s. f.), el cerebro posee neuroplasticidad, es decir, tiene la capacidad de adaptarse y cambiar su fisiología a través de la creación de nuevas conexiones neuronales (sinapsis) y reorganizando las sinapsis ya existentes (Portera Sánchez, 2002). De hecho, se considera que el aprendizaje se debe más a la reestructuración de estas conexiones neuronales ya presentes, que a la creación de nuevas sinapsis (Falco y Kuz, 2016). En este proceso de reorganización y creación sináptica, la repetición de conductas es un factor determinante para provocar cambios fisiológicos en el cerebro y que se produzca el aprendizaje. A este respecto, Hebb (1949) sostiene que la activación de una neurona repetidas veces produce una respuesta que se mantiene a lo largo del tiempo. Es el denominado Long Therm Potentation (LTP-refuerzo a largo plazo) y que constituye la base fisiológica del aprendizaje y la memoria. Aunado a esto, cabe destacar que la neuroplasticidad posibilita el aprendizaje a lo largo de toda la vida (Goswami, 2004) y, a pesar de que existen periodos sensibles para el aprendizaje natural de una lengua (periodos en los que resulta decisiva la activación y estimulación del cerebro para lograr este aprendizaje de manera natural) la ausencia de estímulos en estos periodos sensibles puede suplirse posteriormente mediante estrategias metodológicas adecuadas y lograr un aprendizaje competente de una lengua extranjera (en adelante, LE) (Lipina, 2018).

En este sentido, investigaciones científicas realizadas con técnicas de neuroimagen han mostrado como, con estrategias de enseñanza aprendizaje adecuadas, el cerebro, gracias a su plasticidad, puede realizar correctas conexiones entre fonología y ortografía en edades adultas y alcanzar un elevado nivel de competencia en una LE a pesar de no haber sido adquirida durante el periodo sensible (Hashimoto y Sakai, 2004). Otros autores en cambio, aunque consideran que se puede aprender una LE a cualquier edad, afirman que el periodo comprendido desde el nacimiento hasta los 7-8 años es determinante para el correcto desarrollo a nivel fonológico debido a que es en esta edad cuando se realiza la poda sináptica relacionada con el lenguaje (Carballo Márquez y Portero Tresserra, 2018). Al respecto es importante señalar que, la poda sináptica o eliminación de conexiones neuronales no funcionales es absolutamente necesaria para el correcto desarrollo y funcionamiento del cerebro, además supone un importante ahorro energético favoreciendo una buena salud mental (Dierssen, 2019).

De estas evidencias científicas se deduce el papel fundamental del docente, como mediador en el proceso de aprendizaje diseñando y desarrollando prácticas educativas intencionales, basadas en el conocimiento del funcionamiento del cerebro, que le permiten captar y redirigir las dificultades de aprendizaje en los alumnos, promoviendo la plasticidad neuronal, sin esperar a que esta reorganización sináptica se realice automáticamente como consecuencia de la maduración natural del cerebro de los alumnos (Blanco López *et al.*, 2017). Paralelamente, se ha demostrado científicamente que, tanto el bilingüismo como el aprendizaje de una LE, producen cambios estructurales en el cerebro que suponen beneficios para toda la vida, incluso en edades adultas muy avanzadas (Kousaie *et al.*, 2021), retrasando el envejecimiento y favoreciendo la plasticidad neuronal (Danylkiv y Krafnick, 2020). Por el contrario, no existe evidencia científica para afirmar que a mayor edad, menor neuroplasticidad para aprender una LE (Osterhout *et al.*, 2008), por lo que se concluye, una vez más, que la adecuada selección de estrategias de enseñanza aprendizaje resulta fundamental para alcanzar un aprendizaje competente de una LE, incluso en situaciones de trastorno en el desarrollo (Blakemore y Frith, 2001).

Por otra parte, además de la edad hay otros factores importantes que favorecen el proceso de aprendizaje de una LE, tales como la motivación (Ho, 2019), la creatividad y la innovación (Falco y Kuz, 2016), emociones positivas que fomenten el interés, la atención, la curiosidad (Mora, 2017), el deporte (Carew y Magsamen, 2010), una situación económica positiva (Ansari *et al.*, 2011), un buen ambiente y entorno de aprendizaje, relaciones intrapersonales positivas (Salovey y Mayer, 1990), el sueño (Blakemore y Frith, 2001), ambientes enriquecidos de aprendizaje (Chournazidi, 2016) y la alimentación (Goswami, 2004). No obstante, al igual que estos factores aquí mencionados favorecen el aprendizaje, otros factores provocan bloqueos emocionales, rechazo al aprendizaje e incluso, en situaciones extremas, el abandono de los estudios. De estos factores negativos el más significativo es el estrés. Aunque niveles moderados de estrés facilitan una leve liberación de adrenalina que ayuda a la memorización (Seminara y Di Gesù, 2012), sin embargo cuando estos niveles de estrés son muy elevados y sostenidos en el tiempo se produce una activación de la amígdala en el cerebro límbico que manda una señal de alerta a todo el cerebro con la activación de todos los mecanismos fisiológicos de los que dispone el cuerpo para hacer frente a esta alerta lo que supone un elevado coste energético. Este estrés, clasificado como crónico, provoca falta de autoestima, de seguridad y emociones negativas que repercuten en la capacidad del sujeto para tomar decisiones, e impiden la memoria, la plasticidad neuronal y la neurogénesis, aspectos todos ellos determinantes en el aprendizaje (Dias-Ferreira *et al.*, 2009).

Se justifica así la importancia de esta investigación que aboga por nuevas estrategias multimodales (Vega y Villegas-Paredes, 2021) y multisensoriales (Birsh, 2019) basadas en la neurociencia cognitiva con gran número de estímulos implicados en cada tarea, que incluso suponga un pequeño reto a nivel de dificultad (Blanco López *et al.*, 2017), basadas en la repetición, en la estimulación y en la capacidad del cerebro para realizar cambios en su estructura que fomenten el aprendizaje permanente, mejorar los resultados académicos y favorecer el bienestar personal.

En este mismo contexto, en la sociedad actual tanto el entorno como la forma de relacionarse socialmente ha cambiado sustancialmente con el desarrollo de las tecnologías. Resulta lógico por tanto plantearse que es posible que los materiales que se utilizaban hasta ahora en el aula para el aprendizaje de LE ya no respondan plenamente a las necesidades e intereses de los alumnos. Se hace necesario por tanto, la inclusión en la práctica educativa de recursos digitales que permitan aprendizajes dinámicos, acordes a las inquietudes actuales de los alumnos, que estimulen su creatividad e innovación (Díaz, 2021), promuevan aprendizajes significativos (Domínguez Macías, 2022), la adquisición de competencias (Acuña y Sala, 2022), la alfabetización digital (Serafin, 2020) y el aprendizaje móvil, accediendo al conocimiento desde cualquier espacio más allá del aula física (Anderson, 2008). En el caso del aprendizaje de lenguas, el Aprendizaje de Lenguas Asistido por Ordenador (CALL) (Ortiz García, 2021), el Aprendizaje Móvil de Idiomas (MALL) (Jordano de la Torre *et al.*, 2015), los cursos Online Masivos y Abiertos (MOOC) (Marauri Martínez de Rituerto, 2014) son ejemplos del desarrollo e interés que despierta la adquisición de competencia digital unida al aprendizaje de LE y a la educación en general (Escandell Montiel, 2017). Sin embargo, resulta oportuno señalar que el verdadero potencial del uso de los recursos digitales para la enseñanza aprendizaje de LE no radica en el recurso en sí, sino en la utilización que se hace del mismo por lo que se requiere metodologías adecuadas (Butcher, 2015) en las que el docente, como mediador del aprendizaje, necesita formación permanente para actualizarse y evitar el bloqueo emocional ante el uso de los recursos digitales en su práctica educativa (Tyunnikov *et al.*, 2021).

4. METODOLOGÍA

La metodología que se ha seguido en esta investigación es una metodología mixta de investigación acción, con recogida de datos a través de técnicas cualitativas (cuestionarios, entrevistas, diario de observación, análisis del manual) y cuantitativas (test). En primer lugar, se analiza en el marco teórico presentado en este artículo el estado de la cuestión con un análisis de estudios científicos sobre el funcionamiento del cerebro en el proceso de aprendizaje de una LE, observando tanto las áreas cerebrales activadas, como los cambios en las conexiones neuronales y en las alteraciones bioquímicas que favorecen la atención y la memoria, así como emociones positivas que favorezcan el aprendizaje y lo consoliden. Por otra parte, en esta investigación se analizan también recursos digitales, que desde la perspectiva de la neurociencia permiten desarrollar estrategias adecuadas para la enseñanza aprendizaje de LE y adquirir habilidades y competencias, tanto a nivel curricular como emocional con el objetivo de lograr la integración con éxito del individuo en la sociedad actual y dar respuesta eficaz a sus necesidades educativas.

El desarrollo de la investigación se ha diseñado en tres fases en base a los objetivos específicos de este estudio. Estas tres fases se presentan más concretamente en los siguientes subapartados, pero en líneas generales cabe decir que la primera de ellas aborda un análisis de necesidades que tiene como finalidad recoger información para, en una segunda fase con los datos obtenidos, poder realizar un diseño del experimento que suponga una respuesta adecuada a las necesidades educativas detectadas. En la última fase se procederá a la implementación del experimento diseñado, así como el análisis, evaluación e interpretación de los resultados obtenidos con el objetivo de extraer conclusiones de la investigación que supongan una aportación a la comunidad científica.

4.1. Análisis de necesidades

Esta investigación surge como resultado de la observación en los alumnos de dificultades y falta de motivación para el aprendizaje de la lengua alemana como LE.

A raíz de la experiencia práctica de la autora se detecta en el aula una situación que se considera problemática y que puede tener su origen en la utilización de una metodología tradicional, basada en el manual como herramienta de aprendizaje. La autora observa en sus alumnos, jóvenes nacidos en la era digital, que la utilización del manual como única herramienta para el aprendizaje de una LE no incentiva el aprendizaje reflejándose esta desmotivación en un escaso grado de competencia en la LE y en unos resultados académicos, con los que los alumnos no se sienten satisfechos que derivan en falta de interés en seguir aprendiendo.

Por tanto, con el objetivo dar respuesta adecuada a estas necesidades detectadas se diseña un plan de acción como solución a esta situación. Este plan de acción se desarrolla con un criterio de selección de muestreo de alumnos universitarios de la autora de este estudio, excluyéndose una muestra mayor para favorecer la observación directa de la investigadora como otra fuente de información que permita dotar de mayor validez al estudio. Estos alumnos tienen un nivel de lengua de A1 según el MCER y todos poseen el español como lengua materna. La intervención comienza con una primera fase de detección y análisis de necesidades realizando cuestionarios a docentes y alumnos, entrevistas a expertos investigadores y llevando a cabo un diario de observación y un análisis de los manuales utilizados en la práctica educativa. A través de estos instrumentos se pretende obtener datos suficientes para diseñar posteriormente estrategias de enseñanza aprendizaje adecuadas basadas en la neurociencia cognitiva y mediadas con recursos digitales con el correspondiente seguimiento a través un nuevo instrumento de recolección de información como es la observación realizada por la autora del estudio de todo el proceso de implementación del experimento. que permitan verificar o descartar la hipótesis inicial de investigación. De este modo, se trata de probar empíricamente si el uso de estas estrategias digitales desde la neurociencia favorece la práctica educativa, no sólo desde el plano curricular sino también emocional de todos los participantes.

Con el objetivo de dotar de fiabilidad y validez a la investigación todos los datos obtenidos por los distintos instrumentos de recolección de datos serán sometidos a un análisis y posterior triangulación de resultados obtenidos a través de distintas fuentes de información.

4.2. Diseño de estrategias desde la neurociencia mediadas por recursos digitales e implementación en la práctica educativa

En esta segundesarrollo de la investigación y con el objetivo de fomentar en los alumnos el aprendizaje autónomo, la reflexión, el aprendizaje crítico y creativo, el docente, que en este caso también es la autora de esta investigación, se convierte en el mediador en el proceso de aprendizaje, proporcionando e implementando en la práctica educativa, herramientas tecnológicas basadas en la neurociencia cognitiva que permitan a los alumnos, desde una perspectiva colaborativa y cooperativa, diseñar tareas que, además de la adquisición de las competencias y habilidades propias del nivel de lengua que estudian según el MCER, les posibiliten el desarrollo de su creatividad e innovación, facilitando la concentración de la atención, la retención de conocimientos, la satisfacción y la motivación.

Así, se eligen tareas con imágenes significativas que ayuden a los alumnos a sintetizar la información, a focalizar la atención (Blakemore y Frith, 2001) y a realizar aprendizajes significativos conectando la información nueva con la que ya tienen. En este sentido, para la adquisición de estructuras morfológicas, sintácticas, fonológicas y semánticas se proponen diversas tareas multisensoriales (Birsh, 2019) algunas de ellas basadas en la gamificación que permiten el aprendizaje por descubrimiento (Chournazidi, 2016), aumentar la sociabilización, la motivación, la autoconfianza, la aceptación y el aprendizaje por descubrimiento (Guillén, 2017).

Con el objetivo de fomentar la creatividad y la innovación en el aprendizaje de una LE se plantea al alumno que reflexione sobre lo que ha expresado en una conversación y el modo en que se ha expresado reflejando sus emociones, se le anima asimismo a que corrija sus errores, aprenda vocabulario contando historias en clase (Böttger y Költzsch, 2019), busquen soluciones a problemas de manera colaborativa y compartan opiniones en un ambiente relajado y de confianza sin juicios (Aguado Aguilar, 2019). Estas estrategias crean en el alumno el deseo de repetir estas emociones positivas y afrontar nuevos retos de aprendizaje (Carballo Márquez y Portero Tresserra, 2018). En este sentido, es importante que las tareas que se propongan sean novedosas, estimulen la curiosidad y tengan un nivel adecuado de dificultad para fomentar la atención (Bueno Torrens, 2017) y mantengan tanto la incertidumbre como el factor sorpresa, como por ejemplo recurriendo a juegos de azar (Lipina, 2018) en los que se interpreta la propia motivación como una recompensa en sí misma y constituye un estímulo e incentivo para realizar más aprendizajes (Bueno Torrens, 2017). Se proponen también estrategias para favorecer la plasticidad neuronal mediante la activación de las neuronas espejo en tareas que supongan un aprendizaje por imitación (Guillén, 2017) y por observación (Blakemore y Frith, 2001). En síntesis, se plantean metodologías activas basadas en el aprendizaje colaborativo y cooperativo, basado en proyectos y en tareas, en resolución de problemas, en el aula invertida, aprendizaje y servicio, juegos de rol y mapas conceptuales que flexibilicen la práctica educativa para la adquisición de competencias y habilidades en una LE, la competencia digital, la creatividad y el pensamiento crítico (Mena Octavio, 2021). Estas estrategias basadas en la neurociencia se presentan mediadas por recursos digitales multimedia. Recursos digitales que están en permanente cambio como consecuencia del continuo desarrollo tecnológico lo que supone la necesidad de una constante formación y actualización por parte de los docentes e investigadores para adaptarse y conocer las nuevas herramientas que surgen.

4.3. Implementación y evaluación de resultados

Posteriormente, en la última fase de este estudio, se realizará un análisis e interpretación de los resultados que permitan evaluar el impacto que estas estrategias en la mejora o no de los resultados académicos y el bienestar emocional de los participantes en el estudio y de este modo verificar o descartar la hipótesis inicial de investigación. En este sentido, se tratará de probar empíricamente si el uso de estas estrategias de enseñanza aprendizaje de una LE desde la perspectiva de la utilización de las aportaciones de la neurociencia y la mediación de recursos digitales favorece la práctica educativa, no sólo en el plano curricular sino también en cuanto a la satisfacción y bienestar emocional de todos los participantes.

5. RESULTADOS

Puesto que se trata de una investigación muy avanzada pero todavía en curso, no procede presentar en este artículo resultados finales. No obstante, en base al conocimiento aportado por los estudios científicos presentados en el marco teórico de este artículo y los datos recogidos, analizados y evaluados hasta ahora en la implementación del experimento, se puede establecer una primera discusión y planteamiento inicial de las conclusiones que se presentan a continuación.

6. DISCUSIÓN

Como se ha señalado, este artículo forma parte de una investigación que surge tras la detección en la práctica educativa de deficiencias teóricas y metodológicas para la enseñanza aprendizaje de una LE. De este modo, con el objetivo de dar una respuesta eficaz a esta situación problemática detectada en la práctica educativa, se inicia una investigación acción que, mediante estrategias de enseñanza aprendizaje basadas en la neurociencia cognitiva y el apoyo de recursos digitales, permitan mejorar el proceso de enseñanza aprendizaje de una LE y aumentar el grado de satisfacción de los participantes.

Como se puede inferir del análisis realizado en esta investigación los recursos digitales se convierten en herramientas que, utilizadas de manera adecuada, suponen un apoyo al proceso de enseñanza aprendizaje de una LE. Es por ello por lo que, la utilización de estos recursos digitales exige una permanente actualización y formación por parte de los participantes con el objetivo de mantener una actitud crítica y reflexiva hacia sus posibilidades y promover la motivación, la innovación, la creatividad, la realización de aprendizajes significativos que conlleven una adecuada adquisición de competencias y habilidades, además de impulsar la autonomía de los alumnos. Por otra parte, a través de repositorios de contenido de libre acceso y recursos digitales gratuitos se procura alcanzar una educación abierta y universal, de calidad e intercultural.

Esta investigación muestra que el uso adecuado de herramientas digitales, basadas en la neurociencia cognitiva, ofrece la posibilidad de diseñar estrategias inclusivas de enseñanza aprendizaje de una LE, atendiendo al conocimiento del funcionamiento del cerebro en el aprendizaje, a las emociones y a todos los factores que influyen en este proceso de enseñanza aprendizaje. Asimismo, el análisis del estado de la cuestión realizado en esta investigación presenta que, la neurociencia cognitiva, como campo de investigación en permanente evolución, realiza una valiosa aportación a la educación por lo que resulta necesario que los docentes conozcan estas aportaciones para diseñar nuevos métodos de enseñanza y mejorar la práctica educativa, detectando a tiempo las dificultades de aprendizaje de los alumnos y redirigiendo el proceso de enseñanza aprendizaje.

En consonancia la opinión de la autora de este estudio con estas afirmaciones demostradas científicamente, esta investigación implica la consideración de que el aprendizaje deja de tener un planteamiento tradicional basado en la transmisión de conocimientos del docente al alumno para concebirse como una creación permanente de aprendizajes significativos y de conocimiento con una relevancia absoluta del sistema límbico de las emociones. Desde esta concepción neurocientífica del proceso de aprendizaje el docente se convierte en mediador en constante formación y actualización, mientras que el alumno adopta un papel protagonista, autónomo y responsable de su proceso de aprendizaje.

Esta investigación implica también la comprensión de las funciones ejecutivas de atención y memoria atendiendo a las diferencias individuales, tanto biológicas como sociales, a partir del conocimiento que la neurociencia aporta acerca de los cambios estructurales que se producen en el cerebro como consecuencia del aprendizaje. En este sentido, se ha demostrado científicamente que el bilingüismo realiza cambios estructurales en el cerebro aportando beneficios para toda la vida como consecuencia de la intensa actividad cerebral en tareas relacionadas tanto con la gramática, como con la fonética, la sintaxis y la morfología (Díaz-Sánchez y Álvarez-Pérez, 2013).

Para finalizar, se considera que el diseño del experimento se ajusta y resulta adecuado para alcanzar los objetivos de la investigación en curso. Sin embargo, cabe señalar que se detectan limitaciones al estudio, por lo que la autora se plantea nuevas hipótesis y futuras líneas de investigación con un muestreo mayor en cuanto a número de participantes, niveles de LE, edad y lengua materna diferente al español y diseño de estrategias de enseñanza aprendizaje de una LE basadas en la actualización permanente de las aportaciones de la neurociencia cognitiva y los recursos digitales.

7. CONCLUSIONES

En síntesis, el desarrollo de la competencia digital y la competencia comunicativa, junto con el resto de las competencias, resultan esenciales para el desarrollo integral del individuo en la sociedad del s. XXI.

Del análisis del estado de la cuestión y de los resultados obtenidos hasta el momento en la implementación del experimento de esta investigación, se concluye que la adecuada selección de estrategias de enseñanza aprendizaje resulta fundamental para alcanzar un aprendizaje competente de una LE y desarrollar el resto de competencias y habilidades. Paralelamente en este estudio se demuestra científicamente que estrategias basadas en neurociencia cognitiva con la mediación de recursos digitales fomentan actitudes y creencias positivas hacia el aprendizaje que repercuten en una mejora de los resultados académicos y aumento de la satisfacción personal de los participantes.

Atendiendo a estas evidencias y de acuerdo con el planteamiento de la comunidad científica acerca de la importancia y necesidad de mostrar, colaborar y compartir conocimientos de manera interdisciplinar se infiere que esta investigación supone un aporte importante a la ciencia. En este sentido la autora del estudio considera conveniente trasladar a la práctica educativa el conocimiento de estrategias de enseñanza aprendizaje de una LE diseñadas desde las aportaciones de la neurociencia y la adecuada utilización de los recursos digitales como mediadores en este proceso educativo. De este modo, se alcanza el objetivo de esta investigación acción de ofrecer una respuesta eficaz a las necesidades educativas detectadas en la práctica educativa y favorecer la igualdad de oportunidades y derechos para todos los individuos para lograr la plena integración en la sociedad globalizada y digitalizada del s. XXI.

8. REFERENCIAS

Acuña, B. P. y Sala, A. M. M. (2022). Cuentos de Realidad Aumentada para el aprendizaje de la lengua. *Porta Linguarum*, 37, 291–306. https://doi.org/10.30827/portalin.vi37.20938

Aguado Aguilar, L. (2019). Cuando la mente encontró a su cerebro: Escritos sobre neurociencia y psicología.

Amparo, L. y Uribe, F. (2008). Aproximación a la relación entre cerebro y lenguaje. *Cuadernos de Lingüística Hispánica*. http://www.redalyc.org/articulo.oa?id=322227496008

Anderson, R. E. (2008). Implications of the Information and Knowledge Society for Education. En J. Voogt, y G. Knezek (Eds.), *International Handbook of Information Technology in Primary and Secondary Education* (pp. 5–22). Springer US. https://doi.org/10.1007/978-0-387-73315-9_1

Ansari, D., De Smedt, B. y Grabner, R. (2011). Neuroeducation – A Critical Overview of An Emerging Field. *Neuroethics*, 5, 1–13. https://doi.org/10.1007/s12152-011-9119-3

Birsh, J. R. (2019). What is Multisensory Structured Language? *Perspectives on Lan-guage and Literacy*, *45*(2), 13–18. https://n9.cl/yzw6xy

Blakemore, S. J. y Frith, U. (2001). *The Implications of Recent Developments in Neu-roscience for Reseach on Teaching and Learning*. https://n9.cl/1b2gj

Blanco López, J. L., Miguel Pérez, V., García-Castellón Valentín-Gamazo, C. y Pro-Quest. (2017). *Neurociencia y neuropsicología educativa*. Ministerio de Educación de España. https://elibro.net/es/ereader/universidadcomplutense/116428

Böttger, H. y Költzsch, D. (2019). Neural foundations of creativity in foreign language acquisition. *Training, Language and Culture*, *3*(2), 8–21. Scopus. https://doi.org/10.29366/2019tlc.3.2.1

Bueno Torrens, D. (2017). *Neurociencia para educadores: Todo lo que los educadores siempre han querido saber sobre el cerebro de sus alumnos y nunca nadie se ha atrevido a explicárselo de manera comprensible y útil*. Octaedro.

Butcher, N. (2015). *A Basic Guide to Open Educational Resources (OER)*. http://oasis.col.org/handle/11599/36

Carballo Márquez, A. y Portero Tresserra, M. (2018). *Neurociencia y educación: 10 ideas clave: Aportaciones para el aula*.

Carew, T. J. y Magsamen, S. H. (2010). Neuroscience and education: An ideal part-nership for producing evidence-based solutions to Guide 21(st) Century Learning. *Neuron*, *67*(5), 685–688. https://doi.org/10.1016/j.neuron.2010.08.028

Castaño, J. (2003). Bases neurobiológicas del lenguaje y sus alteraciones. *Revista de Neurología*, 36, 781–785. https://doi.org/10.33588/rn.3608.2002206

Cavada, C. (2017). *Introducción histórica a la Neurociencia*. SENC. https://www.senc.es/introduccion-historica-a-la-neurociencia/

Chournazidi, A. (2016). The Social Framework of Learning via Neurodidactics. *Creative Education*, 7(15). https://doi.org/10.4236/ce.2016.715215

Danylkiv, A. y Krafnick, A. J. (2020). A Meta-Analysis of Gray Matter Differences Between Bilinguals and Monolinguals. *Frontiers in Human Neuroscience*, 14. https://doi.org/10.3389/fnhum.2020.00146

Dias-Ferreira, E., Sousa, J. C., Melo, I., Morgado, P., Mesquita, A. R., Cerqueira, J. J., Costa, R. M. y Sousa, N. (2009). Chronic Stress Causes Frontostriatal Reorganization and Affects Decision-Making. *Science*, *325*(5940), 621–625. https://doi.org/10.1126/science.1171203

Díaz, A. G. R. (2021). Recursos educativos digitales y su importancia en la educación del siglo XXI. *Plataforma Educativa Luca: Curso En Línea y Aprendizaje Esperado*. https://www.lucaedu.com/recursos-educativos-digitales/

Díaz-Sánchez, G. y Álvarez-Pérez, H. J. (2013). Neuroscience and Bilingualism: Effects of the Mother Tongue. *Educación y Educadores*, *16*(2), 209–228. https://www.redalyc.org/pdf/834/83428615001.pdf

Dierssen, M. (2019). *¿Cómo aprende y recuerda el cerebro? Principios de Neurociencia para aplicar en la educación*. Salvat.

Domínguez Macías, L. (2022). *Aplicación de un Ciclo de Mejora en el aula de alemán como lengua extranjera (DaF)*. Editorial Universidad de Sevilla. https://idus.us.es/handle/11441/132100

Escandell Montiel, D. (2017). Digital Literacy in Second Language Teaching: Spaces for an Education Adapted to the Communication Needs of Our Age. Doblele. *Revista de Lengua y Literatura*, 3, 17–30. https://doi.org/10.5565/rev/doblele.27

Europarat (Ed.). (2003). *Marco común europeo de referencia para las lenguas: Aprendizaje, enseñanza, evaluación*. Anaya. https://cvc.cervantes.es/ensenanza/biblioteca_ele/marco/cvc_mer.pdf

Europarat (2020). *Common European framework of reference for languages: Learning, teaching, assessment; companion volume*. Council of Europe Publishing. https://n9.cl/ozxxl

Fajardo, L. (2008). Aproximación a la relación entre cerebro y lenguaje. *Cuadernos de Lingüística Hispánica*, 11, 93–104. https://www.redalyc.org/pdf/3222/322227496008.pdf

Falco, M. y Kuz, A. (2016). *Comprendiendo el Aprendizaje a través de las Neurocien-cias, con el entrelazado de las TICs en Educación*. Teyet. https://www.researchgate.net/publication/328094765

Goswami, U. (2004). Neuroscience and education. *The British Journal of Educational Psychology*, 74, 1–14. https://doi.org/10.1348/000709904322848798

Guillén, J. C. (2017). Neuroeducación en el aula. De la teoría a la práctica.

Hashimoto, R. y Sakai, K. L. (2004). Learning Letters in Adulthood. *Neuron*, *42*(2), 311–322. https://doi.org/10.1016/s0896-6273(04)00196-5

Hebb, D. O. (1949). The Organization Of Behavior A Neuropsychological Theory. http://archive.org/details/in.ernet.dli.2015.168156

Ho, T. (2019). Age and Other Factors Influencing Second Language Acquisition in Eng-lish Learners in a Community ESL Program. *International Forum of Teaching and Studies*, *15*(1), 16–28. https://n9.cl/nxz68

Ibarrola, B. (2013). *Aprendizaje emocionante: Neurociencia para el aula*. SM.

Jordano de la Torre, M., Castrillo de Larreta-Azelain, M. D. y Pareja-Lora, A. (2015). Mobile assisted language learning in distance and blended education. RIED. *Revista Iberoamericana de Educación a Distancia*, *19*(1). https://doi.org/10.5944/ried.19.1.15287

Kousaie, S., Chen, J. K., Baum, S. R., Phillips, N. A., Titone, D. y Klein, D. (2021). Bilingual language experience and the neural underpinnings of working memory. *Neuropsychologia*, 163. https://doi.org/10.1016/j.neuropsychologia.2021.108081

Lipina, S. (2018). *Reflexiones sobre la neurociencia educacional contemporánea*. https://n9.cl/hq943

Manes, F. y Niro, M. (2015). *Usar el cerebro: Conocer nuestra mente para vivir mejor*. Paidós.

Marauri Martínez de Rituerto, P. M. (2014). Figura de los facilitadores en los cursos online masivos y abiertos: Nuevo rol profesional para los entornos educativos en

abierto. RIED. *Revista Iberoamericana de Educación a Distancia, 17*(1). https://doi.org/10.5944/ried.17.1.11573
Mena Octavio, M. (2021). Design thinking: Un enfoque educativo en el aula de segundas lenguas en la era pos-COVID. *Revista Tecnología, Ciencia y Educación*, 45–75. https://doi.org/10.51302/tce.2021.569
Mora, F. (2017). *Neuroeducación: Solo se puede aprender aquello que se ama*. Alianza Editorial.
Muñoz Restrepo, A. P. (2010). Metodologías para la enseñanza de lenguas extranjeras. Hacia una perspectiva crítica. *Revista Universidad EAFIT, 46*(159), 71–85. http://repository.eafit.edu.co/handle/10784/16807
Ortiz García, W. (2021). Aprendizaje Basado En Problemas En Una Clase Orientada En Inglés Como Lengua Extranjera Bajo La Modalidad A Distancia, *1*, 65–73. https://www.researchgate.net/publication/354032124_Aprendizaje_Basado_En_Problemas_En_Una_Clase_Orientada_En_Ingles_Como_Lengua_Extranjera_Bajo_La_Modalidad_A_Distancia
Osterhout, L., Poliakov, A., Inoue, K., McLaughlin, J., Valentine, G., Pitkanen, I., Frenck-Mestre, C., y Hirschensohn, J. (2008). Second-language learning and changes in the brain. *Journal of Neurolinguistics, 21*(6), 509–521. https://doi.org/10.1016/j.jneuroling.2008.01.001
Portera Sánchez, A. (2002). Cajal y el Cerebro Plástico. *Revista Española de Patología, 35*. http://www.patologia.es/volumen35/vol35-num4/35-4n02.htm
Richards, J. C. y Rodgers, T. S. (2001). Approaches and Methods in Language Teaching. *Cambridge University Press*. https://doi.org/10.1017/CBO9780511667305
Salovey, P. y Mayer, J. D. (1990). Emotional Intelligence. *Imagination, Cognition and Personality, 9*(3), 185–211. https://doi.org/10.2190/DUGG-P24E-52WK-6CDG
Seminara, A. y Di Gesù, F. (2012). *Neurodidáctica y la implicación de emociones en el aprendizaje*. LynX.
Serafin, C. (2020). Digital Educational Resources in Technical Education. En L. G. Chova, A. L. Martinez, y I. C. Torres (Eds.), *14th International Technology, Education and Development Conference (inted2020)* (pp. 388-395).
The Nobel Prize in Physiology or Medicine 1906. (s. f.). NobelPrize.Org. Recuperado 27 de agosto de 2022, de https://www.nobelprize.org/prizes/medicine/1906/cajal/lecture/
Titone, R. (1968). *Teaching foreign languages: An historical sketch*. Georgetown University School of Language.
Tyunnikov, Y., Maznichenko, M., Kazakov, I. y Krylova, V. (2021). Factors, Risks and Conditions for Implementing the Potential of Teachers in Their Use of Media and Digital Resources. *Media Education-Mediaobrazovanie*, 1, 153–165. https://doi.org/10.13187/me.2021.1.153
Vega, N. I. y Villegas-Paredes, G. (2021). Aportaciones de la neurociencia cognitiva y el enfoque multisensorial a la adquisición de segundas lenguas en la etapa escolar. marcoELE. *Revista de Didáctica Español Lengua Extranjera*, 32. https://www.redalyc.org/journal/921/92165031012/

PROCESO MINERO METALÚRGICO NOVEDOSO AL USAR AGUA DE MAR Y ÁCIDOS ORGÁNICOS EN EL TRATAMIENTO DE RELAVES MINEROS

Marcelo Aguilera[1]; Katherine Pasten[1]; Ricardo Zamarreño [1 y 2]

1. RESUMEN

Chile es considerado como un país minero con reconocimiento mundial, pero hoy en día la zona norte del país vive una escasez hídrica importante, por esto se ha estado buscando formas para reducir la cantidad de agua que se utiliza en este sector económico, por lo que nuestro proyecto de investigación busca contribuir a esta problemática recuperando hierro de relaves mineros mediante lixiviación con agua de mar y ácidos orgánicos, de esta manera se podría reducir la cantidad de relaves, de una forma económica y sustentable generando una materia prima de estos relaves que hasta el día de hoy son considerados desechos.

Fue a través de 4 experimentos que pudimos comprobar y concluir que nuestra idea es efectiva, como primera experiencia realizamos una lixiviación por inmersión donde comparamos los efectos del ácido cítrico y los del ácido acético, en el segundo experimento ya habiendo determinado que acido es el más efectivo, repetimos proceso anterior pero aumentando la escala y utilizando solo el ácido cítrico, en tercer lugar realizamos una lixiviación en columna por fase inversa, donde en 15 horas obtuvimos una concentración de 1030mg de Fe y finalmente realizamos una lixiviación por agitación en la que tan solo en aproximadamente 2 horas se obtuvo una concentración de 400mg/L de Fe, también concluimos que para la recuperación de hierro del relave estas técnicas de lixiviación son efectivas en cuanto a la recuperación de este elemento.

2. INTRODUCCIÓN

A continuación, se presentan los efectos de la utilización de agua de mar y ácidos orgánicos en un proceso de lixiviación en muestras del relave Carlos Gregorio Araya Campaña, restos procedentes de una planta de beneficio de sulfuros de cobre, estos depósitos en forma de relaves generan impactos en el medio ambiente, según el "Catastro Nacional de Depósitos de Relave 2020" realizado por el Servicio Nacional de Geología y Minería (en adelante Sernageomin) existen 757 relaves de los cuales 173 se encuentran abandonados, 112 están activos, 5 se encuentran en construcción y 467 están etiquetados como inactivos.

---

1. Universidad del Alba (Chile)

2. Universidad de La Serena (Chile)

De las cifras anteriores 389 relaves están ubicados en la región de Coquimbo, 106 se encuentran abandonados, 39 están activos, 244 se clasifican como inactivos y hasta la fecha de publicación de catastro no existe ninguno en construcción.

además, buscamos generar un valor agregado en materiales que ya fueron extraídos, procesados y desechados, logrando reducir la masa de este depósito.

La minería desde hace ya varios años que utiliza agua de mar en sus procesos, instalando plantas desalinizadoras en las regiones que más consumo tienen las empresas mineras. Aquí buscamos incluir este recurso directamente en un proceso de lixiviación, aprovechando su riqueza en cloruros de sodio y magnesio.

En conjunto con el agua de mar utilizaremos ácido acético y ácido cítrico, ambos ácidos orgánicos que se pueden producir por la acción de microorganismos para generar la solución rica en cloruros con el fin de extraer gran parte del hierro que es desechado en forma de sulfuro de hierro y óxido férrico además de otros elementos de interés presentes.

Los relaves son residuos de la industria minera que representan un grave riesgo para el medio ambiente y los seres vivos, debido a su presencia de plomo, arsénico, cadmio, cianuro, zinc, mercurio, además de los elementos de interés como cobre, hierro, cobalto y tierras raras que no eran recuperados en los procesos hace algunos años.

Así buscamos dar valor a estos recursos que se encuentran abandonados o descartados de los procesos productivos y representando un severo riesgo para el medio ambiente como ya se ha visto en múltiples ocasiones nuestro país.

Por otra parte, el término de "economía circular" es lo que comenzaremos a ver en los próximos años, ya que, los yacimientos cada vez se hacen más profundos, sus leyes disminuyen gradualmente y van aumentando el volumen de los relaves. La economía circular se basa en 3 principios. El 1° es diseñar de manera que no se generen desechos ni contaminación. El 2° es mantener en uso los productos y materiales. 3° regenerar los sistemas naturales. Si bien la economía circular es todo un desafío también debemos verla como la oportunidad para abordar la escasez de minerales que ya se ha mencionado, el desperdicio de recursos como lo son los relaves y la contaminación ambiental a su vez generando beneficios económicos.

La caracterización química del relave estudiado, se obtuvo de la información publicada por SERNAGEOMIN en su informe "Datos de Geoquímica de Depósitos de Relaves de Chile, 2019", que se presenta en la tabla 1.

Con los antecedentes entregados, el objetivo general de esta investigación es; "Generar una solución rica en hierro usando agua de mar con ácidos orgánicos para el tratamiento hidrometalúrgico de Pirita y óxido férrico, además de otros minerales sulfurados presentes en el relave Carlos Gregorio Araya Campana".

Especie mineral	Composición química	Concentración (%)
Cuarzo	SiO2	23.37
Óxido de Aluminio	Al2O3	5.14
Óxido de Titanio	TiO2	0.36
Óxido Férrico	Fe2O3	47.59
Óxido de Calcio	CaO	11.09
Óxido de Magnesio	MgO	5.09
Óxido de Manganeso	MnO	0.12
Óxido de Sodio	Na2O	1.07
Óxido de Potasio	K2O	0.16
Óxido de Fósforo	P2O5	5.41
Óxido de Azufre	SO3	0.28
	PPC	<0,01
	Total	99.63

Tabla 1. Concentración de Minerales Relave Carlos Gregorio Araya Campaña. Fuente: Sernageomin, 2019

3. METODOLOGÍA

Reactivos utilizados para las pruebas de Lixiviación.

Todos los reactivos utilizados en las distintas pruebas, son P.A. y se presentan en la tabla 2.

Reactivo	Especificaciones
Ácido Acético (CH_3COOH) 99%	Grado reactivo
Ácido Cítrico ($C_6H_8O_7$) 99%	Grado reactivo
Agua de Mar	Recolectada en la playa El Faro, La Serena

TABLA 2: Reactivos utilizados en los procesos de lixiviación. Fuente: Elaboración propia.

El agua de mar utilizada en la lixiviación, se recolecta de las costas de la ciudad de La Serena, Región de Coquimbo, Chile. El punto de recolección, se presenta en la figura 1. Tomando 10 litros de agua, con una salinidad promedio de 37.2 gr/L a temperatura ambiente, utilizando un equipo, Tester Impermeable de Salinidad Marina - HI98319.

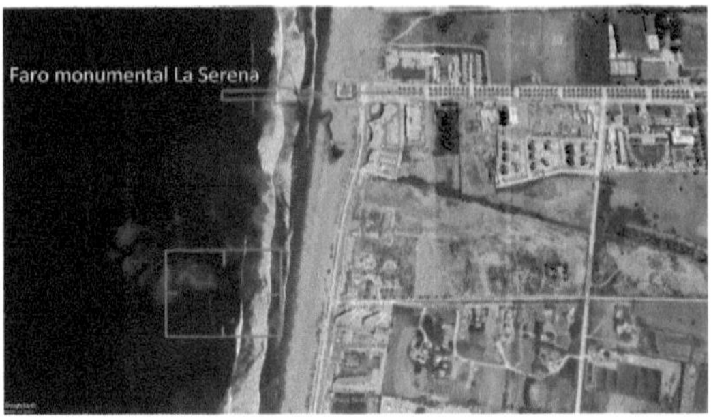

Figura 1: Punto de recolección del agua de mar. Fuente: Google Earth, 2015

4. DESARROLLO DE LA INVESTIGACIÓN

Lixiviación por inmersión

Con las muestras de mineral y las soluciones ácidas se realizaron 4 experimentos de lixiviación por inmersión para comparar los efectos de las soluciones con ácido Acético y agua de mar la cual presentó un pH 2.5 y el ácido Cítrico y agua de mar con pH 1.6, ambas con una concentración del ácido orgánico de 0.5 mol/L.

Lixiviación en Batea

Con los resultados obtenidos en las pruebas de lixiviación por inmersión, se procedió a realizar una lixiviación en Batea con ácido cítrico pero esta vez a mayor escala, manteniendo la concentración del ácido en 0.5 mol que actuó sobre muestras de relave.

Se prepararon 4 muestras de mineral de 500 gr cada una, las que se depositaron en vasos precipitados de 1 Litro y se les agregó gradualmente la solución ácida hasta completar la capacidad del vaso, como se observa en la figura 2 y tabla 3.

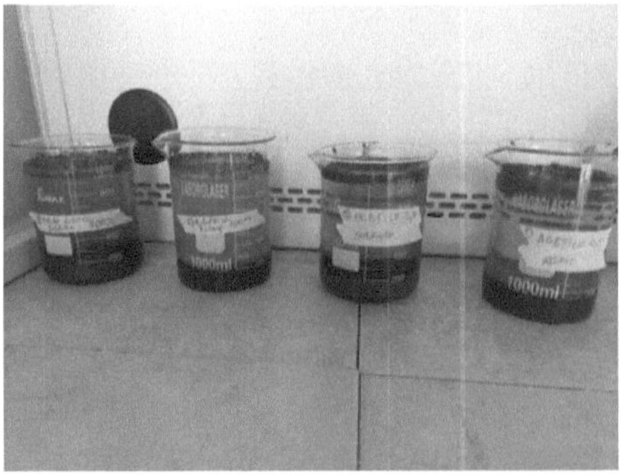

Figura 2: Lixiviación en batea a escala laboratorio de química. Fuente: Elaboración propia.

Tipo de ácido	Tipo de muestra	gr de mineral	ml de solución ácida
Acético	Sulfuros	500.34	900
Acético	Relave	500.04	800
Cítrico	Sulfuros	500.31	875
Cítrico	Relave	500.09	880

Tabla 3: Datos de los experimentos de lixiviación por inmersión en batea. Fuente: Elaboración propia.

Lixiviación en Batea

Con los resultados obtenidos en las pruebas de lixiviación por inmersión, cuyos resultados se detallan más adelante, se procedió a realizar una lixiviación en Batea con ácido cítrico pero esta vez a mayor escala, manteniendo la concentración del ácido en 0.5 Molar, tomando 1000, 0 g de relave y 2000 mL de solución ácida, tal como se muestra en la figura 3.

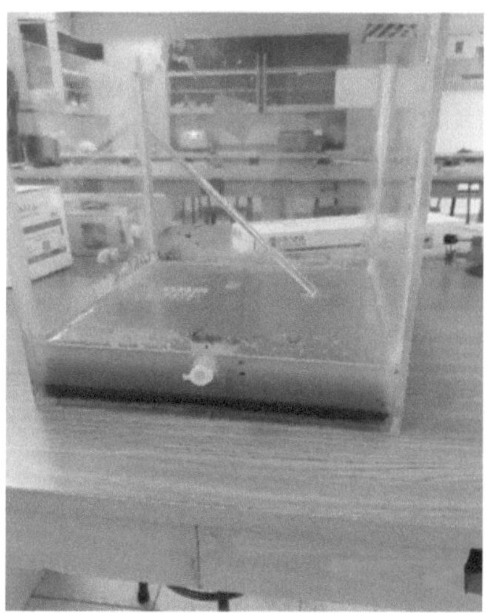

Figura 3: Lixiviación en Batea, a escala laboratorio de metalurgia. Fuente: Elaboración propia.

Lixiviación en Columna por fase inversa

En la actualidad la mayoría de los procesos de lixiviación se llevan a cabo en pilas ya sean dinámicas o estáticas, teniendo esto presente se realizó un experimento de lixiviación en columnas para determinar la eficacia de la solución lixiviante de ácido cítrico de concentración de 0.5 mol/L con agua de mar en mineral con mayor granulometría, para esto se utilizaron muestras de mineral sulfurado compuesto principalmente por Pirita, tomando 174,5 g de mineral con 1000 mL de solución lixiviante.

Lixiviación por agitación.

Debido al bajo rendimiento que se obtuvo en la lixiviación en batea cuyos resultados se presentan en la próxima sección, se decidio realizar una lixiviación agitada para comparar los resultados de estas al agregar mayor contacto entre la solución lixiviante y el mineral, el cual en la lixiviación en batea precipito rápidamente formando una capa de sedimento.

La lixiviación agitada se realizó con 2000 g de relave y 3000 mL de solución lixiviante compuesta de agua de mar con una salinidad de 37.5 gr/L y ácido cítrico en concentración 0.5 mol/L, con una velocidad de agitación de 600 RPM. Como se muestra en la figura 4.

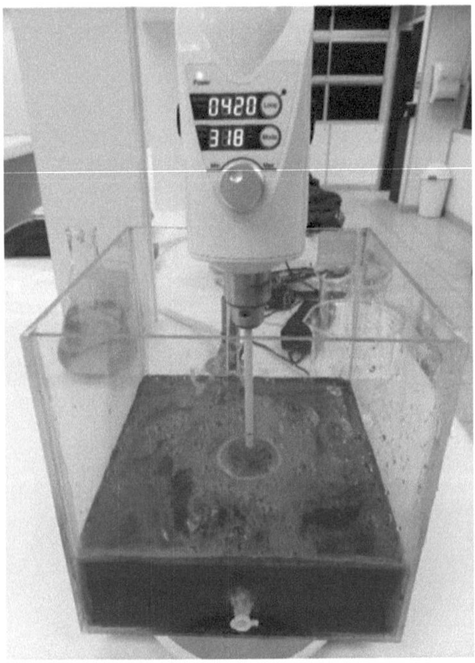

Figura 5: Lixiviación agitada. Fuente: Elaboración propia.

5. RESULTADOS

Las concentraciones de Fe y Cu, presentes en las soluciones de lixiviación, fueron medidos usando la técnica de espectrofotometría UV-VIS, a 580 nm para medir el Cu y 510 nm para el Fe, usando la ecuación de Lambert - Beer.

Lixiviación por inmersión.

Los resultados de la lixiviación por inmersión, al extraer el Fe se presentan en la tabla 4 y en la tabla 5, se muestran los resultados de la extracción de cobre a las 72 horas de lixiviación.

Tiempo/ Horas	(mg/L de Fe) extraido de Relave con ácido cítrico 0,5M	(mg/L de Fe) extraido de Relave con ácido acético 0,5M	(mg/L de Fe) extraido de mineral sulfurado con ácido cítrico 0,5M	(mg/L de Fe) extraido de mineral sulfurado con ácido acético 0,5M
24	196	11	286	42
48	384	38	1042.5	69
72	4250	130	2125	98

Tabla 4: Resultados de la extracción de Fe de muestras de relaves y mineral sulfurado, usando dos ácidos orgánicos. Fuente: Elaboración propia.

Al analizar la tabla 4, se observa que la mayor extracción se logra con el ácido cítrico, tanto en muestras de relave y mineral sulfurado.

Concentración de cobre a las 72 horas			
ácido cítrico		ácido acético	
Relave	sulfuro	Relave	Sulfuro
0,80 g/L	0,57 g/L	0,56 g/L	0,62 g/L

Tabla 5: Concentración de Cobre extraído por Lixiviación por Inmersión. Fuente: Elaboración propia.

En la tabla 5, se muestra que la extracción de cobre es equivalente al usar el ácido cítrico o el acético tanto en muestras de relaves, como en mineral sulfurado.

Lixiviación en Batea

La extracción de Fe y Cu, usando el método de lixiviación por batea, se muestran en la tabla 6, donde se trataron solamente muestras de relaves, que tienen una mayor eficiencia con el ácido cítrico de concentración 0,5 mol/L.

En la tabla 6, vemos que la extracción de Fe, es eficiente, ya que al cabo de 168 horas, (7 días), la concentración de Fe es de 1500 mg/L, equivalentes a 1,5 g Fe por litro de solución, además la concentración de Cu es equivalente a 0,42 g/L.

Lixiviación en Batea		
Tiempo/Horas	Concentración de Fe (mg/L)	Concentración de Cu (mg/L)
72	868,75	372
96	1375	390
168	1500	418

Tabla 6: Concentración de Fe y Cu, extraídos del relave minero usando la lixiviación en batea, con una solución de ácido cítrico y agua de mar. Fuente: Elaboración propia.

Lixiviación en Columna por Fase Inversa

Los resultados de esta experiencia se entregan en la tabla 7, para la extracción del Fe y Cu de muestras de relaves.

Tiempo/Horas	mg Fe/L	mg Cu/L
3	330	20
6	482,5	25
9	882,5	46
12	936	61
15	1030	71

Tabla 7: Resultados de la extracción de Fe y Cu por Lixiviación en Columna por Fase Inversa. Fuente: Elaboración propia.

El proceso de extracción por lixiviación en columna en fase inversa, la extracción del Fe es mas eficiente que la lixiviación en batea, ya que al cabo de 15 horas lleva 1030 mg Fe/L, en cambio en batea a las 72 horas alcanza la concentración de 868,75 mg Fe/L. Lamentablemente, su eficacia para extraer el Cu es baja.

Lixiviación por Agitación

Los resultados de la extracción del Fe y Cu, usando la técnica de lixiviación por agitación del relave minero con ácido cítrico y agua de mar, se presentan en la tabla 8.

Tiempo/Horas	Concentración de Fe (mg/L)	Concentración de Cu (mg/L)
1	240	17,5
1,5	280	15,59
2	325	17,47
2,5	400	16,93

Tabla 8: Resultados de la extracción de Fe y Cu en Lixiviación por agitación. Fuente: Elaboración propia.

Esta técnica es la mas eficiente para la extracción del Fe, como se muestra en la figura 6.

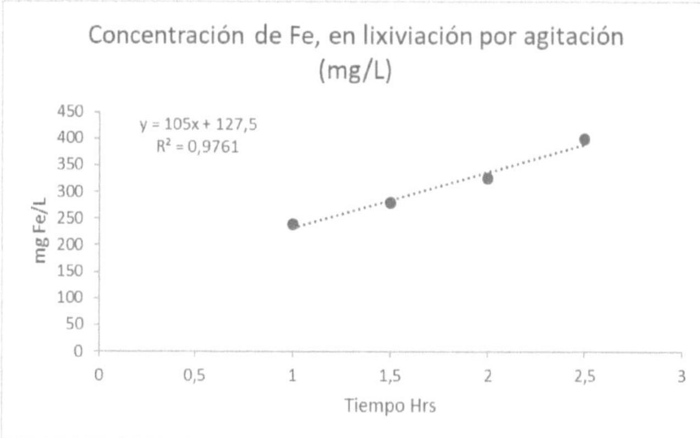

Figura 6: Variación de la concentración de Fe en el tiempo en la técnica de lixiviación por agitación. Fuente: Elaboración propia.

Observamos en la figura 6, que la extracción del Fe usando esta técnica, es prácticamente lineal, ya que, al calcular el coeficiente de correlación, (R^2) de esta recta, tiene un valor de 0,98, muy cercano al valor 1, que indica que los puntos siguen una recta. Al extrapolar estos resultados la máxima extracción que se logra en la lixiviación por inmersión es de 4250 mg Fe/L en 72 horas, usando la lixiviación por agitación, esta se logra en 26,5 horas, en menos de la mitad del tiempo.

Lamentablemente la concentración de extracción de cobre, es bajo.

6. CONCLUSIONES

Según los resultados obtenidos en las distintas pruebas realizadas, podemos concluir lo siguiente.

Es posible obtener soluciones de Fe, al usar tratamientos hidrometalúrgicos con agua de mar y un ácido orgánico como el ácido cítrico tanto en mineral proveniente del relave como en minerales sulfurados.

Lamentablemente la eficiencia del ácido acético es menos eficiente en la extracción del Fe que el ácido cítrico.

La eficiencia de extracción del cobre utilizando estas técnicas, es baja, obteniendo soluciones diluidas de cobre.

Los mejores resultados son los que provienen del tratamiento hidrometalúrgico por lixiviación agitada. Por aproximaciones realizadas por el método estadístico de regresión lineal, se estima que se lograría una solución de concentración de 31% de Fe en un plazo de 30 horas aproximadamente. Además, realizando un escalamiento del procedimiento para el tratamiento de una tonelada de relave, se requeriría de 1500 litros de la solución del ácido cítrico al 0,5 mol/L con agua de mar, recuperando 475,9 kg de Fe.

Por otra parte, la Lixiviación en Batea fue la que tuvo un menor rendimiento de extracción del Fe. Esto se puede deber al bajo contacto entre la solución lixiviante y el mineral de relave que debido a su densidad precipito rápidamente al fondo de la batea seguido de un material blanco que asumimos actuó como capa pasivante durante el proceso.

Según estos resultados, es posible utilizar un ácido orgánico y agua de mar para recuperar Fe de relaves mineros, generando una ganancia económica y ambiental, ya que se reduce el volumen de estos desechos y los ácidos aplicados, no generan un daño importante al medio.

7. REFERENCIAS

Baeza, E. (2022). Plantas Desaladoras en Chile, página 2.

Beckel. J. (2000), El proceso hidrometalúrgico de lixiviación en pilas y el desarrollo de la minería cuprífera en Chile, División de Desarrollo Productivo y Empresarial, de la CEPAL.

Biblioteca del Congreso Nacional (2019), Ley 20.551, párrafo 8.

Cáceres Arenas. G. (2016), Hidrometalurgia avanzada, Apuntes curso hidrometalurgia avanzada UNAB.

Cochilco (2020), Consumo de agua en la minería del cobre al 2019.

Cochilco (2021), Identificación de oportunidades mediante la implementación de la Economía Circular en minería secundaria del cobre, https://www.cochilco.cl/Listado%20Temtico/Economia%20circular%20minera%20secundaria_VRJ_version%20final.pdf

Coordinación General de Minería (2013). Perfil de Mercado de Hierro-Hacer, página 5.

Dirección general de aguas. (2016). Atlas del agua. Encontrado en https://dga.mop.gob.cl/DGADocumentos/Atlas2016parte1-17marzo2016b.pdf

Domic, E. M. (2001). Hidrometalurgia, fundamentos, procesos, y aplicaciones. Santiago, Chile: Ellis Horwood Limited

Garcia Vega. R. I. (2020), Metodología para el modelamiento y caracterización geoestadistica de relaves como método de revalorización de pasivos ambientales, Informe de Memoria de Título para optar al título de Ingeniero Civil de Minas.

Hernández Herrera. J. M., Guardado Anaya. C. M., Estudio de productividad del personal Peletizado. Informe técnico de residencia.

INAPI (2021), Recuperación de metales valiosos desde residuos mineros, edición 122.

La información de Cintac S.A.I.C. se obtuvo de su página web, sección quienes somos. https://www.cintac.cl/empresa/

Liberona Díaz. A. A. (2013), Proposición de un sistema de lixiviación in situ, memoria para optar al título de ingeniero civil de minas.

Medvinky-Roa, G., Caroca, V. & Vallejo, J. (s.f.), Informe sobre la situación de los Relaves Mineros en Chile para ser presentado en el cuarto informe periódico de Chile para el Comité de Derechos Económicos, Sociales y Culturales, perteneciente al consejo Económico Social de la Naciones Unidas Fundación Relaves Chile y Fundación Terram.

Ministerio de Minería (2021), Plan Nacional de Depósito de Relave para una minera sostenible.

Molina Matamala. L. (2015), Identificación y análisis de agentes lixiviantes no convencionales para recuperación de elementos de valor desde minerales, concentrados y escorias de fundición, Informe de Memoria de Titulo para optar al Título de Ingeniero Civil Metalúrgico. Universidad Católica del Norte

Penedo Medina, M., Maury Cabrera, E., Giralt Ortega, G., Ariza Borges, Silvia, Sánchez del Campo Lafita, Ana, Falcón Hernández, J. (2008), Lixiviación de colas del proceso caron con lixiviante orgánico: ácido acético y ácido piroleñoso, Tecnología Química, vol. XXVIII, núm. 3, septiembre-diciembre, 2008, pp. 28-34.

Pilon-Smits, E. (2005). Phytoremediation. Annual Review of Plant Biology, 56, 15-39. https://doi.org/10.1146/annurev.arplant.56.032604.144214

Retamal Lazo. V. A. (2020), Efectos del uso de agua de mar en el proceso de lixiviación agitada de un mineral sulfurado de cobre, Memoria para optar al título de ingeniera civil de minas. Universidad de Chile. Santiago.

Sernageomin (2019), Datos de Geoquímica de Depósitos de Relave en Chile, https://www.sernageomin.cl/wp-content/uploads/2020/01/Geoquim.xlsx

Sernageomin (2022), Catastro de Depósitos en Chile. https://www.sernageomin.cl/wp-content/uploads/2022/10/CDR_CHILE_18_10_2022.xls

Sernageomin, Sonami, BGR, Consultora CEGA Ingenieros Ltda (2003)., Construcción y Operación de Tranques de Relave.

Servicio de evaluación ambiental (2020), Guía de trámite PAS articulo 135 reglamento del SEIA construcción y operación de depósitos de relave.

Servicio Nacional de Geología y Minería (2023). Preguntas frecuentes sobre relave, obtenido de https://www.sernageomin.cl/wp-content/uploads/2018/01/Preguntas-frecuentes-sobre-relaves.pdf

Siderúrgica Huachipato (2020), https://www.capacero.cl/cap_acero/site/edic/base/port/quienes_somos.html

Vera Abara Marcelo Alejandro. (2012). Alternativas de Lixiviación de Minerales Oxidados Alimentación PTMP CODELCO Chile, División Chuquicamata. Concepción, Chile: Universidad de Concepción, Facultad de Ingeniería, Departamento de Ingeniería Metalúrgica.

Vera Montecinos, C.A. (2017). Diseño Paramétrico y semiautomático de modelo 3d/4d de una pila de lixiviación dinámica basada en pixeles suelo (spx). Memoria para optar al título de Ingeniero Civil.

EL USO DE LA MÚSICA COMO HERRAMIENTA EN AFECCIONES NEUROLÓGICAS: HALLAZGOS Y LIMITACIONES EN EL TRASTORNO DEL ESPECTRO AUTISTA Y LA ENFERMEDAD DE ALZHEIMER

Miriam Albusac-Jorge[1]

1. INTRODUCCIÓN

En las últimas cuatro décadas, el corpus de estudios científicos sobre las relaciones entre la música y el cerebro desde la perspectiva de las neurociencias ha desembocado en un conjunto de hallazgos sobre cómo se comporta el órgano de la mente ante la escucha, interpretación o creación musical. Sin embargo, más allá de la investigación de laboratorio, los descubrimientos conllevan también una serie de aplicaciones útiles para el ámbito clínico; por ejemplo, despliegan la posibilidad de la utilización de la música como medio o herramienta para paliar, mejorar e incluso tratar aspectos concretos de enfermedades y trastornos no relacionados directamente con el hecho musical.

En relación a las enfermedades, el *Manual diagnóstico y estadístico de los trastornos mentales* (DSM) editado por la Asociación Americana de Psiquiatría, cuya quinta edición está vigente en la actualidad (DSM-5-TR, 2022), junto con la *Clasificación Internacional de Enfermedades* (CIE-11 en su última edición o ICD en sus siglas inglesas, 2022), elaborada por la Organización Mundial de la Salud, constituyen los referentes internacionales para el diagnóstico clínico. De hecho, aunque existen otros sistemas de clasificación, estos son los más utilizados. Ambos sistemas guardan cierta relación y similaridad entre ellos; el DSM nació en 1952 como una adaptación de la CIE-6, en tanto esta última incluía, por primera vez, los trastornos mentales (Leon-Sanromà *et al.*, 2014). Sin embargo, sus objetivos de base son sustancialmente distintos: mientras que la CIE pretende ser una herramienta de acceso libre, al servicio de la salud pública en general y encuadrada dentro de un entorno global, multidisciplinar y multicultural, el DSM está más orientado a fines comerciales, elaborado desde la perspectiva de una cultura concreta, la norteamericana, y encaminado al área psiquiátrica y psicológica en particular (Reed *et al.*, 2012). En los epígrafes posteriores se expondrán parte de los criterios diagnósticos que el DSM-5-TR establece para los trastornos abordados, con el único fin de conceptualizar los mismos antes de tratar su relación con la música. Sin embargo, no se pretende definirlos unívocamente, sino ofrecer una aproximación a algunas de sus características. De hecho, los criterios diagnósticos del DSM han ido cambiando a lo largo de los años y con las sucesivas ediciones, por lo que es recomendable tratar con cautela la información que contiene; por ejemplo, en ciertos momentos históricos, cuando los criterios para una enfermedad no han estado estricta y exactamente definidos, ha aumentado estrepitosamente la

1. Universidad de Granada (España)

incidencia de la misma, realizando diagnósticos erróneos en bastantes casos. Así ocurrió con el Trastorno del Espectro Autista (TEA), que será abordado en este texto, cuyo diagnóstico aumentó mucho durante la vigencia del DSM-IV debido a un error tipográfico: una "y" entre criterios fue cambiada por una "o", lo que ocasionó que se emitieran falsos diagnósticos por cumplir uno de esos dos criterios, cuando realmente debían cumplirse los dos (Grandin y Panek, 2014). Con este ejemplo simplemente se pretende mostrar que los criterios diagnósticos no son exactos, que cambian con el devenir de la sociedad y que, por tanto, es recomendable guardar cierta reserva ante las clasificaciones cerradas y evitar la asignación de etiquetas.

Entre la multitud de enfermedades que albergan estos manuales, algunas han sido estudiadas en su relación con la música, como ocurre, por ejemplo, con el TEA y el alzhéimer, objetos de la presente investigación. En ambos casos se han realizado experimentos y llevado a cabo proyectos que incluyen música para mejorar aspectos concretos de la afección. Sin embargo, en relación a ello, una buena parte de la literatura científica de los últimos años ha indicado la necesidad de (1) realizar más estudios para mostrar la eficacia de las intervenciones en tanto que no todos los resultados indican lo mismo (Bieleninik et al., 2017; Geretsegger et al., 2022; LaGasse, 2014; LaGasse, 2017; Mayer-Benarous et al., 2021; Pasiali et al., 2014; Thompson et al., 2014); (2) incluir muestras más grandes, ya que un gran número de investigaciones son estudios de caso o incluyen muestras pequeñas y bastante heterogéneas, habiendo disparidad también en los diseños experimentales (Applewhite *et al.*, 2022; Bian *et al.*, 2021; Derks-Dijkman *et al.*, 2023; Fusar-Poli *et al.*, 2018; Geretsegger *et al.*, 2022; Navarro *et al.*, 2023); (3) emplear más medidas para corroborar si los cambios producidos son duraderos y estables en el tiempo, realizando un minucioso seguimiento a largo plazo (Bleibel *et al.*, 2023; Geretsegger *et al.*, 2014; Geretsegger *et al.*, 2022; Ke *et al.*, 2022; Van der Steen *et al.*, 2018); y (4) mostrar cautela para hacer extrapolaciones y generalizaciones (Wana *et al.*, 2010).

2. OBJETIVOS

En base a las carencias expuestas, este trabajo tiene como objetivo principal realizar una revisión bibliográfica sobre los últimos avances y resultados científicos acerca del uso de la música en estas dos afecciones neurológicas, delimitando los hallazgos basados en la evidencia y poniendo el énfasis en sus limitaciones.

3. METODOLOGÍA

Para búsqueda y localización de documentos se han empleado las bases de datos *Web of Science*, *Scopus*, *Pubmed* y *RILM*, utilizando palabras clave como "*music*", "*music therapy*", "*Autism Spectrum Disorder*", "*ASD*" o "*Alzheimer*".

4. DESARROLLO DE LA INVESTIGACIÓN

4.1. Trastornos del Espectro Autista

Los Trastornos del Espectro Autista o TEA, también conocidos por sus siglas inglesas ADS (*Autism Spectrum Disorders*), están integrados dentro del DSM-5-TR como parte de los trastornos del neurodesarrollo. Entre sus criterios diagnósticos principales se encuentran: (1) déficits persistentes en aspectos relacionados con la comunicación e interacción social, que pueden verse representados, por ejemplo, en carencias en la reciprocidad socioemocional, en la comunicación no verbal o en el desarrollo y mantenimiento de las relaciones con otros; y (2) patrones de conducta, intereses o actividades restrictivos y repetitivos. Además, estos síntomas deben estar presentes desde las primeras fases del desarrollo, es decir, en la primera infancia y, de algún modo, han de impedir, limitar o dificultar el funcionamiento cotidiano (2022).

Resulta relevante señalar que algunas de las funciones que se han visto disminuidas en el autismo se han atribuido al sistema de las neuronas espejo. Por ello, diversos autores han propuesto que la disfunción en este sistema se encuentra en la base de ciertas características del trastorno (Hadjikhani *et al.*, 2006; Oberman y Ramachandran, 2008; Williams *et al.*, 2001), si bien es cierto que por sí solo no puede explicar todos los déficits. Las neuronas espejo se descubrieron por primera vez realizando experimentos en monos: se comprobó que estas células se activaban en los primates cuando realizaban acciones motoras sencillas y dirigidas a un objetivo concreto pero, además, esas mismas neuronas se activaban también cuando veían a alguien realizando esa misma acción. Así, se denominaron neuronas espejo puesto que parecían reflejar, en el cerebro de aquel que observaba, las acciones que otro realizaba (Rizzolatti *et al.*, 2007). Sin embargo, no sólo están involucradas en la percepción y comprensión de las acciones motoras, sino también en otros procesos como la imitación, el lenguaje (Wana *et al.*, 2010) o la empatía emocional (Molnar-Szakacs *et al.*, 2009), refiriéndose este último concepto al hecho de sentirse identificado con lo que otros están sintiendo y ser capaz de reconocer sus emociones. Cabe destacar también que las neuronas espejo pueden ser alteradas por el entrenamiento, es decir, son un sistema plástico. Al mismo tiempo, la música puede ser un medio con el que producir esta plasticidad, puesto que es una actividad multimodal que implica el procesamiento de información auditiva, visual, somatosensorial y motora y que, además, involucra al sistema de las neuronas espejo (Wana *et al.*, 2010).

Además, los estudios también han demostrado que buena parte de los individuos con TEA tienen habilidades musicales excepcionales. No en vano, desde mediados del siglo XX se viene informando sobre la capacidad de algunos pacientes no verbales para cantar o tararear, e incluso para el reconocimiento de melodías complejas (Kanner, 1943). De hecho, múltiples investigaciones han enfatizado las extraordinarias habilidades que presentan en la discriminación tonal y memoria auditiva (Applewhite *et al.*, 2022; Heaton, 2010; Ouimet *et al.*, 2012; Quintin, 2019; Stanutz, *et al.*, 2012), siendo mejores que el resto de personas, por ejemplo, en la identificación de tonos puros (Ouimet *et al.*, 2012). Sin embargo, por el contrario, presentan deficiencias en el procesamiento de elementos auditivos complejos, caso del lenguaje (Ouimet *et al.*, 2012). Parte de estos hallazgos podrían encuadrarse dentro de la teoría que indica que las personas con TEA son capaces de procesar mejor los detalles que el contexto global; Ouimet *et al.* apuntan que es como si pudieran ver mejor un solo árbol que el bosque en su conjunto (2012).

Las citadas ventajas a nivel musical, junto con la posibilidad de generar cambios plásticos en el sistema de las neuronas espejo y en otras regiones encefálicas, pueden utilizarse como punto de partida para plantear la mejora de déficits asociados al trastorno a través de la música. Esta podría contribuir, por ejemplo, a la mejora de las habilidades comunicativas y sociales en personas con TEA; no es desatinado pensar que la exposición a un ambiente musical en el que se incluya la propia producción de sonidos con otra persona pueda conducir de algún modo a un intercambio comunicativo no lingüístico, propiciando mejoras en aspectos de socialización, contacto ocular con otros o atención, cuestiones que intervienen cuando se crea música (Buxbaum y Hof, 2012). Por todo ello, diversos autores han señalado que la música puede ser un recurso útil para mejorar su interacción y sus relaciones sociales, así como para la comunicación tanto verbal como no verbal, incluyendo el reconocimiento de emociones (Applewhite *et al.*, 2022; Geretsegger *et al.*, 2014; Ke *et al.*, 2022; Kim, 2013; LaGasse, 2017; Sharda *et al.*, 2018).

Ciertamente, entre los beneficios a nivel social, la música ha demostrado ser eficaz para mejorar la comunicación y las habilidades sociales en niños/as con TEA (LaGasse, 2017; Sharda *et al.*, 2018). En cuanto a la comunicación verbal, cabe señalar que las imágenes por escáner cerebral han puesto de manifiesto que las complejas conductas autistas pueden descomponerse en mecanismos neurales reconocibles, es decir, que existe una estrecha relación entre comportamiento y funciones cerebrales (Minshew y Keller, 2010). Además, paradójicamente, hay sistemas neurales que se superponen, a nivel funcional y estructural, en el procesamiento tanto de la música como del lenguaje. Sin embargo, mientras la primera está preservada en el autismo, la otra no (Lai *et al.*, 2012): en el cerebro autista se ha confirmado la activación de esas áreas en respuesta a la escucha musical y, sin embargo, una disminución de activación de las mismas áreas cuando la escucha se centra en estímulos lingüísticos (Lai *et al.*, 2012). La existencia de estos sistemas de solapamiento entre el lenguaje y la música sugieren, por un lado, la posibilidad de la rehabilitación del lenguaje en el autismo y, por otro, la idea de que la música sea candidata adecuada para ayudar en esa rehabilitación (Lai *et al.*, 2012). Así, se ha corroborado cómo el uso de la música ha provocado mejoras en niños/as autistas con grandes limitaciones en el lenguaje hablado (MacDonald-Prégent *et al.*, 2023). Igualmente, el uso específico del ritmo ha demostrado tener potencial para la mejora motora, lo que podría tener también un efecto, por ejemplo, en el lenguaje oral (Bharathi *et al.*, 2019). En este sentido, Janzen y Thaut indican que la inclusión de estímulos rítmico-motores produce mejoras significativas en variables como la atención selectiva, el control motor, la producción del habla y, por ende, el procesamiento y la adquisición del lenguaje, defendiendo que el entrenamiento auditivo-motor tiene una extraordinaria impronta en las funciones motoras y atencionales, así como en la conectividad cerebral (2018). En consonancia con ello, a través de neuroimagen se ha demostrado que la música puede mejorar la conectividad funcional del cerebro de los niños/as con TEA (Sharda *et al.*, 2018).

En lo referente a los déficits en reciprocidad socioemocional observados en las conductas autistas, que se manifiestan en la imposibilidad de interpretar el lenguaje corporal de los otros o los cambios faciales, y en los que el reconocimiento de la emoción está deteriorado, la música también tiene un papel relevante. Los estudios con neuroimagen han demostrado que esa deficiencia emocional no se generaliza a la música, o lo que es lo mismo, que son capaces de sentir emociones inducidas por ella. Por esta razón la música se convierte, además de en un recurso para la intervención, en una recompensa gratificante que les permite experimentar los estados emocionales contenidos en la música (Gebauer *et al.*, 2014; Molnar-Szakacs y Heaton, 2012; Sivathasan *et al.*, 2023). Tomando estas circunstancias en consideración se ha comprobado que la música es una herramienta eficaz para mejorar la identificación de las emociones faciales en personas con autismo (Brown, 2017; Ramírez-Meléndez *et al.*, 2022; Wagener *et al.*, 2021).

No obstante, pese a las citadas evidencias, resulta necesario evaluar estos hallazgos poniendo el foco en sus limitaciones. De este modo hay que señalar que, aunque las habilidades sociales mejoran en niños/as con TEA, es necesaria más investigación sobre el impacto en población adulta (LaGasse, 2017), en tanto los resultados pueden ser sustancialmente distintos y, por si fuera poco, tampoco no hay consenso sobre la persistencia temporal de esas mejoras (Ke *et al.*, 2022). Además, las limitaciones no se circunscriben a la esfera social: algunos autores han cuestionado también las mejoras en comunicación tanto verbal como no verbal, argumentando que no existen datos claros sobre diferencias justo después de una intervención musical (Geretsegger *et al.*, 2022). Asimismo, a veces los resultados sobre los beneficios son incluso contradictorios (Mayer-Benarous *et al.*, 2021). Por ejemplo, en algunos estudios en niños/as con TEA, la musicoterapia no produjo mejoras significativas en las puntuaciones medias que se evaluaban, en comparación con otro tipo de intervenciones no musicales (Bieleninik *et al.*, 2017). Respecto a ello, cabe señalar que ciertos problemas sobre los hallazgos se deben a la existencia de diferentes niveles de TEA, de forma que los resultados, por ejemplo, en personas más funcionales no tienen por qué replicarse en una población TEA con grados distintos del trastorno. De hecho, Geretsegger y sus colaborados han señalado específicamente cómo los niveles de gravedad e incluso de habilidad lingüística y de capacidad cognitiva son altamente heterogéneos en los estudios (2022). Además, es necesaria más investigación en la que se utilicen diseños experimentales rigurosos (Geretsegger *et al.*, 2022): existe una gran variabilidad de metodologías tanto en el diseño de los estudios como en las intervenciones terapéuticas, al tiempo que los ensayos controlados aleatorios son escasos (Applewhite *et al.*, 2022). Por último, es sumamente necesario analizar exhaustivamente si los efectos del uso de la música son duraderos y/o estables en el tiempo (Geretsegger *et al.*, 2022) y aumentar el tamaño de las muestras, comúnmente pequeños (Applewhite *et al.*, 2022).

4.2. La enfermedad de Alzheimer

El alzhéimer está clasificado en el DSM-5-TR dentro de los trastornos neurocognitivos. Los criterios diagnósticos de la enfermedad, de acuerdo con este manual, son: (1) cumplimiento de las características para un trastorno neurocognitivo mayor o leve, es decir, declive cognitivo en comparación con el nivel previo en dominios como la atención, el aprendizaje o la memoria, interfiriendo este con la autonomía de la persona en sus actividades de la vida cotidiana y tratándose de un declive que no ocurre únicamente en el contexto de un *delirium* y que no puede ser explicado por otro trastorno mental; (2) inicio insidioso y progresión gradual; y (3) existencia de alteraciones que no pueden explicarse mejor por otra enfermedad o trastorno (2022). Se trata por tanto de una enfermedad que perturba tanto a nivel cognitivo como conductual. Así, uno de los indicadores que aparecen más precozmente es la pérdida de memoria, aunque con posterioridad puede verse afectado el lenguaje y la capacidad de planificar y prever acontecimientos. Más adelante, en las últimas fases de la enfermedad, la persona pierde la conciencia en uno mismo, aunque esa pérdida nunca suele ser total: aún en los últimos estadios existen ciertos aspectos de la persona que se mantienen, incluyendo algunas formas de memoria (Sacks, 2009). En la mayor parte de los casos el alzhéimer se inicia con un deterioro en el hipocampo y sus áreas de proyección posterior, afectando también a la corteza del lóbulo temporal. Además, hay que destacar que la enfermedad se promueve porque hay problemas en el sistema de transmisión del neurotransmisor acetilcolina (Halpern *et al.*, 2015). Todo ello conlleva la pérdida de neuronas y de conexiones sinápticas.

En las últimas décadas, se han descrito varios estudios de caso en los que individuos músicos aquejados por la enfermedad de Alzheimer conservaban sus habilidades musicales. Por ejemplo, la historia de un pianista de 82 años que podía tocar de memoria obras previamente aprendidas, pero era incapaz de recordar el título o compositor de las mismas (Crystal *et al.*, 1989); o la de una mujer de 81 años que sufría graves deterioros debidos a su alzhéimer severo, entre ellos apraxia (no podía controlar los movimientos motores voluntarios) y, sin embargo también era capaz de tocar melodías al piano, de manera que su apraxia era específica para tareas no musicales (Beaty *et al.*, 1988).

Estas son tan sólo dos muestras, pero la literatura está repleta de descripciones de este tipo; lo más sorprendente de ellas es la presencia de actividades tan complejas como la interpretación musical (Baird y Thompson, 2020), que requiere altas exigencias y la puesta en marcha de múltiples sistemas, a pesar del deterioro cognitivo severo.

El conocimiento de estos casos propulsó las investigaciones con música en sujetos no músicos (Groussard *et al.*, 2013), de forma que un buen número de estudios neurocientíficos muestran que la música tiene beneficios relevantes para la enfermedad de Alzheimer (Bleibel *et al.*, 2023; García-Navarro *et al.*, 2022; Gómez-Gallego *et al.*, 2021; Matziorinis y Koelsch, 2022; Navarro *et al.*, 2023) y que ciertos tipos de memoria musical son los últimos en desvanecerse en esta afección (Cuddy y Duffin, 2005; Groussard *et al.*, 2019). En relación a ello, las imágenes por resonancia magnética ofrecen una explicación, mostrando cómo las regiones encargadas de codificar la memoria musical tienen una atrofia cortical mínima en comparación con otras zonas (Jacobsen *et al.*, 2015). Si bien es cierto que la preservación de la memoria a largo plazo para la música no se produce en todos los pacientes, sí está presente en gran parte de ellos, razón por la que es natural que las personas con alzhéimer muestren respuestas de reconocimiento ante una música conocida o familiar (Cuddy *et al.*, 2015; Deason *et al.*, 2019; Vanstone y Cuddy, 2009). Estas respuestas pueden oscilar desde expresiones faciales hasta ejecución del canto, pasando por la identificación de melodías que de algún modo se han distorsionado, pudiendo recuperar memorísticamente la línea melódica original, y llegando incluso a la narración de historias autobiográficas incitadas por la música (Chevreau *et al.*, 2017; El Haj *et al.*, 2013). Además, se ha corroborado también que en tareas de "imaginarse la música", las personas con mal de Alzheimer lo hacen de forma similar a los individuos controles (Halpern *et al.*, 2015). Más allá, incluso en el caso de nuevos aprendizajes, el material musical en general parece más fácil de retener que el material verbal en pacientes de alzhéimer que aún son funcionales (Moussard *et al.*, 2014a). En definitiva, todo ello, unido a la formidable capacidad de la música para evocar emociones y activar las áreas del sistema límbico y paralímbico involucradas en el procesamiento emocional, permite que haya algún tipo de respuesta ante este arte temporal, aún cuando el lenguaje ya esté perdido (Baird y Samson, 2015). Por último, respecto al citado ámbito emocional, igualmente se ha confirmado cómo en esta afección, aunque el reconocimiento de la emoción en las caras está dañado, sí se conserva la capacidad de reconocer las emociones contenidas en la voz y la música (Drapeau *et al.*, 2009; Gagnon *et al.*, 2009).

En base a los hallazgos descritos, la música se ha empleado como herramienta para: potenciar la autoconciencia en pacientes con enfermedad de Alzheimer (Arroyo-Anlló *et al.*, 2013); mejorar el acceso a los recuerdos autobiográficos (Chevreau *et al.*, 2017; El Haj *et al.*, 2013; Platel *et al.*, 2021); estimular y mejorar la memoria (Moreira *et al.*, 2018; Särkämö *et al.*, 2014); optimizar la fluidez verbal y las habilidades lingüísticas (Lyu *et al.*, 2018); o contribuir al aprendizaje de nueva información útil para la vida mediante la presentación cantada de la misma, o lo que es lo mismo, empleado la mnemotécnica musical (Baird *et al.*, 2017; Ratovohery *et al.*, 2019), aprendizaje que además parece verse facilitado cuando el paciente es o ha sido músico (Baird *et al.*, 2017). De hecho, la música también se ha utilizado para favorecer el aprendizaje de secuencias motoras (Moussard *et al.*, 2014b). Por último, es conveniente señalar que igualmente se han realizado estudios para comprobar si la música puede ayudar en aspectos comportamentales de la enfermedad. Particularmente, hay un corpus de investigación relacionado con las conductas de agitación. En él, la idea de base estaba relacionada tanto con el procesamiento emocional como con la memoria: si la música evoca recuerdos o emociones agradables, quizás pueda aplacar la agitación de los pacientes. Así, los resultados apuntan positivamente en esta dirección, afirmando que existe una disminución significativa de la agresividad y una reducción de la ansiedad y de la depresión cuando se utiliza la música como herramienta (De la Rubia Ortí *et al.*, 2018; Gerdner, 2000; Guétin *et al.*, 2009), incluso en el alzhéimer con deterioro cognitivo severo.

Sin embargo, a pesar de todas las mejoras descritas y de los posibles usos de la música en la enfermedad de Alzheimer, existen diversos problemas y limitaciones en los hallazgos que es importante señalar, al igual que ocurría con el TEA. En primer lugar, resulta crucial destacar que las metodologías empleadas son muy heterogéneas, así como también lo son las medidas utilizadas para evaluar los efectos y mejoras producidas por la música (Navarro *et al.*, 2023). Por ello son necesarias investigaciones, en general, más rigurosas a nivel metodológico (Bian *et al.*, 2021), en las que se siga la metodología de ensayo controlado aleatorio (Fusar-Poli *et al.*, 2018) y se incluyan protocolos estandarizados y unificados (Yin *et al.*, 2022). En segundo término, es decisiva la inclusión de muestras más grandes para poder delimitar de forma más clara el impacto de la música sobre las funciones cognitivas (Fusar-Poli *et al.*, 2018). Además, como tercer elemento, se debería hacer más énfasis en el seguimiento de las mejoras producidas por la música a corto, medio y largo plazo, para delimitar la vigencia del efecto (Van der Steen *et al.*, 2018). Por último, sería de gran utilidad distinguir de forma más clara entre aquellos efectos que están presentes en el alzhéimer más leve, de las mejoras que aparecen en la enfermedad moderada o grave, con deterioro cognitivo severo.

En lo referente a su incidencia, en el año 2021 se estimaba que había 55 millones casos de demencia, de los que el alzhéimer representa entre el 60 y el 80%, y se cree que se llegará a los 110 millones en 2041, de acuerdo con el Informe Mundial sobre el Alzheimer (2021). En la actualidad no hay cura para el mal de Alzheimer, pero no deja de ser asombroso que una enfermedad en la que aparece un deterioro progresivo e irreversible de la memoria, la memoria musical o el reconocimiento de emociones a través de la voz y la música se conserven, como ya se ha indicado, en muchos de los casos; esto confiere a la música un extraordinario potencial como vía para mejorar la calidad de vida de estas personas. Por último, para cerrar este epígrafe, se recoge un testimonio real sobre la relación entre la música y el alzhéimer, publicado en la obra de Oliver Sacks:

> *He leído muchas veces que la música es una realidad completamente distinta. Hasta los últimos días de la vida de mi padre, cuando se convirtió en su única realidad, no comencé a comprender qué significaba. A los casi cien años, mi padre comenzó a perder el contacto con la realidad. Su conversación se hizo inconexa; sus pensamientos erráticos; su memoria era fragmentada y confusa. [...] Cuando perdía el hilo de la conversación, simplemente le ponía una de sus piezas favoritas de música [...]. El mundo de mi padre se volvía lógico y claro. Era capaz de seguir cada nota [...] no había confusión, ni pasos en falso, ni se extraviaba y, lo más asombroso, no se olvidaba de nada. Era un territorio familiar. Eso era su hogar, más que todas las casas en las que había vivido [...]. Eso era la realidad. A veces mi padre reaccionaba a la belleza de la música simplemente llorando. ¿Cómo era posible que le emocionara esa música, cuando había olvidado todas las demás cosas que le emocionaban [...]? (Sacks, 2009, p. 416).*

5. CONCLUSIONES

La presente revisión bibliográfica aborda el uso música como herramienta en dos afecciones neurológicas: el TEA y la enfermedad de Alzheimer. En torno a ello, los últimos avances científicos indican mejoras en la comunicación social y verbal, las habilidades sociales, la identificación emocional y otras funciones motoras y atencionales de las personas con TEA, influyendo incluso en la conectividad cerebral. En el caso del alzhéimer, las investigaciones muestran cómo la música mejora la autoconciencia, los recuerdos autobiográficos y la memoria, las habilidades lingüísticas, el aprendizaje de nueva información, las conductas de agitación, la agresividad o la ansiedad. Sin embargo, a pesar de estos hallazgos basados en la evidencia, resulta importante resaltar la existencia de notables limitaciones e incidir, por tanto, en la necesidad de más investigaciones en estos ámbitos.

6. REFERENCIAS

American Psychiatric Association (2022). *Diagnostic and Statistical Manual of Mental Disorders, Text Revision, DSM-5-TR*. American Psychiatric Association Publishing.

Applewhite, B., Cankaya, Z., Heiderscheit, A. y Himmerich, H. A. (2022). Systematic review of scientific studies on the effects of music in people with or at risk for Autism Spectrum Disorder. *International Journal of Environmental Research and Public Health, 19*(9), artículo 5150. https://doi.org/10.3390/ijerph19095150

Arroyo-Anlló, E. M., Díaz, J. P. y Gil, R. (2013). Familiar music as an enhancer of self-consciousness in patients with Alzheimer's disease. *BioMed Research International*, artículo 752965. https://doi.org/10.1155/2013/752965

Baird, A. y Samson, S. (2015). Music and dementia. *Progress in Brain Research, 217*, 207-235. https://doi.org/10.1016/bs.pbr.2014.11.028

Baird, A., Samson, S., Miller, L. y Chalmers, K. (2017). Does music training facilitate the mnemonic effect of song? An exploration of musicians and nonmusicians with and without Alzheimer's dementia. *Journal of Clinical and Experimental Neuropsychology, 39*(1), 9-21. https://doi.org/10.1080/13803395.2016.1185093

Baird, A. y Thompson, W. F. (2020). Preserved musical instrument playing in dementia: A unique form of access to memory and the self. En A. Baird, S. Garrido, y J. Tamplin (Eds.), *Music and dementia: From cognition to therapy* (pp. 138-167). Oxford University Press. https://doi.org/10.1093/oso/9780190075934.003.0008

Baird, A., Umbach, H. y Thompson, W. F. (2017). A nonmusician with severe Alzheimer's dementia learns a new song. *Neurocase, 23*(1), 36-40. https://doi.org/10.1080/13554794.2017.1287278

Beaty, W. W., Zavadil, K. D., Bailly, R. C., Rixen, G. J., Zavadil, E., Farnham, N. y Fisher, L. (1988). Preserved musical skill in a severely demented patient. *International Journal of Clinical Neuropsychology, 10*(4), 158-164.

Bharathi, G., Jayaramayya, K., Balasubramanian, V. y Vellingiri, B. (2019). The potential role of rhythmic entrainment and music therapy intervention for individuals with autism spectrum disorders. *Journal of Exercise Rehabilitation, 15*(2), 180-186. https://doi.org/10.12965/jer.1836578.289

Bian, X., Wang, Y., Zhao, X., Zhang, Z. y Ding, C. (2021). Does music therapy affect the global cognitive function of patients with dementia? A meta-analysis. *NeuroRehabilitation, 48*(4), 553-562. https://doi.org/10.3233/NRE-210018

Bieleninik, L., Geretsegger, M., Mössler, K., Assmus. J., Thompson, G., Gattino, G., Elefant, C., Gottfried, T., Igliozzi, R., Muratori, F., Suvini, F., Kim, J., Crawford, M. J., Odell-Miller. H., Oldfield, A., Casey, Ó., Finnemann, J., Carpente, J., Park, A. L., Grossi, E. y Gold, C. (2017). Effects of improvisational music therapy vs enhanced standard care on symptom severity among children with autism spectrum disorder: The TIME-A randomized clinical trial. *Journal of the American Medical Association, 318*(6), 525-535. https://doi.org/10.1001/jama.2017.9478

Bleibel, M., El Cheikh, A., Sadier, N. S. y Abou-Abbas, L. (2023). The effect of music therapy on cognitive functions in patients with Alzheimer's disease: A systematic review of randomized controlled trials. *Alzheimer's Research and Therapy, 15*(1), artículo 65. https://doi.org/10.1186/s13195-023-01214-9

Brown, L. S. (2017). The influence of music on facial emotion recognition in children with autism spectrum disorder and neurotypical children. *Journal of Music Therapy, 54*(1), 55-79. https://doi.org/10.1093/jmt/thw017

Buxbaum, J. D. y Hof, P. R. (2012). *The neuroscience of Autism Spectrum Disorders.* Academic Press.

Chevreau, P., Nizard, I. y Allain, P. (2017). Retrieval of memories with the help of music in Alzheimer's disease. *Geriatrie et Psychologie Neuropsychiatrie du Vieillissement, 15*(3), 309-318. https://doi.org/10.1684/pnv.2017.0689

Crystal, H. A., Grober, E. y Masur, D. (1989). Preservation of musical memory in Alzheimer's disease. *Journal of Neurology, Neurosurgery and Psychiatry, 52*(12), 1415-1416. https://doi.org/10.1136/jnnp.52.12.1415

Cuddy, L. L. y Duffin, J. (2005). Music, memory, and Alzheimer's disease: Is music recognition spared in dementia, and how can it be assessed? *Medical Hypotheses, 64*(2), 229-235. https://doi.org/10.1016/j.mehy.2004.09.005

Cuddy, L. L., Sikka, R. y Vanstone, A. (2015). Preservation of musical memory and engagement in healthy aging and Alzheimer's disease. *Annals of the New York Academic of Sciences, 1337*(1), 223-231. https://doi.org/10.1111/nyas.12617

Deason, R. G., Strong, J. V., Tat, M. J., Simmons-Stern, N. R. y Budson, A. E. (2019). Explicit and implicit memory for music in healthy older adults and patients with mild Alzheimer's disease. *Journal of Clinical and Experimental Neuropsychology, 41*(2), 158-169. https://doi.org/10.1080/13803395.2018.1510904

De la Rubia Ortí, J. E., García-Pardo, M. P., Iranzo, C. C., Madrigal, J. J. C., Castillo, S. S., Rochina, M. J. y Gascó, V. J. P. (2018). Does music therapy improve anxiety and depression in Alzheimer's patients? *Journal of Alternative and Complementary Medicine, 24*(1), 33-36. https://doi.org/10.1089/acm.2016.0346

Derks-Dijkman, M. W., Schaefer, R. S. y Kessels, R. P. C. (2024). Musical mnemonics in cognitively unimpaired individuals and individuals with Alzheimer's dementia: A systematic review. *Neuropsychology Review, 34*(2), 455-477. https://doi.org/10.1007/s11065-023-09585-4

Drapeau, J., Gosselin, N., Gagnon, L., Peretz, I. y Lorrain, D. (2009). Emotional recognition from face, voice, and music in dementia of the Alzheimer type: Implications for music therapy. *Annals of the New York Academic of Sciences, 1169*(1), 342-345. https://doi.org/10.1111/j.1749-6632.2009.04768.x

El Haj, M., Clément, S., Fasotti, L. y Allain, P. (2013). Effects of music on autobiographical verbal narration in Alzheimer's disease. *Journal of Neurolinguistics, 26*(6), 691-700. https://doi.org/10.1016/j.jneuroling.2013.06.001

Fusar-Poli, L., Bieleninik, Ł., Brondino, N., Chen, X. J. y Gold, C. (2018). The effect of music therapy on cognitive functions in patients with dementia: A systematic review and meta-analysis. *Aging and Mental Health*, 22(9), 1097-1106. 1097-1106. https://doi.org/10.1080/13607863.2017.1348474

Gagnon, L., Peretz, I. y Fülöp, T. (2009). Musical structural determinants of emotional judgments in dementia of the Alzheimer type. *Neuropsychology, 23*(1), 90-97. https://doi.org/10.1037/a0013790

García-Navarro, E. B., Buzón-Pérez, A. y Cabillas-Romero, M. (2022). Effect of music therapy as a non-pharmacological measure applied to Alzheimer's disease patients: A systematic review. *Nursing Reports, 12*(4), 775-790. https://doi.org/10.3390/nursrep12040076

Gauthier, S., Rosa-Neto, P., Morais, J. A. y Webster, C. (2021). *World Alzheimer Report 2021: Journey through the diagnosis of dementia*. Alzheimer's Disease International.

Gebauer, L., Skewes, J., Westphaell, G., Heaton, P. y Vuust, P. (2014). Intact brain processing of musical emotions in autism spectrum disorder, but more cognitive load and arousal in happy vs. sad music. *Frontiers in Neuroscience, 8,* artículo 192. https://doi.org/10.3389/fnins.2014.00192

Gerdner, L. A. (2000). Effects of 'individualised' versus 'relaxation' music on the frequency of agitation in elderly persons with Alzheimer's disease and related disorders. *International Psychogeriatrics, 12*(1), 49-65. https://doi.org/10.1017/s1041610200006190

Geretsegger, M., Elefant, C., Mössler, K. A., Vitale, G. y Gold, C. (2014). Music therapy for people with autism spectrum disorder (review). *Cochrane Database of Systematic Reviews*, (6), artículo CD004381. https://doi.org/10.1002/14651858.CD004381.pub3

Geretsegger, M., Fusar-Poli, L., Elefant, C., Mössler, K. A., Vitale, G. y Gold, C. (2022). Music therapy for autistic people. *Cochrane Database of Systematic Reviews, 5*(5), artículo CD004381. https://doi.org/10.1002/14651858.CD004381.pub4

Gómez-Gallego, M., Gómez-Gallego, J. C., Gallego-Mellado, M. y García-García, J. (2021). Comparative efficacy of active group music intervention versus group music listening in Alzheimer's disease. *International Journal of Environmental Research and Public Health, 18*(15), artículo 8067. https://doi.org/10.3390/ijerph18158067

Grandin, T. y Panek, R., (2014). *El cerebro autista: el poder de una mente distinta.* RBA.

Groussard, M., Chan, T. G., Coppalle, R. y Platel, H. (2019). Preservation of musical memory throughout the progression of Alzheimer's disease? Toward a reconciliation of theoretical, clinical, and neuroimaging evidence. *Journal of Alzheimer's Disease, 68*(3), 857-883. https://doi.org/10.3233/JAD-180474

Groussard, M., Mauger, C. y Platel, H. (2013). Musical long-term memory throughout the progression of Alzheimer disease. *Gériatrie et Psychologie Neuropsychiatrie du Vieillissement, 11*(1), 99-109. https://doi.org/10.1684/pnv.2013.0396

Guétin, S., Portet, F., Picot, M. C., Pommié, C., Messaoudi, M., Djabelkir, L., Olsen, A. L., Cano, M. M., Lecourt, E. y Touchon, J. (2009). Effect of music therapy on anxiety and depression in patients with Alzheimer's type dementia: randomised, controlled study. *Dementia and Geriatric Cognitive Disorders, 28*(1), 36-46. https://doi.org/10.1159/000229024

Hadjikhani, N., Joseph, R. M., Snyder, J. y Tager-Flusberg, H. (2006). Anatomical differences in the mirror neuron system and social cognition network in autism. *Cerebral Cortex, 16*(9), 1276-1282. https://doi.org/10.1093/cercor/bhj069

Halpern, A. R., Golden, H. L., Magdalinou, N., Witoonpanich, P. y Warren, J. D. (2015). Musical tasks targeting preserved and impaired functions in two dementias. *Annals of the New York Academic of Sciences, 1337*(1), 241-248. https://doi.org/10.1111/nyas.12616

Heaton, P. (2010). Assessing musical skills in autistic children who are not savants. En F. Happé, y U. Frith, *Autism and Talent* (pp. 151-159). Oxford University Press.

Jacobsen, J. H., Stelzer, J., Fritz, T. H., Chételat, G., La Joie, R. y Turner, R. (2015). Why musical memory can be preserved in advanced Alzheimer's disease. *Brain, 138*(Pt 8), 2438-2450. https://doi.org/10.1093/brain/awv135

Janzen, T. B. y Thaut, M. H. (2018). Rethinking the role of music in the neurodevelopment of Autism Spectrum Disorder. *Music & Science, 1*. https://doi.org/10.1177/2059204318769639

Kanner L. (1943). Autistic disturbances of affective contact. *Nervous Child, 2*, 217-250.

Ke, X., Song, W., Yang, M., Li, J. y Liu, W. (2022). Effectiveness of music therapy in children with Autism Spectrum Disorder: A systematic review and meta-analysis. *Frontiers in Psychiatry, 13*, artículo 905113. https://doi.org/10.3389/fpsyt.2022.905113

Kim, J. (2013). Music Therapy. En F. R. Volkmar (Ed.), *Encyclopedia of Autism Spectrum Disorders* (pp. 1961-1966). Springer.

LaGasse, A. B. (2014). Effects of a music therapy group intervention on enhancing social skills in children with autism. *Journal of Music Therapy, 51*(3), 250-275. https://doi.org/10.1093/jmt/thu012

LaGasse, A. B. (2017). Social outcomes in children with Autism Spectrum Disorder: A review of music therapy outcomes. *Patient Related Outcome Measures, 8*, 23-32. https://doi.org/10.2147/PROM.S106267

Lai, G., Pantazatos, S. P., Schneider, H. y Hirsch, J. (2012). Neural systems for speech and song in autism. *Brain, 135*(3), 961-975. https://doi.org/10.1093/brain/awr335

Leon-Sanromà, M., Mínguez, J., Cerecedo, M. J. y Téllez, J. (2014). ¿Nos pasamos al DSM-5? Un debate con implicaciones clínicas, sociales y económicas. *Atención primaria, 46*(1), 4-5. https://doi.org/10.1016/j.aprim.2013.10.002

Lyu, J., Zhang, J., Mu, H., Li, W., Champ, M., Xiong, Q., Gao, T., Xie, L., Jin, W., Yang, W., Cui, M., Gao, M. y Li, M. (2018). The effects of music therapy on cognition, psychiatric symptoms, and activities of daily living in patients with Alzheimer's disease. *Journal of Alzheimer's Disease, 64*(4), 1347-1358. https://doi.org/10.3233/JAD-180183

MacDonald-Prégent, A., Saiyed, F., Hyde, K., Sharda, M. y Nadig, A. (2024). Response to music-mediated intervention in autistic children with limited spoken language ability. *Journal of Autism and Developmental Disorders , 54, 1438-1452*. https://n9.cl/5ta3hd

Matziorinis, A. M. y Koelsch, S. (2022). The promise of music therapy for Alzheimer's disease: A review. *Annals of the New York Academic of Sciences, 1516*(1), 11-17. https://doi.org/10.1111/nyas.14864

Mayer-Benarous, H., Benarous, X., Vonthron, F. y Cohen, D. (2021). Music therapy for children with Autistic Spectrum Disorder and/or other neurodevelopmental disorders: A systematic review. *Frontiers in Psychiatry, 12*, artículo 643234. https://doi.org/10.3389/fpsyt.2021.643234

Minshew, N. J. y Keller, T. A. (2010). The nature of brain dysfunction in autism: Functional brain imaging studies. *Current Opinion in Neurology, 23*(2), 124-130. https://doi.org/10.1097/WCO.0b013e32833782d4

Molnar-Szakacs, I. y Heaton, P. (2012). Music: A unique window into the world of autism. *Annals of the New York Academic of Sciences, 1252*(1), 318-324. https://doi.org/10.1111/j.1749-6632.2012.06465.x

Molnar-Szakacs, I., Wang, M. J., Laugeson, E. A., Overy, K., Wu, W. L. y Piggot, J. (2009). Autism, emotion recognition and the mirror neuron system: The case of music. *McGill Journal of Medicine, 12*(2), 87-98.

Moreira, S. V., Justi, F. R. D. R. y Moreira, M. (2018). Can musical intervention improve memory in Alzheimer's patients? Evidence from a systematic review. *Dementia & Neuropsychologia, 12*(2), 133-142. https://n9.cl/upi80e

Moussard, A., Bigand, E., Belleville, S. y Peretz I. (2014a). Learning sung lyrics aids retention in normal ageing and Alzheimer's disease. *Neuropsychological Rehabilitation: An International Journal, 24*(6), 894-917. https://n9.cl/zjtbnx

Moussard, A., Bigand, E., Belleville, S. y Peretz I. (2014b). Music as a mnemonic to learn gesture sequences in normal aging and Alzheimer's disease. *Frontiers in Human Neuroscience, 8,* artículo 294. https://doi.org/10.3389/fnhum.2014.00294

Navarro, L., Gómez-Carballa, A., Pischedda, S., Montoto-Louzao, J., Viz-Lasheras, S., Camino-Mera, A., Hinault, T., Martinón-Torres, F. y Salas, A. (2023). Sensogenomics of music and Alzheimer's disease: An interdisciplinary view from neuroscience, transcriptomics, and epigenomics. *Frontiers in Aging Neuroscience, 15,* artículo 1063536. https://doi.org/10.3389/fnagi.2023.1063536

Oberman, L. M. y Ramachandran, V. S. (2008). Preliminary evidence for deficits in multisensory integration in Autism Spectrum Disorders: The mirror neuron hypothesis. *Social Neuroscience, 3*(3-4), 348- 355. https://doi.org/10.1080/17470910701563681

Ouimet, T., Foster, N. E. V., Tryfon, A. y Hyde, K. (2012). Auditory-musical processing in autism spectrum disorders: A review of behavioral and brain imaging studies. *Annals of the New York Academic of Sciences, 1252*(1), 325-331. https://n9.cl/2f9d4

Pasiali, V., LaGasse, A. B. y Penn, S. L. (2014). The effect of Musical Attention Control Training (MACT) on attention skills of adolescents with neurodevelopmental delays: A pilot study. *Journal of Music Therapy, 51*(4), 333-354. https://n9.cl/nzdob

Platel, H., Eustache, M. L., Coppalle, R., Viard, A., Eustache, F., Groussard, M. y Desgranges, B. (2021). Boosting autobiographical memory and the sense of identity of Alzheimer patients through repeated reminiscence workshops? *Frontiers in Psychology, 12,* artículo 636028. https://doi.org/10.3389/fpsyg.2021.636028

Quintin, E. M. (2019). Music-evoked reward and emotion: Relative strengths and response to intervention of people with ASD. *Frontiers in Neural Circuits, 13,* artículo 49. https://doi.org/10.3389/fncir.2019.00049

Ramírez-Meléndez, R., Matamoros, E., Hernández, D., Mirabel, J., Sánchez, E. y Escudé, N. (2022). Music-enhanced emotion identification of facial emotions in Autistic Spectrum Disorder children: A pilot EEG study. *Brain Sciences, 12*(6), 704. https://n9.cl/1e663

Ratovohery, S., Baudouin, A., Palisson, J., Maillet, D., Bailon, O., Belin, C. y Narme, P. (2013). Music as a mnemonic strategy to mitigate verbal episodic memory in Alzheimer's disease: Does musical valence matter? *Journal of Clinical and Experimenal Neuropsychology, 41*(10), 1060-1073. https://n9.cl/84ywj

Reed, G. M., Anaya, C. y Evans, E.C. (2012) ¿Qué es la CIE y por qué es importante en la Psicología? *International Journal of Clinical and Health Psychology, 12*(3), 461-473.

Rizzolatti, G., Fogassi, L. y Gallese, V. (2007). Neuronas espejo. *Investigación y ciencia,* 364, 14-21.

Sacks, O. (2009). Música e identidad: demencia y terapia musical. En O. Sacks, *Musicofilia: relatos de la música y el cerebro* (pp. 402-417). Anagrama.

Särkämö, T., Tervaniemi, M., Laitinen, S., Numminen, A., Kurki, M., Johnson, J. K. y Rantanen, P. (2014). Cognitive, emotional, and social benefits of regular musical activities in early dementia: Randomized controlled study. *Gerontologist, 54*(4), 634-650. https://doi.org/10.1093/geront/gnt100

Sharda, M., Tuerk, C., Chowdhury, R., Jamey, K., Foster, N., Custo-Blanch, M., Tan, M., Nadig, A. y Hyde, K. (2018). Music improves social communication and auditory-motor connectivity in children with autism. *Translational Psychiatry, 8*(1), artículo 231. https://doi.org/10.1038/s41398-018-0287-3

Sivathasan, S., Dahary, H., Burack, J. A. y Quintin, E. M. (2023). Basic emotion recognition of children on the autism spectrum is enhanced in music and typical for faces and voices. *PLoS One, 18*(1), e0279002. https://doi.org/10.1371/journal.pone.0279002

Stanutz, S., Wapnick, J. y Burack, J. A. (2012). Pitch discrimination and melodic memory in children with Autism Spectrum Disorders. *Autism, 18*(2), 137-147. https://doi.org/10.1177/1362361312462905

Thompson, G. A., McFerran, K. S. y Gold, C. (2014). Family-centred music therapy to promote social engagement in young children with severe Autism Spectrum Disorder: A randomized controlled study. *Child: Care, Health and Development, 40*(6), 840-852. https://doi.org/10.1111/cch.12121

Van der Steen, J. T., Smaling, H. J., Van der Wouden, J. C., Bruinsma, M. S., Scholten, R. J. y Vink, A. C. (2018). Music-based therapeutic interventions for people with dementia. *Cochrane Database of Systematic Reviews, 7*(7), artículo CD003477. https://doi.org/10.1002/14651858.CD003477

Vanstone, A. D. y Cuddy, L. L. (2009). Musical memory in Alzheimer disease. *Aging, Neuropsychology, and Cognition: A Journal on Normal and Dysfunctional Development, 17*(1), 108-128. https://doi.org/10.1080/13825580903042676

Wagener, G. L., Berning, M., Costa, A. P., Steffgen, G. y Melzer, A. (2021). Effects of emotional music on facial emotion recognition in children with Autism Spectrum Disorder (ASD). *Journal of Autism Developmental Disorders, 51*(9), 3256-3265. https://doi.org/10.1007/s10803-020-04781-0

Wana, C. Y., Demainea, K., Zipsea, L., Norton, A. y Schlaug, G. (2010). From music making to speaking: Engaging the mirror neuron system in autism. *Brain Research Bulletin, 82* (3-4), 161-168. https://doi.org/10.1016/j.brainresbull.2010.04.010

Williams, J. H. G., Whiten, A., Suddendorf, T. y Perrett, D. I. (2001). Imitation, mirror neurons and autism. *Neuroscience and biobehavioral reviews, 25*(4), 287-295. https://doi.org/10.1016/s0149-7634(01)00014-8

World Health Organization (2022). *International Classification of Diseases, Eleventh Revision (ICD-11).* World Health Organization. https://icd.who.int/en

Yin, S., Zhu, F., Li, Z., Che, D., Li, L., Zhang, L., Zhong, Y., Luo, B. y Wu, X. (2022). Research hotspots and trends in music therapy intervention for patients with dementia: A bibliometrics and visual analysis of papers published from 2010 to 2021. *Frontiers in Psychiatry, 13,* artículo 860758. https://doi.org/10.3389/fpsyt.2022.860758

EXPLORANDO EL POTENCIAL DE EXCEL COMO RECURSO TECNOLÓGICO DE ANÁLISIS DE DATOS EN LAS CIENCIAS SOCIALES: UNA MIRADA PROFUNDA AL ANÁLISIS ESTADÍSTICO

Margarita Almonacid-Durán, Marisol Carvajal Camperos, María García De Blanes Sebastián[1]

1. INTRODUCCIÓN

En la sociedad actual se va generando una gran cantidad de contenidos en las diferentes áreas del saber (Flórez López *et al.* 2020), los cuales conllevan a desafíos particulares debido a la naturaleza compleja de los mismos y a la necesidad de utilizar recursos tecnológicos adecuados para el análisis de la información e interpretación de estos.

Lakasto, (1976) señala que la ciencia se configura como un conjunto dinámico de programas de investigación, que engloban diferentes teorías con concepciones diversas, e incluso contradictorias, sobre cómo estudiar y comprender la realidad. Estos programas de investigación coexisten y compiten entre sí en un constante proceso de avance científico. Es a través de esta competencia entre teorías y enfoques que la ciencia evoluciona y se adapta, mejorando su capacidad para explicar y comprender fenómenos cada vez más complejos.

En el ámbito de la investigación en ciencias sociales, la capacidad de recopilar, analizar e interpretar datos de forma eficaz es primordial (Padrón Medina *et al*, 2022). A medida que los investigadores se esfuerzan por descubrir patrones, tendencias y relaciones dentro de fenómenos sociales complejos, la demanda de programas de análisis de datos versátiles y accesibles ha crecido considerablemente, buscando identificar las herramientas informáticas que faciliten el registro, depuración y análisis de datos (Perdigón Llanes & Pérez Pino, 2022).

Entre la plétora de opciones de software disponibles, Microsoft Excel® destaca como una herramienta ampliamente reconocida y utilizada que ofrece una serie de características y funcionalidades para el análisis de datos (Teixera *et al.*, 2009). Este trabajo de investigación explora la aplicabilidad y eficacia del software Excel para la investigación en el ámbito de las ciencias sociales.

La popularidad de Excel en las ciencias sociales puede atribuirse a su versatilidad, facilidad de uso y familiaridad para los investigadores; es así como se ha convertido en una herramienta ampliamente adoptada en el ámbito de las ciencias sociales; debido a sus características y funcionalidades se adapta a las necesidades específicas de los investigadores. Su versatilidad permite a los usuarios realizar una amplia gama de tareas

1. Universidad Rey Juan Carlos (España)

relacionadas con el análisis de datos, cualitativos y cuantitativos con relativa facilidad (Rafart Serra *et al.*, 2018). El formato de hoja de cálculo del programa permite organizar, manipular y calcular con eficacia grandes conjuntos de datos, lo que lo hace especialmente útil en la investigación en ciencias sociales, donde los datos pueden ser a menudo voluminosos y complejos (ibid.).

Excel tiene una capacidad de 1.048.576 filas por 16.384 columnas (Microsoft, 2023), lo que permite manejar diversos tipos de datos. Ya se trate de respuestas a encuestas, información demográfica o de observación, el programa ofrece una serie de funciones y comandos que permiten a los investigadores limpiar, transformar y analizar los datos con eficacia. Desde la clasificación, ordenación y el filtrado hasta la creación de tablas dinámicas y la realización de análisis estadísticos y un conjunto completo de funciones que satisfacen las necesidades específicas de los investigadores en ciencias sociales.

En cuanto a la representación visual de los datos ofrece una variedad de tipos dentro de los cuales destaca diagramas de barras, diagramas de dispersión e histogramas, cajas y bigotes, que ayudan en la exploración y comunicación de patrones y tendencias de datos. Los investigadores pueden crear cuadros y gráficos visualmente atractivos con opciones de formato personalizables, lo que facilita la interpretación y difusión de los resultados de la investigación a un público más amplio.

Por su parte, Borjas García (2020), sugiere que toda investigación requiere ser rigurosa, metódica y racional para ser considerada como un estudio serio y meticuloso, que vale la pena leer y tomar en consideración; ya sea por su metodología bien estructurada, o por los resultados que expone o por ambas cosas.

Para obtener un resultado que aporte conocimientos en la investigación es necesario tener en cuenta la fase de análisis de datos (Ong, & Puteh 2017) los cuales se realizan con la ayuda de diferentes aplicaciones digitales. Es así como para este estudio se plantea la siguiente pregunta de investigación:

> *¿Cuáles son las ventajas y limitaciones de utilizar el software Excel para el análisis de datos en la investigación en ciencias sociales, y cómo se compara con el software estadístico especializado?*

Esta pregunta nos permite explorar las ventajas e inconvenientes de utilizar Excel específicamente en el contexto de la investigación en ciencias sociales. Al comparar Excel con el software estadístico especializado, podrá evaluar su idoneidad para diversos tipos de tareas de análisis de datos, como la comprobación de hipótesis, el análisis de regresión y la visualización de datos. Además, esta pregunta de investigación abre vías para conocer las características, funcionalidades y limitaciones específicas de los comandos estadísticos de Excel en relación con las necesidades de los investigadores en ciencias sociales.

Excel se ha revelado como un instrumento valioso y versátil para el análisis de datos. Su interfaz fácil de usar, sus capacidades de manipulación de datos y sus funciones de visualización lo han convertido en una opción popular entre los investigadores. Sin embargo, los investigadores deben ser conscientes de sus limitaciones y considerar un software estadístico complementario para los análisis avanzados. Aprovechando los puntos fuertes de Excel y siendo conscientes al mismo tiempo de sus limitaciones, los investigadores pueden aprovechar su potencial para mejorar sus procesos de análisis de datos en la investigación en ciencias sociales.

2. OBJETIVOS

2.1. Objetivo general:

Proporcionar información valiosa sobre la aplicabilidad y eficacia de las herramientas estadísticas de Excel para los investigadores en ciencias sociales. A través de un enfoque cualitativo y descriptivo, se exploran las funciones estadísticas mejoradas en las últimas versiones de Excel y su posible impacto en los procesos de investigación.

2.2. Objetivos específicos:

- Describir las ventajas y desventajas del uso de la aplicación Excel en la investigación científica.
- Evaluar la aplicabilidad y eficacia de los complementos de estadística mejorados para abordar las necesidades específicas de análisis de datos de la investigación en las ciencias sociales.
- Comparar las capacidades estadísticas mejoradas de Excel con el software estadístico especializado utilizado habitualmente en la investigación en ciencias sociales.
- Proponer las técnicas y comandos específicos de Excel que pueden contribuir al análisis de los datos y mejorar la calidad de estos.

3. METODOLOGÍA

La presente investigación se basa en un enfoque descriptivo para explorar el potencial de Excel como recurso tecnológico de análisis de datos en las ciencias sociales. La metodología descriptiva se seleccionó para obtener una comprensión detallada de las características y funcionalidades de Excel relevantes para el análisis estadístico, así como para evaluar su eficacia y limitaciones en comparación con otros programas especializados.

3.1. Diseño de la investigación

El diseño de la investigación se estructuró siguiendo un orden lógico iniciando con la revisión de la literatura:3.2

3.2. Revisión de la literatura

Se llevó a cabo una exhaustiva búsqueda de artículos relacionados con Excel y su potencial como herramienta para el análisis estadístico en las ciencias sociales, utilizando las bases de datos Scopus y Web of Science (WOS). En esta etapa inicial, se obtuvo una muestra inicial de 180 artículos extraídos de revistas especializadas en gestión, que exploraban el potencial de Excel como recurso tecnológico para el análisis de datos en las ciencias sociales. Estos artículos fueron seleccionados debido a su validación a través de rigurosos procesos de revisión por pares, garantizando su alta calidad en el ámbito de la gestión (Fernández-Alles & Ramos & Rodríguez, 2009; Ramos-Rodríguez & Ruíz-Navarro, 2004).

La muestra incluyó artículos publicados en revistas de renombre, como Academy of Management Review, Journal of Financial Economics, Academy of Management Journal, Organization Science, Journal of Management, Strategic Management Journal, Journal of

Management Studies, Journal of International Business Studies, Research Policy, British Journal of Management, Asia Pacific Journal of Management, Journal of Strategic Marketing, Long Range Planning, Journal of Small Business Management, European Management Review, European Management Journal, International Studies of Management and Organization, y Journal of Business Strategy. Esta selección de artículos de diversas áreas de gestión permite obtener una visión integral, longitudinal y sistemática de las investigaciones relacionadas con el uso de Excel como recurso tecnológico de análisis de datos. Además, esta variedad de perspectivas y posturas metodológicas contribuye a evaluar su contribución desde diferentes enfoques (Carvajal-Camperos, *et al.*, 2021; Gomes *et al.*, 2016).

Para realizar la selección de artículos, se llevó a cabo un proceso de filtrado manual basado en los títulos, resúmenes y palabras clave de los artículos identificados previamente. De los 180 artículos iniciales, se aplicó esta metodología y se seleccionaron un total de 120 artículos relevantes (Robson *et al.*, 2006; Shi *et al.*, 2011). Posteriormente, se realizó una lectura completa de estos 120 artículos y se eligieron finalmente 38 artículos como muestra final para su inclusión en este estudio. Se consideró como unidad de análisis aquellos artículos que hacían referencia directa a Excel como recurso tecnológico para el análisis de datos en las ciencias sociales.

Se utilizó una metodología previamente empleada en otras investigaciones (Babbie, 2012) para llevar a cabo este estudio. Además, se incorporó un análisis de contenido, siguiendo ejemplos de investigación en ciencias sociales (Krippendorff, 2004; Rodríguez-Ruiz *et al.*, 2019). Para complementar el análisis de contenido, se realizaron revisiones de libros, tesis, artículos de Microsoft quien es el creador de la aplicación, y conferencias que han tenido una influencia significativa en la práctica del uso de Excel en la investigación académica. La inclusión de estas fuentes fue crucial para evitar que el análisis quedara incompleto (Babbie, 2012; Babbie, 2020; Gomes *et al.*, 2016; Krippendorff, 2004).

Es importante destacar que se seleccionaron artículos de la literatura científica publicados en revistas académicas indexadas, consideradas como fuentes de "conocimientos certificados" (Fernández-Alles & Ramos; Rodríguez, 2009; Ramos-Rodríguez & Ruíz-Navarro, 2004).

Los artículos seleccionados fueron sometidos a un análisis sistemático para extraer información relevante sobre el uso de Excel en el análisis de datos en las ciencias sociales. Especialmente en los aspectos relacionados con el análisis estadístico, incluyendo la importación y manipulación de datos, la aplicación de técnicas descriptivas e inferenciales, y la generación de visualizaciones. La información obtenida se sintetizó de manera clara y concisa con el fin de abordar la pregunta de investigación y cumplir con los objetivos establecidos para la revisión.

Los resultados obtenidos de la revisión se presentaron de forma coherente y organizada en el artículo. Para respaldar las afirmaciones y conclusiones, se emplearon tablas, gráficos y citas de los artículos revisados. Se resaltaron los hallazgos clave y se discutió la evidencia existente con relación al potencial de Excel 2019 como recurso tecnológico en el análisis estadístico de datos en las ciencias sociales.

Posteriormente, se evaluaron los resultados del análisis empírico y se realizaron comparaciones con los resultados esperados obtenidos mediante el uso de aplicaciones especializadas en análisis estadístico, como SPSS o R. Se examinaron aspectos como la precisión, la eficiencia y la facilidad de uso de Excel en comparación con estos, poniendo de relieve las fortalezas y debilidades de cada enfoque.

4. DESARROLLO DE LA INVESTIGACIÓN

Kramer *et al.*, (2019), exponen en su investigación que no existe una regla única para la presentación y análisis de los datos; los cuales deben evidenciar la información más relevante de forma clara, a través de gráficos, tablas figuras, datos organizados y valorados. La estadística ofrece al investigador la posibilidad de realizar modelos predictivos, valorar parámetros y analizar experimentos. (Avello Martínez, & Seisdedos Losa, 2017; Rodríguez, *et al.* 2017).

En las últimas décadas, con las nuevas aplicaciones tecnológicas los investigadores han contado con estas para el registro, depuración, tratamiento y análisis de los datos (Perdigón Llanes, & Pérez Pino. 2022; Enrique Hevia, & Peña Álvarez, 2020; Kramer, et. al.,2019). Dentro de las aplicaciones utilizadas por los investigadores se encuentran: Microsoft Excel, SPSS, Stata, PLS y R entre otros.

En su obra Bosoni, & Bruzzone, (2018) exponen que las aplicaciones anteriormente nombradas presentan características diferentes en cuanto al uso, atributos, costo, entre otros, pero todas contribuyen al análisis de datos, en un aspecto importante como es el estadístico.

La selección de la aplicación a utilizar por el investigador para el análisis de datos depende de los objetivos, tipo y alcances de la investigación (ibid.). Es de tener en cuenta que para el análisis de estos se mezclan técnicas que permiten mejores gráficos o minería de datos entre programas (Soriano & Mejía-Trejo, 2022). En la Tabla 1 se presenta un comparativo de los diferentes atributos que un investigador puede tener en cuenta para la elección de la aplicación.

Dimensión / Lenguaje	R	Python	SPSS	Excel	Stata
Alcance	General, orientación multidisciplinar	General, orientación multidisciplinar	Limitado, orientado a Ciencias Sociales	Limitado, orientado a administración	Limitado, orientado a Economía
Licencia	Libre (freeware)	Libre (freeware)	Pagada (versión de prueba limitada)	Pagada (versión de prueba limitada)	Pagada (versión de prueba limitada)
Aprendizaje	Sintaxis, poco intuitivo	Sintaxis, poco intuitivo	Botones y sintaxis, intuitivo	Botones y sintaxis, intuitivo	Botones y sintaxis, intuitivo
Visualización	Avanzada	Intermedia	Básica	Intermedia	Intermedia
Análisis de texto	Intermedio, poca eficiencia	Avanzado, amplia eficiencia	No	No	No
Minería Datos	Intermedio, poca eficiencia	Avanzado, amplia eficiencia	No	No	No
Sistema operativo	Windows, Mac OS, Linux	Windows, Mac OS, Linux	Windows, Mac OS	Windows, Mac OS	Windows, Mac OS

Tabla 1. Comparativo de aplicaciones para el análisis estadístico.

Fuente: Tomado de Bosoni & Bruzzone, (2019) p-17

El investigador en ciencias sociales puede definir para el análisis de datos alguna o algunas de las aplicaciones expuestas a continuación:

4.1. R

Es considerado un lenguaje de programación, así como un potente software de análisis estadísticos y productor de gráficos, de acceso abierto (Elosua, 2011; Widyaningrum *et al.*, 2019). El software integra una gran variedad de paquetes que aumentan su capacidad y diversidad; pudiéndose descargar de manera gratuita (Bosoni & Bruzzone, 2019).

La aplicación R permite aplicar distintas técnicas estadísticas, tales como algoritmos de regresión, agrupación, minería de datos y gráficos con diseño e inclusión de valores y funciones matemáticas si se requiere. (R Project, 2023)

4.2. SPSS

Es considerado un software potente y sencillo de usar para los diferentes análisis estadísticos. Dentro de las áreas de investigación que más lo utilizan se encuentran la medicina, sociología, economía, empresariales, ingeniería entre otras disciplinas (Rahman & Muktadir 2021)

SPSS, facilita la creación de base de datos con información de variables cuantitativas (Arkkelin, 2014), para realizar operaciones como: análisis uni y multivariante, visualización de datos, análisis descriptivo o explicativo. Este paquete es de licencia pagada, con versión de prueba y actualizaciones frecuentes (Bosoni & Bruzzone, 2019).

4.3. PYTHON

Bosoni & Bruzzone, (2019) consideran que "Python es un lenguaje de programación multiparadigma que soporta programación orientada a objetos, programación imperativa y programación funcional. Su principal premisa es desarrollar un lenguaje que sea simple y entendible por los usuarios" (p. 5). Para el análisis interactivo de datos, la computación exploratoria y la visualización de datos, Python funciona tan bien como otros lenguajes de programación comercial y de código abierto específicos del dominio (Ferreira *et al*, 2019).

En las investigaciones realizadas por Cuevas Acosta *et al.*, (2019); Villamar *et al.*, (2022), Escárraga Torres *et al.*, (2022) y Prata *et al.*, (2018), afirman que este programa con las librerías que posee facilita la importación y organización de datos de matrices con volúmenes grandes de información; además, permite la realización de análisis estadístico descriptivo, correlaciones, representación gráfica de datos y creación de códigos. y creación de aplicaciones web para el análisis estadístico de un proyecto en concreto.

4.4. Stata

Stata es paquete de software estadístico muy utilizado en las ciencias sociales. Combina una amplia gama de técnicas estadísticas con capacidades avanzadas de gestión y visualización de datos. Stata admite varios tipos de datos, incluidos datos de panel, datos de series temporales y datos de encuestas. Los investigadores pueden realizar análisis de regresión, modelos multinivel, análisis de supervivencia y otros procedimientos estadísticos avanzados (Prata *et al.*, 2018; Yamamoto-Furusho *et al.*,2019; Souza *et al.*, 2020).

La interfaz basada en comandos y el lenguaje de programación intuitivo de Stata lo hacen adecuado tanto para análisis básicos como complejos. Además, las funciones gráficas de Stata permiten crear tablas y gráficos con calidad de publicación. (Gil, 2021; López *et al.*, 2009).

Bosoni & Bruzzone, (2019) consideran que este software busca reunir en un solo paquete diferentes técnicas para el análisis de datos en la investigación cualitativa, tales como: "construcción, validación y mantenimiento de bases de datos, análisis estadísticos simples y multivariados, construcción de gráficos y resultados para su publicación" (p. 4).

4.5. Smart-PLS

Una de las técnicas utilizadas últimamente por los investigadores en mayor proporción es la modelización de ecuaciones estructurales. PLS-SEM es la herramienta que facilita estimar y modelar las relaciones entre múltiples variables dependientes e independientes las cuales pueden llegar a ser complejas (Hair Jr *et al.*, 2021)

Soriano & Mejía-Trejo, (2022), se refieren a SEM como una "técnica de modelado estadístico multivariante que permite probar una hipótesis (modelado sobre los datos), postulando un modelo generador de datos y este modelo puede ajustarse o no a los datos" (p. 244). Asimismo, combina las técnicas de regresión y análisis lineal que permite generar modelos para variables latentes y las relaciones entre sí (Valls Martínez & Martín Cervantes, 2021)

Esta técnica se realiza a través de paquetes estadísticos como LISREL, EQS, AMOS, SmartPLS, MPlus, entre otros. (Soriano & Mejía-Trejo, 2022). Dentro de los aspectos a resaltar en el uso de la aplicación SmartPLS, se encuentra la extensión de algoritmos y la generación de gráficos, el "análisis de mapas de importancia y rendimiento, análisis multigrupo" (Soriano & Mejía-Trejo, 2022), modelo de ruta de mínimos cuadrados parciales, análisis de mapas de rendimiento e importancia, análisis multigrupo, (Manley *et al.*, 2021).

4.6. Microsoft Excel

Excel es considerado como el programa más utilizado en el mundo, para la creación, gestión, análisis de la información, mediante una plantilla de filas y columnas conocida como hoja de cálculo (Parrás & Jara, 2023).

Con Excel es posible agrupar, analizar datos, importar matrices realizadas en otras aplicaciones, (Tofiño-Rivera, 2017), establecer conexiones desde SQL Server, creación de tablas dinámicas, (Caraveo, & Mayo, 2020), modelos no lineales, algoritmos para estimación de errores estándar (Tellinghuisen, 2018), análisis de series temporales (Vidmachenko, 2019), estadísticas descriptivas, presentación de datos en tablas y gráficos (Asumah *et al.*, 2022).

Para López *et al.* (2006) y Gil (2021), Excel tiene una importancia significativa como herramienta para analizar datos estadísticos en las ciencias sociales debido a varios factores clave. En primer lugar, Excel es ampliamente accesible y familiar para los investigadores de diversas disciplinas. Su interfaz fácil de usar y su formato de hoja de cálculo lo hacen accesible para usuarios de todos los niveles de conocimientos estadísticos.

El uso generalizado de Excel también fomenta la colaboración y la reproducibilidad. Muchos investigadores ya están familiarizados con Excel, lo que facilita compartir y colaborar en proyectos de investigación. La posibilidad de compartir fácilmente archivos, fórmulas y técnicas de análisis de Excel aumenta la transparencia y la reproducibilidad de la investigación. Otros pueden revisar y validar los métodos de análisis, lo que contribuye a la solidez general de los resultados de la investigación.

4.6.1. Novedades en las versiones Excel 365/ 2019

Gallego, (2019), en su obra destaca los siguientes aspectos que contienen las últimas versiones de esta aplicación, las cuales se comentan en la Tabla 2.

Novedades	Descripción
Gráficas o ilustraciones:	
· Iconos	Corresponde a una galería de iconos clasificados por categorías. El comando se encuentra en Insertar/ Ilustraciones/ Iconos.
·imágenes 3D	Incluye una galería de imágenes que se desplazan en un plano con 3 dimensiones. El comando se encuentra en Insertar/ Ilustraciones/ Modelos 3D.
Gráficos	Incluye nuevos gráficos como son: Embudo y Mapas 3D. El comando se encuentra en Insertar/ Paseos/ Mapas 3D.
Analizar datos	Se encuentra en la versión 365, es un comando que busca patrones en los datos, presentando alternativas que están representadas en diferentes tipos de gráficos, mostrando sugerencias inteligentes y personalizadas. Se encuentra en Inicio/ Análisis
Nuevas funciones	En las versiones 2019 y 365, se tienen: CONCAT, UNIRCADENAS, CAMBIAR, SI.CONJUNTO, MAX.SI.CONJUNTO y MIN.SI.CONJUNTO.
	En la versión 365 Online se encuentra un grupo de funciones nuevas llamadas funciones de Matriz, son las funciones Filtrar, Ordenar, Ordenar por, Únicos, Secuencia y Matrizaleat

Tabla 2. Novedades en las versiones 365/ 2019 Fuente: Adaptada de Gallego (2019).

4.6.2. Mejoras destacables de la aplicación Microsoft Excel 2019

Microsoft Excel 2019, presenta varias mejoras y características nuevas en comparación con versiones anteriores[2]. Tales como:

1. *Funciones y fórmulas mejoradas*: incluye nuevas funciones y mejoras en las fórmulas existentes. Lo que incluye funciones de texto avanzadas, como CONCATENAR, TEXTO, y FILTRO; funciones de fecha y hora, como DIFDÍAS.INTL y DIASEM.INTL; y funciones estadísticas mejoradas, como ESTAND.INV y ESTAND.NORM.DIST.
2. *Mejoras en el manejo de datos*: esta versión presenta mejoras en el manejo y análisis de datos. Contiene nuevos comandos para importar y limpiar datos, tal como el Asistente para importar datos Power Query, que permite importar y transformar datos desde diferentes fuentes externas. También las opciones de filtrar y ordenar datos, permitiendo manipular de manera eficiente un conjunto de datos grandes.

2. Microsoft 2019 - Novedades de Excel 2019

3. *Gráficos y visualizaciones avanzadas:* presenta nuevas opciones y mejoras en la creación de gráficos y visualizaciones. Se han agregado nuevos tipos de gráficos, como gráficos de embudo y gráficos de mapas en 3D. Además, se ha mejorado la capacidad de formateo y personalización de gráficos.
4. *Mayor integración con otras aplicaciones:* mayor integración con otras aplicaciones de Microsoft Office, lo que facilita la cooperación y el intercambio de datos. Por ejemplo, se ha mejorado la integración con Power BI, lo que facilita crear y compartir informes interactivos basados en datos de Excel. También con SharePoint y OneDrive, facilitando el almacenamiento y el acceso a los archivos de Excel en la nube.
5. *Mejoras en el rendimiento y la estabilidad:* Excel 2019 ha mejorado el rendimiento y la estabilidad general del software. Se han realizado optimizaciones para acelerar el cálculo de fórmulas y mejorar la respuesta del programa al trabajar con grandes conjuntos de datos.

5. CONCLUSIONES

A través de la investigación, pudimos dar respuesta a la pregunta de investigación ¿Cuáles son las ventajas y limitaciones de utilizar el software Excel para el análisis de datos en la investigación en ciencias sociales, y cómo se compara con el software estadístico especializado?

Pudimos comprobar que utilizar el software Excel 2019 para el análisis de datos en la investigación en ciencias sociales presenta varias ventajas, pero también limitaciones en comparación con el uso de software estadístico especializado. Entre las ventajas de Excel en el análisis de datos en ciencias sociales, se tiene la 1) *Accesibilidad y familiaridad*: Excel es ampliamente utilizado y conocido, lo que facilita su adopción por parte de los investigadores en ciencias sociales. Muchos investigadores ya están familiarizados con las funciones básicas de Excel, lo que reduce la curva de aprendizaje y permite un uso más intuitivo. 2) *Versatilidad*: Excel es un software versátil que permite una amplia gama de análisis y manipulaciones de datos. Puede utilizarse para tareas básicas como la importación, organización y limpieza de datos, así como para realizar análisis estadísticos descriptivos e inferenciales.3) *Funciones de cálculo y fórmulas:* Excel cuenta con una amplia gama de funciones de cálculo y fórmulas que permiten realizar cálculos complejos y automatizar procesos repetitivos. Estas funciones pueden ser especialmente útiles en el análisis de datos en las ciencias sociales.4) *Capacidades gráficas*: Excel ofrece diferentes grupos de comandos para crear gráficos, lo que facilita la representación visual de los datos.

Estas capacidades gráficas son valiosas para comunicar resultados de manera efectiva en informes y presentaciones. En cuanto a las mejoras estadísticas realizadas en Excel 2019, se han introducido varias funciones y características que facilitan el análisis y la manipulación de datos. Ha agregado nuevas funciones estadísticas que amplían las capacidades de análisis de datos. Entre estas funciones se incluyen ESTAND.INV, que devuelve el valor z de una distribución normal estándar inversa, y ESTAND.NORM.DIST, que calcula la función de distribución acumulativa de una distribución normal estándar. Estas funciones son especialmente útiles en análisis estadísticos avanzados.

Excel 2019 ofrece nuevas incorporaciones para el de análisis de datos. Por ejemplo, se ha mejorado la herramienta "Análisis de datos" para proporcionar una mayor variedad de opciones estadísticas, como análisis de regresión, análisis de varianza y pruebas de hipótesis. Estas opciones permiten realizar análisis más avanzados directamente en Excel sin necesidad de utilizar software estadístico especializado. también en esta versión 2019 ha mejorado las capacidades de filtrado y clasificación de datos, lo que facilita la manipulación y el análisis de grandes conjuntos de datos. Se han añadido opciones adicionales para filtrar datos basándose en múltiples criterios y se ha mejorado la capacidad de clasificar datos de manera personalizada. Estas mejoras permiten una mayor flexibilidad en el análisis de datos.

Con relación a los gráficos estadísticos ha introducido nuevas opciones y mejoras en la creación de estos. Se han añadido nuevos tipos de gráficos, como histogramas y diagramas de caja, que son útiles para visualizar distribuciones y resúmenes estadísticos. Además, se ha mejorado la capacidad de personalizar y formatear gráficos, lo que permite resaltar patrones y tendencias en los datos de manera más efectiva. Excel 2019 ha mejorado la integración con Power Query, una potente herramienta de manipulación y transformación de datos. Power Query ofrece una variedad de funciones y capacidades avanzadas para el análisis de datos, como la combinación de múltiples conjuntos de datos, la limpieza de datos y la creación de consultas personalizadas. Estas funciones de análisis de datos en Power Query amplían las capacidades de Excel para el análisis estadístico.

Estas mejoras estadísticas en Excel 2019 permiten a los usuarios realizar análisis más sofisticados y eficientes directamente en la aplicación. Si bien Excel no reemplaza completamente a los softwares estadísticos especializados, estas mejoras brindan a los usuarios una mayor flexibilidad y funcionalidad en el análisis de datos en el contexto de Excel.

Es importante tener en cuenta que Excel tiene limitaciones en términos de capacidad estadística y análisis avanzados en comparación con las aplicaciones especializadas como SPSS, Stata, PLS y R. Estas aplicaciones ofrecen una funcionalidad más avanzada y especializada para análisis estadísticos complejos y modelos específicos. Por lo tanto, la elección entre Excel y otras aplicaciones dependerá del nivel de análisis requerido, la familiaridad del investigador con la herramienta y las necesidades específicas del proyecto de investigación.

Excel es una opción viable para análisis descriptivos básicos y tareas de manipulación de datos en proyectos de investigación en ciencias sociales. Su versatilidad y familiaridad lo convierten en una herramienta accesible para investigadores que necesitan realizar cálculos simples, generar gráficos y organizar datos.

Es recomendable que los investigadores evalúen cuidadosamente las necesidades específicas de su proyecto, sus habilidades y el nivel de análisis requerido antes de seleccionar una aplicación de análisis de datos. Considerar factores como la complejidad de los análisis, la cantidad de datos y la familiaridad con las herramientas ayudará a tomar una decisión acertada.

6. REFERENCIAS

Arkkelin, D. (2014). Using SPSS to Understand Research and Data Analysis. *Psychology Curricular Materials,* 1. https://scholar.valpo.edu/psych_oer/1

Asumah, M. N., Abubakari, A. y Gariba, A. (2022). Schools preparedness for menstrual hygiene management: a descriptive cross-sectional study in the West Gonja Municipality, Savannah Region of Ghana. *BMJ open, 12*(4), e056526. https://bmjopen.bmj.com/content/12/4/e056526

Avello Martínez, R. y Seisdedo Losa, A. (2017). El procesamiento estadístico con R en la investigación científica. *MediSur, 15*(5), 583-586. https://n9.cl/ys37m

Babbie, E. R. (2012). *The basics of social research.* Wadsworth: Cengage Learning.

Babbie, E. R. (2020). *The practice of social research*. Cengage learning.

Borjas García, J. E. (2020). Validez y confiabilidad en la recolección y análisis de datos bajo un enfoque cualitativo. *Trascender, contabilidad y gestión, 5*(15), 79-97 https://doi.org/10.36791/tcg.v0i15.90

Bosoni, G. B. y Bruzzone, F. R. (2019). *Uso de RStudio para Estadística Univariada en Ciencias Sociales.* Bookdown. https://n9.cl/4h500

Caraveo, Z. K. G. y Mayo, H. A. (2020). Construcción de Cubo OLAP en Microsoft Analysis Services y Microsoft Excel. *Revista de Investigación en Tecnologías de la Información: RITI, 8*(15), 41-49. https://n9.cl/76vpr

Castañeda-Millán, D. A., Osorio-Iriarte, J. C., Alzate-Granados, J. P., Amórtegui-Rodríguez, D., Arbeláez-Teuzaba, J. S., Romero-Sánchez, M. C., Flórez-Barbosa, K. y Fajardo-Cediel, W. (2021). Caracterización de la infección urinaria y resistencia antimicrobiana en receptores de trasplante renal de un centro colombiano. *Revista Urología Colombiana/ Colombian Urology Journal, 30*(03), e165-e170. https://n9.cl/rrj1t

Carvajal Camperos, M., Almodóvar Martínez, P. y Vassolo, R. (2021). Análisis del concepto y alcance de las alianzas estratégicas: un en-foque longitudinal (1972-2020). *Revista Venezolana De Gerencia, 26*(5), 290-314. https://doi.org/10.52080/rvgluz.26.e5.20

Cuevas Acosta, J. H., Silva Contreras, I. y Solís, M. C. (2019). Programación Computacional Y Análisis De Datos En Educación Estadística. *Areté, 5*(9), 11-27. https://n9.cl/sbyy0

Elosua, P. (2011). *Introducción al entorno R.* Universidad del País Vasco.

Enrique Hevia, F. M. y Peña Alvarez, M. (2020). Improcedencias al usar la estadística en las investigaciones sociales. *Varona. Revista Científico Metodológica*, 70, 13-18. https://n9.cl/q6rwv

Escárraga Torres, L. J., Cuevas Sánchez, J. A., Baca del Moral, J. y Ávalos Vargas, A. (2022). Análisis de los compromisos de México frente a la agrobiodiversidad en el sistema agroalimentario. *Ciencia y Tecnología Agropecuaria, 23*(1), e2174. https://doi.org/10.21930/rcta.vol23_num1_art:2174

Fernández-Alles, M. y Ramos-Rodríguez, A. (2009). Intellectual structure of human resources management research: A bibliometric analysis of the journal Human Resource Management, 1985-2005. *Journal of the American Society for Information Science and Technology, 60*(1), 161-175. https://doi.org/10.1002/asi.20947

Ferreira, M., Fernández Ríos, D. y Benítez Candia, N. (2019). ¿De qué herramientas disponen los investigadores?. *Reportes científicos de la FACEN, 10*(2), 112-131. http://doi.org/10.18004/rcfacen.2019.10.2.112

Flórez Lopez, C. A., Gallego, J. A., Zapata, A. M. y Correoa Cadavid, C. M. (2020). Analítica en Ciencias Sociales y grandes volúmenes de datos. En C. A. Flórez López, y C. C. Mario, *Miradas Transversales. Aportes en Planeación y Desarrollo Social* (pp. 19-43). Grupo Editorial Ibañez.

Gallego, M. (2019). *Excel 2019: avanzado. 1.* RA-MA Editorial. https://elibro.net/es/ereader/urjc/222713?page=14

Gomes, E., Barnes, B. R. y Mahmood, T. (2016). A 22 year review of strategic alliance research in the leading management journals. *International Business Review, 25*(1), 15-27. https://doi.org/10.1016/j.ibusrev.2014.03.005

Gil, D. C. (2021). *Desarrollo de una herramienta basada en excel para el análisis de datos y su uso en docencia e investigación básica (unstat4excel).* Universidad de Navarra. https://n9.cl/qycu2

Internet paso a paso (22 de abril de 2023). *Versiones Excel.* https://internetpasoapaso.com/versiones-microsoft-excel/

Kramer, M. H., Paparozzi, E. T. y Stroup, W. W. (2019). Best practices for presenting statistical information in a research article. *HortScience, 54*(9), 1605-1609. https://doi.org/10.21273/hortsci13952-19

Krippendorff, K. (2004). Reliability in content analysis: Some common misconceptions and recommendations. *Human communication research, 30*(3), 411-433. https://doi.org/10.1111/j.1468-2958.2004.tb00738.x

Lakatos, I. (1978). Science and pseudoscience. *Philosophical papers*, 1, 1-7.

López Noriega, M., Lagunes Huerta, C. y Herrera Sánchez, S. (2009). Excel como una herramienta asequible en la enseñanza de la Estadística. *Teoría de la Educación: Educación y Cultura en la Sociedad de la Información, 7*(1), 1-7. https://n9.cl/4dwgh

Manley, S. C., Hair, J. F., Williams, R. I. y McDowell, W. C. (2021). Essential new PLS-SEM analysis methods for your entrepreneurship analytical toolbox. *International Entrepreneurship and Management Journal*, 17, 1805-1825. https://link.springer.com/article/10.1007/s11365-020-00687-6

Microsoft. (23 de abril de 2023). Novedades de Excel 2013. https://n9.cl/c1url

NivelProExcel-Consultores. (21 de abril de 2023). Historia de Excel a través del tiempo. https://nivelproexcel.com/historia-de-excel-a-traves-del-tiempo/

Ong, M. H. A. y Puteh, F. (2017). Quantitative data analysis: Choosing between SPSS, PLS, and AMOS in social science research. *International Interdisciplinary Journal of Scientific Research, 3*(1), 14-25. https://n9.cl/3bd2m

Padrón Medina, A. M., Mendez Reyes, J. M. y Clanchez Urribarri, Á. (2022). La Fenomenología como propuesta metodológica para las Ciencias. *Revista de la universidad del Zulia*, 38, 531-550. http://dx.doi.org/10.46925//rdluz.38.30

Parrás, D. y Jara, C. (26 de Abril de 2023). Tópicos fundamentales de Microsoft Excel. https://n9.cl/hgvis

Perdigón Llanes, R. y Pérez Pino, M. T. (2022). Herramientas de código abierto para el análisis estadístico en investigaciones científicas. *Anales de la Academia de Ciencias de Cuba, 12*(3), 1-10.

Prata, P., Ferrão, M. E. y Duarte, L. (2018). Aplicação web para análise de testes de avaliação. *Millenium (Viseu) 7*(2018): 91-101. https://doi.org/10.29352/mill0207.08.00176

R Foundation (15 de 06 de 2023). Project R. *R Foundation.* https://n9.cl/pkec8d

Rafart Serra, M. A., Bikfalvi, A., Soler Masó, J. y Poch Garcia, J. (2018). Una herramienta genérica para generar y evaluar problemas automáticamente utilizando hojas de cálculo. *International Journal of Emerging Technologies in Learning (iJET), 13*(10), 23-41. https://doi.org/10.3991/ijet.v13i10.7689

Rahman, A. y Muktadir, M. G. (2021). SPSS: An imperative quantitative data analysis tool for social science research. *International Journal of Research and Innovation in Social Science, 5*(10), 300-302. http://doi.org/10.47772/IJRISS.2021.51012

Ramos-Rodríguez, A. R. y Ruíz-Navarro, J. (2004). Changes in the intellectual structure of strategic management research: a bibliometric study of the Strategic Management Journal, 1980–2000. *Strategic Management Journal, 25*(10), 981-1004. https://doi.org/10.1002/smj.397

Rodríguez-Ruiz, F., Almodóvar, P. y Nguyen, Q. T. K. (2019). Intellectual Structure of International New Venture Research: A Bibliometric Analysis and Suggestions for A Future Research Agenda. *Multinational Business Review, 27*(4), 285-316. https://doi.org/doi:10.1108/MBR-01- 2018-0003

Rodrigues, C. F. D. S., Lima, F. J. C. D. y Barbosa, F. T. (2017). Importance of using basic statistics adequately in clinical research. *Revista brasileira de anestesiologia, 67*(6), 619-625. https://doi.org/10.1016/j.bjane.2017.01.011

Robson, M. J., Skarmeas, D. y Spyropoulou, S. (2006). Behavioral attributes and performance in international strategic alliances: Review and future directions. *International Marketing Review*, 23, 585-609. http://dx.doi.org/10.1108/02651330610712120

Shi, W., Sun, J. y Prescott, J. E. (2011). A Temporal Perspective of Merger and Acquisition and Strategic Alliance Initiatives. *Journal of Management, 38*(1), 164-209. https://doi.org/10.1177/0149206311424942

Soriano, J. L. y Mejía-Trejo, J. (2022). Modelado de Ecuaciones Estructurales en el campo de las Ciencias de la Administración. *Revista de Métodos Cuantitativos para la Economía y la Empresa*, 33, 242-263. https://doi.org/10.46661/revmetodoscuanteconempresa.5414

Souza, V. D., Ramos, K. C., Matozinhos, F. P. y Fonseca, R. M. G. S. D. (2020). Validation of the Papo Reto game as a pedagogical device of adolescent in the context of sexuality. *Revista Brasileira de Enfermagem*, 73. https://n9.cl/7m3uw

Teixera, A., Rosa, Á. y Calapez, T. (2009). Statistical Power Analysis with Microsoft Excel: Normal Tests for One or Two Means as a Prelude to Using Non-Central Distributions to Calculate Power. *Journal of Statistics Education, 17*(1), https://doi.org/10.1080/10691898.2009.11889507

Tellinghuisen, J. (2018). Análisis de mínimos cuadrados de datos con incertidumbre en Y y X: algoritmos en Excel y KaleidaGraph. *Revista de Educación Química 95*(6), 970-77.

Tofiño-Rivera, A. P., Ortega-Cuadros, M., Melo-Ríos, A. y Mier-Giraldo, H. J. (2017). Vigilancia tecnológica de plantas aromáticas: de la investigación a la consolidación de la agrocadena colombiana. *Ciencia y Tecnología Agropecuaria, 18*(2), 353-377. https://n9.cl/y4p97

Valls Martínez, M. D. C. y Martín Cervantes, P. A. (2021). Partial least squares structural equation modeling (PLS-SEM) applications in economics and finance. *MDPI,* special, 1-278. https://doi.org/10.3390/books978-3-0365-2621-8

Villamar, V. P., Morillo, P. A. L. y Arevalo, F. G. (2022). Análisis estadístico general de mediciones de parámetros de la red celular en Quito. *Revista de Investigación en Tecnologías de la Información: RITI, 10*(21), 120-131. https://doi.org/10.36825/RITI.10.21.011

Widyaningrum, P., Ruldeviyani, Y. y Dharayani, R. (2019). Sentiment analysis to assess the community's enthusiasm towards the development chatbot using an appraisal theory. *Procedia Computer Science,* 161, 723-730. https://doi.org/10.1016/j.procs.2019.11.176

Yamamoto-Furusho, J. K., Bozada-Gutiérrez, K. E., Sánchez-Rodríguez, A., Bojalil-Romano, F., Barreto-Zuñiga, R., y Martínez-Benitez, B. (2019). Validation of a novel integral disease index for evaluating the grade of activity in Mexican patients with ulcerative colitis: a prospective cohort study. *Revista de Gastroenterología de México, 84*(3), 317-325. https://doi.org/10.1016/j.rgmxen.2019.02.006

UNA MIRADA A LA ESCLAVITUD DEL SIGLO XXI A TRAVÉS DE LA PRODUCCIÓN CIENTÍFICA ESPAÑOLA DE LA ÚLTIMA DÉCADA

Pilar Antolínez-Merchán, Elvira C. Cabrera-Rodríguez, Eva Martínez- Serrano[1]

El presente texto forma parte del proyecto de investigación con acrónimo TSH-MEDIA, financiado con fondos de la VIII Convocatoria de Investigación de la Universidad Camilo José Cela.

1. INTRODUCCIÓN

Una nueva esclavitud, la trata de seres humanos, que se reconoce, no solo como un delito transnacional e incluso nacional dentro de los países, la denominada "trata interna", sino como una grave vulneración de los derechos humanos, sigue preocupando y extendiéndose a nivel mundial, afectando a las personas que, inmersas en una situación de vulnerabilidad, son utilizadas por los tratantes como objeto de compraventa y, por ende, explotadas bajo una situación de trabajo forzoso, despojándolas de su dignidad, libertad e integridad física y emocional.

La trata de seres humanos, además de no ser un fenómeno nuevo, es una realidad delictiva de enorme complejidad, y compuesta por múltiples factores, que se ha ido desarrollando hasta alcanzar una dimensión global. Según el último Informe de la Organización Internacional del Trabajo (2021) el número de víctimas sometidas a la esclavitud moderna alcanza la cifra de 49,6 millones de personas entre 2017-2021. Constituye, por tanto, un problema real y una constante en la sociedad mundial, además de uno de los retos de la política criminal actual. La justicia, el desarrollo y el bienestar social son términos sin sustancia cuando la sociedad a nivel mundial se enfrenta a esta lacra.

La lucha para lograr la erradicación de un fenómeno social de este calado se traduce no solo en las acciones que vayan encaminadas a ello de una manera directa, sino que debe transcender a su completa visibilidad con todos los medios con los que se cuenten. Uno de estos es, sin duda, la producción de investigación científica que se elabore sobre la materia, que contribuya a dar luces sobre si realmente se está avanzando o no, a través de este medio, en la visibilidad y sensibilización del fenómeno.

El interés de este estudio es evidente, ya que el análisis y la evaluación de la información y el conocimiento procedente de la actividad científica resultan imprescindibles para diseñar los diversos programas de investigación que se implementan en una sociedad

1. Universidad Camilo José Cela (España)

(Tomás-Gorriz y Tomás-Casterá, 2018). De esta manera, aunque este examen pueda resultar relevante para cualquier tema de estudio, en el caso del objeto de estudio de este trabajo, la trata de seres humanos alcanza aun mayor valor, por ser una pieza más para ayudar a combatir una lacra que, aun siendo un problema tan antiguo como la propia humanidad, sigue en plena vigencia y adquiere nuevas prácticas.

El presente trabajo de investigación parte de una exposición introductoria del tema para continuar con los objetivos, el estado de la cuestión, la metodología que se ha utilizado para su elaboración, los resultados obtenidos y unos apartados de discusión y conclusiones que recogen la síntesis de lo abordado en todo el desarrollo de la investigación.

2. OBJETIVOS

El presente trabajo de investigación realiza un análisis cuantitativo de la producción y el consumo de la información científica publicada en España durante la última década, 2013-2022, en torno a la trata de seres humanos. Su finalidad es saber cuánto se publica, qué instituciones y autores trabajan en España en este ámbito y cómo son las relaciones entre ellos, así como identificar los temas motores de la investigación.

3. MARCO TEÓRICO

La trata de seres humanos se encuentra definida principalmente por dos instrumentos jurídicos internacionales, en primer lugar, en el art. 3 del Protocolo para Prevenir, reprimir y sancionar la trata de seres humanos, especialmente mujeres y niñas (2000), y en el en art. 4 del Convenio del Consejo de Europa sobre la lucha contra la trata de seres humanos (2005), conocido como el Convenio de Varsovia. En ambos textos legales, la trata de seres humanos queda definida como la captación, transporte y recepción de las personas a través de medios coercitivos y violentos con la finalidad de explotación, donde hay que advertir que no es necesario que esta se produzca, y donde se incluyen la prostitución ajena u otras formas de explotación sexual, los trabajos o servicios forzados, la esclavitud o las prácticas análogas a la esclavitud, la servidumbre o la extracción de órganos como formas de trata.

Desde las Naciones Unidas se adoptan el 25 de septiembre del año 2015 los Objetivos de Desarrollo Sostenible (ODS) como una vía de actuación a nivel mundial que persiga la eliminación de la pobreza, la defensa del planeta y asegurar que todas las personas a nivel mundial gocen de condiciones y perspectivas de vida favorables.

Entre esos objetivos se destaca en relación con la trata de seres humanos, dos. El primero, el objetivo número 5, que consiste en "lograr la igualdad entre los géneros y empoderar a todas las mujeres y las niñas" (ODS, 2015), y en concreto, se especifica en su meta dos y tres, lo siguiente:

> *Eliminar todas las formas de violencia contra todas las mujeres y las niñas en los ámbitos público y privado, incluidas la trata y la explotación sexual y otros tipos de explotación, junto con todas las prácticas nocivas, como el matrimonio infantil, precoz y forzado y la mutilación genital femenina. (ODS, 2015)*

En este sentido, los medios de comunicación ayudan a visibilizar el problema de la trata, centrándose sobre todo en la explotación sexual, pero sin profundizar en la comprensión del fenómeno (Cabrera-Rodríguez y Antolínez-Merchán, 2022).

El segundo objetivo, el número 8, señala que se "debe promover el crecimiento económico inclusivo y sostenible, el empleo y el trabajo decente para todos" (ODS, 2015) y, concretamente, en su meta siete lo siguiente:

> *Adoptar medidas inmediatas y eficaces para erradicar el trabajo forzoso, poner fin a las formas contemporáneas de esclavitud y la trata de personas y asegurar la prohibición y eliminación de las peores formas de trabajo infantil, incluidos el reclutamiento y la utilización de niños soldado, y, de aquí a 2025, poner fin al trabajo infantil en todas sus formas. (ODS, 2015)*

Desde 2015, año en que se declaran estos objetivos, tres acontecimientos han zarandeado el mundo con importantes consecuencias para la población más vulnerable: el cambio climático, nuevas guerras, en concreto la de Ucrania en Europa, y la crisis sanitaria provocada por la Covid-19.

El último Informe de la Oficina de las Naciones Unidas para la Droga y el Delito (2022) alerta de la situación, citando en concreto el cambio climático como un factor que aumenta exponencialmente el riesgo de las personas a convertirse en víctimas de trata.

Distintos organismos e instituciones a nivel internacional, europeo y nacional como la Agencia de la Naciones Unidas para los Refugiados (ACNUR) y el Fondo de las Naciones Unidas para la Infancia (UNICEF), han alertado de los peligros que acechan a las personas, mayoritariamente mujeres y niños, que huyen de los conflictos bélicos (ACNUR, 2022) como la guerra civil de Siria o la reciente guerra en Ucrania, y se convierten en seres vulnerables para la trata.

Para finalizar con el tercer factor citado, García-Vásquez & Meneses-Falcón (2021), destacan desde diferentes planos los efectos de la Covid-19 en contexto de prostitución y trata de seres humanos, tanto en adultos como en menores. Así en el ámbito social, el aumento del aislamiento social, de vulnerabilidad, de inseguridad, unido al riesgo de captación por las redes de trata; económico, el incremento de la inseguridad económica y alimentaria; y de salud, los obstáculos para obtener ayuda médica, aumento de problemas de carácter psicológico (ansiedad, nerviosismo, depresión, etc.) y físicos.

Si a lo anterior se añade que las nuevas tecnologías emergen como un importante aliado facilitador de estas prácticas, cabe concluir que la sociedad se enfrenta a un escenario más favorable para la trata de seres humanos que justifica una revisión de la literatura sobre el tema: un análisis bibliométrico que permita valorar el progreso del interés científico sobre este grave problema social.

4. METODOLOGÍA

Las etapas para el análisis bibliométrico son las establecidas por Cobo *et al.* (2011): selección de la fuente de datos, extracción de los datos, preprocesamiento de datos. Para la recopilación de datos se ha utilizado la base de datos Scopus. La búsqueda se realizó en enero de 2023 y se usaron los términos de "human trafficking" or "trata de seres humanos" or "trafficking of human beings" para encontrar coincidencias en los títulos, resúmenes y palabras clave de los documentos (artículos) publicados entre 2013 y 2022.

Base de datos	Scopus
Periodo de consulta	2013-2022
Fecha de consulta	15 de enero 2023
Tipo de documento	Artículos
Campos de búsqueda	Título o Abstract o Palabras Clave
Términos de búsqueda	"human trafficking" or "trata de seres humanos" or "trafficking of human beings"

Tabla 1. Parámetros de búsqueda. Fuente: Elaboración propia, 2023.

Los documentos que se extrajeron de la búsqueda se exportaron en un archivo .CSV según las siguientes opciones en Scopus: información de citación, información bibliográfica, resumen y palabras clave. Se obtuvieron 84 documentos con los términos de búsqueda anteriormente mencionados. En un primer momento se revisó el archivo para detectar elementos duplicados y errores ortográficos, además de agregar información adicional como el nombre completo de los autores, el número de autores por publicación y el sexo de estos.

El análisis se ha llevado a cabo a través de indicadores y mapas bibliométricos. Para la realización de esta investigación se parte de la clasificación de indicadores planteada por Sanz-Casado y Martín-Moreno (1997) entre indicadores unidimensionales e indicadores multidimensionales o relacionales:

a. Indicadores bibliométricos unidimensionales, que "estudian una sola característica de los documentos, sin tener en cuenta ningún tipo de vínculo común que pueda existir entre ellos (Sanz-Casado y Martín-Moreno, 1997, p. 47). Para determinar los indicadores bibliométricos se han seguido las indicaciones de varios autores (Castillo y Carretón, 2010; Sancho, 2001; Maltras, 2003; Suárez-Colorado y Pérez-Anaya, 2018; Tomás-Górriz y Tomás-Casterá, 2018), seleccionando aquellos que se han considerado más pertinentes entre los indicadores de producción científica, colaboración y dispersión.
b. Indicadores bibliométricos multidimensionales o relacionales (mapas), que trabajan de manera simultánea con distintas variables o múltiples relaciones que se establecen entre autores y documentos (Sanz-Casado y Martín-Moreno, 1997). A través de mapas bibliométricos se han llevado a cabo dos tipos de análisis: análisis conceptual con las palabras clave de autor (*author´s keywords*) de los documentos extraídos; y análisis de estructura social con las redes de colaboración que permiten visualizar las relaciones entre los diferentes autores e instituciones.

Para analizar dichos indicadores se utilizaron los programas Excel (indicadores unidimensionales), el paquete Bibliometrix del software estadístico R.Studio (indicadores para análisis conceptual) y VOSviewer v1.6.13. (indicadores para análisis de estructura social).

5. RESULTADOS

A continuación se presentan los principales resultados de la investigación.

5.1. Producción científica

Producción de documentos por años

En total se identificaron 84 trabajos relacionados con la trata de seres humanos publicados por parte de autores adscritos a instituciones españolas (índice de publicaciones). La figura 1 representa el índice de publicaciones por año registradas en Scopus durante el periodo de tiempo comprendido entre el año 2013 y 2022. Desde el año 2018, se observó un incremento en la publicación de documentación científica en materia de trata seres humanos, alcanzando recientemente su pico máximo en el año 2022 con la publicación de 23 artículos.

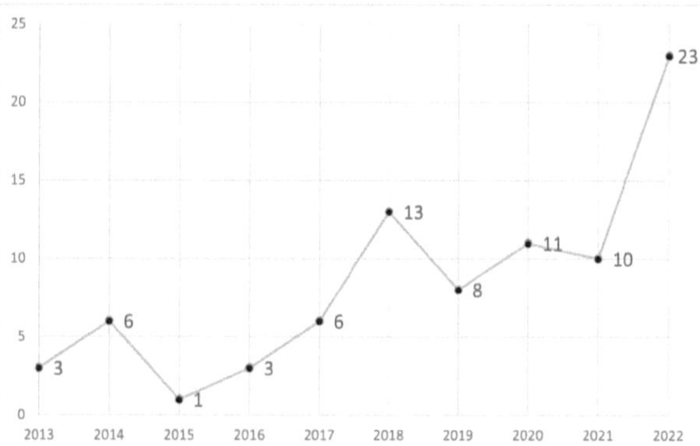

Figura 1. Publicaciones sobre trata de seres humanos indizadas en Scopus por año. Fuente: Elaboración propia.

Productividad por autores

En total, 119 autores adscritos a instituciones españolas han participado en los últimos diez años en la publicación de artículos sobre la trata de seres humanos (índice de producción). De ellos, 70 son mujeres (58,82%) frente a 49 hombres (41,18%). Un total de 91 autores solo han publicado un artículo sobre la trata de seres humanos durante estos años (76,47% de índice de transitoriedad).

Número de artículos	Autores	% Número de autores	trabajos aparentes	índice de productividad de Lotka (Log10n)
1	91	76,47%	91	0,0000
2	21	17,65%	42	0,3010
3	5	4,20%	15	0,4771
4	1	0,84%	4	0,6021
7	1	0,84%	7	0,8451
	119		249	

Tabla 2. Número de artículos firmados por autor.
Fuente: Elaboración propia a partir de datos de Scopus, 2023.

El índice de productividad de Lotka muestra cómo se distribuyen los autores en orden de productividad de acuerdo con el número de artículos firmados por cada uno de ellos. Vitón *et al.* (2019) explican que se calcula a partir del logaritmo del número de artículos publicados. Su fórmula es: IP = logN donde N es el número de artículos. Este índice sirve para clasificar los autores según su productividad en grandes (IP=1), medianos (0<IP<1) o pequeños productores o productores ocasionales (IP =0). Se puede decir que el número de productores ocasionales es muy alto (76,479%); 28 autores (23,53%) publicaron entre 2 y 7 artículos (productores medianos). No hay grandes productores sobre la trata de seres humanos. De los 28 autores más prolíficos, 10 (35,71 %) son hombres y 18 (64,29 %) son mujeres.

	Nº de autores	%
IP=0	91	76,47%
IP<1	28	23,53%
IP>1	0	0%

Tabla 3. Índice de productividad de Lotka. Fuente: Elaboración propia utilizando Bibliometrix, 2023.

Productividad institucional

Con respecto a la afiliación institucional, se han computado un total de 40 instituciones españolas (índice de producción institucional). Destaca la Universidad de Almería con 29 artículos (22,31%), seguida de la Universidad de Lleida (6,92%) y la universidad Jaume I (4,62%).

5.2. Colaboración científica (coautoría)

El Índice de coautoría mide el grado de colaboración con otros autores o autoras (número de autores firmantes dividido entre el número de artículos totales). Este índice alcanza un valor de 2,98. De los 84 documentos, 31 eran publicaciones de un solo autor (36,90%), 26 eran publicaciones de dos autores (30,95%), mientras que los restantes 27 artículos fueron publicaciones de 3 o más autores por documento (32,14%).

No obstante, el número de autores firmantes ha variado a lo largo del tiempo. En la figura 2 se puede constatar cómo a medida que ha pasado el tiempo si bien el número de artículos presentados por un solo autor/a se mantienen, aumenta el número de artículos publicados por más de 2 autores.

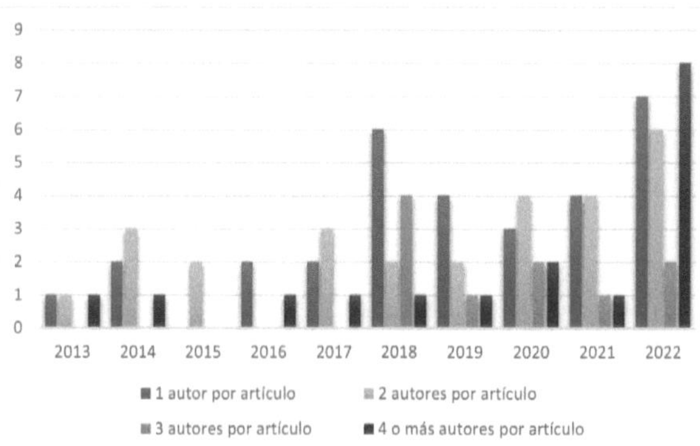

Figura 2. Distribución número de autores firmantes por documento y año. Fuente: Elaboración propia.

Si se plantea la cuestión de con qué países colabora España en la producción científica sobre la trata de seres humanos, se aplica el análisis por coautoría de VOSviewer, considerando el país como unidad de análisis. Los resultados arrojan que, a lo largo de la década estudiada, España ha mantenido relación con 35 países en al menos un artículo. Si se limita la búsqueda a una relación mínima de dos artículos, el número de países se reduce a 12. Destaca la relación con Estados Unidos (9 documentos), seguida por la mantenida con Reino Unido, Chile y Pakistán (4).

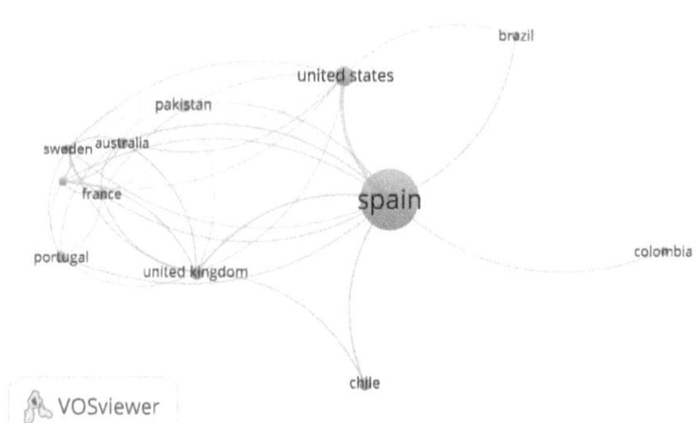

Figura 3. Mapa de relación entre países. Fuente: VOSviewer

5.3. Dispersión

Para identificar las revistas que concentran el mayor número de publicaciones sobre la trata de seres humanos, se aplicó la ley de Bradford. La ley de Bradford permite calcular el grado de relevancia de las revistas de un determinado campo de conocimiento (Guimaraes Moreira y Bezerra, 2021). En la figura 4 se muestra la relación entre las revistas y el número de artículos publicados.

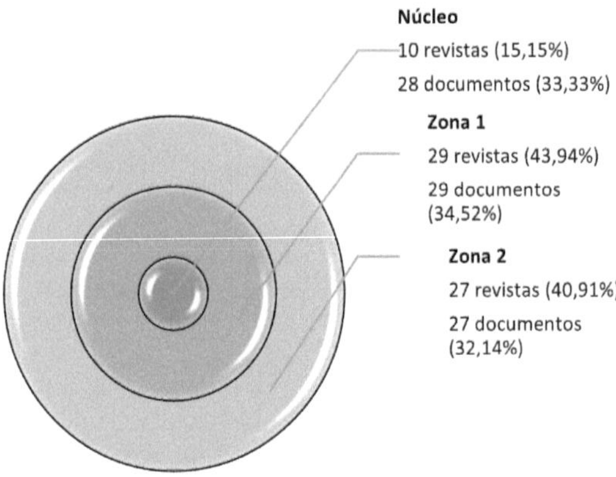

Figura 4. Distribución de las publicaciones según Ley de Bradford.
Fuente: Elaboración propia utilizando Bibliometrix, 2023.

A este respecto, se observa cómo el núcleo central contiene un número reducido de revistas altamente productivas- (n=10). Las zonas 1 y 2 contienen un mayor número de revistas con menor productividad sobre la trata de seres humanos (n= 29 y 27 respectivamente).

En relación con lo anterior, la tabla 4, muestra las 10 principales revistas. Destaca la Revista del Ministerio de Empleo y Seguridad Social que tiene el mayor número de publicaciones (n=7), seguido de las revistas Comunicar (n=3), Revista de derecho comunitario europeo (n=3) y Revista española de investigación criminológica (n=3).

Revista	Artículos
Revista del Ministerio de Empleo y Seguridad Social	7
Comunicar	3
Revista de Derecho Comunitario Europeo	3
Revista Española de Investigación Criminológica	3
AFFILIA – Journal of Women and Social Word	2
Crime, Law and Social Change	2
European Journal on Criminal Policy and Research	2
International Journal of Environmental Research and Public Health	2
Migraciones	2
Política Criminal	2

Tabla 4. Revistas con mayor número de artículos publicados.
Fuente: Elaboración propia utilizando Bibliometrix, 2023.

Otro aspecto para destacar es la red de co-citación que se muestra en la figura 5, elaborada a través de VOSviewer considerando la fuente citada como unidad de análisis y aplicando el análisis por co-citación. Se observa que las revistas predominantes son: Journal of Human Trafficking (con 20 citas), Global Report on Trafficking in Persons (con 19 citas) y Crime, Law and Social Change (con 17 citas).

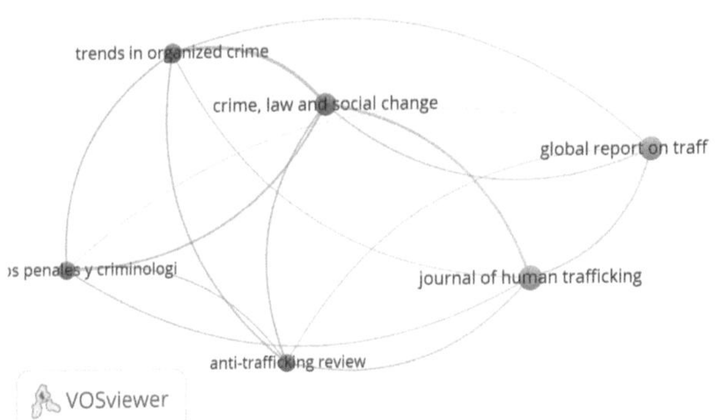

Figura 5. Red de Co-citación de revistas. Fuente: VOSviewer

5.4. Producción temática

Áreas de investigación

Los 84 documentos finales analizados que se han publicado entre 2013 y 2022, se distribuyeron principalmente en las áreas de Ciencias Sociales (50%), Medicina (10,16%), Arte y Humanidades (10,16%) y Economía, Econometría y Finanzas (7,03%)

Ranking	Subject Area Scopus	Número de artículos	%
1	Social Sciences	64	50,00%
2	Medicine	13	10,16%
3	Arts and Humanities	13	10,16%
4	Economics, Econometrics and Finance	9	7,03%
5	Computer Science	7	5,47%
6	Psychology	4	3,13%
7	Nursing	4	3,13%
8	Environmental Science	3	2,34%
9	Mathematics	2	1,56%
10	Engineering	2	1,56%
11	Business, Management and Accounting	1	0,78%
12	Decision Sciences	1	0,78%
13	Agricultural and Biological Sciences	1	0,78%
14	Physics and Astronomy	1	0,78%
15	Health Professions	1	0,78%
16	Materials Science	1	0,78%
17	Chemistry	1	0,78%

Tabla 5. Documentos publicados por áreas de investigación.
Fuente: Elaboración propia.

Términos más frecuentes

Los términos que comúnmente son utilizados como palabras clave por los autores se relacionan claramente con la trata de seres humanos con fines de explotación sexual. Entre las 50 principales palabras clave utilizadas por los autores y autoras de los documentos analizados, destacaron los usos de los términos *migration, human rights, prostitution* y *sexual exploitation.*

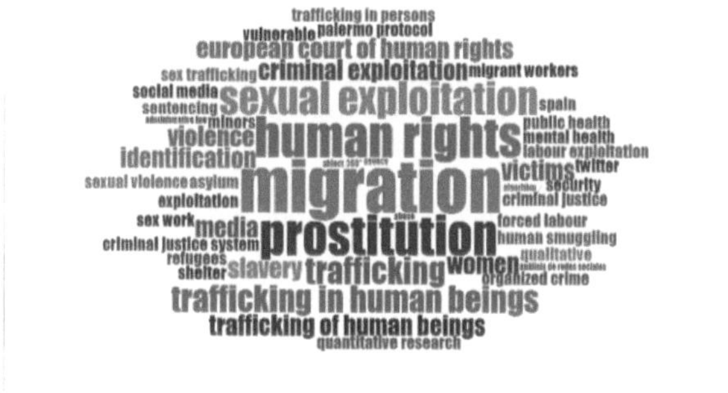

Figura 6. Nube de palabras clave (WordCloud. Author's keywords.
Fuente: Bibliometrix, 2023.

6. DISCUSIÓN

La producción científica española en torno a la trata de seres humanos cabría calificarse de escasa durante la década estudiada. Sorprende, sin embargo, el dato de 2022, año en que se publican en España más del doble de artículos que en los periodos precedentes. De esta circunstancia surgen dos preguntas: ¿Se trata de un mero repunte ocasional o ha comenzado una tendencia al alza del interés hacia el tema? En el primer caso, ¿se debe el incremento en 2022 a una causa concreta?

Con el fin de dar respuesta a las cuestiones planteadas se realiza una búsqueda en Scopus, con idénticos criterios a los ya descritos en la metodología, el número de artículos publicados durante el primer semestre de 2023: un total de 7. A partir de este resultado cabría inferir que la producción científica no parece consolidarse hacia una tendencia en aumento, lo cual conduce a la segunda pregunta: parece lógico que algún factor concreto motivara un mayor interés hacia el tema en 2022. Para dar respuesta se analiza la temática de los 23 artículos publicados ese año, buscando algún hilo conductor. Sin embargo, no lo hay. La temática es dispersa y no muestra punto de unión alguno. En definitiva, se concluye que, a pesar de este repunte, la trata de seres humanos es un tema que despierta escaso interés entre los autores españoles y que el aumento registrado en 2022 podría considerarse fortuito.

Aparte del volumen, en la descripción de la investigación publicada en España entre 2013 y 2022 en torno a la trata de seres humanos merece señalarse que la mitad de esta se enmarca en el área de las ciencias sociales. Más de un tercio de la publicación se concentra en 10 revistas, la mayoría dedicadas al derecho, o la criminología, lo cual es lógico teniendo en cuenta que el estudio gira en torno a la inmigración y a la explotación sexual y criminal, que emergen como temas motores de la investigación.

Abordando ahora la autoría, el número de instituciones españolas que publican sobre el tema no es alto, ya que asciende a un total de 40. La colaboración entre ellas no resulta destacable, ya que más de la mitad de los artículos publicados en el periodo estudiado se han elaborado en una sola institución. Si se asciende a nivel de país, se localiza a España en una cierta relación con organizaciones de otros países a la hora de escribir sobre la trata de seres humanos, siendo Estados Unidos su principal colaborador.

Respecto de los autores, parece que el asunto despierta mayor interés entre las investigadoras del tema, ya que, frente a sus colegas masculinos, representan un porcentaje considerablemente mayor sobre el total de autores y casi el doble si se considera de mayor productividad. En definitiva, se identifican más mujeres que hombres escribiendo sobre la trata de seres humanos y, además, estas son más prolíficas. Analizando la colaboración entre estos autores, se observa que algo más del 60% de los artículos publicados en la década estudiada son firmados por más de un autor. Destacan nuevamente los datos de 2022, ya que el número de artículos elaborados por más de 3 autores es inusualmente alto.

7. CONCLUSIONES

Cabe concluir que, a pesar de ligeros repuntes en algún año concreto, la producción científica española sobre la trata de seres humanos en la última década no está a la altura, ni en volumen ni en impacto científico, de la importancia de un problema que afecta en el mundo a 50 millones de personas que viven, en pleno siglo XXI, en régimen de esclavitud y del que España, como país, no es ajena.

La producción científica ha demostrado suficientemente su capacidad para dinamizar la resolución de problemas y su papel transformador de la sociedad. El presente trabajo pone sobre la mesa que, en el caso de la trata de seres humanos, no se está haciendo en España el esfuerzo investigador que este tema merece dado su impacto en muy diversos ámbitos, a destacar el social, económico y sanitario.

Pero la producción científica se puede incentivar desde las instituciones. Sirva este artículo como llamada de atención.

Mirando ahora hacia adelante, la realidad es que, lejos de que la trata de seres humanos tienda a erradicarse, se multiplica a causa de recientes acontecimientos mundiales responsables de que millones de personas hayan adquirido un terrible apellido: "en situación de vulnerabilidad". Víctimas de la Covid-19, refugiados a causa de la guerra de Ucrania y refugiados climáticos bien merecen la apertura de nuevas líneas de investigación en torno a la trata de seres humanos.

8. REFERENCIAS

ACNUR (2022). Declaración sobre los riesgos de trata y explotación a los que se enfrentan las personas refugiadas de Ucrania. https://n9.cl/oo0nv

Cabrera-Rodríguez, E. y Antolínez-Merchán, P. (2022). Invisibilised human rights: Trafficking in human beings in the media in Spain. [Derechos humanos invisibilizados: La trata de seres humanos en los medios de comunicación en España]. *Comunicar*, 73, 107-118. https://doi.org/10.3916/C73-2022-09

Castillo, A. y Carretón, M. C. (2010). Investigación en Comunicación. Estudio Bibliométrico de las Revistas de Comunicación en España. *Comunicación y Sociedad*, *23*(2), 289-327. https://doi.org/10.15581/003.23.36234

Cobo, M. J., López-Herrera, A. G., Herrera-Viedma, E. y Herrera, F. (2011). Science mapping software tools: Review, analysis, and cooperative study among tools. *Journal of the American Society for Information Science and Technology*, 62, 1382-1402. https://doi.org/10.1002/asi.21525

Convenio del Consejo de Europa sobre la lucha contra la trata de seres humanos. (Convenio nº 197 del Consejo de Europa), hecho en Varsovia el 16 de mayo de 2005. https://n9.cl/u39qy

García-Vázquez, O. y Meneses-Falcón, C. (2021). Los efectos de la COVID_19 en situaciones de trata o prostitución de adultos y menores. In. F. J. Durán, J. Cuesta, y A. Navarro (coords). *Retos de las migraciones de menores, mujeres y otras personas vulnerables en la UE y España* (pp.253-268). Aranzadi.

Maltras Barba, B. (2003). *Los indicadores bibliométricos: fundamentos y aplicación al análisis de la ciencia.* Ediciones Trea.

Oficina de las Naciones Unidas contra la Droga y el delito (Ed.) (2000). Convención de las Naciones Unidas contra la Delincuencia Organizada. Protocolo para prevenir, reprimir y sancionar la trata de seres humanos, especialmente mujeres y niños. https://n9.cl/6j1k

Oficina de las Naciones Unidas contra la Droga y el Delito (2022). Informe Mundial sobre trata de personas. https://n9.cl/pc9ud

Organización de las Naciones Unidas (ONU). (29 de junio de 2023). Objetivos de Desarrollo Sostenible. https://www.un.org/sustainabledevelopment/es/

Organización Internacional del Trabajo (2021). Estimaciones mundiales sobre la esclavitud moderna Trabajo forzoso y matrimonio forzoso. https://n9.cl/fcuh8

Sancho, R. (2001). Medición de las actividades de ciencia y tecnología. Estadísticas e indicadores empleados. *Revista española de documentación científica, 24*(4), 382-404. https://doi.org/10.3989/redc.2001.v24.i4.68

Sanz-Casado, E. y Martín-Moreno, C. (1997). Técnicas bibliométricas aplicadas a los estudios de usuarios. *Revista General de Información y Documentación, 7*(2), 41-68.

Suárez-Colorado, Y. y Pérez-Anaya, O. (2018). La evaluación de la actividad científica: indicadores bibliométricos. Cienciometría y bibliometría. In Ávila. J. H. *El estudio de la producción científica: Métodos, enfoques y aplicaciones en el estudio de las Ciencias Sociales* (pp. 96-118). Corporación Universitaria Reformada.

Tomás-Górriz, V. y Tomás-Casterá, V. (2018). La Bibliometría en la evaluación de la actividad científica. *Hospital a Domicilio, 2*(4), 145–163. https://doi.org/10.22585/hospdomic.v2i4.51

Vitón Castillo, A. A., Diaz-Samada, R. E. y Martínez Pozo, Y. (2019) Indicadores bibliométricos aplicables a la producción científica individual. *Universidad Médica Pinareña, 15*(2), 279-285. https://revgaleno.sld.cu/index.php/ump/article/view/352

REMOCIÓN DE MANGANESO DE EFLUENTES ACUOSOS EMPLEANDO MnO_2 Y Fe_3O_4 COMO ADSORBENTES

Orfelinda Avalo Cortez, Melina Guadalupe Paccini Ramos[1]

El presente texto nace en el marco de un Proyecto de Investigación con la Empresa NEXA RESOURCES PERU S.A.A. "Disminución de contenido de plomo en residuos anódicos de MnO_2 de NEXA RESOURCES".

1. INTRODUCCIÓN

La minería metálica constituye una fuente potencial de impactos asociados a la generación de drenajes industriales, de naturaleza entre muy ácida a muy básica, con altas concentraciones de elementos metálicos, los mismos que requieren la ejecución de tratamientos adicionales a los operativos para lograr el cumplimiento de los Límites Máximos Permisibles (LMP) para la descarga de efluentes líquidos de actividades minero-metalúrgicas (D.S. N°010-2010-MINAM) antes de su disposición en el medio ambiente (cuerpos receptores).

Estos métodos implican la inversión de grandes montos de dinero, tiempo y espacio, llegándose incluso a no conseguir una eficiencia óptima, principalmente a causa de la competencia entre metales y los diferentes rangos de pH para su precipitación en medio acuoso; la necesidad de trabajar en esos escenarios implica a su vez el obtener productos colaterales asociados al tratamiento, generándose un impacto secundario, por ejemplo, en forma de lodos de precipitación, potencialmente tóxicos gracias a su concentración metálica.

Sin embargo, casos como el manganeso (Mn), causante de problemas que van desde el encalichado de las tuberías hasta afectaciones crónicas de la salud de las personas, no cuentan actualmente con una regulación a nivel de efluente en la legislación peruana, contando solo como parte de los Estándares de Calidad Ambiental (ECA) para aguas vigentes, para las categorías 1: Poblacional y Recreacional, y 3: Riego de vegetales y bebida de animales (D.S. N° 004-2017-MINAM), lo que ofrece un problema adicional en el momento de la búsqueda para determinar los niveles más recomendables de concentración.

Los óxidos de manganeso y hierro, especialmente en su forma de dióxido de manganeso (MnO_2) y magnetita (Fe_3O_4), han sido materia de innumerables estudios, siendo dos

1. Universidad Nacional de Ingeniería (Perú)

de los principales nanoadsorbentes eficientes y eficaces en el proceso de remoción del manganeso en medio acuoso; actualmente, las investigaciones están orientadas a determinar si a escala nanométrica, pueden llegar a comportarse como nanoadsorbentes para la remoción de los metales pesados presentes en los efluentes industriales y/o sintéticos, muy especialmente, en el caso de la remoción de manganeso.

Con la finalidad de tener identificadas estas experiencias y conocer el proceso de sintetización y/o dosificación de estos nanoadsorbentes para la remoción del manganeso, a continuación, se listan las experiencias previas consideradas como antecedentes de la presente investigación, las mismas que han servido como referencia para el diseño de la parte experimental asociada a la remoción.

Aguiar *et al.* (2010) destacaron la importancia del pH en el logro de una precipitación efectiva de Mn, lo que significa un efluente final dentro de los valores recomendados para la descarga. Al usar un adsorbente/catalizador no convencional (residuo de MnO_2) fue posible alcanzar el valor recomendado para la descarga de manganeso, es decir, 1.0 mg/L, en un rango de pH de 6.8-7.2, mientras que cuando este adsorbente/catalizador no convencional no era utilizado, se requirió casi un pH=10. La eliminación de Mn a pH próximo a la neutralidad redujo el volumen de precipitado hasta un 50%, lo que significó un menor volumen de residuos para su eliminación.

Aguiar *et al.* (2013) investigaron la eliminación de manganeso de un efluente ácido de mina y soluciones sintéticas mediante el uso de un residuo industrial compuesto por dióxido de manganeso (MnO_2); el pH del efluente ácido bordeó el valor de 2.7, con una concentración de manganeso de aproximadamente 140 mg/L. Tras la experimentación, concluyeron que es posible eliminar el Mn^{+2} a pH neutro con el uso de MnO_2, obteniéndose una concentración final inferior a 1 mg/L. La capacidad de carga del MnO_2 varió de 7.1 a 20.7 mg/g y se obtuvo un mejor resultado con la solución sintética neutralizada con cal. Este hecho sugiere que otros iones presentes en el agua ácida de mina inhiben la eliminación de Mn^{+2}.

Camargo *et al.* (2015) realizaron ensayos de eliminación de manganeso mediante la adsorción de Mn (II) soluble en presencia de un sustrato sólido, dióxido de manganeso (MnO2), que es un residuo del proceso de electro-obtención de zinc. El pH de los experimentos fue alrededor de pH=7, ajustado con NaOH o cal a temperatura ambiente (25 °C). La adición de NaClO y $KMnO_4$ se empleó durante los experimentos con el propósito de la activación continua de los sitios de la superficie del sustrato MnO_2. La mayor captación de Mn fue de alrededor del 80 % y ocurrió cuando la solución inicial de pH se ajustó con cal. Para los experimentos en columna llenos de MnO_2 sólido y el tiempo de residencia de 3.3 h, los niveles de manganeso se mantuvieron tan bajos como 1 mg/L. Analizaron la eliminación del Mn (II) a un pH=7.0 en soluciones de laboratorio, siendo posible gracias al MnO_2, lo que permitió reducir los costos, ya que no es necesario elevar el pH=10 para alcanzar el nivel de Mn (II) exigido por la legislación brasileña para descargar el efluente.

Iconaru *et al.* (2016) desarrollaron nanopartículas de magnetita sintética (nFe_3O_4) con reactividad preferente para oligoelementos (TE), mediante el método de síntesis de coprecipitación de iones tanto de Fe^{3+} como de Fe^{2+} ($Fe^{2+}/Fe^{3+}=0.5$), para posibles aplicaciones ambientales como adsorbentes. El nFe_3O_4 resultante mostró una amplia superficie específica (100 m^2/g) con partículas que alcanzaban un tamaño de 10 nm, más pequeñas que las de las comerciales bien cristalizadas (cFe_3O_4) estimadas en 80 nm. Las nanopartículas de óxido de hierro mostraron un potencial definitivo para la eliminación y/o inmovilización de TE de aguas contaminadas y/o suelos.

Orimolade *et al.* (2018) sintetizaron nanopartícula de magnetita recubierta de silicio como modelo de adsorbente para la eliminación de Fe(II) y Mn(II), que son los principales contaminantes de las aguas superficiales. Se encontró que el tiempo de equilibrio de la adsorción era de 60 min tanto para el Fe(II) como para el Mn(II), comprobándose que los datos experimentales de equilibrio de adsorción para los dos metales se ajustaban mejor a las isotermas de adsorción de Langmuir con un valor de regresión de 0.989 y 0.979 para el Fe(II) y el Mn(II) respectivamente. Los procesos de adsorción de ambos metales eran endotérmicos. Finalmente, el adsorbente se aplicó al agua cruda con concentraciones iniciales de manganeso y hierro de 1.45 mg/L y 3.67 mg/L, respectivamente, y la eficiencia de eliminación fue del 90% para el Mn y del 47% para el Fe.

Husnain *et al.* (2020) utilizaron varios tipos de adsorbentes de MnO_2 para la absorción de iones de metales pesados y tintes del agua debido a sus notables propiedades físico-químicas, considerándose viable para la remoción de iones metálicos incluyendo Pb(II), Cr(VI), Cd(II), As(III,V), Cu(II), Sb(III,V), Zn(II) y Ni(II) y tintes del agua. Entre los mecanismos de adsorción observados en diferentes investigaciones, referenciaron la quimisorción, la fisioabsorción, el intercambio de iones, el intercambio de ligaduras, la complejación de la superficie, la interacción química y la interacción electrostática entre los iones metálicos y los grupos funcionales de la superficie. Durante los ensayos, se observó que la dosificación, morfología y estructura cristalina del MnO_2, además del pH, el tiempo de contacto, la temperatura, la carga superficial y la fuerza iónica, juegan un papel clave en la adsorción de iones metálicos y colorantes en las estructuras de MnO_2. Se puede anticipar que las aplicaciones comerciales del MnO_s para plantas de tratamiento de agua serán un gran avance en el futuro. Sin embargo, es fundamental realizar más estudios para poner énfasis en la posible fabricación a gran escala de MnO_2.

Conforme a lo expuesto, la importancia del presente trabajo radica en la búsqueda de una alternativa limpia más eficiente para el aseguramiento de la calidad de los vertimientos líquidos, y prevenir la ocurrencia de impactos al ambiente y la salud de las poblaciones adyacentes a las unidades mineras. Por ello, la nanotecnología se considera como una ciencia en desarrollo que viene permitiendo contar con experiencias experimentales sobre las cuales se podrán diseñar sistemas de tratamiento novedosos que cuenten con una mayor eficiencia, menor costo y nula o reducida generación colateral de impactos, en ausencia de lodos gracias a la desorción futura de los metales adsorbidos. En este trabajo de investigación se hará uso de residuos anódicos de dióxido de manganeso proveniente del proceso de electrolisis del zinc, MnO_2 sintetizados empleando $KMnO_4$ con metanol y etanol, además magnetita sintetizada por coprecipitación, que actuarán como nanoadsorbentes para remover iones de manganeso presentes en efluentes acuosos industriales de mina y sintéticos.

2. OBJETIVO

Comprobar a nivel de laboratorio la eficiencia de los nanoadsobentes de dióxido de manganeso (MnO_2 residuo anódico industrial y MnO_2 sintetizado) y magnetita (Fe_3O_4 sintetizada) en la remoción del manganeso (Mn) presente en efluentes acuosos industriales de mina y efluente sintético.

3. METODOLOGÍA

Para realizar las pruebas de remoción de manganeso se utilizaron nanoadsorbentes, entre los que se consideró el empleo de magnetita y residuo anódico industrial (MnO_2) que fueron otorgados por un tesista colaborador y una empresa minera, respectivamente, además de realizar a nivel experimental la síntesis de muestras de MnO_2-α empleando como precursor al $KMnO_4$, y como agentes reductores etanol y metanol, y de forma referencial al alcohol etílico al 96%. A continuación, se describen procedimientos desarrollados en la fase experimental de la investigación.

3.1. Síntesis de nanopartículas de dióxido de manganeso alfa

Para la síntesis del MnO_2-α se emplearon tres solventes orgánicos, 20 mL de etanol, 20 mL de metanol y 20 mL de alcohol etílico, que actuaron por separado y como titulantes de 1.00 gr de permanganato de potasio, $KMnO_4$. A continuación se va a describir la metodología empleada para la síntesis del MnO_2.

Se midieron 20 mL de etanol absoluto y se colocaron en una bureta para proceder con la titulación de 1.00 gr de $KMnO_4$ con 60mL de agua destilada que estaban colocados en un vaso sobre una plancha de calentamiento con agitador magnético por un tiempo de 5 min. Luego se inició la titulación con el etanol bajo agitación magnética, a un ritmo de goteo medio hasta el consumo total del titulante, y a una velocidad de 300 RPM (ver Figura 1).

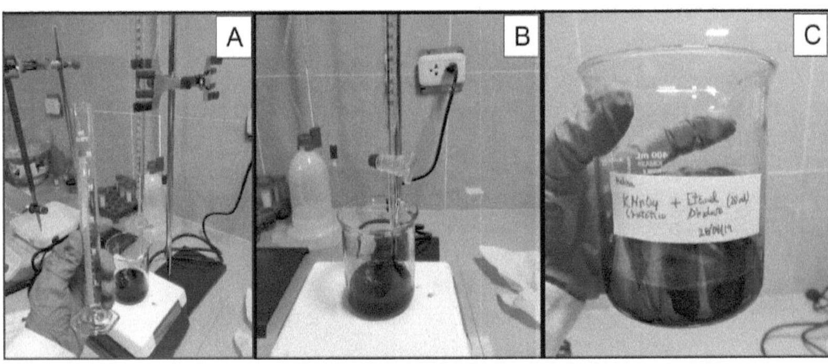

Figura 1. (A) Etanol colocado en la bureta. (B) $KMnO_4$ y agua destilada colocados en vaso sobre plancha de calentamiento con agitador magnético y adición de etanol. (C) Final de titulación con formación de precipitado. Fuente: Elaboración propia.

Después de la precipitación se procedió a lavar el precipitado seis veces empleando una centrifuga a 3500RPM por 5 min. Se procedió luego a colocar el precipitado lavado en un crisol de porcelana, notándose su coloración negruzca y se llevó a la estufa para su secado a 50°C por 6 horas. Usando un mortero de porcelana se procedió a desaglomerar el precipitado y luego se colocó la muestra en un crisol de porcelana para su calcinación en horno tipo Mufla a 500 °C por 2 horas y al termino se colocó las muestras en tubitos de microcentrifugado (ver Figura 2).

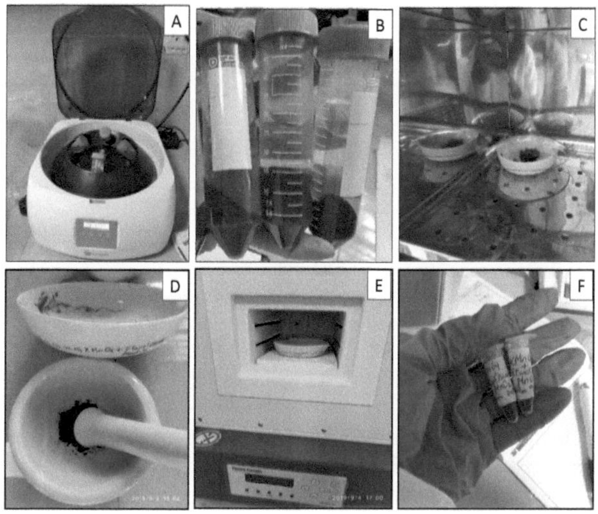

Figura 2. (A) Lavado de precipitado en centrifuga. (B) Tubos de centrifugado. (C) Secado en estufa del precipitado lavado. (D) Desaglomerado del precipitado seco en mortero de porcelana. (E) Calcinación del precipitado en horno tipo mufla a 500°C por 2horas. (F) Muestras en tubitos de microcentrifugado. Fuente: Elaboración propia.

Finalmente, la muestra calcinada fue enviada a caracterización microestructural por Difracción de Rayos X (DRX) y Microscopia Electrónica de Barrido (MEB). Esta misma metodología fue aplicada también para el etanol y el alcohol etílico, obteniéndose tres tipos de muestras de MnO_2 las cuales fueron enviadas a la medición de su área superficial por BET.

3.2. Preparación de solución acuosa sintética con contenido de manganeso

Con la finalidad de realizar un comparativo entre la eficiencia de remoción de manganeso presente en un efluente acuoso industrial (agua de mina) y de manganeso presente en una solución sintética, se procedió a su preparación empleando un precursor con contenido de manganeso, tal como se describe a continuación: Se peso 0.0190 g de $MnSO_4.H_2O$ usado como insumo para la solución sintética con contenido de manganeso y sulfato, posteriormente se diluyó en 100 mL de agua destilada, hasta lograr una dilución homogénea. Finalmente, se midió el pH de la muestra sintética, obteniéndose un valor de pH=5.65

3.3. Análisis Químico de la solución acuosa sintética por absorción atómica

Como parte de los ensayos realizados en el marco de la presente investigación, se determinó el análisis químico de la solución acuosa sintética, para lo cual se tomó 20 mL de solución en un tubo de ensayo para su análisis correspondiente bajo el código interno

SMn-0 y fue enviada al Laboratorio de Espectrometría para su análisis químico por Absorción Atómica, obteniendo como resultado lo mostrado en la Tabla 1.

Muestra	*Descripción*	*pH (u.e.)*	*Mn (mg/L)*	*SO_4^{-2} (mg/l)*
SMn-0	Muestra sintética de manganeso	5.65	29.09	280

Tabla 1. Análisis Químico de la solución acuosa sintética. Fuente: Elaboración propia.

3.4. Análisis Químico de Efluentes Acuosos Industriales de Mina

A fin de determinar la presencia de iones manganeso en los dos efluentes acuosos industriales de mina que se muestran en la Figura 3, estos fueron enviados al Laboratorio de Espectrometría de la FIGMM cuyos resultados obtenidos son mostrados en la Tabla 2.

Muestra V1: Agua de mina proveniente de labores subterráneas; visualmente, se evidenció la presencia de hierro. Muestra V2: Efluente de tratamiento de agua de mina; visualmente, no se evidenció la presencia de hierro.

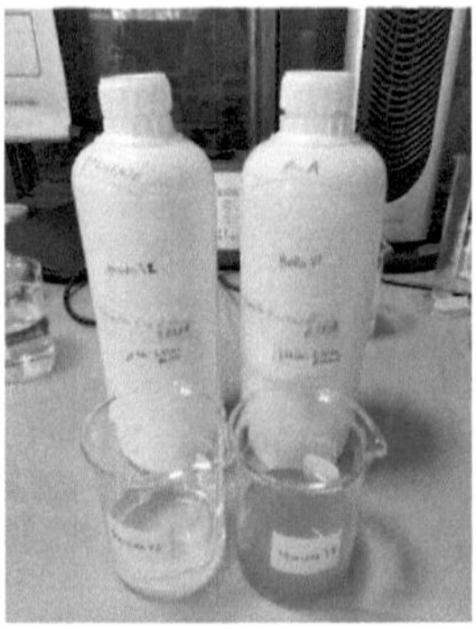

Figura 3. Apariencia de la Muestra V1 y Muestra V2. Fuente: Elaboración propia.

Muestra	*Descripción*	*pH*	*Fe (mg/L)*	*Mn (mg/L)*
V1-0	Efluente de mina	7.2	0.056	27.24
V2-0	Efluente de tratamiento de mina	6.45	NM	16.77

Tabla 2. Análisis Químico de efluentes acuosos de mina a pH originales (NM no medido). Fuente: Elaboración propia.

3.5. Pruebas Experimentales de remoción de Mn de efluentes acuosos de Mina y solución sintética empleando nanoadsorbentes de MnO_2-α y magnetita

Se procedió a tomar 20 mL de cada efluente de mina, incluyendo la solución acuosa sintética, y fueron colocados en vasos para ensayo de laboratorio, rotulándoselas respectivamente como MP-SMn-0, MP-V1-0 y MP-V2-0. Posterior a ello, se procedió a pesar 0.08 gr de MnO_2-α (residuo anódico industrial) y magnetita sintetizada, siendo esta la cantidad de nanopartículas que sirvieron para determinar el potencial de remoción a 60 minutos de agitación en plancha de agitación a una velocidad de 800 RPM (ver Figura 4).

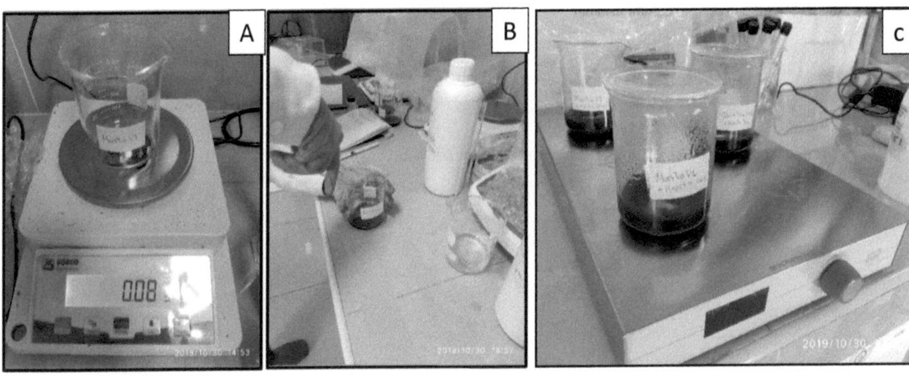

Figura 4. (A)Pesaje de nanopartículas, (B) Adición de las soluciones acuosas, (C) Agitación de nanopartículas en efluente acuosos. Fuente: Elaboración propia.

Luego de cumplirse cada tiempo de agitación, se procedió a filtrar las muestras para obtener la solución libre de nanomateriales, procediéndose a rotular cada tubo con su respectivo código para el posterior análisis de laboratorio por absorción atómica en el Laboratorio de Espectrometría de la FIGMM.

4. DESARROLLO DE LA INVESTIGACIÓN

El residuo anódico y las muestras sintetizadas fueron enviados a ser analizados por Difracción de Rayos-X a fin de conocer el tamaño de cristalito de las muestras y su análisis cualitativo y cuantitativo y además a Microscopia Electrónica de Barrido (MEB) a fin de conocer la morfología y el tamaño de partícula, luego se procedió a realizar las pruebas de remoción del manganeso presente en los efluentes acuosos de mina (V1 y V2) y la solución acuosa sintética.

4.1. Análisis de los resultados de Difracción de Rayos-X, DRX, de las muestras sintetizadas y del residuo anódico

Los resultados de la Caracterización Microestructural por Difracción de Rayos-X del residuo anódico industrial se muestra en la Figura 5, donde se puede observar que el residuo anódico está constituido principalmente por dióxido de manganeso alfa (MnO_2-α) pero hay picos que corresponden al compuesto que contiene un poco de anglesita. Por la anchura de los picos se puede establecer que la muestra es un nanomaterial y es por eso que empleando el Software Powder Cell 2.4 se pudo determinar el tamaño de cristalito, cuyo valor promedio es de 14.82 nm tal como se muestra en la Figura 6.

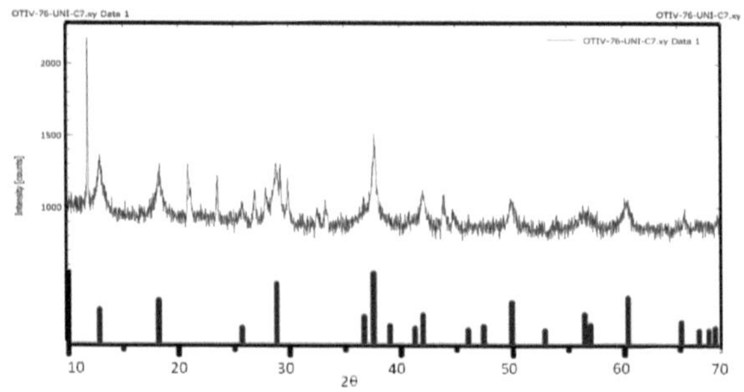

Figura 5. Análisis del difractograma DRX del residuo anódico industrial (MnO_2).
Fuente: Elaboración propia.

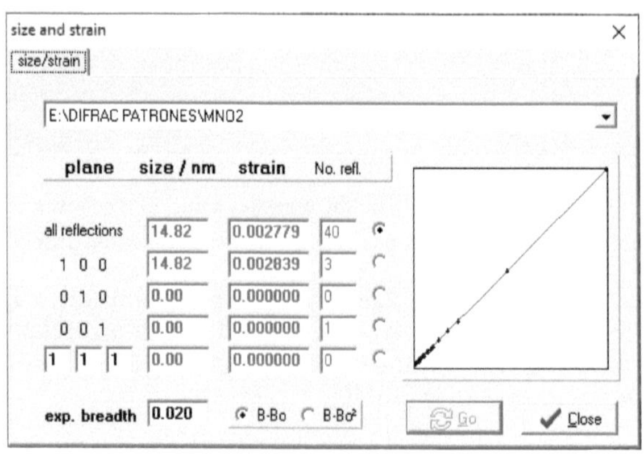

Figura 6. Determinación del tamaño de cristalito del residuo anódico industrial (MnO_2). Fuente: Elaboración propia.

El análisis del difractograma DRX de la magnetita se muestra en la Figura 7, se puede observar que también es una muestra con tamaño de cristalito pequeño, es decir es una muestra nanométrica y puede ser empleada como un nanoadsorbente. El análisis del difractograma fue realizado utilizando el Software Profex 4.3 que es un software libre y el valor del tamaño de cristalino determinado fue de 42.44 nm.

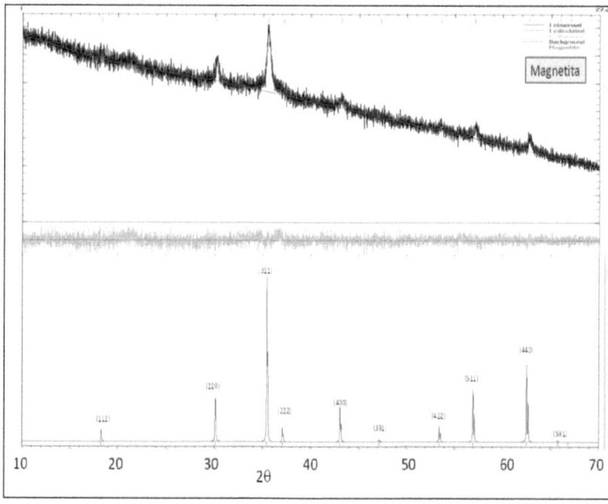

Figura 7. Análisis del difractograma DRX de la magnetita usando el software Profex 4.3. Fuente: Elaboración propia.

El análisis del difractograma DRX de las muestras sintetizadas utilizando etanol y metanol para la formación de MnO_2-α se muestran en la Figura 8. El difractograma patrón empleado fue el JCPDS N°44-0141 y se puede observar que al igual que en las muestras anteriores (residuo anódico industrial y magnetita) el tamaño de cristalito es pequeño y por eso pueden ser utilizados como nanoadsorbentes. En el caso de la síntesis con metanol el tamaño de cristalito obtenido fue de 19.5 nm y en la síntesis del MnO_2 con etanol el tamaño de cristalito fue de 38.8 nm, los cuales fueron determinados usando el Software Profex 4.3.

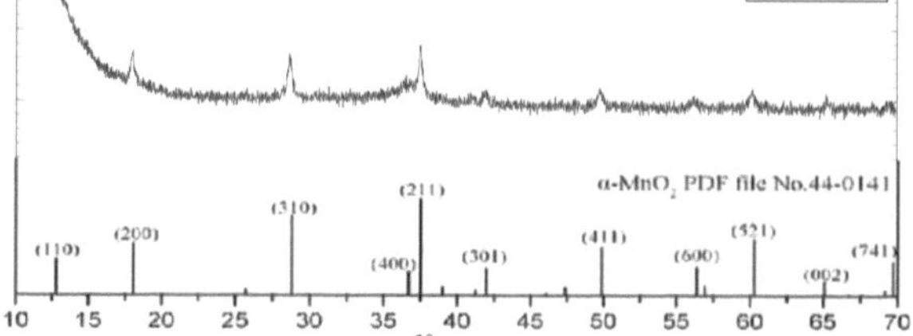

Figura 8. Análisis del difractograma DRX de las dos muestras de MnO_2 alfa sintetizadas con etanol y metanol. Fuente: Elaboración propia.

4.2. Análisis de los resultados de la Microscopia Electrónica de Barrido (MEB) de las muestras sintetizadas y del residuo anódico

De acuerdo con los resultados del Análisis por Microscopia Electrónica de Barrido mostrados en la Figura 9 y analizados empleando el Software Image J, se establece que las muestras de MnO_2 son "nanopartículas" porque los tamaños de partícula son bien pequeños, menores a 100nm; por tanto, se confirma que estas muestras pueden ser empleadas como nanoadsorbentes, es decir predominan las fuerzas de atracción y es por eso que los iones existentes en los efluentes pueden ser adsorbidos por estas muestras. Las muestras de MnO_2 tanto del residuo anódico industrial como la muestra sintetizada con etanol tienen una forma de varillas mientras que el MnO_2 sintetizado con metanol tiene una forma cuasiesférica.

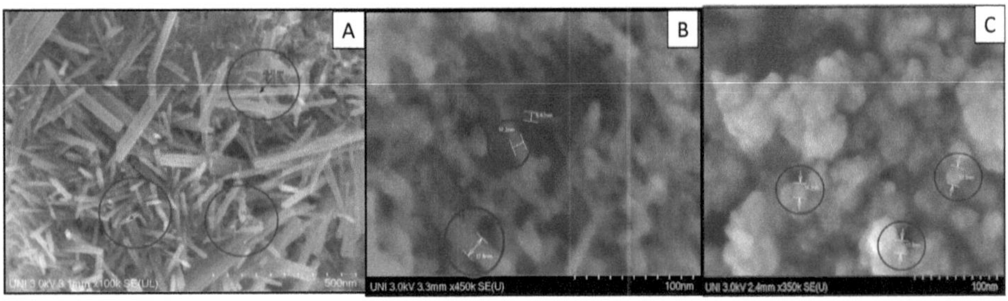

Figura 9. (A)Muestra de residuo anódico industrial de MnO_2 mostrando partículas en forma de varillas. (B) Muestra de MnO_2 sintetizada con etanol y calcinada a 500°C por 2 horas, mostrando partículas en forma de varillas. (C) Muestra de MnO_2 sintetizada con metanol y calcinada a 500°C por 2 horas mostrando partículas de forma cuasiesférica. Fuente: Elaboración propia

4.3. Análisis de los resultados de la determinación del Área superficial de las muestras sintetizadas.

En la Tabla 3 se observa los valores de las áreas superficiales de las muestras de MnO_2 sintetizadas y la que presenta una mayor área superficial es la muestra sintetizada con etanol, por lo que esta fue la muestra que se empleó para las pruebas de remoción de manganeso.

Muestra de MnO_2	*Área Superficial (BET) m^2/gr*
Sintetizada con $KMnO_4$+Etanol	109.2
Sintetizada con $KMnO_4$+Metanol	61.93
Sintetizada con $KMnO_4$+ Alcohol Etílico	80.21

Tabla 3. Resultados de la determinación del Área Superficial de las muestras de MnO_2 sintetizadas. Fuente: Elaboración propia.

4.4. Análisis de resultados de los ensayos de remoción de Mn empleando MnO_2-α (residuo anódico industrial) y magnetita en solución acuosa sintética y Efluentes de Mina ("V1" y "V2").

Los resultados de la remoción de manganeso de la solución acuosa sintética y de los efluentes acuosos de mina "V1" y "V2" empleando el residuo anódico industrial y la magnetita, en cantidades de 0.08gr en tiempos de 60 minutos, son mostrados en la Tabla 4. Se puede observar que en el efluente acuoso de mina "V2" se logra el valor más bajo de concentración de Mn (2.2 mg/L).

N° de muestra	*Nanoadsorbentes*	*Fe (mg/L)*	*Mn (mg/L)*
SMn-0	Ninguno	-	29.09
MP-SMn-1	0.08 gr – Magnetita, t = 60min	-	9.08
MP-SMn-2	0.08 gr -MnO_2 (Residuo Anódico Industrial), t = 60min	0.001	7.33
V1-0	Ninguno	0.056	27.24
MP-V1-1	0.08 gr – Magnetita, t = 60min	0.012	15.73
MP-V1-2	0.08 gr – MnO_2 (Residuo Anódico Industrial), t = 60min	-	8.03
V2-0	Ninguno	-	16.77
MP-V2-1	0.08 gr – Magnetita, t = 60min	N.M.	9.61
MP-V2-2	0.08 gr MnO_2 – (Residuo Anódico Industrial), t = 60min	N.M.	**2.2**

Tabla 4. Resultados de laboratorio – Aplicación de residuo anódico industrial (MnO_2-α) y magnetita para la remoción de manganeso en efluentes acuosos de mina ("V1" y "V2"). Fuente: Elaboración propia.

Como se observa en la Tabla 4, ninguna de las concentraciones de hierro, excede los valores nacionales de regulación para efluentes y medio receptor, así como tampoco el rango más conservador, correspondiente a la British Columbia (0.3 – 1 mg/L); caso contrario se presenta para el manganeso, que excede inclusive el valor menos conservador establecido por la Guía Australiana para Ecosistema Acuático: Agua dulce (3.6 mg/L), en todos los casos, con excepción de la prueba MP-V2-2 que registró una concentración de 2.2 mg/L, representando el ensayo más efectivo. Tal como en el caso anterior, para poder comparar los porcentajes (%) de remoción de manganeso de la Solución Acuosa Sintética y de Efluentes Acuosos de Mina "V1" y "V2" empleando la magnetita y el residuo anódico industrial (MnO_2-α) se da la Tabla 5 donde se establece que se logra mayor remoción de manganeso en el Efluente Acuoso de Mina "V2", con un 86.88%, mientras que en el Efluente Acuoso Sintético se logra remover un 74.80% y en el Efluente Acuoso de Mina un 70.52% de Mn empleando el residuo anódico industrial (MnO_2-α). También se observa en la Figura 10. que la magnetita es la que remueve la menor cantidad de Mn especialmente en los efluentes acuosos de mina. Por tanto, el nanoadsorbente más recomendable para la remoción del Mn es el residuo anódico industrial (MnO_2-α) en tiempos de 60 minutos y en cantidades de muestra de 0.08gr tal como se observa en la Figura 10.

Muestra	***Nanoadsorbente 0.08 gr (t=60 min)***	***pH***	***Mn (mg/L)***	***% remoción de Mn***
MP-SMn-0 efluente sintético	Ninguno	5.65	29.09	-------
MP-SMn-1 efluente sintético	Magnetita		9.08	68.78
MP-SMn-2 efluente sintético	MnO_2-α residuo anódico		7.33	**74.8**
MP-V1-0 efluente industrial	Ninguno	7.2	27.24	--------
MP-V1-1 efluente industrial	Magnetita		15.73	42.25
MP-V1-2 efluente industrial	MnO_2-α residuo anódico		8.03	**70.52**
MP-V2-0 efluente industrial	Ninguno	6.45	16.77	--------
MP-V2-1 efluente industrial	Magnetita		9.61	42.69
MP-V2-2 efluente industrial	MnO_2-α residuo anódico		2.2	**86.88**

Tabla 5. Porcentaje (%) de Remoción de Mn en Efluente Sintético y en Efluente Acuoso Industrial. Fuente: Elaboración propia.

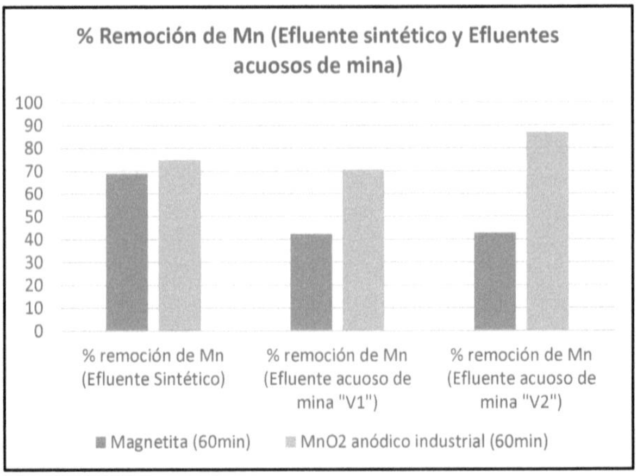

Figura 10. Análisis del difractograma DRX de las dos muestras de MnO_2 -α sintetizadas con etanol y metanol. Fuente: Elaboración propia.

5. CONCLUSIONES

Los ensayos de sintetización de los nanomateriales de MnO_2 determinaron que correspondía al tipo MnO_2-α, siendo el etanol el que sintetizó las partículas con mayor área superficial disponible (109.20 m^2/gr).

Con referencia al residuo anódico industrial MnO_2 empleado, el análisis por Difracción de Rayos X (DRX) mostró que estaba constituido por dióxido de manganeso alfa (MnO_2-α), con un tamaño de cristalito promedio de 14.82 nm, siendo viable su empleo en la experimentación como nanoadsorbente.

La Microscopia Electrónica de Barrido (MEB) confirmó que la morfología del residuo anódico era de forma de nanovarillas, mientras que el análisis EDS (acoplado al MEB) mostró porcentajes en peso de plomo y manganeso de 4.84% y 53.34% respectivamente, que corresponden a un residuo anódico industrial proveniente de la etapa de la electrolisis del zinc. Es importante precisar que la adsorción de Mn por parte de estos materiales mejoraría también el porcentaje original de este metal, mejorando su calidad y favoreciendo de esta manera la comercialización por parte de la empresa minera que lo vende a terceros especializados en la recuperación del Mn.

El residuo anódico demostró tener una excelente capacidad de remoción de manganeso en efluentes acuosos ya que en tiempos de contacto relativamente cortos (60 minutos) se logró la remoción del 87% en concentraciones de 16.77 mg/L de manganeso, comparado con las experimentaciones de otros investigadores, que lograron el 80% de remoción con tiempos de agitación de 3.3 horas, y del 100% a una dosificación de 2.25 gr durante 6 horas, previa titulación a pH=7.

La magnetita como nanoadsorbente también puede remover manganeso, pero solo alcanza un porcentaje de remoción promedio de 50% en efluentes acuosos de mina.

Finalmente, se puede establecer que el residuo anódico formado durante la electrolisis del zinc puede ser comercializado y empleado como nanoadsorbente para la remoción de manganeso de efluentes acuosos industriales y sintéticos.

6. REFERENCIAS

Aguiar, A., Xavier, G. y Ladeira, A. (2010). The use of limestone, lime and MnO_2 in the removal of soluble manganese from acid mine drainage. In A. M. Marinow, y C. A. Brebbia (Eds), *Water Pollution X* (pp. 267-276). Wit Press. https://doi.org/10.2495/WP100231

Aguiar, A. O., Duarte, R. A. y Ladeira, A. C. Q. (2013). The application of MnO_2 in the removal of manganese from acid mine water. *Water, Air, & Soil Pollution*, 224, 1-8. https://doi.org/10.1007/s11270-013-1690-2

Camargo, F., de Leucas, H. y Ladeira, A. C. (2015). *Sorption/oxidation of manganese in aqueous system* (Paper). In Proceedings of the 10th ICARD & IMWA Annual Conference. https://www.imwa.info/docs/imwa_2015/IMWA2015_Camargo_114.pdf

Iconaru, S. L., Guégan, R., Popa, C. L., Motelica-Heino, M., Ciobanu, C. S. y Predoi, D. (2016). Magnetite (Fe_3O_4) nanoparticles as adsorbents for As and Cu removal. *Applied clay science*, 134, 128-135. https://doi.org/10.1016/j.clay.2016.08.019

Husnain, S. M., Asim, U., Yaqub, A., Shahzad, F. y Abbas, N. (2020). Recent trends of MnO 2-derived adsorbents for water treatment: a review. *New Journal of Chemistry*, *44*(16), 6096-6120. http://dx.doi.org/10.1039/C9NJ06392G

Orimolade, B. O., Adekola, F. A. y Adebayo, G. B. (2018). Silica-coated magnetite nanoparticles as a novel adsorbent for the removal of Iron (II) and Manganese (II) from surface water: Equilibrium, kinetics and thermodynamic studies. *Moroccan Journal of Chemistry*, 6(4), 6-4. https://doi.org/10.48317/IMIST.PRSM/morjchem-v6i4.9802

INTRODUÇÃO AO CONCEITO DE CIDADES EM CONTRAÇÃO PARA ESTUDANTES DE ENGENHARIA E TECNOLOGIA

Silvia Ávila de Sousa

Este trabalho foi financiado pelo Financiamento Base atribuído pela FCT/MCTES (PIDDAC) ao CITTA - Centro de Investigação do Território, Transportes e Ambiente (UIDB/04427/2020).

1. INTRODUÇÃO

As cidades em contração, também conhecidas como *shrinking cities*, são áreas urbanas de diferentes escalas que experimentam uma diminuição significativa da sua população e, em geral, da sua atividade económica. Este fenómeno ocorre em contraste com o crescimento populacional e o desenvolvimento urbano típicos observados em muitas cidades pelo mundo e que ditam a tendência mundial. O conceito de cidades em contração ganhou destaque nas últimas décadas devido às transformações socioeconómicas e demográficas que afetaram e afetam diferentes regiões da Europa, América do Norte e Ásia.

As causas que levam uma cidade a entrar em um processo de contração podem variar de acordo com o contexto específico, mas geralmente envolvem uma combinação de fatores demográficos, económicos e urbanos. De um modo geral, fatores demográficos, como o envelhecimento da população e a baixa taxa de natalidade, podem contribuir para a diminuição da população nas áreas urbanas. A decadência das indústrias e o desemprego, especialmente em setores tradicionais, pode levar a um declínio económico e à migração de trabalhadores em busca de melhores oportunidades noutras regiões. As mudanças nas tecnologias de produção, desindustrialização e reestruturação económica desempenham um papel importante.

As cidades em contração enfrentam uma espiral de consequências e desafios que afetam diversos aspetos das suas comunidades e infraestruturas. O decréscimo da população resulta numa redução da procura de habitação, serviços públicos e equipamentos, o que pode levar ao abandono e deterioração de edifícios e infraestruturas urbanas. A diminuição da atividade económica pode levar ao desemprego, à redução de oportunidades de trabalho e ao aumento da pobreza. Além disso, a perda de habitantes pode levar à diminuição da diversidade cultural, social e económica, afetando negativamente a vitalidade e o dinamismo das cidades em questão.

Em resposta a estes desafios, as cidades em contração têm procurado diferentes estratégias para lidar com essa realidade. Alguns exemplos incluem a revitalização de áreas urbanas abandonadas através de iniciativas de regeneração urbana, a diversificação da economia local, a promoção de um ambiente empreendedor e o desenvolvimento de programas sociais e culturais, que pretendem, por um lado, atrair novos residentes, investidores e visitantes e, por outro lado, melhorar a qualidade de vida dos residentes e utilizadores remanescentes.

As cidades em contração representam um fenómeno complexo e multifacetado que requer abordagens adaptativas, colaborativas e mais ou menos inovadoras para enfrentar os desafios que deste decorrem. Compreender as causas e as consequências desta tendência é fundamental para informar políticas e intervenções que possam revitalizar e transformar estas áreas urbanas em declínio.

2. OBJETIVOS

Este capítulo descreve os resultados de uma experiência de ensino com 22 estudantes internacionais de engenharia e tecnologia, de diferentes universidades e nacionalidades, sem formação específica prévia em planeamento urbano ou disciplinas afins, numa oficina realizada no âmbito do Curso BEST "How I Met Your City" que teve lugar na Faculdade de Engenharia da Universidade do Porto. O objetivo era ensinar-lhes o conceito e os desafios das cidades em contração em todo o mundo e aplicar uma adaptação do método Urban Futures, desenvolvido na Universidade de Birmingham, à cidade do Porto, em Portugal, uma cidade em contração desde 1980, atualmente próspera, ainda em perda populacional e com desafios muito próprios.

3. METODOLOGIA

A oficina começou com uma introdução à noção de cidades em contração, origens académicas e conceptualização, as suas causas, bem como consequências. Foram apresentados aos estudantes exemplos de cidades em contração de diferentes regiões do mundo, incluindo a Europa, os Estados Unidos e a Ásia. Foram também discutidos os desafios que as cidades em contração enfrentam, tais como o desemprego, a habitação devoluta e a degradação urbana e ambiental em geral.

O estudo de caso do Porto foi apresentado para ilustrar o impacto do declínio da população e da contração nas áreas urbanas, mesmo com a prosperidade recentemente conquistada pelo ganho de popularidade e turismo.

Por último, foi explicado o método Urban Futures, em português Futuros Urbanos, desenvolvido pela equipa de investigação Urban Futures, no âmbito de um projeto de quatro anos que teve início em maio de 2008, financiado pelo Conselho de Investigação em Engenharia e Ciências Físicas (EPSRC, Reino Unido). O consórcio do projeto, liderado pelo Prof. Chris Rogers da Universidade de Birmingham, incluiu investigadores das Universidades de Birmingham, Exeter, Lancaster, Birmingham City e Conventry.

O método Futuros Urbanos visa alargar o modo como pensamos sobre a forma e a função do desenvolvimento e da regeneração urbanos, centrando-se no desempenho provável a longo prazo da solução de conceção urbana em questão e nos riscos a esta associados. Foi concebido para ajudar qualquer pessoa envolvida na tomada de decisões estratégicas ou de pormenor sobre o investimento em planos ou projetos relacionados com o desenvolvimento urbano e a regeneração urbana, incluindo projetos de iniciativa comunitária, propostas de regeneração e planos e projetos de desenvolvimento estratégico (Lombardi *et al.*, 2012; Rogers *et al.*, 2012).

A aplicação do método permite a troca de saberes e ideias entre todos os atores envolvidos para criar melhores soluções com base no seu conhecimento combinado. O método Futuros Urbanos leva-nos a refletir sobre se as condições necessárias, para que uma solução produza os benefícios esperados, continuarão presentes num futuro a longo prazo, apesar da incerteza. O método leva assim o decisor a avaliar a robustez de uma solução para além dos períodos normais eletivos e/ou de planeamento.

O método Futuros Urbanos segue os passos identificados na figura 1 abaixo apresentada.

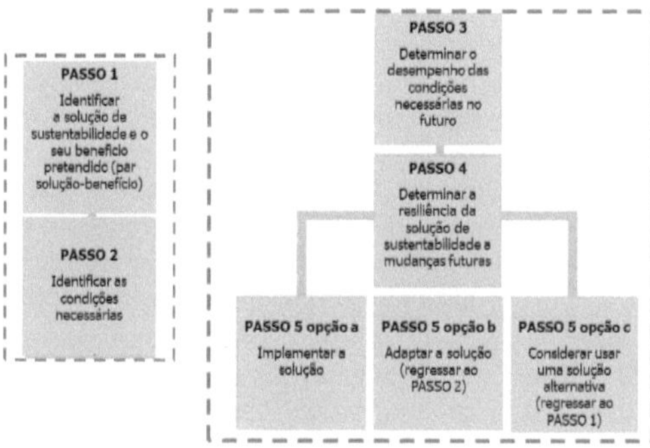

Figura 1. O método Futuros Urbanos. Fonte: Elaboração própria, adaptado e traduzido de Lombardi *et al.* (2012).

O método foi concebido para testar o desempenho futuro das soluções urbanas, avaliando o desempenho da solução em quatro cenários futuros (tabela 1) plausíveis, mas distintos, desenvolvidos com base no corpo substancial de trabalho produzido ao longo de décadas pelo Global Scenario Group (GSG), uma colaboração entre o Tellus Institute e o Stockholm Enironmental Institute, e agora expandido pela Great Transition Iniative.

Este método foi também aplicado ao longo do Projeto 3SRECIPE – Smart Shrinkage Solutions, coordenado pelo Dr. Vlad Mykhnenko, da Universidade de Oxford, e que envolveu investigadores das Universidades de Oxford, Birmingham, Porto, West Timisoara, Amsterdão, Lódz e a Ecole Normale Supérieure (Mykhnenko, 2023). O 3SRECIPE tinha como objetivos principais identificar o que funciona no contexto de uma cidade em contração e explorar o modo como as forças subjacentes à contração urbana podem ser revertidas no sentido de converter as cidades em ambientes urbanos sustentáveis, habitáveis e resilientes. As sete cidades caso de estudo eram Le Havre (França), Lódz (Polónia), Maastricht (Países Baixos), Porto, Stoke-on-Trent (Reino Unido), Timisoara (Roménia) e Zonguldak (Turquia).

Forças de Mercado	O cenário Forças de Mercado baseia-se na lógica de autocorreção dos mercados competitivos. As atuais tendências demográficas, económicas e tecnológicas desenrolam-se sem grandes surpresas. Mercados competitivos, abertos e integrados impulsionam o desenvolvimento mundial. As preocupações sociais e ambientais são secundárias.
Reforma Política	A Reforma Política depende da ação do governo para procurar um futuro sustentável. É iniciada uma ação governamental abrangente e coordenada para a redução da pobreza e a sustentabilidade ambiental, que atenua a tendência de elevada desigualdade. Os valores do consumismo e do individualismo persistem, criando uma tensão com as políticas que dão prioridade ao bem-estar ambiental e social a longo prazo.
Novo Paradigma de Sustentabilidade	Um ethos de "vida num só planeta" facilita uma visão partilhada de uma vida mais sustentável e de uma qualidade de vida muito melhor. Novos acordos socioeconómicos resultam em mudanças no carácter da civilização urbano-industrial. O local é valorizado, mas as ligações globais também desempenham um papel importante. Um futuro sustentável e mais equitativo emerge de novos valores, de um modelo de desenvolvimento revisto e do envolvimento ativo da sociedade civil.
Mundo Fortaleza	Indivíduos poderosos desenvolvem uma resposta autoritária às ameaças de escassez de recursos e de rutura social, formando alianças para proteger os seus próprios interesses. A segurança e a defesa dos recursos são fundamentais para estas elites ricas e privilegiadas. Fora da fortaleza existe uma maioria empobrecida. Existem políticas e regulamentos, mas a sua aplicação pode ser limitada. As forças armadas atuam para impor a ordem, proteger o ambiente e evitar o colapso da sociedade.

Tabela 1. Cenários do método Futuros Urbanos. Fonte: Elaboração própria, adaptado e traduzido de Lombardi et al. (2012).

Os alunos, divididos em grupos, foram então incumbidos de identificar iniciativas e soluções de desenvolvimento local que pudessem ajudar a mitigar os efeitos da contração na cidade do Porto, os respetivos benefícios e as condições necessárias para que funcionassem. Devido a restrições de tempo, os quatro cenários previstos no método Futuros Urbanos não foram plenamente testados.

Finalmente, os grupos apresentaram os seus projetos ao grupo e seguiu-se um debate. Os alunos foram capazes de identificar os benefícios das iniciativas ou soluções, bem como as condições necessárias para as concretizar.

4. DESENVOLVIMENTO DA INVESTIGAÇÃO

4.1. A apresentação

A apresentação expositiva inicial focou em primeiro lugar o significado de contração urbana como processo ou fenómeno de perda de população e problemas conexos. As cidades em contração podem significar locais, territórios ou áreas em perda populacional, ou que já não estão a diminuir, e que se encontram estagnadas ou estáveis. A diminuição da população ocorre em partes ou na totalidade de cidades, cidades-regiões, áreas metropolitanas, regiões, zonas urbanas, zonas rurais, etc. devido a várias razões isoladas ou combinadas, e que podem ou não ter começado a contrair-se espacialmente.

Atualmente, o tema constitui um corpo distinto e substancial de investigação. O debate explícito sobre contração urbana começou no início da década de 2000, tendo o termo sido utilizado inicialmente por académicos alemães, e mais tarde internacionalizado.

Existe uma grande quantidade de trabalhos que abordam a questão da contração urbana noutros contextos e utilizando outros termos descritivos: declínio, decadência, flagelo; cidades património, cidades em transição; despovoamento, redução, estagnação, implosão populacional; cidades e regiões deprimidas; "kaso"; rightsizing, downsizing; cidades cada vez mais pequenas, etc. O termo foi largamente aceite no meio científico, mas menos nos meios políticos e públicos. Existe uma variedade de conceitos que se referem à contração, mas não a abordam diretamente, como por exemplo, ciclos de vida urbanos, suburbanização, urbanização sob o capitalismo, e divisões territoriais do trabalho. Em suma, no que respeitam as cidades em contração, quando se utilizam termos diferentes, podemos referir-nos ao mesmo, mas quando se utilizam os mesmos termos, podemos referir-nos a questões diferentes.

O número de contributos aumentou significativamente nos últimos anos, especialmente no que respeita a identificação de causas e efeitos, a descrição e classificação das trajetórias e discussão de respostas de planeamento. Os contextos nacionais desempenham um papel importante na discussão deste tópico e, em resultado, a investigação sobre cidades em contração baseia-se sobretudo em estudos de caso, existindo um número limitado de trabalhos mais abrangentes e transversais. Estamos perante muitos quadros teóricos, mas nenhuma "grande teoria" da contração (Haase *et al.*, 2017).

Inclusivamente, existem questões críticas a respeito conceptualização e medição da contração urbana e da sua interação com outras questões de desenvolvimento urbano. Por outro lado, podemos olhar para a contração urbana como um problema a resolver ou uma condição de longo prazo que exige adaptação, condicionados por tabus e ideologias. Por conseguinte, o discurso e as respostas políticas também são diferentes. Independentemente de as causas e as consequências da diminuição da população estarem frequentemente interligadas, em função do contexto, os mesmos fatores causais podem conduzir a resultados factuais diferentes.

Os fatores em questão podem ser demográficos, incluído a baixa taxa de fertilidade, envelhecimento da população, menor dimensão dos agregados familiares, saldo natural e saldo migratório negativo. Os fatores económicos também são relevantes, nomeadamente diferentes ciclos, desindustrialização, globalização, dispersão das atividades comerciais, tendências macroeconómicas, declínio da indústria/agricultura, preços da energia e evolução dos salários, que por sua vez conduzem geralmente à emigração em busca de oportunidades de trabalho. Fatores socioculturais como estatuto, estilo, padrões e qualidade de vida, competências, educação, (des)emprego, preços da habitação, proteção social, e mudanças sociais podem estar subjacentes à perda populacional.

Os fatores ambientais, talvez os menos estudados, relacionados com as alterações climáticas, ambiente rural, estética e degradação da paisagem, processos ecológicos ou acontecimentos semelhantes a choques, como riscos naturais e catástrofes ambientais (por exemplo, terramotos, epidemias, poluição ambiental, escassez de água) podem estar na génese da perda da população.

Além disso, a política e as políticas[1], sobretudo: o sistema político e os seus impactos a diferentes níveis espaciais (nacional, regional, local, urbano); os impostos e os regulamentos; o planeamento e as políticas de regeneração; bem como a transformação política, as guerras e os conflitos armados, têm repercussões no desenvolvimento da população. Finalmente, suburbanização, reurbanização, expansão, e contra urbanização são recorrentemente apontadas como causas de contração, mas na verdade podem ser os processos espaciais resultantes de muitas das causas enumeradas acima.

As consequências do decréscimo da população podem ser quase tão variadas como as causas: (1) diminuição da densidade populacional, alteração da estrutura demográfica; (2) infraestruturas sobredimensionadas e subutilizadas, desequilíbrio crescente entre a oferta e a procura de infraestruturas sociais (por exemplo, escolas), transportes e serviços públicos; e respetivo aumento dos custos de transação e dos custos unitários; (c) diminuição das receitas fiscais devido à redução da base tributária, maiores pressões sobre os orçamentos municipais locais; (d) aumento do número de terrenos e espaços vagos, e edifícios e habitações devolutos (zonas industriais abandonadas); (e) mercado imobiliário pouco dinâmico, e desequilíbrio crescente entre a oferta e a procura de habitação; (f) diminuição do poder de compra e do preço dos imóveis; (g) diminuição da heterogeneidade da população e aumento da segregação; (h) aumento dos problemas sociais e da criminalidade; e por último (i) fenecimento da vida social, da esfera pública, da criatividade e da inovação (Sousa, 2010).

Não existe uma tipologia global estabelecida de cidades em contração (Oswalt e Rieniets, 2006), embora ao nível nacional existam bons exercícios. As tipologias referem-se sobretudo a causas e não a consequências ou características das cidades. Tem sido aplicada uma miríade de estratégias e abordagens para lidar com territórios em contração em todo o mundo.

Ao analisarmos as abordagens, estratégias e recomendações, podemos distinguir entre planeamento convencional e planeamento para a contração. Enquanto o primeiro é reativo e aspira ao (re)crescimento, como resultado do negativismo contra a contração e do otimismo em relação à mudança populacional, o segundo é adaptativo, positivo e aceita a contração, sendo realista e pragmático em relação às alterações populacionais (Sousa & Pinho, 2015).

Não se verifica uma verdadeira mudança no paradigma do planeamento, mas o declínio da população está a tornar-se cada vez mais uma preocupação, especialmente quando a questão se coloca no nosso próprio quintal. Em última análise, mais do que a estratégia em si, talvez a flexibilidade estratégica (Wiechmann, 2008) seja mais importante no que respeita à adaptação à contração, à estagnação ou a qualquer outra mudança.

O Porto é segunda cidade mais importante portuguesa; uma cidade de média dimensão, para os padrões europeus (aproximadamente 215 mil habitantes[2]), localizada na costa noroeste de Portugal, perto do Oceano Atlântico. A cidade perdeu cerca de 112.00 habitantes, desde os anos 80, devido à descentralização da habitação/suburbanização, ao aumento das deslocações pendulares, mas também aos saldos migratório e natural negativos. O Porto apresenta taxas de desemprego mais elevadas (18% em 2011) do que a área metropolitana e no país, elevada taxa de alojamentos vagos (19% em 2011) e um grande número de edifícios degradados.

1. Por exemplo, o abandono deliberado de cidades e povoações em declínio no Norte da Rússia.
2. Na altura da oficina foram apresentados dados estatísticos relativos aos censos de 2011 e são esses os que se descrevem no presente capítulo.

Hoje, o Porto poderá ser considerado uma cidade em contração próspera (Hartt, 2019), ainda que a prosperidade só tenha chegado para alguns. Para isso contribuíram:

a) A preservação do centro histórico e a classificação da UNESCO;

b) A regeneração da cidade e a renovação da habitação, especialmente na baixa (por exemplo, incentivos à reabilitação e SRU como modelo);

c) A promoção da marca "Porto" (por exemplo, Agência Porto e Norte/Município);

d) A iniciativa privada (local, nacional e internacional - por exemplo, transportadoras aéreas de baixo custo e plataformas online de aluguer de imóveis peer-to-peer);

e) O investimento em infraestruturas (por exemplo, o aeroporto), e na cultura;

f) Sinergias (por exemplo, a proximidade com a região vinícola do Douro, classificada pela UNESCO);

g) E as características intrínsecas do Porto.

Assim, ocorreu um notório aumento de utilizadores da cidade, turistas (p. ex., 1,8 milhões de hóspedes registados em 2017) e trabalhadores pendulares, mas não de residentes devido aos elevados preços da habitação e à gentrificação, à gentrificação da compra para arrendamento, à estudantificação, à turistificação e outros tipos de gentrificação.

Atualmente, a cura poder-se-á ter transformado na própria doença e agravado não só a diminuição da população, mas também a habitabilidade da cidade por razões diferentes.

4.2. Os trabalhos e o debate

Os grupos apresentaram os seus projetos ao grupo e seguiu-se um debate animado. Os alunos foram capazes de identificar os benefícios das iniciativas ou soluções, bem como as condições necessárias para as concretizar. A sessão de brainstorming foi um sucesso, com cada grupo a apresentar ideias únicas e inovadoras para o futuro do Porto.

Um dos grupos (figura 2) identificou o problema da cidade do Porto como sendo o envelhecimento da sociedade, ou melhor, da população, propondo como solução a adaptação de edifícios abandonados para habitação a preços acessíveis. O grupo identificou como condições necessárias: políticas sociais, fundos municipais para os investimentos, a aquisição dos edifícios abandonados pela Câmara Municipal (CM), parcerias entre a CM e os proprietários, a mudança de atitude em relação à identidade da cidade, investimento privado em serviços não turísticos para gerar empregos para trabalhadores qualificados.

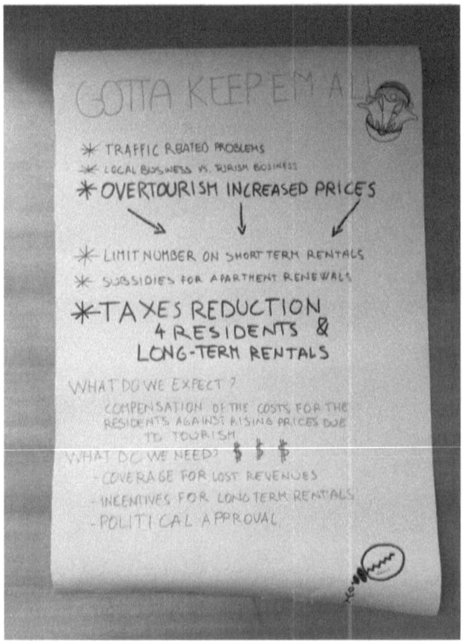

Figura 2 e Figura 3. Propostas dos grupos de trabalho para a cidade do Porto. Fonte: Fotografia da autora.

Outro grupo considerou chave a retenção e atração dos residentes no Porto, identificando alguns problemas urbanos como o tráfego, a tensão entre comércio local e o comércio turístico, e a subida dos preços generalizada causada pelo sobreturismo. O grupo propôs limites para o número de alugueres de curta duração, subsídios para renovação de apartamentos e edifícios, redução de impostos para residentes e alugueres de longa duração. A expectativa do grupo seria a compensação dos custos para os residentes do aumento dos preços devido ao turismo (figura 3). As condições necessárias identificadas pelos estudantes foram a vontade política, a cobertura da perda de receitas, e incentivos para arrendamentos de longa duração.

O grupo seguinte concluiu que os não tendo os habitantes locais dinheiro para viver no centro da cidade, seria essencial construir habitações mais baratas e acessíveis aos locais, promover os transportes públicos e as praias, bem como criar centros e zonas comerciais alternativos (figura 4). Por outro lado, seria importante atrair os turistas para fora do centro da cidade, levando à diminuição da procura de habitação no centro da cidade, promover uma nova economia em novas áreas e diversificar a atividade económica da cidade do Porto. Em resultado, a população local sentir-se-ia mais confiante.

Finalmente, um dos grupos apesar de não identificar um problema ou problemas principais, propôs avima de tudo medidas que espalhassem ou distribuíssem melhor o turismo na cidade, tais como dias "só para locais" em equipamentos (museus/espectáculos), iniciativas de habitação de longa duração, descontos em restaurantes e museus para os habitantes locais e transportes gratuitos, proibição de fotografias nas igrejas, taxas para turistas (entrada na cidade/alojamento), bem restrição/proibição de alojamento local no centro da cidade e uma aplicação tecnológica para direcionar/controlar o número de turistas na cidade do Porto (figura 5).

Os resultados do workshop foram dignos de registo. Num curto espaço de tempo, os alunos puderam compreender o conceito de cidades em contração e os desafios que enfrentam, bem como a importância das iniciativas e soluções de desenvolvimento local para a mudança nestes contextos. A utilização do método Futuros Urbanos provou ser uma ferramenta eficaz para o debate de ideias sobre soluções para os desafios enfrentados pelas cidades em contração.

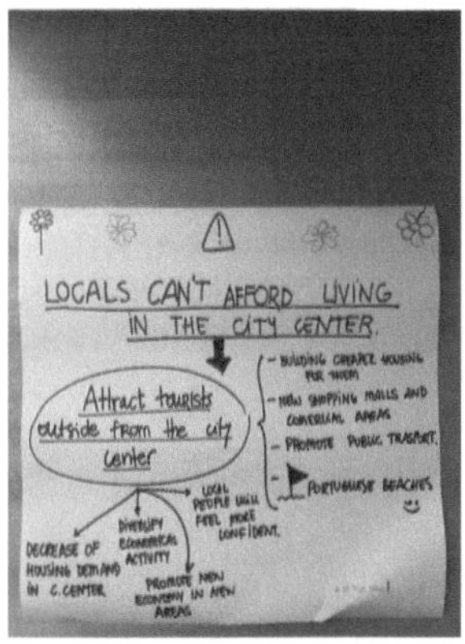

Figura 4. Proposta do grupo de trabalho para a cidade do Porto. Fonte: Fotografia da autora.

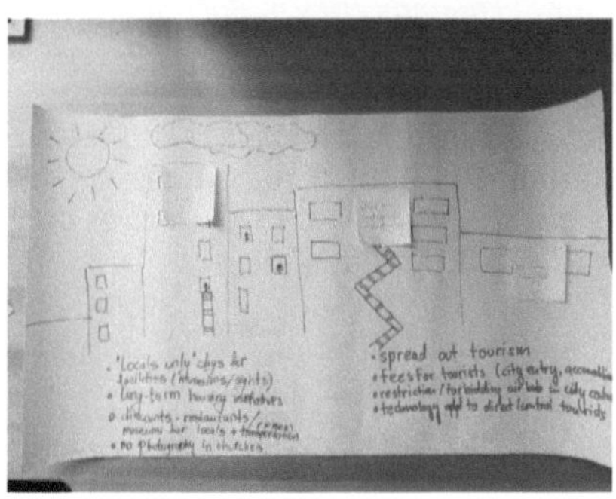

Figura 5. Proposta do grupo de trabalho para a cidade do Porto. Fonte: Fotografia da autora.

5. CONCLUSÕES

Em conclusão, esta oficina foi um exemplo bem-sucedido de como ensinar um conceito complexo de planeamento urbano a estudantes de engenharia e tecnologia. A utilização do método Futuros Urbanos foi eficaz na geração de soluções inovadoras para os desafios enfrentados pelas cidades em contração. Os estudantes saíram da oficina com uma melhor compreensão do planeamento urbano e uma nova apreciação do papel das iniciativas e soluções de desenvolvimento local na resolução de problemas urbanos complexos. Por outro lado, e não menos importante, foi a demonstração de que a discussão do de problemas urbanos com a comunidade, mais ou menos informada, são uma mais-valia na sua resolução e na construção de soluções conjuntas, que parecem ser óbvias para todos exceto para uma certa elite de atores (Sousa & Rodríguez-Barcón, 2021).

6. REFERÊNCIAS

Haase, A., Nelle, A., & Mallach, A. (2017). Representing urban shrinkage. The importance of discourse as a frame for understanding conditions and policy. *Cities*, 69, 95-101. https://doi.org/10.1016/j.cities.2016.09.007

Hartt, M. (2019). The Prevalence of Prosperous Shrinking Cities. *Annals of the American Association of Geographers, 109*(5), 1651-1670. https://doi.org/10.1080/24694452.2019.1580132

Lombardi, D. R., Leach, J. M., Rogers, C. D. F., & Equipa Urban Futures (2012). *Designing Resilient Cities: A Guide to Good Practice.* IHS BRE Press.

Mallach, A., Haase, A., & Hattori, K. (2017). The shrinking city in comparative perspective: Contrasting dynamics and responses to urban shrinkage. *Cities*, 69, 102-108. https://doi.org/10.1016/j.cities.2016.09.008

Mykhnenko, V. (2023). Smart shrinkage solutions? The future of present-day urban regeneration on the inner peripheries of Europe. *Applied Geography*, 157, 103018, https://doi.org/10.1016/j.apgeog.2023.103018.

Oswalt, P., & Rieniets, T. (2006). *Atlas of Shrinking Cities.* Hatje Cantz.

Rogers, C. D. F., Lombardi, D. R., Leach, J. M., & Cooper, R. (2012). The urban futures methodology applied to urban regeneration. *Proceedings of the Institution of Civil Engineers-Engineering Sustainability, 165*(1), 5-20. https://doi.org/10.1680/ensu.2012.165.1.5

Sousa, S. (2010). *Planning for Shrinking Cities in Portugal* (PhD unpublished PhD Thesis), Universidade do Porto, Porto.

Sousa, S., & Pinho, P. (2015). Planning for Shrinkage: Paradox or Paradigm. *European Planning Studies, 23*(1), 12-32. http://dx.doi.org/10.1080/09654313.2013.820082

Sousa, S., & Rodríguez-Barcón, A. (2021). Narrativas sobre gentrificação turística e contração urbana: uma abordagem qualitativa ao caso do Porto. *Finisterra, 56*(116), 115-136. https://doi.org/10.18055/Finis19829

Wiechmann, T. (2008). Errors Expected-Aligning Urban Strategy with Demographic Uncertainty in Shrinking Cities. *International Planning Studies, 13*(4), 431-446. https://doi.org/10.1080/13563470802519097

WORDPRESS EN LA GESTIÓN DE CONTENIDOS DIGITALES

Lolo Jose Caballero Cifuentes[1], Richard Santiago Quivio Cuno[1], Sandra Yaquelin Gutiérrez, Guadalupe[1], José Alberto Márquez Beltrán [1], Juan Carlos Huamán Hurtado[1]

El presente texto nace en el marco del proyecto de investigación mediante concurso por UJByM y desarrollado con apoyo de la Universidad Enrique Guzmán y Valle.

1. INTRODUCCIÓN

En el mundo educativo de la enseñanza aprendizaje de la virtualidad el WordPress forma parte del proceso de formación profesional del periodista investigador, por ello, es un administrador productivo que en estos tiempos de postpandemia ha generado impacto en la gestión de contenidos digitales informativos a nivel nacional e internacional. Por otro lado, las herramientas tecnológicas y la comunicación digital producen cambios significativos en el quehacer del periodista, cambios en los roles del profesor y estudiantes, cambios en presentar la información multimedia de manera interactiva, colaborativa, autónoma, motivada y creativa. Es decir, la forma de aprender y de enseñar han cambiado (Blanco, 2016).

En base al sustento anterior, el estudio demuestra la importancia e impacto de WordPress al presentar la información multimedia en los estudiantes de periodismo que comprende en nuestros tiempos el manejo de los medios digitales o llamado también prensa digital que presentan mayor cobertura a nivel mundial en el cual cumple el rol interactuar con el lector, por ello, el WordPress es una herramienta digital importante en los jóvenes primordialmente en el nivel universitario. Con respecto a la problemática observada en las universidades de Lima, la gestión de contenidos digitales informativos en los docentes y estudiantes el nivel es bajo, esto se debe a su creación, edición, producción, optimización, distribución, gestión y su publicación no es lo deseado.

En tal, el estudio tiene sus antecedentes con León *et al* (2022), quienes investigaron acerca de la herramienta WordPress como gestor de contenidos mediante diseños de sitios web y con publicación en las nubes. Concluye que, el diseño de un sitio web conlleva un análisis minucioso de, requerimientos, estándares y metodologías para su uso.

En esa misma línea, Jalón *et al.* (2022) en su trabajo de investigación dan a conocer la creación un sitio web que fue desarrollado con la aplicación de WordPress, el objetivo del

1 Universidad Nacional de Educación (Perú)

estudio es permitir, seleccionar y capacitar a los ciudadanos sobre educación financiera, el resultado fue exitoso en el campo empresarial; además enfatizan que el sistema WordPress es una herramienta completa para gestionar contenidos digitales y es el más utilizados en la actualidad en diferentes áreas y contextos en el mundo.

Por otro lado, Guevara *et al.* (2015) aplicaron instrumentos válidos y confiables acerca de la interactividad y contenidos digitales mediante el enfoque de investigación cualitativa, en el cual, les permitió evaluar el nivel de interactividad en diversas herramientas

de diseño entre ellos el WordPress logrando resultados positivos, es decir, demostró un nivel alto de interactividad.

Esta investigación del WordPress es una plataforma que permite a los estudiantes universitarios a crear, gestionar, publicar contenidos y sitios digitales por la web y mostrarse en las nubes. Existen varias aplicaciones dentro entorno de WordPress el más importante es el CMS "Content Management System". Una de su peculiaridad es de software libre y de carácter público con independencia supervisada por la instauración WordPress sin fines de lucro, administrada por Matt Mullenweg, creador de la WordPress (López, 2022).

En cuanto a la gestión de contenidos Brito *et al.* (2021) mencionaron en su estudio que las herramientas de gestión de contenidos representan una tecnología Web basada en software libre como el WordPress, Drupal y Joomla, estos sistemas son de gran utilidad en la actualidad sin dejar de mencionar el aumento de los incidentes de ciberseguridad a nivel del mundo. El propósito de su estudio fue dar a conocer conceptos y estructuras de un conjunto de controles de seguridad aplicadas sistémicamente a las instalaciones de portales web y basados en WordPress en mayor relevancia y así formalizar al CMS como una capa de seguridad. Los resultados evidenciaron de 29 controles de seguridad, el 79% se pueden aplicar a otros CMS y el resto en otros controles específicos. Concluyendo que su uso permite incrementar los niveles razonables de seguridad con esta tecnología.

En esa misma perspectiva, Castro (2022) señala que los medios de contenidos digitales se han convertido en una plataforma más interactivo e importante en diferentes áreas y contextos actuales con gran auge y surgimiento de otros nuevos; esto es a consecuencia de los efectos ocasionados por el COVID 19, que aún todavía no termina. Los resultadosproducto del análisis de su estudio evidencian que el 44% de los clientes peruanos realizaron su primera compra online durante la pandemia con Think with Google, el 57% con páginas web de organizaciones públicas y privadas, el 48% con Facebook y el 42% vía aplicativo móvil, estos datos reflejan un perfil del consumidor adaptado a esta coyuntura digital.

En esa misma línea, tenemos como antecedente a Cabrera (2020) en su investigación tuvo como objetivo dar a conocer la influencia de un sistema de Gestión de Contenidos en el proceso de ventas online utilizando el WordPress. Tipo de investigación experimental, aplicada, con diseño Preexperimental. Los resultados mostraron para la observación inicial, es decir antes de la implementación del software WordPress el nivel de eficacia fue de 50%, después del experimento fue 76%, respecto al nivel de ventas antes fue 57% y después de su aplicación de la WordPress fue de 88%, concluye que, el sistema de gestión de contenidos como producto de la aplicación del "CMS WordPress" mejora significativamente las ventas digitales.

En tal, Castillejo (2019) en su estudio de investigación explora los procesos de gestión de información y creación de contenidos digitales en alumnos del universitario, la estrategia de diseño que utilizó fue etnográfico mixto y como técnicas de recojo de datos utilizó la encuesta, entrevista grupal y la observación. Los resultados muestran bajo nivel en las competencias de información y alfabetización informacional, primordialmente en los medios de búsqueda y la evaluación de la calidad del contenido. Como conclusión menciona que muy poco se pone en marcha las competencias informacionales y digitales, en esa lógica, ubica a los estudiantes en una posición de oprimidos digitales.

En esa misma línea, Villegas y Castañeda (2020) en su estudio que se desarrolló mediante un enfoque cualitativo con diseño descriptivo observacional, evidenciaron que los contenidos digitales, tienen variados e importantes modos enunciativos, entre los que se destacan con mayor uso son: las imágenes, textos, sonidos y gráficos digítales para transmitir mensajes con una intención comunicativa clara, convirtiéndose en una herramienta primordial, los resultados evidenciaron la falta de consolidar una definición, tomado en particular en áreas de comunicación y el diseño visual, el estudio fue por la Universidad de Caldas, los autores por otro lado, enfatizan que la definición de contenidos digitales está en un pleno desarrollo y es necesario la reflexión teórica para poder definirla.

Aguiar & Rodríguez (2020), manifiestan que utilizar un conjunto de piezas de información o llamados también contenidos digitales en un medio digital, mejoran los conocimientos de las personas en cualquier contexto.

En esa perspectiva, Vizoso (2022) señala que es necesario gestionar información usando herramientas automatizadas para la atención de los periodistas en diversos contextos de su especialidad.

Para comprender mejor los contenidos digitales de manera general mediante la red de redes existe diversos formatos como: plantillas, imágenes, videos, audios, textos, portales, software, videojuegos, blog, aplicaciones, redes sociales entre otros. El éxito dependerá de tu análisis y creatividad. Existen diversos tipos de contenidos como infografías, Newsletter, BlogPosts, E-books, Videos, Podcasts, Plantillas Web, Informes de investigaciones, Quizzes y otros. En nuestro trabajo de investigación para fines de operacionalización para la variable dependiente contenidos digitales elegimos las dimensiones BlogPost, infografías y Plantillas Web. A continuación, damos a conocer el sustento teórico respecto a la variable gestión de contenidos digitales.

Al respecto, López (2022) señala que un blog es sitio web muy utilizado donde periódicamente se publican variados contenidos y estos son llamados por excelencia como posts, entradas o artículos. En nuestro trabajo de investigación un blog realizado en la aplicación WordPress tiene la posibilidad de ser administrado por más de un estudiante, es decir, que presenta un módulo incorporado dentro de su interfaz de gestión y de administración que permite crear, editar y hacer todo lo que necesita un futuro periodista.

En esa misma línea, Mariana (2022) define una infografía como una representación gráfica de información que debe ser breve, clara y de fácil comprensión. Para realizar una infografía de impacto la WordPress ofrece un módulo también de gestión donde puede seleccionar diferentes plantillas para diversas actividades, sólo el usuario debe tomar en cuenta antes de diseñar dos aspectos indispensables, la primera información preeminencia y como segundo el dominio del arte visual; en esa misma dirección, Herrera (2020) considera que se debe tomar en cuanta 10 pasos para elaborar una infografía de calidad como la selección temática, la contrastación, la verificación de fuente, elaboración de una narrativa clara y sencilla, realizar un bosquejo de página (wiriframe), las imágenes y objetos deben relacionarse con el tema principal, tomar en cuenta el control de color, establecer márgenes en los bordes, utilizar una tipología de fuente, desglosar la información en secciones y por último guardar una copia de la infografía para inmediatas actualizaciones. En nuestro estudio mediante la WordPress automáticamente se guardará el trabajo infográfico en las nubes.

Con respecto a la dimensión Plantilla Web Adruszków (2022) señala que, si deseas crear un sitio web desde cero te llevaría mucho tiempo y dinero, por esa razón, la mayoría de los usuarios crean un sitio web a partir de una plantilla diseñada profesionalmente, que ya está programado por el desarrollador y lista para poder usarla de manera personalizada; seleccionando la plantilla esta se adapta a sus necesidades. Las ventajas que tiene las plantillas web con relación a la inversión afirmo que es más económica que comenzar desde cero el cual ahorra tiempo y puedes elegir gran variedad de diseños optimizando el SEO básica, así como se muestran algunas ventajas existen también algunas desventajas como plantillas que no satisface a tus necesidades, popular sin ningún cambio, no presenta ningún propósito específico, entre otros. En nuestro estudio la WordPress tiene un modelo de gestión para plantillas web variadas y listas para diseñarlas.

En tal, la plantilla web es un recurso importante con estructura clara en el momento de crear una sitio o página web, sin comenzar de cero, te ahorra tiempo y es una carta de presentación para los cibernautas (Shum, 2019).

2. OBJETIVOS

El impacto de la aplicación WordPress en estos últimos tiempos es muy significativo para la gestión de contenidos digitales informativos, primordialmente en profesionales de las ciencias de comunicación y estudiantes que se forman para ser comunicadores sociales.

Según Abraham, (2022), un objetivo consiste en las expectativas y resultados que se prenden alcanzar con el estudio, debe ser claro, preciso y permite guiar la pregunta de la investigación. En tal, de acuerdo al sustento del autor en el estudio el objetivo permitió que nuestros datos sean cuantitativos y están relacionadas con las preguntas.

En base a lo señalado, este trabajo plantea como objetivo principal: 1. Determinar el impacto de la aplicación WordPress en la gestión de contenidos digitales informativos en los estudiantes de universidades particulares de Lima, y como objetivos específicos. 2. Identificar el nivel del uso del *Blogpost* después de aplicar WordPress. 3. Determinar el nivel de uso de infografías luego de aplicar WordPress. 4. Precisar el nivel del uso de Plantillas Web para de aplicar WordPress y por último. 5. Establecer diferencias entre el nivel de gestión de contenidos en los grupos control y experimental después de su aplicación de la WordPress.

3. METODOLOGÍA

La formulación de los problemas en una investigación requiere de instrumentos para la recolección de información pertinente y esa estrategia es denominada diseño de investigación (Creswell, 2017).

En ese sentido, el muestro estudio es de tipo experimental en su forma cuasi experimental, con enfoque de corte cuantitativo, al respecto, este trabajo es de naturaleza objetiva, su fin es describir, explicar, predecir el efecto de la WordPress, generar y poner a prueba teorías; esto implica que el proceso de investigación fue orientado hacia una medición numérica, cálculos y análisis de datos sólidos, altamente confiables que garantizaron los alcances del estudio (Mata, 2019).

Por ello, al aplicar el sistema WordPress a un grupo denominado experimental y comparar resultados con el otro grupo control, se conoció el nivel de gestión de contenidos en los estudiantes del nivel universitario en ambos grupos. El diseño se presenta de la siguiente forma:

Pre-Prueba Post-Prueba

GE : 01 X 04

GC : 02 - 03

Grupo de control (GC) sin aplicación del WordPress, Grupo expérimental (GE), con aplicación de WordPress.

Con respecto a la población y determinación de la muestra para nuestro trabajo de investigación, la población fue factible compuestas por grupos intactos, por tanto, la elección de la muestra fue no probabilística eligiendo el mismo número de estudiantes para el control como también para el grupo experimental.

Según Condori, (2020) una muestra es la parte representativa de la población, con las mismas características generales de dicha población.

En ese sentido, para obtener una muestra representativa de una población finita de un total de 120 estudiantes del octavo ciclo, se utilizó el muestreo no probabilístico de forma intencional y arbitraria dado que los grupos fueron intactos y estaban conformados de acuerdo con la misma asignatura, la misma especialidad, el mismo ciclo de estudio y de igual nivel socioeconómico.

Al respecto, Salas, (2022) señala que este tipo de muestreo permite obtener muestra representativa de una población finita (Ver tabla1).

Grupos	Universidad	Ciclo	Especialidad	Muestra(n)
Experimental	Universidad Jaime Bausate y Meza	VIII	Periodismo	32
Control	Universidad de San Martín Porres	VIII	Periodismo	32
Total				64

Tabla 1. Determinación de la muestra. Fuente: Elaboración propia.

En cuanto a los instrumentos de recojo de información para el estudio fue la lista de cotejo, las rúbricas y las pruebas de conocimientos aplicados en dos momentos Preprueba y Posprueba. Estos instrumentos fueron validados mediante calificación de jueces en forma dicotómica y la adecuación de validez de contenido de los items con el coeficiente de V. Aiken (0.84) tomando en cuenta los indicadores de contexto, dominio y claridad, el resultado evidenció que los items de ambas pruebas poseían una adecuada validez de contenido (tabla2).

	Claridad	Congruencia	Contexto	Dominio	Total
Preprueba	0.83	0.84	0.85	0.83	0.84
Posprueba	0.84	0.84	0.84	0.85	0.84
V. Aiken	0.83	0.84	0.84	0.84	0.84

Tabla 2. Validez de contenido con V. Aiken. Fuente: Elaboración propia.

Por otro lado, para conocer la confiabilidad de los instrumentos se tomó una pequeña parte de muestra llamada piloto con las mismas características del grupo de estudio, al respecto, Mata, (2019) señala que la fiabilidad de una prueba responde a la estabilidad de los datos obtenidos evitando riesgos de variación entre los distintos casos y momentos de aplicación, es decir, que es fiable, coherente, consistente en el momento de su aplicación.

Para el trabajo de investigación se realizó la confiabilidad de los instrumentos con el método de dos mitades y la fórmula de coeficiente de Spearman Brown, este procedimiento se desarrolló con ayuda del software SPSS, y se obtuvieron coeficientes de Preprueba (0.84) y para Posprueba (0.86) estos valores evidenciaron que los instrumentos presentaban una alta confiablidad para su aplicación (tabla 3).

Instrumentos	Estadístico de fiabilidad	Valor obtenido con SPSS	Items	Correlación entre formularios	Longitud igual	Longitud desigual
Preprueba	Coeficiente de Spearman-Brown	0.84	20	0.68	0.84	0.84
Posprueba	Coeficiente de Spearman-Brown	0.86	20	0.69	0.86	0.86

Tabla 3. Coeficiente de Spearman Brown. Fuente: Elaboración propia.

4. RESULTADOS

Hernando (2022) manifiesta que en los resultados de una investigación se bebe realizar una correcta y clara exposición de los descubrimientos obtenidos, para tal, se debe hacer uso de la presentación de tablas, figuras e interpreta de manera más objetiva y que estos estén en afinidad con los objetivos propuestos, dando respuesta a los mismos.

En base a esa perspectiva, los resultados para el estudio se procedió en dos aspectos primordiales: el primero referido al análisis de datos a nivel descriptivo donde se evidencian los promedios en comparación por grupos y dimensiones mediante tablas, figuras e interpretaciones, el segundo aspecto comprende la parte inferencial en la cual se realizó una prueba de normalidad utilizando el método numérico de Shapiro Wilk para conocer si nuestros datos recogidos provenían de una distribución normal o de lo contrario de una libre distribución, luego de conocer se realizó la prueba de hipótesis para dar respuesta a las interrogantes, también mediante tablas e interpretaciones; a continuación detallo las evidencias y procedimientos. (tabla 4, Figura1)

Grupos	Pre-Prueba	Post- Prueba
Grupo Control	13.5	13.4
Grupo Experimental	13.6	17.3

Tabla4. Nivel de gestion de contenidos digitales en su dimension BlogPost.
Fuente: Elaboración propia.

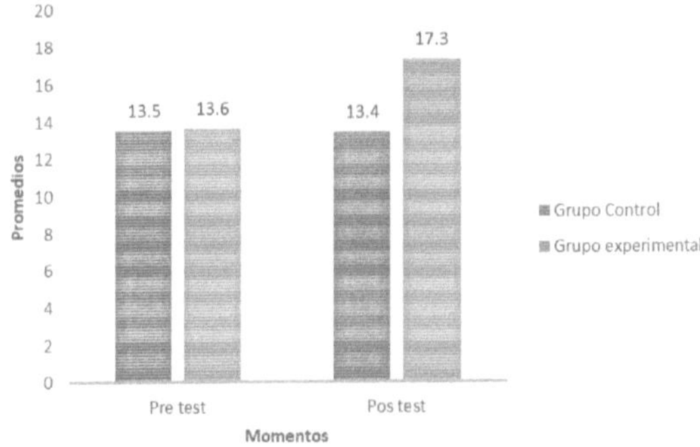

Figura 1. Puntuaciones en base a promedios por grupos en BlogPost.
Fuente: Elaboboración propia.

Las puntuaciones que se observan en la tabla 4 y figura 1, evidencian la comparación de promedios por grupos en ambos momentos de Pretest y Postest, en tal, el nivel de gestión de los contenidos digitales en la dimensión BlogPost referente al grupo Experimental fue (17.3) siendo superior en comparación con el grupo Control (13.4), estos resultados nos indicaron que después de aplicar la WordPress mejoró el nivel de gestión de contenidos digitales en BlogPost en los universitarios.

De esta forma se procedió con el análisis de datos a nivel descriptivo con las demás dimensiones, es así, que en la dimensión Infografias el grupo Experimental tuvo como promedio (16.90) en comparación al grupo control (14.7), finalmente en la dimensión Plantillas Web el promedio para el grupo Experimental fue de (16.76) y grupo Control (14.1), predominando en mayor promedio para el grupo Experimental en todas las dimensiones, esto significó que el impacto de la WordPress fue positivo.

A continuación, se muestra los procedimientos para comparar promedios en cuanto al grupo Control y grupo Experimental tomando en cuenta los momentos de la Preprueba y la Posprueba entes y después de aplicar la WordPress (tabla 5, Figura 2).

Grupos	Pre-Prueba	Post- Prueba
Grupo Control	13.6	13.3
Grupo Experimental	13.4	18.2

Tabla 5. Comparación de promedios: Gestión de contenidos digitales.
Fuente: Elaboración propia.

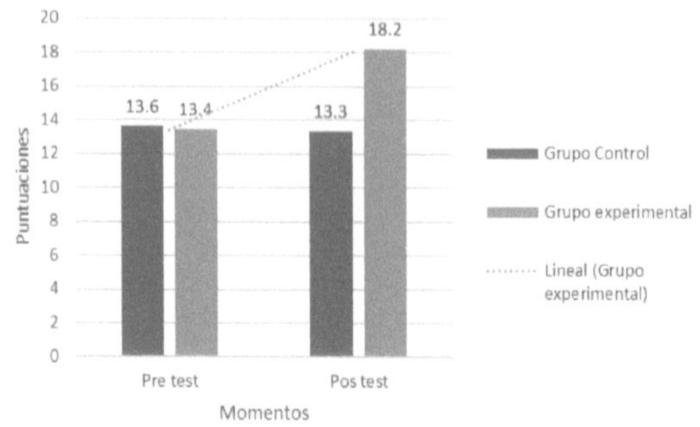

Figura 2. Análisis comparativo por grupos: Gestión de contenidos digitales.

Fuente: Elaboración propia.

En la tabla 5 y figura 2 se evidencian la comparación general de promedios de los grupos experimental y control antes y después de aplicar el WordPress en la gestión de contenidos digitales, por ello, el promedio para el grupo control en el Preprueba fue (13.6) y grupo experimental (13.4), relativamente favorable al grupo control; terminado el experimento después de aplicar el WordPress los resultados en promedios fueron para el grupo control (13.3) y para el grupo experimental (18.2) tal como se aprecia en la línea de tendencia, estos resultados dieron como respuesta que el impacto de WordPress tuvo un efecto significativo en la gestión de contenidos digitales.

Por otro lado, para dar respuesta a las interrogantes se constrato las hipótesis, previamente se realizó la prueba de normalidad con el estadístico no paramétrico de Shapiro Wilk aplicable a muestras menores a 50, cada grupo para el estudio no pasaba del número indicado, el procedimiento se realizó con ayuda del SPSS y se obtuvo un valor Sig.(bilateral) de 0.826 superior al nivel de significancia 0,05, por tal razón decidimos no rechazar la hipótesis nula planteada que los datos no provienen de una distribución normal, en consecuencia elegimos el estadístico de prueba no paramétrico U. Mann Whitney.

En tal sentido, la hipótesis general planteada fue: existe efecto significativo de la WordPress en el nivel de gestión de contenidos digitales en los estudiantes universitarios y como hipótesis nula lo contrario, se estimó a un nivel de confianza del 95% y un nivel de significancia del 5%. A continuación, se muestra la fórmula (e) y los procedimientos de contrastación de hipótesis con el análisis estadístico SPSS. (Tabla 6)

(e)

$$Z = \frac{U - \left(\frac{n1 * n2}{2}\right)}{\sqrt{\frac{n1 * n2(n1 + n2 + 1)}{12}}}$$

Grupos		N	Rango promedio	Suma de rangos	Estadísticos de prueba	Puntuaciones
Puntuaciones	Experimental	32	45.47	1455.00	U de Mann-Whitney	97.000
	Control	32	19.53	625.00	W de Wilcoxon	625.000
	Total	64			Z	-5.669
					Sig. Asintótica (bilateral)	0.000
					a. Variable de agrupación: Grupos	

Tabla 6. Prueba con el estadistico U. Mann- Whitney. Fuente: Elaboración propia.

Los datos que se observan en la tabla 6, evidencian un valor del z-calculado de (5.669) y es superior al valor de z-crítico (1.96) además se aprecia un p-valor o Asintótica bilateral (0.00) es inferior al nivel de significancia (0.05), por tanto, se rechazó la hipótesis nula y se aceptó la hipótesis alternativa. Infiriendo estadísticamente que si hubo efecto significativo de la aplicación de la WordPress en el nivel de gestión de contenidos digitales en los estudiantes del nivel universitario.

En la hipótesis específica 1, se planteó que, si existe efecto significativo en el nivel de gestión de contenidos digitales dimensión BlogPost después de su aplicación de WordPress, el valor de z-calculado (6.342) fue mayor al valor del z-crítico (1.96) y el sig. (bilataral) 0.01 inferior al nivel de alfa 0.05, tomando la decisión también de rechazar la hipótesis nula y aceptar la alterna.

En cuanto a la hipótesis específica 2, existe efecto significativo de la aplicación WordPress en el nivel de gestión de contenidos digitales dimensión Infografías, se estimó a un nivel de confianza del 95% y nivel de significancia del 5%, se utilizó también el estadístico de U. Mann Whiney y con apoyo del software estadístico SPSS se obtuvo un p-valor(0.00) inferior al valor de alfa 0.05, por tal razón tomamos la decisión de rechazar la hipótesis nula y admitir la hipótesis especifica planteada como verdadera concluyendo que si tuvo efecto significativo la WordPress en el nivel de contenidos digitales específicamente en infografías en los alumnos del pregrado nivel universitario.

Por último, en la hipótesis especifica 3, existe efecto significativo en el nivel de gestión de contenidos dimensión Plantillas Web en los estudiantes después de aplicar la WordPress, los valores obtenidos del sig. Asintótica (bilateral) fue de 0.01 inferiores al nivel de significancia 0.05. Por lo tanto, tomamos la decisión de rechazar la hipótesis nula y concluir que su impacto de WordPress influye significativamente en la mejora de los niveles de gestión de contenidos digitales utilizando Plantillas Web

5. CONCLUSIONES

Para Hernando (2022) las conclusiones de un trabajo de investigación deben mostrar con precisión las evidencias encontradas en base al producto del análisis, los resultados encontrados y que sirvan de base para investigaciones futuras en el campo de la temática estudiada. En base a esta perspectiva, nuestra investigación trata del WordPress que es parte de las tecnologías de la información y comunicación y la gestión de contenidos digitales informativos primordialmente para futuros periodistas.

Concluimos al 95% de nivel de confianza que sí hubo evidencia estadísticamente significativa para demostrar que su aplicación del WordPress tiene un efecto significativo preponderante en el nivel de gestión de contenidos digitales, es decir, en cuando usan, crean, diseñan y publican contenidos informativos los estudiantes de la carrera de periodismo.

Los niveles de gestión de contenidos digitales en las dimensiones BlogPost, Infografías y plantillas Web en los estudiantes de pregrado mejoraron positivamente y se observan niveles de gestión altos (17.3) producto de la aplicación del WordPress, es decir después del experimento.

Por otro lado, concluimos también que sí hubo diferencias significativas en los niveles de gestión después de aplicar WordPress en ambos grupos, es decir los promedios para el grupo experimental (18.2) fueron superior al promedio obtenido por el grupo control (13.3) después del experimento.

Por lo tanto, el impacto del WordPress tuvo efectos significativos en la gestión de los contenidos digitales en los alumnos del octavo ciclo de la carrera de periodismo de las universidades Jaime Bausate y Meza que conformo el grupo experimental, mientras el grupo control es decir el grupo de estudiantes de la universidad San Martin de Porres donde no fue aplicado Wordpress no fue muy significativo.

6. REFERENCIAS

Andruszków, K. (2022). *Plantillas listas vs diseños de sitios web*. CEO BOWWE. https://bit.ly/3Xei9vX

Arias, J., Zambrano, O. y Chalacán, J. (2022). Sistemas para el diseño y desarrollo de sitios web. *Dilemas contemporáneos: Educación, Política y Valores*. https://doi.org/10.46377/dilemas.v10i1.3290

Abraham, O. (2022), *Metodología de la investigación. Los objetivos en la investigación académica*. https://bit.ly/3EMzlRQ

Aguiar, R. y Rodríguez, J. (2020). Modelo de desarrollo de contenidos digitales informativos sobre COVID-19 basado en interfaces tangibles de usuario para personas ciegas. *Educación Inclusiva, 13*(2), 265-282. https://bit.ly/3EQH8xW

Brito, R., Perurena, M. y Véliz, Y. (2021). Controles de seguridad para sistemas de gestión de contenidos basados en software libre. *Telemática, 20*(1), 1-11. https://bit.ly/3VcXCG1

Castillejos, B. (2019). La gestión de información y creación de contenidos digitales en el prosumidor millennial. *Apert. Guadalaj, 11*(1), 24-39. https://doi.org/10.32870/ap.v11n1.1375.

Castro, E. (2022) *Gestión de Contenidos en medios digitales: Branded content y Content marketing*. UMA. https:// bit.ly/3guM3eC

Creswell, J. (2017) *Diseño de Investigación* https://bit.ly/3On8Cyu

Cabrera, K. (2020). *Sistema de gestión de contenidos para el proceso de ventas digitales usando WordPress*. https://hdl.handle.net/20.500.12692/69051

Condori, P. (2020) *Universo, población y muestra*. Curso Taller Por la Universidad Mayor de San Marcos, Lima, Perú. https://bit.ly/3OmrbD5

Guevara, R. y Castro, C. (2015). Una revisión a los niveles de interactividad de los contenidos digitales. nuevas ideas en informática educativa. *TISE*, 11, 469-473. https://bit.ly/3VgrWQ8

Hernández, R., Fernández, C. y Baptista, P. (2016). *Metodología de la investigación*. México: McGraw Hill.

Herrera, S. (2020). *10 pasos para elaborar una Infografía*. Publicación Versión on line índex Scielo. https:// bit.ly/3GyHQkI

Hernando, A. (2022) Resultados, discusión y conclusiones. https://doi.org/10.3916/escuela-de-autores-176

León, A., Acosta, J. y Checa, M. (2022). WordPress para el diseño de sitios web. Fundación Santo Domingo de Guzmán. *Universidad y Sociedad, 14*(S3), 18-230, https://bit.ly/3GuPxsh

López, B. (2022). *¿Qué es WordPress, para qué sirve y cómo funciona?*. Blog ciudadano. https://bit.ly/3tLl8OG

López, B. (2022). *¿Qué es un blog y qué lo diferencia de una página web?*. Blog ciudadano. https://bit.ly/3Owtu6v

Mata, D. (2019). El enfoque de investigación: la naturaleza del estudio. https://bit.ly/3EoBLVC

Mariana, O. (2022). *¿Qué es una infografía"?* [vídeo] https://www.youtube.com/watch?v=g5vUdAkXaIw

Salas, D. (2022). Muestreos no probabilísticos. obra virtual. https:// bit.ly/3tJcz

Shum, Y. (2019) ¿Qué es una plantilla web?. [vídeo] https://yiminshum.com/author/yiminshum/

Villegas, M. y Castañeda, W. (2020). Contenidos digitales: aporte a la definición del concepto. *Kepes, 17*(22), 256-276. https://doi.org/10.17151/kepes.2020.17.22.10

Vizoso, Á. (2022). Capítulo 16. Periodistas de datos y visualización de la información. *Espejo de Monografías de Comunicación Social,* 7, 247-256. https://doi.org/10.52495/c16.emcs.7.p92 .

EL PROCESO DE REVISIÓN Y CORRECCIÓN DE TEXTOS EN LA LOCALIZACIÓN DE VIDEOJUEGOS

Alba Calvo Porrúa[1]

1. INTRODUCCIÓN

Para abordar el presente estudio, resulta imperativo recordar, en primera instancia, la definición de localización de videojuegos. A lo largo de los años, diversos autores han ido compartiendo su visión de lo que es la localización en general y, más específicamente, la localización de videojuegos. No obstante, en los albores de este concepto, autores como Chandler (2005, p. 12) explicaban esta práctica desde una perspectiva más simplista, pero no por ello carente de razón, al afirmar que la localización es el proceso de traducir el juego a otros idiomas, lo cual se complementaba con la idea que tenía Esselink (1998, p. 2) de que los productos en cuestión debían adecuarse a un mercado local específico desde una perspectiva lingüística y cultural. Posteriormente, surgieron otros autores que intentaron completar estas definiciones al darse cuenta de que localizar era mucho más que un mero trasvase lingüístico y cultural entre distintas lenguas. De ahí que otras voces como Quah (2006, p. 19), Dunne (2006, p. 4) o Lommel y Ray (2007, p. 11) hicieran sus propias aportaciones al puntualizar que la localización es el proceso de adaptar la documentación de un producto digital desarrollado en una zona geográfica concreta —con idioma y cultura propios—, el propio producto o los servicios derivados de ese producto a diferentes mercados objetivos. Se sentaban las bases así —aunque sus orígenes se remontan a muchos años antes— de lo que hoy conocemos como "paratraducción", término acuñado por Garrido Vilariño en su tesis del año 2004 (cf. Yuste Frías, 2006, 2008, 2011, 2014).

> *Localizar es un término cuya definición bien podría ser la siguiente: traducir y paratraducir todo producto audiovisual y multimedia. Lo cual implica no solo "traducir" la parte puramente textual del producto audiovisual y multimedia, sino también, y sobre todo, "paratraducir" todos y cada uno de los tipos de producción paratextual que lo acompañan, lo rodean, lo envuelven, lo prolongan, lo introducen y lo presentan tanto en pantalla como fuera de ella. Si no puede existir nunca un texto sin su paratexto, tampoco puede haber traducción sin su correspondiente paratraducción, sobre todo en traducción audiovisual y multimedia donde el texto cobra vida en pantalla y fuera de ella gracias a los paratextos. (Méndez González, 2013, pp. 62-63)*

1. Universidad de Vigo (España)

No obstante, en los últimos quince años, han surgido nuevas formas de entender la localización de videojuegos que amplían su definición y la adecúan a las nuevas necesidades. De este modo, Malakçı (2016, p. 8) afirma que esta disciplina consiste en acercar los videojuegos a los públicos objetivos cambiando, en ocasiones y cuando proceda, algunos elementos del idioma, el humor, la fraseología, etcétera, teniendo siempre en cuenta las características de la cultura objetivo. Así pues, se podría afirmar que la localización de videojuegos es la práctica mediante la cual se adapta un producto videolúdico, desarrollado en un mercado con una cultura y lengua específicas, para que funcione de la misma manera y provoque las mismas sensaciones en otro mercado con características diferentes. Asimismo, esta adaptación de la que hablamos debe tener en cuenta también todos aquellos elementos que rodean y envuelven al producto en cuestión como, por ejemplo, la carátula de un juego, la banda sonora, el diseño de personajes, el tipo de humor, los hechos históricos, el material de marketing, etcétera (cf. Méndez González, 2012, 2014, 2015). Todo esto y mucho más forma parte del proceso de localización de un videojuego; de ahí que no se pueda dar más importancia a la traducción de los textos que a la composición de la banda sonora o a la propia programación del software. Estamos ante una práctica multidisciplinar en la que entran en juego diversos perfiles profesionales —traductores, revisores, testers, diseñadores, programadores, compositores...— y donde todos los eslabones son igual de importantes y se necesitan para funcionar como un todo cohesionado (Arenas y Méndez, 2014; Méndez González, 2016).

Ahora que tenemos claro en qué consiste la localización de videojuegos, es importante detallar las diferentes fases de este proceso que, como sugeríamos hace unas líneas, es bastante complejo. De hecho, bien podría entenderse la localización de videojuegos como un camino de un punto A a un punto B con varias paradas en medio. La primera parada —y el germen del que brotarán todas las demás— es el propio proceso de desarrollo del videojuego, para el cual se deben tener en cuenta, según el caso, factores como la jugabilidad o sistema de juego, el argumento, los personajes, el diseño, el sonido, la localización o la distribución y los modelos de negocio. Si seguimos avanzando por esta senda, nos encontraremos de frente con el gran cartel luminoso de la localización, donde nos detendremos para profundizar en el flujo de trabajo. En primera instancia, como detallan Méndez González y Calvo-Ferrer (2017, pp. 68-76), una de las tres figuras clave de la creación de un videojuego —desarrolladora, editora y distribuidora— deberá decidir cómo se llevará a cabo todo el proceso y quién se encargará de la parte de la localización, la cual suele tener lugar en paralelo al propio proceso de desarrollo del juego. Las posibilidades son muy variadas: si se trata de un trabajo *in-house*, es la propia empresa la que se encarga de la localización; sin embargo, en caso de que decidan externalizar la localización, se podría contratar a una gran empresa de localización, a profesionales autónomos o bien combinar ambas opciones y contratar a uno o varios profesionales autónomos que se encarguen de la traducción de los textos y, después, encargarle el testeo o el doblaje a otra(s) empresa(s). Una vez se ha decidido quién se encargará de la localización del videojuego (tras llegar a un acuerdo en relación a plazos de entrega y tarifas), será la compañía la que prepare todos los materiales que requerirán localización para facilitárselos a los profesionales que se encargarán de ella (Méndez González y Calvo-Ferrer, 2017). Cuando estos últimos reciban todos los materiales necesarios para dar comienzo a la localización, empezarán a preparar el texto con el que se trabajará —en ocasiones, es posible que procesen antes estos textos mediante una herramienta de traducción asistida por ordenador (TAO) para facilitar el uso de memorias de traducción y de bases terminológicas—. En cuanto a los materiales de referencia que se facilitarán, se encuentra el propio archivo que hay que traducir junto con otros documentos que podrán existir o no en función del proyecto como, por ejemplo, el *Game Design Document* (GDD), los glosarios, las memorias del proyecto, una hoja de *queries* o consultas al cliente (Q&A), la terminología de plataforma, imágenes, vídeos y, aunque no sea muy habitual, hasta el propio juego. A continuación, dará comienzo la fase de traducción, seguida de la de revisión y, en caso de que el videojuego tenga doblaje, también la fase de ajustes sonoros. Por otra parte, no está de más destacar que es bastante frecuente en algunos juegos que el cliente envíe actualizaciones del texto a la par que se van sucediendo las siguientes fases, como el control de calidad o el *beta testing*. Y, por último pero no por ello menos importante, no podemos olvidarnos de toda la maquinaria de marketing que rodea al juego.

Tras dedicar unas líneas a resaltar los diferentes estadios del proceso de localización de videojuegos, no se puede negar que cada vez hay más literatura que analiza diversos aspectos de la localización (Bernal Merino, 2015, 2018; Calvo-Ferrer, 2012; Chandler, 2005; Fernández Costales, 2012, 2014; Méndez González, 2020, 2021; Méndez y Calvo, 2023; Calvo Porrúa, 2022; O'Hagan y Chandler, 2016; Seljan y Katalinić, 2017; entre muchos otros) y, sin embargo, resulta imposible no fijarse en que la gran mayoría de estudios e investigaciones se centran en la traducción. Por lo tanto, aprovechamos este espacio para subrayar la necesidad de abordar la fase de revisión de la localización de un videojuego como un apartado propio —con sus propias características y sus procesos específicos—, la cual requeriría de más investigación, que es precisamente lo que intentamos poner de relieve en este estudio.

2. OBJETIVOS

El presente trabajo nace a partir de la necesidad de proporcionarle un espacio propio al proceso de revisión en el ámbito de la localización de videojuegos. Para ello, en primera instancia, explicaremos la diferencia entre los conceptos de revisión y corrección. A continuación, detallaremos las distintas fases del proceso de revisión —desde la recepción del encargo y los materiales de trabajo hasta el uso de herramientas de traducción asistida por ordenador (TAO) específicas—. Hablaremos, por otra parte, de la importancia de la figura del revisor a lo largo del proceso de localización y, por último, desglosaremos los errores más comunes que se suelen dar en el desempeño de la traducción de un videojuego. El objetivo principal de todo esto es concienciar y dar visibilidad a un proceso muy presente durante la localización de cualquier videojuego, pero que no suele abordarse demasiado desde los estudios académicos. Este estudio se presenta como un primer acercamiento a la importancia del proceso de revisión, algo que se presentará desde un punto de vista epistemológico para ofrecer de primera mano las problemáticas más habituales que se observaron durante el desempeño de la práctica profesional y, a partir de ahí, sentar las bases de futuras investigaciones sobre el ámbito.

3. METODOLOGÍA

Dado que el estudio que nos ocupa parte de la propia experiencia reunida a lo largo de los años como profesional en el campo de la localización de videojuegos, hemos decidido darle un enfoque autoetnográfico que avale la investigación.

> *La autoetnografía es un acercamiento a la investigación y a la escritura, que busca describir y analizar sistemáticamente la experiencia personal para entender la experiencia cultural. Esa perspectiva reta las formas canónicas de hacer investigación y de representar a los otros, pues la considera como un acto político, socialmente*

> *justo y socialmente consciente. El investigador usa principios de autobiografía y de etnografía para escribir autoetnografía. Por ello, como método, la autoetnografía es a la vez proceso y producto (Bénard Calva, 2019, pp. 17-18).*

Esta experiencia de la que partimos para abordar el presente estudio es fruto de las tareas que se han llevado a cabo a lo largo de más de una década de carrera profesional en los campos de la traducción, la revisión y el control de calidad en videojuegos de distintos géneros —desde juegos de acción, aventura, puzles, plataformas, rol, simuladores, deportivos y terror hasta juegos de canto y baile, carreras, aventuras gráficas y un largo etcétera— y con volúmenes de palabras de lo más variado —desde proyectos pequeños de mil palabras o menos, con un equipo de traducción compuesto tan solo por un traductor y un revisor, hasta títulos de corte mucho más ambicioso, con más de dos millones de palabras, en los que participaban más de diez traductores y hasta tres revisores—.

La labor desempeñada en estas tres disciplinas de la localización de videojuegos nos ha dado la oportunidad de recopilar los datos necesarios para vertebrar este estudio a partir de una base sólida. A la hora de recopilar estos datos que se mencionan, hemos valorado el trabajo con traductores y revisores de diferentes perfiles, los diversos tipos de herramientas de TAO empleados y sus funcionalidades, la inmensa variedad de tipos de textos con los que hemos tenido la oportunidad de trabajar a lo largo de todos estos años y los errores que se suelen cometer con mayor frecuencia en este sector —es decir, errores gramaticales, ortotipográficos, de puntuación, de estilo, de mala comprensión del texto original o por influencia del texto original, errores relacionados con el código del juego y errores de formato, entre muchos otros. Por otra parte, resulta relevante indicar que los diferentes ejemplos seleccionados para este análisis fueron extraídos de casos reales de traducciones revisadas y corregidas a lo largo de toda la carrera profesional.

En cuanto al tratamiento de los errores, es importante destacar que, si bien existen numerosas fuentes de autoridad a la hora de establecer los criterios y la guía de estilo de un proyecto de traducción —la obra de los lexicógrafos Manuel Seco, José Martínez de Sousa o María Moliner, entre otros—, para describir y analizar la clasificación de errores propuesta, hemos recurrido a la Real Academia Española (RAE).

4. EL PROCESO DE REVISIÓN Y CORRECCIÓN DE TEXTOS EN LA LOCALIZACIÓN DE VIDEOJUEGOS

Antes de entrar en materia, es importante aclarar que lo que comúnmente llamamos "fase de revisión" en realidad debería llamarse "fase de revisión y corrección", ya que, si bien tendemos a pensar que ambos términos aluden a lo mismo, lo cierto es que son conceptos diferentes.

Por un lado, la revisión consiste en comprobar que se ha hecho un buen traslado del mensaje del texto origen (TO) al texto meta (TM). Además, en una revisión se trabaja siempre con dos textos a la vez: el texto original y su traducción. En este caso, nuestra labor como revisores es asegurarnos de que no haya errores por influencia del TO —falsos sentidos, calcos lingüísticos, etcétera— y de que se ha usado la terminología específica correcta —ya sea la terminología oficial de las diferentes plataformas o la terminología propia del juego—. El perfil ideal del revisor podría ser el de un traductor experimentado con conocimientos lingüísticos en ambas lenguas y conocimientos teóricos de traducción.

Por otro lado, tenemos la corrección, durante la cual se suele trabajar con un solo texto: la traducción. En este caso, nuestra tarea consistirá en comprobar que no haya errores en el TM —ortotipografía, estilo, etcétera—. Como correctores, tendremos un punto de vista más alejado al no estar bajo la influencia del TO. Por lo tanto, tendremos la oportunidad de pulir la traducción para conseguir un texto más fluido y natural, sin los errores de estilo y ortotipográficos que se han podido pasar por alto en la fase de traducción y revisión. El perfil de un buen corrector podría ser el de un profesional —no necesariamente de la traducción— con conocimientos muy altos de su lengua materna y con una formación y unas habilidades propias del mundo de la corrección.

Ahora que hemos explicado las diferencias entre la revisión y la corrección, es fundamental señalar que, en la práctica, no existe tal diferenciación en la localización de videojuegos, que es el caso que nos ocupa. La razón principal es que, en la industria del videojuego, es muy habitual que los plazos sean extremadamente ajustados; y eso, sumado al constante deseo de reducir costes, nos ha llevado a fusionar las figuras del revisor y el corrector en una sola: la del revisor, quien se encargará de hacer todas las comprobaciones propias de la revisión y de la corrección. En proyectos con varios traductores, la figura del revisor cobra especial relevancia, ya que ha de encargarse de homogeneizar los criterios y los diferentes estilos de cada traductor (Méndez y Calvo-Ferrer, 2017). Lamentablemente, también existen casos en los que los estudios de desarrollo deciden prescindir de la fase de revisión para ahorrar costes; esto puede ser problemático, ya que, por mucho que la traducción la lleve a cabo un profesional de alto nivel, siempre se puede escapar algún error.

Si bien esta es la realidad del sector, huelga decir que lo ideal sería someter la traducción primero a una revisión y, posteriormente, someter esa revisión a una corrección. De este modo, se estaría realizando un doble control de calidad que garantizaría un mejor resultado final.

4.1. Las fases del proceso de revisión

El proceso de revisión comparte algunas fases con el proceso de traducción y, además, tiene sus propias fases específicas. En ocasiones, es difícil trazar una línea entre las labores de traducción y revisión, ya que, en una situación ideal de trabajo en equipo, lo aconsejable sería que la persona encargada de la traducción hiciera también algunas comprobaciones básicas de calidad antes de entregar su trabajo, por mucho que estas comprobaciones se vuelvan a hacer en la fase de revisión. Como se suele decir, cuatro ojos ven más que dos.

Dicho esto, toda revisión comienza, como es evidente, con la recepción de un encargo por nuestro medio de contacto habitual, ya sea por correo electrónico, por teléfono, por un programa de mensajería, etcétera.

Lo normal es que nuestro cliente nos facilite todo el material necesario para llevar a cabo nuestro trabajo de la mejor forma posible —glosarios de plataformas, glosarios terminológicos del juego en cuestión, guías de estilo, indicaciones específicas del encargo y del cliente, etcétera— y, de no ser así, deberemos solicitarlos nosotros. Con todo, habrá casos en los que no puedan enviarnos nada por motivos de confidencialidad, lo cual dificultará nuestro trabajo y nos consumirá más tiempo en la fase de documentación.

El encargo de revisión puede llegarnos en su archivo original —hoja de texto, hoja de cálculo, bloc de notas, etcétera— o procesado previamente mediante una herramienta de traducción asistida por ordenador —MemoQ, Trados Studio, Memsource, Phrase, etcétera—.

Debemos tener sumo cuidado al manipular cualquier tipo de archivo para no alterar el formato en el que lo hemos recibido, tanto a nivel de *software* como a nivel de respetar los códigos, las macros, las etiquetas, las variables, los *placeholders* (marcadores de posición), etcétera, que pueda presentar el texto. El principal motivo es evitar que el cliente, al reimportar nuestro archivo traducido a sus herramientas específicas, se encuentre con que el archivo está dañado o que cause un estrago mayor.

Teniendo en cuenta todas estas consideraciones previas, procederemos a la lectura meticulosa del TO y el TM para comprobar que no se hayan cometido errores de traducción, ortotipográficos, de estilo (naturalidad en los diálogos), de terminología de plataformas, de terminología propia del juego, de coherencia entre trato formal e informal, así como entre singular y plural, de restricción de caracteres, etcétera.

También habremos de comprobar, si procede, si hay que hacer duplicados de cadenas de texto. Es posible que nos topemos con terminología oficial que varía de una plataforma a otra —buen ejemplo de ello es el término *joystick*, cuya traducción puede ser *joystick* en las plataformas de Sony, *stick* en las de Microsoft y *palanca* en las de Nintendo—, en cuyo caso nos correspondería avisar al cliente para que lo tenga en cuenta y tome las acciones oportunas.

Al finalizar el proceso de revisión y corrección del texto, es fundamental no olvidarse jamás de aplicar el sota, caballo y rey de este trabajo. Nos referimos, en primera instancia, al hecho de pasar el corrector ortográfico a todo el texto. Este paso, aunque pueda parecer obvio, es muy importante, ya que, sobre todo si se trata de un volumen grande de palabras, no es infrecuente que se escapen algunos errores que no detectamos durante la fase de revisión. A este respecto, debemos tener especial cuidado con aquellas erratas que el corrector ortográfico suele pasar por alto —véase, por ejemplo, el caso de los pares "pero/peor" o "ciudad/cuidad"—. En segunda instancia, recomendamos comprobar siempre que no se haya quedado ningún espacio doble. El truco para hacerlo rápidamente es introducir dos espacios en la función del buscador de la hoja de texto para eliminar todo espacio doble, triple, etcétera, así como los espacios a final de frase que se nos hayan podido escapar al teclear. Así evitaremos, por un lado, afectar a la estética del texto y, por el otro, romper el código del juego.

En caso de estar trabajando en una herramienta de TAO, se recomienda exportar el archivo a una hoja de texto para pasar el corrector y hacer la comprobación de dobles espacios allí, ya que los correctores que vienen integrados en este tipo de *software* no suelen ser tan fiables cuando se trabaja con grandes volúmenes de palabras. Además, no siempre tienen los mejores diccionarios actualizados y puede ocurrir que, al trabajar con un volumen grande de texto, se produzca un error en el programa, perdamos todos los cambios hechos hasta el momento y tengamos que volver a empezar.

Tras finalizar nuestra revisión y corrección del texto, una vez pasado el corrector y comprobados los dobles espacios, si estamos trabajando en una herramienta de TAO, es recomendable ejecutar un control de calidad —por ejemplo, en MemoQ, sería la opción *Run QA*— para que nos detecte las posibles incoherencias terminológicas al cotejar la traducción con los glosarios, las bases terminológicas y las memorias de traducción del proyecto en cuestión, así como los posibles errores de formato, etcétera.

Una vez realizadas todas las comprobaciones pertinentes, solo nos resta entregar el texto siguiendo el proceso correspondiente al programa con el que hayamos trabajado, avisando al cliente ya sea mediante una plataforma propia, por correo electrónico o de la forma que proceda en cada caso.

4.2. Los errores más comunes a la hora de revisar

A lo largo de más de una década de experiencia revisando todo tipo de textos en videojuegos, nos hemos ido encontrando con errores de lo más variado —de estilo, ortotipográficos, gramaticales, de formato y un largo etcétera—. Por ello, y ante la imposibilidad de abarcarlos todos en esta disertación, nos hemos centrado en recopilar aquellos errores que se suelen cometer con mayor frecuencia.

4.2.1. Cuestiones gramaticales

4.2.1.1. Palabras con prefijo

Por lo general, los prefijos deben escribirse unidos a la base a la que afectan, siempre que esta conste de una palabra: antígeno, multifocal, biodegradable, rehacer, etcétera.

Se separarán con un guion si los prefijos van unidos a una sigla o cualquier palabra que empiece con mayúscula o un número: anti-OTAN, pro-Gadafi, sub-21, etcétera.

Si la base es pluriverbal, los prefijos se escriben necesariamente separados de la base: expresidente pero ex actor de cine y pro derechos humanos.

El par "super/súper" también es problemático. Lleva tilde cuando se refiere al supermercado, al tipo de gasolina y cuando funciona como adverbio —por ejemplo, en "lo pasamos súper"—, pero no la lleva cuando funciona como prefijo —por ejemplo, en supergrande, superfiestera, superredondo, etcétera—.

Hay palabras que admiten dos grafías, por lo que es necesario buscar la coherencia y elegir una forma para escribirlas siempre igual: sin igual/sinigual, sin par/simpar, sin techo/sintecho, sin papeles/simpapeles, etcétera.

4.2.1.2. Barra oblicua

Este signo relaciona dos conceptos diferentes que pueden ser afines o excluyentes. No se pone espacio ni antes ni después de la barra oblicua (verdadero/falso, abrir/cerrar, mostrar/ocultar, etcétera). Si nos encontramos estos pares en el menú de un videojuego, lo lógico es escribir ambas opciones con mayúscula inicial (Activar/Desactivar volumen, Acercar/Alejar vista, etcétera).

4.2.1.3. Aun así/Aún así

El conector "aun así", equivalente a "pese a eso", "a pesar de eso", "con todo" o "sin embargo", se escribe sin tilde en "aun", mientras que la secuencia "aún así", con tilde en "aún", significa "todavía así". Ejemplo: Aun así, la creación de empleo será solo de un 0,4 %./La competición se avecina y las instalaciones siguen aún así.

4.2.2. Cuestiones lingüísticas generales

4.2.2.1. Latinismos

Los latinismos también son víctimas del mal uso que han hecho de ellos, principalmente, algunas corrientes periodísticas. Así pues, es muy habitual leer "a grosso modo" en lugar de *grosso modo*, "de motu proprio" en vez de *motu proprio*, "status quo" en lugar de *statu quo* o "ex proceso" en vez de *ex profeso*, entre muchos otros.

4.2.2.2. Extranjerismos

Debemos intentar no abusar de ellos y emplear el equivalente en nuestra lengua siempre que lo haya. Podemos clasificar los extranjerismos en tres categorías principales: los términos que se han introducido en nuestro idioma sin ningún tipo de adaptación —*boutique, OK, look, camping, hobby, short, software, hardware,* etcétera—, los términos que hemos españolizado —cúter, casete, fútbol, bumerán, cederrón, jonrón, máster, zum, etcétera— y los términos españolizados no normativos —campear, levelear, farmear, grindar, etcétera—.

4.2.2.3. Toponimia

Por muy obvio que nos resulte o por muy seguros que estemos de nuestros conocimientos, nunca está de más comprobar la grafía de los nombres de lugares, ya que no son pocos los que han sufrido modificaciones a lo largo de la historia: Nueva York, Vizcaya, Hawái, Fráncfort del Meno, Múnich, Basilea, Milán, Bombay, Misisipi, Washington D. C., Massachusetts, Los Ángeles, México, Texas, etcétera.

4.2.3. Cuestiones traductológicas

4.2.3.1. Falsos amigos

Es de vital importancia saber detectar estos calcos paronímicos, ya que nos pueden llegar a jugar malas pasadas por influencia de la lengua desde la que estamos revisando. Buenos ejemplos de ello son, por ejemplo, del francés, *armée* como "armada" en lugar de "ejército", *équipage* como "equipaje" en vez de "tripulación" o *faux titre* como "falso título" en lugar de "portadilla" (de un libro); y, del inglés, *excited* como "excitado/a" en lugar de "emocionado/a", *actual* como "actual" en vez de "real", *consistent* como "consistente" en lugar de "coherente", *constipated* como "constipado" en vez de "estreñido/a", *sensible* como "sensible" en lugar de "sensato/a" o *severe* como "severo/a" en vez de "grave".

4.2.3.2. Adaptación de onomatopeyas

El de las onomatopeyas es un terreno pantanoso en el que no hay demasiadas normas establecidas, por lo que se recomienda emplear el sentido común. Desde aquí, recomendamos, en el caso de las onomatopeyas más comunes, usar las formas más generalizadas y, para las menos comunes, intentar adaptarlas a nuestra lengua para no crear sensación de extrañeza. Entendemos por onomatopeyas comunes, por ejemplo, los sonidos de animales (cua, miau, guau, etcétera), los ruidos (¡zas!, ¡plas!, ¡bum!, ¡pum!, etcétera) y las sensaciones (¡puaj!, ¡ñam!, ¡arg!, etcétera). Entre las onomatopeyas menos comunes, estarían, por ejemplo, *Hmph!, Sigh, Hm* o *Hmm* y *Ahhh!*, que se podrían adaptar como "¡Mmmf!", "¡Puf!" o "¡Uuuf!", "Mmm" y "¡Aaah!" respectivamente. Como apunte, podríamos añadir que en español no tiene mucho sentido alargar la letra "h", ya que es muda. En caso de duda, es más natural alargar las vocales que las consonantes.

4.2.3.3. Calcos lingüísticos

En todos los campos, hay varios términos que se suelen traducir mal la mayoría de las veces. Por ejemplo, en la criminología, hay unos términos que, por su similitud morfológica con nuestra lengua, los traducimos por sus equivalentes directos incorrectamente sin darnos cuenta. Ejemplos: *criminal* como "criminal" cuando también podría ser "delincuente" —en teoría, todos los criminales son delincuentes, pero no todos los delincuentes son criminales—; *crime scene* como "escena del crimen" cuando existen términos más correctos como "escenario del crimen", "lugar del delito", "lugar del crimen" o "lugar de los hechos"; y, por último, *detective* como "detective" cuando también podría ser "agente de policía". Esto se puede sacar por el contexto, pero, generalmente, cuando se trata de detectives, suelen referirse a ellos como *private investigator/detective.*

4.2.3.4. Including

Esta forma verbal inglesa sigue suponiendo un problema, ya que se suele ver muchas veces traducida como "incluyendo", un calco del inglés, en lugar de "incluido/a, incluidos/as". Ejemplo: *About twenty people were present, including Hannah and Louis./Había alrededor de veinte personas, incluidos Hannah y Louis.*

4.2.4. Cuestiones de estilo

4.2.4.1. El abuso de las mayúsculas

La lengua inglesa suele abusar mucho de las mayúsculas para enfatizar, lo cual no es correcto gramaticalmente y, desde un punto de vista más estético, no queda demasiado elegante. En español, y para tal fin, tenemos otros recursos, como pueden ser los signos de exclamación: *Claim ALL THE PRIZES!* como "¡Reclama todos los premios!", *YOU WON!* como "¡¡¡Has ganado!!!", *Sorry, WHO?!?!* como "Perdona, ¡¿quién?!", *Spin the FORTUNE WHEEL to earn a REWARD* como "¡Gira la ruleta de la suerte para ganar una recompensa!" o *AWESOME!* como "¡¡¡Increíble!!!".

4.2.4.2. Repetición de palabras para enfatizar

Cuando se repiten dos palabras para enfatizar, no se separan con coma. Ejemplo: Llegará muy muy pronto./No esperábamos empezar tan tan bien./Me gusta el café café.

4.2.5. Cuestiones que afectan al código del juego

4.2.5.1. Espacio indivisible

Los números con más de cuatro cifras se agruparán de tres en tres con un espacio indivisible en medio —1234, 56 789, 123 456, 7 891 234, etcétera— al que podremos acceder mediante la combinación de teclas ALT + 0160 en cualquier programa o el método abreviado Ctrl + Shift + Espacio, por ejemplo, en Word.

En los porcentajes, debemos introducir un espacio indivisible entre la cifra y el símbolo del porcentaje (78 %).

En localización, conviene preguntarle al cliente si el código del juego es compatible con este carácter, ya que, de no serlo, podríamos romper el código. Por lo tanto, esto implica que, cuando en una revisión veamos un porcentaje sin espacio indivisible, no necesariamente estará mal ni podremos cambiarlo directamente sin consultarlo previamente con el cliente.

Del mismo modo que en los casos anteriormente mencionados, también se debe poner espacio indivisible entre un número y el símbolo de la divisa (5 €, 13 $, etcétera), entre un número y una unidad del sistema métrico internacional (87 km), entre un número y una unidad de almacenamiento de información (128 GB, 1024 kB, etcétera) o entre un número y una abreviatura o en abreviaturas en general (p. ej., pág. 7, a. C., EE. UU., etcétera).

4.2.5.2. Caracteres o fórmulas especiales en general

Para abordar este apartado, debemos tener en cuenta que la localización de un videojuego está supeditada a su código de programación, por lo que, en muchas ocasiones, tendremos que ser flexibles con algunas cuestiones lingüísticas que no podremos seguir a rajatabla.

Los recursos que usamos en español para enfatizar o destacar una o varias palabras como, por ejemplo, el subrayado o la cursiva —títulos, extranjerismos, etcétera— tan propios de la literatura y demás textos correctamente escritos, rara vez podrán extrapolarse al lenguaje del videojuego, ya que, una vez más, podríamos romper el código sin querer por falta de compatibilidad.

4.2.5.3. Tipos de comillas

A la hora de afrontar la localización de un videojuego, una de las primeras cosas que debemos preguntarle al cliente es si este es compatible con nuestras comillas latinas (« »), cuyos atajos de teclado son ALT + 174 y ALT + 175 respectivamente. De no ser el caso, se pueden usar las comillas dobles normales (“ ”), salvo que el cliente pida un tipo de comillas concreto por razones técnicas o creativas. En resumen, debemos tener siempre presente que, cuando se trata de localizar videojuegos, podemos imponer nuestro criterio, basado en las normas de nuestra lengua, hasta donde el código nos lo permita.

4.3. El perfil de un buen revisor

Si bien este apartado se adentra más en el terreno de la subjetividad, los más de diez años de experiencia revisando todo tipo de textos en el ámbito de los videojuegos nos avalan a la hora de establecer una serie de factores o habilidades que deberían ser comunes a todo buen revisor. Aunque pueda resultar evidente, la persona que se encargue de este proceso debería tener, por un lado, una buena atención al detalle, paciencia, profesionalidad y respeto por el trabajo de los compañeros. Por otro lado, se valora la capacidad de documentarse y de actualizarse constantemente, el dominio de las técnicas traductológicas —adaptación, préstamo, calco lingüístico, omisión, compensación, etcétera—, un gran dominio de la lengua materna —ortotipografía, gramática, estilo, regionalismos, etcétera— y el dominio de la lengua de origen.

Un buen revisor no debe conformarse ni confiar excesivamente en sus propios conocimientos o en los de sus compañeros, ya que todos podemos cometer errores en un momento dado. Por lo tanto, se recomienda volver a comprobar todo aquello que nos despierte una mínima duda; desde topónimos, gentilicios, extranjerismos o latinismos hasta nombres de empresas, fechas, festividades religiosas o paganas, hechos históricos, escritura de palabras antiguas, jerga de la industria, títulos o frases de libros, cuadros, películas, canciones, videojuegos, etcétera.

También es fundamental que el revisor se encargue de mantener la coherencia y cohesión del texto, así como de respetar la intención original del autor del texto en la traducción —palabras malsonantes, lenguaje arcaico, puntuación, etcétera—. Es importante asegurarse de que el estilo y el registro del habla se adecúen al género del videojuego con el que estemos trabajando.

5. CONCLUSIONES

A lo largo de este trabajo, hemos dejado constancia de que la fase de revisión y corrección de textos en la localización de videojuegos se desempeña de la misma forma que se haría una revisión normal en cualquier otra disciplina —detección de erratas, falsos sentidos, calcos lingüísticos, errores de estilo, de puntuación, ortotipográficos, etcétera—, pero con el añadido de algunos elementos y comprobaciones específicos de la localización de videojuegos. Nos referimos con esto a las cuestiones más técnicas y propias de un videojuego —limitación de caracteres, uso de caracteres especiales, código, dobles espacios, etcétera—, que no deja de ser un programa informático interactivo.

De ahí que, como adelantábamos en la introducción de este trabajo, se antoje necesario ampliar la investigación en esta rama de la localización de videojuegos, ya que, como hemos puesto de manifiesto, las características propias del ámbito hacen que difiera bastante de la revisión en otras disciplinas. Del mismo modo, la industria de los videojuegos tiene mucha visibilidad a nivel de público, por lo que hasta los más pequeños errores pueden tener un efecto negativo en el usuario. Los aficionados a los videojuegos son de los públicos más exigentes de los sectores de ocio. En ese aspecto, tal y como se comentaba en el marco teórico, la localización es un proceso complejo con varias personas involucradas en el que el éxito o fracaso de la producción dependerá del buen trabajo de todas las fases, entre ellas la de revisión, que ha de asegurarse de que la calidad del texto es lo bastante elevada para satisfacer las necesidades del público y, al mismo tiempo, que ningún aspecto técnico falle y pueda provocar una mala representación del texto en pantalla.

6. REFERENCIAS

Arenas, J. y Méndez González, R. (2014). *El proceso de localización de videojuegos.* En ElcheJuega 2014, Elche 2014.

Bénard Calva, S. M. (2019). *Autoetnografía. Una metodología cualitativa.* Universidad Autónoma de Aguascalientes y El Colegio de San Luis, A. C.

Bernal Merino, M. A. (2015). *Translation and Localisation in Video Games.* Rouledge.

Bernal Merino, M. A. (2018). Creativity and playability in the localization of video games. *The Journal of Internationalization and Localization 5*(1), 74-93. https://doi.org/10.1075/jial.00011.ber

Calvo-Ferrer, J. R. (2012). Los videojuegos como herramienta para el aprendizaje del léxico de especialidad. En I. Elorza (Ed.). *Empiricism and Analytical Tools for 21 Century Applied Linguistics: Selected Papers From the XXIX International Conference of the Spanish Association of Applied Linguistics, AESLA* (pp. 415-425). Ediciones Universidad de Salamanca.

Calvo Porrúa, A. (2022). La traducción de poesía en el medio videolúdico: El caso de Child of Light. En C. Botella, y B. Agulló (Eds.). *Mujeres en la traducción audiovisual II. Nuevas tendencias y futuro en la investigación y la profesión* (pp. 169-182). Editorial Sindéresis.

Chandler, H. M. (2005). *The Game Localization Handbook.* Charles River Media INC.

Dunne, K. (2006). *Perspectives in Localization.* Jonh Benjamins.

Esselink, B. (1998). *A Practical Guide to Software Localization.* John Benjamins.

Fernández Costales, A. (2012). Exploring translation strategies in video game localization. *MonTI. Monografías de Traducción e Interpretación,* 4, 385-408. https://doi.org/10.6035/MonTI.2012.4.16

Fernández Costales, A. (2014). Video game localization: adapting superheroes to different cultures. *Quaderns. Revista de Traducció*, 21, 225-239. https://ddd.uab.cat/record/118849

Garrido Vilariño, X. M. (2004). *Traducir a Literatura do Holocausto: Traducción/Paratraducción de "Se questo è un uomo" de Primo Levi* [Tesis doctoral]. Universidade de Vigo, Vigo.

Lommel, A. y Ray, R. (2007). *The Globalization Industry Primer*. LISA.

Malakçı, F. (2016). *Video Game Localisation* [tesina, Yeni Yüzyıl University]. www.academia.edu/38450572/Video_Game_Localisation_Research_Paper

Méndez González, R. (2012). Traducir videoxogos dende a paratradución. *Viceversa 17*(18), 141-158. https://revistas.uvigo.es/index.php/viceversa/article/view/2593

Méndez González, R. (2013). Localización de videojuegos: necesidades y posibilidades de la traducción del siglo XXI. En X. Montero (Ed.). *Traducción para la comunicación internacional* (pp. 57-69). Editorial Comares.

Méndez González, R. (2014a). Traducir para un nuevo entorno cultural: el sector de los videojuegos. En X. Montero (Ed.). *Traducción e industrias culturales, nuevas perspectivas de análisis* (pp. 105-119). Peter Lang.

Méndez González, R. (2014b). The Terminology of the Video Game Industry: A New Type of Specialised Language. En J. R. Calvo-Ferrer, y M. A. Campos Pardillos (Eds.). *Investigating Lexis: Vocabulary Teaching, ESP, Lexicography and Lexical Innovation* (pp. 191-204). Cambridge Scholars Publishing.

Méndez González, R. (2014c). Localización de videojuegos: paratextos materiales e icónicos. *ScientiaTraductionis*, 15, 77-93. https://n9.cl/dvzfx

Méndez González, R. (2015). *Localización de videojuegos: Fundamentos traductológicos innovadores para nuevas prácticas profesionales*. Servizo de Publicacións Universidade de Vigo.

Méndez González, R. (2016). Localización y cultura: comprender los videojuegos como referentes culturales. *Entreculturas. Revista de Traducción y comunicación Intercultural, 7*(8), 741-759. https://doi.org/10.24310/Entreculturasertci.vi7-8.11365

Méndez González, R. y Botella Tejera, C. (2020). Una aproximación al intertexto videolúdico. El caso de Leisure Suit Larry: Reloaded. *Hikma, 19*(1), 9-41. https://doi.org/10.21071/hikma.v19i1.11436

Méndez González, R. (2021). Análise de Subtitle legends como ferramenta de formación para a tradución audiovisual e multimedia. *Viceversa*, 21, 213-227. https://doi.org/10.35869/viceversa.v0i21.3466

Méndez González, R. y Calvo-Ferrer, J. R. (2017). *Videojuegos y [para]traducción: aproximación a la práctica localizadora*. Editorial Comares.

Méndez González, R. y Calvo Porrúa, A. (Eds.) (2023). *Nuevas voces investigadoras en el ámbito de la localización de videojuegos*. Tirant lo Blanch.

O'Hagan, M. y Chandler, H. (2016). *Game localization research and translation studies: Translation Studies and other disciplines*. John Benjamins.

Quah, C. K. (2006). *Translation and Technology*. Palgrave Mcmillan.

Seljan, S. y Katalinić, J. (2017). Integrating Localization into a Video Game. *INFuture2017: Integrating ICT in Society*. Department of Information and Communication Sciences, Faculty of Humanities and Social Sciences, University of Zagreb.

Yuste Frías, J. (2006). La pareja texto/imagen en la traducción de libros infantiles. En A. Luna, y S. Montero (Eds.). *Tradución e Política editorial de Literatura infantil e xuvenil*. (pp. 267-276). Servizo de Publicacións da Universidade de Vigo.

Yuste Frías, J. (2008). Pensar en traducir la imagen en publicidad: el sentido de la mirada. *PLP Pensar La Publicidad. Revista Internacional de Investigaciones Publicitarias, 2(1)* (2008): 141-170. www.joseyustefrias.com/docu/publicaciones/JoseYusteFrias2008.pdf

Yuste Frías, J. (2011). Traducir para la pantalla: el traductor entre el texto y la imagen. En E. Di Giovanni (Ed.). *Diálogos intertextuales 5: Between Text and Receiver: Translation and Accessibility. Entre texto y receptor: traducción y accesibilidad* (pp. 57-88). Peter Lang. https://n9.cl/rv20g

Yuste Frías, J. (2014). Traducción y paratraducción en la localización de videojuegos. *ScientiaTraductionis*, 15, 61-76.

NEUROCOMUNICACIÓN APLICADA A LA SALUD MENTAL EN EL ENTORNO LABORAL

Patricia Camacho Fernández[1]

1. INTRODUCCIÓN

La neurocomunicación, entendida como un campo interdisciplinar que combina neurociencia y comunicación, se basa en la idea de que los principios neurocientíficos pueden informar y mejorar la comunicación humana. La comprensión de cómo el cerebro procesa la información, se relaciona con los demás y responde a los estímulos externos, puede ayudar, por tanto, a desarrollar estrategias de comunicación más efectivas y empáticas, incluyendo trabajos sobre la percepción del receptor que le llevan a consumir, lo que aporta un mapa mental de las pulsiones (Portela López y Rodríguez Monroy, 2023). Algunos conceptos clave en neurocomunicación están basados en la comunicación eficaz, la sincronización interpersonal, la persuasión y la influencia.

Existen numerosos estudios hoy en día que demuestran cómo la comunicación efectiva en el entorno laboral tiene un impacto altamente significativo en la salud mental de los empleados. Por ejemplo, la falta de claridad en las instrucciones, la comunicación poco empática o la falta de retroalimentación positiva pueden generar estrés, ansiedad y agotamiento emocional (Apples, 1998; Olmedo M. *et al.*, 2001; Zapf. *et al.*, 2001*)*.

Por el contrario, una comunicación basada en la neurocomunicación, centrada en las emociones, puede fomentar la confianza, la cohesión del equipo y la sensación de pertenencia, factores que promueven la salud mental y el bienestar en el lugar de trabajo además de crear relaciones más perennes y sanas (Barrientos Báez y Caldevilla-Domínguez, 2022).

La salud mental en el entorno laboral ha ganado cada vez más atención en los últimos años, debido a su creciente influencia en la calidad de vida de los empleados y en el rendimiento individual y colectivo de las organizaciones. Por ello, la implementación de estrategias de neurocomunicación puede ser considerada una inversión muy significativa para las organizaciones, ya que contribuye a la creación de una cultura laboral saludable y a un mayor rendimiento empresarial. Este artículo tiene como objetivo explorar la relación entre la neurocomunicación y la salud mental en las empresas, destacando la importancia llevar a cabo una comunicación efectiva y basada en principios neurocientíficos para fomentar un ambiente laboral saludable y prometedor para el bienestar de los empleados.

---

1. Universidad Europea de Madrid (España)

2. OBJETIVOS

El objetivo de este análisis es proporcionar información basada en estudios científicos y literatura especializada para comprender mejor cómo la neurocomunicacion puede promover la salud mental y mejorar el ambiente de trabajo en el entorno laboral y promover la conciencia sobre la importancia de implementar estrategias basadas en la neurocomunicación en el entorno laboral para mejorar la comunicación y el bienestar de los empleados.

3. METODOLOGÍA

El presente trabajo se ha desarrollado a partir de un estudio cualitativo en el que se ha realizado una profunda búsqueda de información y un relevamiento bibliográfico identificando los elementos y trabajos referidos al objeto de estudio.

4. DESARROLLO DE LA INVESTIGACIÓN

La comunicación efectiva en el entorno laboral desempeña un papel fundamental en la promoción de la salud mental de los trabajadores. Varios estudios científicos han demostrado que una comunicación abierta y positiva en el lugar de trabajo puede reducir significativamente el estrés, mejorar la satisfacción laboral y fomentar un ambiente de trabajo saludable.

Un estudio llevado a cabo por Leal-Costa *et al.* (2015) analizó el impacto de la comunicación efectiva en la reducción del estrés. Los resultados mostraron que los empleados que experimentaron una comunicación abierta y fluida con sus superiores reportaron niveles significativamente más bajos de estrés, en comparación con aquéllos que enfrentaron barreras comunicativas. Este estudio evidencia la manera en que la neurocomunicación positiva puede tener un impacto directo en la salud de los trabajadores.

La comprensión de cómo nuestro cerebro responde al estrés puede proporcionar técnicas efectivas para su manejo. De manera similar, la comprensión de cómo nuestro cerebro procesa la recompensa puede ayudar a las organizaciones a desarrollar políticas y prácticas que promuevan el bienestar y la satisfacción laboral.

4.1. El *burnout*

El *burnout*, un término acuñado inicialmente por Herbert Freudenberger en 1974 y posteriormente popularizado por Maslach en 1976. Se refiere a un síndrome ampliamente reconocido en los ambientes laborales que se caracteriza por un estado de agotamiento y desgaste laboral.

Los componentes claves del burnout son el agotamiento emocional, la despersonalización y la baja realización personal o falta de logro. En el entorno laboral, este síndrome conlleva consecuencias negativas, tales como la insatisfacción laboral, el deterioro del ambiente de trabajo, la disminución de la calidad del trabajo, el incremento del absentismo, el abandono de la profesión y la adopción de actitudes pasivo-agresivas en el entorno laboral hacia otros. Consideradas desde la perspectiva individual, las consecuencias del estrés asociadas a este síndrome, producen un deterioro de la salud de las personas y de sus relaciones interpersonales dentro y fuera del ámbito laboral.

Las estrategias para la intervención encaminadas a evitar el Burnout según Leal-Costa *et al.* (2015), deben contemplar tres niveles:

1) El nivel individual hace referencia a cómo los trabajadores deben desarrollar estrategias personales de índole cognitivo-conductual, y con carácter autoevaluativo, para eliminar o reducir fuentes de estrés.
2) El nivel grupal incluye potenciar la formación en habilidades de comunicación y apoyo social de los profesionales
3) El nivel organizacional propone eliminar o disminuir los estresores del entorno laboral.

Los profesionales de la salud, tomados como referencia en el citado estudio, son uno de los colectivos que sufren niveles más altos de estrés laboral, lo que genera un problema que afecta tanto al ámbito individual como a otros niveles (profesional, institucional y social) (Gil-Monte, 2005).

En este contexto sanitario, encontramos estudios como el de Epstein (2001) que demuestran que unas adecuadas habilidades de comunicación por parte de los profesionales de la salud inciden directamente en un menor padecimiento del síndrome de *burnout* y por tanto, en la prevención de éste; o los estudios de Matthews y Zeidner (2000) que relacionan directamente la influencia de la "Inteligencia Emocional" (comunicación asertiva y empática), en menores niveles de *burnout* y mayor satisfacción en el trabajo. En esta misma línea, Cebrià *et al.* (2006) proponen que el entrenamiento en habilidades de comunicación en médicos de Atención Primaria podría prevenir el síndrome de *burnout*, concluyendo que las habilidades de comunicación centradas en la gestión emocional del interlocutor, estarían directamente asociadas a un menor padecimiento del síndrome de *burnout* entre los trabajadores.

Podemos concluir, por tanto, que las habilidades de comunicación de los profesionales de la salud se relacionan con un menor agotamiento emocional y despersonalización, y una mayor realización personal en el trabajo, ayudando a proteger y amortiguar el síndrome de *burnout* (Leal-Costa *et al.*, 2015).

Por último, cabe destacar como introducción a los dos siguientes apartados, el estudio de Gomes *et al.*, (2021) en el que se detalla la relación directa entre el *burnout* y el *engagement* laboral, como si uno fuese la respuesta del otro. En su investigación postulan una interrelación en la que ambos fenómenos podrían operar como factores compensatorios uno del otro. En otras palabras, una elevada manifestación de *engagement* podría propiciar una reducción notable en los niveles de *burnout*. Este vínculo puede explicarse en términos de la influencia directa y positiva del *engagement* sobre ciertas variables intrínsecas beneficiosas, tales como la motivación, la autoestima y la autopercepción del trabajador, entre otras. En resumen, la actividad de estas variables podría actuar como mediadores en la relación *burnout-engagement*, modulando sus efectos recíprocos y generando así un balance positivo entre ambos.

En los siguientes apartados, se detallan dos de las herramientas de neurocomunicación, más efectivas hoy en día para aumentar el *engagemen*t del trabajador y, por ende, disminuir los efectos del temible burnout en el entorno laboral, como son la comunicación no violenta y la comunicación interna afectiva.

4.2. La Comunicación No Violenta

Otra técnica muy efectiva basada en la neurocomunicación y que puede ser de gran ayuda para mejorar la salud mental de los trabajadores puede ser la Comunicación No Violenta (CNV). La CNV es una técnica de comunicación que se basa en la empatía, el respeto y la comprensión para establecer diálogos constructivos y respetuosos. A diferencia de otros tipos de comunicación, la CNV se enfoca en observar los hechos sin juzgarlos, reconocer las emociones y necesidades propias y del otro y expresar opiniones y peticiones con asertividad (Rosenberg, 2022). En el contexto laboral, la CNV puede ser de gran ayuda para reducir el estrés y mejorar la comunicación entre compañeros y con los superiores. Al mejorar la calidad del diálogo, se puede evitar malentendidos, reducir conflictos y fomentar un ambiente laboral más armónico y saludable.

Como reconoce Danet (2020) en su estudio "La comunicación no violenta entre teoría y práctica", la implementación de la CNV en el lugar de trabajo ha demostrado ser una estrategia efectiva para mejorar el clima laboral, la satisfacción de los trabajadores y la calidad de las relaciones interpersonales. Además, ha mostrado un impacto muy positivo en la reducción del estrés y prevención del agotamiento. (Danet, 2020)

4.3. Comunicación interna

El papel de la comunicación interna en la formación de la cultura organizacional ha sido ampliamente reconocido por numerosos estudios y profesionales de la comunicación y de las relaciones públicas (Men y Bowen, 2016; Grunig, Grunig y Dozier, 2002; Sriramesh, Grunig y Dozier, 1996).

La cultura emocional, en comparación con la cultura cognitiva, afecta a los comportamientos organizativos de forma diferente (Robinson, Watkins y Harmon-Jones, 2013). A diferencia de la cultura cognitiva, que orienta cómo piensan y se comportan los miembros de la organización, la cultura emocional establece el tono de cómo se sienten los miembros de la organización (Men y Yue, 2019).

Basándonos, como hemos mencionado anteriormente, en que le neurocoumunicación tiene como finalidad principal la de emocionar a sus públicos, poniendo el foco en la gestión emocional positiva de los mismos, una comunicación interna basada en el fomento y desarrollo de las emociones positivas de los empleados tendrá como efecto directo la satisfacción laboral y el orgullo de pertenencia en los trabajadores.

Un lugar de trabajo alegre hace que los empleados sonrían -existen numerosos estudios que relacionan la sonrisa con la generación y el mantenimiento de la salud mental- y piensen de forma creativa (Karl y Peluchette, 2006).

El orgullo de pertenencia, generador de *engagement* laboral, surge cuando los empleados están inmersos en un entorno laboral positivo y alentador y cuando desarrollan un sentimiento de identificación con su organización, que, como se ha analizado en un apartado anterior, puede afectar directamente a la reducción de los niveles de burnout.

Como indican DiClemente *et al.* (2013), en un interesante estudio sobre la relación directa existente entre la manera de comunicar del directivo con sus empleados y su satisfacción laboral, la comunicación receptiva, entendida como aquélla que tiene en cuenta los sentimientos, las preocupaciones y las necesidades de los demás, es generadora de un mayor nivel de satisfacción laboral.

Asimismo, la cultura de la asertividad entre los empleados, identificada como factor significativo en el cultivo de una cultura emocional positiva, debería incluirse en futuros estudios para comparar su papel e interacciones potenciales en el efecto sobre la cultura emocional y los comportamientos de los empleados. Además, dada la conexión innata entre la cultura organizativa y la identidad organizativa, merece también la pena examinar cómo la identidad organizativa podría mediar potencialmente en el efecto de la cultura emocional sobre diversos resultados de los empleados y la organización. (Hatch y Schultz, 1997).

5. CONCLUSIONES

En resumen, la neurocomunicación desempeña un papel crucial en la salud mental de los trabajadores en el entorno laboral. La comunicación efectiva y positiva puede reducir estrés, mejorar la satisfacción laboral y fomentar un ambiente de trabajo saludable. La literatura científica y el análisis de varios estudios respaldan la importancia de la neurocomunicación en la salud mental de los empleados. La neurocomunicación ofrece un marco para entender cómo los procesos neuronales afectan la forma en que nos comunicamos y cómo podemos utilizar este conocimiento para mejorar la salud mental en el trabajo a través de las emociones. A medida que este campo sigue evolucionando, es probable que veamos un aumento en la aplicación de la neurocomunicación en el entorno laboral.

Implementar estrategias de neurocomunicación, como la empatía, la escucha activa, la asertividad y los programas de entrenamiento en habilidades de comunicación, como programas de capacitación en Comunicación No Violenta y comunicación emocional positiva, pueden ser muy efectivos para mejorar la salud mental en el entorno laboral.

Con respecto a los directivos o líderes de la organización, se recomienda especialmente su capacitación en programas de liderazgo y comunicación eficaz a la hora de comunicar objetivos y de dar *feedback.*

Por otro lado, las investigaciones mencionadas a lo largo de este artículo revelan una interrelación entre el *burnout* y el *engagement* laboral en la que ambos fenómenos podrían operar como factores compensatorios en el uno del otro. En otras palabras, una elevada manifestación del *engagement* en el trabajador podría propiciar una significativa reducción en los niveles de *burnout.* Este vínculo puede explicarse en términos de la influencia directa y positiva del *engagement* sobre ciertas variables intrínsecas beneficiosas para la salud mental del trabajador, tales como la motivación personalizada, la escucha empática, la autopercepción del trabajo y el consiguiente sentimiento de autoeficiencia del trabajador, todas ellas variables generadas por una comunicación efectiva en el entorno laboral informada por las herramientas de neurocomunicación estudiadas.

6. REFERENCIAS

Apples, A. (1998). Estrés laboral, agotamiento y enfermedad. En Buendía, J. (Eds.) (1998). *Estrés laboral y salud* (pp. 119-128). Biblioteca Nueva.

Barrientos Báez, A. y Caldevilla-Domínguez, D. (2022). La mujer y las relaciones públicas desde un alcance neurocomunicacional. *Revista Internacional de Relaciones Públicas. 12*(24), 85–102. https://doi.org/10.5783/revrrpp.v12i24.791

Cebrià, J, Palma, C., Segura, J, Gracia, R. y Pérez, J. (2006). El entrenamiento en habilidades de comu.nicación podría ser un factor preventivo del síndrome de burnout en médicos de familia. *Revista de psiquiatría de la Facultad de Medicina de Barcelona, 33*(1), 34-41.

Danet, A. (2020). La comunicación no violenta entre teoría y práctica. Una revisión Sistemática. *Revista de Paz y Conflictos, 13*(1), 35-55. https://doi.org/10.30827/revpaz.v13i1.9547

DiClemente, R. K., Ditrinco, E. A., Gibbons, K. E. y Myers, S. A. (2013). The relationship between instructor job satisfaction and communicator style and sociocommunicative orientation. *Communication Research Reports, 30*(4), 347-351. https://doi.org/10.1080/08824096.2013.836481

Epstein, R. M. (2001). Comunicación, burnout y resultados clínicos: más preguntas que respuestas. *Atención Primaria*, 27, 511-513. https://n9.cl/sz26s

Freudenberger, H. J. (1974). Staff Burn-Out. *Journal of Social Issues, 30*(1), 159-165. https://doi.org/10.1111/j.1540-4560.1974.tb00706.x

Gil-Monte, P. R. (2005). *El síndrome de quemarse por el trabajo (burnout).* Pirámide.

Gomes, D. Teixeira, S. y Queirós, C. (2021). Burnout, resiliencia y engagement en enfermos portugueses durante la pandemia Covid-19. *Suplemento digital revista ROL de enfermería, 44*(11-12), 26-32. https://dialnet.unirioja.es/servlet/artículo?codigo=8176319

Grunig, L. A., Grunig, J. E. y Dozier, D. (2002). *Excellent public relations and effective organizations: A study of communication management in three countries.* Lawrence Erlbaum. https://doi.org/10.4324/9781410606617

Hatch, M. J. y Schultz, M. (1997). Relations between organizational culture, identity and image. *European Journal of Marketing, 31*(5/6), 356–365. https://doi.org/10.1108/eb060636

Karl, K., y Peluchette, J. (2006). How does workplace fun impact employee perceptions of customer service quality? *Journal of Leadership & Organizational Studies, 13*(2), 2–13. https://doi.org/10.1177/10717919070130020201

Leal-Costa, C., Díaz-Agea, J. L., Tirado-González, S., Rodríguez-Marín, J. y van-der Hofstadt, C. J. (2015). Las habilidades de comunicación como factor preventivo del síndrome de Burnout en los profesionales de la salud. *Anales del Sistema Sanitario de Navarra, 38*(2). https://dx.doi.org/10.4321/S1137-66272015000200005

Maslach, C. (1976). Burned-Out. *Human Relations, 9*(5), 16-22.

Matthews G., Zeidner M. (2000). Emotional intelligence, adaptation to stressful encounters, and health outcomes. En R. Bar-On, y J. D. A. Parker (Eds.). *The Handbook of Emotional Intelli- gence. Theory, development, assessment, and application at home, School, and in the workplace*, (pp. 459-489), Jossey-Bass/Wiley.

Men, L. R. y Bowen, S. (2016). *Excellence in Internal Communication Management.* Business Expert Press.

Men, L R. y Yue, C. (2019). Creating a positive emotional culture: Effect of internal communication and impact on employee supportive behaviors. *Public Relations Review, 45*(3). https://doi.org/10.1016/j.pubrev.2019.03.001

Olmedo, M, Santed, M. A., Jiménez, R. y Gómez, M. D. (2001). El síndrome de Burnout: variables laborales, personales y psicopatologías asociadas. *Psiquis, 22*(3), 117-129.

Portela López, J. L. y Rodríguez Monroy, C. (2023). El neuroconsumidor: una revisión narrativa de la bibliografía a la luz de los patrones mentales y emocionales. *Revista Latina de Comunicación Social*, 81, 34–56. https://doi.org/10.4185/rlcs.2023.1913

Robinson, M. D., Watkins, E. R. y Harmon-Jones, E. (Eds.) (2013). *Handbook of cognition and emotion*. Guilford Press.

Rosenberg, M. B. (2022). *Vivir la comunicación no violenta: Herramientas prácticas para desarrollar tu habilidad de comunicarte y conectar en cualquier situación*. Sirio.

Sriramesh, K., Grunig, J. E. y Dozier, D.M. (1996). Observation and Measurement of Two Dimensions of Organizational Culture and Their Relationship to Public Relations.

Journal of Public Relations Research, 8(4), 229-261. https://doi.org/10.1207/s1532754xjprr0804_02

Zapf, D., Seifert, C., Schmutte, B., Mertini, H. y Holz, M. (2001). Emotion work and job stressors and their effects on Burnout. *Psychology & Health, 16*(5), 527-545. https://doi.org/10.1080/08870440108405525

NEUROCINEMÁTICA: REVISIÓN SISTEMÁTICA

Miguel Casas Arias[1]

1. INTRODUCCIÓN

El avance y la accesibilidad de la tecnología dedicada a la investigación del cerebro hace que sea cada vez más accesible para estudios diferentes a los puramente médicos. En esta investigación pretendemos abordar la complejidad de los estudios sobre la neurocinemática. Esta es una nueva rama de la ciencia que reúne dos disciplinas que en gran medida no están relacionadas, pero de las que, unidas, se extraen valiosas conclusiones: la neurociencia cognitiva y los estudios cinematográficos (Hasson *et al.*, 2008). Para poder realizar una investigación cinematográfica desde una perspectiva empírica, se utilizan diversas técnicas de investigación basadas en interfaces, cerebro computadora (EEG: electroencefalograma y fMRI: resonancia magnética funcional). También es común el *eye tracking* junto con otras tecnologías de neurociencia cognitiva, como la conductancia eléctrica de la piel y la magnetoencefalografía, y todo esto unido a estudios teóricos.

El objetivo del cineasta reside en conseguir que nuestro cerebro dé sentido de la misma forma a los eventos cinematográficos que a los reales. Esta experiencia cinematográfica puede ser muy diferente a la vida ordinaria, porque en una película los tiempos y lugares cambian rápidamente, se producen situaciones mágicas e irracionales, y sin embargo todos los elementos se unen de una manera que puede ser procesada y reconocida por el cerebro de la audiencia (Naser Moghadasi, 2020). Los estudios sobre ecologismo cognitivo cinematográfico, que son el pilar teórico de la neurocinemática, ya suponían que el cerebro procesa una película con los mismos mecanismos cognitivos con que procesa la realidad (Anderson, 1998). Muchos estudios llegan a estas conclusiones como veremos, pero lo más interesante son los resultados de cómo una obra de ficción fílmica a través de una representación estructurada y dirigida de los hechos puede ser más eficiente ante la percepción que la propia realidad (Molina, 2021).

La ciencia médica se ha ocupado de cómo el ser humano se relaciona con su entorno por medio de sus sentidos en una relación interactiva continúa, permitiendo esto el surgimiento de la cognición narrativa (Tikka y Kaipainen, 2014b). El estudio de todo el entramado cerebral es relativamente reciente, y los científicos han descubierto a través de la neurocinemática que los métodos del cerebro para procesar la realidad y procesar

1. Universidad Complutense de Madrid (España)

un estímulo audiovisual tienen muchas semejanzas. Y son estas convergencias las que interesan a nivel práctico médico.

Pero también los estudios bajo la perspectiva del cineasta son muy interesantes, ya que hay muchos interrogantes antes de poder predecir que una película tenga éxito de taquilla, o al menos que logre captar la atención del espectador en la forma en que se desea. La simulación enactiva o simulación encarnada es una teoría en neurociencia cognitiva que sugiere que el cerebro humano tiene la capacidad de simular internamente las acciones y experiencias de otras personas para comprender sus intenciones, emociones y estados mentales (Aldouby, 2016). Este proceso nos permite entender las experiencias de los demás, lo que nos ayuda a desarrollar una mayor comprensión y conexión emocional con ellos (Tikka y Kaipainen, 2014b; Hedberg Olenina, 2021). Según varios estudios, el cine como medio narrativo proporciona un medio para imitar contextos de vida que condicionan la simulación enactiva tanto del autor como del espectador (Tikka, 2022; Aldouby, 2016).

Cuando un ser humano está frente a un estímulo audiovisual se ponen en funcionamiento coordinado muchas partes del sistema nervioso. El entendimiento de la cooperación de estas partes es sumamente complejo. Por eso las técnicas de la neurociencia cognitiva son un pilar importante en que se basan los estudios de neurocinemática moderna, ya que hacen un estudio del cerebro sobre cómo este adquiere y procesa el conocimiento (Cha *et al.*, 2015). Todo comienza con los órganos sensoriales, especialmente el ojo, que es la primera vía del cerebro de comunicarse visualmente con el mundo exterior (Naser Moghadasi, 2020).

2. OBJETIVOS

Los estudios sobre neurocinemática teóricos y, sobre todo, los que contienen experimentos neurocientíficos siguen en aumento. Los resultados conseguidos ponen a menudo en relación los experimentos con la vertiente teórica, marcando muchos avances en la evidencia de diferentes fenómenos. Este texto pretende ayudar al investigador en la búsqueda de datos científicos tanto en áreas muy específicas como para relacionar los resultados dentro de la multidisciplinariedad del tema tratado y facilitar así el camino en posibles diferentes vías de investigación.

3. METODOLOGÍA

Este estudio se trata de una revisión sistemática siguiendo la metodología Prisma. La declaración PRISMA (Preferred Reporting Items for Systematic reviews and Meta-Analyses), publicada en 2009 y revisada en 2020, se diseñó para ayudar a los autores de revisiones sistemáticas a documentar de manera transparente la razón de la revisión, qué hicieron los autores y qué encontraron. La implementación de esta metodología significó una notable mejora en la calidad y homogeneización de las revisiones sistemáticas, en donde el grupo de documentos seleccionados aporta la base de la evidencia y los métodos para identificar, seleccionar, evaluar y sintetizar estudios están avalados por esta famosa guía. A partir de aquí, hemos adaptado los desarrollos a los objetivos propuestos en base al tema tratado. En una búsqueda en Scopus hemos encontrado un total de 35.951 resultados que corresponden a revisiones sistemáticas Prisma extendidas por todo el mundo, tratando sobre una gran variedad de temas, aunque sobre todo en disciplinas relacionadas con la medicina, y observando que es un método ampliamente utilizado.

La búsqueda de publicaciones se he realizado en las siguientes bases de datos: Scopus, Web of Science y Pubmed. Los términos combinados de búsqueda de resultados han sido: "Neorocinemática", "Neurocinematic", "Neurocinematics" y "Neurocinematography" (hasta el 03/06/2323). Hemos obtenido de esta búsqueda 100 resultados que tras eliminar los duplicados resultaron en 59. A estos hemos sumado 9 publicaciones extraídas de la revista "Berghahn Journals" más 8 de Google Schoolar, como resultado de investigar sobre las referencias de los resultados de las anteriores bases de datos. Hay que añadir una referencia más sobre neuromarketing en Scopus. El resultado es un análisis de 77 publicaciones sin distinguir su estatus de publicación o su fecha. De esta manera hemos abarcado la mayor cantidad de publicaciones dentro de las 3 bases de datos principales mencionadas sin otro cribado que el de los resultados de artículos repetidos, ya que hemos visto que hasta el momento no hay un gran número de publicaciones sobre el tema que tratamos y creemos que tiene importancia diferenciar dentro de la naturaleza multidisciplinar de la neurocinemática los principales motivos de estudio. El riesgo de sesgo en la búsqueda de publicaciones no ha supuesto un problema para la investigación ya que hemos recopilado la información de todos los resultados encontrados, pero sí que supone un eje central de debate en torno a las conclusiones.

En la siguiente tabla se muestra el recuento de publicaciones según la perspectiva principal desde la que se aborda el tema de la neurocinemática y sus caminos de estudio principales según su aplicación:

Planteamiento principal de la publicación	Número de Publicaciones
1. Desde la perspectiva del cineasta o creador audiovisual.	23
2. Desde el estudio de la respuesta del cerebro a nivel médico.	19
3. Estudios multidisciplinares.	7
4. Estudios específicos con aplicaciones concretas.	19
5. Desde el uso del tema de la neurología a nivel audiovisual.	9

Tabla 1. Registros sometidos a análisis, de acuerdo a la temática específica estudiada. Fuente: Elaboración propia, 2023.

4. DESARROLLO DE LA INVESTIGACIÓN

No hemos encontrado ningún patrón destacable relativo a la orientación del tema de las publicaciones en cuanto a su fecha de publicación. Tan solo mencionar que ha sido a partir de 2015 cuando han aparecido de manera ya constante los estudios que utilizan las técnicas de investigación basadas en interfaces, cerebro computadora (EEG y fMRI).

En los inicios de la neurocinemática se introdujo un nuevo método de análisis de correlación entre sujetos (ISC) que mide las similitudes en la actividad cerebral (Hasson *et al.*, 2004). En 2008 los trabajos pioneros de Uri Hasson dieron el primer paso para unir por primera vez las dos disciplinas de neurociencia cognitiva y estudios cinematográficos. A través de la resonancia magnética funcional (fMRI) se demostró que algunas películas pueden ejercer un control considerable sobre la actividad cerebral y los movimientos oculares. Sin embargo, este no fue el caso para todos los tipos de secuencias cinematográficas. Para clarificar esta cuestión el equipo de Uri Hasson hizo un experimento para comprobar el resultado del ISC entre una filmación de un evento de la vida real no estructurado, una grabación en un parque, sin emplear ninguna técnica cinematográfica, como montaje, cambios de plano o panorámicas, para compararlo con la reacción de los espectadores viendo un fragmento de la película "El bueno, el feo y el malo" de Sergio Leone del año 1966. Sus hallazgos sugieren que una mera reproducción mecánica de la realidad sin intención dramática, ni intervención del director, no es suficiente por sí sola para controlar la actividad cerebral del espectador (Hasson *et al.*, 2008).

La neurocinematografía afirma que el giro hacia la neurociencia será un factor que ayudará a la teoría del cine a trascender los modelos ideológicos, lingüísticos y psicoanalíticos (Trifonova, 2014). De esta manera, podemos aproximarnos a comprender las respuestas cognitivas y afectivas de los espectadores de las películas a partir de la actividad neuronal proporcionando información más objetiva que los autoinformes subjetivos tradicionales (Naser Moghadasi, 2015).

En 2023, la neurocinemática todavía está lejos de ser una ciencia infalible. Los espectadores no se tratan como simples consumidores pasivos, sino como personas con una reacción individual compleja y modelada por su contexto y hábitos de comportamiento adquiridos dentro de su entorno cultural (Hedberg Olenina, 2021; Hasson *et al.*, 2008). Es decir, que el cerebro en estados o momentos diferentes puede tener emociones diferentes ante los mismos estímulos audiovisuales (Trifonova, 2014).

A continuación, detallaremos los resultados en relación con el campo de aplicación de los estudios:

4.1. Desde la perspectiva del cineasta o creador audiovisual

Hoy en día seguimos sin conclusiones comunes para determinar la clave definitiva del éxito de taquilla. Los expertos tienen fórmulas, eso sí, para intentar entender las reacciones emocionales de los espectadores. Se pueden medir las percepciones de los espectadores sobre una película, pero la taquilla se ve afectada por varios factores y con los resultados de estas mediciones no se pueden reflejar los sentimientos complicados de la audiencia (Kwak y Zhang, 2011). Sin embargo, los estudios en neurocinemática siguen creciendo y aunque reconociendo sus límites, las conclusiones que ofrecen invitan a seguir investigando debido a su alto nivel de evidencia. En los resultados obtenidos con EEG, la implicación observada de la atención y la emoción sugiere que el procesamiento cortical de los estímulos externos es modulado por estados cognitivos, es decir, que depende del estado emocional. La actividad neuronal de un espectador menos atento tendrá menos respuesta extrínseca y mayor respuesta intrínseca o ruido (Dmochowski *et al.*, 2012).

En los artículos de esta revisión, de las técnicas que implican la realización de una película, el montaje o edición es la que más interés y resultados han ofrecido. Durante la edición de la película, el productor debe colocar varias escenas o tomas en los lugares apropiados porque el posicionamiento adecuado contribuye significativamente a las respuestas emocionales de los espectadores como la atención, la reacción y la inmersión (Cha *et al.*, 2015). Lo interesante del montaje es la integración coherente de eventos que nuestro cerebro lleva a cabo incluso cuando la edición y el estilo de montaje del director son contrarias a la realidad de nuestro mundo físico. El estilo de edición ha ido evolucionando desde el comienzo del cine. Hoy en día, hablando de manera general, podemos decir que se ha impuesto un estilo con mayor número de cortes y menos espaciados entre ellos (Cutting *et al*, 2019; Andreu-Sánchez *et al.*, 2018). En este artículo de 2018: *Chaotic and Fast Audiovisuals Increase Attentional Scope but Decrease Conscious Processing* (Andreu-Sánchez *et al.*, 2018), los autores analizaron los parpadeos, y los movimientos oculares, los potenciales relacionados con eventos (ERP), la potencia espectral y las perturbaciones del EEG, y la conectividad funcional y efectiva antes y después de los cortes. Su objetivo era averiguar si existe relación entre el parpadeo y los cortes de edición. La investigación se realizó a través de un experimento con dos fragmentos de audiovisuales con estilos de edición diferentes, por un lado, un estilo rápido y caótico (estilo MTV) y, por otro, uno más ordenado y continuo (estilo Hollywood). Sus resultados sugieren que los cortes en el estilo de edición MTV provocan una mayor actividad en los procesos visuales ya que la información visual sería inesperada, mientras que los cortes en una narrativa estilo Hollywood no tendrían un impacto tan alto en lo visual. Esto provoca que el estilo rápido, aumente la atención visual en los espectadores a la vez que, de manera paralela, disminuye su procesamiento consciente. También se ha demostrado en este mismo artículo que ver una narración en una película editada provoca una menor tasa de parpadeo espontánea en comparación con recibir la misma historia en una actuación real (Andreu-Sánchez *et al.*, 2018).

Estudios posteriores confirman que un estilo de edición sin cortes aumenta la tasa de parpadeo mientras que un estilo caótico con muchos cortes la disminuye. Teniendo en cuenta que el parpadeo es un marcador de atención podemos concluir que el estilo caótico de la edición aumenta la atención de los espectadores mientras que la edición clásica con cortes organizados no logra provocar tal aumento de atención (Andreu-Sánchez y Martín-Pascual, 2021).

En otro estudio se amplían las conclusiones ya que se observó que la sincronización entre el aumento y la disminución de los parpadeos de los ojos de los espectadores ocurrió en algunos momentos específicos de la línea de tiempo mientras miraban una película, independientemente del estilo de edición de la película, pero vinculado a su contenido. En el experimento dos de los tres momentos en que los participantes aumentaron sus parpadeos ocurrieron en ausencia del actor. Hubo un tercer momento en el que se produjeron más parpadeos con el actor aún en la escena. En este tercer momento, el actor llevaba 20-30 segundos realizando la misma acción (comer una manzana). En las conclusiones del experimento se expone que tales aumentos de parpadeo pueden estar relacionados con la capacidad de predicción de los espectadores, que han estado viendo la misma acción durante mucho tiempo y pueden predecir fácilmente lo que sucederá. Se sugiere por tanto que, en el contexto de la gestión de la atención de los espectadores, el contenido anula el estilo. Los creadores de medios pueden usar este hallazgo para mejorar la atención de los espectadores (Andreu-Sánchez *et al.*, 2021).

En esta misma línea de investigación, un artículo realizó un experimento proyectando un cortometraje de Pixar a un grupo de personas que abarcaba todas las edades, desde adultos hasta niños pequeños analizando los resultados del índice de correlación entre sujetos (ISC) para analizar el compromiso narrativo entre la exposición y el clímax del cortometraje. El resultado fue que el ISC se eleva desde la exposición hasta el clímax, coincidiendo esta respuesta compartida en todos los grupos de edad, aunque débil en los niños más pequeños (Grady, 2022).

4.2. Desde el estudio de la respuesta del cerebro a nivel médico, tratando las películas como materiales experimentales para la investigación del cerebro

Hemos encontrado varios estudios con una base fundamentalmente médica que utilizando la visualización de películas tratan de entender el funcionamiento del cerebro. Al estudiar el cerebro en relación con los artefactos culturales y su recepción, podemos comprender mejor los componentes básicos de lo que nos hace humanos (Gallese y Guerra, 2022).

Gallese y Guerra (2022) hacen referencia a un estudio anterior de Vittorio Gallese de 2020. En el mismo, se demostró que el cerebro activa regiones relacionadas con la motricidad mientras vemos una película. Un papel importante del sistema motor es que también participa en la percepción: las áreas premotora y parietal del cerebro contienen neuronas motoras que también responden a entradas visuales, auditivas o táctiles en ausencia de cualquier movimiento. Así mismo, al igual que cuando vemos una película o una escena de la realidad, el sistema motor se activa durante la imaginería visual motora.

Remontándonos en el tiempo, una investigación en 2015 obtuvo unos resultados mejorados en un experimento de visualización de videos con EEG comparándolos con los resultados de técnicas de seguimiento ocular e índices de variabilidad de la frecuencia cardíaca (Christoforou *et al.*, 2015). A partir de aquí, estudiando mejoras en la manera de filtrar los resultados, otro artículo incluyó los datos de los fMRI en una combinación de regresión regularizada, un método informático que sesga los resultados de las respuestas cognitivas frente a los estímulos durante la visualización de una película, obteniendo datos más fáciles de relacionar y con conclusiones más sólidas (Kauttonen *et al.*, 2015).

En dos artículos, uno de 2015 (Im *et al.*, 2015) y otro de 2017 (Han *et al.*, 2017), se corrobora que las técnicas de GFS (que se refieren a la sincronización de la actividad neuronal en diferentes partes del cerebro y que anteriormente se utilizaban en casos de deterioro cognitivo) unidas al EEG, podrían usarse como un nuevo índice para rastrear los cambios emocionales durante la visualización de vídeos y que perfectamente se pueden utilizar unidas para evaluar películas anuncios de televisión y otros productos televisivos. En estos artículos se concluye que un GFS disminuido cuando se presentan estímulos que provocan una alta actividad emocional tiene que ver con que el procesamiento emocional distrae el procesamiento cognitivo (Im *et al.*, 2015; Han *et al.*, 2017).

En un artículo de 2019 se inició una línea de investigación innovadora hasta ese momento. En el experimento se emplearon medidas dependientes del tiempo para evaluar la respuesta efectiva inducida por los vídeos. Este uso de métodos dependientes del tiempo para la evaluación de vídeo puede considerarse un buen complemento para los métodos más tradicionales (Akiba *et al.*, 2019).

Otra técnica que se ha demostrado eficiente para poder predecir con precisión el impacto general de una película a nivel cerebral, sobre todo si son emocionalmente excitantes, es el índice de respuesta SSVEP, llamado potencial evocado visual del estado estable. Esta es una técnica utilizada en medicina para diversos fines y que utiliza estímulos visuales que se repiten a una frecuencia específica (Park *et al.*, 2021). Tiene varias aplicaciones médicas por ejemplo los usuarios pueden seleccionar comandos o acciones mediante la atención sostenida a estímulos visuales con frecuencias específicas. Esto permite la comunicación y el control de dispositivos externos utilizando solo la actividad cerebral relacionada con la respuesta al SSVEP.

4.3. Estudios multidisciplinares con conclusiones tanto de aplicación científica, como de estudios cinematográficos

La percepción unida a nuestras emociones es lo que explica la mayoría de nuestros comportamientos en la vida real. Esto tiene profundas consecuencias para nuestra relación con los artefactos culturales cómo la experiencia de las imágenes en movimiento de una película (Gallese y Guerra, 2022).

Estudios neurológicos en 2004 demostraron que una gran parte del córtex humano responde de forma estereotipada a estímulos audiovisuales naturalistas. Estas correlaciones compartidas entre los sujetos se extendieron más allá de las conocidas cortezas auditiva y visual hasta áreas de asociación de alto orden, por ejemplo, a lo largo las cortezas cingulada y retrosplenial, que no se habían asociado previamente con el procesamiento sensorial (Hasson *et al.*, 2004). Este pionero estudio sólo era válido para informaciones visuales lentas debido a la lenta respuesta de este tipo de experimentos mediante medición de la hemodinámica.

En 2012 se propone el primer artículo con EEG para estudiar la neurocinemática. Sus resultados revelan que las correlaciones máximas de la actividad neuronal a través de los visionados pueden ocurrir en notable correspondencia con los momentos excitantes de la película (Dmochowski *et al.*, 2012). En este mismo artículo se demostró que el EEG mejora la resolución temporal, más limitada en la resonancia magnética. Sin embargo, se cree que el EEG es menos confiable para determinar el procesamiento emocional detallado de las audiencias que el fMRI debido a su resolución espacial más baja. Para mejorar la eficacia de los experimentos se recomienda utilizar ambas técnicas conjuntamente (Cha *et al.*, 2015).

Estudios sobre procesamiento atencional y cognitivo demuestran que algunas películas con ISC bajo no implica que los espectadores no estuvieran atentos ni comprometidos con los eventos de la secuencia presentada. El ISC mide sólo la capacidad del cineasta para provocar respuestas similares en todos los espectadores. Un ISC alto implica por lo tanto que los espectadores procesan y perciben la película de manera similar (Hasson *et al.*, 2008.

Con relación al montaje de una secuencia, se han detectado a través de la resonancia magnética (Ben-Yakov y Henson, 2018) que en el instante del corte de edición se produce una gran actividad neuronal en el hipocampo. Esta circunstancia implica que el hipocampo cumple una tarea fundamental en el procesamiento del cambio de plano y la posibilidad para asimilar el texto fílmico. Las principales funciones del hipocampo las constituyen los procesos de memoria a corto y largo plazo. A partir de estos mecanismos, el cerebro procesa la percepción espacial y temporal de la realidad que nos rodea, de modo que es a partir de estos procesos neuronales dirigidos por el hipocampo donde se estructuran y articulan el tiempo y el espacio fílmicos (Molina, 2021).

Un estilo de edición caótico requiere más actividad en el área occipital que es la responsable del procesamiento visual para poder decodificar la información visual presentada. Mientras que el estilo de edición clásico genera más actividad en la zona frontal que es el área relacionada con procesos cognitivos superiores como la comprensión, análisis, toma de decisiones etcétera. De esto se concluye que un estilo de edición caótico y desorganizado, aunque es más difícil de decodificar visualmente, no necesariamente es mejor entendido por los espectadores (Andreu-Sánchez y Martín-Pascual, 2021).

En otro artículo multidisciplinar en torno al tema de la edición los resultados sugieren que los cortes en audiovisuales no provocan ninguna actividad cerebral asimétrica específica en la banda alfa, esto explica que la asimetría cerebral a la hora de decodificar contenidos audiovisuales puede estar más relacionada con el contenido narrativo que con el estilo formal (Andreu-Sánchez *et al.*, 2022).

Ya estamos viendo que los experimentos con técnicas de neurociencia cognitiva llegan más allá que solamente los estudios teóricos, y confirman muchas de las teorías cinematográficas clásicas. Encontramos dos artículos de revisión del estado de la neurocinemática en 2022. En la publicación *Triangulation Revisited* (Smith, 2022), se analiza qué tal se relacionan los estudios basados en suposiciones y experiencia con los resultados de las nuevas tecnologías EEG. En el segundo se tratan las formas de relacionar la psicología, la neurociencia y la teoría del cine para poder crear una nueva teoría sobre los medios cognitivos del ser humano (Fingerhut y Heimann, 2022).

En un experimento de 2020 se concluyó que se necesita un proceso de análisis de señales más complejo porque en el registro neuronal las reacciones de corte son difíciles de aislar (Sanz Aznar *et al.*, 2020). Es decir que se hace necesario identificar previamente el momento justo de los eventos con intencionalidad creados en un audiovisual para tener conclusiones de ese momento concreto. O bien realizar un experimento con un video realizado exclusivamente para un experimento con intencionalidad previa, asociando el momento preciso de la secuencia al momento de toma de datos de un EEG.

4.4. Estudios específicos con aplicaciones concretas

En un artículo llamado *Neurocinematics and the discourse of control: Towards a critical neurofilmology* (Poulaki, 2014), se realiza un estudio sobre neurocinemática revisando dos artículos anteriores: *Reliability of cortical activity during natural stimulation* (Hasson *et al.*, 2010), en donde el experimento que lo acompaña demuestra que la actividad en la corteza en las áreas cerebrales de cada sujeto son similares durante las presentaciones repetidas del mismo extracto de la película; y *Future trends in Neuroimaging: Neural processes as expressed within real-life contexts* (Hasson y Honey, 2012), donde se propone que ahora es momento de aplazar los debates sobre el etiquetado funcional de diferentes regiones del cerebro y dedicar nuestros recursos a caracterizar los procesos neuronales subyacentes. No es intención de Uri Hasson (2010) restarle importancia a investigar la localización de las zonas que se activan en el cerebro, sino que invita a proseguir las investigaciones en un terreno bastante desconocido por la ciencia, el del funcionamiento profundo del cerebro.

Encontramos una revisión de artículos relacionados en *Emotions viewer in an experience, photographic, pictorial and film* (Contreras Albornoz, 2016). Cada una de las investigaciones que revisa este artículo examina la actividad neuronal de un grupo de participantes observando fotografías, pinturas o películas y profundizando en sus resultados. Se consideró que estas experiencias permiten comprender el alcance y el propósito del neurocine a través de una investigación con un enfoque analítico y documental. Los artículos revisados fueron: *The Science of Art: A Neurological Theory of Aesthetic Experience* (1999), *Neural Correlates of Beauty* (2004) y *Neurocinematics: the Neuroscience of Film* (2008).

En 2017, Gautham Krishna *et al.* (2017) realizan una detallada revisión de la evolución de los experimentos con EEG y fMRI y una comparativa de sus usos y limitaciones en *Electroencephalography Based Analysis of Emotions Among Indian Film Viewers.* La evolución de la técnica ha permitido experimentar con nuevas versiones de los experimentos en entornos más naturalistas. Utilizando fNRIS (espectroscopia funcional de infrarrojo cercano) una técnica de neuroimagen no invasiva que mide las respuestas cerebrales registrando cambios en la cantidad de sangre oxigenada, y que permite sobre todo mayor movilidad, se encontraron resultados ISC bastante significativos (Maior *et al.*, 2019).

Un estudio en 2021 unió las técnicas de EEG y el análisis de la tasa de parpadeo para medir la atención de dos grupos de espectadores, uno estaba formado por profesionales del medio y el otro no (Andreu-Sánchez *et al.*, 2021ª). Se observó que la tasa de parpadeo de los que eran profesionales del medio era menor detrás del corte de edición, relacionándolo con un procesamiento consciente mayor del montaje y mayor atención tras el corte para captar la nueva información.

La explicación de la atracción repetida por ver las mismas películas en varias ocasiones se explica a través de las funciones de la vía de recompensa mesolímbica asociada con el placer y la alegría: las regiones cerebrales que responden a la belleza facial, a la estética del arte pictórico y a la escucha de música provocan un recuerdo de la experiencia placentera, provocando que la dopamina intervenga en la memoria para un comportamiento motivado (Zaidel, 2023).

Se han estudiado también dos maneras de entender el cine a través de una investigación científica sobre las neuronas espejo. Por un lado, se ha encontrado una participación consciente de los espectadores con reacciones más viscerales, y por otro lado se interpretan las respuestas preconscientes y automáticas (Belodubrovskaya, 2018).

Investigando el efecto de la iluminación de alto y bajo contraste en la empatía afectiva hacia los actores representados, un artículo de 2020 experimentó con el grado de mimetismo facial de las expresiones emocionales de los actores y se cuantificó a través de la activación electromiográfica de los músculos faciales específicos de la expresión (Voodla *et al.*, 2020). Lograron obtener mimetismo facial para la felicidad y la ira, pero no para el asco. La iluminación de alto contraste amplifica aún más la mímica empática para las expresiones felices, pero no para las enojadas. La iluminación de alto contraste también amplifica los sentimientos subjetivos provocados por las expresiones de enojo y disgusto, pero no de felicidad, y se concluyó que la iluminación de alto contraste puede ser un medio eficaz para influir en las reacciones empáticas de los espectadores.

4.5. Estudios sobre el uso del tema de la neurología a nivel audiovisual, a modo educativo con vídeos específicos sobre la materia o a través de películas que tratan sobre el tema

Aunque el término neurocinemática no apareció hasta 2008, anteriormente se demostró que el uso de audiovisuales puede promover tanto el dominio del contenido a modo educativo como el desarrollo de habilidades de pensamiento crítico, incluido para enseñanza de contenidos sobre neurociencia (McFarlane y Richeimer, 2015; Koehler *et al.*, 2016; Gil-Curiel y De La Garza, 2018; Araujo, 2023). También se han estudiado películas en las que el argumento se basa en conceptos científicos relacionados con la neurología, de los cuales hay tantos ejemplos que se pueden englobar dentro de un género particular: el neurocine (Wijdicks y Karenberg, 2016; Naser Moghadasi, 2020).

5. CONCLUSIONES

Una de las claves que se extraen de los estudios en neurocinematica es como nuestro cerebro da sentido de la misma forma a los eventos reales en comparación con los eventos de una película. El ser humano con su capacidad de representar la realidad a través del arte, en este caso del cine, pone en marcha el mismo funcionamiento de nuestro cerebro que ante un caso real, ya que la percepción de una realidad analógica y continua no es más que una ilusión o engaño que se produce en nuestras neuronas (Molina, 2021).

Estos estudios tienen un carácter interdisciplinar con muchos caminos por explorar. En 2023, los resultados de esta revisión revelan un predominio de experimentos centrados en procesos cognitivos y atencionales seguidos de estudios sobre procesos emocionales.

Compartimos la idea de que es bueno no desentenderse de la tradición teórica cinematográfica existente. El debate filosófico y científico siguiente es evaluar si esta activación cerebral a través de películas también condiciona el pensamiento y el comportamiento del ser humano. Este es un reto que los neurocientíficos todavía están lejos de descubrir. Por ejemplo, nos podemos preguntar: ¿las películas violentas hacen a la gente violenta? ¿Podemos distinguir a nivel cerebral la verdadera violencia de la violencia ficcionada? Si la podemos diferenciar y no nos hace seres más violentos, entonces ¿por qué hay tanto debate? Y si no la podemos diferenciar entonces ¿por qué no se suprime? La neurocinemática propone en este sentido un método para los neurólogos para estudiar cómo funciona el cerebro humano ante situaciones que recrean una realidad. Y para los creadores de películas un reto para impresionar los sentidos y los canales de recompensas cerebrales de los espectadores. Opinamos que la neurocinemática no es afortunadamente una ciencia infalible y que nos resulta excitante vivir sin saber el porqué de todas las cosas para que el arte nos pueda seguir sorprendiendo para siempre.

En una versión avanzada de estos experimentos proponemos desarrollar nuevas vías de experimentación con individuos en diferentes grupos objetivo, utilizando todos los géneros de películas, diferentes estéticas de realización y montaje y con una duración más larga. Así como estudios en torno a detalles concretos de los elementos de las películas. Y creemos que el desarrollar la interdisciplinariedad de la neurocinemática es dónde podremos obtener los mayores avances.

6. REFERENCIAS

Akiba, H. T., Costa, M. F., Gomes, J. S., Oda, E., Simurro, P. B. y Dias, A. M. (2019). Neural correlates of preference: A transmodal validation study. *Frontiers in Human Neuroscience*, 13. https://doi.org/10.3389/FNHUM.2019.00073

Aldouby, H. (2016). "The physical anxiety of the form itself": A Haptic Reading of Phil Solomon's Experimental Films. *Projections*, *10*(1), 86–113. https://doi.org/10.3167/PROJ.2016.100109

Andreu-Sánchez, C. y Martín-Pascual, M. Á. (2021). Perception of cuts in different editing styles. *Profesional de La Informacion*, *30*(2). https://doi.org/10.3145/EPI.2021.MAR.06

Andreu-Sánchez, C., Martín-Pascual, M. Á., Gruart, A. y Delgado-García, J. M. (2018). Chaotic and Fast Audiovisuals Increase Attentional Scope but Decrease Conscious Processing. *Neuroscience*, 394, 83–97. https://doi.org/10.1016/J.NEUROSCIENCE.2018.10.025

Andreu-Sánchez, C., Martín-Pascual, M. Á., Gruart, A. y Delgado-García, J. M. (2021a). 41-The Effect of Media Professionalization on Cognitive Neurodynamics During Audiovisual Cuts. *Frontiers in Systems Neuroscience*, 15. https://doi.org/10.3389/FNSYS.2021.598383

Andreu-Sánchez, C., Martín-Pascual, M. Á., Gruart, A. y Delgado-García, J. M. (2022). Brain Symmetry in Alpha Band When Watching Cuts in Movies. *Symmetry*, *14*(10). https://doi.org/10.3390/SYM14101980

Belodubrovskaya, M. (2018). The Cine-Fist: Eisenstein's Attractions, Mirror Neurons, and Contemporary Action Cinema. *Projections*: *The Journal for Movies and Mind*, *12*(1), 1. https://n9.cl/fngmi

Contreras Albornoz, F. P. y Gasca Bazurto, L. F. (2016). Las emociones del espectador en una experiencia, fotográfica, pictórica y cinematográfica. *Praxis & Saber*, *7*(14).

Fingerhut, J. y Heimann, K. (2022). Enacting Moving Images: Film Theory and Experimental Science within a New Cognitive Media Theory. *Projections, 16*(1), 105–123. https://doi.org/10.3167/PROJ.2022.160107

Gallese, V. y Guerra, M. (2022). The Neuroscience of Film (Journal). *Projections, 16*(1), 1–10. https://doi.org/10.3167/PROJ.2022.160101

García López, Á., Cerdán, V., Ortiz, T., Sánchez Pena, J. M. y Vergaz, R. (2022). Emotion Elicitation through Vibrotactile Stimulation as an Alternative for Deaf and Hard of Hearing People: An EEG Study. *Electronics, 11*(14). https://doi.org/10.3390/ELECTRONICS11142196

Gautham Krishna, G., Krishna, G. y Bhalaji, N. (2017). Electroencephalography Based Analysis of Emotions Among Indian Film Viewers. *Communications in Computer and Information Science*, 712, 145–155. https://doi.org/10.1007/978-981-10-5780-9_13

Gil-Curiel, G. y De La Garza, A. (2018). Film and the Medical Humanities: The 'Romantic Science' of Neurocinema. *The STEAM Revolution: Transdisciplinary Approaches to Science, Technology, Engineering, Arts, Humanities and Mathematics*, 67–76. https://doi.org/10.1007/978-3-319-89818-6_4

Grady, S. M., Schmaelzle, R. y Baldwin, J. (2022). Examining the Relationship between Story Structure and Audience Response How Shared Brain Activity Varies over the Course of a Narrative-Web of Science Core Collection. *Projections* https://doi.org/10.3167/proj.2022.160301

Han, C. H., Lee, J. H., Lim, J. H., Kim, Y. W. y Im, C. H. (2017). Global electroencephalography synchronization as a new indicator for tracking emotional changes of a group of individuals during video watching. *Frontiers in Human Neuroscience*, 11. https://doi.org/10.3389/FNHUM.2017.00577

Hasson, U. y Honey, C. J. (2012). Future trends in Neuroimaging: Neural processes as expressed within real-life contexts. *NeuroImage, 62*(2), 1272–1278. https://doi.org/10.1016/j.neuroimage.2012.02.004

Hasson, U., Landesman, O., Knappmeyer, B., Vallines, I., Rubin, N. y Heeger, D. J. (2008). Neurocinematics: The Neuroscience of Film. *Projections, 2*(1), 1–26. https://doi.org/10.3167/PROJ.2008.020102

Hasson, U., Malach, R. y Heeger, D. J. (2010). Reliability of cortical activity during natural stimulation. *Trends in Cognitive Sciences, 14*(1), 40–48. https://doi.org/10.1016/j.tics.2009.10.011

Hasson, U., Nir, Y., Levy, I., Fuhrmann, G. y Malach, R. (2004). Intersubject Synchronization of Cortical Activity during Natural Vision. *Science, 303*(5664), 1634–1640. https://doi.org/10.1126/SCIENCE.1089506/SUPPL_FILE/HASSON.SOM.PDF

Hedberg Olenina, A. (2021). Sergei Eisenstein, Neurocinematics, and Embodied Cognition: A Reassessment-Web of Science Core Collection. *Discourse, 43(3),* 351-382. https://doi.org/10.13110/discourse.43.3.0351

Huang, R. S., Chen, C. F. y Sereno, M. I. (2018). Spatiotemporal integration of looming visual and tactile stimuli near the face. *Human Brain Mapping, 39*(5), 2156–2176. https://doi.org/10.1002/HBM.23995

Im, C. H., Lee, J. H. y Lim, J. H. (2015). Neurocinematics based on passive BCI: Decoding temporal change of emotional arousal during video watching from multi-channel EEG. *2015 10th Asian Control Conference: Emerging Control Techniques for a Sustainable World, ASCC 2015.* https://doi.org/10.1109/ASCC.2015.7244792

Kauttonen, J., Hlushchuk, Y. y Tikka, P. (2015). Optimizing methods for linking cinematic features to fMRI data. *NeuroImage*, 110, 136–148. https://doi.org/10.1016/j.neuroimage.2015.01.063

Koehler, P. J., Lameris, B. y Hielscher, E. (2016). Neurocinematography in Pre-World War II Netherlands: The Magnus-Rademaker Collection. *Journal of the History of the Neurosciences, 25*(1), 84–101. https://doi.org/10.1080/0964704X.2015.1072776

Maior, H. A., Martindale, S., Ramchurn, R., Cai, M., Wilson, M. L. y Benford, S. (2019). FNIRS and neurocinematics. *Conference on Human Factors in Computing Systems - Proceedings*. https://doi.org/10.1145/3290607.3312814

McFarlane, H. G. y Richeimer, J. (2015). Using the humanities to teach neuroscience to non-majors. *Journal of Undergraduate Neuroscience Education, 13*(3), A225–A233. https://doi.org/ 10.1016/j.neulet.2021.136074

Naser Moghadasi, A. (2015). *Neurocinema: A brief overview-Web of Science Core Collection*. https://doi.org/10.3390/bs10050086

Naser Moghadasi, A. (2020). Evaluation of Neurocinema as An Introduction to an Interdisciplinary Science. *CINEJ Cinema Journal, 8*(2), 307–323. https://doi.org/10.5195/CINEJ.2020.267

Park, S., Kim, D. W., Han, C. H. y Im, C. H. (2021). Estimation of Emotional Arousal Changes of a Group of Individuals During Movie Screening Using Steady-State Visual-Evoked Potential. *Frontiers in Neuroinformatics*, 15. https://doi.org/10.3389/FNINF.2021.731236

Poulaki, M. (2014). Neurocinematics and the discourse of control: Towards a critical neurofilmology. *Cinema et Cie, 14*(22–23), 39–51.

Robertson, B. (2022). The application of neurocinematics within trauma therapies and integrative practices. *Film/Video-Based Therapy and Trauma: Research and Practice*, 28–43. https://doi.org/10.4324/9781315622507-5

Sanz Aznar, J., Aguilar-Paredes, C., Sánchez-Gómez, L., Bruni, L. E. y Wulff-Abramsson, A. (2020). Methodology for Detection of ERD/ERS EEG Patterns Produced by Cut Events in Film Fragments. *Lecture Notes in Computer Science (Including Subseries Lecture Notes in Artificial Intelligence and Lecture Notes in Bioinformatics), 12196 LNAI*, 157–175. https://doi.org/10.1007/978-3-030-50353-6_12

Smith, M. (2022). Triangulation Revisited. *Projections, 16*(1), 11–24. https://doi.org/10.3167/PROJ.2022.160102

Tikka, P. (2022). Enactive Authorship Second-Order Simulation of the Viewer Experience. A Neurocinematic Approach. *Projections (New York), 16*(1), 47–66. https://doi.org/10.3167/PROJ.2022.160104

Trifonova, T. (2014). Neuroaesthetics and Neurocinematics: Reading the Brain/Film through the Film/Brain. *Journal for the Critique of Science*, 265.

Voodla, A., Lotman, E., Kolnes, M., Naar, R. y Uusberg, A. (2020). Cinematographic High-Contrast Lighting Can Facilitate Empathetic Affective Mimicry. *Projections, 14*(1), 1–17. https://doi.org/10.3167/PROJ.2020.140102

Wang, Y. y Wang, Y. (2020). A Neurocinematic Study of the Suspense Effects in Hitchcock's Psycho. *Frontiers in Communication*, 5. https://doi.org/10.3389/FCOMM.2020.576840

Wijdicks, E. F. M. y Karenberg, A. (2016). Mercy killing in neurology. *Neurology, 87*(12), 1289–1292. https://doi.org/10.1212/WNL.0000000000003134

Zaidel, D. W. (2023). The art of film: Perspective on neural clues to repeated attraction to movie watching. *Neuropsychologia*, 180. https://doi.org/10.1016/J.NEUROPSYCHOLOGIA.2023.108485

LAS INTERFACES CEREBRO COMPUTADOR BASADAS EN POTENCIALES EVOCADOS VISUALES EN ESTADO ESTACIONARIO (SSVEP) PARA APLICACIONES EN BRAZOS ROBÓTICOS: UNA REVISIÓN

Nayibe Chio Cho[1], *Johann Barragán*[2]

1. INTRODUCCIÓN

El término de interfaces cerebro computador (BCI- *Brain Computer Interface*) fue introducido por Jacques Vidal en 1973. Las interfaces cerebro computador son sistemas que permiten interactuar y establecer la comunicación entre el cerebro humano y el entorno o dispositivos externos (Lotte, Nam, *et al.*, 2018). La obtención de los distintos tipos de ondas cerebrales utilizados en las interfaces cerebro computador se puede realizar de forma invasiva o no invasiva (Nam *et al.*, 2018).

El paradigma de potenciales evocados visuales en estado estacionario (SSVEP) es un paradigma no invasivo (Nam *et al.*, 2018) usado en las interfaces cerebro computador, que permiten registrar la actividad cerebral, para que posteriormente sea procesada la información y establezca la comunicación con el entorno, buscando mejorar la calidad de vida de las personas con capacidades limitadas de comunicación y movimiento. Se pueden encontrar diferentes aplicaciones como deletreadores (Naeem Mannan *et al.*, 2020; Tang *et al.*, 2020), silla de ruedas (Achic *et al.*, 2016; Du *et al.*, 2021),interacción con el entorno o domótica o realidad virtual (Bevilacqua *et al.*, 2014; D. Yang *et al.*, 2020; Zhu *et al.*, 2023), robots manipuladores para desarrollar actividades o tareas que les permitan tener una mayor autonomía como agarrar o mover objetos en personas con limitaciones motoras (Cáceres *et al.*, 2016; X. Chen, Zhao, & Gao, 2018; X. Chen, Zhao, Wang, *et al.*, 2018a, 2018b; Gao *et al.*, 2017; Pelayo *et al.*, 2018; Quiles *et al.*, 2020, 2022; Sharma & Maharaj, 2021).

Este artículo presenta una revisión de la literatura sobre interfaces cerebro computador basadas en potenciales evocados visuales en estado estacionario (SSVEP) enfocado en manipuladores o brazos robóticos. Se examinan los métodos de adquisición que incluye el tipo de electrodos, el *software* y el *hardware* usado para la obtención de las señales cerebrales. Así mismo se revisan las técnicas usadas en el procesamiento de las señales, el cual comprende el preprocesamiento, la extracción de características y la clasificación de las señales.

---

1. Universidad Politécnica de Valencia (España)
2. Universidad Autónoma de Bucaramanga (Colombia)

2. MATERIALES

Se llevó a cabo un análisis de 49 artículos, recopilados de las bases de datos Scopus, Webofscience e IEEE. Un sistema BCI se puede resumir en cuatro elementos (Maby, 2016): parte 1 con el planeamiento del estudio, parte 2 con el proceso de adquisición de la señal, parte 3 con el proceso de análisis y parte 4 con el procedimiento experimental.

La revisión literaria tiene dos partes, la primera relacionada con las partes 1 y 2 de un sistema BCI, donde se evalúa el tipo de estímulo, colores usados, frecuencias, ubicación de electrodos y cantidad de sujetos en el experimento, para ello se hizo la búsqueda en las bases de datos Scopus, IEEE y web of science y se evalúan 23 artículos. Para la segunda parte se trabajaron las partes 3 y 4 de un sistema BCI, con la aplicación en manipuladores o brazos robóticos, identificando las técnicas usadas en el preprocesamiento, la extracción y clasificación. La búsqueda se hizo en las bases de datos de Scopus y web of science con una revisión de 26 artículos.

3. METODOS

La metodología aplicada fue una adaptación de B. Kitchenham quien propone tres etapas (Kitchenham, 2007): Planificación (identificar la necesidad, preguntas y protocolo), Desarrollo (búsqueda de datos, eliminación de artículos duplicados, filtrado por título y resumen, lectura de artículos completos, extracción de información de las preguntas y filtrado de artículos relevantes) y Reporte (resultados (cualitativos o cuantitativos) y discusión) y la metodología Prisma que comprende título, antecedentes, métodos, resultados, discusión y otra información como financiación o conflicto de intereses (Page *et al.*, 2021).

Las preguntas de investigación se enfocan en dos partes, la primera relacionada con la parte 1 y 2 de un sistema BCI, las cuales se relacionan con permisos y seguridad, factores de inclusión y exclusión de la población, preguntas y pruebas, el tipo de interfaz y el estímulo. Las otras preguntas están relacionadas con la parte 3 y 4 de un sistema BCI, basado en la aplicación con manipuladores o brazos robóticos, estas preguntas son con el procesamiento (preprocesamiento, extracción de características y clasificación). En el protocolo se tuvieron en cuenta los siguientes criterios de inclusión: resumen o palabras claves escritos en español e inglés, tipo de documento, se incluyeron los artículos que contengan el resumen o palabras claves. Los criterios de exclusión que se tuvieron en cuenta son: resumen o palabras claves en otros idiomas diferentes a español e inglés, se excluyeron libros, citas, referencias y patentes, se excluyeron los artículos que no contenían el resumen o palabras claves, los artículos duplicados entre bases de datos, exclusión por no tener artículo completo y se excluyeron artículos por estar duplicados en la misma fuente, se dejó el que fuera el tipo artículo.

El resumen de las características más relevantes para cada una de las partes se observa en la tabla 1, incluye el campo de búsqueda, las palabras claves usadas, los operadores usados en la palabra de búsqueda, el periodo y las bases de datos.

Características	Participante y Adquisición	Procesamiento y aplicación
Campo de búsqueda	Título del artículo, resumen, palabras clave	Título del artículo, resumen, palabras clave
Palabras de búsqueda	SSVEP, BCI, Stimulus, Color	SSVEP, BCI, Robotic arm, robotic manipul*
Operador booleano	SSVEP AND BCI SSVEP AND Stimulus AND color	BCI AND robotic arm AND SSVEP BCI AND SSVEP AND robotic manipulat*
Periodo	Sin delimitar	Sin delimitar
Bases de datos	Scopus, Ieee, Webofscience	Scopus, Webofscience

Tabla 1. Resumen de las características. Fuente: Elaboración propia, 2023.

4. RESULTADOS

A continuación, se presentan los resultados en interfaces cerebro computador basadas en potenciales evocados visuales en estado estacionario (SSVEP) con manipuladores y brazos robóticos. En el primer resultado se revisará el planeamiento del estudio y el proceso de adquisición de la señal y en el segundo resultado se mostrará el proceso de análisis.

4.1. Revisión con el proceso del participante y el proceso de adquisición de la señal

En la revisión del participante se evaluó la cantidad de sujetos que participaron en el experimento, se verificó si tuvieron en cuenta algún protocolo para el experimento y los aspectos generales que se deben abordar en la planeación del estudio.

Para el proceso de adquisición de señales se tuvo presente el tipo de interfaz, el número de electrodos, la ubicación de los electrodos, la frecuencia, la visualización, el tipo de figura utilizado en el estímulo, el número de estímulos y el color de los estímulos. La tabla 2 visualiza el resumen de las bases de datos utilizadas, la palabra clave, la cantidad de artículos que se generaron y el año inicial (Año I) y año final (Año F) de los artículos encontrados. La búsqueda generó un total de 199 artículos comprendidos dentro del periodo 2000 a 2023; finalmente se incluyeron para el análisis 23 artículos del año 2013 al 2023.

Base de datos	Palabra clave	Artículos	Año I	Año F	Inclusión
SCOPUS	ssvep and stimulus and color	83	2000	2023	18
IEEE	ssvep and stimulus and color	36	2001	2023	3
Webofscience	ssvep and stimulus and color	80	2000	2023	2

Tabla 2. Cantidad de artículos, bases de datos y palabra clave para participante y adquisición. Fuente: Elaboración propia, 2023.

Para la revisión del proceso con el participante se tuvo en cuenta el planeamiento del estudio (Parte 1), el cual debe contener aspectos que garanticen la seguridad de los participantes. Se consideran los criterios de selección determinados por factores de exclusión e inclusión, como se observa en la figura 1(a) (Maby, 2016).

Se obtienen los datos como el número de participantes, el promedio de edad, el rango de edad, las condiciones físicas o mentales, permisos, consideraciones del experimento, pruebas y preguntas adicionales. Para el planeamiento del estudio se deben garantizar permisos como la inclusión de agencias nacionales, internacionales, comités de ética y consentimiento, como por ejemplo los comités de ética de cada universidad o institución médica, la declaración de Helsinki, declaración de bioética de Gijón y recomendaciones de los organismos de salud (Atkins *et al.*, 2023; J. Chen *et al.*, 2019; X. Chen *et al.*, 2019; Chien *et al.*, 2017; Chu *et al.*, 2017; Duart *et al.*, 2021; Evain *et al.*, 2016; Falzon & Camilleri, 2013; Floriano *et al.*, 2018; Mouli *et al.*, 2015; Sato *et al.*, 2021; Tello *et al.*, 2015; Xie *et al.*, 2016; Yan *et al.*, 2017; Zhu *et al.*, 2023); en seguridad, se debe tener presente que el participante debe tener conocimiento que puede retirarse o parar sin penalización o si experimenta alguna molestia (Chu *et al.*, 2017; Duart *et al.*, 2021; Tello *et al.*, 2015).

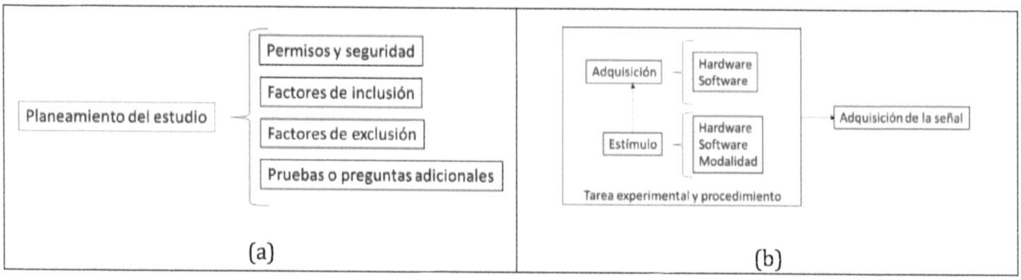

Figura 1. (a)Planeamiento del estudio. (b) Diagrama de la adquisición de la señal. Fuente: Elaboración propia, 2023.

Factores de inclusión como edad, sexo, nivel académico, agudeza visual o auditiva (J. Chen *et al.*, 2019; X. Chen *et al.*, 2019; Chien *et al.*, 2017; Chu *et al.*, 2017; Duart *et al.*, 2021; Evain *et al.*, 2016; Floriano *et al.*, 2018; Mouli *et al.*, 2013, 2015; Murillo López *et al.*, 2021; Sato *et al.*, 2021; Szalowski & Picovici, 2019; Tello *et al.*, 2015; Xie *et al.*, 2016; Yan *et al.*, 2017); factores de exclusión como embarazo, adicción a las drogas, enfermedades neurológicas o migrañas (Atkins *et al.*, 2023; Chien *et al.*, 2017; Chu *et al.*, 2017; Duart *et al.*, 2021; Tello *et al.*, 2015) se pueden observar los artículos relacionados en la tabla 3. Así mismo se deben considerar pruebas o preguntas adicionales como test visuales, pruebas psicológicas o cuestionarios subjetivos de las pruebas (Duart *et al.*, 2021; Sato *et al.*, 2021; Zhu *et al.*, 2023) ,cuestionario de estadísticas personales (Evain *et al.*, 2016), experiencia con la BCI (Li *et al.*, 2019; Mouli *et al.*, 2013, 2015; Tello *et al.*, 2015), finalmente se evalúa si hay compensación académica o económica o si no hay compensación (J. Chen *et al.*, 2019; Duart *et al.*, 2021; Floriano *et al.*, 2018).

La cantidad de participantes en el experimento es variable, se encontró que el promedio de participantes fue de 11, con un mínimo de 1 a un máximo de 42; con un participante (Szalowski & Picovici, 2019), de 2 a 5 participantes (Atkins *et al.*, 2023; Falzon & Camilleri, 2013; Li *et al.*, 2019; Mouli *et al.*, 2013, 2015), de 6 a 10 participantes (Aljshamee *et al.*, 2016; Chien *et al.*, 2017; Sato *et al.*, 2021; Xie *et al.*, 2016; Yan *et al.*, 2017; Zhu *et al.*, 2023), de 11 a 15 participantes (J. Chen *et al.*, 2019; X. Chen *et al.*, 2019; Chu *et al.*, 2017; Evain *et al.*, 2016; Floriano *et al.*, 2018; Sankardoss & Geethanjali, 2020), de 16 a 20 participantes (Murillo López *et al.*, 2021; Tello *et al.*, 2015) y mayor o igual a 21 (Duart *et al.*, 2021). El rango de edad fue entre 19 a 49 años, en la gran mayoría de los artículos su rango promedio fue de 19 a 30 años (Aljshamee *et al.*, 2016; J. Chen *et al.*, 2019; X. Chen *et al.*, 2019; Chien *et al.*, 2017; Chu *et al.*, 2017; Duart *et al.*, 2021; Floriano *et al.*, 2018; Li *et al.*, 2019; Murillo López *et al.*, 2021; Xie *et al.*, 2016; Yan *et al.*, 2017). En cuanto al procedimiento experimental se consideran elementos iniciales como la relajación, ajuste de mentalidad y familiarización con la escena experimental con una demostración previa (Mouli *et al.*, 2013, 2015; Zhu *et al.*, 2023).

Para el proceso de adquisición de la señal (Parte 2), se articula con los elementos necesarios para obtener la actividad cerebral, el cual involucra herramientas de software, dispositivos de hardware, tipo de interfaz, la cantidad de electrodos que se usarán, la ubicación en las regiones donde se obtendrán las señales EEG en el cuero cabelludo (Martišius & Damaševičius, 2016), así como identificar el tipo de estímulo y la frecuencia a utilizar para la obtención de datos y determinar la tarea y el procedimiento experimental (Figura 1(b)). En la adquisición se presenta el hardware y software que se usa para obtener la señal se tiene el tipo de interfaz como G.tec (Atkins *et al.*, 2023; Mouli *et al.*, 2013, 2015), emotiv (Li *et al.*, 2019; Sato *et al.*, 2021; Szalowski & Picovici, 2016, 2019), enobio(Duart *et al.*, 2021), electrodos Ag-AgCl (Sankardoss & Geethanjali, 2020; Tello *et al.*, 2015), Ges300 (Xie *et al.*, 2016), Biosemi (Aljshamee *et al.*, 2016; Chu *et al.*, 2017), SynAmps2(J. Chen *et al.*, 2019), Neuroscan (X. Chen *et al.*, 2019), OpenBCI (Murillo López *et al.*, 2021), con electrodos húmedos(Sankardoss & Geethanjali, 2020; Szalowski & Picovici, 2016, 2019) o secos (Duart *et al.*, 2021).

La cantidad de electrodos usados varió en 3 (Mouli *et al.*, 2015), 6 (Duart *et al.*, 2021; Evain *et al.*, 2016; Sankardoss & Geethanjali, 2020), 9 (J. Chen *et al.*, 2019), 12 (Tello *et al.*, 2015), 14 (Li *et al.*, 2019; Sato *et al.*, 2021), 16 (Chu *et al.*, 2017) y 64 (X. Chen *et al.*, 2019; Xie *et al.*, 2016); con el sistema de ubicación de electrodos 10-10 (Atkins *et al.*, 2023) o 10-20 (Chu *et al.*, 2017; Mouli *et al.*, 2015; Murillo López *et al.*, 2021; Szalowski & Picovici, 2016, 2019; Tello *et al.*, 2015) y una tasa de muestreo entre 128 Hz a 2000 Hz. La ubicación de los electrodos y los canales usados se pueden identificar en las área occipital (Aljshamee *et al.*, 2016; Murillo López *et al.*, 2021; Sato *et al.*, 2021; Xie *et al.*, 2016; Zhu *et al.*, 2023); occipital-frontal (Mouli *et al.*, 2013, 2015); occipital/temporal (Floriano *et al.*, 2018); occipital-parietal (J. Chen *et al.*, 2019; X. Chen *et al.*, 2019; Chien *et al.*, 2017; Chu *et al.*, 2017; Duart *et al.*, 2021; Sankardoss & Geethanjali, 2020; Tello *et al.*, 2015);occipital-parietal-frontal-central-temporal (Chu *et al.*, 2017; Szalowski & Picovici, 2016, 2019) y occipital-parietal-central (Atkins *et al.*, 2023; Evain *et al.*, 2016; Yan *et al.*, 2017).

La visualización del estímulo puede ser por un monitor LCD o CRT o una tableta (X. Chen *et al.*, 2019; Chu *et al.*, 2017; Dong *et al.*, 2018; Duart *et al.*, 2021; Li *et al.*, 2019; Sankardoss & Geethanjali, 2020; Sato *et al.*, 2021; Szalowski & Picovici, 2016, 2019; Zhu *et al.*, 2023), leds (Aljshamee *et al.*, 2016; Atkins *et al.*, 2023; Chien *et al.*, 2017; Falzon & Camilleri, 2013; Floriano *et al.*, 2018; Mouli *et al.*, 2013, 2015; Tello *et al.*, 2015) o experimentos realizados con monitor y leds (Murillo López *et al.*, 2021; Xie *et al.*, 2016); el tipo de figura utilizado es un cuadrado (J. Chen *et al.*, 2019; X. Chen *et al.*, 2019; Chu *et al.*, 2017; Duart *et al.*, 2021; Murillo López *et al.*, 2021; Sankardoss & Geethanjali, 2020; Sato *et al.*, 2021; Xie *et al.*, 2016), rectángulo (Li *et al.*, 2019), flecha, cilindro, esfera (gráficos simples) (Xie *et al.*, 2016; Zhu *et al.*, 2023) o patrones como los tableros de ajedrez (Floriano *et al.*, 2018; Szalowski & Picovici, 2016, 2019; Yan *et al.*, 2017).

El número de estímulos varía en un rango de 3 a 48, entre 1 y 5 estímulos (Atkins *et al.*, 2023; Duart *et al.*, 2021; Floriano *et al.*, 2018; Mouli *et al.*, 2013; Sankardoss & Geethanjali, 2020), entre 6 y 10 estímulos (Aljshamee *et al.*, 2016; Chu *et al.*, 2017; Falzon & Camilleri, 2013; Murillo López *et al.*, 2021; Sato *et al.*, 2021; Zhu *et al.*, 2023), entre 11 y 20 estímulos (J. Chen *et al.*, 2019; X. Chen *et al.*, 2019; Chu *et al.*, 2017; Szalowski & Picovici, 2016) y mayor o igual a 21 estímulos (Mouli *et al.*, 2015; Szalowski & Picovici, 2019).

El color puede ser un color primario o secundario RGB (Atkins *et al.*, 2023; Chu *et al.*, 2017; Evain *et al.*, 2016; Li *et al.*, 2019; Szalowski & Picovici, 2016, 2019; Tello *et al.*, 2015) o cualquier combinación con los colores Rojo-Verde-Azul-Blanco-Negro (J. Chen *et al.*, 2019; Dong *et al.*, 2018; Duart *et al.*, 2021; Falzon & Camilleri, 2013; Floriano *et al.*, 2018; Mouli *et al.*, 2013, 2015; Murillo López *et al.*, 2021; Sato *et al.*, 2021; Xie *et al.*, 2016; Yan *et al.*, 2017; Zhu *et al.*, 2023) o blanco-negro (X. Chen *et al.*, 2019; Sankardoss & Geethanjali, 2020).

La forma en que se realizan los estímulos puede ser por medio de microcontroladores como microchip, arduino o raspberry o un dispositivo programable como una FPGA de Xilinx (Aljshamee *et al.*, 2016; Atkins *et al.*, 2023; Floriano *et al.*, 2018; Mouli *et al.*, 2013, 2015; Murillo López *et al.*, 2021; Tello *et al.*, 2015) o por medio de herramientas computacionales como Matlab, Openvibe, Programa en C++, Adobe After Effects, aplicación iOs, Unity, Microsoft Visual C++, DirectX, Direct Draw u OpenGL (J. Chen *et al.*, 2019; X. Chen *et al.*, 2019; Chu *et al.*, 2017; Duart *et al.*, 2021; Sankardoss & Geethanjali, 2020; Sato *et al.*, 2021; Szalowski & Picovici, 2016, 2019; Zhu *et al.*, 2023). La frecuencia del estímulo se divide en bajo (0 a 12 Hz) (J. Chen *et al.*, 2019; Chu *et al.*, 2017; Dong *et al.*, 2018; Falzon & Camilleri, 2013; Li *et al.*, 2019; Mouli *et al.*, 2013, 2015; Sankardoss & Geethanjali, 2020; Szalowski & Picovici, 2016, 2019), medio (13-29 Hz) y alto (mayor o igual 30 Hz) (Chien *et al.*, 2017); así mismo se trabajaron frecuencias combinadas como bajo-medio (Aljshamee *et al.*, 2016; Evain *et al.*, 2016; Murillo López *et al.*, 2021; Tello *et al.*, 2015; Xie *et al.*, 2016; Yan *et al.*, 2017; Zhu *et al.*, 2023) o bajo-medio-alto (Atkins *et al.*, 2023; X. Chen *et al.*, 2019; Duart *et al.*, 2021; Floriano *et al.*, 2018; Sato *et al.*, 2021).

La variación del tiempo del estímulo fue de 4 a 60 segundos con transiciones de 1 a 60 segundos y cambios entre ensayos de 30 segundos a 5 minutos (Aljshamee *et al.*, 2016; J. Chen *et al.*, 2019; Chien *et al.*, 2017; Chu *et al.*, 2017; Duart *et al.*, 2021; Floriano *et al.*, 2018; Mouli *et al.*, 2013, 2015; Murillo López *et al.*, 2021; Sankardoss & Geethanjali, 2020; Szalowski & Picovici, 2019; Tello *et al.*, 2015; Zhu *et al.*, 2023). La ubicación del estímulo estaba a mínimo 50 cm y máximo 90 cm fijado a la altura de los ojos, en algunos experimentos se controló la luz, el sonido, el fondo de la pared, protección de la sala en una jaula de Faraday para evitar interferencias electromagnéticas (Aljshamee *et al.*, 2016; Chien *et al.*, 2017; Chu *et al.*, 2017; Duart *et al.*, 2021; Floriano *et al.*, 2018; Li *et al.*, 2019; Mouli *et al.*, 2013, 2015; Murillo López *et al.*, 2021; Sankardoss & Geethanjali, 2020; Szalowski & Picovici, 2019; Tello *et al.*, 2015; Xie *et al.*, 2016).

4.1. Revisión con el proceso de análisis de la señal y aplicación

En la revisión del proceso de análisis de la señal y aplicación, la tabla 3 visualiza el resumen de las bases de datos utilizadas, la palabra clave, la cantidad de artículos que se generaron y el año inicial (Año I) y año final (Año F) de los artículos encontrados. La búsqueda generó un total de 130 artículos comprendidos dentro del periodo 2007 a 2023; finalmente se incluyeron para el análisis 26 artículos del año 2013 al 2022.

Base de datos	Palabra clave	Artículos	Año I	Año F	Inclusión
SCOPUS	bci and ssvep and robotic manipulat*	21	2011	2023	
Webofscience	bci and ssvep and robotic manipulat*	12	2016	2022	10
SCOPUS	bci and ssvep and robotic arm	60	2007	2023	16
Webofscience	bci and ssvep and robotic arm	37	2007	2023	

Tabla 3. Cantidad de artículos, bases de datos y palabra clave para procesamiento. Fuente: Elaboración propia, 2023.

En la aplicación de rehabilitación y robótica enfocado a brazos robóticos o manipuladores podemos encontrar aplicaciones al control de la mano robótica para agarrar elementos o realizar alguna intención de expresión (Meattini *et al.*, 2014; Sandesh & Venkatesan, 2022), uso de un brazo robótico para asistencia con su entorno o para comer (Z. Chen *et al.*, 2020; Chiu *et al.*, 2017; C. T. Lin *et al.*, 2019; Pelayo *et al.*, 2018; Tabbal *et al.*, 2019), control de un brazo robótico en forma general para mover o agarrar cosas (Cáceres *et al.*, 2016; X. Chen, Zhao, & Gao, 2018; X. Chen, Zhao, Wang, *et al.*, 2018a; Çiğ *et al.*, 2017; Karunasena *et al.*, 2021; C. Lin *et al.*, 2019; Peng *et al.*, 2022; Postelnicu *et al.*, 2019; Quiles *et al.*, 2022; Rakshit *et al.*, 2018; Sharma & Maharaj, 2021; Vargas Guilherme V. and Takeda, 2019; C. Yang *et al.*, 2018; Yin *et al.*, 2021; Zhang *et al.*, 2021) ,sistemas híbridos como por ejemplo manipulación de una silla eléctrica y un brazo robótico para realizar tareas (Achic *et al.*, 2016; Du *et al.*, 2021), escribir (Gao *et al.*, 2017) o con realidad aumentada (X. Chen *et al.*, 2020).

El análisis de una señal cuenta con un proceso de seis pasos: adquisición de la señal, preprocesamiento, extracción de características, clasificación, traducción de comandos y retroalimentación (Mason & Birch, 2003), se incluye una etapa final en el proceso definido como evaluación. El preprocesamiento es un proceso de transformación de datos sin procesar en un formato adecuado para su posterior análisis, comprende el filtrado y la eliminación de artefactos (Oikonomou *et al.*, 2016). El filtrado se usa para eliminar ruido, frecuencias que no son relevantes y artefactos que pueden venir del parpadeo, movimientos musculares, frecuencia cardiaca o artefactos del ambiente como el contacto del electrodo o ruido de línea(Nam *et al.*, 2018); se usan filtros pasabajos (Z. Chen *et al.*, 2020), filtros pasabanda de tipo Butterworth, elíptico IIR entre otros (Cáceres *et al.*, 2016; Chiu *et al.*, 2017; Gao *et al.*, 2017; Karunasena *et al.*, 2021; C. T. Lin *et al.*, 2019; Peng *et al.*, 2022; Quiles *et al.*, 2022; Rakshit *et al.*, 2018; Sharma & Maharaj, 2021; Tabbal *et al.*, 2019; Vargas Guilherme V. and Takeda, 2019) y filtro notch para eliminar la frecuencia de 50 o 60 Hz (Peng *et al.*, 2022; Quiles *et al.*, 2022; Rakshit *et al.*, 2018; Vargas Guilherme V.and Takeda, 2019).

La extracción de características busca representar la señal en unas características que pueden proceder de implementar técnicas en el dominio del tiempo como estadística o modelos autorregresivos (AR); dominio de la frecuencia como transformada rápida de Fourier (FFT) (Cáceres *et al.*, 2016; Chiu *et al.*, 2017; Karunasena *et al.*, 2021; C. T. Lin *et al.*, 2019; Pelayo *et al.*, 2018; Sharma & Maharaj, 2021; Tabbal *et al.*, 2019)o densidad de potencia espectral (PSD) (Cáceres *et al.*, 2016); tiempo-frecuencia como transformada discreta de wavelet (DTW) (Sandesh & Venkatesan, 2022)o transformada de Hilbert-Huang (HHT) (Çiğ *et al.*, 2017), transformada multi-wavelet (MWT) (Çiğ *et al.*, 2017); espaciales como patrones espaciales comunes (CSP) o no lineales como entropía (Carvalho *et al.*, 2015; Medina *et al.*, 2018). Así como otras técnicas como Band power (BP)(Meattini *et al.*, 2014; Quiles *et al.*, 2022), relación señal ruido (SNR) (Chiu *et al.*, 2017; C. T. Lin *et al.*, 2019; Pelayo *et al.*, 2018), Welch method (Rakshit *et al.*, 2018; Vargas Guilherme V.and Takeda, 2019), pwelch power spectral density (PPSD) (Tabbal *et al.*, 2019) o singular value decomposition (SVD) (Tabbal *et al.*, 2019).

La clasificación tiene como fin transformar la señal cerebral en comando (Carvalho *et al.*, 2015; Lee *et al.*, 2019; Oikonomou *et al.*, 2016), el objetivo es asignar una etiqueta de clase a un conjunto de características extraídas de la señal (Martišius & Damaševičius, 2016), dicha etiqueta representa la intención del usuario, el cual corresponde al tipo de frecuencia del estímulo visualizado (Lotte, Bougrain, *et al.*, 2018; Nam *et al.*, 2018). Tenemos por ejemplo el análisis de correlación canónica (CCA) que es un método para calcular la correlación entre dos conjuntos de datos o sus diferentes variaciones como el CCA de banco de filtros (X. Chen *et al.*, 2020; X. Chen, Zhao, & Gao, 2018; X. Chen, Zhao, Wang, *et al.*, 2018a; Z. Chen *et al.*, 2020; Chiu *et al.*, 2017; Du *et al.*, 2021; Gao *et al.*, 2017; C. Lin *et al.*, 2019; C. T. Lin *et al.*, 2019; Peng *et al.*, 2022; C. Yang *et al.*, 2018; Yin *et al.*, 2021; Zhang *et al.*, 2021); las máquinas de vector soporte (SVM) (Çiğ *et al.*, 2017; Meattini *et al.*, 2014; Rakshit *et al.*, 2018; Tabbal *et al.*, 2019); el análisis discriminante lineal (LDA) que consiste en encontrar la combinación lineal que separe mejor las clases y Linear-Least Square (LLS) (Vargas Guilherme V.and Takeda, 2019).

La traducción de comandos se realiza para controlar la aplicación, esto se hace emitiendo una acción correspondiente a la frecuencia identificada por el usuario (Martišius & Damaševičius, 2016). La retroalimentación o *feedback* es el control de la aplicación, en esta etapa se demuestra el efecto de la actividad cerebral para el usuario. Finalmente, la evaluación nos permite identificar la respuesta del sistema BCI a los estímulos y tareas asignadas, para el caso de los artículos revisados se encontraron en un rango entre 30 a 100%, con una variación de tareas entre 1 y 25.

5. CONCLUSIONES

Se revisaron 49 artículos publicados entre los años 2013 y 2023 bajo el paradigma de potenciales evocados visuales en brazos robóticos y manipuladores con aplicaciones en asistencia o rehabilitación para mover elementos, con el fin de incluir aportes de los pasos y las tareas que se deben tener presentes para diseñar una aplicación BCI.

Se recomienda dentro del planeamiento del estudio que se aplique un cuestionario inicial de preguntas como por ejemplo: edad, sexo, experiencia con BCI, horas que durmió o si tomó alguna bebida energizante. En el transcurso del experimento se pueden aplicar test de atención, cuestionarios subjetivos o psicológicos; al final se debe realizar una encuesta de la experiencia y usabilidad al usuario. La cantidad de participantes es variable, pero el promedio para estos artículos fue de 11, teniendo una mayor cantidad en el rango de 2 a 15.

En el proceso de adquisición de la señal, podemos concluir que se debe tener presente la forma como se adquiere la señal y el diseño del estímulo que se va a visualizar. La ubicación de los electrodos en las áreas occipital y occipital/parietal fue el de mayor relevancia. En cuanto al estímulo la visualización que tuvo mayor estudio fue el monitor, la mayoría trabajó con el tipo de estímulo cuadrado, el número de estímulos estuvo en el rango de 1 a 20 y las frecuencias trabajadas fueron en bajo y en bajo/medio. En esta parte hay que tener presente la variación del estímulo y los ensayos a realizar, así como el ambiente del experimento. Para el proceso de análisis de la señal, en el procesamiento se usaron filtros pasabanda y el filtro *notch*; la extracción de características estuvo definida en mayor cantidad por una transformada rápida de *fourier,* una densidad de potencia espectral y una relación señal-ruido. A nivel de clasificación se tiene que la mayoría trabajaron con análisis de correlación lineal.

6. REFERENCIAS

Achic, F., Montero, J., Penaloza, C. y Cuellar, F. (2016). Hybrid BCI system to operate an electric wheelchair and a robotic arm for navigation and manipulation tasks. *Proceedings of IEEE Workshop on Advanced Robotics and Its Social Impacts, ARSO, 2016-Novem*, 249–254. https://doi.org/10.1109/ARSO.2016.7736290

Aljshamee, M., Malekpour, A. y Luksch, P. (2016). Multiple Frequency Effects on Human-Brain Based Steady-State Visual Evoked Potential (SSVEP). *Proceedings - 6th International Advanced Computing Conference, IACC 2016*, 722–726. https://doi.org/10.1109/IACC.2016.139

Atkins, A. E., Habibzadeh, H., Vaughan, T. M. y Norton, J. J. S. (2023). Optimizing stimulation frequency for BCI-based color vision assessment: Preliminary results. *International IEEE/EMBS Conference on Neural Engineering, NER, 2023-April.* https://doi.org/10.1109/NER52421.2023.10123803

Bevilacqua, V., Tattoli, G., Buongiorno, D., Loconsole, C., Leonardis, D., Barsotti, M., Frisoli, A. y Bergamasco, M. (2014). A novel BCI-SSVEP based approach for control of walking in Virtual Environment using a Convolutional Neural Network. *Proceedings of the International Joint Conference on Neural Networks*, 4121–4128. https://doi.org/10.1109/IJCNN.2014.6889955

Cáceres, C. A., Rosário, J. M. y Amaya, D. (2016). Approach to assistive robotics based on an EEG sensor and a 6-DoF robotic arm. *International Review of Mechanical Engineering, 10*(4), 253–260. https://doi.org/10.15866/ireme.v10i4.9323

Carvalho, S. N., Costa, T. B. S., Uribe, L. F. S., Soriano, D. C., Yared, G. F. G., Coradine, L. C. y Attux, R. (2015). Comparative analysis of strategies for feature extraction and classification in SSVEP BCIs. *Biomedical Signal Processing and Control*, 21, 34–42. https://doi.org/10.1016/j.bspc.2015.05.008

Chen, J., Maye, A., Engel, A. K., Wang, Y., Gao, X. y Zhang, D. (2019). Simultaneous decoding of eccentricity and direction information for a single-flicker SSVEP BCI. *Electronics (Switzerland), 8*(12). https://doi.org/10.3390/electronics8121554

Chen, X., Huang, X., Wang, Y. y Gao, X. (2020). Combination of Augmented Reality Based Brain- Computer Interface and Computer Vision for High-Level Control of a Robotic Arm. *IEEE Transactions on Neural Systems and Rehabilitation Engineering, 28*(12), 3140–3147. https://doi.org/10.1109/TNSRE.2020.3038209

Chen, X., Wang, Y., Zhang, S., Xu, S. y Gao, X. (2019). Effects of stimulation frequency and stimulation waveform on steady-state visual evoked potentials using a computer monitor. *Journal of Neural Engineering, 16*(6), ab2b7d. https://n9.cl/tqw5e

Chen, X., Zhao, B. y Gao, X. (2018). Noninvasive brain-computer interface based high-level control of a robotic arm for pick and place tasks. *ICNC-FSKD 2018 - 14th International Conference on Natural Computation, Fuzzy Systems and Knowledge Discovery, 2015*, 1193–1197. https://doi.org/10.1109/FSKD.2018.8686979

Chen, X., Zhao, B., Wang, Y., Xu, S. y Gao, X. (2018a). Control of a 7-DOF Robotic Arm System With an SSVEP-Based BCI. *International Journal of Neural Systems, 28*(08), 1850018. https://doi.org/10.1142/S0129065718500181

Chen, X., Zhao, B., Wang, Y., Xu, S. y Gao, X. (2018b). Control of a 7-DOF Robotic Arm System with an SSVEP-Based BCI. *International Journal of Neural Systems, 28*(8). https://doi.org/10.1142/S0129065718500181

Chen, Z., Li, J., Liu, Y. y Tang, P. (2020). A flexible meal aid robotic arm system based on SSVEP. *Proceedings of 2020 IEEE International Conference on Progress in Informatics and Computing, PIC 2020*. https://doi.org/10.1109/PIC50277.2020.9350785

Chien, Y. Y., Lin, F. C., Zao, J. K., Chou, C. C., Huang, Y. P., Kuo, H. Y., Wang, Y., Jung, T. P. y Shieh, H. P. D. (2017). Polychromatic SSVEP stimuli with subtle flickering adapted to brain-display interactions. *Journal of Neural Engineering, 14*(1), 016018. https://doi.org/10.1088/1741-2552/aa550d

Chiu, C. Y., Singh, A. K., Wang, Y. K., King, J. T. y Lin, C. T. (2017). A wireless steady state visually evoked potential-based BCI eating assistive system. *Proceedings of the International Joint Conference on Neural Networks*, https://doi.org/10.1109/IJCNN.2017.7966228

Chu, L., Fernández-Vargas, J., Kita, K. y Yu, W. (2017). Influence of Stimulus Color on Steady State Visual Evoked Potentials. In W. Chen, K. Hosoda, E. Menegatti, M. Shimizu, & H. Wang (Eds.), *Intelligent Autonomous Systems 14. IAS 2016. Advances in Intelligent Systems and Computing* 531, 499–509. https://doi.org/10.1007/978-3-319-48036-7_36

Çiğ, H., Hanbay, D. y Tüysüz, F. (2017). Robot Arm Control with for SSVEP-based brain signals in brain computer interface | SSVEP tabanli beyin bilgisayar arayüzü ile robot kol kontrolü. *IDAP 2017 - International Artificial Intelligence and Data Processing Symposium*. https://doi.org/10.1109/IDAP.2017.8090279

Dong, Z., Song, H., Wang, Z., Cai, J., Sun, H. y Wei, Q. (2018). Research on Colour Resolving System Characteristics of Brain Visual Evoked Potential Based on Neural Network. *Journal of Physics: Conference Series, 1069*(1). https://n9.cl/uefxm

Du, S., Wang, F., Zhou, G., Li, J., Yang, L. y Wang, D. (2021). Vision-Based Robotic Manipulation of Intelligent Wheelchair with Human-Computer Shared Control. *Proceedings of the 33rd Chinese Control and Decision Conference, CCDC 2021*, 3252–3257. https://doi.org/10.1109/CCDC52312.2021.9601850

Duart, X., Quiles, E., Suay, F., Chio, N., García, E. y Morant, F. (2021). Evaluating the effect of stimuli color and frequency on SSVEP. *Sensors (Switzerland), 21*(1), 1–19. https://doi.org/10.3390/s21010117

Evain, A., Argelaguet, F., Casiez, G., Roussel, N. y Lécuyer, A. (2016). Do the stimuli of an SSVEP-based BCI really have to be the same as the stimuli used for training it? *Brain-Computer Interfaces, 3*(2), 103–111. https://doi.org/10.1080/2326263X.2016.1193458

Falzon, O. y Camilleri, K. P. (2013). Multi-colour stimuli to improve information transfer rates in SSVEP-based brain-computer interfaces. *International IEEE/EMBS Conference on Neural Engineering, NER*, 443–446. https://doi.org/10.1109/NER.2013.6695967

Floriano, A., F. Diez, P. y Freire Bastos-Filho, T. (2018). Evaluating the Influence of Chromatic and Luminance Stimuli on SSVEPs from Behind-the-Ears and Occipital Areas. *Sensors, 18*(2), 1–12. https://doi.org/10.3390/s18020615

Gao, Q., Dou, L., Belkacem, A. N. y Chen, C. (2017). Noninvasive Electroencephalogram Based Control of a Robotic Arm for Writing Task Using Hybrid BCI System. *BioMed Research International*. https://doi.org/10.1155/2017/8316485

Karunasena, S. P., Ariyarathna, D. C., Ranaweera, R., Wijayakulasooriya, J., Kim, K. y Dassanayake, T. (2021). Single-channel EEG SSVEP-based BCI for robot arm control. *2021 IEEE Sensors Applications Symposium, SAS 2021 - Proceedings*. https://doi.org/10.1109/SAS51076.2021.9530189

Kitchenham, B. (2007). *Guidelines for performing Systematic Literature Reviews in Software Engineering*. Keele University. https://www.researchgate.net/publication/302924724

Lee, S. B., Kim, H. J., Kim, H., Jeong, J. H., Lee, S. W. y Kim, D. J. (2019). Comparative analysis of features extracted from EEG spatial, spectral and temporal domains for binary and multiclass motor imagery classification. *Information Sciences*, 502, 190–200. https://doi.org/10.1016/j.ins.2019.06.008

Li, X., Wang, X., Wong, C. M., Wen, R., Wan, F. y Hu, Y. (2019). Influence of Stimuli Color Combination on Online SSVEP-based BCI Performance. *2019 IEEE International Conference on Computational Intelligence and Virtual Environments for Measurement Systems and Applications (CIVEMSA)*, 1–5. https://doi.org/10.1109/CIVEMSA45640.2019.9071623

Lin, C., Deng, X., Yu, Z. L. y Gu, Z. (2019). A SSVEP-Based BCI for Controlling a 4-DOF Robotic Manipulator. *2019 IEEE International Conference on Systems, Man and Cybernetics (SMC)*, 2174–2179. https://doi.org/10.1109/SMC.2019.8914313

Lin, C. T., Chiu, C. Y., Singh, A. K., King, J. T., Ko, L. W., Lu, Y. C. y Wang, Y. K. (2019). A Wireless Multifunctional SSVEP-Based Brain-Computer Interface Assistive System. *IEEE Transactions on Cognitive and Developmental Systems*, *11*(3). https://doi.org/10.1109/TCDS.2018.2820153

Lotte, F., Bougrain, L., Cichocki, A., Clerc, M., Congedo, M., Rakotomamonjy, A. y Yger, F. (2018). A review of classification algorithms for EEG-based brain-computer interfaces: A 10 year update. *Journal of Neural Engineering*, *15*(3). https://n9.cl/qtjmb

Lotte, F., Nam, C. S. y Nijholt, A. (2018). Introduction: Evolution of Brain-Computer Interfaces. In C. S. Nam, A. Nijholt, & F. Lotte (Eds.), *Brain-Computer Interface Handbook: Technological and Theoretical Advances* (pp. 1–8). CRC Press. https://doi.org/10.1201/9781351231954

Maby, E. (2016). Practical Guide to Performing an EEG Experiment. In *Brain-Computer Interfaces 2* (pp. 163–177). John Wiley & Sons, Inc. https://doi.org/10.1002/9781119332428.ch9

Martišius, I. y Damaševičius, R. (2016). A prototype SSVEP based real time BCI gaming system. *Computational Intelligence and Neuroscience*, https://doi.org/10.1155/2016/3861425

Mason, S. G. y Birch, G. E. (2003). A general framework for brain - Computer interface design. *IEEE Transactions on Neural Systems and Rehabilitation Engineering*, *11*(1), 70–85. https://doi.org/10.1109/TNSRE.2003.810426

Meattini, R., Scarcia, U., Melchiorri, C. y Belpaeme, T. (2014). Gestural art: A Steady State Visual Evoked Potential (SSVEP) based Brain Computer Interface to express intentions through a robotic hand. *Proceedings - IEEE International Workshop on Robot and Human Interactive Communication*, *2014-Octob*(October), 211–216. https://doi.org/10.1109/ROMAN.2014.6926255

Medina, B., Sierra, J. E. y Barrios Ulloa, A. (2018). Técnicas de extracción de características de señales EEG en la imaginación de movimiento para sistemas BCI. *Revista Espacios*, *39*(22), 1-13. https://n9.cl/xv751

Mouli, S., Palaniappan, R., Sillitoe, I. P. y Gan, J. Q. (2013). Performance analysis of multi-frequency SSVEP-BCI using clear and frosted colour LED stimuli. *13th IEEE International Conference on BioInformatics and BioEngineering*, 1–4. https://doi.org/10.1109/BIBE.2013.6701552

Mouli, S., Palaniappan, R., Sillitoe, I. P. y Gan, J. Q. (2015). Quantification of SSVEP responses using multi-chromatic LED stimuli: Analysis on colour, orientation and frequency.

2015 7th Computer Science and Electronic Engineering Conference (CEEC), 93–98. https://doi.org/10.1109/CEEC.2015.7332706

Murillo López, J. L., Cerezo Ramírez, J. C. y Yoo, S. G. (2021). Study of the Influences of Stimuli Characteristics in the Implementation of Steady State Visual Evoked Potentials Based Brain Computer Interface Systems. *Lecture Notes in Computer Science (Including Subseries Lecture Notes in Artificial Intelligence and Lecture Notes in Bioinformatics), 12855 LNAI*, 302–317. https://doi.org/10.1007/978-3-030-87897-9_28

Naeem Mannan, M. M., Kamran, M. A., Kang, S., Choi, H. S. y Jeong, M. Y. (2020). A hybrid speller design using eye tracking and SSVEP brain–computer interface. *Sensors (Switzerland)*, *20*(3), 1–20. https://doi.org/10.3390/s20030891

Nam, C. S., Choi, I., Wadeson, A. y Whang, M. (2018). Brain Computer Interface. An emerging interaction technology. In *Brain Computer Interfaces Handbook: Technological and Theoretical Advances*, (pp. 11–52), CRC Press.

Oikonomou, V. P., Liaros, G., Georgiadis, K., Chatzilari, E., Adam, K., Nikolopoulos, S. y Kompatsiaris, I. (2016). *Comparative evaluation of state-of-the-art algorithms for SSVEP-based BCIs*. http://arxiv.org/abs/1602.00904

Page, M. J., McKenzie, J. E., Bossuyt, P. M., Boutron, I., Hoffmann, T. C., Mulrow, C. D., Shamseer, L., Tetzlaff, J. M., Akl, E. A., Brennan, S. E., Chou, R., Glanville, J., Grimshaw, J. M., Hróbjartsson, A., Lalu, M. M., Li, T., Loder, E. W., Mayo-Wilson, E., McDonald, S., McGuinness, L. A., Stewart, L. A., Thomas, J., Tricco, A. C., Welch, V. A., Withing, P. y Moher, D. (2021). The PRISMA 2020 statement: An updated guideline for reporting systematic reviews. *The BMJ*, 372. https://doi.org/10.1136/bmj.n71

Pelayo, P., Murthy, H. y George, K. (2018). Brain-Computer Interface Controlled Robotic Arm to Improve Quality of Life. *2018 IEEE International Conference on Healthcare Informatics (ICHI)*, 398–399. https://doi.org/10.1109/ICHI.2018.00072

Peng, F., Li, M., Zhao, S. N., Xu, Q., Xu, J. y Wu, H. (2022). Control of a Robotic Arm With an Optimized Common Template-Based CCA Method for SSVEP-Based BCI. *Frontiers in Neurorobotics*, 16. https://doi.org/10.3389/fnbot.2022.855825

Postelnicu, C. C., Girbacia, F., Voinea, G. D. y Boboc, R. (2019). Towards Hybrid Multimodal Brain Computer Interface for Robotic Arm Command. *Lecture Notes in Computer Science (Including Subseries Lecture Notes in Artificial Intelligence and Lecture Notes in Bioinformatics), 11580 LNAI*. https://doi.org/10.1007/978-3-030-22419-6_33

Quiles, E., Dadone, J., Chio, N. y García, E. (2022). Cross-Platform Implementation of an SSVEP-Based BCI for the Control of a 6-DOF Robotic Arm. *Sensors*, *22*(13). https://doi.org/10.3390/s22135000

Quiles, E., Suay, F., Candela, G., Chio, N., Jiménez, M. y Álvarez-kurogi, L. (2020). Low-cost robotic guide based on a motor imagery brain–computer interface for arm assisted rehabilitation. *International Journal of Environmental Research and Public Health*, *17*(3). https://doi.org/10.3390/ijerph17030699

Rakshit, A., Ghosh, S., Konar, A. y Pal, M. (2018). A Novel Hybrid Brain-Computer Interface for Robot Arm manipulation using Visual Evoked Potential. *2017 9th International Conference on Advances in Pattern Recognition, ICAPR 2017*, 404–409. https://doi.org/10.1109/ICAPR.2017.8593034

Sandesh, R. S. y Venkatesan, N. (2022). Steady state VEP-based BCI to control a five-digit robotic hand using LabVIEW. *International Journal of Biomedical Engineering and Technology*, *38*(2), 109–127. https://doi.org/10.1504/IJBET.2022.120867

Sankardoss, V. y Geethanjali, P. (2020). Analysis of Multichannel SSVEP for Different Stimulus Frequencies. *Advances in Intelligent Systems and Computing*, 1057, 597–606. https://doi.org/10.1007/978-981-15-0184-5_51

Sato, Y., Kitamura, Y., Hirata, T. y Bao, Y. (2021). Investigation of visual stimulus signals using hue change for ssvep. *Applied Sciences (Switzerland), 11*(3), 1–18. https://doi.org/10.3390/app11031045

Sharma, K. y Maharaj, S. K. (2021). Continuous and Spontaneous speed control of a robotic arm using SSVEP. *9th IEEE International Winter Conference on Brain-Computer Interface, BCI 2021*. https://doi.org/10.1109/BCI51272.2021.9385352

Szalowski, A. y Picovici, D. (2016). Investigating brain signal peaks vs electroencephalograph electrode placement using multicolour 10Hz flickering graphics stimulation for Brain-computer Interface development. *2016 27th Irish Signals and Systems Conference (ISSC)*, 1–5. https://doi.org/10.1109/ISSC.2016.7528453

Szalowski, A. y Picovici, D. (2019). Testing performance of multicolour checkerboard flickers against their greyscale versions for SSVEP-based BCI. *2019 7th International Winter Conference on Brain-Computer Interface (BCI)*, 1–6. https://doi.org/10.1109/IWW-BCI.2019.8737261

Tabbal, J., Mechref, K. y El-Falou, W. (2019). Brain Computer Interface for smart living environment. *2018 9th Cairo International Biomedical Engineering Conference, CIBEC 2018 - Proceedings*. https://doi.org/10.1109/CIBEC.2018.8641827

Tang, J., Xu, M., Han, J., Liu, M., Dai, T., Chen, S. y Ming, D. (2020). Optimizing SSVEP-Based BCI System towards Practical High-Speed Spelling. *Sensors, 20*(15), 4186. https://doi.org/10.3390/s20154186

Tello, R. J. M. G., Müller, S. M. T., Ferreira, A. y Bastos, T. F. (2015). Comparison of the influence of stimuli color on Steady-State Visual Evoked Potentials. *Research on Biomedical Engineering, 31*(3), 218–231. https://doi.org/10.1590/2446-4740.0739

Vargas, G. V., Takeda, R. Y., Leite, H. M. A., Costa, T. B. S., Attux, R. y Carvalho, S. N. (2019). Online Control of a Robotic Manipulator by a Brain Computer Interface Based on SSVEP. In Y. Iano, R. Arthur, O. Saotome, V. Vieira Estrela y H. J. Loschi (Ed.), *Proceedings of the 4th Brazilian Technology Symposium (BTSym'18)* (pp. 191–199). Springer International Publishing.

Xie, S., Liu, C., Obermayer, K., Zhu, F., Wang, L., Xie, X. y Wang, W. (2016). Stimulator Selection in SSVEP-Based Spatial Selective Attention Study. *Computational Intelligence and Neuroscience, 2016*. https://doi.org/10.1155/2016/6410718

Yan, W., Xu, G., Li, M., Xie, J., Han, C., Zhang, S., Luo, A. y Chen, C. (2017). Steady-State Motion Visual Evoked Potential (SSMVEP) Based on Equal Luminance Colored Enhancement. *PLOS ONE, 12*(1), e0169642. https://doi.org/10.1371/journal.pone.0169642

Yang, C., Wu, H., Li, Z., He, W., Wang, N. y Su, C. Y. (2018). Mind control of a robotic arm with visual fusion technology. *IEEE Transactions on Industrial Informatics, 14*(9), 3822–3830. https://doi.org/10.1109/TII.2017.2785415

Yang, D., Nguyen, T.-H. y Chung, W.-Y. (2020). A Bipolar-Channel Hybrid Brain-Computer Interface System for Home Automation Control Utilizing Steady-State Visually Evoked Potential and Eye-Blink Signals. *Sensors, 20*(19), 5474. https://doi.org/10.3390/s20195474

Yin, D., Dai, F., Yin, M., Yuan, Y. y Zhu, Y. (2021). *Research on Recognition and Application of EEG Signal Based on SSVEP-BCI*. www.tust.edu.cn

Zhang, D., Yang, B., Gao, S. y Gu, X. (2021). Brain-Controlled Robotic Arm Based on Adaptive FBCCA. *Communications in Computer and Information Science, 1369 CCIS*. https://doi.org/10.1007/978-981-16-1288-6_7

Zhu, S., Yang, J., Ding, P., Wang, F., Gong, A. y Fu, Y. (2023). Optimization of SSVEP-BCI Virtual Reality Stereo Stimulation Parameters Based on Knowledge Graph. *Brain Sciences, 13*(5). https://doi.org/10.3390/brainsci13050710

PREDICCIÓN DE REDES NEURONALES, REGRESIÓN LOGÍSTICA MÚLTIPLE BINARIA-MULTINOMIAL Y POISSON

Hernán Óscar Cortez Gutiérrez[1], Braulio Pedro Espinoza Flores[1], César Ángel Durand Gonzales[1], Laura Margarita Zela Pacheco[1], César Miguel Guevara Llacza[1], Ana María Yamunaque Morales[1], Milton Milciades Cortez Gutierrez[2]

Investigación sobre del diagnóstico del cáncer considerando modelos de regresión logística multinomial y usado como material didáctico para la asignatura de Tesis en la Universidad Nacional del Callao (Perú).

1. INTRODUCCIÓN

La existencia de *software* y programas estadísticos nos permite evaluar los modelos predictivos de regresión logística multinomial y de redes neuronales. Las pruebas son similares a las pruebas utilizadas para regresión logística binaria. La prueba de un buen ajuste del modelo se consigue con las pruebas de Hosmer y Lemeshow basados en la prueba Chi-cuadrado:

- Hipótesis Nula: El modelo de regresión logística se ajusta a los datos.
- Hipótesis Alternativa: El modelo de regresión logística no se ajusta a los datos.

Criterio de decisión con Prueba Chi-cuadrado: si $p > 0.05$ se acepta como hipótesis Nula.

Para los modelos de regresión logística multinomial se aplica la prueba chi-cuadrado. En caso de utilizar los programas estadísticos como Python y Matlab se debe aplicar en método denominado del f1-score.

2. OBJETIVOS

Objetivo general: Comparar los resultados de la técnica clásica de regresión logística binaria con la técnica de *Machine Learning*: Redes Neuronales artificiales para establecer la validez y confiabilidad en la predicción de las causas de enfermedades.

1. Universidad Nacional del Callao (Perú)
2. Universidad Nacional de Trujillo (Perú)

3. MARCO TEÓRICO

La predicción de redes neuronales y regresión logística ha sido comparada en varios estudios, y los resultados varían dependiendo del problema y los datos utilizados. Algunos estudios han encontrado que las redes neuronales superan a la regresión logística en términos de precisión de predicción según tablas de clasificación o matriz de confusión, mientras que otros han mostrado resultados similares entre ambos métodos:

En un estudio sobre la predicción de cáncer de piel en perros, se encontró que la red neuronal *backpropagation* con validación cruzada superó al modelo de regresión logística, con un valor de predicción del 89.6% para la red neuronal y 84% para la regresión logística.

Otro estudio realizado en pacientes con cáncer de piel encontró que el modelo de retropropagación neuronal roja tenía un nivel de precisión del 92,62%, mientras que el análisis de sensibilidad combinado con el modelo de árbol de decisión tenía un 80,33% de precisión.

En problemas de clasificación, los modelos de redes neuronales suelen dar mejores resultados la regresión logística binaria.

En un estudio de predicción de mortalidad materna, se comparó la regresión logística binaria y las redes neuronales, y se encontró que la técnica estadística: Regresión logística binaria ofrece mejores resultados que la técnica de Redes neuronales en términos de precisión de predicción. Históricamente se sabe que la mortalidad materna es mayor en países de América Latina. En este caso se recomienda usar Modelos de Poisson para tasas.

En el caso de la predicción de deforestación, se utilizó un conjunto de variables que generó mejores predicciones con el modelo de regresión logística, y luego se utilizó este conjunto de variables para la construcción y entrenamiento de redes neuronales.

En general, la elección entre redes neuronales y la regresión logística para la predicción depende del problema específico, los datos disponibles y las necesidades del usuario. Ambos métodos tienen sus ventajas y desventajas, y es importante considerar estos factores al seleccionar el enfoque de predicción más adecuado.

Para trabajar la regresión seguimos los trabajos de publicaciones realizadas en *Human Review* por Cortez Gutierrez *et al.* (2022 y 2023).

4. METODOLOGÍA

Esta centrado en las pruebas estadísticas para la validez de los modelos predictivos simple y múltiple de una variable dependiente dicotómica. Enfatizando el caso de cáncer cervical se ha considerado una muestra de tamaño 30. Se han empleado las técnicas estadísticas de Regresión Logística, Redes Neuronales y Regresión de Poisson.

4.1. Ecuación de Regresión logística (RL) para cáncer cervical

La regresión logística relaciona una variable dicotómica dependiente "Y" con un grupo de variables independientes continuas o categóricas o nominales. Así, Y denota la presencia de cáncer cervical (Y=1) o ausencia de cáncer cervical (Y=0). Y=1 puede representar un éxito o también presencia de una enfermedad en casos de salud. Y=0 representa un fracaso. Denotamos por p la probabilidad del éxito. Se asume que la relación entre los predictores y p es según la ecuación:

$$\log\left(\frac{p}{1-p}\right) = \beta_0 + \beta_1 X_1 + \ldots + \beta_n X_n$$

Todos los modelos aseguran un porcentaje de predicción correcta global así como una sensibilidad y especificidad.

5. RESULTADOS

5.1. Modelo de regresión logística múltiple multinomial

Para este modelo multinomial se consideran tres tipos de diagnósticos siendo el código 0 parra los casos normales.

P16 k167	Tabaco	Edad	Cáncer cervical
1	1	31	0
0	0	61	0
1	0	41	0
0	1	24	0
1	0	33	0
1	0	50	0
1	0	34	0
0	0	48	0
1	1	35	0
0	0	39	0
0	1	37	1
1	0	39	1
0	1	33	1
0	0	56	1
1	1	39	1
1	0	49	1
1	1	42	1
1	0	39	1
1	0	31	1
1	1	42	2
1	0	33	2
0	0	32	2
1	1	39	2
1	0	38	2
1	1	31	2
1	1	44	2
1	1	58	2
1	1	38	2
1	0	26	2
1	1	35	1

Tabla 1. Datos de cáncer cervical según los factores edad, consumo de tabaco y p16_k167 para tres tipos de diagnósticos. Fuente: Elaboración propia.

5.1.1. Resultados con SPSS para elaborar el ajuste del modelo de regresión logística múltiple multinomial para la tabla 1

La prueba del ajuste de moldeo indica un Chi-cuadrado de 40.25 y p valor = 0.46 > 0.05, indicando que el modelo es significativo para las predicciones.

Bondad de ajuste	Chi-cuadrado	Grados de libertad	significancia
Pearson	40.225	40	0.460
Desvianza	45.517	40	0.253

Tabla2. Prueba de ajuste de modelo para tres tipos de diagnósticos.
Fuente: Elaboración propia.

La tabla 3 denominada de clasificación o matriz de confusión indica un porcentaje global de predicción correcta de 53.3%. También para la predicción de ausencia de 70%, para el cáncer tipo I de 30%, para el cáncer tipo II de 60%.

Factores asociados	Pronosticado-Ausencia	Cáncer Tipo I	Cáncer Tipo II
Ausencia	7	1	2
Cáncer Tipo I	4	3	3
Cáncer tipo II	3	1	6

Tabla 3. Datos de cáncer cervical según los factores edad, consumo de tabaco y p16_k167 para tres tipos de diagnósticos. Fuente: Elaboración propia.

5.1.2. Resultados con Matlab, Python, Statgraphics y Excel para elaborar el ajuste del modelo de regresión logística múltiple multinomial para la tabla 1

Los programas en Matlab, Phython, Statgraphics y Excel generan resultados similares.

5.2. Modelo múltiple

La prueba de Hosmer y Lemeshow indica un Chi-cuadrado de 2.25 y p valor = 0.15 para los datos de la tabla 4.

P16 k167	Tabaco	Edad	Cáncer cervical
1	1	31	0
0	0	61	0
1	0	41	0
0	1	24	0
1	0	33	0
1	0	50	0
1	0	34	0
0	0	48	0

1	1	35	0
0	0	39	0
0	1	37	1
1	0	39	1
0	1	33	1
0	0	56	1
1	1	39	1
1	0	49	1
1	1	42	1
1	0	39	1
1	0	31	1
1	1	35	1

Tabla 4. Datos de casos y controles de cáncer cervical según los factores edad, consumo de tabaco y p16_k167. Fuente: Elaboración propia.

Factores asociados	OR	Límite inferior	Límite superior
Edad	1.054	0.9	1.1
P16/K167	2.14	0.2	16
Tabaco	3.98	0.4	38

Tabla 5. Impacto de la edad, consumo de tabaco y P16/K167 de una muestra de tamaño 20 de muestras emparejadas de mujeres para el diagnóstico de cáncer cervical. Fuente: Elaboración propia.

La variable numérica «edad» en la Figura 1 representa aproximadamente un riesgo para la presencia de cáncer cervical.

El test de Hosmer-Lemeshow considera un Chi2 = 11.25, grados de libertad = 8 y una significancia p = 0.811, indicando buen ajuste del modelo logístico a los datos disponibles. El poder global de clasificación correcto del modelo fue de 55%, siendo 50% para los casos (Sensibilidad) y 60% para los controles (Especificidad).

5.3. Modelo simple: cáncer cervical frente a edad

Para este caso simple de cáncer cervical según el factor de riesgo edad se obtiene para el test de Hosmer-Lemeshow un $Chi^2 = 3.72$, grados de libertad = 7, p = 0,188, indicando buen ajuste del modelo logístico a los datos disponibles por ser la significancia p mayor que 0.05. El poder global de clasificación correcto del modelo fue de 45%, siendo 30% para los casos (Sensibilidad) y 60% para los controles (Especificidad).

La ecuación de regresión logística es: log(p/1-p) = -0.2+0.005*edad. Podemos graficar la curva logística de probabilidades con sus bandas de confianza suprior e inferior (Figura 2).

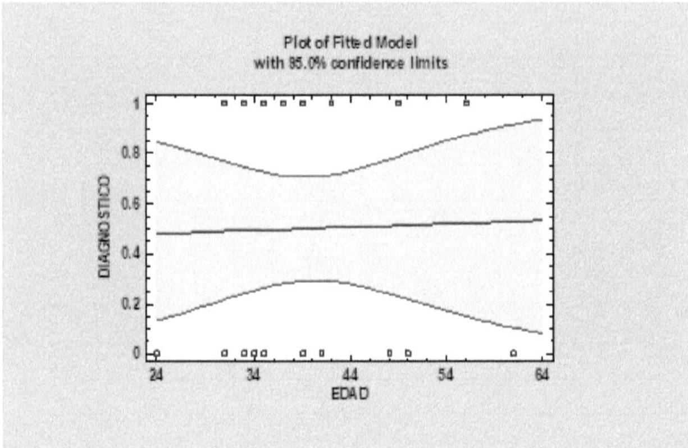

Figura 1. Curva Logística para con sus intervalos de confianza de cáncer cervical según la edad. La edad de 40 años lo coloca en un 50% de posibilidades de presentar cáncer cervical. Fuente: Elaboración propia.

La figura 2 establece los intervalos de confianza para la presencia del cáncer cervical según la edad realizados con el *software* Statgraphics.

Todos los modelos aseguran un porcentaje de predicción correcta global, así como una sensibilidad y especificidad. El modelo predictivo de regresión logística ofrece una predicción correcta de aproximadamente 70%. Una especificidad del 75% y sensibilidad del 64%.

5.4. Modelo predictivo usando redes neuronales del SPSS

Los factores de riesgo son clasificados por nivel de importancia usando redes neuronales según la figura 3. La edad representa una importancia normalizada del 100%.

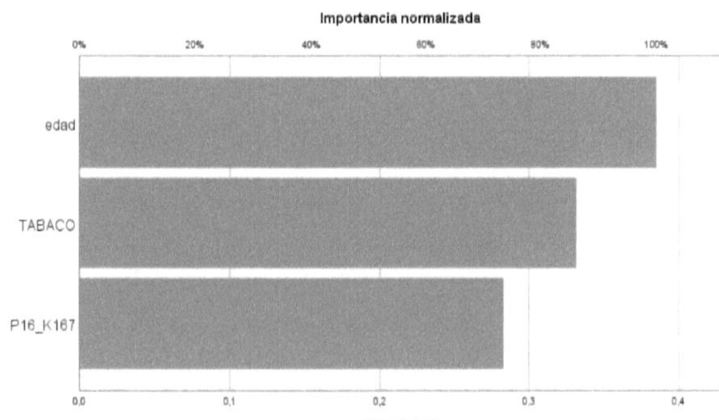

Figura 2. Importancia de los factores de riesgo para el cáncer cervical. Fuente: Elaboración propia.

5.5. Modelo predictivo usando el F1-score del programa Python

La precisión con que se aciertan en las predicciones se realiza calculando el F1-score.

```python
import pandas as pd
import numpy as np
from sklearn import linear_model
from sklearn import model_selection
from sklearn.metrics import classification_report
from sklearn.metrics import confusion_matrix
from sklearn.metrics import accuracy_score
import matplotlib.pyplot as plt
import seaborn as sb
%matplotlib inline
```

Figura 3. Importación de paquetes necesarios para el procesamiento con Python. Fuente: www.aprendemachinelearning.com

```python
validation_size = 0.20
seed = 7
X_train, X_validation, Y_train, Y_validation = model_selection.train_test_split(X, y, test_size=valida
```

```python
name='Logistic Regression'
kfold = model_selection.KFold(n_splits=10, random_state=seed)
cv_results = model_selection.cross_val_score(model, X_train, Y_train, cv=kfold, scoring='accuracy')
msg = "%s: %f (%f)" % (name, cv_results.mean(), cv_results.std())
print(msg)
```

```python
predictions = model.predict(X_validation)
print(accuracy_score(Y_validation, predictions))
```

Figura 4. Validación de regresión logística con Python.
Fuente: www.aprendemachinelearning.com

5.5.1. Reporte de Resultados del Modelo

```python
print(confusion_matrix(Y_validation, predictions))
```

```
[[7  1   2]
 [3  3   0]
 [0  0  10]]
```

Figura 5. Reporte de resultados. Fuente: Elaboración propia

También podemos ver el reporte de clasificación con nuestro conjunto de Validación. En nuestro caso vemos que se utilizaron como "soporte" 10 registros de pacientes sin cáncer, 10 pacientes con cáncer tipo I y 10 pacientes de cáncer tipo II (total de 30 registros). Podemos ver que la precisión con que se acertaron cada una de las clases y vemos que por ejemplo de pacientes sin cáncer tuvo 7 aciertos y 3 fallos (0.7 recall). La valoración que de aquí nos conviene tener en cuenta es la de F1-score, que tiene en cuenta la precisión y recall. En nuestro caso la precisión correcta total es de 53.3% lo cual no está nada mal.

```
print(classification_report(Y_validation, predictions))
```

Figura 5. Reporte de clasificación. Fuente: www.aprendemachinelearning.com

5.5.2. Clasificación (o predicción) de nuevos valores

Como último ejercicio, vamos a inventar los datos de entrada de navegación de un usuario ficticio que tiene estos valores:

- P16 k167: 1
- Tabaco: 1
- Edad: 38

Lo probamos en nuestro modelo y vemos que lo clasifica como un usuario tipo 2, es decir, cáncer de tipo II.

Los comandos para la predicción con Python son los siguientes:

1. X_new = pd.DataFrame({'P16_k167':[1], 'tabaco':[1], 'edad':[38]
2. model.predict(X_new) la respuesta será array([2])

6. CONCLUSIONES

Se concluye que el modelo de regresión logística multinomial para el cáncer de cervix representa un buen ajuste en base a la prueba de chi-cuadrado. Asimismo, se conjetura que el score F1 determinado por el Python nos conduce a la predicción de ausencia de 70%, para el cáncer tipo I del 30%, para el cáncer tipo II del 60%.

Podemos simular valores y obtener la predicción correspondiente para el tipo de cáncer usando los comandos X_new y model.predict(X_new)

De los modelos presentados nos inclinamos por la aplicación de las herramientas del programa Python. Asimismo no están afectados los problemas de multicolinealidad.

Se recomienda también aplicar los modelos predictivos de Poisson para predecir tasas de mortalidad de enfermedades según localización, edad, etc.

7. REFERENCIAS

Cortez, H., Cortez, M., Grados, J., Rubiños, S. y Espinoza B. (2023). Association between academic perfomance and eating habits. *Human review. International Humanities Review/Revista Internacional de Humanidades.* https://doi.org/10.37467/revhuman.v19.4997

Cortez, H., Cortez, M., Durand, C., Espinoza, B. y Guevara, C. (2022). Pearson and yates statistics for professional performance according to job quality. *Human review. International Humanities Review/Revista Internacional de Humanidades.* https://doi.org/10.37467/revhuman.v11.4135

ANÁLISE DO OHMÍMETRO ANALÓGICO

Sandro Adriano Fasolo[1]

1. INTRODUÇÃO

Entender os princípios de um ohmímetro elétrico é de extrema importância, pois essa ferramenta é amplamente utilizada para medir a resistência elétrica em circuitos e componentes eletrônicos, *Stout (1974)*. Aqui estão algumas razões pelas quais é importante compreender seu funcionamento:

1. Medição precisa da resistência: O ohmímetro é projetado especificamente para medir a resistência elétrica de um componente ou circuito. Compreender seu funcionamento permite que você utilize corretamente o equipamento e obtenha medições precisas. Isso é fundamental para diagnosticar problemas em circuitos, identificar componentes defeituosos e garantir a eficiência geral do sistema elétrico.
2. Identificação de falhas e problemas: Ao utilizar um ohmímetro pode-se identificar falhas em componentes eletrônicos, como resistores, fusíveis, bobinas e outros dispositivos que possuem resistência elétrica. Ao conhecer o funcionamento do ohmímetro, é possível interpretar corretamente as leituras e determinar se os componentes estão funcionando adequadamente ou se precisam ser substituídos.
3. Verificação de continuidade: Além de medir a resistência, o ohmímetro também pode ser usado para verificar a continuidade elétrica em um circuito. Isso é especialmente útil ao verificar a integridade de fios, cabos e conexões. Entender como o ohmímetro funciona permite verificar de maneira eficaz, garantindo que o circuito esteja completo e sem interrupções indesejadas.
4. Segurança elétrica: Trabalhar com eletricidade requer precauções de segurança. Compreender o funcionamento de um ohmímetro ajuda a evitar choques elétricos e outros acidentes. Aprenderá-se-á conectar corretamente as pontas de prova do ohmímetro, selecionar a faixa de medição apropriada e seguir as práticas adequadas de segurança ao lidar com equipamentos elétricos.
5. Solução de problemas em eletrônica: o envolvimento do mundo da eletrônica, seja como um hobista ou um profissional, entender o ohmímetro é fundamental para solucionar problemas. Um circuito com mau funcionamento pode ser analisado

1. Universidade Federal de São João del Rei (Brasil)

e diagnosticado usando o ohmímetro para medir a resistência em diferentes partes do circuito. Isso ajuda a localizar possíveis falhas e facilita a correção de problemas.

Além disso, entender a teoria de circuitos elétricos aplicada ao projeto de um ohmímetro elétrico permite compreender a estrutura e os princípios de funcionamento do dispositivo, permitindo realizar:

1. Projeto personalizado: Compreender o método de projeto de um ohmímetro elétrico permite a personalização e adaptação do dispositivo de acordo com necessidades específicas. É possível modificar componentes, como o medidor analógico ou digital, escolher a faixa de medição desejada, ajustar a precisão e fazer melhorias no projeto para atender aos requisitos do seu projeto ou aplicação.
2. Eficiência e precisão: Ao entender o método de projeto de um ohmímetro pode-se otimizar sua eficiência e precisão. É possível aprender a selecionar os componentes certos, como resistores de precisão, pontas de prova adequadas e amplificadores operacionais de alta qualidade, para garantir medições confiáveis e consistentes. Isso é especialmente importante em aplicações onde a precisão é crucial, como laboratórios ou ambientes de pesquisa.
3. Conhecimento de limitações e cuidados: Compreender o método de projeto de um ohmímetro permite reconhecer as limitações do dispositivo, sendo capaz identificar as faixas de medição disponíveis, a sensibilidade do circuito e as condições ambientais que podem afetar as leituras. Essa consciência ajudará utilizar o ohmímetro adequadamente, evitando condições que possam levar a erros de medição ou danos ao equipamento.
4. Manutenção e reparo: Com os conhecimentos sobre o método de projeto de um ohmímetro, será mais capaz de realizar a manutenção e o reparo do dispositivo, identificando facilmente possíveis falhas ou defeitos no circuito e nos componentes, substituir partes danificadas e calibrar o ohmímetro quando necessário. Isso não apenas economiza tempo e dinheiro, mas também ajuda a garantir a funcionalidade contínua do equipamento.
5. Desenvolvimento de habilidades em eletrônica: Ao estudar o método de projeto de um ohmímetro elétrico, desenvolve-se um entendimento mais profundo dos princípios da eletrônica e dos circuitos elétricos. Isso pode expandir as habilidades gerais em eletrônica, permitindo envolvimento em projetos mais complexos e aprimore sua capacidade de projetar e construir outros equipamentos e dispositivos eletrônicos.

Embora os equipamentos elétricos digitais tenham se tornado cada vez mais comuns e populares nos últimos anos, entender os equipamentos elétricos analógicos ainda é importante e relevante. Aqui estão algumas razões pelas quais isso é verdade:

- Compreensão dos fundamentos: Os equipamentos elétricos analógicos permitem uma compreensão mais profunda dos fundamentos da eletricidade e dos circuitos elétricos. Eles fornecem uma representação visual clara das medições e dos sinais elétricos, permitindo que o usuário compreenda melhor o comportamento dos componentes e como eles interagem em um circuito.
- Acessibilidade e facilidade de uso: Embora os equipamentos digitais possam oferecer maior precisão e recursos adicionais, muitas vezes são mais caros e exigem conhecimentos técnicos especializados para operá-los corretamente. Já

os equipamentos analógicos são geralmente mais acessíveis em termos de custo e mais fáceis de usar, mesmo para iniciantes em eletrônica.

- Capacidade de lidar com sinais complexos: Os equipamentos analógicos podem lidar com sinais elétricos complexos, incluindo formas de onda variáveis e ruídos. Isso é especialmente útil em áreas como eletrônica de áudio e música, onde a precisão e a fidelidade do sinal são importantes.
- Nostalgia e estética: Alguns usuários preferem a estética e o apelo nostálgico dos equipamentos analógicos. Eles apreciam o som e a sensação dos medidores analógicos e dos botões giratórios e preferem a experiência tátil e «analógica» de usar esses dispositivos.
- Disponibilidade de peças de reposição: Com o avanço da tecnologia, muitas vezes os equipamentos digitais se tornam obsoletos rapidamente, e as peças de reposição podem ser difíceis de encontrar. Já os equipamentos analógicos tendem a ter uma vida útil mais longa e, muitas vezes, as peças de reposição ainda estão disponíveis no mercado.

Em resumo:

Compreender o funcionamento de um ohmímetro elétrico é essencial para a medição precisa da resistência, identificação de falhas e problemas, verificação de continuidade, segurança elétrica e solução de problemas em eletrônica. Ao dominar o uso dessa ferramenta, você se torna mais eficiente na manutenção, reparo e montagem de circuitos elétricos e eletrônicos.

Entender o método de projeto de um ohmímetro elétrico é fundamental para personalizar o dispositivo, melhorar sua eficiência e precisão, conhecer suas limitações, realizar manutenção e reparo, além de desenvolver habilidades em eletrônica. Ao compreender o método de projeto, você se torna mais capacitado para utilizar, aprimorar e solucionar problemas relacionados a ohmímetros elétricos.

Conhecer detalhadamente os equipamentos elétricos analógicos é importante porque eles permitem uma compreensão mais profunda dos fundamentos da eletricidade, são mais acessíveis e fáceis de usar, podem lidar com sinais complexos, oferecem uma estética e apelo nostálgico e muitas vezes têm peças de reposição disponíveis. Embora os equipamentos digitais ofereçam recursos adicionais e precisão, os equipamentos analógicos ainda têm um papel importante a desempenhar em muitas aplicações elétricas.

3. MATERIAIS

Os ohmímetros são projetados tendo como dipositivo principal um galvanômetro, instrumento analógico de para medir correntes elétricas, *Medeiros (1981)*. Ele é baseado no princípio do eletromagnetismo e consiste em uma bobina de fio condutor suspensa por um suporte e ligado a uma mola helicoidal, imersa em um campo magnético constante e uniforme e que pode girar livremente em torno de um eixo.

Quando uma corrente elétrica flui pela bobina do galvanômetro, um campo magnético é criado ao redor dela de acordo com a lei de Ampère. O campo magnético da bobina interage com o campo manético produzido pelo ímã permanente ou outro campo magnético gerado por uma bobina fixa dentro do galvanômetro, causando um torque na bobina suspensa.

O torque resultante faz com que a bobina se mova e gire em torno do eixo até o ponto de equilíbrio no qual o torque produzido pela iteração entre os dois campos magnéticos iguala o torque de uma mola helecoidal. Obviamente, o movimento é linearmente proporcional à corrente elétrica que está sendo medida. Um ponteiro ligado rigidamente a bobina móvel se desloca ao longo de uma escala angular. Por motivos de construção mecânica, de maneira a manter o campo magnético sob a área da bobina móvel constante, o ponteiro de um galvanômetro pode se deslocar 90°, entre o seu ponto de repouso e indicação máxima.

Os galvanômetros são frequentemente utilizados como parte de diversos dispositivos de medição, como amperímetros, voltímetros, ohmímetros e frequêncímetros. Eles podem ser usados para medir tanto correntes contínuas (CC) quanto correntes alternadas (CA), dependendo do projeto e da configuração do instrumento.

O símbolo de um galvanômetro geralmente é representado por um "G" em um círculo, indicando a bobina suspensa do instrumento, *Torreira (2020)*. Às vezes, pode haver uma seta indicando a direção da corrente elétrica que passa pelo galvanômetro ou a queda de tensão que indica o sentido do movimento correto do ponteiro do equipamento. O símbolo pode variar ligeiramente dependendo do contexto e das convenções específicas adotadas, mas a representação do "G" em um círculo é amplamente reconhecida como o símbolo de um galvanômetro (figura 1). O modelo ideal é expandido de maneira a ilustrar sua resistência elétrica através de um resistor externo.

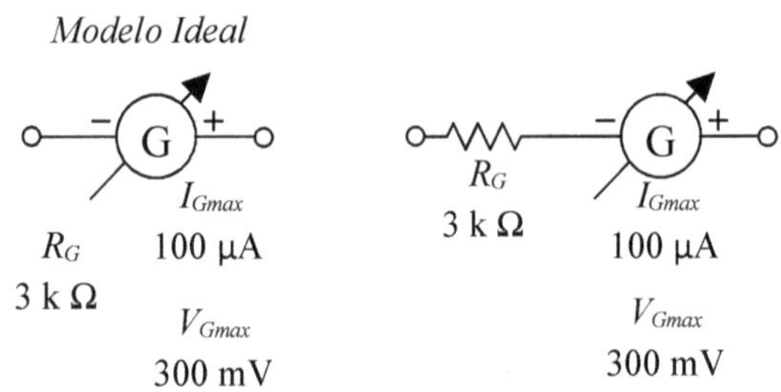

Figura1. Símbolo e especificações de um galvanômetro.

O galvanômetro possui como parâmetros a sua resistência interna, R_G, corrente máxima, I_{Gmax}, e tensão máxima, V_{Gmax}, relacionadas pela Lei de Ohm:

$$V_{Gmax} = R_G \cdot I_{Gmax} \quad (1)$$

A corrente máxima, ou tensão máxima, corresponde ao valor necessário que produz o deslocamento máximo do ponteiro, também conhecida como corrente ou tensão de fundo de escala do galvanômetro. Essa corrente máxima é a máxima corrente que um galvanômetro pode suportar sem sofrer danos elétricos ou mecânicos. Geralmente, os galvanômetros são projetados para medir correntes relativamente baixas, na faixa de microamperes (µA) a miliamperes (mA). Esses valores são adequados para a maioria das aplicações de medição em que os galvanômetros são utilizados.

Os galvanômetros podem ser equipados com dispositivos de proteção, como fusíveis, que ajudam a prevenir danos causados por correntes excessivas. Uma técnica de proteção é o emprego de dois diodos de sinal de proteção em paralelo, técnica comum para proteger um galvanômetro contra danos causados por inversões de polaridade ou sobretensões (figura 2). Os diodos colocados em paralelo com o galvanômetro atuam como uma rota de baixa resistência no caso da corrente exceder o limite máximo.

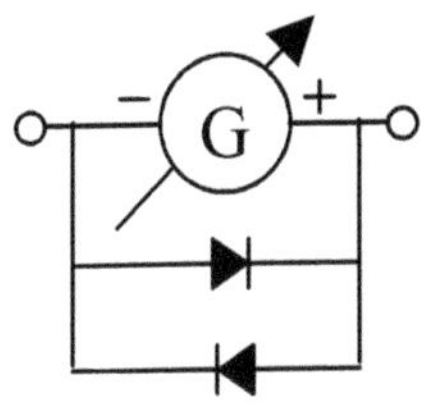

Figura 2. Proteção do galvanômetro com diodos.

Como padrão, o galvanômetro é empregado no projeto de voltímetros de corrente contínua. A ampliação da sua escala de leitura é realizada através do uso de um resistor em série com o galvanômetro com valor apropriado. No caso de medição de tensões alternadas usa-se um retificador de meia ou onda completa. O voltímetro mede o valor médio da tensão de entrada, mas por questões práticas, a escala indica o valor eficaz (rms - *root mean-square*) da tensão elétrica que está sendo medida. Um galvanômetro também é empregado como amperímetro que pode ser projetado utilizando um resistor de derivação (*shunt*) em paralelo com o galvanômetro. Ambos os circuitos são ilustrados na figura 3.

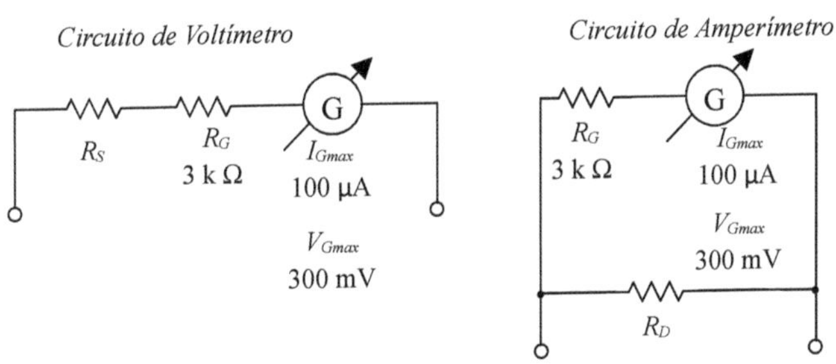

Figura 3. Galvanômetro aplicado em projeto de voltímetros e amperímetros.

Por exemplo, o circuito de voltímetro ilustrado na Figura 3, tem a sua escala ampliada para V_E = 12 V de fundo de escala se for utilizado um resistor em série com valor igual a

$$R_S = (V_E - V_{Gmax}) / I_{Gmax}) = 117\ k\Omega \quad (2)$$

Por outro lado, o circuito de amperímetro ilustrado na Figura 3, pode ter a sua escala ampliada para I_E = 20 mA de fundo de escala se for utilizado um resistor em paralelo com valor igual a

$$R_D = V_{Gmax} / (I_E - I_{Gmax}) = 15{,}07\ \Omega \quad (3)$$

Portanto, é importante verificar as especificações do galvanômetro e adotar as precauções adequadas para garantir que ele seja utilizado dentro de seus limites de corrente para evitar danos.

4. MÉTODOS

Um ohmímetro básico pode ser projetado incluindo-se uma fonte de tensão DC em série com o galvanômetro e incorporado duas conexões de entrada onde será conectado o resistor, R_X, cuja resistência deseja-se medir (figura 4). Os valores numéricos das grandezas ilustradas na figura 4 serão utilizados para detalhar o projeto do ohmímetro.

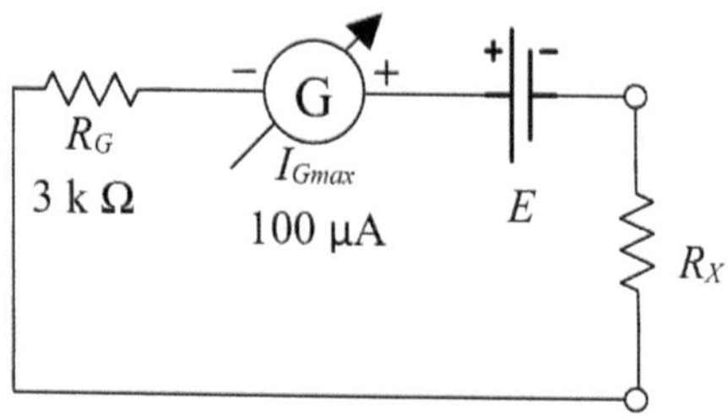

Figura 4. Circuito elétrico do ohmímetro básico.

A corrente que fluirá pelo galvanômetro é definido pela equação:

$$I_G = E / (R_G + R_X) \quad (4)$$

A equação (4) ilustra que a corrente no galvanômetro é inversamente proporcional ao valor do resistor que se deseja medir a resistência. O resultado é que a escala de resistência é logarítimica. A figura 5 ilustra uma tela de um multímetro onde a escala de resistência se situa na parte superior da mesma. Os pontos desta escala são determinados relacionando o deslocamento do ponteiro do galvanômetro, entre 0° e 90°, com a respectiva corrente que flui no galvanômetro. Ao invés de escrever o valor da corrente é indicado o valor do resistor R_X que está sendo medido. Observe que nesta configuração, a resistência interna do ohmímetro é igual a resistência do galvanômetro.

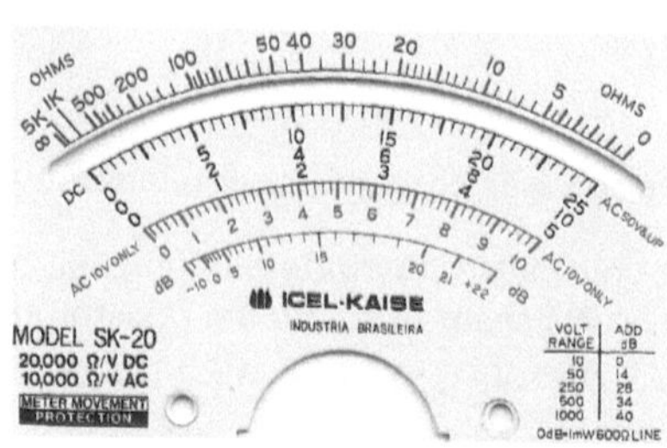

Figura 5. Escalas de um multímetro modelo SK-20 da IVEL-KAISE.

Fonte: Elaboração propia.

4.1 Condição $R_X \to \infty\ \Omega$.

Quando nenhuma carga é conectada entre os terminais do ohmímetro, situação de circuito aberto, a corrente que fluirá pelo galvanômetro será nula. Neste caso, o ponteiro permanecerá na sua posição de repouso.

4.2 Condição $R_X = 0\ \Omega$

Ao conectar um curto-circuito entre os dois terminais do ohmímetro a corrente que fluirá pelo galvanômetro será igual a corrente de fundo de escala:

$$I_G = E / (R_G + R_X) = E / R_G = I_{Gmax} = 100\mu A \ (5)$$

E o ponteiro se deslocará 90° e marcará uma resistência igual a 0Ω. Essa condição é utilizada para calcularmos o valor da fonte de tensão E necessária ao funcionamento do ohmímetro:

$$E = I_{Gmax} \cdot R_G = V_{Gmax} = 300\ mV \ (6)$$

Obviamente, uma fonte de tensão com esse valor não é usual de ser encontrado. Quando for incluso o circuito de compensação do desvio da tensão da bateria causado pela descarga da mesma, chegar-se-a a um valor mais usual de tensão para a bateria.

4.3 Condição para um R_X qualquer

Neste caso, o poteiro se deslocará por um ângulo calculado por

$$\theta = 90° \ I_G / I_{Gmax} = 90° \, . \, E / [I_{Gmax}(R_G + R_X)] \ (7)$$

4.4 Condição $R_X = R_G = 3\ k\Omega$

Essa situação é muito importante para o entendimento do projeto do ohmímetro. Quando o valor do resistor de teste for igual a resistência interna do omímetro (neste caso igual a resistência do galvanômetro), a corrente que percorrerá o galvanômetro será igual a metade da corrente do fundo de escala:

$$I_G = E / (R_G + R_X) = E / (R_G + R_G) = E / 2R_G = I_{Gmax} / 2 = 50uA \ (8)$$

O número escrito no ponto central da escala de resistência é igual a $R_C = 30\Omega$. Isso significa que o ohmímetro está operando na escala de 100X, pois R_C . 100 = 30 Ω . 100 = 3 kΩ = R_G, valor igual à resistência do resistor de teste. O projeto do ohmímetro inicia sempre com a escala com maior fator multiplicativo. Como resultado, a resistência interna no ohmímetro será sempre igual ao valor central da escala de resistência multiplicada pelo maior fator multiplicativo. Usualmente, encontra-se ohmímetros com valores de R_C iguais a 20 Ω e 30 Ω.

5. RESULTADOS

5.1. Ampliação da escala

A amplicação da escala do ohmímetro é realizada diminuindo a resitência interna do mesmo através da colocação de um resistor em paralelo com o galvanômetro.

5.2. Ampliação para escala 10X

O circuito da figura 6 ilustra a introdução do resistor R_{10x} em paralelo com o galvanômetro para amplicação da escala. Neste caso, o resultado da combinação em paralelo da resistência interna do galvanômetro, R_G, e do resistor R_{10X} deve ser igual ao valor central da escala multiplicada pelo fator multiplicativo da escala do ohmímetro (resistência interna do ohmímetro para essa escala):

$$R_G . R_{10X} / (R_G + R_{10X}) = R_C . 10 \quad (9)$$

Portanto:

$$R_{10X} = 10R_C . R_G / (R_G - 10R_C) = 333{,}33\Omega \quad (10)$$

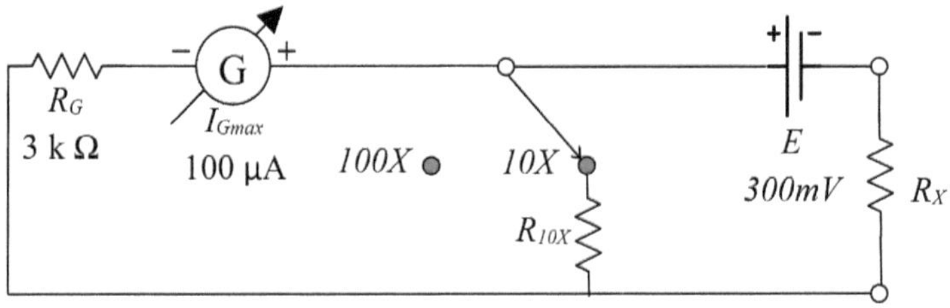

Figura 6. Circuito para ampliação da escala do ohmímetro.

Para comprovar o funcionamento adequado do circuito de ampliação da escala, a tabela 1 ilustra o cálculo das correntes nos componentes do ohmímetro na escala de 10X nas duas situações de interesse de validação do projeto.

Componente	$R_X = 0\ \Omega$	$R_X = 300\ \Omega$
R_G	100 μA	50 μA
R_{10X}	900 μA	450 μA
R_X	1mA	500 μA

Tabela 1. Correntes elétricas nos componentes.

No caso de $R_X = 0\Omega$, a corrente em $R_G = 100\mu A$ (corrente de fundo de escala), posiciona o ponteiro do ohmímetro na posição de maior deflexão, ou seja, no final da escala sobre o valor de 0Ω, o que era de se esperar.

No caso de $R_X = 300\Omega$, a corrente em $R_G = 50\mu A$ (corrente de meio de escala), posiciona o ponteiro do ohmímetro na posição central da escala, ou seja, sobre o valor de 30 Ω, que indica uma leitura para o resistor de teste igual a $R_X = 10 . 30\ \Omega = 300\ \Omega$, indicando o valor correto da resistência de teste e o projeto do ohmímetro.

5.3. Ampliação para escala 1X

Aplicando a técnica desenvolvida na seção anterior, a escala com fator multiplicativo igual a 1X resulta em no resistor igual a $R_{1X} = 30{,}30\ \Omega$. Como resultado, a figura 7 ilustra o projeto final de um ohmímetro com valor central de 30Ω e escalas multiplicativas de 100X, 10X e 1X.

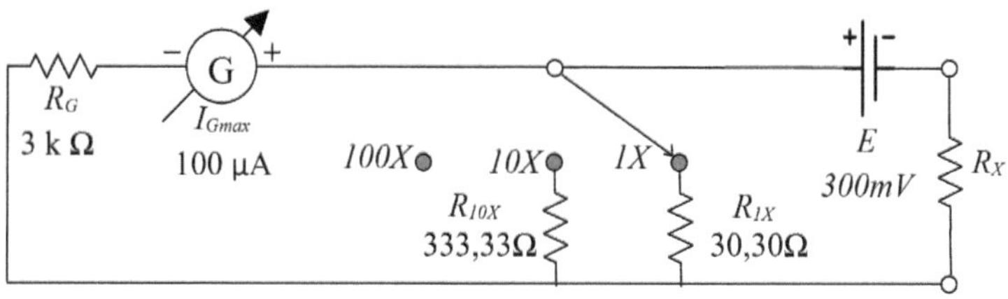

Figura 7. Circuito do ohmímetro.

5.4. O problema do desgate da bateria

A precisão das leituras do ohmímetro depende da tolerância dos resistores empregados e do valor da tensão da bateria. Durante o uso do equipamento a bateria se descarrega e, com a diminuição da corrente nos componentes internos do ohmímetro, as leituras de resistência apresentarão um erro para mais, pois o ponteiro se desloca menos que o necessário. Para resolver esse problema, faz-se necessário inserir no circuito do ohmímetro um resitor variável P_1 e um resistor fixo R_1 (figura 8). O ajuste do potenciômetro P_1 serve para compensar o desvio de tensão da bateria. Os objetivos e os valores dos componentes P_1 e R_1 ficarão claros durante a discussão do projeto.

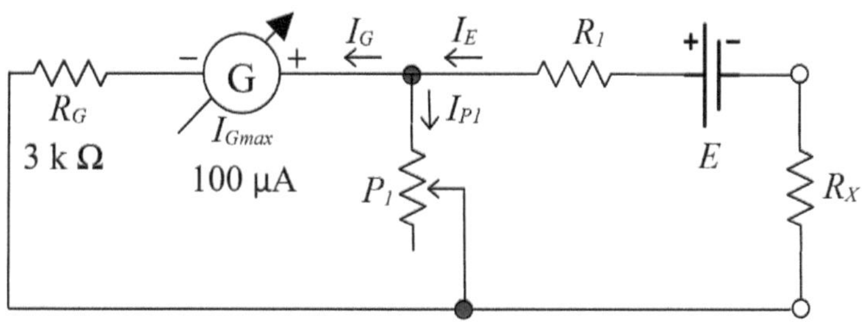

Figura 8. Circuito da compensação do desgate da bateria.

O projeto é desenvolvido considerando a escala com maior fator multiplicativo e um curto-circuito na entrada do ohmímetro, ou seja, $R_X = 0\ \Omega$ (situação de corrente máxima no galvanômetro) e os procedimentos seguem o seguinte roteiro:

a) Definir uma corrente em excesso para o resistor variável P_1. Através do ajuste do potenciômetro P_1 parte desta corrente será desviada para o galvanômetro quando a tensão da bateria diminuir de intensidade.

$$I_{P1} = 900\ \mu A \quad (11)$$

b) O potenciômetro P_1 está em paralelo com o galvanômetro e, por essa condição, possui a mesma tensão máxima do galvanômetro:

$$V_{P1} = V_{Gmax} = I_{Gmax} \cdot R_G = 300\ mV \quad (12)$$

c) Com essas duas informações é possível determinar o valor inicial para o potenciômetro P_1 na condição de bateria totalmente carregada:

$$P_1 = V_{P1} / I_{P1} = 333{,}33\ \Omega \ (13)$$

d) Note que a resistência equivalente da combinação da resistência do galvanômetro e do potenciômetro P_1 fornece o valor igual a

$$R_{in} = R_G // P_1 = R_G \cdot P_1 / (R_G + P_1) = 300\ \Omega \ (14)$$

e) A introduação potenciômetro P1 em paralelo com o galvanômetro diminui a resistência interna do galvanômetro de 3 kΩ para 300 Ω. Para retornar ao valor original da resistência interna faz-se necessário a utilização de um resistor R1 em série com valor igual a

$$R_1 = R_G - P_1 = 2{,}7\ k\Omega \ (15)$$

Assim, a resistência interna do ohmímetro retorna ao valor original R_G = 3 kΩ.

f) A corrente elétrica que flui no resistor R1 e na fonte de tensão E será igual a combinação das correntes elétricas no galvanômetro e no potenciômetro P_1:

$$I_{R1} = I_E = I_{Gmax} + I_{P1} = 1mA \ (16)$$

g) Neste ponto é possível calcular o valor da fonte de tensão E:

$$E = I_{R1} \cdot R_1 + V_{Gmax} = 3V \ (17)$$

Perceba que a escolha apropriada para a corrente em excesso no potenciômetro P_1 e a resistência interna do ohmímetro fornece um valor prático para a tensão elétrica para a fonte E. Inclusive, com a escolha adequada para o resistor R_1 é possível alterar-se a resistência interna do ohmímetro e o valor central da escala para um valor distinto do valor da resistência interna do galvanômetro. Por exemplo, adotando R_1 = 1,7 kΩ a resistência interna do ohmímetro passa a possui o novo valor de 2 kΩ e o valor central da escala será igual a 20 Ω. Ao adotar-se R_1 = 4,7 kΩ a resistência interna do ohmímetro passa a possui o novo valor de 5 kΩ e o valor central da escala será igual a 50 Ω. Esse circuito além de ser utilizado para compensar a queda da tensão elétrica da bateria é possível ajustar a resistência interna do ohmímetro para outro valor distinto do original do galvanômetro, para um valor menor ou maior.

5.5. Solução para o problema do desgaste da bateria

A solução para o desgaste da tensão elétrica da bateria segue o seguinte roteiro:

a) Definir a queda máxima da tensão da bateria, por exemplo, 10%. Neste caso, a nova tensão máxima da bateria diminuirá para o valor igual a

$$E_{new} = 2{,}7\ V \ (18)$$

b) A nova tensão sobre o resitor R_1 será igual ao valor da tensão da bateria menos a tensão máxima no galvanômetro (pois deve-se garantir o valor da corrente máxima no galvanômetro):

$$V_{R1new} = E_{new} - V_{Gmax} = 2{,}4\ V \ (19)$$

c) A corrente máxima disponibilizada pela fonte de tensão E que percorrerá o resistor R_1 e se dividirá para alimentar o galvanômetro e o potenciômetro P_1 será igual a

$$I_{R1new} = V_{R1new} / R_1 = 888{,}89\ \mu A \ (20)$$

Esse valor de corrente igual a 888,89 μA demonstra a diminuição da corrente no ohmímetro devido ao desgaste da bateria do dispositivo.

d) Essa última corrente elétrica calculada suprirá a corrente máxima no galvanômetro, igual a I_{Gmax}, e o restante deverá fluir pelo potenciômetro P_1:

$$I_{P1new} = I_{R1new} - I_{Gmax} = 788{,}89\ \mu A \quad (21)$$

e) O valor da resistência do potenciômetro P_1 deverá ser aumentada para balancear a falta de corrente no nó para o valor de:

$$P_{1new} = V_{Gmax} / I_{P1new} = 380{,}28\ \Omega \quad (22)$$

Portanto, o potenciômetro P_1 deverá operar entre 333,33 Ω e 380,28 Ω. Obviamente, potenciômetros não funcionam desta maneira, por isso, a solução é empregar, por exemplo, um resistor fixo de 330 Ω em série com um potenciômetro de 50 Ω (figura 9):

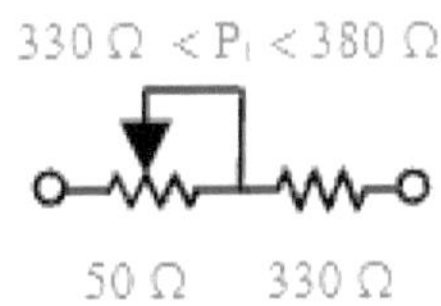

Figura 9. Implementação do potenciômetro P1.

f) A nova resistência interna do ohmímetro é alterada para o valor de

$$R_{innew} = R_G // P_{1new} + R_1 = 3{,}038\ k\Omega \quad (22)$$

o que representa um erro percentual baixo e aceitável igual a

$$e_{\%} = (R_G - R_{innew}) / R_G = 1{,}25\ \% \quad (24)$$

Para resolver esse problema pode-se fazer o resitor R_1 também variável e com o eixo solidário ao potenciômetro P_1. Contudo, isso tornaria o equipamento mais complexo e com preço maior. Lembrando que o equipamento é analógico e o valor da grandeza é lida numa escala com ajuda de um ponteiro mecânico, esse erro é imperceptível ao usuário, de maneira que não é empregado um potenciômetro duplo para mitigar esse erro.

6. CONCLUSÕES

O circuito elétrico do ohmímetro com valor central de 30Ω, bateria de 3 V (2 duas pilhas AA de 1,5 V cada), com compensação do desgate da bateria e com escalas de 1X, 10X e 100X é ilustrado na figura 10.

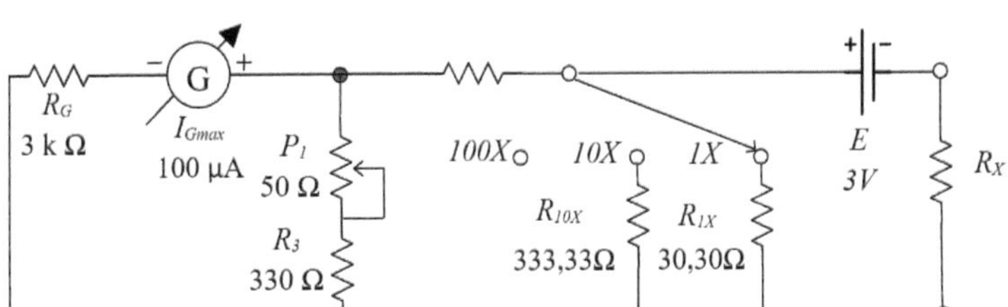

Figura 10. Circuito elétrico do ohmímetro.

Uma análise se faz presente: o impacto na escolha da corrente em excesso no potenciômetro P_1. Para responder a essa questionamento, empregando os procedimentos e equações apresentados realizou-se mais 4 projetos distintos de ohmímetro para diferentes correntes elétricas. Os valores das diversas grandezas são ilustradas na tabela 2.

Grandeza	1	2	3	4	5
R_G	3k Ω	3k Ω	3k Ω	3k Ω	3k Ω
I_{Gmax}	100 μA	100 μA	100 μA	100 μA	100 μA
V_{Gmax}	300 mV	300 mV	300 mV	300 mV	300 mV
I_{P1}	900 μA	700 μA	500 μA	300 μA	100 μA
P_1	333,33 Ω	428,57 Ω	600 Ω	1.000 Ω	3.000 Ω
$I_{R1} = I_E$	1 mA	800 μA	600 μA	400 μA	200 μA
E	3 V	2,4 V	1,8 V	1,2 V	0,6 V
E_{new}	2,7 V	2,16 V	1,5 V	0,9 V	0,54 V
$I_{R1new} = I_{Enew}$	888,89 μA	708,57 μA	528 μA	346,7 μA	160 μA
P_1	333,33 Ω	492,96 Ω	700,9 Ω	1.216 Ω	5.000 Ω
$e_{\%}$	1,25 %	1,61 %	2,27 %	3,8 %	12,5 %

Tabela 2. Comportamento das grandezas do ohmímetro.

A escolha de uma corrente em excesso no potenciômetro próxima da corrente máxima do galvanômetro produz um erro apreciável na leitura, em torno de 12,5%. Ao diminuírmos a corrente em excesso, aumenta-se o erro de leitura do ohmímetro quando a bateria se desgasta.

Uma outra questão interessante acerca do uso de ohmímetros é que o equipamento possui uma fonte de tensão DC. No instante de medida é injetado uma corrente elétrica no dispositivo ou circuito a ser testado. Essa corrente depende da escala de resistência usada no ohmímetro (que altera a sua resistência interna) e do dispositivo a ser medido. Os valores máximos para a corrente injetada pelo ohmímetro, considerando a leitura em um dispositivo com resistência tendendo a zero ohms (um fio condutor, trilha de placa de circuito impresso, fusível) são ilustradas na tabela3.

Escala	Rin	Imax
100X	3.000 Ω	1 mA
10X	300 Ω	10 mA
1X	30 Ω	100 mA

Tabela 3. Corrente máxima de medida do ohmímetro.

A escala de 0,1X é possível de implementação, contudo, nessa escala ter-se-i-á uma resistência interna de 3Ω com uma corrente máxima de medida de 1 A. Essa corrente é muito alta, podendo provocar danos na maioria dos dispositivos a serem testados e com um consumo de bateria apreciável, resultando em substituições constantes da mesma.

Em resumo, esse artigo abordou os seguintes tópicos:

a) Modelo elétrico de um galvanômetro, com seus principais parâmetros.

b) Projeto de voltímetros DC a partir de um galvanômetro.
c) Projeto de amperímetros DC a partir de um galvanômetro.
d) Projeto de um ohmímetro básico a partir de um galvanômetro.
e) Ampliação das escalas de medidas de ohmímetros.
f) Solução para o desgaste da bateria.
g) Impacto da escolha do valor do potenciômetro de ajuste da tensão da bateria.
h) A corrente máxima de medida do ohmímetro.

7. REFERÊNCIAS

Stout, Melville B. (1974). Curso básico de medidas elétricas. Rio de Janeiro: EdUSP.
Medeiros, Solon de (1981). Fundamentos de medidas elétricas. Rio de Janeiro:Guanabara.
Torreira, Raul Peragallo (2020). Instrumentos de medição elétrica. Curitiba:Hemus.

BLOCKCHAIN AND INFORMED DECISION-MAKING IN THE ERA OF FAKE NEWS

Ruth Fernández-Hernández, Fernando García-Monleón, Anett Erdmann[1]

1. INTRODUCTION

The unique characteristics of blockchain technology have proven to be very useful in solving some of the most relevant dilemmas of modern society, such as the creation of trust in a world without a sense of direction. The origin of blockchain has its roots in the 2007 crisis, which was motivated by a loss of trust (Miralles *et al.*, 2013), a problem that is now being catalysed by the phenomenon of fake news (Huckle *et al.*, 2017)

This study aims to explore the potential of blockchain as a tool to mitigate the adverse effects of false information disseminated by communication media, that today we call fake news.

This work has carried out a bibliometric analysis of the historical evolution of research patterns on blockchain technology applications, from its inception in 2008, with bitcoin as an alternative to the traditional financial system, until today, in a scenario with a wide variety of applications, focusing our attention on its potential as a tool to combat fake news, by contributing to informed decision-making in the post-truth era.

Based on data obtained from the Web of Science (WoS) from 1900 to 2023, we have constructed a performance analysis map using the Science Mapping Analysis Tool to detect research clusters and their evolution over time, and a co-occurrence map using VOSviewer to study the spatial distribution and interaction of research clusters. The result of the application of these methods was the identification of three main clusters: (1) covering the multifaceted relationship between blockchain technology and information quality, (2) exploring the implications, challenges, and opportunities of blockchain technology about information quality, (3) improving transparency, traceability, authenticity, and information asymmetries between stakeholders.

Finally, some recommendations and considerations for the correct use of this technology were offered.

1. ESIC Business-marketing School (España)

2. THEORETICAL FRAMEWORK

The origin of blockchain technology as we know it today comes from Satoshi Nakamoto's creation of Bitcoin, first analyzed by Dodd (2012) from the perspective of an alternative to the traditional financial system that it entails. It is not until the following year that we have the first research paper by Decker (2013) that focuses on blockchain technology, although still focusing on technological aspects rather than its potential as a tamper-proof register.

The next research to be mentioned is that of Donet (2014), which addresses the idea of a timestamp as proof of the time at which a particular piece of information was introduced into the network. Riegger (2014) also addressed another of the main features of this technology, the immutability or tamper-proofed, which means that once a certain piece of information is introduced into the network, it cannot be altered by anyone without leaving a trace of the event. The next important feature to analyze is the anonymity of the user, first addressed by Moser (2013) in his work on the money laundering risks associated with Bitcoin. Nevertheless, Monaco (2015) points out that the anonymity widely spoken is only relative, as users can be identified through their transactional behavior. In addition to what has already been said, the user's identity in the blockchain network is handled by what is called a public key, first addressed by Hari (2016), which is our identity in the network that is not linked to our real identity. Despite the anonymity described, there is no technical barrier preventing the creation of a Public Key Registry, first described by Alexandris (1992), so that any information introduced into the network can be identified by its author.

Having looked at the key features of this technology and the pioneers of its research, its evolution, and massive adoption, we can see different user portraits according to the purpose of technology adoption.

The first use of blockchain technology was that of a payment system, first studied by Dodd (2012), with Bitcoin being the pioneer in this regard (García-Monleón *et al.*, 2022), it was stated that it has been operating since 2008, but at this point, the main features are not yet the quality and reliability of the information, but to construct an alternative to the traditional financial system.

Supply chain information control, first explored by Tian (2016), has become one of the most important use cases of blockchain, encompassing many different industries such as pharmaceuticals (Salam, 2023), food (Vu, 2023), logistics (Dong, 2023) or manufacturing (Zheng, 2023). This use case of blockchain technology focuses on provenance and information quality.

Data protection is another use case for the application of blockchain technology, which was first explored by Long (2015) and has been applied to various areas such as the Internet of Vehicles, explored by Xu (2022), biomedical and healthcare data, explored by Jayaraman (2023), identity and personal data protection, explored by Sun (2023). This use case focuses on protecting personal data from being accessed by unauthorized third parties.

Copyright, was first explored by Tsai (2017). The focus of this use case is on two aspects: authorship in the first place, who is the owner of the right, and timestamp, as the first person to register a right has the best right to it, according to the Roman principle of 'prior in tempore potior in iure'.

Smart contracts, first studied by Mense (2014), are probably the fastest growing use case, especially since the arrival of the multilayer and touring replicant Ethereum network in 2015 (Garcia-Monleón, *et al.*, 2022). The main focus of this use case of technology adoption is the design of contracts that can be self-executing without human intervention, thus protecting the contact parties from a breach or default.

The detection and prevention of fake news, an area first explored by Huckle (2017) and Kim (2017), is a specific use case that could be understood as a subcategory of supply chain adoption for the media industry as a consequence of the social phenomenon of 'post-truth'. The focus of this use case is to identify the origin of the information and based on the source, to assess the reliability of the information.

It must be taken into account that all these use cases of blockchain technology adoption suffer from a weakness, oracles, that is, how the external sources of information are named. This issue was first raised by Goyal (2017). The issue lies in the fact that once information is introduced into a blockchain network, it cannot be changed without notice, however, this does not constitute a guarantee of its truth, reliability or accuracy, as blockchain technology can only protect itself from change, not from external lies, so that any information within the blockchain real would be as reliable as its source, which is why provenance becomes so important.

3. METHODOLOGY

In the present study, a bibliometric analysis was performed, which applies mathematical and statistical methods in the review of scientific literature with the aim of studying and analysing scientific activity. These methods have been frequently used in recent years (Liao *et al.*, 2022). The WoS database was analysed as the basis of bibliographic data, using two approaches: performance analysis and scientific mapping (Cobo *et al.*, 2012). The aim of this study is to analyse research trends on the use of blockchain technology, which contributes to information decision-making to avoid fake news.

Characteristics	
Geographic scope	Worldwide scientific production
Database	Wos of science
Search criteria	Topic
Type of document	Article
Time interval	1900-2023
Search date	June 2023
Key words	blockchain, information, quality
Number of initial documents	1239
Filter criterion	Duplicate documents. Papers not related to the subject
Number of final documents	762

Table 1: Data collection. Source: Own elaboration.

A keyword literature search was conducted in peer-reviewed journals to avoid the subjectivity of the researchers. Boolean logical connectors were used with the terms (blockchain OR information OR quality). The search for articles was conducted in June 2023, for the period 1900-2023. For each article, data on authors, title and abstract were downloaded. A portion of the results was then removed, leaving only published and peer-reviewed articles to ensure their scientific quality. The final number of documents was 762. After data cleaning, two consecutive periods are defined for the analysis: 2016 - 2020 and 2021 - 2023 (these periods were chosen because we observe a spike in publications on fake news from 2020 to 2021).

In the context of bibliometric analysis, spatial representations allow the detection of patterns in the cognitive structure of a research field and performance analysis allows quantitative assessment (Cobo *et al.*, 2011). Therefore, several software packages for science mapping have emerged in the last decade, such as Sci2 Tool (Sci2 Team, 2009), VOSviewer (van Eck & Waltman, 2010) and SciMAT (Cobo *et al.*, 2012). These tools have been widely used in the social sciences by researchers (mainly to address the current state of a research area and to identify white spots or crucial relationships for further research), and are also valuable for journal editors (to assess the scope and development of a journal for decision making), universities (to analyse the development of topics covered by the faculty), business intelligence departments (to uncover hidden topics), or science policy makers - to invest resources in promising areas (Cobo *et al.*, 2012).

In this paper, we first use the open-source software tool VOSviewer to perform a cluster analysis. In a second step, we use the Science Mapping Analysis Tool (SciMAT), which allows to monitor the evolution of a research field through a longitudinal bibliometric mapping analysis and provides a strategic map for additional insights on the identified topics. The unit of interest for our analysis is the keyword, and the network was constructed based on co-occurrence. Network analysis is used to determine the centrality of a topic in the network, and performance analysis is used to quantify and map the importance of certain terms. The measurement of quality performance has a double meaning in our work. On the one hand, given the interest in analysing the potential of blockchain technology to improve the information quality of news in terms of mitigating fake news. On the other hand, the differentiation between emerging clusters and drivers of the research field allows for strategic decision making, as shown in Figure 1, by identifying the quality of certain words and clusters in terms of being drivers of the research field and/or emerging or declining topics.

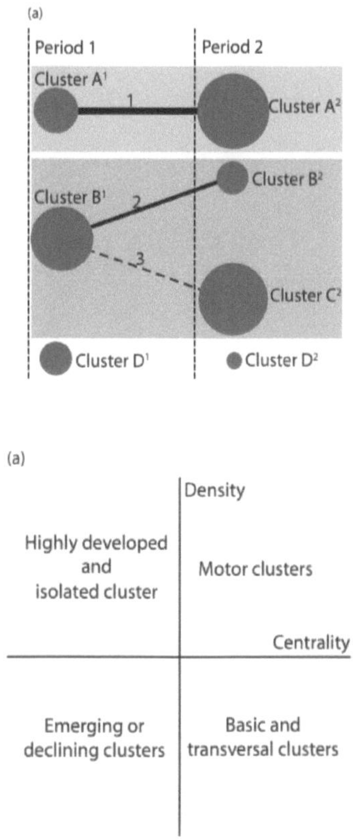

Figure 1: Performance analysis with SciMAT: Evolution map & Strategic diagram. Source: Cobo et al. (2012).

4. RESULTS

First, by performing a cluster analysis on the bibliometric network (specifying a minimum of 15 occurrences of a term), we detect three clusters. Figure 2 shows the spatial visualisation of the bibliometric network and Table 1 the words for each cluster.

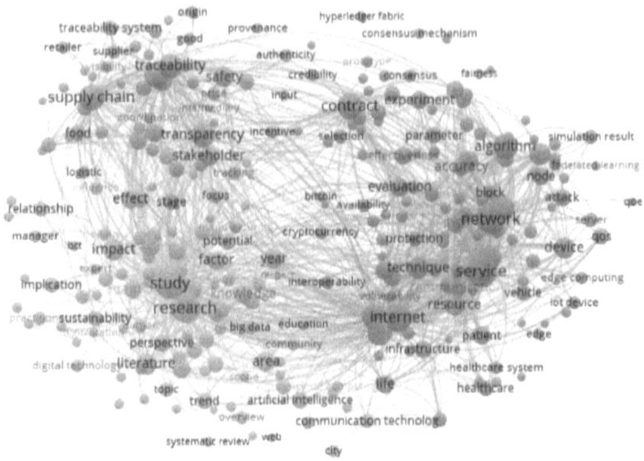

Figure 2: Co-occurrence map. Source: Own elaboration with VOSviewer.

The interpretation of these clusters is based on the theoretical framework, taking into account the identified key papers, and supported by AI-based natural language processing using ChatGPT.

Complementary to this, a performance analysis using the visualization of a strategic diagram allows identifying the evolution and potential of themes, improving the insight into these patterns for decision-making. For the analysis, word groups were defined based on the results of the bibliometric cluster analysis and the identified industry applications. The network is based on the co-occurrence of words, with a minimum frequency threshold of 2, and a minimum edge value of 1, using the equivalence index as a similarity measure and the simple centers algorithm for cluster analysis. To map the co-occurrence, we use the SciMAT core mapper, choosing the number of citations and the h-index as the quality measure and the impact of a cluster. For the construction of the evolution map, we choose the Jaccard index.

Using SciMAT's word manager, we identify a variety of applications of blockchain technology, as mentioned above. At first glance, it seems that little research has been done on information management supported by blockchain technology. However, based on the word groups created, 'information management' and 'fake and fraud' directly follow in size the main terms such as decentralisation and contracts (Figure 3). Furthermore, the evolution in terms of the number of research documents related to the identified groups shows a strong increase in supply chain research and increasing relevance of data security, traceability, and protocols, followed by decision-making.

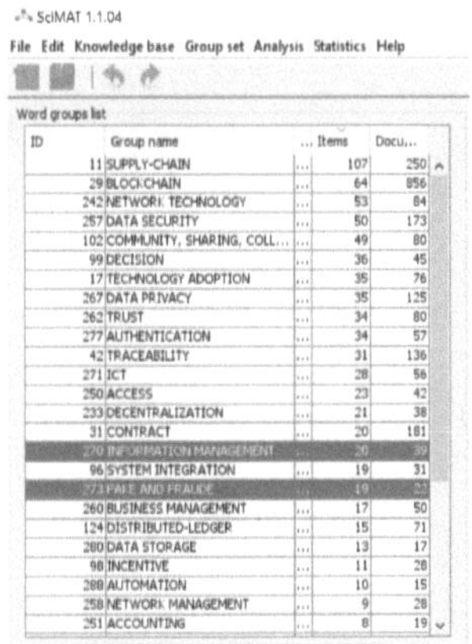

ID	Group name	...	Items	Docu...
11	SUPPLY-CHAIN	...	107	250
29	BLOCKCHAIN	...	64	856
242	NETWORK TECHNOLOGY	...	53	84
257	DATA SECURITY	...	50	173
102	COMMUNITY, SHARING, COLL...	...	49	80
99	DECISION	...	36	45
17	TECHNOLOGY ADOPTION	...	35	76
267	DATA PRIVACY	...	35	125
262	TRUST	...	34	80
277	AUTHENTICATION	...	34	57
42	TRACEABILITY	...	31	136
271	ICT	...	28	56
250	ACCESS	...	23	42
233	DECENTRALIZATION	...	21	38
31	CONTRACT	...	20	181
270	INFORMATION MANAGEMENT	...	20	39
96	SYSTEM INTEGRATION	...	19	31
273	FAKE AND FRAUDE	...	19	22
260	BUSINESS MANAGEMENT	...	17	50
124	DISTRIBUTED-LEDGER	...	15	71
280	DATA STORAGE	...	13	17
98	INCENTIVE	...	11	28
288	AUTOMATION	...	10	15
258	NETWORK MANAGEMENT	...	9	28
251	ACCOUNTING	...	8	19

Figure 3: The relevance of information management and research on fake and fraud in the context of blockchain technology use. Source: Own elaboration with Scimat.

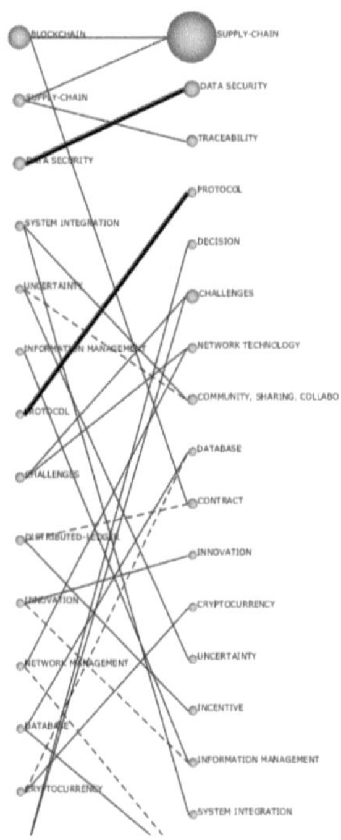

Figure 4: The evolution map for the considered time periods, based on document counts. Source: Own elaboration with SciMAT.

Finally, we consider the strategic positioning of the identified word groups for each time period considered.

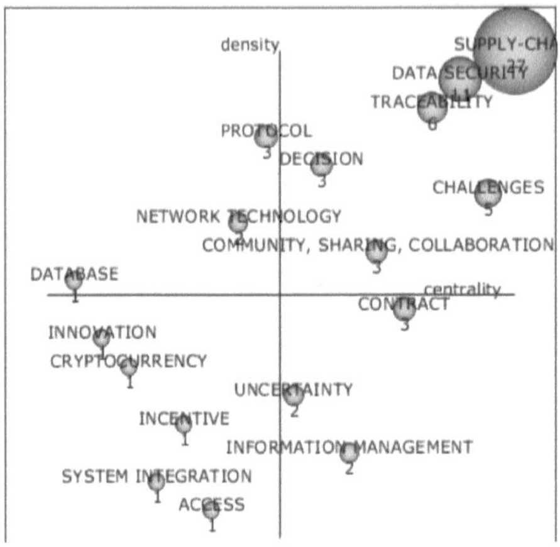

Year 2016 – 2020

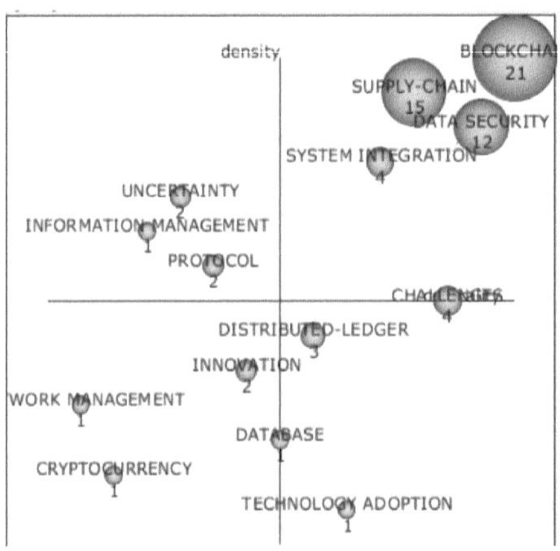

Year 2021-2023

Figure 5. Provides the strategic map for each period of analysis, using the h-index as a performance measure. Source: Own elaboration with ScimMAT.

Note that information management and uncertainty in the context of blockchain have become a fundamental and transversal aspect. At the same time, community behaviour and decision-making have become important aspects of the research field, with supply chain, data security, and traceability as the main drivers.

5. DISCUSSION

The three clusters identified can be described as (1) covering the multifaceted relationship between blockchain technology and information quality, (2) exploring the implications, challenges, and opportunities of blockchain technology regarding information quality, (3) improving transparency, traceability, authenticity, and information asymmetries between stakeholders.

Cluster 1. The Data and Privacy Protection cluster covers topics such as access control, authentication, availability, confidentiality, data integrity, data protection, data security, data sharing and data storage. These keywords suggest that the cluster is exploring how blockchain can improve the quality and reliability of information in various domains.

Cluster 2. The technology adoption cluster explores the implications, challenges, adoption, and impact of blockchain technology on information quality in different domains. The cluster includes keywords such as accountability, accounting, governance, regulation, and systematic literature review. These keywords suggest a focus on the technology adoption process.

Cluster 3. The supply chain cluster includes keywords related to various aspects of the food industry, supply chain management, and the use of blockchain technology to improve the quality of information in this area. Keywords such as agricultural products, food quality, food safety, food traceability, provenance, product quality and supply chain management suggest that this cluster explores how blockchain can improve the supply chain system.

In line with the evolution and importance of the topic, we observe a shift from a data-centric and technical orientation to applications of blockchain technology for decision making and information traceability, information sharing and decision making. In other words, blockchain technology is increasingly entering the field of information-based applications.

6. CONCLUSION

Having analysed the main functions of blockchain technology and the various lines of research in this field, we must conclude with several considerations. First of all, the phenomenon of fake news must be stopped, if not in its existence as it is a consequence of the freedom of speech, in its consequences, as it increases distrust in society, with all the negative outcomes that this entails. We must also bear in mind that, blockchain technology cannot prevent the creation of false information, but it does make it possible to identify its origin and paternity, thus creating an immutable registry of the reliability of all information sources, allowing all information consumers to be aware of the reliability of each source, enabling them to make appropriately informed decisions. Lastly, this technology is not all-powerful as it is based on the creation of a tampering-poof evident registry of all the information recorded in it, but it does not prevent false information to be included, so it requires that any piece of news has different sources to allow information consumes to contrast data.

Moreover, the potential of increasing fake content generated by artificial intelligence, emphasizes the need of engineering blockchain-based information systems to guarantee the reliability of the generated content, but the increasing influence of AI on this matter gives rise for further research.

7. REFERENCIAS

Cobo, M. J., López-Herrera, A. G., Herrera-Viedma, E., & Herrera, F. (2023). SciMAT User Guide 1.0. The University of Granada.

Cobo, M. J., López-Herrera, A. G., Herrera-Viedma, E., & Herrera, F. (2012). SciMAT: A new science mapping analysis software tool. *Journal of the American Society for Information Science and Technology, 63*(8), 1609-1630. https://doi.org/10.1002/asi.22688

Decker, C., & Wattenhofer, R. (2013). *Information propagation in the Bitcoin network.* international Conference on Peer-to-Peer Computing. Sep. 9-11, https://doi.org/10.1109/P2P.2013.6688704

Dodd, N. (2012). Simmel's Perfect Money: Fiction, Socialism, and Utopia in The Philosophy of Money. *Theory, Culture & Society, 29*(7-8), 7-25, https://doi.org/10.1177/0263276411435570

Donet, J. A., Pérez-Solà, C., & Herrera-Juancomartí, J. (2014). The Bitcoin P2P Network. *Financial Cryptography and Data Security. Lecture Notes in Computer Science*, 8438, 87-102. https://doi.org/10.1007/978-3-662-44774-1_7

Dong, C., Huang, Q., Pan, Y., Ng, C., & Liu, R. (2023). *Logistics outsourcing: Effects of greenwashing and blockchain technology. Transportation Research Part E: Logistics and Transportation Review*, 170. https://doi.org/10.1016/j.tre.2023.103015

Goyal, R., & Goyal, V. (2017). *Overcoming Cryptographic Impossibility Results Using Blockchains.* Theory of Cryptography Conference. 10677. 529-561. https://doi.org/10.1007/978-3-319-70500-2_18

Hari, A., & Lakshman, T.V. (2016). *The Internet Blockchain: A Distributed, Tamper-Resistant Transaction Framework for the Internet.* The Internet Blockchain: A Distributed, Tamper-Resistant Transaction Framework for the Internet. 204-210. https://doi.org/10.1145/3005745.3005771

Huckle, S., & White, M. (2017). Fake News: A Technological Approach to Proving the Origins of Content, Using Blockchains. *The Midpoint of Academic and Industrial Data Science, 5*(4). 356-371. https://doi.org/10.1089/big.2017.0071

Jayaramn, M. Kumar, M. Abugabah, A., & Samant, S. (2023). *Secure Biomedical Document Protection Framework to Ensure Privacy Through Blockchain. The midpoint of Academic and Industrial Data Science* [Abstract]. https://doi.org/10.1089/big.2022.0170

Kim, H., & Laskowski, M. (2017). Agriculture on the Blockchain: Sustainable Solutions for Food, Farmers, and Financing. *Social Science Research Network.* Blockchain Research Institute Lighthouse case study. 1-23.

Liao, H., Tang, M., Luo, L., Li, C., Chiclana, F., & Zeng, XJ (2018). Un análisis bibliométrico y visualización de la investigación médica de big data. *Sostenibilidad, 10*(1), 166.

Long, J., & Wang, H. (2015). *Design of Blockchain System in BDCP Using Hyperledger Fabric.* World Symposium on Software Engineering (WSSE). 78-82. https://doi.org/10.1145/3362125.3362127

Mense, A., & Flatscher, M. (2014). *Security Vulnerabilities in Ethereum Smart Contracts.* 20th International Conference on Information Integration and Web-Based Applications and Services (iiWAS). 375-380. https://doi.org/10.1145/3282373.3282419

Miralles Marcelo, J. L., & Daza Izquierdo, J. (2013) *Crisis de Confianza en los Mercados de Deuda, Boletín de la Real Academia de Extremadura de las Letras y de las Artes*, 21, 107-110. https://dehesa.unex.es/bitstream/10662/15250/1/978-84-608-9677-7_107.pdf

Monaco, J. V. (2015). *Identifying Bitcoin users by transaction behavior.* Identifying Bitcoin users by transaction behavior. 9457. https://doi.org/10.1117/12.2177039

Moser, M., Bohmen, R., & Breuker, D. (2013). *An Inquiry into Money Laundering Tools in the Bitcoin Ecosystem.* ECrime Researchers Summit (CRS). https://doi.org/10.1109/eCRS.2013.6805780

Riegger, C., Vinçon, T., & Petrov, I. *Efficient Data and Indexing Structure for Blockchains in Enterprise Systems. (2014).* Proceedings of the 20th International Conference on Information Integration and Web-based Applications & Services. 173-182. https://doi.org/10.1145/3282373.3282402

Salam, A., & Nishara, N. (2023). *Blockchain-based solution for Pharma Supply Chain Industry.* Computers & Industrial Engineering. 177. https://doi.org/10.1016/j.cie.2023.108997

Sci2 Team. (2009). Science of Science (Sci2) Tool. Indiana University and SciTech Strategies, https://sci2.cns.iu.edu.

Sun, N. Zhang, Y., & Liu, Y. (2023). A Universal Privacy-Preserving Multi-Blockchain Aggregated Identity Scheme. *Blockchain in Information Security and Privacy. 13*(6). 3806. https://doi.org/10.3390/app13063806

Börner, K. (2011). Science of science studies: Sci2 Tool. *Communications of the ACM, 54*(3), 60-69.

Tsai, W. Feng., L. Zhang, H., You, Y., Wang, L., & Zhomg, Y. (2017). *Intellectual-Property Blockchain-Based Protection Model for Microfilms.* EEE International Workshop on Service-Oriented System Engineering, SOSE. https://doi.org/10.1109/SOSE.2017.35

Van Eck, N., & Waltman, L. (2010). Software survey: VOSviewer, a computer program for bibliometric mapping. *Scientometrics, 84*(2), 523-538.

Van Eck, N. J., & Waltman, L. (2013). VOSviewer manual. Univeristeit Leiden, *1*(1), 1-53.

Vu, N., Ghadge, A., & Bourlakis, M. (2023). Evidence-driven model for implementing Blockchain in food supply chains. *International Journal of Logistics Research and Applications, 26*(5), 568-588. https://doi.org/10.1080/13675567.2022.2115987

Xu, C., Wu, H., Liu, H., Gu, W., Li, Y., & Coa, D. (2022). *Blockchain-Oriented Privacy Protection of Sensitive Data in the Internet of Vehicles. IEEE Transactions on Intelligent Vehicles. 8*(2). 1057-1067. https://doi.org/10.1109/TIV.2022.3164657

Zheng, K., Ding, K. Hui, J. Zhang, F., & Chan, F. (2023). *Blockchain-based credible manufacturing data sharing for a collaborative manufacturing supply chain. International Journal of Production Research. 0*(0). 1-22. https://doi.org/10.1080/00207543.2023.2217292

DISEÑO DEL VIDEOJUEGO EDUCATIVO ELEMENTAL HOME SOBRE LOS ELEMENTOS QUÍMICOS EN UNA CASA

Antonio Joaquín Franco-Mariscal, María José Cano-Iglesias, Daniel Cebrián- Robles[1]

Esta publicación es parte del proyecto TED2021-130102B-I00, titulado "Transición digital y ecológica en la enseñanza de las ciencias mediante tecnologías disruptivas para la digitalización de juegos educativos y su evaluación con E-Rubricas", financiado por MCIN/AEI/10.13039/501100011033 y por la Unión Europea "NextGenerationEU"/PRTR.

1. INTRODUCCIÓN

La enseñanza-aprendizaje de las ciencias, como del resto de materias, requiere de una transformación digital que se adecúe a la evolución que está teniendo lugar en la sociedad. Diferentes informes prevén el aumento del uso y la incorporación de dispositivos y aplicaciones en el ámbito educativo como factor de calidad con un carácter innovador (Reig y Vílchez, 2013). Entre ellos destacan los distintos *Horizon Report* (2021) liderados por *New Media Consortium* y *Educause*, con la colaboración de especialistas a nivel mundial, que constituyen investigaciones de más de una década para identificar y describir las tecnologías emergentes y disruptivas de mayor impacto para la enseñanza-aprendizaje. Ya en su novena edición destacaba especialmente el *Mobile Learning*, el aprendizaje basado en juegos (Michael y Chen, 2006) y la realidad aumentada y virtual (Cabero *et al.*, 2016).

En el ámbito educativo, el uso de tecnologías digitales disruptivas supone una innovación para profesorado y alumnado, dada la necesaria y constante transformación del currículum, las metodologías y las modalidades de transmisión del conocimiento, ofreciendo nuevas alternativas para la enseñanza-aprendizaje.

Un ejemplo es la creación de escenarios amplificados e inmersivos de exploración y experimentación que potencien la enseñanza-aprendizaje de las ciencias en forma de videojuegos educativos que permitan, entre otras, practicar la argumentación científica. Esta forma de digitalización de juegos en la enseñanza de las ciencias se configura como instrumento para la innovación y la mejora de la calidad educativa, en la medida en que supone un replanteamiento didáctico, curricular y organizativo desde los enfoques conectivista (Siemens, 2004) y constructivista del aprendizaje del alumnado de la nueva era digital, ya que permite experimentar, compartir ideas y tener acceso a información a

1. Universidad de Málaga (España)

través de Internet (Haz *et al.*, 2018). Dicha información debe ser analizada de forma crítica para filtrar desinformación o noticias falsas.

Con estas premisas como punto de partida, en el marco de un proyecto del Plan Nacional y de la Unión Europea (TED2021-130102B-I00) sobre transformación digital y ecológica se están desarrollando videojuegos "serious game" para dispositivos móviles para enseñar y aprender ciencias, uno de las cuales se presenta en este capítulo.

2. OBJETIVOS

El objetivo de este trabajo consiste en presentar el diseño del videojuego *Elemental Home*, considerado un "serious game" para el aprendizaje de los elementos químicos, incidiendo en las decisiones que debe tomar el profesorado a partir de una actividad lúdica sobre química. Los elementos químicos forman parte de todos los materiales cotidianos que se encuentran a nuestro alrededor (Franco-Mariscal, 2015). Por ello, uno de los objetivos de la química en la educación secundaria es saber identificarlos, así como conocer sus propiedades y aplicaciones.

3. MARCO TEÓRICO

3.1. La importancia de los elementos químicos en el entorno

La Tabla Periódica de los elementos químicos es una herramienta fundamental en el estudio de la química (Scerri, 2007) y su estudio es una parte importante de los currículos escolares (Quinn *et al.*, 2012; NGSS, 2013).

Desde su creación en 1869 por Dmitri Mendeléyev, la Tabla Periódica ha sido una guía de reconocido valor para comprender y organizar los elementos químicos de manera sistemática. Su importancia en la educación química radica en proporcionar una base sólida para explorar las propiedades, relaciones y aplicaciones de los elementos. La Tabla Periódica permite clasificar los elementos según sus propiedades químicas y físicas, identificar patrones y tendencias en su reactividad y estructura atómica, y predecir su comportamiento. Además, proporciona una nomenclatura universalmente aceptada, facilitando la comunicación científica a nivel global.

El estudio de la Tabla Periódica también fomenta habilidades de pensamiento crítico (Blanco *et al.*, 2017), la resolución de problemas y el análisis científico, aplicables en diversos campos. Estas habilidades permiten interpretar datos, realizar inferencias y tomar decisiones fundamentadas. En resumen, la Tabla Periódica brinda una estructura organizada que permite una comprensión profunda de los elementos químicos y de los principios fundamentales de la química, a la vez que se promueve el desarrollo del pensamiento reflexivo y crítico.

Un primer acercamiento para reconocer y comprender los elementos químicos implica identificarlos en el entorno más próximo. Esto resulta crucial para tomar decisiones informadas sobre su uso seguro, promover la sostenibilidad y comprender mejor nuestro entorno. Distintos estudios han mostrado que el uso de contextos cotidianos promueve el aprendizaje en el aula (De Jong, 2006; Gilbert, 2006). Además, la literatura revela que abordar los elementos químicos en contextos cotidianos, como el hogar (Franco-Mariscal, 2011), el coche (Franco-Mariscal, 2015) o la alimentación (Franco-Mariscal, 2018), resulta efectivo para el aprendizaje.

La importancia de reconocer los elementos químicos en el hogar puede contribuir a avanzar hacia una transición ecológica desde la educación, por ejemplo, ayudando a tomar decisiones argumentadas al manejar productos de limpieza en el hogar como pesticidas o fertilizantes, al decorar o pintar una habitación, al seleccionar productos de higiene personal como champú o cremas, al elegir productos para el tratamiento del agua para la jardinería, etc. Al conocer los elementos químicos presentes en una casa, el estudiante puede identificar posibles riesgos ambientales y para la salud, y elegir alternativas más seguras, eficaces, sanas y respetuosas con el medio ambiente. Del mismo modo, este conocimiento les brinda una mejor comprensión de los procesos químicos que ocurren a nuestro alrededor, fomentando una mayor curiosidad científica.

3.2. Los juegos educativos para aprender química

Los juegos educativos han ganado popularidad como herramientas para fomentar el aprendizaje y hacer la educación más accesible y divertida a través de métodos activos de enseñanza (Orlik, 2002). La literatura recoge un buen número de juegos educativos digitales y no digitales para aprender sobre los elementos químicos de la Tabla Periódica, siendo especialmente efectivos para familiarizarse con la química de manera entretenida y práctica (Bayir, 2014; Franco-Mariscal, 2014; Franco-Mariscal *et al.*, 2012; Franco-Mariscal *et al.*, 2016; Lee *et al.*, 2016; Martí-Centelles y Rubio-Magnieto, 2014; Tan y Chee, 2014).

El contexto de una casa es ideal para diseñar un juego educativo sobre los elementos químicos allí presentes. La exploración de los objetos que nos rodean en este contexto puede despertar la curiosidad científica de personas de todas las edades, mejorando la retención de conocimientos y fomentando una comprensión más profunda de la química a través de una experiencia lúdica (Lee *et al.*, 2016; Martí-Centelles y Rubio-Magnieto, 2014). En suma, los juegos pueden complementar el aprendizaje tradicional en entornos educativos formales e informales, a la vez que los usuarios exploran la química en su vida diaria.

En los últimos años, la revolución digital ha transformado la forma en que aprendemos, interactuamos y nos comunicamos, incluyendo el ámbito educativo. En el caso de la enseñanza de la química, esta transición digital ofrece oportunidades para mejorar el aprendizaje y superar desafíos. El uso de plataformas en línea, aplicaciones y software educativos, recursos en línea y laboratorios virtuales permite al alumnado aprender química de manera interactiva y personalizada. En el caso de los juegos educativos la transformación está presente a través de los "serious game", videojuegos que tienen un propósito educativo al conectarlos con contenidos curriculares, actitudinales y de concienciación social (Martín del Pozo *et al.*, 2017). Estos videojuegos educativos han ido ganando notoriedad como una forma divertida y efectiva de aprender (Marín-Suelves *et al.*, 2022; Prensky, 2001). A esto se suma la posibilidad de estar disponibles en distintos formatos como aplicaciones móviles, ordenador, etc.

Es importante destacar que esta transición digital no busca reemplazar la enseñanza tradicional ni las experiencias prácticas, sino solo complementarlas. La combinación de actividades reales y virtuales permite al alumnado comprender los principios fundamentales de la química. Asimismo, es esencial que el profesorado reciba una formación en el uso de estas tecnologías y adapten su metodología de enseñanza para aprovechar al máximo la transición digital y superar la brecha digital (Fernández-Río *et al.*, 2022).

4. METODOLOGÍA

Este apartado se centra en el desarrollo del videojuego educativo Elemental Home, destacando los aspectos más importantes de los fundamentos de su diseño. Se comienza mostrando el objetivo didáctico del videojuego y los destinatarios. Se continúa describiendo la actividad de partida en la que se basa el videojuego para, a continuación, pasar a mostrar los elementos gráficos y las características del aprendizaje perseguido. Finalmente, se muestran las herramientas empleadas para el desarrollo del videojuego.

4.1. Objetivo didáctico del videojuego

El objetivo didáctico del videojuego es familiarizar a las y los estudiantes con la presencia de los elementos químicos en objetos de la vida diaria, ya que es habitual que el alumnado se acerque con miedo en los cursos de introducción a la química porque otros compañeros han afirmado que se trata de una asignatura difícil o han tenido alguna experiencia negativa (Granath y Russell, 1999).

Dentro de la dinámica del videojuego, el objetivo es buscar y recoger en una casa un listado de objetos en los que están presentes los elementos químicos (por ejemplo, flúor en la pasta de dientes).

4.2. Los destinatarios del videojuego

El videojuego está planteado para los primeros cursos de química tanto en las etapas no universitarias como universitarias. Por tanto, los destinatarios son estudiantes de estas etapas educativas, así como profesorado en formación inicial del Máster en Profesorado en la especialidad de Física y Química o del Grado en Educación Primaria.

El juego está diseñado para un/a jugador/a con idea de favorecer el aprendizaje autónomo de la química y evitar la competición entre estudiantes.

4.3. Actividad de base para la creación del videojuego educativo

El videojuego toma como base una actividad lúdica puesta en práctica con estudiantes de secundaria (Franco-Mariscal, 2007). La actividad, centrada en el enfoque de enseñanza en contexto, consiste en buscar información en distintas fuentes acerca de dónde se encuentran los elementos químicos en objetos o materiales de la vida diaria, y plasmarla en un dibujo en un entorno cotidiano. El alumnado debe indicar junto a cada objeto el elemento químico que contiene. La mayoría de los estudiantes optaron por representar una casa o su barrio como entornos en los que podían encontrar un gran número de elementos químicos. La figura 1 muestra el resultado de la actividad realizado por un estudiante de 3º de E.S.O.

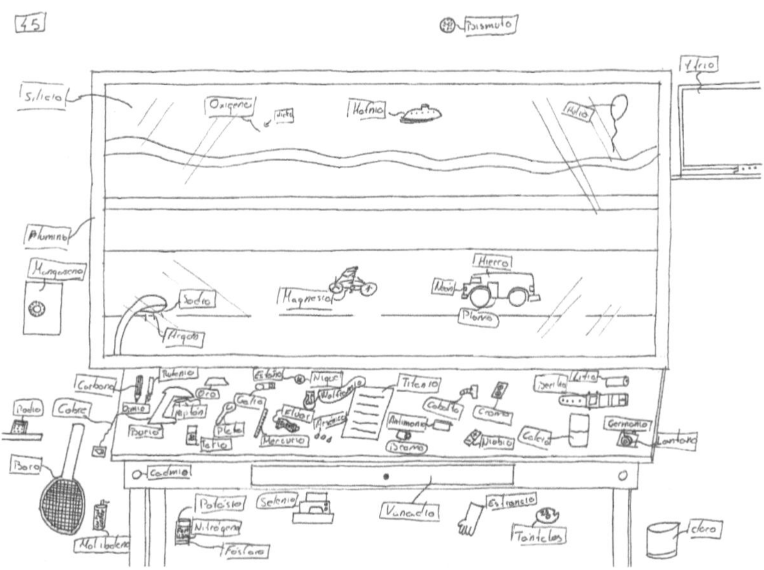

Figura 1. Dibujo de un estudiante de 3º de E.S.O. mostrando distintos objetos en una habitación de su casa. Fuente: Producción de un estudiante.

La transformación de esta actividad a formato videojuego, con los mismos objetivos didácticos, favorecerá el aprendizaje al introducir una componente de motivación en un entorno lúdico.

4.4. Elementos gráficos del videojuego

Este apartado describe los personajes, los escenarios y los objetos como elementos gráficos del videojuego.

Los personajes

El videojuego incluye dos personajes:

- El/la jugador/a: actúa como protagonista y al inicio existe la posibilidad de elegir entre chico y chica.
- Un grupo de científicos: está formado por mujeres y hombres de diferentes culturas y razas con idea de representar la multiculturalidad en la investigación en ciencia y tecnología. Este grupo llega a la casa junto con el personaje que va a jugar la partida y pide al jugador/a que obtenga varios objetos de la casa donde estén presentes ciertos elementos químicos para que puedan analizarlo en el laboratorio, ya que están realizando una investigación. Para ello, se ofrece un listado de elementos químicos a buscar (figura 2). Tras acabar la partida, el grupo de científicos vuelve a la casa para validar los elementos solicitados.

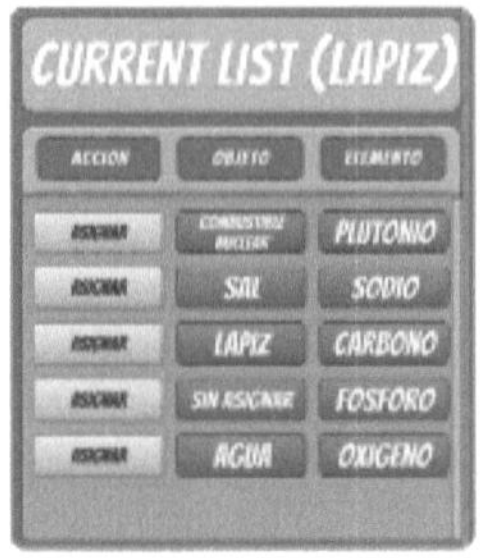

Figura 2. Listado de elementos químicos a buscar y asignación de objetos por el jugador. Fuente: Elaboración propia, 2023.

Los escenarios

Son las distintas habitaciones de una casa en las que están presentes diferentes objetos, que aparecen al azar en cada partida, y que contienen un elemento químico concreto.

A través del videojuego el participante puede ir recorriendo distintas ubicaciones de la casa como el salón, la cocina, el dormitorio, una terraza y un jardín en busca de los objetos solicitados. Los distintos escenarios van apareciendo al avanzar en los niveles del videojuego. La figura 3 muestra el salón y la cocina.

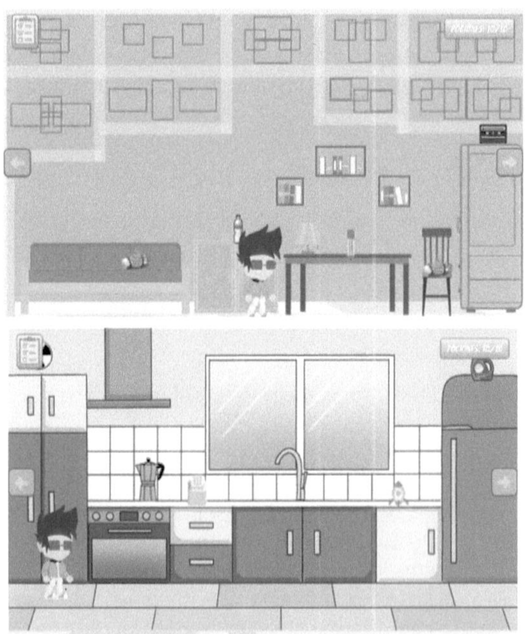

Figura 3. Dos escenarios del videojuego. Fuente: Elaboración propia, 2023.

Los objetos

El videojuego incluye 71 objetos, en cada uno de los cuales está presente un elemento químico. Es importante resaltar que los elementos químicos pueden estar presentes en los objetos de varias formas:

(a) Sustancia elemental: los elementos pueden existir como sustancias puras. Por ejemplo, el oxígeno está presente como el gas O_2 que respiramos, el carbono en la mina de grafito de un lápiz o el hierro puede estar presente como metal.

(b) Compuesto químico: los elementos pueden combinarse entre sí para formar compuestos químicos. Por ejemplo, el agua (H_2O) es un compuesto que contiene los elementos hidrógeno y oxígeno, y la sal de cocina contiene cloro y sodio. Las propiedades de los compuestos son distintas a las de los elementos que lo integran.

(c) Estados de agregación: tanto elementos como compuestos pueden presentarse en los estados sólido, líquido y gaseoso.

(d) Disoluciones: los elementos también pueden estar presentes en forma de disoluciones, donde están disueltos en un disolvente, generalmente agua. Un ejemplo es agua salada que contiene los iones sodio y cloruro. Las disoluciones son comunes en productos alimenticios y de limpieza.

(e) Aleaciones: algunos objetos son mezclas de elementos metálicos. Así, el acero de la estructura de un coche es una aleación de hierro y carbono, y una moneda de bronce es una aleación de cobre y estaño. Las aleaciones poseen propiedades diferentes a las de los elementos individuales y se utilizan en la fabricación de objetos como herramientas, automóviles, etc.

La tabla 1 recoge el listado de objetos que incluye el videojuego, así como los elementos químicos asociados. Se han seleccionado todos los elementos químicos de la Tabla Periódica excepto lantánidos y actínidos.

Elemento químico	Objeto
Elementos del primer período	
Hidrógeno	agua
Helio	gas de globo de feria
Elementos del segundo período	
Litio	batería de móvil
Berilio	resorte de reloj de pulsera
Boro	raqueta de tenis
Carbono	mina de grafito de un lápiz
Nitrógeno	fertilizante
Oxígeno	agua
Flúor	pasta de dientes
Neón	faros antiniebla de un coche
Elementos del tercer período	
Sodio	sal de cocina
Magnesio	bicicleta de carreras
Aluminio	marco de ventana

Silicio	vidrio de ventana
Fósforo	fertilizante
Azufre	vulcanizado del caucho
Cloro	lejía
Argón	gas de bombillas
Elementos del cuarto período	
Potasio	plátano
Calcio	leche
Escandio	cohete espacial
Titanio	pigmentos de pintura y papel
Vanadio	llave inglesa
Cromo	cinta de audio y video
Manganeso	caja de seguridad
Hierro	estructura de coche
Cobalto	cuchilla de afeitar
Níquel	moneda de euro
Cobre	cable eléctrico
Zinc	recubrimiento anticorrosión del coche
Galio	memoria de ordenador
Germanio	lentes de gran angular para cámaras de fotos
Arsénico	perdigones
Selenio	champú anticaspa
Bromo	película fotográfica
Kriptón	lámpara fluorescente
Elementos del quinto período	
Rubidio	célula fotoeléctrica en ascensor
Estroncio	material pirotécnico
Ytrio	pantalla de televisor
Zirconio	cápsula para instrumento de percusión
Niobio	imanes super-magnetos
Molibdeno	lubricante
Tecnecio	elemento radiactivo para investigación médica
Rutenio	plumilla estilográfica
Rodio	repetidor de teléfonos
Paladio	corona dental
Plata	cubierto
Cadmio	chapado de tornillos
Indio	placa solar
Estaño	moneda
Antimonio	detector de infrarrojos del chip de tarjeta de crédito
Telurio	vulcanizado del caucho
Yodo	lámpara halógena
Xenón	proyector

Elementos del sexto período	
Cesio	célula fotoeléctrica en ascensor
Bario	bujía
Lantano	lente para cámaras
Hafnio	submarino nuclear
Tántalo	pesas
Wolframio	filamento de bombilla
Renio	termopar para horno
Osmio	plumilla estilográfica
Iridio	material del que está construida la barra metro patrón
Platino	medalla de platino
Oro	joya
Mercurio	termómetro de mercurio
Talio	insecticida
Plomo	batería de coche
Bismuto	aspersor de agua
Elementos del séptimo período	
Uranio	combustible nuclear
Plutonio	combustible nuclear

Tabla 1. Objetos presentes en el videojuego y elementos químicos asociados.
Fuente: Elaboración propia, 2023.

4.5. Características del aprendizaje

Este apartado describe los niveles del aprendizaje, los elementos de motivación del videojuego y la evaluación del aprendizaje.

Niveles de aprendizaje

El videojuego se plantea en siete niveles que se diferencian en el número de elementos a encontrar en la casa y en el número de habitaciones en los que se ubican. Cada nivel no dispone de tiempo para resolverlo pudiendo el jugador/a realizar las partidas que desee.

Al iniciar el videojuego solo está habilitado el primer nivel, siendo necesario llegar a un nivel medio de aprendizaje para desbloquear los siguientes niveles. Llegado este momento, el jugador puede elegir seguir en el mismo nivel o pasar al siguiente.

El procedimiento de finalización de nivel consiste en que el jugador solicita evaluarse y entonces el grupo de científicos valida el listado de elementos solicitados. En este momento, el jugador recibirá información acerca del número de elementos químicos acertados respecto al total, sobre el nivel de aprendizaje alcanzado y una tabla con las mejores puntuaciones obtenidas de la base de datos del videojuego.

El nivel de aprendizaje alcanzado se informa a través del mensaje "*Tu aprendizaje de los elementos químicos se considera muy bajo / bajo / medio / alto / muy alto*", en función de que el porcentaje de elementos acertados se encuentre de 0 a 24 % (muy bajo), 25 a 49 % (bajo), 50 a 69% (medio), 70 a 89 % (alto) o 90 a 100 % (muy alto).

Las puntuaciones del jugador/a son guardadas en una base de datos on-line, donde se almacenan también los resultados de cada partida como cantidad de aciertos y equivocaciones.

Elementos de motivación para el aprendizaje

El videojuego incluye como motivación el uso de pócimas para obtener pistas sobre los elementos químicos que forman parte de los objetos. El nivel 1 dispone de 10 pócimas que el jugador puede intercambiar por información química (nombre y símbolo químico) de los objetos a modo de pistas. El coste de esta información es dos pócimas (figura 4).

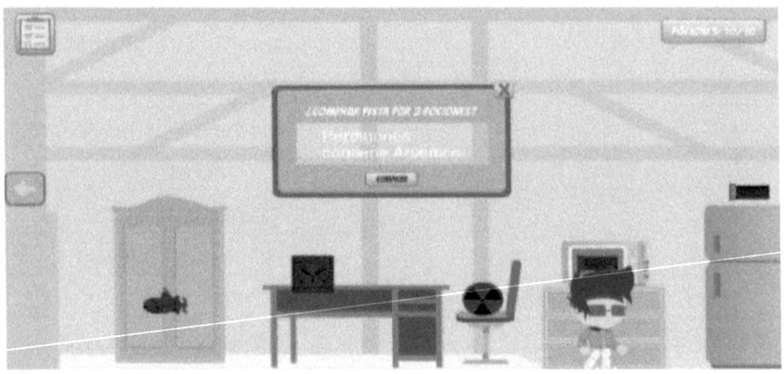

Figura 4. Pista mostrando información para el objeto perdigón.
Fuente: Elaboración propia, 2023.

Al cambiar de nivel se ofrece un número de pócimas como recompensa. Además, el videojuego ofrece otras oportunidades para conseguir pócimas a través de distintas preguntas sobre los elementos químicos que permiten valorar la relación existente entre la química y el medioambiente o el uso responsable de los recursos.

Este tipo de cuestiones pretende contribuir a la transición ecológica desde la educación química creando una concienciación y sensibilización ambiental y para la salud en relación con el uso, la gestión y los problemas asociados a los distintos elementos químicos. Las cuestiones planteadas permitirán, por ejemplo, reflexionar sobre acciones para proteger el medio ambiente de contaminantes, proteger la salud humana de efectos adversos de la contaminación de las aguas, elegir de forma fundamentada productos de limpieza, materiales de construcción o artículos para el hogar, o fomentar medidas de eficiencia energética y de recursos, el reciclaje y la reutilización de materiales. Un ejemplo de pregunta es:

> *¿Qué elemento químico se ha eliminado como aditivo de la gasolina para automoción debido a su alta toxicidad y contaminación ambiental?*
>
> *(a) Azufre. (b) Carbono. (c) Plomo. (d) Hidrógeno.*

Evaluación de aprendizajes

El videojuego incluye un test de autoevaluación para determinar los conocimientos sobre los elementos químicos y su identificación en la vida diaria, así como un test de evaluación en el que el jugador debe recoger una lista de elementos en un tiempo.

4.6. Herramientas para el desarrollo del videojuego

El videojuego se ha diseñado para dispositivos móviles Android y se ha desarrollado con la participación de un equipo de trabajo en el que han formado parte investigadores de didáctica de las ciencias experimentales (los tres autores de este capítulo), programadores y una diseñadora gráfica. En una primera fase se ha desarrollado el videojuego a nivel de prototipo, es decir, sin sonido ni animaciones, que harían necesario el uso de herramientas especializadas en este tipo de tareas.

El motor del desarrollo del videojuego (*Game Engine*) fue *Unity*, creado por *Unity Technology*, que utiliza OpenGL para el sistema operativo Windows, elegida por versatilidad y manejo de uso. Unity permite crear videojuegos en 2D y 3D y requiere conocimientos básicos de programación.

El entorno de desarrollo para la programación de sus componentes, funcionalidades y mecánicas que se han incorporado al videojuego se realizaron con un lenguaje de programación C# y PHP para la conexión con la base de datos.

Algunos de los *assets* o imágenes empleadas para la composición de los escenarios, los personajes, los objetos, así como todos los aspectos visuales del videojuego fueron realizados por una diseñadora gráfica con el programa *Sketchbook*, mientras que otros fueron obtenidos de acceso libre de internet.

5. RESULTADOS

El prototipo de este videojuego se implementó con una muestra piloto de tres estudiantes de bachillerato que participaron en el programa "Hacia la investigación" de la Universidad de Málaga durante el curso 2022-2023, y con tres profesores de Didáctica de las Ciencias Experimentales. Esta puesta en práctica tenía como objetivos comprobar la viabilidad del prototipo por distintos usuarios y analizar fortalezas y debilidades del videojuego. Este prototipo se probó en una versión para ordenador que solo incluía el primer nivel del juego con cuatro escenarios y un total de 20 elementos químicos repartidos entre éstos.

Como instrumento para la recogida de información se empleó el cuestionario mostrado en la figura 5.

La mayoría de los estudiantes encuestados afirmó que habían utilizado juegos y videojuegos para el aprendizaje de la química como las simulaciones de *PhET Colorado*.

Respecto al aprendizaje, coincidían en que la experiencia ayudaba a aprender sobre los elementos químicos ya que permitía relacionar los objetos cotidianos con los elementos que lo contienen (media: 5, en una escala *Likert* de 5 puntos).

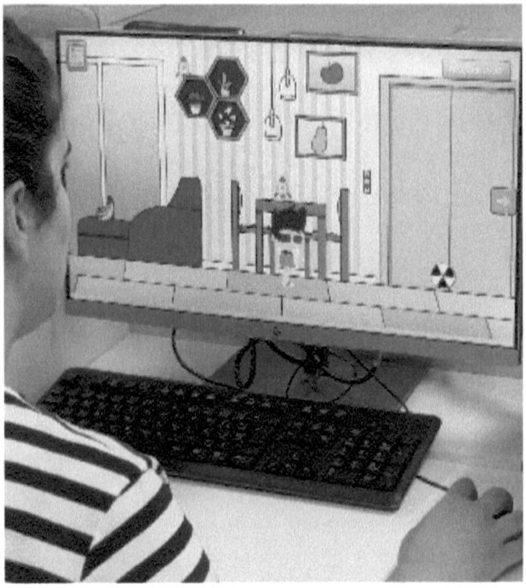

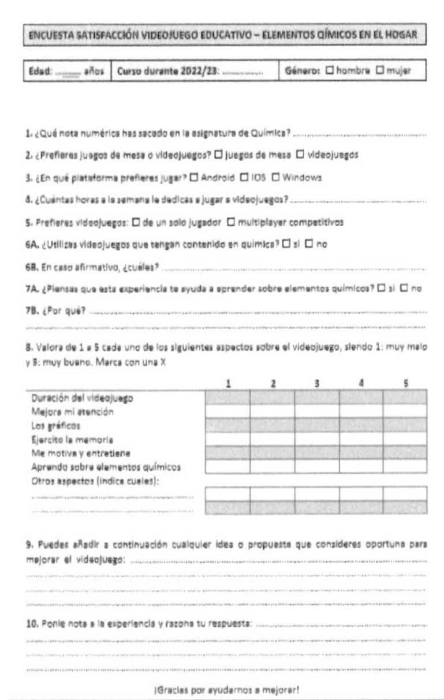

ENCUESTA SATISFACCIÓN VIDEOJUEGO EDUCATIVO – ELEMENTOS QÍMICOS EN EL HOGAR

Edad: .... años	Curso durante 2022/23:	Género: ☐ hombre ☐ mujer

1. ¿Qué nota numérica has sacado en la asignatura de Química? ....
2. ¿Prefieres juegos de mesa o videojuegos? ☐ juegos de mesa ☐ videojuegos
3. ¿En qué plataforma prefieres jugar? ☐ Android ☐ IOS ☐ Windows
4. ¿Cuántas horas a la semana le dedicas a jugar a videojuegos? ....
5. Prefieres videojuegos: ☐ de un solo jugador ☐ multiplayer competitivos

6A. ¿Utilizas videojuegos que tengan contenido en química? ☐ sí ☐ no

6B. En caso afirmativo, ¿cuáles? ....

7A. ¿Piensas que esta experiencia te ayuda a aprender sobre elementos químicos? ☐ sí ☐ no

7B. ¿Por qué? ....

8. Valora de 1 a 5 cada uno de los siguientes aspectos sobre el videojuego, siendo 1: muy malo y 5: muy bueno. Marca con una X

	1	2	3	4	5
Duración del videojuego					
Mejora mi atención					
Los gráficos					
Ejercito la memoria					
Me motiva y entretiene					
Aprendo sobre elementos químicos					
Otros aspectos (indica cuales):					
....					
....					

9. Puedes añadir a continuación cualquier idea o propuesta que consideres oportuna para mejorar el videojuego: ....

10. Ponle nota a la experiencia y razona tu respuesta: ....

¡Gracias por ayudarnos a mejorar!

Figura 5. Alumna jugando al prototipo y cuestionario a cumplimentar por el alumnado. Fuente: Elaboración propia, 2023.

Respecto a las características del videojuego, indicaron que su duración era muy adecuada (media: 5), aunque preferían que fuera multijugador. Asimismo, pusieron en valor que ayuda a mejorar su atención (media: 4), a ejercitar la memoria (media: 5), a la vez que motiva y entretiene (media: 5). Como aspecto mejorable, indicaron los gráficos utilizados para los objetos (media: 3,5). La valoración global de la experiencia recibió la calificación de 9 puntos sobre 10.

6. DISCUSIÓN / CONCLUSIONES

Este trabajo ha presentado el diseño de un prototipo del videojuego *Elemental Home* que pretende que el alumnado adquiera conocimientos sobre elementos químicos en la vida diaria, concretamente en los objetos presentes en su casa, y se sensibilice de la importancia de la química en su vida cotidiana. El videojuego se diseñó atendiendo a la característica principal de un “serious game”, que prioriza el contenido del tema, desplazando el entretenimiento al segundo lugar. No obstante, el alumnado consideró bastante entretenido y adictivo el videojuego, sobre todo al comparar sus resultados entre iguales.

El diseño del videojuego ha priorizado que, tanto sus componentes fundamentales como su mecánica, sean capaces de involucrar al alumnado en conocimientos químicos, de manera que el jugador pueda aprender en base a la práctica, conforme siga utilizando el videojuego. Además, las preguntas que se plantean a lo largo del videojuego deben ayudarles a reflexionar sobre el papel de los elementos químicos en el medio, así como sus beneficios y perjuicios para el medio ambiente y la salud. De la implementación realizada se evidencia un destacado interés inicial por parte de los estudiantes, que valoran el juego como útil para el aprendizaje y el entretenimiento.

7. REFERENCIAS

Bayir, E. (2014). Developing and playing chemistry games to learn about elements, compounds, and the Periodic Table: Elemental Periodica, Compoundica, and Groupica. *Journal of Chemical Education, 91*(4), 531-535. https://doi.org/10.1021/ed4002249

Blanco, A., España, E. y Franco-Mariscal, A. J. (2017). Estrategias didácticas para el desarrollo del pensamiento crítico en el aula de ciencias. *Ápice, Revista de Educación Científica, 1*(1), 107-115. https://doi.org/10.17979/arec.2017.1.1.2004

Cabero, J., Leiva, J. J., Moreno, N. M., Barroso, J. y López, E. (2016). *Realidad Aumentada y Educación. Innovación en contextos formativos.* Octaedro.

De Jong, O. (2006). Making chemistry meaningful: conditions for successful context-based teaching. *Educación Química, 17*(4, extra), 215-221. 10.22201/fq.18708404e.2006.4e.66010

Fernández-Río, J., López, M., Pérez, A., Hortigüela, D. y Manso, J. (2022). La brecha digital destapada por la pandemia del coronavirus: Una investigación sobre profesorado y familias. *Revista Complutense de Educación, 33*(2), 351-360. https://dx.doi.org/10.5209/rced.74389

Franco-Mariscal, A. J. (2007). La búsqueda de los elementos en secundaria. *Alambique, Didáctica de las Ciencias Experimentales*, 51, 98-105.

Franco-Mariscal, A. J. (2011). *El juego educativo como recurso didáctico en la enseñanza de la clasificación periódica de los elementos químicos en educación secundaria.* (Tesis Doctoral). Universidad de Cádiz.

Franco-Mariscal, A. J. (2014). How Can We Teach the Chemical Elements to Make the Memorization Task More Enjoyable? *Foundations of Science, 19*(2), 185–188. https://doi.org/10.1007/s10699-014-9355-1

Franco-Mariscal, A. J. (2015). Exploring the Everyday Context of Chemical Elements: Discovering the Elements of Car Components. *Journal of Chemical Education, 92*(10), 1672-1677. https://doi.org/10.1021/acs.jchemed.5b00164

Franco-Mariscal, A. J. (2018). Discovering the chemical elements in food. *Journal of Chemical Education, 95*(3), 403-409. https://doi.org/10.1021/acs.jchemed.7b00218

Franco-Mariscal, A. J., Oliva, J. M. y Bernal, S. (2012). An Educational Card Game for Learning Families of Chemical Elements. *Journal of Chemical Education, 89*(8), 1044-1046. https://doi.org/10.1021/ed200542x

Franco-Mariscal, A. J., Oliva, J. M., Blanco, A. y España, E. (2016). A Game-Based Approach To Learning the Idea of Chemical Elements and Their Periodic Classification. *Journal of Chemical Education, 93*(7), 1173-1190. https://doi.org/10.1021/acs.jchemed.5b00846

Gilbert, J. (2006). On the nature of "context" in chemical education. *International Journal of Science Education, 28*(9), 957-976. https://doi.org/10.1080/09500690600702470

Granath, P. L. y Russell, J. V. (1999). Using Games to Teach Chemistry. 1. The Old Prof Card Game. *Journal of Chemical Education, 76*(4), 485. https://doi.org/10.1021/ed076p485

Haz, L., Guarda, T., León, M., Chalén, M. y Arguello, L. (2018). Playability Applied in Education. En A. Rocha and T. Guarda (Eds.), *Developments and Advances in Defense and Security* (pp. 299–306). Springer.

Horizon Report (2021). *Educause Horizon Report 2021: Teaching and Learning*. Educause.
Lee, C. H., Zhu, J. F., Lin, T. L., Ni, C. W., Hong, C. P., Huang, P. H., Chuang, H. L., Lin, S. Y. y Ho, M. L. (2016). Using a Table Tennis Game, "Elemental Knock-Out", To Increase Students' Familiarity with Chemical Elements, Symbols, and Atomic Numbers. *Journal of Chemical Education, 93*(10), 1744-1748. https://doi.org/10.1021/acs.jchemed.6b00341
Marín-Suelves, D., Esnaola, G. y Dorato, D. (2022). Videojuegos y educación: Análisis de tendencias en investigación. *Revista Colombiana de Educación, 1*(84), 1-17. https://doi.org/10.17227/rce.num84-12125
Martí-Centelles, V. y Rubio-Magnieto, J. (2014). ChemMend: A Card Game to Introduce and Explore the Periodic Table while Engaging Students' Interest. *Journal of Chemical Education, 91*(6), 868-871. https://doi.org/10.1021/ed300733w
Martín del Pozo, M., García-Valcárcel, A. y Basilotta, V. (2017). Participación educativa en el desarrollo de serious games sobre bullying y uso seguro de Internet: Caminando se hace el camino. *Revista Interuniversitaria de Investigación en Tecnología Educativa*, 3, 13–24. http://dx.doi.org/10.6018/riite/2017/312881
Michael, D. y Chen, S. (2006). *Serious games. Games that educate, train and inform*. Mason, OH., Course Technology, CENGAGE Learning.
NGSS Lead States (2013). Next generation science standards: For states, by states. Achieve, Inc. on behalf of the twenty-six states and partners that collaborated on the NGSS. Retrieved from www.nextgenscience.org/
Orlik, Y. (2002). *Chemistry: Active Methods of Teaching and Learning*. Iberoamerica Publ.
Prensky, M. (2001). *Digital Game-Based Learning Revolution*. McGraw Hill.
Quinn, H. Schweingruber, H. y Keller, T. (2012). *A Framework for K-12 Science Education: Practices, Crosscutting Concepts, and Core Ideas*. National Academies Press.
Reig, D. y Vílchez, L. F. (2013). *Los jóvenes en la era de la hiperconectividad: tendencias, claves y miradas*. Fundación Telefónica.
Scerri, E. (2007). *The Periodic Table. Its story and its significance*. Oxford University Press.
Siemens, G. (2004). Connectivism: A learning theory for the digital age. I*nternational Journal of Instructional Technology and Distance Learning (ITDL)*, 2. http://www.itdl.org/Journal/Jan_05/article01.htm.
Tan, K. C. D. y Chee, Y. S. (2014). Playing games, learning science: promise and challenges. *Australian Journal of Education in Chemistry*, 73, 20-28. http://hdl.handle.net/10497/16981

APLICACIÓN WEB QUE VALIDA CERTIFICADOS DE SEGURIDAD DE LOS ENLACES DE E-COMMERCE DE LAS MIPYMES DEL SECTOR TERCIARIO DE FUSAGASUGÁ-CUNDINAMARCA

Alexander Gordillo Gaitán[1]

Este proyecto nace en el marco de un proyecto de investigación de la Universidad de Cundinamarca, "Marco de gestión de ciberseguridad para MiPymes sector terciario del municipio de Fusagasugá-Cundinamarca".

1. INTRODUCCIÓN

A raíz de las restricciones y medidas de confinamiento para evitar la propagación del virus covid-19, se aceleró la transición a la industria 4.0 por lo que la mayoría de las MiPymes del municipio de Fusagasugá se vieron obligadas a cambiar su modelo de negocios implementando el comercio electrónico (*e-commerce*, por sus siglas en inglés) para brindar una mayor accesibilidad a sus servicios permitiendo el crecimiento del mercado de manera remota y eficiente. Sin embargo, a medida que aumenta el número de transacciones en línea, también aumenta la posibilidad de que los usuarios sean víctimas de fraudes y robos de datos a través de enlaces maliciosos.

La Universidad de Cundinamarca propone un proyecto marco con el fin de brindar tranquilidad tanto a los clientes como a los empresarios en el momento de realizar sus transacciones electrónicas, debido a que las MiPymes del sector terciario del municipio representan un gran porcentaje para la economía de Fusagasugá, por lo tanto, presentan mayor vulnerabilidad a los diferentes tipos de ataques informáticos.

2. OBJETIVOS

Objetivo general: desarrollar una aplicación web que valide los certificados de seguridad de los enlaces de *e-commerce* de las MiPymes del sector terciario de Fusagasugá, Cundinamarca

Objetivos específicos:

- Identificar los criterios y funciones de la aplicación web para la validación de certificados de ciberseguridad para las MiPymes del sector terciario de Fusagasugá.

1. Universidad de Cundinamarca (Colombia)

- Establecer la metodología de desarrollo para la aplicación web considerando los criterios y funcionalidades.
- Desarrollar las etapas del diseño *frontend* y la validación de los certificados de seguridad de los enlaces de *e-commerce* de la aplicación.
- Realizar el despliegue y pruebas de verificación de las funciones y criterios de la aplicación web en un servidor de producción.

3. MARCO TEÓRICO

3.1. MiPymes

Las micro, pequeñas y medianas empresas (MiPymes) son aquellas empresas que tienen un número limitado de empleados y un volumen de facturación y activos relativamente bajo en comparación con las grandes empresas. En Colombia, la Ley 590 de 2000 define a las MiPymes como empresas que tienen hasta 200 empleados y activos totales igual o inferior a 15.000 salarios mínimos legales mensuales vigentes (Ley 590 de 2000).

Las MiPymes son importantes en la economía de muchos países porque representan una gran parte de las empresas y generan una cantidad significativa de empleo y actividad económica. Debido a su tamaño y recursos limitados, las MiPymes pueden enfrentar desafíos únicos en cuanto a financiamiento, recursos humanos y gestión (Dini *et al.*, 2020) pero también tienen la capacidad de ser ágiles, innovadoras y adaptarse rápidamente a los cambios del mercado.

3.2. E-commerce

El comercio electrónico, según la Comisión Europea, se refiere a cualquier actividad en la cual las empresas realizan negocios mediante algún medio electrónico ya sea con clientes o entre las mismas. Entre las actividades se incluye la compra y pago en línea de productos o servicios, subastas, marketing y servicios post-venta. Finalmente, es la manera en que las partes involucradas en una negociación interactúan electrónicamente sin necesidad de contacto directo. (Paredes Hernández y Velasco Espitia, 2014).

3.3. Ciberseguridad

Se refiere a los procedimientos, practicas o tecnologías utilizadas para la protección de la información, los sistemas informáticos y de las redes contra ataques o daños (Giant, 2016). La ciberseguridad incluye protección contra virus, gestión de contraseñas, autenticación de usuarios y recuperación de datos (IBM, 2020).

La ciberseguridad es indispensable para mantener la integridad, confidencialidad y disponibilidad de la información crítica de organizaciones y usuarios quienes se deben formar para evitar comportamientos que pongan en riesgo datos confidenciales puesto que la mayoría de los ataques se relacionan con la ingeniería social que tiene como objetivo engañar a los usuarios para obtener datos personales, credenciales o contraseñas para posteriormente extorsionar (ESIC Business & Marketing School, 2020).

3.4. SSL/TLS

SSL (*Secure Sockets Layer*) y TLS (*Transport Layer Security*) son protocolos de seguridad criptográfica usados especialmente para establecer una conexión segura en Internet, permitiendo una comunicación segura entre el navegador y el servidor con el fin de asegurar la confidencialidad, integridad y autenticidad de la información que se transmite. Adicionalmente, al encriptar los datos se brinda la autenticación y validación de la identidad del servidor, de esta manera de garantiza la conexión a sitios seguros (AWS, 2023).

3.5. Estándares ciberseguridad MiPymes

Los estándares son las especificaciones técnicas o normas utilizadas de manera voluntaria. En la ciberseguridad estos estándares son aprobados por organizaciones reconocidas a través de comités técnicos que determinan que normas se incluyen en las diferentes versiones de los estándares (Becolve Digital, 2021). Con el paso del tiempo van incrementando las amenazas y tecnologías por lo que se deben adaptar los estándares a la realidad.

Entre los estándares y normas más reconocidos para *e-commerce* se pueden encontrar:

Marco de Ciberseguridad del Instituto Nacional de Estándares y Tecnología (NIST) el cual ayuda a empresas a entender los riesgos de ciberseguridad, administrarlos y mitigarlos por medio de buenas prácticas a la hora de proteger los de datos y redes, está diseñado para ser adaptable a diferentes tipos de organizaciones y sectores. Se divide en cinco etapas: Identificación, protección, detección, respuesta y recuperación. En cada etapa se incluyen controles que se aplican para mejorar la ciberseguridad de una organización (Comisión Federal de comercio, 2019).

ISO 27001 es un estándar desarrollado por la Organización Internacional de Normalización (ISO) y la Comisión Electrotécnica Internacional (IEC) diseñado para asegurar la confidencialidad, integridad y disponibilidad de la información de una organización y proceso que realizan. Además, establece de manera general como gestionan y reducen los riesgos para planificar, implementar y controlar el sistema de gestión de seguridad de la información (SGSI) por lo que cualquier empresa u organización puede poner en práctica un SGSI basado en este estándar (ISO, 2022).

Controles de CIS (*Center for Internet Security*), un conjunto de buenas prácticas en seguridad informática y acciones que ayudan a prevenir de manera efectiva las fugas de datos, robos de identidad, espionaje corporativo, pérdida de privacidad, entre otras amenazas de mayor peligro y alcance (Ciberseguridad, 2021). Al implementar estos controles en la empresa se cumple con los estándares de ciberseguridad mencionados con anterioridad.

Estándar de Seguridad de Datos de la Industria de Tarjetas de Pago (PCI DSS) el cual tiene como objetivo incrementar y mejorar las estrategias para la protección de datos del titular de la tarjeta y datos autenticación (Acosta, 2022). Es aplicado a entidades que realizan procesamiento, almacenamiento y/o transmisión de dichos datos confidenciales (AWS, 2018). Además, este estándar es utilizado para proteger de amenazas y vulnerabilidades los elementos en el ecosistema de pagos (PCI Security Standard Council, 2022).

3.6. Metodologías de desarrollo de software

Las metodologías de desarrollo de software son las prácticas y procesos que se establecen una serie de pasos para planificar, diseñar, construir y mantener aplicaciones de software de manera eficiente (Maida *et al.*, 2015). Actualmente se encuentran dos tipos de metodologías de desarrollo de software: tradicionales y ágiles.

Metodologías de desarrollo de software tradicional: se destacan por definir estrictamente los requisitos desde el inicio del proyecto, tiene poca flexibilidad y presenta resistencia a los cambios. Entre ellas se encuentran: *waterfall, prototyping,* espiral, incremental, RAD, entre otras (Santander Universidades, 2020).

Metodologías de desarrollo de software ágiles: se caracterizan por su flexibilidad y productividad de los equipos de trabajo, este tipo de metodología se adapta fácilmente a las necesidades que surgen en el desarrollo lo cual permite obtener aplicaciones más funcionales. Algunas de estas metodologías son: Kanban, Scrum, Lean, Crystal, FDD, ASD, Programación extrema (XP) (Santander Universidades, 2020).

3.7. Design thinking - UX/UI

Es un método de diseño enfocado en el usuario el cual combina la metodología *design thinking* con los principios de diseño de experiencia de usuario (UX) e interfaz de usuario (UI). Por lo tanto, se enfoca en entender las necesidades de los clientes y de esta manera crear una solución que satisfaga las necesidades de manera efectiva y atractiva visualmente (Design Thinking, 2023). Para implementar este método se presenta un proceso iterativo que consta de:

- Empatizar con el usuario.
- Definir las necesidades de los usuarios conociendo el problema, se analiza la competencia y se definen objetivos.
- Diseñar ideas innovadoras para dar solución a la problemática.
- Desarrollar los prototipos.
- Validar los prototipos con usuarios evaluando la efectividad. (Dai, 2022)

4. METODOLOGÍA

El proyecto cuenta con las siguientes fases de gran importancia para llevar a cabo el desarrollo de la aplicación web.

4.1. Identificación de necesidades

En la primera fase del desarrollo del proyecto se realizó la captura de información por medio de encuestas para conocer los requerimientos y necesidades que presentaban los empresarios de las MiPymes del sector terciario en el municipio de Fusagasugá en las actividades correspondientes al *e-commerce*. Dicha encuesta contaba con preguntas afín con las herramientas que ofrece la aplicación.

Se realizó un análisis con la información obtenida, determinando patrones y tendencias en las necesidades de los empresarios respecto a la ciberseguridad en las transacciones y procesos que realizan en línea, con el fin de adaptar la aplicación web de tal manera que se enfrenten los desafíos presentados. Finalmente se documentaron los criterios presentados para el diseño de la aplicación web y así, garantizar la coherencia en la descripción de los elementos de diseño

4.2. Revisión metodologías desarrollo de software

Se llevó a cabo la revisión de documentos donde trabajan proyectos de software en fuentes confiables como IEEE XPLORE, SCOPUS entre otras herramientas, para tener como referencia las diferentes metodologías usadas en cada uno de ellos y de esta forma evaluarlas de acuerdo con los objetivos y criterios del proyecto. Al comparar las metodologías se determinaron las ventajas, desventajas y propiedades de cada una de ellas, paso fundamental para la elección de la más adecuada con base a las necesidades del proyecto. Luego, se establecieron las fases del proceso de desarrollo, mecanismos de seguimiento y función de las personas involucradas en el proyecto.

4.3. Desarrollo de frontend y *Backend*

En esta fase del proyecto se construyeron las partes visibles y funcionales de la aplicación web. Se realizó el diseño de *frontend* basado en la experiencia de usuario, revisando todos los aspectos necesarios como paleta de color, tipografía y elementos relevantes en el diseño. Se procedió a la creación de prototipo para garantizar el cumplimiento de los criterios establecidos por los clientes.

En el desarrollo del *backend*, se creó cada uno de los componentes necesarios para el funcionamiento de la aplicación, se eligió el lenguaje de programación adecuado para manejar las solicitudes realizadas desde el *frontend.*

4.4. Despliegue de aplicación y verificación de criterios

Por último, se integra el *backend* y el *frontend* y se procede a la configuración del servidor y las diferentes herramientas para tener disponible la aplicación. Además, se realizan pruebas para verificar que se cumplan cada uno de los criterios establecidos inicialmente, garantizando también la seguridad, rendimiento y usabilidad de cada una de las herramientas de la aplicación web.

5. RESULTADOS Y DISCUSIÓN

Para llevar a cabo la identificación de las necesidades que se presentaban en las MiPymes del sector terciario de Fusagasugá, en primer lugar, se hizo un estudio en el cual se evidenció un progreso notable en los sectores de educación, turismo, transporte y recreación. Luego de esto, gracias a bibliografía de la Universidad de Cundinamarca e información que brindó la Cámara de Comercio, se evidenciaron 3.421 MiPymes y entre las cuales los hogares geriátricos, hoteles y gastrobares cuentan con una influencia superior al 50% por lo que se consideraron el objeto de estudio de este proyecto con el fin de mejorar la ciberseguridad en los procesos de comercio electrónico.

Al tener las empresas de estudio se procedió a realizar encuestas a 50 MiPymes seleccionadas por medio de muestreo no probabilístico con el objetivo de conocer los retos y necesidades que presentan en las transacciones de *e-commerce* para lograr darles solución. Además, se observó la exposición que tienen las MiPymes a diferentes amenazas en las transacciones en línea así que se necesitaba una herramienta que mejorara la ciberseguridad. Entre los resultados de la encuesta se obtuvo lo que los usuarios requerían de la aplicación web como una página de verificación de certificados SSL/TLS de los enlaces, consejos o *tips* que pudieran tener en cuenta para mejorar la seguridad tanto de las MiPymes como de los clientes y finalmente un manual de usuario donde pudieran resolver dudas de la aplicación.

Posteriormente, se llevó a cabo un análisis de diversos proyectos y artículos que involucraban el desarrollo de aplicaciones web y la implementación de diferentes metodologías de desarrollo de software. Durante la revisión bibliográfica, se identificaron y analizaron enfoques tradicionales como el modelo en cascada, el prototipado, el incremental y el enfoque en espiral, así como metodologías ágiles como SCRUM, Kanban, XP y *Design Thinking.* Se examinaron las características, ventajas y desventajas de cada metodología, evaluándolas en relación con los requisitos del proyecto, la flexibilidad y la entrega, con el objetivo de seleccionar la más adecuada.

Considerando lo anterior, se determinó que la metodología más adecuada para cumplir con los requisitos establecidos en el diagnóstico era Kanban. Esta metodología resultó atractiva debido a su seguimiento mediante tableros visuales, su flexibilidad como enfoque ágil y su capacidad para adaptarse a las necesidades del proyecto. Además, se tuvo en cuenta el *Design Thinking* durante la fase de diseño de soluciones, con el fin de crear una interfaz gráfica intuitiva y fácil de usar que satisfaga los criterios y necesidades de los clientes.

En cuanto al diseño del *frontend,* se evaluaron diversos modelos utilizados en la industria, considerando sus características, ventajas y desventajas. Después de realizar este análisis, se optó por el modelo de diseño basado en la experiencia del usuario y el diseño responsivo, con el objetivo de desarrollar una aplicación web intuitiva y minimalista que se adapte a diferentes tipos de pantallas, facilitando así la realización de búsquedas por parte del usuario sin inconvenientes.

Una vez elegidos los modelos apropiados para el diseño del *frontend*, se realizaron los *Wireframes.* Estos representan la estructura básica de la interfaz, teniendo en cuenta las necesidades de los clientes, y brindan soluciones que cumplen con los requisitos establecidos, considerando la experiencia del usuario, la funcionalidad de la aplicación y la usabilidad del diseño.

Después, se llevó a cabo el diseño de los mockups par tener una idea clara de cómo se vería el producto final, se utilizó la tipografía *Roboto condensed* caracterizada por su legibilidad, aportando modernidad y facilidad de lectura. Los colores utilizados en la aplicación son azul, gris y blanco encargados de transmitir seguridad y logrando un adecuado contraste con el texto. Por último, se incorporaron iconos para mejorar la accesibilidad y facilitar la navegación. Posteriormente, se desarrolló el *frontend* utilizando el Framework Angular pues, permitió una amplia compatibilidad al ser una herramienta que admiten los navegadores. Adicional a ello, angular es respaldado con Google por lo que se mantiene actualizado con los estándares web. Esta elección también brindó flexibilidad para personalizar la aplicación y hacerla más agradable al usuario.

Al tener el *frontend,* se llevó a cabo el desarrollo del *backend* usando *laravel,* para la verificación de los certificados de seguridad con la biblioteca *phpseclib* la cual es de código abierto y permite la implementación de diferentes funciones y clases para la manipulación de certificados. Además, la función *openssl_x509_parse* que permitió la obtención de los datos de importancia del certificado, tomando como entrada el certificado en un formato codificado Base64 con tal de ser legible y retornando un array con los detalles del mismo tales como emisor, vigencia y la clave pública.

En la actualidad, el proyecto se encuentra en la fase de integración del *backend* y *frontend* con el objetivo de preparar el despliegue de la aplicación en un servidor remoto. Una vez realizado el despliegue, se procederá a validar los criterios establecidos por el usuario, los cuales incluyen la incorporación de un verificador de certificados de enlaces en la página principal. Además, se desarrollará una sección que brinde consejos y buenas prácticas tanto para empresarios como para clientes, y se creará un manual de usuario para facilitar la comprensión y aprovechamiento de las funcionalidades ofrecidas por la aplicación web, buscando optimizar la experiencia de los usuarios.

Durante este proceso de validación, se evaluará el rendimiento de la aplicación, incluyendo aspectos como el tiempo de carga, el uso de ancho de banda y la seguridad. El objetivo final es garantizar que la aplicación esté disponible y funcional para los usuarios, proporcionando una experiencia óptima y cumpliendo con los requisitos establecidos.

6. CONCLUSIONES

Tras analizar las encuestas realizadas a MiPymes del sector terciario de Fusagasugá, se identificaron desafíos y necesidades en cuanto a conocimientos, habilidades y prácticas de seguridad informática. Estas empresas requieren implementar controles y fortalecer la protección de la confidencialidad e integridad de los datos, tanto internos como de sus clientes, especialmente en actividades de comercio electrónico.

La elección de una metodología de desarrollo de software resultó beneficiosa para el proyecto, ya que proporcionó una estructura y organización claras desde el principio, lo que incrementó la eficiencia y al mismo tiempo permitió adaptarse a los requisitos identificados. Se optó por una combinación de metodologías, creando un enfoque híbrido que abarcó todos los aspectos necesarios para cumplir con los objetivos establecidos.

En la etapa de implementación del *frontend*, los *wireframes* y *mockups* desempeñaron un papel fundamental. Estas representaciones visuales brindaron una visión clara de la estructura y diseño de la aplicación, facilitando el desarrollo de la interfaz de usuario de manera efectiva. Al contar con una guía visual, se pudo interpretar con precisión los elementos del diseño al momento de escribir el código, asegurando la calidad del producto final.

En conclusión, el desarrollo de la aplicación web para validar la seguridad y confiabilidad de los enlaces en el comercio electrónico ha sido de vital importancia para las MiPymes. Al fortalecer la seguridad en línea y proporcionar una herramienta efectiva y de fácil acceso, se reducen los riesgos de ataques cibernéticos y vulnerabilidades en la integridad de los datos de los clientes durante las transacciones.

7. REFERENCIAS

Ley 590 de 2000. *Por la cual se dictan disposiciones para promover el desarrollo de las micro, pequeñas y medianas empresa.* Julio 12 de 2000. DO. N°44078.

Acosta, D. (2022, 18 de agosto). *¿Qué es PCI DSS?* PCI HISPANO. https://www.pcihispano.com/que-es-pci-dss/

AWS (2018). *PCI DSS: Certificación PCI DSS de nivel 1.* Amazon Web Service, Inc. https://aws.amazon.com/es/compliance/pci-dss-level-1-faqs/

AWS (2023). *¿Qué es un certificado SSL?: Explicación del certificado SSL/TLS.* Amazon Web Service, Inc. https://aws.amazon.com/es/what-is/ssl-certificate/

Becolve Digital (2021, 29 de julio). *Estándares de ciberseguridad. Qué son y para qué sirven.* Becolve Digital. https://acortar.link/ZVU5Q6

Ciberseguridad (2021, 27 de octubre). *Guía completa sobre controles de seguridad CIS.* Ciberseguridad. https://acortar.link/xjZg4F

Comisión Federal de comercio (2019, 16 de abril). *Marco de ciberseguridad del NIST.* https://acortar.link/xyrzu9

Dai, A. (2022, 16 de mayo). *The Ultimate UX Design Thinking Process In 2022.* UX Planet. https://acortar.link/YlP5Pg

Design Thinking (2023, 7 de febrero). Design Thinking en español. https://www.designthinking.es/inicio/index.php

Dini, M. y Stumpo, G. (2020). *Mipymes en América Latina: un frágil desempeño y nuevos desafíos para las políticas de fomento.* CEPAL. https://hdl.handle.net/11362/44148

ESIC Business & Marketing School (2020). *Definición de la ciberseguridad y su riesgo.* ESIC. https://www.esic.edu/rethink/tecnologia/definicion-ciberseguridad-riesgo

Giant, N. (2016). *Ciberseguridad para la i-generación* (1). Narcea. https://acortar.link/tQBPnH

IBM (2020). *¿Qué es la ciberseguridad?.* IBM - México. https://www.ibm.com/mx-es/topics/cybersecurity

International Organization for Standardization. (2022). Information security management systems ISO/IEC 27001:2022. https://www.iso.org/standard/27001

Maida, E. G. y Pacienzia, J. (2015). *Metodologías de desarrollo de software [Tesis de Licenciatura en Sistemas y Computación.* Universidad Católica Argentina. Repositorio Institucional UCA. https://repositorio.uca.edu.ar/handle/123456789/522

Paredes Hernández, E. y Velasco Espitia, M. E. (2014). *Comercio Electrónico.* Universidad de Pamplona. https://acortar.link/g0wIxG

PCI Security Standard Council, LLC. (2022). *Payment Card Industry Estándar de Seguridad de Datos PCI DSS.* https://acortar.link/7kANaI

Santander Universidades (2020). *Metodologías de desarrollo de software: ¿qué son?* Santander. https://acortar.link/A0YwhQ

HERRAMIENTA DIAGNÓSTICA EMPRESARIAL OFIMÁTICA: EL CASO DE LUZ CAFÉ LAB

Camilo Mauricio Grillo Torres[1]

El presente texto nace en el marco del proyecto de investigación Diseño de una herramienta ofimática para el Diagnostico empresarial de las MiPymes en Cundinamarca.

1. INTRODUCCIÓN

Gran número de microempresas, y pequeñas compañías en Colombia, enfrentan dificultades en su actual administración organizativa debido a que sus líderes no poseen habilidades suficientes para la gestión eficiente de recursos, particularmente, falencias en conocimientos especializados de planificación por parte de los encargados; no obstante, estos entes corporativos han demostrado habilidad para encarar los desafíos impuestos por la situación económica para lograr resultados encaminados al éxito (Romero, *et al.*, 2021). Esta problemática se convierte en un escollo gerencial, exacerbado por las constantes transformaciones económicas derivadas de la internacionalización de los mercados que, por otro lado, exigen a estas empresas ampliar su perspectiva de mercado para enfrentar la creciente y rigurosa competencia empresarial (Leyva, *et al.*, 2018).

Según Muñiz (2017), uno de los principales desafíos que enfrentan las compañías es la implicación de sus directivos en las actividades cotidianas, lo que dificulta centrarse en el adecuado funcionamiento de los diferentes departamentos empresariales. En consecuencia, resulta fundamental llevar a cabo evaluaciones que permitan medir la eficiencia organizacional. Asencio *et al.* (2017) coincide con este enfoque, estos autores realizaron un estudio organizativo para determinar el nivel de evolución alcanzado por las corporaciones, para ello, identificaron fortalezas y áreas de mejora, así como los obstáculos que limitan su crecimiento y los elementos clave que facilitan el logro de los objetivos establecidos.

Desde lo expuesto por González *et al.* (2021), la evaluación organizacional comprende un análisis riguroso de todas las áreas funcionales y directivas de una organización, con el propósito de perfeccionar el proceso de toma de decisiones y fomentar la mejora continua de los procesos y los resultados alcanzados. En otras palabras, este escrutinio meticuloso examina cada faceta de la empresa que incide en el logro de las metas y objetivos

---

1. Corporación Universitaria de Asturias (España)

establecidos en un contexto real, ofreciendo información crucial para la puesta en marcha de estrategias efectivas a corto, mediano y largo plazo.

Recientes investigaciones llevadas a cabo por (Sansores, *et al.*, 2021; Taipe, *et al.*, 2021) han detectado oportunidades clave para el progreso y expansión de las organizaciones. Entre los factores críticos se hallan la deficiente elaboración de estrategias a largo plazo, la comunicación y colaboración inadecuada entre diversos departamentos, la ausencia de un área de recursos humanos estructurada y enfocada en la capacitación del personal, la falta de incentivos no económicos y la redacción imprecisa en los manuales de procedimientos. Además, las empresas deben abordar varios desafíos, incluyendo posibles crisis económicas, competidores respaldados por organismos internacionales de calidad y cambios socioeconómicos y culturales.

En un entorno empresarial en constante cambio, las micro y pequeñas empresas (MiPymes) deben adoptar enfoques de gestión estratégica que les permitan tomar decisiones acertadas basadas en información actualizada y relevante, proveniente de las distintas áreas operativas y gerenciales del negocio. Por lo tanto, es esencial que la dirección del equipo cuente con las competencias necesarias para llevar a cabo un liderazgo estratégico efectivo y lograr las metas establecidas, optimizando el uso de los recursos disponibles. Así, estas compañías estarán en posición de enfrentar cualquier fluctuación que pueda surgir en el entorno, el mercado, o a su propio interior.

2. MARCO TEÓRICO

El diagnóstico empresarial constituye un elemento esencial para llevar a cabo un análisis exhaustivo y sistemático de una organización, con el propósito de identificar tanto sus logros como las áreas de desarrollo. El objetivo principal de este enfoque es aplicar estrategias eficientes que mejoren el desempeño empresarial, un factor clave para cumplir con las metas y aspiraciones de la organización, evitar la improvisación y asegurar su rentabilidad y competitividad. Asimismo, el estudio organizacional tiene una relevancia sobresaliente, ya que puede proporcionar soluciones a los desafíos que surgen en el entorno empresarial, como lo presentan (Mendonça *et al.* 2020; Bravo *et al.* 2019).

Por otro lado, Cantos (2017) enfatiza la importancia del análisis empresarial como una herramienta valiosa para la toma de decisiones, el cual debe ser considerado como un proceso holístico. Adicionalmente, la evaluación del desempeño empresarial es indispensable para determinar el nivel de consecución de los objetivos establecidos por la organización, según Barrios *et al.* (2020). En este contexto, el aprendizaje organizacional incide de manera significativa en la optimización del rendimiento de las empresas permitiendo una mayor adquisición, preservación, interpretación, distribución, creación y evaluación de conocimientos con el fin de mejorar el aprendizaje dentro de la organización, como lo mencionan Camilo *et al.* (2020). Todo esto posibilita la identificación de áreas débiles y oportunidades de crecimiento con el objetivo de proponer estrategias enfocadas al perfeccionamiento, como destacan (Asencio *et al.* 2017).

Resulta pertinente destacar que, en la actualidad, se dispone de diversas herramientas de evaluación organizacional y empresarial, sustentadas en marcos teóricos, que han demostrado su eficacia al aplicarse en compañías de variados tamaños, desde grandes corporaciones hasta pequeñas empresas, abordando enfoques estratégicos (Ramírez *et al.*, 2019). Además, se hallan otros instrumentos enfocados primordialmente en la gestión de calidad, procesos y modernización organizacional. En consecuencia, surge la necesidad de integrar una perspectiva logística y estratégica en el análisis, respaldada por el progreso de herramientas tecnológicas informáticas (Medina *et al.* 2020; Mamun *et al.* 2017). Dicho proceso ha implicado la exigencia de reajustar el sistema organizativo interno de la organización, con el propósito de establecer una estructura adecuada que facilite alcanzar los resultados previstos en términos de competitividad (Valaei, 2017). Esta visión se propone como una solución ante la necesidad de validar modelos de estructuras organizacionales consideradas altamente eficientes. Esta innovadora conceptualización empresarial se adapta a las transformaciones derivadas de la interacción entre la cultura y la estrategia dentro de la organización (Méndez, 2019).

Desde un enfoque más singular, las microempresas y pequeñas organizaciones enfrentan vulnerabilidades principalmente debido a la carencia de objetivos precisos y cuantificables, la ausencia de estrategias o planes de implementación, la insuficiencia de personal con competencias adecuadas, la alta rotación laboral, el uso limitado o inexistente de tecnologías de vanguardia y las barreras en la obtención de financiamiento. Estos elementos representan restricciones en su desarrollo y constituyen un riesgo para su sostenibilidad en un entorno competitivo (Paredes, 2018).

Ahora, desde una perspectiva de planificación estratégica, resulta esencial establecer una dirección clara para que las organizaciones logren un crecimiento sostenible, incrementen sus ganancias y se mantengan líderes en la industria. El éxito de este enfoque se fundamenta, en gran medida, en las estrategias desarrolladas por la entidad. Resulta vital identificar debilidades, fortalezas, oportunidades y desafíos con el objetivo de diseñar una estrategia efectiva; esto conlleva la ejecución de un análisis organizacional y estratégico riguroso (Serrano, *et al.*, 2019). Asimismo, los ajustes graduales y sostenidos se enfocan en estrategias, estructuras, procesos y transformaciones tangibles; por el contrario, los cambios radicales afectan la cultura empresarial, las prácticas y la visión corporativa. Por tales razones, la implementación de estas alteraciones significativas requiere una gestión cuidadosa debido a su extensión temporal e impacto en múltiples áreas (Carro, *et al*, 2017).

Dentro del contexto de mejora continua en la implementación de sistemas, se sugiere que las empresas realicen análisis periódicos, cada uno o dos años, para identificar desafíos y problemas emergentes. De esta forma, se incrementarán los niveles de eficacia, progreso y competitividad en las organizaciones (Leal, *et al*, 2021). En un ambiente de creciente competencia, la gestión de la cadena de suministro se torna esencial para controlar costos y mejorar el desempeño económico de la empresa.

Con base en la investigación realizada por Hong, *et al* (2018), la administración de la cadena de suministro involucra la coordinación sistemática y estratégica de las diversas funciones organizacionales tradicionales. En consecuencia, autores como Aguilar *et al.* (2017) resaltan la relevancia de incluir a los encargados de los procesos clave de la organización en la elaboración del diagnóstico, con el propósito de asegurar una identificación precisa de las áreas de oportunidad fundamentales y la formulación de un plan estratégico abarcador. Además, Muñiz (2017) argumenta que cada organización empresarial presenta características únicas, lo que conlleva la necesidad de adecuar las evaluaciones al contexto específico de la empresa objeto de estudio.

Desde un enfoque empresarial y académico, se plantea que el análisis empresarial es un elemento crucial para el avance en la gestión de las compañías. Este método permite identificar deficiencias en áreas clave, como las financieras, operativas, de ventas y de dirección, habilitando así la implementación de acciones adecuadas para abordar dichas debilidades (Huilcapi y gallegos, 2020). Además, Cantero *et al.* (2021) destacan la importancia de evaluar el rendimiento empresarial en cada uno de los departamentos operativos y administrativos de la organización, con el propósito de alcanzar una ejecución eficiente de los objetivos establecidos previamente.

3. OBJETIVO

En este contexto, el objetivo primordial es realizar un estudio empresarial que permita reconocer las áreas susceptibles y los elementos destacados en la pequeña empresa productora de café Luz Café Lab., a fin de ofrecer una evaluación rigurosa del entorno organizativo de la compañía, que señale los segmentos que requieren mejora y aquellos que ya exhiben un alto rendimiento.

4. METODOLOGÍA

Este trabajo aborda un estudio de caso descriptivo, apoyado en un enfoque inductivo y fundamentado en las percepciones de los investigadores y directivos de la organización. La meta principal consiste en perfeccionar el proceso de toma de decisiones a través de la identificación, verificación y fortalecimiento de las prácticas llevadas a cabo en la unidad evaluada. Para lograr este propósito, se empleará un enfoque cualitativo riguroso y completo, en línea con las orientaciones proporcionadas por (Canta y Quesada, 2021; Yin, 2017).

En marco de este estudio, se ha seleccionado una pequeña compañía denominada "Luz Café Lab" como objeto de análisis. Este nombre imaginario se ha establecido con el propósito de preservar la privacidad de la entidad involucrada y asegurar la confidencialidad de la información aportada. El empleo de la herramienta ofimática para el diagnóstico empresarial permite a la dirección de Luz Café Lab analizar la situación actual de la empresa con el propósito de identificar las limitaciones y potencialidades que favorezcan el planteamiento de estrategias eficaces que incidan de forma significativa en el mejoramiento de la gestión organizacional de la compañía.

Para la elaboración y evaluación de la información recopilada, se seleccionaron herramientas de gestión apropiadas para micro y pequeñas empresas (MiPymes) del sector productivo y de servicios. A continuación, se identificaron los elementos y variables comunes entre las herramientas con el objetivo de realizar un análisis exhaustivo de sus propiedades y estructura. Para lograr esto, se aplicó el método de análisis bibliográfico sugerido por Barrientos (2019) con el propósito de examinar la documentación de referencia y establecer conexiones entre las definiciones y la teoría. Además, se realizó una revisión y análisis documental empleando el enfoque propuesto por Castro (2017), consultando múltiples bases de datos especializadas como https://www.scielo.org/es y https://www.redalyc.org/. Se seleccionaron artículos de acceso abierto y gratuito con texto completo para su análisis.

Basados en la información expuesta, se ha formulado y desarrollado un recurso ofimático en Excel, específicamente adaptado a las necesidades de las microempresas y pequeñas empresas en el sector de servicios. El diseño de este recurso se fundamenta en la identificación de elementos clave y variables cruciales, derivadas de metodologías y herramientas comparables. Con el objetivo de verificar la eficacia del recurso, se organizó un grupo de discusión que contó con la colaboración de especialistas académicos y empresarios de pequeñas empresas en el sector de producción y servicios. Sus contribuciones fueron tomadas en cuenta para optimizar el instrumento y determinar su versión definitiva. La metodología aplicada se enfocó en el análisis de procesos, siguiendo las pautas sugeridas por Medina y Quintana (2017).

Una vez concluido el desarrollo del recurso, se implementó en la compañía Luz Café Lab, especializada en la producción de café y situada en La Palma, Cundinamarca. Dicha empresa goza de reconocimiento en la zona debido a la excepcional calidad de su café, el esmerado servicio al cliente y su óptima localización. La armonía entre estos elementos es clave para el éxito de esta modesta organización enfocada en la producción de café.

En lo que sigue, se describirá con precisión el abordaje de recopilación y valoración de datos mediante la herramienta de diagnóstico empresarial, con el propósito de impulsar la administración en las micro y pequeñas empresas.

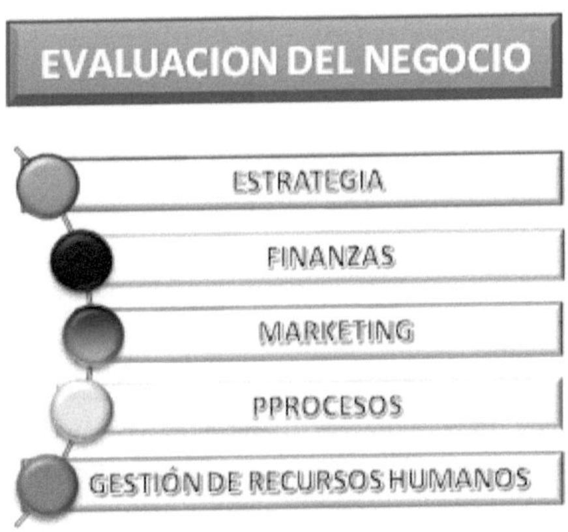

Figura 1. Interfaz Para la Captura de Datos. Fuente: Elaboración propia.

La plataforma propuesta incentiva la interacción del usuario, que se efectúa a través de un clic sencillo en cada elemento perteneciente a la estructura organizacional. De manera autónoma, el sistema redirecciona al usuario hacia el esquema de análisis situacional de la entidad. Dicho esquema se segmenta en cinco secciones clave: Estrategia, Finanzas, Mercadotecnia, Operaciones y Gestión de Recursos Humanos, cada una subdividida en diversas subsecciones.

Cada subsección dispone de una pregunta de orientación con cuatro respuestas posibles, se espera que el usuario elija la respuesta que más fielmente represente la condición actual de la organización con relación a la pregunta planteada. Adicionalmente, se solicita al usuario que califique la relevancia de este factor para la organización, desde muy relevante hasta irrelevante. Estos factores pueden incluir aspectos como el conocimiento, la estructura organizativa, y el equipo y maquinaria disponibles. Este procedimiento debe replicarse en todas las hojas de trabajo correspondientes a las secciones clave del esquema.

Area/sub Área	Puntaje actual	Puntaje Minimo Sugerido	Brecha para alcanzar lo sugerido	priorización para lograr lo sugerido
Finanzas				
Planificación Financiera	50%	80%	30%	prioritario
Control Finamciero	75%	80%	5%	Poco Prioritario
relación coste-beneficio	20%	100%	80%	Muy prioritario
Indicadores financieros	60%	60%	0%	Nada prioritario

Figura 2. Evaluación de Previsiones. Fuente: Elaboración propia.

La herramienta facilita al usuario un examen exhaustivo del desempeño de cada área y subárea, mediante la presentación del puntaje actual. Esta información es indispensable para que la organización pueda determinar su estatus y entender su gestión de forma integral. Además, la herramienta muestra la puntuación mínima sugerida en cada área, fundamentada en la evaluación de las respuestas proporcionadas en el instrumento de análisis. Dicha puntuación mínima es un elemento clave, dado que permite a la organización estimar el valor mínimo que cada sector debe lograr para asegurar un rendimiento sólido.

Asimismo, la herramienta exhibe la disparidad entre el puntaje actual y el mínimo sugerido, señalando así la brecha entre la situación actual y la deseada. Esta disparidad proporciona un punto de referencia mensurable para identificar áreas de mejora. Al determinar el porcentaje de cumplimiento, la herramienta clasifica el nivel de prioridad para alcanzar el puntaje sugerido. Si se clasifica como "altamente prioritario", se necesita una atención inmediata para prevenir posibles repercusiones negativas o demoras en la realización de los objetivos. Si se clasifica como "prioritario", se debe tratar como una tarea relevante y urgente que debe completarse en un plazo determinado para evitar posibles perjuicios o pérdidas. Si se clasifica como "de baja prioridad", implica que puede ser aplazado o programado para un momento posterior. Si se clasifica como "no prioritario", alude a las tareas de mantenimiento que necesitan ser fortalecidas para garantizar un rendimiento estable.

% Deficiencia "Organizacional"	% Deficiencia "Maq y eq"	% Deficiencia "cono. tecnico"	Puntaje actual	Puntaje minimo sugerido	Brecha entre el puntaje actual y el minimo sugerido
12%	34%	20%	60%	80%	20%
0%	0%	0%	0%	0%	0%
0%	0%	0%	0%	0%	0%
0%	0%	0%	0%	0%	0%
0%	0%	0%	0%	0%	0%

Figura 3. Diagnostico General. Fuente: Elaboración propia.

La herramienta otorga al usuario una vista panorámica de los resultados conseguidos mediante la evaluación del estado presente de la organización. Inicialmente, se detalla la situación de cada uno de los factores deficientes que repercuten de forma negativa en la eficiencia, productividad, calidad laboral y la aptitud de la entidad para lograr sus objetivos. Posteriormente, se exponen las estimaciones de las medias de la calificación vigente, que se fundamentan en las apreciaciones de cada área, en concordancia con la relevancia asignada por el equipo gerencial de la organización, y la calificación mínima recomendada. Finalmente, se revela el análisis cuantitativo de la discrepancia entre la calificación actual y la sugerida. Este recurso posibilita la identificación de la situación en cada área de la entidad y enfatiza aquella que muestra la mayor discrepancia, con la finalidad de abordarla y asegurar una gestión organizativa eficaz en la organización.

Para concluir, la herramienta crea un informe de resultados que permite apreciar el nivel de desarrollo de la organización. Este se determina mediante un cálculo analítico basado en la calificación promedio actual, asignándose una puntuación que va de uno a cinco. Este proceso facilita la retroalimentación necesaria para la optimización de la entidad. Adicionalmente, se despliegan los porcentajes de deficiencias para cada tipo de déficit presente en cada área. De la misma manera, se destaca la calificación actual de cada área, acompañada de una indicación del área con el puntaje más bajo. Además, se puede observar la puntuación mínima, señalando las áreas que se encuentran por debajo del nivel sugerido. Por último, se muestra el desempeño por área, enfatizando aquellas con mayores deficiencias en su cumplimiento, todo con el fin de alcanzar una gestión administrativa adecuada de la organización.

5. RESULTADOS

La Ilustración 4 muestra la calificación actual de cada área, obtenida mediante el uso de la herramienta de diagnóstico empresarial.

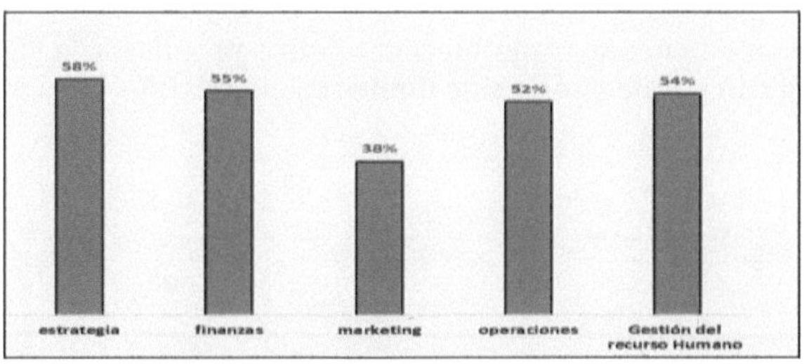

Figura 4. Puntaje Actual por Áreas. Fuente: Elaboración propia.

El análisis realizado revela que las áreas de estrategia y finanzas han gozado de una participación significativa, lo que refleja una gestión estratégica y financiera efectiva por parte de Luz Café Lab. Por el contrario, los departamentos de gestión de recursos humanos y operaciones han mostrado una participación ponderada, evidenciando un enfoque cauteloso en cuanto a la contratación y selección de personal, así como en la coordinación logística. Como último punto, se nota una implicación reducida por parte del área de marketing, lo que insinúa una eficacia insuficiente en la planificación de las estrategias de marketing.

Dentro del marco del análisis de las expectativas del sector de marketing, se llevaron a cabo evaluaciones de las subsecciones de planificación de marketing, medios en línea, medios fuera de línea y manejo de relaciones con los clientes. Los resultados derivados de esta evaluación se reúnen y se presentan de manera comprensible en la Figura 5.

Marketing	Puntaje actual	Puntaje Mínimo Sugerido	Brecha para alcanzar lo sugerido	priorización para lograr lo sugerido
Subareas				
planificación de marketing	30%	51%	21%	Poco Prioritario
medios online	30%	43%	13%	Poco Prioritario
medios offline	40%	59%	11%	Poco Prioritario
Relación con los clientes	50%	60%	10%	Poco Prioritario

Figura 5. Análisis de Previsiones. Fuente: Elaboración propia.

Es perceptible una discrepancia entre la puntuación presente y la propuesta en la subárea de planificación de marketing, desajuste que se debe a una deficiencia en el seguimiento de las acciones comunicativas dirigidas al nicho de mercado de Luz Café Lab. Este escenario podría llevar a un desconocimiento de la marca o los servicios brindados, la continuación de estrategias ineficientes y la pérdida de oportunidades para obtener datos valiosos sobre las necesidades y preferencias de la audiencia objetivo. Por ende, resulta esencial emprender una intervención de prioridad para alcanzar la puntuación mínima recomendada.

En relación con la valoración de la puntuación mínima propuesta, la Figura 6 representa las áreas que se ubican por debajo de este límite recomendado.

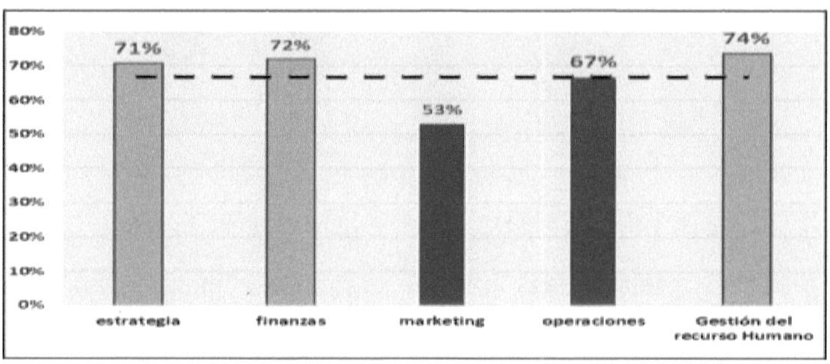

Figura 6. Puntaje Mínimo Sugerido. Fuente: Elaboración propia.

Evidentemente, las áreas de Gestión de Recursos Humanos, Finanzas y Estrategia sobrepasan la puntuación mínima recomendada, lo cual refleja un desempeño adecuado en relación con dicho parámetro. En cuanto al rendimiento comparativo, el siguiente departamento en la línea es Operaciones, el cual ostenta un amplio margen de perfeccionamiento en lo concerniente a los procesos y la logística. No obstante, el departamento de Marketing evidencia un rendimiento inferior al sugerido en el apartado de Planificación de Marketing, lo que demanda la implementación de medidas correctivas para realzar su desempeño y alcanzar los estándares planteados. De este modo, se garantiza mayor gestión integral del departamento de Marketing, que se traduce en mayor impacto en el segmento de mercado y avance en la posición competitiva de la empresa.

En la evaluación del rendimiento de Luz Café Lab, se han examinado diversas áreas funcionales de la organización, entre ellos Estrategia, Finanzas, Marketing y Gestión de Recursos Humanos. Dicho análisis se ha ilustrado gráficamente en la Figura 7, donde es posible apreciar el nivel de desempeño conseguido por cada una de estas áreas.

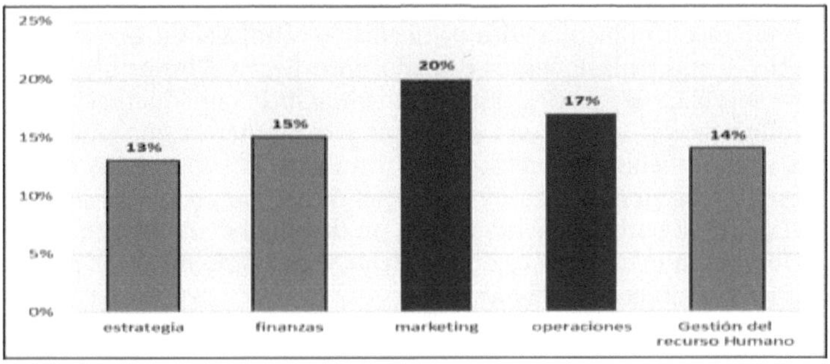

Figura 7. Análisis del Desempeño de la Empresa. Fuente: Elaboración propia.

La evaluación de desempeño posibilita la identificación precisa de la eficacia y eficiencia de cada departamento esencial de la empresa, propiciando el reconocimiento tanto de fortalezas como de áreas propensas a mejora. Este análisis constituye un elemento determinante para optimizar la puntuación general de Luz Café Lab. La inspección rigurosa del rendimiento del departamento de marketing es crucial, dado que una deficiencia relevante en la subárea de planificación de marketing podría provocar una disminución en la captación de posibles clientes, un descenso significativo en las ventas y un debilitamiento de la imagen de marca en el mercado, afectando negativamente la reputación y competitividad de la empresa.

En otro orden de ideas, las deficiencias en los procesos y la logística del departamento de operaciones pueden desembocar en ineficacias operativas, descontento del cliente, pérdida de competitividad y una merma en la rentabilidad. Esta situación puede llevar a la empresa a enfrentar una caída en las ventas y, por ende, un descenso en su rentabilidad.

Además, es de vital importancia que Luz Café Lab sostenga un control financiero apropiado que pueda mitigar posibles desafíos en la obtención de financiamiento y que promueva una administración eficaz de sus recursos económicos, impactando positivamente en su crecimiento y rentabilidad.

En vista de lo anterior, resulta primordial que Luz Café Lab implemente acciones orientadas a optimizar estos departamentos para garantizar su eficiencia. Esto podría implicar ajustes en las estrategias y procedimientos, inversión en capacitación y desarrollo del personal, y la utilización de herramientas y tecnologías adecuadas para la gestión de estos departamentos.

5. DISCUSIÓN

Los resultados evidencian que Luz Café Lab implementa actualmente procesos formales de gestión organizacional; sin embargo, estos no se coordinan de manera efectiva para optimizar la administración de la organización. Según Romero *et al.* (2021), una gestión empresarial adecuada puede derivar en resultados positivos para la administración de la empresa. Complementando esta perspectiva, Gómez *et al.* (2016) sostienen que las intervenciones a nivel de gestión empresarial constituyen herramientas valiosas para mejorar los aspectos estratégicos del rendimiento organizacional.

Desde este razonamiento, resulta vital perfeccionar el enfoque de planificación en el dominio del marketing. La falta de eficiencia en dicha área repercute seriamente en la capacidad para detectar oportunidades de negocio y satisfacer las exigencias de nuestro mercado objetivo. Estas situaciones, en cascada, entorpecen el desarrollo y la producción de productos y servicios adecuados, además de impedir la implementación de campañas publicitarias eficaces con la finalidad de captar y mantener la fidelidad del cliente. De igual manera, estas dificultades afectan negativamente la supervisión de las tareas de marketing. Como consecuencia, este escenario puede derivar en un vínculo insatisfactorio con la clientela, lo cual podría desembocar en un desgaste de la imagen y reputación de Luz Café Lab, fomentando una reducción de la lealtad de los clientes y un posicionamiento competitivo poco favorecedor en el mercado.

A partir de la evidencia descrita, resulta fundamental que Luz Café Lab adopte una serie de tácticas estratégicas que integre tanto las tradicionales como las digitales, con la finalidad de satisfacer eficazmente las necesidades y expectativas de su público objetivo. Asimismo, es imprescindible que la empresa desarrolle material publicitario diseñado específicamente para su audiencia, con el objetivo de fortalecer la relación entre Luz Café Lab y su clientela. En el actual entorno de mercado, altamente competitivo y con un énfasis particular en el sector digital, resulta esencial que Luz Café Lab amplíe su presencia en los medios digitales para aumentar el reconocimiento y el posicionamiento de su marca en su segmento de mercado. De acuerdo con las investigaciones de Grillo (2022) y Grillo y Moreno (2022), una administración eficaz de la planificación estratégica de marketing digital conlleva establecer una interacción más directa entre la marca y su público objetivo. Esto se logra por medio de la constante difusión de contenido significativo y cautivador. Por lo tanto, Luz Café Lab necesita implementar estas estrategias para mejorar su visibilidad en el mercado y reforzar su relación con los clientes.

En el ámbito de Luz Café Lab, se han descubierto numerosos espacios para el perfeccionamiento dentro de su departamento de operaciones. Es así como se ha constatado que, a través de la implementación de mejoras en los procesos y en la logística, es factible alcanzar una mayor eficiencia operativa. Esto tendría un impacto considerable en la satisfacción de los clientes y en la consolidación de la competitividad empresarial. Dichos descubrimientos validan las conclusiones presentadas por investigadores como Bravo *et al.* (2019), quienes sostienen que los aspectos operativos deben enfocarse en la mejora de la competitividad. De igual forma, Barrios *et al.* (2020) enfatizan que los directivos deben concentrarse en la eficacia de los procesos y en la productividad operativa de la organización. En este contexto, se destaca la necesidad de aplicar una herramienta de gestión operativa que permita rectificar y optimizar la administración operativa en Luz Café Lab.

Simultáneamente, se ha observado una necesidad imperiosa de fortalecer la gestión financiera, especialmente en áreas fundamentales como el control, la planificación y los indicadores financieros. La carencia en estos aspectos podría dificultar la identificación de problemas financieros emergentes y la implementación de soluciones apropiadas. Investigadores como González *et al.* (2021) y Martínez y Sánchez (2019) han resaltado la importancia de mejorar la gestión financiera con el propósito de equilibrar riesgos y rentabilidad, así como de mejorar la calidad de las decisiones financieras. De manera similar, Díaz y Gómez (2018) y Santos (2022) han enfatizado la necesidad de optimizar la gestión financiera para asegurar una administración efectiva de los recursos económicos de la organización. En consecuencia, es crucial implementar estrategias que fortalezcan la gestión financiera y promuevan la eficiencia en la toma de decisiones en el ámbito económico de la empresa.

6. CONCLUSIONES

El estudio de caso realizado en Luz Café Lab, desde un enfoque de evaluación corporativa, posibilitó la identificación de elementos críticos que juegan un papel determinante en la consecución de sus objetivos estratégicos. Es así que se resalta la necesidad de adoptar estrategias y prácticas de gestión corporativa eficaces, que favorezcan el crecimiento y el desarrollo sostenible de la empresa, a fin de generar un impacto positivo en su desempeño y resultados.

Tras dicho análisis corporativo, los gestores de Luz Café Lab lograron examinar el estado actual de la empresa y detectar áreas que requerían mejora. Esta situación, a su vez, les proporcionó la oportunidad de desarrollar estrategias orientadas hacia una gestión más eficiente. A la luz de los descubrimientos de este estudio de caso, se hace evidente la importancia crucial de proporcionar a los encargados de Luz Café Lab herramientas de software de uso intuitivo, pues esto constituye un elemento esencial para el progreso de esta entidad de escala limitada. En este escenario, resulta esencial dotar a los gerentes de herramientas tecnológicas que agilicen la toma de decisiones, el análisis de datos y la optimización de procesos, contribuyendo de este modo al crecimiento y éxito sostenido de la organización.

La incorporación y despliegue de estos recursos propulsará una perspectiva enfocada en la evaluación, identificación y seguimiento, mientras paralelamente simplifica la puesta en práctica de estrategias orientadas a estimular el desarrollo ininterrumpido en el ámbito de las micro y pequeñas empresas (Mipyme). Esta dinámica intensificará las competencias de la organización para hallar espacios de optimización, tomar decisiones fundamentadas en información fiable y efectuar un control efectivo de los rendimientos.

7. REFERENCIAS

Aguilar Gámez, A. J., González González, C. y Caldera González, D. C. (2017). Diagnóstico organización y plantación estratégica en una micro empresa de agro alimentos del estado de Guanajuato. *Management Review, 2*(1), 117-134. https://doi.org/10.18583/umr.v2i1.48

Asencio, L. C., Crespo, S. F. G., Rosales, W. C. y Vergara, V. V. M. (2017). El diagnóstico organizacional, contextualizado en los negocios fabriles de la provincia de Santa Elena-Ecuador 2015-2016. *INNOVA Research Journal,* 2, 137-147. https://doi.org/https://doi.org/10.33890/innova.v2.n5.2017.237

Barrios, D., Restrepo-Escobar, F. J. y Cerón-Muñoz, M. (2020). Desempeño empresarial en la industria lechera. *Suma de Negocios, 11*(25), 180-185. https://doi.org/http://doi.org/10.14349/sumneg/2020.V11.N25.A9

Bravo Rojas, L. M., Valenzuela Muñoz, A., Ramos Vera, P. M. y Tejada Arana, A. A. (2019). Perspectiva teórica del diagnóstico organizacional. *Revista Venezolana de Gerencia, 24*(88), 1316-1328. https://doi.org/10.37960/revista.v24i88.30182

Camilo, M. I., Díaz Bilotto, C. M., Izquierdo, S. I. y Álvarez, M. B. (2020). Aprendizaje organizacional: una demarcación conceptual para su medición. *Revista Facultad de Ciencias Económicas, 28*(2), 85-108. https://doi.org/10.18359/rfce.4785

Cantos, M. (2017). Diagnóstico organizacional en escuelas públicas de educación básica del Cantón Cañar- Ecuador, para promover su efectividad. *Población y Desarrollo,* 23, 86-92. https://doi.org/https://doi.org/10.18004/pdfce/2076-054x/2017.023(44)086-092

Cantero Cora, H., Leyva, E., Torres Simón, Y., Lao Leon, Y., Pérez Campaña, M. y Vega De la Cruz, L. O. (2021). Indicadores de medición del desempeño empresarial: caso de estudio en entidades del territorio holguinero. *Semestre Económico, 24*(56). https://doi.org/10.22395/seec.v24n56a7

Carro-Suárez, J., Sarmiento-Paredes, S. y Rosano-Ortega, G. (2017). La cultura organizacional y su influencia en la sustentabilidad empresarial. La importancia de la cultura en la sustentabilidad empresarial. *Estudios Gerenciales, 33*(145), 352-365. https://doi.org/https://doi.org/10.1016/j.estger.2017.11.006

Gomez, D., Pelcastre, B. y Parada Toro, I. (2016). Diseño de una herramienta gerencial para la mejora organizacional en centros de salud de primer nivel de atención. *Horizonte Sanitario*, 15, 69. https://doi.org/10.19136/hs.a15n2.1102

González Meriño, R. F., Antúnez Saiz, V. I. y Palacios Hidalgo, Á. (2021). Propuesta de procedimiento para el diagnóstico organizacional. *Revista Estudios del Desarrollo Social: Cuba y América Latina*, 9. https://n9.cl/9rb2n

Grillo, C. M. T. (2022). Contribución del contenido online y su aporte a identidad institucional de las librerías colombianas. In A. M. de Vicente Domínguez, y G. Bonales Daimiel (Ed.), *Estrategias de Comunicación Publicitaria en Redes Sociales: Diseño, gestión e Impacto* (pp. 385 – 402). McGraw-Hill Interamericana de España.

Grillo Torres, C. M. y Moreno López, W. (2022). Importance of digital marketing in Colombian universities with accredited quality: Contributions to the qualification of its use. *VISUAL REVIEW. International Visual Culture Review / Revista Internacional de Cultura Visual, 9*(3), 1-13. https://doi.org/10.37467/revvisual.v9.3587

Hong, J., Zhang, Y. y Ding, M. (2018). Sustainable supply chain management practices, supply chain dynamic capabilities, and enterprise performance. *Journal of Cleaner Production*, 172, 3508-3519. https://doi.org/https://doi.org/10.1016/j.jclepro.2017.06.093

Huilcapi, S. I. y Gallegos, D. N. (2020). Importancia del diagnóstico situacional de la empresa. *Revista ESPACIOS. ISSN*, 798, 1015. https://www.revistaespacios.com/a20v41n40/a20v41n40p02.pdf

Leal-Pupo, A., Bolaño-Rodríguez, Y., Espinosa-Carro, N., Correa-Sánchez, D. y Piñero-Rodríguez, N. A. (2021). Procedimiento de diagnóstico y mejora de siete Capacidades de Dirección y Gestión Empresarial. *Ingeniería Industrial, 43*(1), 1-20. https://rii.cujae.edu.cu/index.php/revistaind/article/view/1144

López Lemus, J. A., y Garza Carranza, M. T. D. l. (2020). La creación de valor a través de la planeación estratégica en microempresas emprendedoras. *Contaduría y Administración, 65*(3), 1-23. https://doi.org/http://dx.doi.org/10.22201/fca.24488410e.2020.2312

Leyva Carreras, A. B., Cavazos Arroyo, J. y Espejel Blanco, J. E. (2018). Influencia de la planeación estratégica y habilidades gerenciales como factores internos de la competitividad empresarial de las Pymes. *Contaduría y Administración, 63*(3), 17-38. https://doi.org/https://doi.org/10.22201/fca.24488410e.2018.1085

Mamun, A. A., Muhammad, N. M. N. y Ismail, M. B. (2017). Absorptive Capacity, Innovativeness and the Performance of Micro-enterprises in Malaysia. *Vision, 21*(3), 243-249. https://doi.org/10.1177/0972262917716729

Medina Cruz, J., Quintana Fuentes, L. F. y Olaya Cruz, M. I. (2020). Business Diagnostic Model: Case "Fábrica de café y chocolate El Agrario" San Vicente de Chucurí, Santander. *Ciencia y Agricultura, 17*(3), 37-48. https://doi.org/10.19053/01228420.v17.n3.2020.10999

Mendonça, H., Ferreira, M. C. y Neiva, E. R. (2020). *Análise e diagnóstico organizacional: Teoria e Prática*. Vetor Editora.

Muñiz, L. (2017). *Check-list para el diagnóstico empresarial: Una herramienta clave para el control de gestión*. Profit Editorial.

Mendez-Álvarez, C. E. (2019). Elementos para la relación entre cultura organizacional y estrategia. *Revista Universidad y Empresa, 21*(37), 136-169. https://doi.org/http://dx.doi.org/10.12804/revistas.urosario.edu.co/empresa/a.7681

Párraga Franco, S. M., Pinargote Vázquez, N. F., García Álava, C. M. y Zamora Sornoza, J. C. (2021). Indicadores de gestión financiera en pequeñas y medianas empresas en Iberoamérica: una revisión sistemática. *Dilemas contemporáneos: educación, política y valores, 8*(SPE2). https://doi.org/https://doi.org/10.46377/dilemas.v8i.2610

Paredes Barcelo, R. G. (2018). *Impacto de factores externos en la estructura organizacional en las Mypes latinoamericanas.* Ecorfan Editorial. https://n9.cl/2jtex

Ramírez, R. I., Espindola, C. A., Ruíz, G. I. y Hugueth, A. M. (2019). Gestión del Talento Humano: Análisis desde el Enfoque Estratégico. Información tecnológica, 30(6), 167-176. https://doi.org/http://dx.doi.org/10.4067/S0718-07642019000600167

Romero Álvarez, Y. y Ramírez Montoya, J. (2018). Relación de la toma de decisiones financieras con el nivel de conocimiento financiero en las mipymes. *Suma de Negocios, 9*(19), 36-44. https://doi.org/https://doi.org/10.14349/sumneg/2018.V9.N19.A5

Romero Hidalgo, Ó., Hidalgo Sánchez, A., Canales Aybar, E. y Ruíz Carrillo, J. (2021). Gestión empresarial y su influencia en los planes estratégicos de las medianas empresas del Ecuador. *SUMMA. Revista disciplinaria en ciencias económicas y sociales, 3*(2). https://doi.org/10.47666/summa.3.2.33

Sansores Guerrero, E. A., Navarrete Marneou, J. E., Alvarado-Peña, L. J. y Licandro, Ó. D. (2020). Diagnóstico situacional en microempresas mexicanas: Fracaso o sobrevivencia empresarial. *Revista de Ciencias Sociales, 26*(1), 61-76. https://doi.org/10.31876/rcs.v26i1.31311

Taipe Castro, R. M. (2020). Diseño organizacional mediante el enfoque sistèmico y cibernético: El caso de una empresa prestadora de saneamiento. *Ingeniare. Revista chilena de ingeniería, 28*(1), 68-82. https://n9.cl/7fubg

Valaei, N. (2017). Organizational structure, sense making activities and SMEs' competitiveness. *VINE Journal of Information and Knowledge Management Systems, 47*(1), 16-41. https://doi.org/10.1108/VJIKMS-04-2016-0015

CAMBIOS SOCIALES Y SOCIEDAD DIGITAL. LOS DERECHOS HUMANOS Y LA DEMOCRACIA EN PERSPECTIVA TECNOCIENTÍFICA

José Francisco Guerrero Lobo[1], *José Vicente Villalobos Antúnez*[2], *Rafael Rosell Aiquel*[3]

El texto nace del proyecto de la Universidad del Alba 2023, "Fundamentos éticos y filosóficos de los derechos fundamentales en la sociedad digital. Perspectiva fenomenológico-hermenéutica desde los cambios tecnológicos y disruptivos a partir de la percepción en estudiantes de la Universidad del Alba del último bienio de las carreras de Derecho y Psicología".

1. INTRODUCCIÓN

El trabajo aborda la intersección de los temas *derechos humanos* y *democracia* en la era digital. En él los conceptos dignidad, libertad y justicia son analizados teniendo en consideración algunos aspectos que los autores consideran esenciales para la construcción de una ciudadanía abierta. Ello se afirma especialmente por la naturaleza de los problemas revelados en el actual *orden de cosas* y que son expuestos aquí en términos de un *mundo libre digital*, el cual es asediado, por mor de las actuales circunstancias, por los desarrollos tecnocientíficos que contextualiza la sociedad digital (SD). El abordaje se realiza a partir del análisis filosófico acerca del despliegue de las tecnologías de información y comunicación (TIC), también llamadas Nuevas Tecnología (NT).

En ese sentido, se afirma que un nuevo proceso de expansión se encuentra en marcha solidificando estrategias, esta vez no ya desde las TIC sino bajo el concepto de las llamadas Tecnologías Digitales (TD) (Villalobos *et al.*, 2022), ámbito dentro del cual el mundo de vida es rediseñado y redefinido en función de una nueva realidad más allá de las tecnologías de información y de comunicación: la realidad virtual. El propósito que se persigue es interceptar las categorías señaladas en vista del interés actual que representa el desarrollo tecnocientífico y su impacto en el despliegue de la vida. Son cada vez más los estudios filosóficos que abordan el tema de los derechos humanos en la era tecnológica desde esta perspectiva, por lo que el interés se fija en las discusiones llevadas a cabo.

Sin embargo, es importante destacar que tanto en el presente trabajo como en contextos previos, ya expresados por los autores en circunstancias de análisis de la sociedad digital

1. Universidad de Los Andes (Venezuela) y Universidad del Alba (Chile)
2. Universidad del Alba (Chile) y Universidad del Zulia (Venezuela)
3. Rector Universidad del Alba (Chile)

(SD), se argumenta y se entiende aquí por *mundo libre digital,* precisamente el mundo de vida que es auspiciado por el concepto de libertad instaurada por intermedio de la sociedad de comunicación, misma que es rearticulada por intermedio de la dinámica introducida disruptivamente por las TD (Villalobos *et al.*, 2022; Costa, 2021)[4]. En esa línea de interpretación, se afirma justamente que el mundo libre es el que garantiza la vigencia de la democracia y de los derechos humanos, puesto que se trata justamente de la sociedad de comunicación, como afirman estos autores, cuestión que se extiende desde los argumentos aquí presentes al *mundo libre digital.*

Es por ello que en el presente contexto se plantea, de forma insistente, que el mundo de vida se entiende como el modo de vida adoptado en función de los principios que enarbola la idea de una democracia procedimental, en los términos señalados por Habermas (2010) y analizado en Villalobos *et al.* (2019); sin embargo, algunos de sus pormenores son expuestos en esta investigación, pero esta vez esbozados para una mayor comprensión de los problemas introducidos con las nuevas dinámicas emergentes, interceptadas con los análisis filosóficos que emergen en el marco de la SD.

Es por ello por lo que el enfoque que se quiere dar en esta oportunidad va dirigido al análisis del papel que desempeñan los actuales centros de poder en el mundo de vida digital, pero considerando las circunstancias devenidas y reconstruidas acerca de los derechos humanos y la democracia. Una de las cuestiones más resaltantes que se afirman en torno a este tema indica que en la SD se lleva a cabo la idea de política y ejercicio del poder en términos de dominio total a través de una eficaz manipulación de la inteligencia humana. Han (2017 y 2022) lo describe como imposición de un *panóptico digital*, siendo ello posible por vías de un nuevo sistema de acumulación de capital a través de una también novedosa acumulación del poder, más allá del poder político, propiciada justamente por los sistemas digitales (Zuboff, 2021)[5].

La creación de ese sistema de ejercicio del poder es alentada por las TD, entre las cuales se encuentran las que son consideradas como más potentes en cuanto a su alcance y dominio: *Big Data* e *Inteligencia Artificial*[6]; estas, junto con otros sistemas digitales creados, en el actual sistema de los derechos no poseen suficientes restricciones ni regulaciones para delimitar su accionar, tal como se entiende de las afirmaciones de Serrano-Marín (2016), lo que trae como consecuencias el acelerado avance tecnológico pero también un mayor descontrol y de abusos de poder en su despliegue (Guerrero-Lobo y Villalobos-Antúnez, 2021).

Este argumento evidencia y pone al trasluz un severo riesgo e innumerables aspectos del mundo de vida conformado, pues las estrategias de la digitalización[7] de la existencia humana

---

4. Aquí se tiene en consideración, por supuesto, el desarrollo histórico que ha tenido el concepto de "libertad". En este sentido, remitimos a los estudios llevados a cabo por Honneth (2017), Schmidth y Brennan (2020), Habermas (2010) o Dahl (2016), entre otros. Pero, desde esta perspectiva, el *mundo libre digital* se encuentra y es colonizado por perspectivas del poder y de la economía emergente en el marco de la SD. Cfr. Zuboff (2021); Han (2022), entre otros.

5. Esta acumulación de capital, plantean estos autores, es auspiciada por la monetización y consiguiente acumulación a través del control de las emociones y de la voluntad de forma aparentemente libre.

6. El término IA es acuñado por John Mc Carthy como "la ciencia y la ingeniería para fabricar maquinas inteligentes" (1956). Es importante destacar que las TD son alentadas por el surgimiento de las nuevas redes que se conforman en torno de estos dispositivos de dominación. (Cfr. Han, 2022; Serrano Marín, 2016).

7. Léase "tecnologización".

alimentan de manera disruptiva el tejido social y por ende, los derechos fundamentales, según se expone más adelante[8], cuestión que se observa en sentido negativo. Es por ello que las disrupciones que caracterizan la SD son precisamente el problema de fondo que da origen a este trabajo, en el marco de la investigación sobre los derechos fundamentales, en la medida en que los elementos fundantes de los sistemas sociales son tergiversados por vías del uso irrestricto del tiempo político y social del ciudadano[9], haciendo del mundo libre digital, diseñado en cuanto tal, un mundo de sometimiento a estrategias de destrucción de los valores de la democracia y del derecho emergentes, precisamente poniendo en riesgo y anulando o minimizando el proceso comunicativo que naturalmente surge en cada sociedad democrática, es decir, en cada comunidad de vida.

De manera que, así expuestos estos argumentos, se evidencia de los autores mencionados a partir de las descripciones que realizan de la sociedad digital, que los controles imperceptibles llevados a cabo por los agentes de esta dinámica de ejercicio del poder se manifiestan a través del control de la voluntad del ciudadano, pues las acciones no solo son monitoreadas y catalogadas al fragor de la *navegación online* cual *panóptico digital,* sino que son influidas de tal manera que modifican las conductas del ciudadano, que en estas circunstancias se muestra desprevenido[10], debilitando en consecuencia todo el tejido social.

La revolución del conocimiento en marcha debilita a la vez que empodera, conecta e informa, pero también desconecta y desinforma, por lo que se demandan cada vez con mayor necesidad regulaciones, controles públicos, transparencia y responsabilidad ética para mantener el Estado de derecho y la igualdad ante la ley, que son dos de los elementos fundantes de la democracia como sistema de derechos (Han, 2022; Habermas, 2010; Dahl, 2021)[11].

Así las cosas, desde la perspectiva que se asume en este trabajo, es importante resaltar que el término *democracia,* tal como lo afirman importantes historiadores clásicos y contemporáneos de la filosofía y de la filosofía política (Touchard, 1969; Jaeger, 1990; Squella, 2020; Torretti, 2019; Innerarity, 2020; Dahl, 2021), desde los albores de la Grecia Ilustrada ha estado en constante crisis y debate, y sus prácticas se han acentuado en las dinámicas políticas desde las mismas instituciones del Estado; ello ha permitido a la ciudadanía elegir a sus actores políticos y facultar en ellos toda capacidad de decisión bajo el manto de una concepción liberal sumada a la del *Estado de bienestar*.

---

8. El argumento que se plantea es que los derechos fundamentales son el lado objetivo del Derecho en el contexto de la democracia liberal, dentro del cual se genera un sinnúmero de relaciones que caracterizan el tejido social humano, permitiendo la conformación de los sistemas sociales como sistemas de vida (Peña, 2020; Luhmann, 1998; Habermas, 1999)

9. La cuestión que se encuentra fundando este argumento acerca del tiempo y la política estriba en el hecho político de mantener al ciudadano, tratado como pueblo (cuestión que no se discute aquí), en una constante manipulación a través de las técnicas de dominio cerebral (Han, 2017; Zuboff, 2021), colocando la *nuda vida* en una constante zozobra; es decir, la estrategia consiste en mantener al ciudadano en una posición de pérdida de esperanzas acerca de la mejora de su situación socioeconómica y bajo la promesa de disminución de la conflictividad política, en términos de derechos sociales. Ver al respecto, Villalobos *et al.* (2019), entre otros trabajos respecto de la relación entre tiempo y política.

10. Lo hemos denominado en otras oportunidades ciudadano iluso (Villalobos *et al.*, 2022 b).

11. Tal como lo plantea Han en este texto citado, surge un nuevo régimen a partir de los controles hiperimpuestos por intermedio de la estrategia digital; es el llamado por este autor "régimen de la información". Han (2022).

Sin embargo, se ha afirmado insistentemente y no si fundamentos que ese Estado de bienestar se ha debilitado por mor de las mismas luchas por la libertad (Habermas, 2010), pues sus consecuencias traen una serie de cuestionamientos a la democracia como sistema y como principio, al punto de intervenir en su sistema de operabilidad política a través de la representación política y de sus instituciones creadas para tales fines, como lo son los partidos políticos, los parlamentos, la administración pública profesional, los dispositivos electorales, todos ellos de los cuales pende como sistema. De allí que se considere en el marco del proceso de normalización de los valores democráticos la eficacia de las acciones políticas para la satisfacción de las exigencias de la ciudadanía en función de los problemas por atender, aquellos que son atendidos y finalmente los que son resueltos (Dahl, 2021).

No obstante, bajo esta visión se van creando alternativas que parecen debilitar el papel del Estado como regulador del ámbito socioeconómico y político, las cuales se presentan como solución a las demandas ciudadanas debido a la fuerte inseguridad y corrupción que la han caracterizado, apareciendo, o haciéndose surgir, modelos que parecen devolver la seguridad ante los altos índices de delincuencia que viven algunos países pero que doblegan estratégicamente los valores democráticos en beneficio de la seguridad y estabilidad política[12].

En esta cuestión en términos de la praxis política surgen además otros modelos que confrontan *democracia deliberativa* y *democracia directa* en medio de los avatares y de las crisis del sistema democrático; la incorporación y apertura por intermedio del contagio natural del mundo de lo digital de un nuevo sistema o de una nueva concepción de democracia, marcan considerablemente tiempos de transformación que pueden conducir a fatigas o agotamientos del propio sistema de los derechos, vistas las transformaciones sufridas en todos los ámbitos de la vida, incluidos el trabajo, la obtención de riqueza y de salarios acordes, así como del orden social que se impone a través de populismos y autoritarismos; ello trastoca las instituciones por vías del acecho y de controles, peligrosos por demás, los cuales devienen del uso y abuso de las nuevas tecnologías, como veremos.

Las tecnologías transforman las nuevas dinámicas identitarias (Costa, 2021), e impulsan la aparición de localismos, generando una geopolítica de participación en torno a la idea democrática de un buen gobierno desde la democracia deliberativa, pero que, por esta vía es transformada en democracia directa; y este es realmente el problema de fondo. La consecuencia de ello es que en teoría se impulsa la renovación de los principios que la sostienen, y el diálogo y el espacio de acción en los cuales la ciudadanía trata de asumir las decisiones tomadas ante el debilitamiento de la democracia representativa, se ven, por mor de las circunstancias, debilitadas, producto de la intervención de las TD (Han, 2022).

Estas condiciones expresan que las sociedades se han vuelto más que complejas, pues en democracia los conflictos y luchas preparan futuros todavía inciertos hacia lo que se supone es una democracia más cercana al ciudadano a partir del mundo digital; ello impulsa, según creen algunos filósofos como Han (2022) o Serrano-Marín (2016), de

12. Este es un punto de discusión muy necesario pues se trata de la legitimidad del régimen democrático, cuestión que se recoge en los textos de los autores citados. Sin embrago, hay que señalar que de los modelos más recientes de regímenes democráticos que luchan en contra de la conspiración democrática, puede citarse el de Bukele en El Salvador, o incluso, el surgimiento de propuestas que aspiran el retorno de los valores de la democracia en aquellos países donde se impuso un autoritarismo vergonzoso como los de Argentina y Venezuela, precisamente en nombre de la democracia, cuestión que destacan autores como Levitsky y Ziblat (2019) y Villalobos y Caldera (2022), entre otros, quienes discuten las circunstancias por las cuales estos valores se pierden y con ellos la seguridad de un "sistema democrático estable".

forma más expedita los argumentos en torno a los derechos fundamentales en la SD; sin embargo, estos enfrentan problemas de todo tipo para su consolidación, especialmente en lo concerniente a los temas económicos, sociales, políticos y jurídicos que se supone recomponen las desigualdades; pero paradójicamente nada de esto se logra consolidar pues el estancamiento de los derechos es más que evidente, en vista del accionar digital que obnubila no solo las posibilidades de la toma de decisiones libres sino que se toman bajo la creencia de estar en libertad, lo que por supuesto acrecienta las brechas sociales.

Ante los dilemas de representación, más allá de las cuestiones inherentes al tema electoral, nos encontramos con situaciones en las que algunos países con democracias bien establecidas y ricas en fuentes económicas están cada vez más debilitados frente a los retos de la democracia representativa, acechada como está por la democracia directa, con los problemas y retos que ello representa; se colocan también en clara desventaja en materia económica ante países con economías fuertes. Estas democracias débiles, para salvar las distancias y cerrar la brecha tecnológica que se abre, se sienten especialmente atraídas hacia el uso de las nuevas tecnologías.

Frente a estas situaciones límite, los actores políticos desean y promueven la participación directa animados por los descontentos que en algunos casos podrían llegar a materializar peligros autocráticos y populistas, más allá de alternativas y de soluciones no democráticas, incluso con manipulaciones de todo tipo para soslayar sus principios de participación, comprometiendo así el compromiso que claramente asumieron con la libertad y con el buen desarrollo político a futuro. La SD alimenta el descontento ciudadano en temas socio-políticos al establecer como estrategia de dominio el control de las emociones, cuestión que se erige como criterio principal para comprender el rol protagónico adquirido.

2. OBJETIVOS

El objetivo de esta investigación es analizar los aspectos fundamentales de los derechos humanos y de la democracia en la Sociedad Digital, abordando las características de los sistemas tecnológicos en este contexto, con el fin de visualizar las mejoras posibles de la actuación política y de lograr comprender las garantías de los derechos en forma transparente bajo el amparo de la responsabilidad ética en el contexto del Estado de derecho, el republicanismo y el imperio de la ley.

El estudio es abordado desde una metodología fenomenológico-hermenéutica, en el marco de la dinámica digital descrita, considerando las garantías de la integridad ciudadana, la dignidad de todas las personas, la justicia formal y material y la libertad como sistema y como principio. Todo ello parte del principio de la protección de los datos, la privacidad de las personas, la libertad de expresión, entre otros derechos considerados fundamentales para el Estado democrático de derecho. El horizonte de interpretación se fija en las tecnologías digitales, las cuales se demanda que sean reguladas para beneficios de los ciudadanos y del sistema democrático de derecho, entendido como único régimen consagrado para el respeto y protección de los derechos del ciudadano.

3. METODOLOGÍA

Bajo metodología fenomenológico-hermenéutica, se articulan temas referidos a derechos fundamentales, políticos y sociales, destacándose los conceptos dignidad, integridad, libertad y justicia, enfocándolos como valores en el mundo digital; se enfatizan: protección de datos, privacidad, identidad digital, libertad de expresión, las tecnologías de vigilancia, violencia virtual, noticias falsas y acoso en redes sociales. El estudio abordó los alcances de la tecnología digital en cuanto a beneficios para el régimen democrático, los derechos humanos y para la ciudadanía, puesto se puede emplear también fundamentalmente para predecir y prevenir la vulneración de derechos, vistos los desarrollos alcanzados en esta área del conocimiento.

Esta revolución del conocimiento debilita a la vez que empodera, conecta e informa, pero también desconecta y desinforma, por lo que se demandan cada vez con más fuerza regulaciones, controles públicos, transparencia y responsabilidad ética para mantener el Estado de derecho y la igualdad ante la ley.

4. DESARROLLO DE LA INVESTIGACIÓN

El horizonte de interpretación en el que se mueve la investigación se fija en la reorganización de la democracia, pues, ante el fenómeno de la información, se hace comprensible la radicalización del populismo en los cuales el interés se fija en los datos y en la acelerada circulación de información con propósitos de dominio, lo cual marca una intervención de los juicios personales y la autoobservación de la sociedad: la comunicación (pública o privada) pasa por la red sin filtros con mucha facilidad. Se destaca que el desarrollo digital envuelve globalmente al ciudadano en las áreas vulnerables como salud, comercio, política social y económica y hasta en el conocimiento.

Es importante señalar que, según Informe de la Unión Internacional de Telecomunicaciones (ITU, 2018), más de la mitad de la población mundial utiliza internet, lo cual supone que vivimos en una sociedad cada vez más interconectada; ello indica también que estamos transitando el interregno de una revolución en marcha, caracterizada por la circulación en tiempo real del conocimiento a nivel global; es lo que se ha denominado Sociedad Digital (Villalobos *et al.*, 2023). Pero los estudios que seguimos también nos indican que esta revolución del conocimiento debilita a la vez que empodera, conecta e informa, pero también desconecta y desinforma (Zuboff, 2021; Han, 2017 y 2022; Costa, 2021).

Evidentemente que las consecuencias son cada vez más retadoras pues la nueva revolución del conocimiento causa disrupciones sociales importantes al punto de la disociación, por lo que se demandan cada vez con mayor pertinencia regulaciones, controles públicos, transparencia y responsabilidad ética ante esta revolución disruptiva, para lograr mantener el Estado de derecho y los principios de la democracia como sistema. Veamos entonces algunos de los aspectos que se resaltan en esta investigación

4.1. Derechos humanos y participación política en la era digital

Hoy día la democracia es consustancial con los derechos humanos. Esta sustancialidad es un canal por el cual se permite evaluar la política como fin en sí mismo, pero también como medio que genera consecuencias de sociabilidad política positivas (Habermas, 2010; Dahl, 2016). Ella por naturaleza encarna los principios de libertad e igualdad políticas; por lo tanto, son muy importantes los espacios de participación plural en la toma de decisiones encaminados a la gobernabilidad política y a la reducción de la violencia que se genera por las insatisfacciones, rindiendo mejoras en el bienestar socio-económico y cultural, y por ende una paz ciudadana que perdure. Digamos que ese es el ideal político que encarna la democracia como sistema.

Sin embargo, en la era de la sociedad digital (SD), es un hecho que con las tecnologías que emergen se han transformado la gestión pública y la forma de gobernar, hasta tal punto de llamársele a esta dinámica "gobierno electrónico" (*e-government*) y el medio que lo posibilita "democracia digital" (*e-democracy*). Esta práctica política ha sido posibilitada por el mayor alcance y desarrollo de la internet y de las plataformas digitales creadas para tales fines. El alcance político se ha intensificado con el propósito de aumentar el impacto en el ciudadano, con la promesa de una mayor transparencia y lograr gobiernos más abiertos en todos los sentidos.

La consecuencia de esta práctica es lograr lo que se supone se puede alcanzar con la apertura política propiciada de esta forma; esto es, multiplicar la manifestación de diferentes formas de interacción del ciudadano con los gobiernos, la receptividad mayor de las instituciones y un mejor funcionamiento de estas, de caras a una mayor legitimidad democrática basados en la eficacia y eficiencia políticas.

Al mismo tiempo, la conectividad del ciudadano supone una mayor calidad política a partir de la conformación de redes sin restricciones, especialmente al poder alcanzar este las peticiones realizadas al *establishment* sin que sufra amenazas a la libertad de expresión, lo que supone también que el ciudadano controle la desinformación, la censura, el control político y la vigilancia de la cual siempre se valen gobernantes y agentes "no invitados a la fiesta"[13] para dominar. Todo ello impacta la calidad de la gobernanza, desde luego, puesto que se espera un mayor respeto a la privacidad logrando un mayor respeto a los derechos del usuario de las plataformas digitales, lo cual conlleva a un mejor control de la falsa información (fake news)[14].

La participación política y social por lo común abarca un extenso espectro de representantes que pugnan por procesos abiertos y transparentes, propiciando acompañamientos en la toma de decisiones basadas en el consenso para la cooperación y de las soluciones a las demandas, las cuales agrupan diversas posiciones de ciudadanos. En este sentido, las tecnologías digitales prodigan nuevos medios para proteger y salvaguardar y a la vez avanzar como potentes facilitadores de los derechos del ciudadano resaltando escenarios globales; estos alteran todas las tipologías de derechos existentes, los cuales van desde los derechos civiles y los políticos, hasta los culturales, económicos y sociales, todos ellos en el orden digital.

La historia contemporánea enseña que *Democracia* y *Derechos humanos* son inseparables (Habermas, 2010). El impulso de la democracia, fundada en los derechos humanos, es una iniciativa reciente donde se imponen los derechos de los ciudadanos a disponer de sí por encima de la utilización viciada del concepto de *soberanía*, a la cual, por cierto, se

13. Queremos significar con esta expresión la intromisión en asuntos políticos de aquellos interesados en manipular información con fines de dominio solapados o no evidentes, tal como se señala en Zuboff (2021).

14. El ideal de esta praxis política es aumentar la confianza y la interactividad de los gobiernos con los ciudadanos, práctica de la cual salen fortalecidos los derechos humanos (libertad de expresión, privacidad y protección de datos, derechos en línea de niños, niñas y adolescentes, personas con discapacidad y género, entre otros), y por supuesto, la democracia. Pero insistimos, es el ideal, no siempre cumplido.

acercan los autócratas con indicios tiránicos para infligir abusos y arbitrariedades contra los derechos que salvaguardan a la ciudadanía justamente contra esos abusos.

En estos tiempos hay muchos desafíos ante acciones ilegales diversas y nugatorias de los derechos fundamentales tales como la pornografía infantil, el terrorismo, infracciones a la propiedad intelectual, prácticas de censura, bloqueo a la disidencia, etc. Por eso, las nuevas tecnologías necesitan una supervisión urgente y una transparencia sólida que generen nuevas regulaciones de uso de programas espía invasivos y tecnologías de vigilancia selectiva, protegiendo la vulneración del derecho a la intimidad impidiendo violaciones a los derechos; por lo que se hace necesario mejorar prácticas, capacidades e innovación y garantizar que la gobernanza digital defienda los valores compartidos relativos a los derechos humanos y la democracia.

Estos son temas de enorme consecuencia en la reflexión y el pensamiento políticos que hacen suyas las inquietudes para una mejor ciudadanía ante los acontecimientos en pleno siglo XXI. Los discursos autoritarios crean posibilidades de consolidarse en el seno de la democracia, por lo que surgen innumerables y profundas interrogantes a partir de la relación entre líderes y seguidores caracterizadas por una gran carga de emociones, atracción y lealtad, las cuales generan graves consecuencias en la formación de fanatismos políticos marcados por la polarización, una preocupante fragilidad de la verdad en la información, utilizada subrepticiamente como dispositivo de dominio en los procesos políticos, a estas alturas pseudo-democráticos, puesto que la desinformación perturba decisivamente estos procesos afectando claramente el ejercicio de los derechos.

Las articulaciones a través de las nuevas plataformas tecnologías impactan definitivamente la política, pero también disrumpe en lo económico y lo social a través de las redes digitales; ellas son fuerzas que se manifiestan en el contexto de una dirigencia política muchas veces negligente, pero también deshonestas, corruptas, despiadadas, que pendulan entre la pasividad y voracidad en el ejercicio del poder acarreando con ello el desencanto por la democracia a la vez como principio y como sistema.

En consecuencia, se crean espacios para los actores políticos marcados por la práctica de populismos, pero también propiciadores de polarizaciones y la práctica de discursos manipuladores y confundentes. Desde el interior de la democracia los agentes de la antipolítica minan, amenazan y socavan los procesos democráticos, llegando al poder nuevos autócratas a través de las elecciones intervenidas con artilugios pseudo-demcráticos y pseudo-legales, volviéndose casi siempre en problemas estructurales de la legalidad democrática, pues las prácticas de gobernanza son autocráticas y cargadas de mesianismo, ataques a las instituciones que hacen contrapeso como los medios de comunicación libres, el desprecio a los expertos, la práctica de militarización de la política, y la utilización de amenazas externas junto con la criminalización de los rivales políticos, transformados en enemigos.

En definitiva, se trata de la destrucción de los pesos y contrapesos de la democracia como sistema político hasta lograr también destruir e inutilizar la separación de los poderes públicos, asestando severos golpes al ejercicio de una ciudadanía libre.

Las democracias que van acompañadas del Estado del bienestar brindan y prometen el respeto, encarnando en los derechos del ciudadano, el Estado de derecho y el sufragio, todo ello impulsando demandas de reconocimiento igualitario ante la Ley. En estas luchas por el derecho es bueno traer las reflexiones en defensa de la democracia como proceso también, además de como sistema y como principio, y no como decreto, como suele ocurrir con los gobiernos populistas y autocráticos. Es necesario una praxis más allá de las declaraciones o imposiciones para lograr el cometido de los principios democráticos

(Dahl, 2016), pues el pluralismo que la caracteriza es la condición previa y necesaria para instaurarla como sistema abierto.

Es interesante recoger las lecciones de Timothy Snyder relativas a las circunstancias actuales de la democracia amenazada. En su texto (Snyder, 2017), este autor plantea ciertas exigencias en tono de recomendaciones para preservar la democracia en los siguientes términos: 1. No obedezcas por anticipado. 2. Defiende las instituciones. 3. Cuidado con el Estado basado en partido único. 4. Asume tu responsabilidad por el aspecto del mundo. 5. Recuerda la ética profesional. 6. Desconfía de las fuerzas paramilitares. 7. Sé reflexivo si tienes que ir armado. 8. Desmárcate del resto. 9. Trata bien nuestra lengua. 10. Cree en la verdad. 11. Investiga. 12. Mira a los ojos y habla de cosas cotidianas. 13. Practica una política corporal. 14. Consolida una vida privada. 15. Contribuye a las buenas causas. 16. Aprende de tus conocidos de otros países. 17. Presta atención a las palabras peligrosas. 18. Mantén la calma cuando ocurra lo impensable. 19. Sé patriota; y 20. Sé todo lo valiente que puedas[15].

Estas son contundentes reflexiones y recomendaciones de Snyder, y las expone y revela como la verdadera naturaleza de las amenazas que se ciernen sobre la democracia, la libertad política, la legalidad y los derechos humanos[16].

La democracia, en medio de este lamentable y provocado pesimismo, creemos que se perfila hacia momentos de mayor desencanto; sin embargo, la historia demuestra que en momentos críticos es capaz de reencontrar nuevas fórmulas para unificar criterios que la enarbolen nuevamente y que, de forma especial, en estas circunstancias acepte la intervención de las tecnologías como instrumento para llevar adelante una eficaz y eficiente gobernanza, denominada bajo estos parámetros, gobernanza digital. Ello permite apertura, tolerancia y pluralismo, en vista de lo descrito, cuestión que logra, o permite alcanzar, un mayor respeto a la dignidad, en el marco del despliegue de los derechos humanos por esta vía, y a su vez, hacer contacto directo en el diálogo con los ciudadanos para la búsqueda de nuevos caminos en el compromiso con la libertad y la justicia, justamente para una tolerancia ciudadana más activa.

Veamos ahora, cómo es la relación de los términos discutidos en este apartado, de forma especial, la vinculación con uno de los desarrollos tecnológicos que ocasiona mayor impacto en la vida ciudadana, es decir, en la vida política.

4.2. Democracia, Derechos humanos e Inteligencia Artificial

Aunque se han destacado en el apartado anterior algunos de los desafíos globales que las nuevas tecnologías anteponen a la democracia en este marco de revolución digital, hay que decir que ellos han ocasionado una mirada no ya tan halagadora para el actual sistema de los derechos. Como expresan de forma pesimista algunos autores, el actual giro tecnológico ha promulgado una nueva experiencia política, al intentar reconstruir las instituciones sin su correlato ciudadano, incluso insuflando hálitos de energía sin

15. Agrega el autor que la mayor parte del poder del autoritarismo le ha sido otorgado a sus actores libremente; asimismo, recomienda que hay que defender las instituciones; que se debe tener cuidado con un Estado conformado por la hegemonía de un partido único; que se debe asumir la responsabilidad cada uno por el aspecto del mundo, entre otras exigencias para el resguardo de los valores políticos y de la democracia, finalizando con una increpación a la valentía para enfrentar la tiranía (Snyder, 2017, p. 141-142).

16. En otro momento se analizarán estas recomendaciones, las cuales se consideran de gran alcance en los actuales momentos de desafíos al orden democrático.

límites para el despliegue tecnológico, cuestión que ha operado en sentido inverso para el despliegue de los derechos desde la democracia liberal articulada en estos términos, en vista de los retos que significa la gobernanza digital. Esta forma de operar la política despoja al ciudadano de derechos y libertades, según expresa Lasalle (2019).

Reitera el autor citado que la extinción de la democracia, tal como hasta ahora la conocemos, es el resultado de esta dinámica. Expresa que lo que viene es una democracia ceñida por la acción del poshumanismo, ámbito de lo cual la humanidad no posee experiencia; en tal sentido, se asoman analogías de experiencias que habíamos sobrepasado hace mucho tiempo, pues la imaginación nos lleva a dibujar un mundo hesiódico, es decir, un contexto en el cual se difuminará al hombre tal cual como lo conocemos desde la antigüedad griega, en vista de la dinámica impresa marcada por los desarrollos de la internet 5G, dependiente de nuevos materiales, necesarios para el despliegue del mundo digital (se refiere al silicón, naturalmente, y a las redes inalámbricas que propicia) (Lasalle, 2019).

Como muestra de lo que se afirmó anteriormente, puede citarse el informe de Freedom House de 2017 (citado en Hern, 2017), en el cual se indica como dato importante que hay más de treinta países que emplean ejércitos formadores de opinión con el propósito de manipular los datos que emergen de la praxis política y del despliegue social producto de la realidad digital; entre esos países se encuentran Venezuela, Filipinas y Turquía, entre otros. Se valen justamente de las redes sociales para interceder en los procesos electorales, impulsar agendas de acción de los actores involucrados para conducir los procesos políticos según su conveniencia, pero también para generar respuestas o contrarrestar a los críticos de la acción de gobierno utilizando tácticas manipuladoras y falsa información, tal como indicamos más arriba (Guerrero-Lobo *et al.* 2023); todo ello es re realizado, por supuesto, por parte de los agentes tecnológicos, para mantener el control del poder.

Por otra parte, el mundo digital está conformando un estado de cosas de tal manera que se podría denominar "profecía autocumplida", puesto que desde los tiempos en que surgen las tecnologías de información (TIC) se ha dicho que la máquina sustituirá al hombre en el mundo laboral. Con la aparición de la inteligencia artificial (IA) en el contexto de esta sociedad digital (SD), este desarrollo tecnológico viene irrumpiendo en el mundo social humano con grandes amenazas al mundo laboral pero también al mundo social en general. Con relación al mundo laboral, la máquina significa no solo aligerar y optimizar los procesos industriales y de casi todos los componentes de la economía global, sino que también acarrea la amenaza de sustituir la mano de obra, bajo la promesa de eliminación de los riesgos en la operabilidad humana de las máquinas de producción.

En el sentido indicado, todo ello es posible gracias a los nuevos procesos incorporados por la digitalización de los procesos sociales (Villalobos *et al.*, 2022), los cuales propician la creación de vínculos de conexón a la internet, de la cual emergió un pequeño grupo de empresas que dominan el sector tecnológico, como Google, Appel y Amazon, quienes mediante diseño de dispositivos de inteligencia artificial, logran sustituir numerosos sectores especializados y sus empleos, incluso a niveles de la alta gerencia. Las empresas tecnológicas de la actualidad dominan el mundo al punto de lograr someter a casi toda la población mundial a sus propios designios (Costa, 2021; Zuboff, 2021). Aquí se cita el más emblemático de los ejemplos: Facebook. Esta es una nación en línea, como afirman algunos, que no es precisamente democrática. Su fundador, Mark Zuckerberg, delinea las bases para las relaciones sociales, políticas y jurídicas, de lo cual se afirma que la plataforma que posee es la más grande nación en línea. Pero, según afirma Peter Sunde (2016) (en Kharpal, 2016), no existe una tal "democracia en línea".

Es un hecho, en consecuencia, que estamos frente a un nuevo poder; Lasalle lo plantea como sigue:

> *La técnica ha dejado de ser instrumental para convertirse en una hybris irrefrenable que altera ontológicamente al ser humano. Entra en su interior y lo resignifica, cambiando su disposición a encarar su existencia desde la confianza en sí mismo. Le hace vivir, como ya sabemos, una libertad asistida que lo devuelve a la infancia (Lasalle, 2019, p. 105).*

El nuevo cauce para esta revolución digital significa para muchos pensadores la transformación social que emerge desde la ciudadanía digital (Han, 2017 y 2022; Zuboff, 2021; Costa, 2021; Serrano-Marín, 2016); es por ello que se hace necesario articular el pensamiento sobre la SD con la ética de la responsabilidad (Guerrero-Lobo *et al.*, 2022), involucrando en el análisis el rol que cumplen los algoritmos para lograr una mejor comprensión sobre el valor de las acciones digitales y su reproducción como mundo de vida, sin que por ello represente obstáculos para el desarrollo de los procesos sociales (Han, 2022).

Igualmente, es necesario y es preciso, para proteger la naturaleza vital de nuestros sistemas democráticos y con él los sistemas económicos y jurídicos, poner en prácticva estrategias efectivas para bloquear, reducir y mitigar los impactos en la violación sistemática y masiva del derecho a la privacidad producido de las nuevas tecnologías, como lo sostiene Serrano-Marín (2016). En esta misma línea se apunta Byung Chul Han, quien expone que a partir de la interacción en el mudo digital surge un nuevo régimen, es decir, un nuevo modelo o paradigma de relacionamiento social, basado en la articulación de las acciones por intermedio de los dispositivos de interconexión; lo define como *régimen de la información* para oponerlo al régimen comunicativo, siendo ello la clave para entender las relaciones entre derecho y democracia en la era digital:

> *Llamamos «régimen de la información» a la forma de dominio en la que la información y su procesamiento mediante algoritmos e inteligencia artificial determinan de modo decisivo los procesos sociales, económicos y políticos. A diferencia del régimen de la disciplina, no se explotan cuerpos y energías, sino información y datos (Han, 2022, p. 9).*

Insiste el autor surcoreano que:

> *El factor decisivo para obtener el poder no es ahora la posesión de medios de producción, sino el acceso a la información, que se utiliza para la vigilancia psicopolítica y el control y pronóstico del comportamiento (...). El régimen de la información está acoplado al capitalismo de la información, que hoy deviene en un capitalismo de la vigilancia (...) que degrada a las personas a la condición de datos y ganado consumidor (Han, 2022, p. 9).*

Esta nueva forma de socialización digital está en la base del nuevo orden sociopolítico, puesto que sus fundamentos se encuentran en la anulación de la acción tradicional de interrelación que se ha solido llamar acción comunicativa; esto es, las bases por las cuales se estructura la sociedad, que no son otras que la edificación de los sistemas de comunicación que fundan la sociedad moderna (Habermas, 1999). Es esto lo que está en juego, puesto que la sociedad digital no hace sino negar esta tradicional forma de interacción, para instaurar ese denominado régimen de la información, que anula justamente el régimen democrático tradicional y con él los derechos que sustentan la sociedad.

Por otra parte, es importante señalar que la sociedad digital ha impulsado los temas acerca de la conectividad en torno a los derechos fundamentales, pues estos se han visibilizado intensamente, a la par que han surgido nuevos desafíos a partir de esta manera de hacer *mundo de vida*. Si bien es cierto que los derechos fundamentales son la base fundacional de la democracia, también lo es que las implicaciones éticas en la instauración de sus postulados para la protección del ciudadano y el cumplimiento de los fines políticos que se propone, representan un reto de gran magnitud, dadas las circunstancias derivadas de la mencionada manera de articular la sociedad misma.

En ese sentido, pueden citarse las palabras del Alto Comisionado de Naciones Unidas para los Derechos Humanos, Volker Türk, quien destaca la relación entre democracia y derechos humanos, en el contexto de la inteligencia artificial; esto es, en la sociedad digital. Afirma este representante, durante el LIII Período de Sesiones del Consejo de Derechos Humanos celebrado en julio de 2023, que la Inteligencia Artificial debe tomar como base el respecto de los derechos humanos, la no discriminación, la protección de datos y el acceso a la justicia, en todos aquellos casos que estén relacionados con decisiones en torno a, o basadas en, la Inteligencia Artificial, por lo cual la sociedad internacional merece realizar un pacto digital mundial ante los impresionantes avances alcanzados durante los últimos dos años de desarrollo de la IA. La experiencia vista con la aparición del ChatGPT y otros programas similares, son razón suficiente para considerar el alto índice de conocimiento que genera, por lo cual amerita tomar decisiones a gran escala para lograr su democratización (Türk, 2023).

Lo importante de esta declaración del Alto Comisionado, es el hecho de afirmar la necesidad de realización de un pacto que regule a nivel global todo lo relacionado con la inteligencia artificial y con todos aquellos desarrollos tecnológicos que han ido surgiendo y que están por surgir en el marco del despliegue del conocimiento tecnológico[17]. Las tecnologías digitales representan un altísimo desafío para la sociedad organizada, razón por la cual amerita que se tomen medidas regulatorias que pongan en su justa dimensión los desarrollos tecnocientíficos alcanzados.

4.3. Impacto ético, derechos humanos y la democracia desde las tecnologías emergentes

Para finalizar este trabajo, es necesario incorporar un análisis ético y el impacto que producen las tecnologías emergentes en el marco de los derechos humanos y la democracia. Por ello se pregunta hasta dónde pueden alcanzar las inseguridades de los sistemas digitales, pregunta que se amplía en el sentido de las inquietudes éticas. Esta interrogante ya fue formulada (Guerrero *et al.* 2022); sin embargo, es necesario ampliar su rango de respuesta en virtud de la hermenéutica involucrada. Pues las tecnologías digitales no deberían problematizar la innovación y el desarrollo tecnológico y social, sino más bien ofrecer nuevas oportunidades y estimular el progreso social en el marco de las oportunidades de crecimiento económico y por ende socio-político que conlleva.

Con el vertiginoso impulso de las tecnologías que apuntalan la inteligencia artificial, el impacto en lo social y político es de esperarse, como ocurre con todo desarrollo tecnológico de carácter disruptivo (Costa, 2021), en especial en cuanto a sus aplicaciones hacia las

17. Se ha previsto una reunión extraordinaria con estos fines para mayo de 2024, para lo cual el Alto Comisionado de Derechos Humanos se encuentra en fase preparatoria de este importante evento oficial, que generará un hito y será un punto de inflexión para el futuro inmediato en esta materia, dado el gran interés mostrado por el mundo democrático. Ver en ONU (04 de julio de 2023).

estrategias y planes de una gobernanza digital, lo que implica también un gran impacto hacia la vida socio-cultural y política, comenzando por el respeto y la protección de la pluralidad cultural, hasta llegar a los pormenores del desarrollo de la praxis en cuanto tal, es decir, en cuanto a los derroteros de orden ético y jurídico de la inteligencia artificial. Es claro que las tecnologías siempre impactan la praxis humana, por lo que podría ocurrir, como siempre sucede, crearse situaciones extremas hasta tal punto de afectar el *ethos* que consuetudinariamente define a la sociedad.

De allí que los trastornos o resquebrajamientos de los criterios y valores éticos en los cuales abreva una sociedad, en todos los niveles de organización (nacional, regional y local), producen necesariamente aperturas reflexivas hacia las cuestiones éticas por las cuales habrá de ser analizada la IA. Es indudable el impacto que se produce en el ámbito socio-político que venimos discutiendo, por lo que las reflexiones que emergen a partir de la hermenéutica de las consecuencias de la IA, merecen ser articuladas en términos de fundamentación de los derechos humanos, precisamente por los desafíos que conllevan las interacciones con este tipo de entidades. El ser humano se caracteriza por su ethos, por lo que la inteligencia artificial, al no ser *ser humano*, cabe preguntársele por la legitimidad en el orden de la praxis de su accionar.

En el ámbito de lo político, los partidos promueven sus interacciones por intermedio de los dispositivos digitales, entre los cuales se encuentran todos aquellos desarrollos tecnológicos que permitan la interacción con personas por intermedio de esos aparatos. En materia electoral los partidos políticos emplean la IA con propósitos de manipular la información y al ciudadano para crear o cambiar tendencias de opinión, y así direccionar el favor del ciudadano hacia los candidatos o el candidato en disputa por el cargo de elección popular. Gallacher y Kamisnka (2017) llamaron la atención sobre Facebook, expresando que esta red y su tecnología debían ser más abiertas sobre sus efectos en la democracia. Reconocen que las redes sociales juegan un papel determinante en las elecciones, razón por la cual la sociedad debía tener consciencia sobre su alcance.

En realidad es una de las características de importancia para nuestro tema que portan las tecnologías digitales. El punto es que con frecuencia las elecciones se ganan o se pierden muchas veces por el buen o mal manejo de las redes sociales. Los partidos políticos emplean técnicas controvertidas de microfocalización suministrando información altamente personalizada a cada portador de dispositivo logrando dirigir sus decisiones no sólo para alcanzar el poder, sino para mantenerse en él a todo coste.

De allí la necesaria articulación entre ética, derechos políticos, derechos humanos y democracia, pues la inteligencia artificial está penetrando en las vidas de cada ciudadano del mundo logrando trascender más allá de un simple dispositivo digital y posicionarse como dispositivo de carácter político. Otras consecuencias traen aparejadas las tecnologías emergentes, pero su análisis lo dejaremos para otra oportunidad.

Los representantes de la IA, monitoreados por las regulaciones de responsabilidad ética y jurídica, deben ser obligados al respeto, protección y promoción de la libertad y de los derechos humanos, asimismo a fomentar la protección del medio ambiente y los ecosistemas de conformidad con el derecho que los regule en el presente y en el futuro inmediato. La responsabilidad ética y la obligación de rendir cuentas de las decisiones y las acciones basadas de alguna manera en un sistema de nuevas tecnologías, debe ser el norte de la sociedad de futuro. Es por ello que se deben elaborar herramientas de evaluación del impacto de estas tecnologías en el ámbito de los derechos humanos, el estado de derecho y la democracia, todo ello con impacto positivo en la ética que lo sostiene. Del mismo modo crear programas de conformidad con las orientaciones de respeto hacia las organizaciones de defensa de los Derechos Humanos. Todo ello debe conducir a la creación, promulgación y puesta en vigencia de un Pacto por los Derechos en las Nuevas Tecnologías.

5. CONCLUSIONES

Se reconoce a la sociedad digital como globalizadora de desigualdades, esto es, como espejo donde se refleja la sociedad democrática contemporánea; ella impacta situaciones al límite en las nuevas relaciones sociales que emergen al paso del desarrollo tecnológico, como la migración y el surgimiento de oleadas de refugiados, debido a las resistencias, que son sintomáticas, a los populismos pseudodemocráticos. Ello a su vez opera en contra de la democracia, previéndose la generación desde el ciberespacio de nuevos conflictos, con importantes consecuencias socio-políticas, pues en el régimen de la información el sujeto no es dócil ni obediente; al contrario, se cree libre y supremamente creativo, pues se produce a sí mismo en cuanto tal sujeto (Han, 2022).

En la sociedad digital, dadas las circunstancias descritas a parir del régimen de la información, no prevalece el discurso; prevalece la información digital, esto es, los "datos". Si bien en este régimen surge una nueva clase: el dataista, quien además cree ciegamente que el ser humano es deficiente frente a la inteligencia artificial, pues esta no solo es mejor sino que "escucha" verdaderamente, la sociedad digital amerita de regulaciones que impidan la manipulación del ciudadano para la toma de decisiones políticas. En este contexto, pasamos de la razón comunicativa, esencial al discurso, a la racionalidad digital, producto de la sociedad digital; esta genera un nuevo sujeto con nueva forma de aprendizaje: sustituye el aprendizaje centrado en la racionalidad y el discurso por el *machine learning*. Los algoritmos imitan y suplen los argumentos.

Los derechos humanos y la democracia se ven altamente alterados en su discurso tradicional, puesto que la intervención del régimen de la información desequilibra los pesos que componen el régimen democrático como estructura política basada en la acción comunicativa. Se impone un nuevo pacto social global, sobre el nuevo pacto político que debe surgir con el propósito de ocuparse de los derechos humanos de cuarta generación, que esta vez alcanza de forma mucho más clara el ámbito tecnológico[18].

6. REFERENCIAS

Costa, F. (2021). *Tecnoceno. Algoritmos, biohackers y nuevas formas de vida*. Taurus.

Dahl, R. (2021). *La democracia*. Ariel.

Gallacher, J. y Kaminska, M. (12 de junio de 2017). Facebook needs to be more open about its effect on democracy. THE GUARDIAN. https://acortar.link/e7Z3qc

Guerrero-Lobo, J.F. y Villalobos-Antúnez, J. V. (2021). Perspectivas del concepto de poder en Byug Chul Han. *Opción. Revista de Ciencias Humanas y Sociales, 37*(96), 260-282. https://doi.org/10.5281/zenodo.7470728

Guerrero-Lobo, J. F., Villalobos-Antúnez, J. V. y Prats-Palma, B. (2022). Riegos éticos en el comportamiento digital. Política, democracia y ciudadanía. *Visual Review*. https://doi.org/10.37467/revvisual.v9.3551

18. El punto al que nos queremos referir es que los derechos humanos de cuarta generación poseen una estructura bioética, por lo que se están abriendo las líneas de interpretación de estos derechos desde la estructura digital de la vida. Ver en Villalobos *et al.* (2012).

Guerrero-Lobo, J. F., Villalobos-Antúnez, J. V., Severino-González, P. y Prats-Palma, B. (2023). Ética y medios digitales. La tarea pendiente del mundo digital. *Visual Review*. https://doi.org/10.37467/revvisual.v10.4590
Habermas, J. (1999). *Teoría de la acción comunicativa, I. Racionalidad de la acción y racionalización social.* Taurus.
Habermas, J. (2010). *Facticidad y valides. Sobre el derecho y el Estado democrático de derecho en términos de teoría del discurso.* Trotta.
Han, B. Ch. (2017). *Psicopolítica.* Herder.
Han, B. Ch. (2022). *Infocracia. La digitalización y la crisis de la democracia.* Taurus
Hern, A. (14 de noviembre de 2017). Thirty countries use 'armies of opinion shapers' to manipulate democracy–report. THE GUARDIAN. https://acortar.link/GHHSKq
Honneth, A. (2017). *El derecho de la libertad. Esbozo de una eticidad democrática.* Katz.
Innerarity, D. (2020). *Pandemocracia. Una filosofía de la crisis del coronavirus.* Galaxia Gutenberg
ITU (2018). *Informe de medición sobre la sociedad de la información. Resumen Analítico.* Unión Internacional de telecomunicaciones. https://acortar.link/0PK7wD
Jaeger, W. (1990). *Paideia. Los ideales de la cultura griega.* Fondo de Cultura Económica.
Kharpal, A. (29 de mayo de 2016). Mark Zuckerberg is 'dictator' of Facebook 'nation': The Pirate Bay founder. *CNBC.* https://acortar.link/W6ZLCc
Lasalle, J. M. (2019). *Ciberleviatán: El colapso de la democracia liberal frente a la revolución digital.* Arpa Editores.
Levitsky, S. y Ziblat, D. (2019). *Cómo mueren las democracias.* Ariel-Planeta Colombiana.
Luhman, N. (1998). *Complejidad y modernidad: De la unidad a la diferencia.* Trotta.
ONU (04 de julio de 2023). *Our Common Agenda. Policy Brief 5: A Global Digital Compact.* https://acortar.link/XGuUtv
Peña, C. (2020). *El desafío constitucional.* Taurus.
Schmidth, D. y Brennan, J. (2020). *Breve historia de la libertad.* Fundación para el progreso.
Serrano-Marim, V. (2016). *Fraudebook. Lo que la Red Social hace con nuestras vidas.* Plaza y Valdés.
Snyder, T. (2018). *Sobre la tiranía. Veinte lecciones que aprender del siglo XX.* Galaxia Gutemberg.
Squella, A. (2020). *Democracia. ¿Crisis, decadencia o colapso?.* Universidad de Valparaíso.
Torretti, R. (2019). *"Democracia". Hitos de la historia de una palabra.* Universidad Diego Portales.
Touchard, J. (1969). *Historia de las ideas políticas.* Tecnos.
Türk, V. (12 de julio de 2023). *La Inteligencia Artificial debe tomar como base los Derechos Humanos*. Naciones Unidas. Derechos Humanos. Oficina del Alto Comisionado. https://acortar.link/97HNpg
Villalobos-Antúnez, J. V., Hernández, J. P. y Palmar, M. (2012). El estatuto bioético de los derechos humanos de cuarta generación. *Frónesis. Revista de Ciencias Jurídicas, Sociales y Políticas, 19*(3), 350-371. www.corteidh.or.cr/tablas/r32925.pdf
Villalolbos-Antúnez, J. V., Guerrero-Lobo, J. F., Romero-Neces, L. (2019). Hermenéutica de la política y legitimidad de su ejercicio. Democracia y Estado de Derecho. *Utopía y Praxis Latinoamericana. Revista Internacional de Filosofía y Teoría Social. 24*(86), 182-197. http://doi.org/10.5281/zenodo.3370711
Villalobos-Antúnez, J.V. (2022). Ética, tecnología y desafíos de futuro. Una perspectiva bioética de la sociedad digital. En *Human Review. Revista Internacional de Humanidades.* https://doi.org/10.37467/revhuman.v11.4076

Villalobos-Antúnez, J. V., Guerrero-Lobo, J. F., Caldera-Ynfante, J. E. (2022). Emocionalidad de la acción: La acción comunicativa se disuelve. La teoría de la acción comunicativa en la era de la sociedad digital y de la emocionalidad disruptiva (política). *Filosofi(e) Semiótiche*, *9*(2), 92-103. https://acortar.link/1JZcv9

Villalobos-Antúnez, J.V. y Caldera-Ynfante, J.E. (2022). Dignidad y autobiografía. Cuestiones filosóficas y políticas en torno a la migración (forzada). En A. Amaro Agudo, F. Vidal Auladell y L. Da Silva Vargas (Eds) *Psicología, Sociología y Sociedad*, (pp. 483-493). Thomson Reuters-Aranzadi.

Zuboff, Sh. (2021). *La era del capitalismo de la vigilancia. La lucha por un futuro humano frente a las nuevas fronteras del poder*. Paidós.

UNA NUEVA PROPIEDAD INDUSTRIAL: DE LAS VACUNAS BOVINAS A LAS BIOTECNOLÓGICAS. PROPUESTA DIDÁCTICA A TRAVÉS DEL ARTE

María Isabel Huerta Viesca[1]

1. INTRODUCCIÓN

El mundo de la propiedad industrial e intelectual es fascinante a la vez que complejísimo, por todos los intereses y las implicaciones éticas concurrentes. Este trabajo se presenta como una propuesta pedagógica dirigida a aproximar a los alumnos a algunas primeras líneas básicas de esta materia tan intrincada y, sin embargo, tan cercana a la vida cotidiana de cada uno de nosotros.

2. OBJETIVOS Y METODOLOGÍA

Este trabajo intenta proporcionar a las personas destinatarias, principalmente alumnado del pregrado, una breve aproximación inicial e introductoria al mundo actual de la propiedad industrial desde una perspectiva artística. Con estas herramientas el objetivo final es cuádruple: la comprensión sencilla de las principales instituciones y figuras de la propiedad industrial; la observación de los intereses que se entrecruzan en el mundo de las patentes; el conocimiento de los últimos hitos en materia de protección jurídica a las vacunas e invenciones biotecnológicas; la promoción del interés por la creatividad, la investigación, y la innovación tecnológica.

Se propone un estudio aproximativo a la moderna propiedad industrial sin pérdida de rigor jurídico ni técnico. Se parte de un nivel conceptual de general, destinado a los estudiantes más jóvenes, para llegar a un nivel de más concreción y dificultad, como el que presenta la protección de las modernas patentes biotecnológicas y su entorno global, especialmente a la luz de las vacunas contra el COVID-19, cuyo tratamiento jurídico internacional es un hito histórico y una lección para la mejora de la regulación jurídica mundial en el futuro.

Se ha procurado mantener una perspectiva jurídica internacional, no centrada en el Derecho de propiedad industrial de un Estado concreto sino llevando al alumno a un viaje a través del mundo de la propiedad industrial con independencia de su nacionalidad o lugar de estudio.

Todas las obras de arte que se incluyen son de dominio público mundial, y accesibles libre y gratuitamente en los *links* indicados. Tienen únicamente finalidad didáctica de

1. Universidad de Oviedo (España).

aproximación y se aportan como recursos docentes para facilitar la comprensión de los temas tratados.

3. CREACIONES E INVENCIONES. ATENCIÓN A LAS PATENTES

En todo el mundo se otorgan derechos de autor sobre las formas innovadoras o artísticas originales, creadas por ellos. En algunos países éstas creaciones no forman parte de la propiedad industrial sino de la denominada «propiedad intelectual». Dentro del bloque general de la creatividad, más en concreto, los derechos de propiedad industrial otorgan a su titular derechos en exclusiva sobre determinadas creaciones inmateriales. Esos derechos asignados no recaen estrictamente sobre bienes materiales sino sobre bienes inmateriales, creaciones intelectuales, o ideas. Y sin embargo, esos derechos de propiedad industrial otorgan a los autores de estas creaciones ciertos derechos «al estilo» de los derechos de propiedad sobre cosas.

Los distintos ordenamientos jurídicos proporcionan distintos niveles de protección a los inventores y a las empresas innovadoras que han realizado sus creaciones. Así, se da reconocimiento a distintas formas y por plazos temporales distintos, generalmente una vez que se realiza el registro de la idea o creación inmaterial en un Registro público que realizará ciertos controles de legalidad y evitará riesgos de engaño. Decididamente dentro de la propiedad industrial, las marcas protegen las formas originales de diferenciación e identificación de productos o servicios. Los dibujos y los modelos registrados otorgan protección sobre la apariencia externa de distintos bienes. Pero sin duda, la institución más importante de propiedad industrial es la patente, que se otorga sobre las nuevas invenciones; junto a las patentes, los modelos de utilidad reconocen el derecho sobre nuevas invenciones menores.

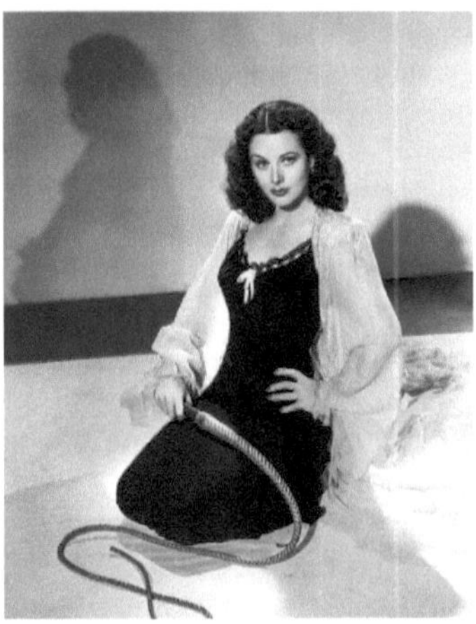

Figura 1. Desconocido (1946). "Fotograma publicitario de estudio de Hedy Lamarr para la película The Strange Woman". La vida de esta extraordinaria mujer (1914-2000), gran actriz de Hollywood e inventora, es increíble. En muchos países, cada año, el 9 de noviembre, en honor a su fecha de nacimiento, se celebra el "Día del Inventor Internacional", porque a ella le debemos la patente del espectro ensanchado, la técnica de modulación utilizada en telecomunicaciones que permite, por ejemplo, entre muchas

más utilidades, que en una misma habitación no se interfieran
las llamadas de dos móviles.

Los inventos, mayores y menores, determinan el progreso económico, social y educativo en el mundo. Los creadores, con sus invenciones novedosas y reproducibles, dan solución a problemas prácticos de la vida de las personas y propician la igualdad, la educación y el progreso y, en definitiva, contribuyen a la conformación de un mejor futuro.

Parece que las primeras patentes sobre invenciones técnicas se concedieron en las grandes potencias comerciales Florencia y Venecia ya a mediados del siglo XV. Las nuevas invenciones tenían que ser comunicadas para obtener el privilegio de invención con la consiguiente protección contra los infractores de la exclusiva (Menéndez Díaz, 1996). Muchos grandes inventores eran también artistas, como Leonardo da Vinci.

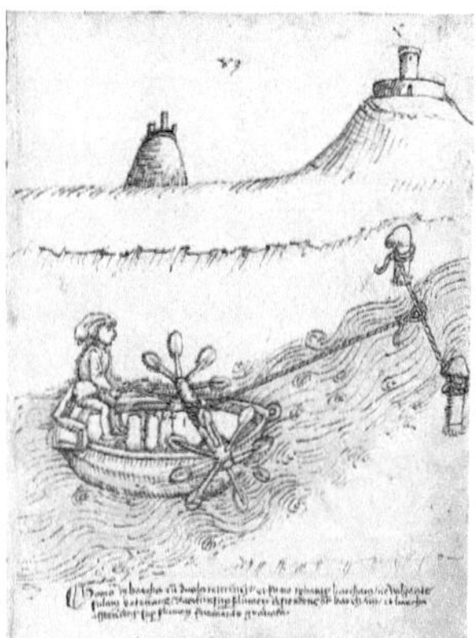

Figura 2. Taccola, M. (1449), De machinis, Barco navegando río arriba, dibujo con anotación de un dispositivo innovador de este ingeniero e inventor italiano.

Actualmente las patentes deben cumplir generalmente varios requisitos mínimos para gozar de protección: ha de existir una actividad inventiva, fruto del trabajo, el tesón y la actividad intelectual de su autor; esa creación debe ser de algo nuevo, que no existe antes en el mercado y que no resulte del estado de la técnica de una manera evidente para un experto en la materia; y debe ser aplicable industrialmente, es decir, repetible en un proceso industrial, con posibilidad de ser reproducible en la industria, de modo que su objeto pueda ser fabricado o utilizado en la práctica en cualquier clase de industria, incluida la agrícola o biotecnológica.

Cuando la idea innovadora y reproducible se registra en un organismo público de cada Estado se concede el derecho de utilización en exclusiva a su autor durante un período de tiempo. El inventor podrá impedir que otras personas copien, fabriquen o vendan el producto o proceso patentado durante ese periodo de exclusiva. Es muy importante realizar ese registro para que el titular inventor pueda obtener una protección eficaz.

Debido a este derecho de explotación en exclusiva las patentes y los modelos de utilidad son extremadamente interesantes para los inventores, que ven recompensado su trabajo, sus gastos y su labor inventiva. Incentivan el trabajo de otros creadores. Pero también son muy importantes para la sociedad en general, porque producen un efecto tractor en el desarrollo y la economía de los Estados. Además, implican un avance de la ciencia, porque una vez que transcurre el período de exclusiva que se concede al creador pasan a ser de dominio público y cualquiera puede aprovecharse ya de esa invención.

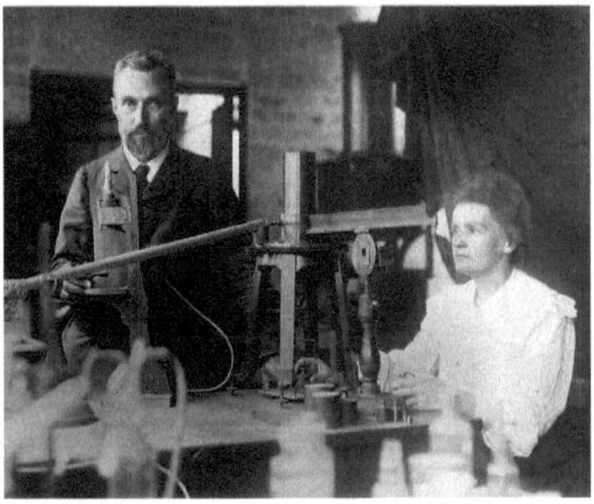

Figura 3. Desconocido (1904). Pierre y Marie Curie en el laboratorio, demostrando el aparato experimental utilizado para detectar la ionación del aire, y por lo tanto la radiactividad, de muestras de mineral purificado que permitió su descubrimiento del radio. Los Curie tomaron la decisión, consciente y altruista, de no patentar su técnica de tratamiento de la pecblenda en beneficio del espíritu científico. Describieron todos los resultados de la investigación, que fue entonces de dominio público, por lo que ellos quedaron al margen de los beneficios económicos de la explotación industrial del radio, llegando a pasar alguna estrechez económica.

El titular de la invención registrada puede ser una persona o un grupo. Cuando se concede el título, tras el registro, este titular puede disponer de los derechos como si gozara de un derecho de propiedad sobre un bien material, de modo que es posible su arrendamiento, su venta, su donación, su embargo o su herencia.

Hay determinados bienes que no se pueden patentar, porque se suele considerar que su explotación sería contraria al orden público o a las buenas costumbres; *v. gr.*, no se pueden patentar ni las razas de animales, ni las variedades vegetales y minerales, ni el cuerpo humano, ni los embriones humanos, ni las partes vivas del cuerpo humano. Sí es posible patentar enzimas, proteínas, anticuerpos, virus, microorganismos (todos ellos con fines, por ejemplo, médicos), plantas (como plantas resistentes a plagas), o incluso animales (como los que producen medicamentos). Así, la patente del ratón oncogenético que se creó en la Facultad de Medicina de Harvard, que tenía la característica de ser propenso a contraer cáncer, fue admitida porque la Oficina Europea de Patentes consideró que avanzar en los estudios sobre el cáncer es más importante que la salud o el sufrimiento causado a los ratones (López Morales, 2018). También cabe patentar la tecnología del ADN (Pérez Carrillo, 2005).

En relación con la patentabilidad de los genes en varios ordenamientos hay que diferenciar entre la finalidad terapéutica (no patentable) y el método o procedimiento quirúrgico o terapéutico, que sí es patentable (Romero Fernández, 2003).

4. VACUNAS BOVINAS Y VACUNAS BIOTECNOLÓGICAS: PATENTABILIDAD

La viruela fue una terrible enfermedad que se propagaba con facilidad entre las personas, matando a un gran porcentaje de afectados. Edward Jenner (1749-1823), un médico inglés que había sufrido la viruela de niño y tenía secuelas para toda su vida inoculó en 1796 en el niño de ocho años James Phipps un ensayo con muestras de pústulas de la mano de una granjera, Sarah Nelme, que había sido infectada por una enfermedad benigna, el virus de la viruela bovina. Se inoculaba una enfermedad leve para proteger al sujeto de una enfermedad muy grave. Fue la primera vacuna propiamente dicha -recibe ese nombre por su origen "vacuno"-. La vacunación recibió terribles críticas en sus orígenes, pero poco a poco se fueron reconociendo sus formidables consecuencias. Hoy se reconoce que Jenner es la persona que ha salvado más vidas en la historia de la humanidad. Es emocionante pensar que una idea, una innovación exitosa, un esfuerzo común compartido, han conseguido ya el fabuloso logro de erradicar esa terrible enfermedad en todo nuestro planeta.

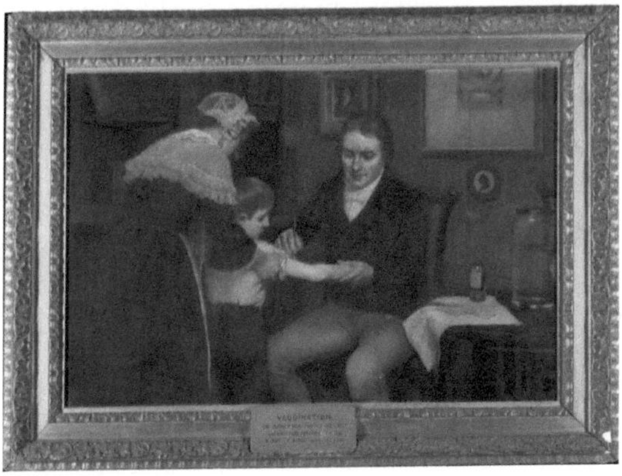

Figura 4. Board, E. (1910). El Dr. Jenner realizando su primera vacunación en James Phipps, un niño de 8 años. 14 de mayo de 1796, Jenner Phipps 01.jpg, Wikimedia Commons.

Efectivamente, en 1980 la XXXIII Asamblea de la Organización Mundial de la Salud aceptó la *Declaración Formal de Erradicación de la Viruela* en todo el mundo y en 2020 se conmemoró el 40 aniversario de esa *Declaración Formal*, que tiene tamta importancia porque gracias a la investigación biotecnológica y a un plan colectivo inmenso se ha conseguido eliminar en todo el planeta una enfermedad devastadora. Es la única enfermedad infecciosa erradicada (Kirby, 2020), pero este logro es el primer paso de un camino de esperanza en la investigación biotecnológica y médica. Las vacunas han cambiado la historia de la medicina y de la investigación médica.

Actualmente se trabaja en toda clase de vacunas en el ámbito biotecnológico, que cada vez es más importante y también más extenso, englobando un conjunto muy amplio de tecnologías «relacionadas con la biología molecular y celular, la bioquímica, la nanotecnología, la genética, la inmunología, la bioingeniereía y la bio-informática» (Dopazo Fraguío, 2017). Este campo de la biotecnología es definido en el Convenio sobre la Diversidad Biológica de la Organización de Naciones Unidas de 1992 como toda aplicación tecnológica que utilice sistemas biológicos y organismos vivos o sus derivados para la creación o modificación de productos o procesos para usos específicos (ONU, 1992). Sus productos y resultados son patentables cuando se satisfacen los requisitos ya vistos de novedad, actividad inventiva y posibilidad de reproducción industrial (Martínez Cañellas, 2011).

Son posibles patentes biotecnológicas de producto (nuevas materias vivas, elementos objeto de manipulación genética y sustancias generadas por seres vivos) o de procedimiento (como técnicas de cultivo agrícola o procedimientos para obtención de un resultado o efecto concreto) (Rodríguez Ruiz de Villa & Rodríguez Huerta, 2022). Por este motivo puede haber patentes biotecnológicas con actividad inventiva novedosa si a pesar de que esa materia biológica ya existía anteriormente en estado natural, se aísla de su entorno o se produce por medio de un procedimiento técnico que ha generado el ser humano obteniendo un resultado efectivo (López Morales, 2018), de manera que el resultado no está comprendido en el estado de la técnica –es decir, existe novedad- y no es evidente –es decir, existe actividad inventiva- (Romero Fernández, 2003).

Aquí podemos ver con nitidez la diferencia entre un descubrimiento, no patentable, porque tan sólo se ha hallado una materia biológica que preexistía en la naturaleza y que hasta ese momento había permanecido desconocida (Lema Devesa & Fernando Magarzo, 2002), y la verdadera invención, esta sí patentable, en que un microorganismo es alterado por la intervención humana.

El tema de la novedad de la invención es relevante, más en un tiempo en que la difusión –imprudente- en el metaverso (García Vidal, 2022), o por cualquier medio antes del registro pueden dar al traste con el requisito. Sin embargo, el principal debate en las invenciones biotecnológicas se centra en determinar si hay o no invención, especialmente en el caso de las patentes biotecnológicas, por ejemplo médicas. Este punto suele ser objeto de múltiples y muy complejas pruebas periciales en caso de oposición y juicio. En las patentes biotecnológicas en el sector de la medicina se entiende que la comprobación efectiva de los efectos terapéuticos de determinadas sustancias y de si realmente solucionan el problema planteado es fundamental para determinar si existe o no invención biotecnológica patentable (Rodríguez Ruiz de Villa & Rodríguez Huerta, 2022).

5. PROTECCIÓN DEL CREADOR Y VACUNAS FRENTE AL COVID-19

Cuando el mundo tuvo que enfrentarse a una pandemia desconocida y muy alarmante, como fue el COVID-19, se pudo observar el conflicto que surge entre la posición del titular de la patente de la vacuna, probablemente incapaz de explotarla de modo directo para que pueda llegar a tantos millones de personas, y el deseo de su difusión por muchos gobiernos, ciudadanos y empresas farmacéuticas, para frenar una enfermedad con riesgo incluso de muerte para tantos millones de personas deseosas de obtener ese tratamiento.

El día 17 de junio de 2022, después de cinco días de jornadas maratonianas, los 164 miembros de la XII Conferencia Ministerial de la Organización Mundial del Comercio (organización mundial que vela por un comercio seguro y libre en todo el planeta) que se celebró en Ginebra (Suiza), llegaron por primera vez al acuerdo de suspender las patentes de las vacunas contra la COVID-19 por un plazo de cinco años, incluyendo sus componentes y proceso (también la tecnología ARN mensajero), si bien quedaban fuera de esa liberalización los medicamentos de tratamiento y los test de diagnóstico de la enfermedad.

De conformidad con los primeros puntos de la Decisión, los Estados miembros de la organización podrán limitar los derechos previstos en el artículo 28.1 del Acuerdo sobre los ADPIC (Acuerdo de la Organización Mundial del Comercio sobre los Aspectos de los Derechos de Propiedad Intelectual relacionados con el Comercio) al autorizar el uso de una patente para la producción y suministro de vacunas contra la COVID-19 sin el consentimiento del derecho titular. Los Estados pueden aplicar esta resolución a través de cualquier instrumento reconocido en su ley, aunque no tenga un sistema de licencias obligatorias vigente. Además, estas medidas no exigen que los Estados notifiquen previamente a la Organización Mundial del Comercio y permiten exportaciones de vacunas en determinadas condiciones. Esta decisión solo es aplicable a las vacunas, durante el período de cinco años y para países en vías de desarrollo.

La Directora General de la organización dijo que gracias a estas decisiones «se hará que el acceso a suministros y componentes médicos sea más previsible en esta pandemia, y también en las siguientes», y se contribuirá a que, en el futuro, cuando se produzca una crisis en una región del planeta, otras no se vean privadas de suministros (Okonjo-Iweala, 2022). Este acuerdo abre la esperanza de que el mundo pueda dar una respuesta concreta, rápida y conjunta a los retos que acechan en el futuro. En palabras de la organización <<los resultados logrados demuestran que el sistema multilateral de comercio es capaz de responder a algunos de los problemas más acuciantes de nuestro tiempo>> (OMC, 2022). Desde luego, es ilusionante que podamos contar con una estrategia que permita aumentar la resiliencia integrando a los países y comunidades más marginados en el sistema económico mundial (Okonjo-Iweala, 2023).

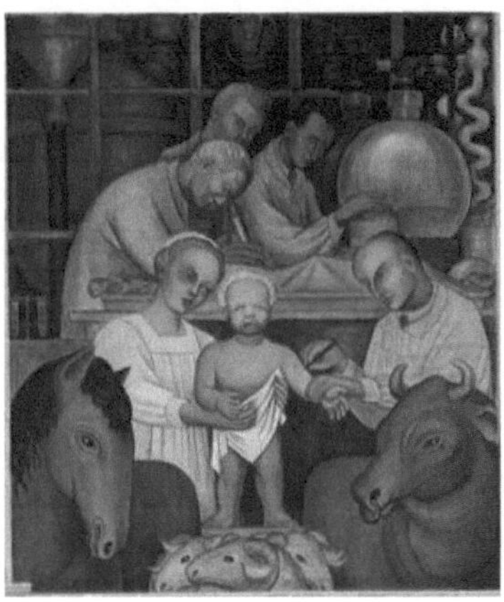

Figura 5. Rivera, D. (1932/1933). Detroit Industry, North Wall, fragmento, Detroit Institute of Arts, Detroit, Estados Unidos.

Este apartado del mural de Diego de Rivera sobre la Industria, elaborado en un momento de depresión económica y crisis social, tiene un fuerte carácter simbólico. Muestra a un grupo de científicos trabajando concentrados, investigando en un laboratorio y a otros dos, ataviados también con batas blancas de investigación, procediendo a la vacunación de un niño. Toda la composición evoca inmediatamente la escena de un Nacimiento (lo que generó importantes polémicas en su origen), como si el autor quisiera reflejar que un renacimiento de la humanidad pasa necesariamente por la investigación biotecnológica médica y la aplicación de sus logros a todas las capas sociales y en todo el mundo sin distinción.

6. REFLEXIÓN FINAL

Las personas inventoras no sólo nacen, también se hacen, a la vista de sus experiencias, su suerte, su trabajo y su ingenio. Thomas Alva Edison (1847-1931) es un buen ejemplo de ello. Fue uno de los inventores más prolíficos de todos los tiempos. Ya anciano registró 1093 patentes. Sus inventos cambiaron el mundo a mejor para siempre; hizo la luz (el 21 de octubre de 1879), permitió la generación y el suministro público de energía eléctrica a casas, fábricas y ciudades, la grabación de sonido y de música, el cine, la comunicación masiva, la batería para automóvil eléctrico, y cientos de invenciones patentadas más. Sin embargo, ese que sería tan gran inventor, con unos 9 años llegó a casa llorando: el profesor le había calificado como alumno inútil. La nota enviada por el maestro informaba que « el niño es tan denso como un tronco e imposible de enseñar » (Beals, 1997). Más adelante, cuando tramitaba su primera patente, un aparato para computar votos, la respuesta sobre su invento fue «Esto es exactamente lo que no queremos» (Beals, 1997). Evidentemente ese nuevo fracaso no cejó en su empeño ni doblegó su ingenio...

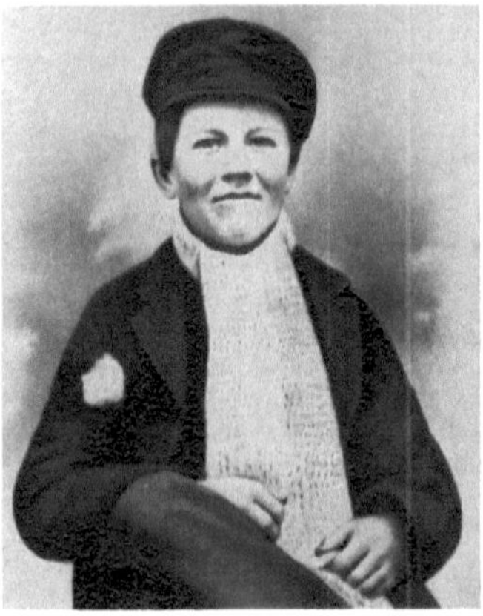

Figura 6. Desconocido (1861). "Joven Thomas Edison, 14 años".

Mi primera reflexión en este trabajo es que todas las personas, por extrañas o torpes que parezcan, guardan un tesoro personal de creatividad y de originalidad en algún ámbito de la propiedad intelectual o industrial. Si se da un caldo de cultivo adecuado ese talento personal puede llegar a encenderse. En un mundo en que se tiende tanto a la uniformidad y a la masificación cultural, es una inmensa, y a la vez maravillosa, responsabilidad de los docentes propiciar que ese talento y esa creatividad se puedan desarrollar en cada uno de ellos o potenciar el respeto ante los creadores e innovadores. Lo que es innegable es que si con la educación se conocen los grandes logros que han conseguido los innovadores y creadores de nuestra historia humana común y se lleva a la comprensión de los objetivos y el sentido de la propiedad industrial, se favorecerá el respeto ante la figura de los creadores que, como hemos visto, desde una posición generalmente sencilla y en un camino casi siempre lleno de dificultades e incomprensión, están preparados para cambiar el mundo a mejor.

Junto a la potenciación de lo individual me interesa resaltar, por otro lado, la importancia de la colaboración mundial en el avance de la ciencia. El ejemplo que hemos visto de la primera y única enfermedad humana que ha podido ser erradicada en todo el planeta es una muestra de la enorme capacidad y de los grandes logros que pueden conseguirse cuando los investigadores, los estados y los ciudadanos colaboran a nivel global y se implican, "todos a una" y sin dejar a nadie atrás, en la eliminación de una enfermedad terrible. También de la horrible pandemia de COVID-19 se han podido extraer lecciones importantes para el futuro, sobre lo que se debe y no se debe hacer.

Ahora sabemos con certeza que podemos lograr grandes objetivos de salud y prosperidad en todo el planeta gracias a las creaciones biotecnológicas y a la propiedad industrial. Y son esas jóvenes generaciones de alumnos que llegan quienes podrán conseguir esos logros ambiciosos a gran escala, impulsando el progreso de toda la sociedad global. De ahí también la conveniencia de aproximar a los discentes al interés del mundo de la propiedad industrial y de las patentes biotecnológicas, en concreto.

Abogo decididamente, en bien de todos, por un impulso extraordinario real a la investigación científica y biotecnológica en todo el mundo, siempre respetuosa con los requerimientos éticos y axiológicos, y para que los productos y los procedimientos derivados de la investigación biotecnológica sean distribuidos de forma equitativa en todo el mundo en el futuro. Es urgente propiciar la colaboración mundial activa en el desarrollo, producción y distribución de los productos resultado de la investigación bioltecnológica. Sólo así se podrán llegar a cumplir a tiempo los objetivos de Desarrollo Sostenible de la Agenda 2030 establecidos por la Organización de Naciones Unidas para la erradicación de la pobreza, garantizar una vida sana y una educación de calidad, la erradicación del hambre, lograr la seguridad alimentaria, la igualdad de género, asegurar el acceso al agua y la energía, promover el crecimiento económico sostenido, adoptar medidas urgentes contra el cambio climático, promover la paz, y facilitar el acceso a la justicia. Sólo así se podrá alcanzar un grado mínimo de respeto a la dignidad humana en todo el planeta.

7. REFERENCIAS

Beals, G. (1997). *The Biography of Thomas Edison.* https://n9.cl/zb24m

Board, E. (1910). El Dr. Jenner realizando su primera vacunación en James Phipps, un niño de 8 años. 14 de mayo de 1796, Jenner phipps. *Wikimedia Commons, https://n9.cl/ptkbs*

Desconocido (1861). "Joven Thomas Edison, 14 años", *Wikimedia Commons.* https://n9.cl/9ozo0

Desconocido (1904). Pierre y Marie Curiea en el laboratorio, demostrando el aparato experimental utilizado para detectar la ionación del aire, y por lo tanto la radiactividad, de muestras de mineral purificado que permitió su descubrimiento del radio. *Wikimedia Commons.* https://n9.cl/lq25k

Desconocido (1946). "Fotograma publicitario de estudio de Hedy Lamarr para la película *The Strange Woman*", *Wikimedia Commons.* https://n9.cl/mrrhe

Dopazo Fraguío, P. (2017). "Protección jurídica de las invenciones biotecnológicas en el Derecho español (Ley 24/2015, de 24 de julio, de Patentes, en vigor el 1 de abril de 2017)", *Actualidad Jurídica Ambiental*, 66, 1 de marzo de 2017. https://n9.cl/99wm4

García Vidal, Á. (2022), "La propiedad industrial en el metaverso", *Análisis GA_P.* https://n9.cl/eaobjp

Kirby, T. (2020). "Who celebrates 40 years since eradication of smallpox", *The Lancet Infectious Diseases*, 20, 2, https://doi.org/10.1016/S1473-3099(20)30012-8

Lema Devesa, C. y Fernando Magarzo, M. R. (2002). "Las patentes sobre biotecnología en el Derecho español", Actas *de Derecho Industrial y Derecho de Autor*, 23. www.vlex.com

López Morales, A. (2018), *"La patente biotecnológica: una mirada jurídica al futuro"*, Universidad Internacional de La Rioja.
Martínez Cañellas, A. (2011). "La protección dual de la propiedad industrial de las plantas transgénicas: como invenciones y como variedades vegetales", *Indret.* http://www.indret.com/pdf/802_es.pdf
Menéndez Díaz, J. Á. (1996). Una breve historia del origen de las patentes. *Consejo Superior de Investigaciones Científicas.* https://n9.cl/bthtz
Okonjo-Iweala, N. (2022). "Paquete de Ginebra" de la CM12 (Duodécima Conferencia Ministerial). En pocas palabras. Respuesta de la OMC a la pandemia, incluso en materia de propiedad intelectual, *Las Conferencias Ministeriales de la Organización Mundial del Comercio.* https://n9.cl/03a1c
Okonjo-Iweala, N. (2023), *Discurso de la Directora General Okonjo-Iweala del 8 de junio de 2023 en una reunión ministerial de la Organización de Cooperación y Desarrollo Económicos celebrada en París el 7 de junio de 2023.* https://n9.cl/wf58xr
Organización de Naciones Unidas, ONU (1992). *Convenio sobre la Diversidad Biológica,* Home | Convention on Biological Diversity (cbd.int)
Organización Mundial del Comercio (2022). *Duodécima Conferencia Ministerial de la Organización Mundial del Comercio (CM12),* 12 a 17 de junio de 2022. https://n9.cl/q0qrq
Pérez Carrillo, E. F. (2005). "Patente biotecnológica y Derecho comunitario", *Revista de Derecho Privado,* nueva época, año IV, 11, mayo agosto 2005, 50.
Rivera, D. (1932/1933). *Detroit Industry, North Wall,* fragmento, Detroit Institute of Arts, Detroit, Estados Unidos, Google Arts & Culture. https://n9.cl/pc6n7
Rodríguez Ruiz de Villa, D. y Rodríguez Huerta, S. M. (2022). "Patentes biotecnológicas y actividad inventiva", *Diario La Ley,* 10120-2022.
Romero Fernández, J. A. (2003). "La patentabilidad de las invenciones biotecnológicas", *La Ley,* 5829. www.smarteca.es
Taccola, M. (1449). *De machinis, Barco navegando río arriba,* ship.jpg. *Wikimedia Commons.* https://n9.cl/4rbc9

HUMANS, CYBORGS AND THE INTEGRATION OF ARTIFICIAL INTELLIGENCE AND HUMAN LINGUISTIC ENGINEERING: ADVANCING COMMUNICATION AND QUALITY OF SCIENTIFIC TEXTS

Dominik Kozanda[1]

1. INTRODUCTION

The integration of artificial intelligence (AI) with human linguistic engineering has opened up new avenues of research and development, with significant potential for meaning enhancement in highly specific linguistic and psychosocial-dynamic contexts (Kozanda, 2021). The marriage of AI and human linguistic engineering has the power to transform the way we communicate, not only in everyday interactions but also in the realm of scientific discourse. By harnessing the capabilities of AI, we can explore innovative, underappreciated approaches to improving communication and enhancing the quality of scientific texts.

With the advent of advanced neural networks and machine learning algorithms, AI has become increasingly sophisticated and is able to "think" independently in ways that were previously thought to be impossible.

One of the most exciting aspects of this integration is the potential for AI to enhance our understanding of the complex nuances of human language and the psychosocial-dynamics of human communication (for example Kozanda, 2022). By analyzing massive amounts of data, AI can identify patterns and relationships that would be impossible for humans to detect. This ability to process and analyze data at scale has enormous potential for advancing our understanding of human language and behavior.

As language models are capable of few-shot learning, which means they can learn and generalize to new tasks with very few examples (Brown *et al.,* 2020), it comes as no surprise that the impact of AI on language and communication can already be seen in the development of cutting-edge technologies such as natural language processing (NLP) and speech recognition. These technologies are revolutionizing the way we interact with machines, enabling us to use voice commands to control our devices and interact with digital assistants like Siri and Alexa. Certain segmentation difficulties as described by Dai *et al.* (2019) can be overcome as the main technologies continue to evolve and improve, so, we can expect to see even more dramatic changes in the way we communicate with machines and with each other. However, transfer learning, while effective for many NLP tasks, has been found to have limitations when applied to more complex "human-like" tasks. Zhang *et al.* (2020) demonstrate through experimentation that performance gains

1. University of Murcia (Spain).

from transfer learning can be limited in tasks that require more abstract reasoning and inference.

Overall, it can be stated that the integration of AI and human linguistic engineering has enormous potential to transform the way we communicate and interact with each other. As we continue to push the boundaries of what is possible with these technologies, we can expect to see even more innovative and exciting applications emerge in the years to come. The future of human cyborgs may not be as far away as we once thought.

The integration of artificial intelligence (AI) with human linguistic engineering has opened up new avenues of research and development, with significant potential for meaning enhancement in highly specific linguistic and psychosocial-dynamic contexts (Kozanda, 2021).

How can these technologies be used to improve communication and enhance the quality of scientific texts?

The advent of these groundbreaking technologies, encompassing the convergence of artificial intelligence (AI) and human linguistic engineering, heralds a remarkable epoch in which the communication landscape is imbued with unparalleled potential. By harnessing the transformative capabilities inherent in these synergistic approaches, the improvement of communication and the enhancement of scientific texts ascend to new echelons of excellence.

These technologies hold the key to unlocking a multitude of avenues through which communication can be optimized and scientific texts can be ascended to an elevated standard. Through the application of advanced AI-powered language models and sophisticated natural language processing techniques, the intricacies of scientific discourse can be finely tuned and refined. By leveraging the capabilities of these technologies, researchers and authors can avail themselves of invaluable guidance in refining their manuscripts, ranging from lexical precision and syntactic coherence to the augmentation of content. The amalgamation of human intellect and AI proficiency engenders scientific texts that transcend the conventional, embodying eloquence, rigor, and scholarly distinction.

Moreover, the analytical prowess inherent in AI algorithms empowers researchers to navigate the labyrinthine depths of scientific data with unbounded dexterity. These algorithms exhibit an insatiable hunger for processing copious volumes of intricate information, unearthing hidden patterns, correlations, and novel insights that would elude human cognition alone. In the realm of scientific texts, AI technologies offer boundless potential, facilitating comprehensive analyses of experimental results, elucidating intricate statistical data, and embarking upon intellectual expeditions into uncharted domains of research. By harnessing these transformative technologies as tireless scientific companions, researchers transcend the limitations of human cognitive capacities, forging a path towards groundbreaking scientific breakthroughs.

However, it is paramount to strike a harmonious balance, where the essence of scientific communication thrives through the symbiotic fusion of human ingenuity and AI assistance, rather than supplanting one with the other. While AI technologies serve as indispensable allies in enhancing the quality of scientific texts, it is vital to preserve the authentic voice, creativity, and critical thinking intrinsic to human researchers. Nurturing this harmonious interplay ensures the integrity, originality, and authenticity of scientific communication, safeguarding the unique perspectives and innovative ideas that emanate from the depths of human intellect.

In the ensuing chapter entitled "Objectives," we shall embark on a comprehensive exploration of the specific aspirations and goals that underpin the utilization of these transformative technologies in the realm of scientific communication within a highly specific scope demarked in this study. Through the delineation of a robust framework of objectives, we aspire to provide researchers, authors, and stakeholders with a compass, guiding their journey to a highly specific use of AI and human linguistic engineering. With this compass in hand, we shall illuminate the path towards invigorated communication, elevated scientific discourse, and the cultivation of a global scientific community characterized by intellectual vibrancy and collaborative synergy.

2. OBJECTIVES

Within the purview of the present study, a plethora of salient elements, including the attributes of "competence," "professionalism," and the auditory allure encapsulated by the phrase "good sounding to the listener," were strategically employed to fortify the composition and meticulous examination requisites bestowed upon Chat GPT 4. This linguistic powerhouse, endowed with cutting-edge artificial intelligence, was entrusted with the arduous task of refining and elevating the quality of 20 meticulously selected scientific texts.

One of the most significant benefits of integrating AI and human linguistic engineering is the ability to improve the quality of written communication. Through the use of AI-powered language models such as Open AI's Chat GPT 4, it is possible to curate a carefully selected range of adjectives that can greatly enhance the linguistic quality of scientific texts. Adjectives such as «competent», «professional», and «good sounding to the listener» can be incorporated into text creation and proofreading requests, thereby improving the clarity and precision of scientific writing.

For example, in a text creation or proofreading request, the use of adjectives such as «highly skilled» and «knowledgeable» can convey a sense of expertise and professionalism, helping to establish the credibility of the author. Similarly, in a proofreading request, the inclusion of adjectives such as «meticulous» and «thorough» can signal the importance of attention to detail, leading to a more polished and refined final product.

In this era of linguistic AI, it is becoming increasingly clear that the output texts generated by AI models are capable of surpassing the quality of work produced by entire teams of human writers. As a result, traditional proofreading methods may soon become obsolete, with AI-powered language models providing a superior alternative for ensuring the accuracy and quality of scientific texts.

AI and human linguistic engineering are delved into within these lines to further explore the links between these technologies and their potential to enhance the meaning and quality of scientific texts. By incorporating carefully selected adjectives into text creation and proofreading requests, we can leverage the power of AI to create more competent, professional, and good-sounding scientific writing.

3. METHODOLOGY

The methodology for this study involved a two-stage approach to carefully investigate the use of requests such as «competent», «professional», and «good sounding to the listener", among others, within Chat GPT 4. The first stage involved selecting 20 scientific texts from the field of linguistics. While it is not necessary for the topics of the texts to be similar, they were chosen with the intention of capturing a broad range of linguistic styles and structures.

In the first stage, the texts were reviewed to obtain a general overview of their linguistic features. Neither a comparative nor an in-depth analysis of each text was conducted. Rather, I focussed on identifying key linguistic features of each text and how they contribute to the overall quality of the text.

The second stage of the methodology involved introducing these 20 texts into Chat GPT 4, along with the request to create an enhanced linguistic output that is «competent», «professional», and «good sounding to the listener». The purpose of this stage is to investigate the effectiveness of Chat GPT 4 in enhancing the linguistic quality of the selectedscientific texts.

The output generated by Chat GPT 4 was analyzed and compared with the original texts to identify any patterns or trends in the enhancement of linguistic features. These patterns will then be used to draw general conclusions about the effectiveness of using Chat GPT 4 to improve the linguistic quality of scientific texts.

It should be noted that this study is not intended to provide a comprehensive analysis of the linguistic features of each text or to compare them with each other. Rather, the focus is on investigating the use of Chat GPT 4 to enhance the linguistic quality of scientific texts, and the effectiveness of requests such as «competent», «professional», and «good sounding to the listener» in achieving this goal.

In order to comprehensively evaluate the efficacy of harnessing the intellectual prowess of Chat GPT 4, the output emanating from this prodigious AI-powered language model will undergo meticulous scrutiny and rigorous analysis, aiming to discern discernible patterns and draw robust and enlightening general conclusions pertaining to the unprecedented effectiveness and transformative potential encapsulated within the seamless amalgamation of human ingenuity and cutting-edge AI technology for the noble purpose of linguistic refinement and enhancement.

4. RESULTS

4.1 Analysis of Original Texts

The analysis of the original texts unveiled a diverse array of linguistic features and styles, showcasing the rich tapestry of scientific writing within the field of linguistics. These texts exhibited variations in interdisciplinary influences, syntactical complexity, lexical richness, and overall clarity. However, it is noteworthy that all texts shared a common thread of being well-structured, reflecting the high level of professionalism and expertise inherent in the field.

4.2 Chat GPT 4 Outputs

The adjectives employed by Chat GPT 4 to bolster the linguistic quality of the scientific texts were thoughtfully chosen to imbue a sense of competence, professionalism, and a pleasing tone to the reader. Notably, the language model frequently employed adjectives such as «competent», «knowledgeable», «experienced», «good sounding», «professional», «meticulous», «thorough», «concise», and «well-structured» to enhance the scientific discourse and establish an atmosphere of authority.

4.2.1 Adjectives Used

The adjectives used by Chat GPT 4 to enhance the linguistic quality of the scientific texts were carefully selected to convey a sense of competence, professionalism, and good sound to the listener. The most common adjectives used by Chat GPT 4 included "competent", «knowledgeable», «experienced», "good sounding", «professional», «meticulous», «thorough», «concise», and "well-structured».

4.2.2 Syntactical Complexity

One realm in which Chat GPT 4 demonstrated noteworthy advancement was the handling of syntactical complexity within the scientific texts. The AI-powered language model exhibited the ability to discern and rectify intricate sentence structures, thereby augmenting the overall clarity and readability of the texts. By restructuring convoluted sentences, Chat GPT 4 achieved a harmonious balance between complexity and comprehensibility, catering to the diverse readership of scientific literature.

4.2.3 Vocabulary Richness

Another aspect in which Chat GPT 4 showcased discernible progress was the elevation of vocabulary richness in the scientific texts. The language model showcased an aptitude for recognizing opportunities to introduce more precise and sophisticated word choices, thereby enhancing the overall quality of the texts. Through its suggestions, Chat GPT 4 fostered a nuanced and elevated scientific discourse, empowering researchers to articulate their ideas with greater precision and impact.

4.2.4 Overall Quality

The outputs generated by Chat GPT 4 evinced a substantial enhancement in the overall quality of the scientific texts. The AI-powered language model adeptly identified and rectified grammatical errors, enhanced the structural coherence of the texts, and proposed more precise and sophisticated word choices. These improvements converged to yield a more polished and refined final product, aligning with the expectations of scientific discourse and enhancing the effectiveness of knowledge dissemination.

In summary, the analysis of the outputs generated by Chat GPT 4 underscored its efficacy in elevating the linguistic quality of scientific texts. Through the meticulous selection of adjectives, improvement in syntactical complexity, elevation of vocabulary richness, and enhancement of overall quality, the integration of AI technology in the realm of scientific writing exhibited tremendous potential for advancing the field of linguistics and enhancing scholarly communication.

4.2.5. Examples and explanations

As we embark on a deeper exploration of the captivating domain of AI and human linguistic engineering, we encounter compelling examples that serve as unequivocal evidence of the remarkable advancements achieved in this field. These instances serve as a testament to the transformative potential that emerges when human ingenuity and state-of-the-art technology converge, ushering in a significant improvement in various aspects of scientific writing.

Let us begin by examining a specific example that effectively illustrates the profound impact of AI and human linguistic engineering on the enhancement of scientific texts.

Original text: «The results of this study show that there is a strong correlation between language ability and cognitive development in young children."

Enhanced text: «The results of this study demonstrate a highly significant correlation between language proficiency and cognitive development in young children."

Explanation: Through the intervention of Chat GPT 4, the enhanced text amplifies the impact of the findings by employing the phrase «demonstrate a highly significant correlation» instead of simply «showing a strong correlation.» This subtle modification not only emphasizes the robustness of the correlation but also conveys a heightened sense of expertise and professionalism in the field. By replacing «ability» with «proficiency,» the enhanced text conveys a more nuanced understanding of language skills, highlighting the importance of expertise and competence in the context of cognitive development.

Moreover, allow us to present another exemplary instance that showcases the profound improvements resulting from the harmonious fusion of AI and human linguistic engineering.

Original text: «The findings suggest that the use of AI-powered language models can significantly enhance the quality of written communication."

Enhanced text: «The findings clearly indicate that the integration of AI-powered language models can greatly improve the quality of written communication."

Explanation: In the original text, the findings suggest that the use of AI-powered language models can significantly enhance the quality of written communication. However, with the aid of Chat GPT 4, the enhanced text communicates a stronger message by employing the adverb «clearly» to emphasize the significance of the findings. Furthermore, the addition of the adverb «greatly» amplifies the magnitude of the improvement in quality, underscoring the transformative power of integrating AI-powered language models. By employing these linguistic devices, the enhanced text effectively conveys the substantial impact of AI in elevating the quality of written communication, further bolstering the case for embracing this technological advancement.

Continuing with our examination of the impressive advancements made possible through the integration of AI and human linguistic engineering, let us now turn our attention to the next example:

Original text: «The quantification and analysis of the variations in gene expression levels across different tissue types and developmental stages remain a challenging task in molecular biology."

Enhanced text: «Assisted analysis of gene expression levels across various developmental stages and tissue types poses a significant challenge in molecular biology due to variations in quantification methodologies."

Explanation: The original text discusses the challenges inherent in quantifying and analyzing variations in gene expression levels across different tissue types and developmental stages within the realm of molecular biology. Through the intervention of Chat GPT 4, the enhanced text adeptly captures the essence of the original sentence while refining its linguistic composition. By employing the verb «pose» instead of «remain,» the enhanced text not only sounds more elegant but also conveys a sense of the inherent challenge posed by the task at hand. Additionally, the use of the phrase «AI-assisted analysis» highlights the pivotal role played by AI in the domain of molecular biology research, shedding light on the collaborative synergy between human researchers and AI technologies. Furthermore, the mention of «variations in quantification methodologies» provides a more specific detail that supports the initial claim, lending credibility and depth to the overall message. Collectively, these linguistic enhancements within the AI-improved sentence demonstrate effective scientific communication, enabling complex ideas to be conveyed succinctly and comprehensively to a broader audience.

Finally, we take great pleasure in presenting yet another compelling exemplification, meticulously chosen to illuminate and explicate the formidable strides and noteworthy advancements that can be attained through the seamless integration and harmonious symbiosis of artificial intelligence (AI) and the ever-evolving discipline of human linguistic engineering. This illustrative example serves as a resounding testament to the remarkable potential and profound impact that can be realized when the unrivaled cognitive capabilities of AI are synergistically harnessed with the innate linguistic prowess and discernment of human experts, ultimately culminating in substantial enhancements that transcend the boundaries of conventional linguistic boundaries and pave the way for a new era of unparalleled communicative excellence and efficacy.

Original Text: «This study represents a significant contribution to the field of linguistics."

Enhanced Text: «This study is a highly significant contribution to the field of linguistics."

Explanation: In the original text, a study is described as representing a significant contribution to the field of linguistics. Through the intervention of Chat GPT 4, the enhanced text further accentuates the significance of the study by employing the adjective «highly» to underscore the weight of the contribution. This addition, with its careful selection of linguistic devices and its seamless integration into the enhanced text, intricately weaves a tapestry of professionalism, expertise, and impact, effectively capturing the essence of the study's perspectives. This addition, imbued with a delicate balance of linguistic finesse and intellectual humility, resonates with both scholarly rigor and intellectual gravitas.

Overall, the use of carefully selected adjectives in text creation and proofreading requests within Chat GPT 4 led to a significant enhancement in the linguistic quality of the selected scientific texts. The enhanced texts exhibited greater precision, clarity, and professionalism, which are essential qualities in scientific communication (Kozanda, 2021c; Zhang *et al.*, 2020). Moreover, these improvements can potentially streamline the writing and proofreading processes, saving valuable time and resources (Kozanda, 2022). The results of these studies and examples highlight the immense potential of integrating AI and human linguistic engineering for improving the quality and clarity of scientific writing and communication in general. By harnessing the power of AI technology alongside human expertise, we can continue to make remarkable strides in the understanding and advancement of language-related fields, opening up new avenues for innovation and knowledge dissemination (Brown *et al.*, 2020; Radford *et al.*, 2019).

5. DISCUSSION

The integration of AI and human linguistic engineering has enormous potential to transform the way we communicate and interact with each other. As demonstrated in this study, the use of AI-powered language models such as Chat GPT 4 can greatly enhance the quality of scientific writing, improving the clarity, precision, and overall readability of texts. In general, language models, particularly unsupervised ones, can be trained to perform multiple tasks simultaneously, without the need for task-specific training data. This suggests that language models can serve as a powerful tool for NLP tasks, especially in cases where labeled data is scarce (as, for example, Radford *et al.* 2019, recognized as well).

Furthermore, the integration of AI with language has allowed for unprecedented levels of precision, speed, and accuracy in communication, enabling us to use voice commands to control our devices and interact with digital assistants like Siri and Alexa.

When it comes to text summarisation, one approach to the most widely used techniques and approaches in the field of automatic text summarization was provided by Shoeb & Geronimo (2020), who presented their advantages, limitations, and challenges. This investigation presents strong indicators that these have been overcome within the scope of this study using Chat GPT 4.

However, as a general statement, technologies of this kind continue to evolve and improve. We can expect to see even more dramatic changes in the way we communicate with machines and with each other. The future of human cyborgs may not be as far away as we once thought, as we continue to push the boundaries of what is possible with these technologies.

6. LIMITATIONS

One of the limitations of this study is the small sample size of texts used for analysis. Although the texts were selected to capture a broad range of linguistic styles and structures, a larger sample size would provide a more comprehensive analysis of the effectiveness of Chat GPT 4 in enhancing scientific writing.

While the application of AI in human linguistic engineering has brought about a significant improvement in NLP, the scope of improvements is vast and ever-evolving. Despite our best efforts, providing a comprehensive list of examples for improved versions of an AI model may exceed the boundaries of a scientific text. Therefore, we present only a selection of clear and illustrative examples to demonstrate the efficacy of this technology in advancing natural language understanding.

Artificial intelligence and human linguistic engineering combined can bring improvements in many areas, including language translation. For example, with the help of AI and human linguistic engineering, machine translation has made tremendous progress over the years. In the past, machine translations often resulted in awkward, stilted sentences that failed to capture the nuances and complexities of human language. By leveraging AI technology, written content can benefit from enhanced coherence, fluency, and accuracy, leading to more effective communication and understanding (Shoeb & Geronimo, 2020). These advancements have far-reaching implications, particularly in domains such as natural language processing and machine translation. However, with the development of neural machine translation, machines are now able to produce much more accurate and natural-sounding translations. This is achieved through a deep learning approach that allows machines to learn from vast amounts of data and improve their translations over time.

Moreover, AI and human linguistic engineering have made it possible to create chatbots that can communicate with humans in natural language. These chatbots are powered by NLP algorithms, which enable them to understand and respond to human queries and requests. As a result, chatbots are being used in a wide range of industries, from healthcare to customer service, to provide instant support and assistance to customers.

Another area where AI and human linguistic engineering have made significant progress is in sentiment analysis. Sentiment analysis is the process of using AI and human linguistic engineering techniques to identify and extract the sentiment expressed in a piece of text. This is particularly useful in the context of social media, where users often express their opinions and feelings about a particular topic or brand. With sentiment analysis, companies can gain valuable insights into the attitudes and opinions of their customers, allowing them to tailor their marketing and customer service strategies accordingly.

In conclusion, AI and human linguistic engineering have revolutionized the way we interact with technology and have opened up new possibilities for communication and understanding across language barriers. As these technologies continue to evolve, we can expect to see even more exciting developments in the years to come.

6.1. General Conclusions

The results of this study provide strong evidence for the potential of AI and human linguistic engineering to enhance the quality of scientific writing. The integration of Chat GPT 4 with carefully selected adjectives can greatly improve the clarity, precision, and overall quality of scientific texts. Furthermore, the AI-powered language model was able to identify and correct complex sentence structures, enhance the richness of vocabulary, and improve the overall readability of the texts.

In line with Zhang *et al.* (2020), Deep learning models, including the formidable GPT 4, have demonstrated their ability to generate high-quality summaries of scientific articles, showcasing their proficiency in condensing vast volumes of information into concise and informative synopses. These advanced models, such as GPT 4, leverage their remarkable computational power and sophisticated algorithms to extract the key insights and essential findings from complex scientific texts, presenting them in a condensed form that facilitates efficient comprehension and knowledge dissemination. These models have the potential to improve the efficiency and accessibility of scientific communication and can help overcome the challenge of information overload in the scientific community, and may ultimately lead to more effective dissemination of scientific knowledge.

7. REFERENCES

Brown, T. B., Mann, B., Ryder, N., Subbiah, M., Kaplan, J., Dhariwal, P., & Amodei, D. (2020). Language models are few-shot learners. *Advances in Neural Information Processing Systems*, 33, 1876-1901. https://doi.org/10.5555/3437963.3438045

Dai, Z., Yang, Z., Yang, Y., Carbonell, J. G., Le, Q. V., & Salakhutdinov, R. (2019). Transformer-XL: Attentive language models beyond a fixed-length context. In *Proceedings of the 57th Annual Meeting of the Association for Computational Linguistics* (pp. 2978-2988). https://doi.org/10.18653/v1/P19-1285

Kozanda, D. (2022). Google Translate's Artificial Intelligence Learns by Itself, but Human Translators and Interpreters have Never Stopped to Learn by Themselves: An Example of Efficient Human-Robot Interaction. In A. Martínez Sala, C. Paradinas Márquez, & D. Muñoz Sastre (Eds.), *Comunicación y soluciones digitales para nuevos contenidos* (pp. 247-254). GEDISA.

Kozanda, D. (2021, 1-3 of December). Taking Advantage of Google Translate Through a Device that Can only Hardly be Imitated, Emulated or Cloned: The Human Brain. *Paper presented at the 13th International Congress "latina de comunicación social", Historia de los Sistemas informativos*, Madrid, Spain.

Radford, A., Wu, J., Child, R., Luan, D., Amodei, D., & Sutskever, I. (2019). Language models are unsupervised multitask learners. *OpenAI Blog, 1*(8), 9. https://doi.org/10.5555/3326936.3326949

Shoeb, A. H., & Geronimo, J. (2020). Automatic Text Summarization Techniques: A Review. In *Proceedings of the 2020 3rd International Conference on Intelligent Sustainable Systems* (pp. 1399-1404). IEEE.

Zhang, Y., Sun, Y., & Zhang, J. (2020). Exploring the limitations of transfer learning with human-like tasks. In *Proceedings of the 58th Annual Meeting of the Association for Computational Linguistics* (pp. 4378-4383). https://n9.cl/057xn

¿METODOLOGÍA CUANTITATIVA O CUALITATIVA? LA NECESIDAD DE MODELOS TEÓRICOS SECUENCIALES PARA EL ESTUDIO DEL SURGIMIENTO DE TRASTORNOS ALIMENTARIOS EN LA INFANCIA

Agustín Llorca-Linde[1]

El presente texto nace en el marco del programa de ayudas "Contratos predoctorales de Formación de Profesorado Universitario 2019", financiado por el Ministerio de Universidades. La referencia de la ayuda es "FPU19/05507".

1. INTRODUCCIÓN

La mayoría de las investigaciones sobre las causas del desorden de la conducta alimentaria utilizan el análisis multivariado: intentan descubrir qué variable o combinación de variables son las mejores para "predecir" el comportamiento en cuestión. Este tipo de análisis asume que todos los factores que operan para producir el comportamiento estudiado lo hacen simultáneamente. Según este modelo, por ejemplo, se tratará de descubrir si los factores que lo generan responden al maltrato emocional o al maltrato físico recibido en la infancia, o a una combinación de todos ellos y muchos otros más (Emery *et al.*, 2021). Sin embargo, la realidad es que no todas las causas operan al mismo tiempo. Necesitamos un modelo que tenga en cuenta el hecho de que los patrones de comportamiento se desarrollan en una secuencia ordenada (Becker, 2009).

Para dar cuenta de un comportamiento alimentario desviado de una persona y comprender el fenómeno, como veremos luego, debemos considerar una secuencia de etapas: cambios en el comportamiento de la persona y en su punto de vista sobre sus propias acciones. Cada una de estas etapas necesita una explicación, y lo que puede operar como causa en una determinada fase de la secuencia puede carecer de importancia en otra.

El modo en que un individuo llega a estar en situación de tener una participación cada vez más intensa en entornos sociales donde el cuidado del aspecto corporal cobra una gran importancia necesita un tipo de explicación, mientras que el hecho de que éste decida a introducir prácticas de autocontrol alimentario requiere otra explicación. Y todavía es necesaria una explicación más: por qué después de haber experimentado las consecuencias de las prácticas de autocontrol alimentario decide mantener o no en el tiempo este comportamiento. De esta forma, cada explicación constituye una condición necesaria de ese comportamiento. La explicación de cada uno de estos pasos forma parte de la explicación del comportamiento resultante.

1. Universidad de Granada (España).

Sin embargo, si las consideramos separadamente, las variables que se asocia a ese comportamiento pueden no distinguir entre personas con desórdenes alimentarios y personas que no los padecen. Los factores que predisponen a un individuo tomar una determinada decisión pueden no tener efecto sobre él si no ha llegado a la etapa del proceso donde le es posible tomar esa decisión. Supongamos, por ejemplo, que una de las condiciones en la formación de un patrón habitual de consumo alimentario anómalo -la preocupación sobre el peso y la figura- es en realidad el efecto de una variable de personalidad: una tendencia del individuo a tener creencias negativas sobre sí mismo (Monell *et al.*, 2018; Barrero y Sánchez, 2022). Sin embargo, esa variable sólo conducirá a un desorden alimentario en personas que (1) tengan un cuerpo gordo que no se ajusta a la norma y que (2), en la interacción con su entorno, hayan aprendido una serie de criterios estéticos a partir de los que juzgar su propio cuerpo como un cuerpo indeseable que debe ser modificado de forma urgente

Quienes posean esa predisposición personal a tener creencias negativas sobre sí pero no tengan un cuerpo gordo, ni hayan aprendido una serie de criterios estéticos, no pueden llegar a desarrollar un desorden alimentario, por mucha tendencia que tengan a tener creencias negativas sobre sí mismas. En consecuencia, la tendencia a tener creencias negativas sobre uno mismo puede ser una condición necesaria para el surgimiento del desorden alimentario. Sin embargo, esa predisposición individual conducirá al desarrollo de un patrón de conducta alimentaria desordenada sólo sí, además, se dan una serie de condiciones complementarias.

El objetivo principal de esta investigación es discutir la necesidad de utilizar estrategias metodológicas secuenciales y cualitativas para la elaboración de un modelo teórico que dé cuenta de las causas que conducen al desarrollo de un trastorno de la conducta alimentaria. Para ello, en el apartado metodológico, definiré los conceptos y teorías que componen el modelo secuencial-sociológico que he utilizado. Estas herramientas metodológicas las he utilizado para analizar un estudio de caso sobre una niña que entre los once y trece años desarrolló un desorden alimentario que se mantuvo en su vida adulta. Esto lo expondremos en los resultados. En este mismo apartado describiré un estudio epidemiológico para representar el enfoque cuantitativo basado en la encuesta. Por último, en la discusión compararé la capacidad explicativa de ambos modelos. Esta discusión girará en torno a la relación entre las características de las causas de los trastornos alimentarios como objeto de estudio y las características de los instrumentos de medición de ambos enfoques.

2. OBJETIVOS

Dos son los objetivos principales de este estudio. El primero es mostrar los límites de una epistemología basada exclusivamente en la encuesta a la hora de comprender las causas del desarrollo de un trastorno alimentario. El segundo es mostrar el uso de una serie de conceptos y teorías que pueden ser muy útiles para la comprensión de este fenómeno.

3. METODOLOGÍA

Para mostrar los límites del enfoque epidemiológico sobre las causas del desorden alimentario basado exclusivamente en la encuesta, he optado por un método comparativo. El procedimiento ha consistido en comparar la explicación que ofrece el enfoque epidemiológico sobre este fenómeno con la explicación que ofrece un enfoque sociológico. Para representar el enfoque epidemiológico sobre el desarrollo de un desorden alimentario he tomado el estudio de Emery *et al.* (2021) como referencia. He elegido esta investigación pues las variables que contempla para explicar el fenómeno coincidían con las causas que aparecían en el caso de Cristina. Esta coincidencia me permitía mostrar los límites de la epistemología cuantitativa de una forma muy clara.

El enfoque sociológico que presento en este estudio sobre el desarrollo de un desorden alimentario es el resultado de la aplicación de

1. Los principios básicos del interaccionismo simbólico, sobre la dimensión simbólica e intersubjetiva del comportamiento humano. Estos principios se describen al detalle en Blumer (1981).
2. La aplicación del concepto de proceso sobre la dimensión secuencial de los patrones de comportamiento, cuya descripción y aplicación se muestra en Becker (2009).
3. La aplicación de la teoría de las cadenas rituales de interacción, sobre la posibilidad de seguir el rastro a la secuencia de rituales a través de cuya experiencia el individuo va cambiando su percepción sobre las cosas y su forma de actuar. En Collins (2009) se describe esta teoría y se muestra su aplicación.

Para el caso de Cristina, se hizo una primera entrevista que duró dos horas. Luego se hizo una segunda entrevista que duró dos horas y treinta y nueve minutos. Ambas entrevistas se llevaron a cabo y se grabaron a través del servicio de videollamada de "*Google Meet*".

Este estudio surge de una parte del trabajo de campo que estoy llevando a cabo durante la realización de mi tesis doctoral. En mi tesis doctoral trato de estudiar, mediante la realización de entrevistas en profundidad, el proceso de socialización alimentaria en distintos contextos vitales de los jóvenes

4. RESULTADOS

En el primer apartado de resultados describiremos un estudio epidemiológico para representar el enfoque cuantitativo basado en la encuesta. En el segundo apartado, a través de un estudio de caso, describiremos el surgimiento de un desorden alimentario en la infancia desde un enfoque sociológico-secuencial.

4.1. El análisis estadístico como recurso epistemológico: un estudio de caso

Los últimos desarrollos metodológicos cuantitativos para comprender las causas de los trastornos alimentarios son diseñados bajo el supuesto de que el trastorno alimentario es el resultado de un conjunto de sucesos ocurridos en las primeras etapas de vida. Estos sucesos ocurridos en la infancia son considerados como factores de riesgo para el surgimiento posterior de la enfermedad mental (Barrero y Sánchez-Sandoval, 2022).

En este apartado vamos a describir la metodología cuantitativa en el estudio Childhood maltreatment and disorderes eating attitudes and behaviors in adult men and women: Findings from project EAT (Emery *et al.*, 2021). Tomamos esta investigación como un estudio de caso representativo del enfoque epidemiológico sobre el estudio de las causas de los trastornos de la conducta alimentaria.

La investigación que tomamos como referencia es el resultado de cuatro momentos separados en el tiempo en los que se recoge información de una muestra poblacional mediante la técnica de la encuesta. Estos cuatro momentos de recogida de datos están separadas en intervalos de cinco años. En 1998, 2003, 2008 y 2015 se recoge información de una misma muestra poblacional de origen para identificar cambios en las actitudes y comportamiento relacionados con el peso y la alimentación de los participantes. De esta forma se lleva a cabo un estudio longitudinal sobre una misma población. En el primer momento de recogida de información, en 1998, la muestra poblacional son niños/as que tienen de media entre 13 y 17 años. En 2015 se recoge información de estas mismas personas, que ahora tienen de media entre 27 y 33 años. En estos cuatro momentos de recogida de información se encuesta sobre actitudes y comportamientos relacionados en el peso y la alimentación de los participantes, consideradas como variables diagnósticas del trastorno alimentario. Estas son las variables sobre las que se recoge información relacionada con el peso y la alimentación:

1. Atracón: En el último año, ¿has comido una cantidad de comida en un corto periodo de tiempo que sería motivo para avergonzarse si otros tu hubieran visto? Las opciones de respuesta fueron "Sí" o "No".
2. Pérdida de control al comer: Los participantes que respondieron afirmativamente a la pregunta anterior, se les preguntaba si durante los momentos en que comieron de esta manera, ¿sintieron que no podían dejar de comer o controlar qué o cuánto estaban comiendo? Las opciones de respuesta fueron "Sí" o "No".
3. Además, a los participantes se les preguntaba si en el último año habían actuado como alguna de las siguientes opciones para perder peso o para no engordar. Las opciones de respuesta que se podían elegir fueron (1) "ayunar", (2) "comer muy poca comida", (3) "tomar pastillas para perder peso", (4) "vomitar de forma voluntaria", (5) "usar laxantes", (6) "usar diuréticos", (7) "usar sustitutos alimentarios (suplementos/bebidas especiales), (8) "saltarse comidas" y (9) "fumar más cigarrillos". Las opciones de respuesta 3, 4, 5 y 6 fueron codificadas como "Comportamientos extremos de control de peso". Por otro lado, las opciones de respuesta 1, 2, 7, 8 y 9 fueron codificadas como "Comportamientos no saludables de control de peso".
4. Frecuencia con la que se ha llevado a cabo una dieta en el último año para perder peso. Las opciones de respuesta fueron: "1-4 veces; 5-10 veces; más de 10 veces; y "estoy siempre a dieta". Las respuestas "5-10 veces" o más fueron codificadas como "Estar a dieta de forma recurrente".
5. En los últimos 6 meses, grado de importancia que ha tenido el peso o la figura corporal respecto a cómo te sentías contigo mismo/a. Las opciones de respuesta fueron: (1) «El peso y la figura no fueron muy importantes», (2) «El peso y la figura desempeñaron un papel en cómo me sentía sobre mí mismo/a», (3) «El peso y la figura estuvieron entre las principales cosas que afectaron a cómo me sentía sobre mí mismo/a» y (4) «El peso y la figura fueron las cosas más importantes que afectaron a cómo me sentía sobre mí mismo/a.» Las respuestas 3 y 4 se codificaron como "Preocupaciones en torno al peso y la figura".

Además de estas variables, en la última encuesta que se lleva a cabo en 2015 se pregunta a la muestra en torno a un conjunto de variables que son consideradas como factores de riesgo desencadenantes del trastorno alimentario. A la muestra que en esta última fase tiene entre 27 y 33 años se le pregunta la frecuencia con la que han experimentado este tipo de situaciones antes de los 18 años.

1. Frecuencia de abuso sexual familiar. Esta variable estaba compuesta de dos ítems: (1) ¿Alguien de tu familia te tocó de forma sexual en contra de tus deseos o te obligó a tocarle de forma sexual?; (2) ¿Alguien ajeno a tu familia te ha tocado de

forma sexual en contra de tus deseos o te ha obligado a tocarle de forma sexual? Las opciones de respuesta fueron «no», «una vez» o «más de una vez». El abuso sexual se codificó positivamente cuando los participantes indicaron haber tenido una o más experiencias.

2. Frecuencia de maltrato físico familiar. Esta variable estaba compuesta por el siguiente ítem: "un adulto de mi familia me pegó tan fuerte que me dejó moratones o marcas». Las opciones de respuesta fueron «nunca», «rara vez», «a veces», «a menudo» y «muy a menudo». El maltrato físico se codificó positivamente cuando los participantes indicaron, al menos, una frecuencia de maltrato «rara vez».
3. Frecuencia de maltrato emocional familiar, entendido como experiencias vividas en la infancia en las que el individuo ha recibido comentarios hirientes o insultos. Esta variable estaba compuesta por el siguiente ítem: «un adulto de mi familia me dijo cosas hirientes o insultantes». Las opciones de respuesta fueron las mismas que en la variable "maltrato físico familiar". El maltrato emocional se codificó positivamente cuando los participantes indicaron, al menos, una frecuencia de maltrato «a menudo».
4. Frecuencia con la que se ha percibido a la familia como fuente de apoyo emocional (negligencia emocional). Esta variable estaba compuesta de dos ítems (1) la frecuencia con la que «mi familia era una fuente de fuerza y apoyo» y (2) «alguien de mi familia me hizo sentir que era importante o especial». Las opciones de respuesta fueron las mismas que en la variable maltrato físico. Los dos ítems se promediaron, y las puntuaciones <3 se codificaron positivamente para la negligencia emocional familiar (es decir, la negligencia emocional familiar se codificó positivamente entre los participantes que indicaron que alguien de su familia les hacía sentir importante o especial «nunca» o «rara vez» y que su familia era una fuente de fuerza y apoyo «nunca» o «rara vez»).

La razón de este planteamiento es ejecutar un análisis matemático a partir del que encontrar relaciones significativas entre (1) las variables consideradas factores de riesgo y (2) las actitudes y comportamientos relacionados con el peso y alimentación de los participantes. Con estos ingredientes, se ejecuta un procedimiento de análisis muy extendido en la literatura sobre trastornos alimentarios con enfoque médico/epidemiológico (Barrero y Sánchez-Sandoval, 2022). Estos tipos de análisis se identifican como modelos de regresión binomiales para el cálculo del riesgo relativo. Podemos representar gráficamente esta forma de análisis de la siguiente forma (figura 1).

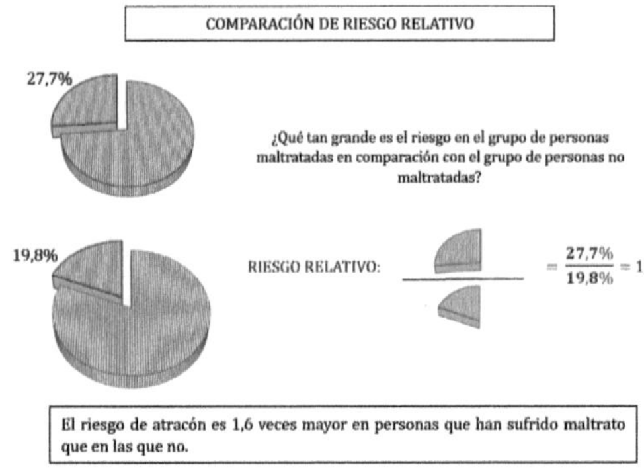

Figura 1. Ejemplo de explicación sobre los modelos de regresión binomiales para el cálculo del riesgo relativo. Fuente: elaboración propia a partir de Emery et al. (2021).

	No maltrato		**Cualquier maltrato**	
	(*n* =1,080, 65.6%)		**(*n* =567, 34.4%)**	
	n(%)	**RR[95%IC]**	**n(%)**	**RR[95%IC]**
Atracón	214(19,8%)	1.00 [--]	157(27,7%)	**1.6[1.3, 2.0]**
PCC*	110(10,2%)	1.00 [--]	96 (16,9%)	**1.3[1.1, 1.6]**
CECP	102(9,4%)	1.00 [--]	89 (15,7%)	1.3[0.9, 1.7]
CNSCP	392(36,3%)	1.00 [--]	302(53,3%)	**1.3[1.1, 1.5]**
EDC	70 (6,5%)	1.00 [--]	67(11,8%)	**1.7[1.2, 2.4]**
PPF	279(25,8%)	1.00 [--]	205(36,2%)	**1.3[1.1, 1.5]**

*Nota: La variable referencia fue no maltrato infantil. Los valores en negrita indican significación ($p<0.05$). IC=intervalo de confianza; RR=riesgo relativo; PCC= Pérdida control al comer; CECP= Comportamientos extremos de control del peso; CNSCP= Comportamientos no saludables de control del peso; EDC= Estar a dieta de forma crónica; PPF= Preocupaciones en torno al peso y la figura.

Tabla 1. Modelo que evalúa el riesgo relativo de desarrollar comportamientos asociados al desorden alimentario en función de si la persona ha experimentado en la infancia algún tipo de maltrato o no (*N* =1647). **Fuente**: elaboración propia a partir de Emery et al. (2021).

Los resultados del artículo en cuanto a la comparación del riesgo relativo de desarrollar comportamientos asociados al desorden alimentario en función de si la persona ha experimentado en la infancia algún tipo de maltrato o no se resumen en la siguiente tabla (tabla 1).

	Abuso Sexual (n=162, 9.8%)		Maltrato Físico n=262, 15.9%)	
	n (%)	*RR [95% IC]*	*n (%)*	*RR [95% IC]*
Atracón	51 (31.5%)	**1.4 [1.0, 2.0]**	67 (25.6%)	1.3 [1.0, 1.7]
PCC*	31 (19.1%)	0.9 [0.7, 1.3]	37 (14.1%)	0.9 [0.6, 1.2]
CECP	26 (16.0%)	1.1 [0.6, 1.8]	40 (15.2%)	1.1 [0.7, 1.6]
CNSCP	90 (55.6%)	1.1 [0.9, 1.3]	141 (53.8%)	1.2 [1.0, 1.3]
EDC	21 (13.0%)	1.6 [0.9, 2.8]	34 (13.0%)	1.5 [0.9, 2.4]
PPF	70 (43.2%)	**1.3 [1.0, 1.7]**	93 (35.9%)	1.2 [1.0, 1.5]

*Nota: La variable referencia fue no maltrato infantil. Los valores en negrita indican significación (p<0.05). IC=intervalo de confianza; RR=riesgo relativo. La información sobre las variables maltrato emocional y negligencia emocional se pueden consultar en la fuente. PCC= Pérdida control al comer; CECP= Comportamientos extremos de control del peso; CNSCP= Comportamientos no saludables de control del peso; EDC= Estar a dieta de forma crónica; PPF= Preocupaciones en torno al peso y la figura.

Tabla 2. Modelo que evalúa el riesgo relativo de desarrollar comportamientos asociados al desorden alimentario en función de los diferentes tipos de maltrato experimentados en la infancia (N=1647). **Fuente**: elaboración propia a partir de Emery et al. (2021).

Los resultados del artículo en cuanto a la comparación del riesgo relativo de desarrollar comportamientos asociados al desorden alimentario en función de si la persona ha experimentado en la infancia algún tipo de maltrato o no se resumen en la siguiente tabla (tabla 2).

A partir del análisis realizado en el estudio se puede concluir que, para un 95 por ciento de los casos de la muestra, las personas que han experimentado cualquier tipo de maltrato durante su infancia tienen un 30 por ciento mayor de riesgo de experimentar en la vida adulta (1) pérdida de control al comer, (2) comportamientos no saludables de control de peso, (3) y de preocupaciones en torno al peso y la figura; un 60 por ciento mayor de riesgo de (4) tener atracones y un 70 por ciento mayor de riesgo de (5) estar a dieta de forma recurrente (Emery *et al.*, 2021).

Los autores a la hora de identificar las relaciones estadísticas más significativas entre comportamientos asociados con los trastornos alimentarios en función de cada tipo de maltrato concluyen que

> *que la negligencia emocional fue el tipo de maltrato infantil más prevalente en esta muestra y el único tipo de maltrato infantil que mostró sistemáticamente estimaciones puntuales que indicaban un mayor riesgo para cada actitud y conducta alimentaria desordenada evaluada. Tanto el maltrato emocional como la negligencia se asociaron con un riesgo más de un 40% mayor de atracones, un hallazgo consistente con trabajos previos que demuestran que los traumas emocionales en la infancia son potentes predictores de atracones en la edad adulta (...). Además, se demostró que la negligencia emocional estaba relacionada con un mayor riesgo de perder el control al comer [un riesgo más de un 40 por ciento mayor] (Emery et al., 2021. Traducido del inglés).*

Los autores a la hora de dar una explicación a esta relación interpretan que

> *estos hallazgos indican que la negligencia emocional puede ser un factor particularmente importante (...). De hecho, trabajos anteriores han teorizado que los niños expuestos a traumas emocionales, a diferencia de los traumas físicos o sexuales, pueden tener un riesgo específico de padecer trastornos alimentarios (...) debido a una mayor tendencia a la desregulación emocional que surge de haber sido criados en un entorno emocionalmente invalidante. (...) estos hallazgos subrayan la necesidad de investigaciones futuras para examinar más críticamente las asociaciones entre los resultados de la alimentación desordenada y la exposición al abuso emocional y la negligencia en la infancia (Emery et al., 2021. Traducido del inglés).*

4.2. De la técnica de encuesta a las técnicas cualitativas: un estudio de caso sobre el desarrollo de conductas alimentarias desordenadas

a) Aprendiendo a percibir el cuerpo como un problema

Esta es la historia de Cristina: una muchacha que desarrolló un autoconcepto de su cuerpo como un problema cuando tenía 13 años. Las experiencias que vivió en esa etapa la llevaron a desarrollar, inicialmente, un comportamiento alimentario desordenado y, posteriormente, un hábito enfocado en controlar su peso. Todo empezó cuando le dijo a su madre que le dolía mucho la espalda cuando cargaba la mochila para ir al colegio. La pediatra le detectó una pequeña desviación en la columna. Cristina revive las recomendaciones de su pediatra como algo traumático:

> *Lo tengo grabado. La pediatra me mandó una tabla de ejercicios para hacer en casa y me dijo: "Vale, tienes que hacer más ejercicio de espalda y tienes que hacer natación". Digo vale. Pero siempre me acuerdo, es que lo tengo grabado a fuego: "Y bajar de peso no te viene mal" (recuerda que le dijo su pediatra).*

Quien ella consideraba una *autoridad en materia de salud* le estaba diagnosticando un problema relacionado con su peso corporal. Además, este problema le estaba afectando en su día a día. Ella se asustó:

> *Yo en esa época, yo acojoná. Es como si me lo está diciendo mi padre; que me lo está diciendo por mi salud, que si no me voy a morir. Yo tenía, y ahora me río, este punto de vista. Yo se lo decía: "Mamá, mamá, ¿si no pierdo peso me voy a morir?". "No, no" (le respondió la madre).*

Antes de este episodio con su pediatra, sus seres queridos y compañeros de clase ya le habían criticado por su exceso de peso. Entonces, ¿por qué es *tras interactuar con su pediatra* que ella *se preocupa por primera vez por su exceso de peso*? Las dos condiciones necesarias para que Cristina empezará a percibir su exceso de peso como un problema fueron: (1) la experiencia de un problema físico que le causaba una molestia en su día a día: el dolor de espalda al cargar su mochila y (2) el diagnóstico de un problema de salud (desviación de columna) relacionado con su peso por parte de alguien a quien consideraba una autoridad médica

Al darse estas *dos condiciones de forma simultánea*, ella interpretó que si no perdía peso podía llegar a fallecer. Es por esta razón que, pese a las críticas de sus compañeros de clase y sus seres queridos, ella no empieza a preocuparse por su exceso de peso hasta que interactúa con su pediatra.

> *Al poco de ir al pediatra mi madre me dijo: "Estás un poquito gordita, no sé qué". Claro ahí haces ya, buum (hace un gesto de simulando una explosión en su cabeza). Cuando una madre te dice: "Estás un poquito gordita...".*

Cristina *pasa de* una situación en la que no percibe su exceso de peso como un problema a una situación en la que sí. En este proceso la interacción que mantiene con su pediatra fue el detonante de su preocupación en torno a su peso corporal; la situación posterior en la que su madre la critica actuó como un ritual que confirmó en su conciencia la idea de que estaba enferma debido a su peso corporal; las situaciones posteriores en las que sus compañeros de clase y su madre la criticaron actuaron como rituales que mantenían viva la preocupación de Cristina en torno a su peso corporal.

b) Descubriendo el problema: aprendiendo el valor estético de los cuerpos

> *Yo las cosas de educación física las echo pa'lante. ¿Entonces por qué me están diciendo los médicos que tengo que perder peso tan urgentemente?" (se decía a sí misma). Entonces, ahí te hace la cabeza como un clic, porque tú escuchas: "Tienes que perder peso por tu salud, tienes que perder peso por tu salud. Si tú haces cosas, y no te ahogas por así decirlo, en el sentido de que cómo yo voy con mi madre, si yo cojo las bolsas de peso, no me duelen los brazos, no estoy mala (...). Tú te quedas y dices: "Hostia, ¿y si es por el físico?" (se preguntaba a sí misma). (...) Y entonces dices: "Vale, pues lo que yo quiero es estar delgada".*

Esta segunda etapa del proceso comprende desde el momento en que Cristina empieza a evaluar por qué el exceso de peso implica un problema de salud hasta que aprende que el problema es su aspecto físico. Cristina inicialmente empieza evaluando la posibilidad de que su peso implique un problema de salud, tal y como le comunican los profesionales de la salud. Sin embargo, en el proceso en el que reflexiona sobre esta idea no entiende por qué el exceso de peso implica un problema de salud. Para ella, *lo que diferencia un cuerpo enfermo de un cuerpo sano es la incapacidad física*. Desde su perspectiva, no siente que su cuerpo esté enfermo porque *es capaz de enfrentar las exigencias físicas de su día a día sin problemas*. Si, *desde su punto de vista*, el exceso de peso no implica un problema de salud, entonces, ¿cuál es el problema cuyos compañeros de clase y cuya madre tratan de hacerle ver?

La siguiente parte de esta segunda etapa es la *evaluación de la posibilidad de que el problema relacionado con su cuerpo sea su aspecto físico*. Finalmente ella interpreta que éste es el problema cuyo entorno trata de hacerle ver. ¿Cómo descubre que el problema relacionado con su cuerpo es su aspecto?

> *Antes de eso, pues por ejemplo, mis compañeros del colegio la verdad es que lo típico, te dicen gorda, no sé qué... Pero lo que más me dolía era mi familia. Mi familia sí que me decía: Es que tienes que bajar de peso, es que tienes que bajar de peso, es que... Mi madre, era mi madre. Es que tienes que bajar de peso, es que sino no vamos a encontrar ropa de tu talla, sino no vas a estar guapa, es que eso te queda mu' feo, te queda mu apretao', esto no te cabe (recuerda que le decía su madre). Es un bombardeo constante, y ahí fue cuando también dije: Joder colega...*

En ese solitario proceso autorreflexivo en el que trata de descubrir el problema relacionado con su cuerpo, termina interpretando que los profesionales de la salud le están recomendando bajar de peso por su aspecto físico y no por su salud. Esto sucede porque es en el instituto y en la interacción con sus seres queridos, con quien actúa con mayor frecuencia, dónde aprende que un cuerpo gordo es algo desagradable de ver y que un cuerpo delgado no. Entonces, ella asume que la razón por la que los médicos le dicen que tiene que bajar de peso es la misma por la que sus seres queridos y sus compañeros de clase la critican. Desde ese momento, cada vez que en una consulta médica le recomiendan bajar de peso piensa que el motivo es su aspecto.

c) La fatiga emocional y la carencia de recursos para modificar el cuerpo como requisitos desencadenantes del desorden del comportamiento alimentario

> *Venía de una temporada muy grande donde decía: "Dios mío, no me gusta mi cuerpo". (...) Y ahí dije: "Pues yo estoy harta de que se metan conmigo". (...) Entonces ahí dije: "vale, pues lo hago por mi propio camino. Lo primero que hice fue dejar de comer.*

Cristina cambió la forma en que percibía su propio cuerpo una vez que, en la interacción con su entorno, aprendió un conjunto de criterios estéticos a partir de los que empezó a reconocer su propio cuerpo como un cuerpo antiestético. En el verano de transición entre sexto de primaria y primero de la educación obligatoria (cuando tenía entre once y doce años, pesaba 53 kilos y media 135 cm) Cristina inició su proceso de adelgazamiento.

Además de las situaciones sociales en las que sus seres queridos, sus compañeros de clase y su pediatra sancionan su cuerpo, ahora *es ella quien empieza a criticar constantemente su propio cuerpo*. La *frecuencia con la que se siente mal por su cuerpo aumenta*: ahora se siente mal cuando frecuentemente (1) sus compañeros de clase y (2) su madre la critican; (3) cuando los médicos le recomiendan bajar de peso, ya sea en las revisiones médicas periódicas o cuando tiene algún problema puntual de salud y (4) cuando diariamente se juzga y critica su propio cuerpo.

Hay otro factor que contribuye a la acumulación gradual de un mayor estrés: la *carencia de recursos disponibles* para satisfacer su deseo de adelgazar. En el proceso autorreflexivo en el que Cristina empieza a construir un plan para superar la crisis emocional que está experimentando, hablar con sus padres para buscar apoyo nunca fue una opción. Cristina, se veía a sí misma como alguien que debía gestionar el problema por su propia cuenta. Esta disposición de gestionar ese problema en solitario era algo lógico en un momento vital en el que, de lunes a sábado, pasaba los días sola en casa. Durante ese verano, sus dos padres se iban de casa de camino al trabajo a las siete de la mañana. Su madre llegaba a casa al final de la tarde, su padre a altas horas de la noche. Cuando su madre llegaba, lo primero que solía hacer era tumbarse en la cama y dormir un rato antes de la hora de cenar. Necesitaba descansar después de casi doce horas fuera de casa limpiando habitaciones de hotel.

La literatura psicológica examina las relaciones estresantes entre la persona y el entorno identificando el equilibrio de fuerzas entre las demandas del entorno y los recursos de la persona para afrontar esa demanda. Así, el estrés psicológico es el resultado de la comparación entre el poder de las demandas ambientales para dañar, amenazar o desafiar a la persona y los recursos de que dispone la persona para manejar estas demandas. El grado de estrés es particularmente alto cuando el individuo debe luchar con demandas que no puede satisfacer fácilmente (Bolton y Gillet, 2019). La impotencia y frustración que sintió Cristina en el proceso en el que deseaba un cuerpo sin saber cómo alcanzarlo, la condujeron a tomar una decisión a la desesperada; la condujeron a tomar una decisión que en ese momento implicaba añadir estrés físico a la ecuación. Ese sufrimiento inicial añadido, consecuencia de pasar hambre, merecía la pena: su problema vital desaparecería si lograba un cuerpo más delgado.

> *Yo lo que hacía por la mañana, como me levantaba con más hambre que un perro, pues yo me levantaba, me hacía un Nesquik con unas pocas galletas y tal, y de ahí no comía nada más hasta la hora de la cena, y porque tenía que cenar con mi madre. (...) Si mi madre me pegaba mucho la vara, como mucho, como muchísimo como muchísimo, me comía dos o tres patatas, pero contaba dos o tres patatas, y un cacho como un pulgar de gordo de un filete, para que me dejase en paz, y ya me quedaba igual hasta el día siguiente.*

d) El desorden alimentario como condición para sentirse integrada en su entorno

Al terminar sus vacaciones de verano Cristina ya había perdido mucho peso. Al empezar el instituto, empieza a recibir comentarios positivos sobre su aspecto, tanto de sus seres queridos como de sus compañeros de instituto.

> *Ahí fue cuando ya perdí el peso, y es lo que te digo. Es que encima, cuando tú llegas allí y haces la transformación de peso, y tú ves como todo el mundo te dice: "Estás muy guapa, estás muy guapa, estás muy guapa no sé qué (con énfasis)". Claro, te vienes arriba porque dices: "ostia, mira, ahora me aceptan" (con énfasis).*

A través de la repetición de estas situaciones, ella empieza a sentirse valorada socialmente. Las críticas de su entorno respecto al aspecto físico desaparecen, y ella también deja de autocriticarse. Empieza a sentirse bien consigo misma.

> *Entonces ya dije yo, voy a volver a comer normal. Porque yo ya me veo delgada, me encuentro bien con mi cuerpo, me gusta mi cuerpo como está.*

La forma en la que su entorno percibe su cuerpo cambia, luego cambia también su percepción sobre su propio cuerpo. A esto le sigue un cambio en su comportamiento alimentario: decide volver a comer como antes de empezar el proceso de adelgazamiento.

e) El hábito de controlar el peso como resultado final del proceso

> *Por qué yo por ejemplo veía la ropa, yo tengo un pantalón, ese pantalón me queda bien, no estoy incómoda. Pero claro, a la que ganas un quilo, o medio quilo, ese pantalón ya no te sirve. (...) Claro tu ya lo notabas y te sentías mal, diciendo: "joe' macho, ahora no me cabe este pantalón, ahora no tengo ropa pa' ponerme (...). Entonces claro te da rabia, como diciendo: "Puuff, ese pantalón me cabía hace dos días. ¿Por qué ahora no me cabe?". Entonces me decía: "otra vez tengo que adelgazar..." (recuerda con nerviosismo).*

En esta última etapa del proceso *ni sus seres queridos ni sus compañeros de clase le critican sobre su cuerpo*. Ahora *hay cambios en su cuerpo que sólo ella es capaz de percibir*. Ella ya conoce el valor social de la gordura y de la delgadez. Un ligero aumento de peso significaba para ella la posibilidad de volver a tener un cuerpo gordo, con lo que esto implicaba para ella. Cuando ella percibía estos cambios, entonces cambiaba su alimentación para adelgazar.

> *Cristina: Mis padres no me decían mucho porque claro, medio quilo tampoco se nota mucho. No es una cosa... Entrevistador: Pero tu si lo notabas. Cristina: Claro yo lo notaba en la ropa cuando me vestía.*

El (1) aprendizaje del valor estético de los cuerpos y (2) la asociación de la gordura a experiencias traumáticas *fija en la personalidad de Cristina* un hábito de controlar su peso para mantenerlo delgado. Este hábito permaneció hasta el momento en que su mantenimiento implicaba conflictos constantes con quién inició su primera relación de pareja, con veinte años. La entrada en pareja supuso en su vida un proceso de distensión corporal colectivo acompañado, además, por un proceso paralelo con el grupo de amigos próximos. Este proceso de distensión corporal implicó la estigmatización del control de la corpulencia como algo frívolo, como algo que imposibilita el disfrute de los placeres de la vida cotidiana.

5. DISCUSIÓN Y CONCLUSIONES

En este apartado identificaré los límites epistemológicos del modelo estático-estadístico a la hora de comprender las causas necesarias para el desarrollo de un desorden de la conducta alimentaria. Para identificar esos límites será necesario, en primer lugar, definir las características principales de este objeto de estudio.

5.1. Sobre la definición del objeto de estudio

Para identificar las causas por las que un individuo cambia su comportamiento alimentario para modificar su figura es necesario comprender (1) el proceso de reflexión a partir del que surge la voluntad de modificar el cuerpo y (2) el proceso de reflexión a partir del que el individuo evalúa una técnica patológica como vía de acción para modificar o mantener su aspecto corporal. Para comprender ambos procesos, es necesario identificar los objetos sociales en torno a los que se ha organizado esa reflexividad. Para el primer proceso de reflexión los objetos sociales clave son:

a. El grado de normatividad corporal del entorno en el que se inserta el individuo, fundamentalmente la familia y el grupo de pares. A entornos dónde, una figura delgada es condición necesaria para la integración social, está ligada una mayor probabilidad de experimentar un proceso de estigmatización corporal que derive en un trastorno alimentario (Moreno, 2010). El grado de normatividad es posible identificarlo a partir de elementos simbólicos aprendidos en la interacción relacionados con la apreciación de la belleza.
b. La cultura alimentaria familiar. A las prácticas alimentarias familiares está sujeta la probabilidad de producir en la infancia un cuerpo que no se ajusta a la norma, esto es, susceptible de experimentar un proceso de estigmatización corporal.
c. Elementos que componen el estrés psicológico, relacionados con el equilibrio de fuerzas entre las demandas estéticas del entorno y los *recursos de la persona para afrontar esas demandas.*

Para el segundo proceso de reflexión el objeto social clave es (d) el grado con el que el individuo percibe, en esa coyuntura, a sus tutores como un agente de apoyo; como un agente necesario para la organización y ejecución del plan de modificación corporal. Este factor, en nuestro caso, está condicionado por una economía familiar precaria que empujaba a ambos padres dedicar la mayor parte de su tiempo y energía al trabajo, limitando así las posibilidades de dedicarlo a la atención de su hija. Cristina, consciente o inconscientemente, sabía que no podía contar con sus padres, por eso "toma su propio camino" y decide reducir drásticamente su ingesta alimentaria, ocultando su método a sus padres. En otros casos, los individuos perciben a sus padres como un apoyo para organizar y ejecutar el plan de modificación corporal, y además los padres disponen de recursos para que el rango acciones posibles sea más amplio: acudir a un dietista, acudir a un psicólogo especialista en trastornos alimentarios (Moreno, 2010). Es decir, los (d) recursos disponibles del individuo y su entorno para enfrentar la situación son un componente clave de este objeto de estudio.

5.2. Sobre los efectos de la técnica de encuesta en los datos

A la hora de estudiar las causas relacionadas con el desarrollo de un trastorno alimentario, la producción de datos cuantitativos no posibilita una comprensión precisa y profunda del fenómeno. Por ejemplo, los estudios cuantitativos y cualitativos coinciden en identificar el maltrato emocional y la falta de apoyo familiar en la infancia como factor causal. Sin embargo, estos factores no operan al mismo tiempo. Los comentarios hirientes relacionados con el aspecto físico que recibe el individuo de su madre y sus compañeros de clase, la variable maltrato emocional, parecen ser un factor desencadenante del problema. Son un factor desencadenante pues es gracias a estos comentarios que el individuo desarrolla una visión de su propio cuerpo como un problema.

Por otro lado, el hecho de que el individuo no cuente con sus padres como apoyo para organizar el plan de modificación corporal, en el caso de Cristina, explica que la reducción drástica de la ingesta alimentaria sea la única alternativa para iniciar ese plan. Este factor que predispone a Cristina a tomar esa decisión no hubiese tenido ese efecto sí Cristina no hubiera llegado a esa etapa del proceso donde le era posible tomar esa decisión.

La metodología cuantitativa identifica ambos factores como causas. Sin embargo, estos factores no operan al mismo tiempo en la infancia, ni tienen la misma importancia para entender el problema. Estos matices, relacionados con la secuencia ordenada de acontecimientos que conducen al desarrollo de un desorden alimentario, difícilmente pue-den ser captados mediante la técnica de encuesta.

Esta dificultad se debe a que la encuesta es un instrumento de producción de datos preparado para captar realidades estables, susceptibles a pocos cambios en breves periodos de tiempo (Ibañez, 1985). Sin embargo, el desarrollo de un desorden alimentario es un objeto de estudio muy dinámico. Esto es así porque es un objeto de estudio altamente simbólico, en la medida en la que se trata de reconstruir procesos de interpretación y pensamiento relacionados con el significado que el niño/a atribuye al cuerpo. Además, este objeto de estudio es altamente intersubjetivo, en la medida en la que esos procesos están condicionados por aprendizajes que surgen de la interacción continua con otras personas.

Realidad poco estable que no cumple las condiciones de isomorfismo entre objeto de estudio y técnica, mostrándose reacia a la medición (Ibáñez, 1985). Estas dimensiones captadas por los modelos secuenciales-cualitativos (Moreno, 2010) son centrales para comprender el surgimiento de un trastorno de la conducta alimentaria.

6. REFERENCIAS

Barrero, P. y Sánchez-Sandoval, Y. (2022). Maltrato infantil y trastornos de la conducta alimentaria en la adultez: una revisión sistemática. *Psychology, Society & Education, 14*(1), 55-65. https://doi.org/10.21071/psye.v14i1.14174

Becker, H. (2009). *Outsiders: hacía una sociología de la desviación*. Siglo XXI.

Blumer, H. (1981). *El interaccionismo simbólico: perspectiva y método*. Hora.

Bolton, D. y Gillett, G. (2019). *The Biopsychosocial Model of Health and Disease. New Philosophical and Scientific Developments.* Palgrave Pivot Cham. https://doi.org/10.1007/978-3-030-11899-0

Collins, R. (2009). *Cadenas rituales de interacción.* Anthropos.

Emery, R. L., Yoon, C., Mason, S. M. y Neumark-Sztainer, D. (2021). Childhood maltreatment and disordered eating attitudes and behaviors in adult men and women: Findings from project EAT. *Appetite,* 163. https://doi.org/10.1016/j.appet.2021.105224

Ibañez, J. (1985). Las medidas de la sociedad. *Revista Española de Investigaciones Sociológicas,* 29, 85-127.

Monell, E., Clinton, D. y Birgegård, A. (2018). Emotion dysregulation and eating disorders—Associations with diagnostic presentation and key symptoms. *International Journal of Eating Disorders, 51*(8), 921-930. https://doi.org/10.1002/eat.22925

Moreno, J. L. (2010). *Moral corporal, trastornos alimentarios y clase social.* Centro de Investigaciones Sociológicas.

NEUROCOMUNICACIÓN: UNA COMPETENCIA PARA EL LÍDER DEL SIGLO XXI

Helena López-Casares Pertusa[1],

1. INTRODUCCIÓN

El Año Europeo de las Competencias es una iniciativa del año 2023 de la Unión Europea que tiene como finalidad promover entre los ciudadanos las habilidades y las competencias necesarias para un buen desempeño en la vida en sus distintas facetas. Para tales fines, esta iniciativa engloba la inversión en aprendizaje de competencias en el ámbito de la educación que estén alineadas con el ámbito laboral y sus oportunidades.

Las organizaciones ya no demandan un amplio conocimiento teórico exclusivamente a sus colaboradores y trabajadores. Las competencias como el trabajo en equipo, la toma de decisiones, la capacidad de aprendizaje, la adaptación (Brew, 1995, citado en Zabalza, 2001), la comunicación, así como el manejo de las emociones propias y de los demás (Garay, 2010) son algunas de las habilidades básicas en los actuales entornos laborales.

Hamel (2008) afirma que las empresas del siglo XXI se enfrentan a un entorno volátil y repleto de desalentadores desafíos muy distintos a los que tuvieron que enfrentar los gerentes de empresas en tiempos anteriores. Bennis y Mische (1997) proponen que la empresa que quiera sobrevivir a los cambios del siglo XXI deberá reinventarse a sí misma y crear la organización del futuro. Siguiendo a Minkin (1996) el reto de los negocios está en saber gestionar y administrar el cambio. Para ello, la empresa tiene que incorporar en su estructura la gestión del cambio. (Drucker, 1994).

Este planteamiento implica una reformulación del liderazgo y de la gestión de equipos, basados hasta el momento en las competencias del paradigma anterior relacionadas con el control, la planificación, la organización y la coordinación, que buscan en la dimensión exterior las respuestas. Por otro lado, la incorporación de las emociones es un aspecto fundamental en el escenario del trabajo contemporáneo. Bolton (2006) señala que la emoción es una fuente de importantes aportaciones a la vida organizativa.

El creciente interés en el ámbito científico y académico, por la integración de estudios en un cuerpo teórico para explicar de forma multidisciplinar, la conducta y las relaciones en las organizaciones representa una oportunidad para este trabajo. Este cuerpo teórico surge de la confluencia de la Neurociencia, la Psicología cognitiva y las Ciencias Sociales. Esta unión toma cuerpo en la neurociencia cognitiva organizacional, que está expandiendo su campo de acción y está tratando de responder a nuevas demandas y contribuyendo al

1. Profesora Universidad Europea de Madrid (España).

conocimiento de las personas en el contexto de las organizaciones. Lee y Chamberlain (2007) definen a la Neurociencia Cognitiva de las organizaciones como la ciencia que se refiere al estudio de los procesos cerebrales que subyacen o influyen en las decisiones, conductas e interacciones que se dan en las organizaciones.

El siglo XXI supone un cambio cualitativo y ahora se hace necesario comprender el cerebro humano. Estamos ante una nueva dimensión de la inteligencia humana, ante la aplicación inmediata de su capacidad consciente y de su capacidad inconsciente. Este gran cambio está marcado por la transición de las creencias de la sociedad industrial y sus supuestos mecanicistas a los de la sociedad del conocimiento, como sinónimo de saber. (Sutil *et al.*, 2013). Hasta ahora se había centrado el estudio de la organización en las operaciones de la consciencia y en la razón, y en el nuevo paradigma se deben incluir las emociones. Este nuevo paradigma apunta a que la empresa es un sistema vivo y, como tal, está cambiando continuamente, es inestable e impredecible, lo que hace necesario el entrenamiento de nuevas competencias.

En línea con Caruso y Salovey (2005), el conocimiento de las emociones permite al directivo del siglo XXI utilizar la capacidad emocional de planificación estratégica y dirigir con lógica, emoción e inteligencia. La integración del estilo racional y el estilo emocional es clave para el liderazgo actual.

Las teorías del *management* del siglo XXI deben tener en cuenta cómo funciona el cerebro para poder aplicar ese conocimiento al óptimo funcionamiento de los equipos de trabajo y potenciar el desarrollo de las capacidades cerebrales de los miembros de la organización (Sutil *et al.*, 2013).

De forma especial, este trabajo se centra en la neurocomunicación, una disciplina que se basa en la aplicación de la neurociencia a los procesos de interacción y comunicación humanas.

2. OBJETIVOS

2.1. Objetivo General

Identificar las competencias centrales en comunicación avanzada mediante el análisis de las características del cerebro humano.

2.2 Objetivos Específicos

- Determinar los principales fundamentos del cerebro humano.
- Analizar los hemisferios cerebrales y cómo procesan la información.
- Desarrollar la empatía desde el estudio de su base neuronal.

3. METODOLOGÍA

El presente trabajo se ha elaborado a través de una investigación descriptiva y analítica cuyo punto de referencia es bibliográfico. El enfoque cualitativo de este trabajo y su carácter documental ofrece un análisis que se centra en la revisión de los descubrimientos alrededor del cerebro humano y la empatía como competencia central de la interacción humana.

La información extraída se ha organizado, asociado, analizado y conceptualizado dentro de la estructura base de este artículo, la cual se centra en mostrar las competencias de comunicación de los líderes para tener impacto en sus equipos.

4. DESARROLLO DE LA INVESTIGACIÓN

En el siglo XXI la constante es el cambio que se sucede a una velocidad de vértigo. Se constata que las anteriores referencias han cambiado y que ya no funcionan las fórmulas que antes se aplicaban con éxito. El paradigma ya no concuerda con la experiencia. El mundo de la dirección asiste a una ceguera situacional en la que necesita nuevas herramientas para nuevos problemas. Este escenario implica un vacío de paradigma. (Sutil *et al.*, 2013).

Los orígenes del paradigma clásico, racional y mecanicista de la era industrial se remontan al siglo XVII y se basan en los descubrimientos de Isaac Newton mediante los que se establecía que todo estaba ya predeterminado en el universo, lo que contribuyó a generar una visión reduccionista y mecánica del mundo. Esta visión se caracteriza por ser analítica, lineal, racional y lógica.

El nuevo paradigma cuántico está basado en los descubrimientos, avances y adelantos de la física cuántica y otras disciplinas científicas que convergen en una nueva forma de abordar la realidad, entre ellas la neurociencia cognitiva, que aplica los hallazgos sobre el funcionamiento del cerebro humano a las organizaciones y a sus profesionales. (Sutil *et al.*, 2013). La comunicación no es ajena a estos cambios y está llamada a una revisión de sus planteamientos (Timoteo, 2007).

La física cuántica introduce una nueva forma de pensar acerca del universo y del propio ser humano. Las ideas cuánticas son complejas porque requieren que la mente reestructure los esquemas conceptuales asumidos. Uno de estos esquemas es el llamado efecto observador.

El observador tiene un papel destacado y central como creador de realidad, ya que afecta a lo observado. (Zapata, 2016). En el mundo de la empresa se ha de tomar conciencia de los pensamientos, ya que éstos afectan a la realidad.

Dispenza (2008) establece que la mente y el observador son fundamentales para comprender la naturaleza de la realidad como campo de infinitas posibilidades. Se puede ejercer una gran influencia en la realidad siempre y cuando se esté en el estado emocional adecuado. Comprender esta afirmación supone tomar conciencia de las emociones y de su papel en las interacciones humanas.

4.1. Cerebro y comunicación

El avance de las neurociencias y los descubrimientos alrededor del funcionamiento del cerebro humano está teniendo una repercusión muy relevante en las disciplinas sociales (Rúas, Timoteo & Ruiz, 2015).

Nuestra época se caracteriza por el creciente aumento de la búsqueda del desarrollo del potencial y el talento humano. Esta indagación está relacionada con el proceso de desarrollo del sistema nervioso central y del cerebro (Campos, 2010). Lo relevante para los líderes es comprender que la gestión de las empresas ya no se puede llevar a cabo sin entender el comportamiento de las personas que participan en ellas.

En este sentido, es esencial para los líderes conocer algunos de los principios y fundamentos relacionados con el cerebro humano, con el fin de adaptar sus competencias de comunicación e introducir técnicas para mejorar el clima y las relaciones humanas en el trabajo. A continuación, se enumeran algunas de las características del cerebro (Campos, 2010):

- Cada cerebro humano es único, singular e irrepetible.
- Cada persona percibe de forma genuina los estímulos que recibe (Braidot, 2014).
- El cerebro es el único órgano del cuerpo humano que tiene la capacidad de aprender y de enseñarse a sí mismo.
- La capacidad plástica del cerebro le permite reorganizarse y reaprender de forma continua y constante (Campos, 2010; Bachrach, 2012) . En este punto, es interesante destacar que el desarrollo del cerebro no está determinado y que toda persona puede alcanzar el nivel de evolución en las capacidades cerebrales que desee lograr (Braidot, 2014).
- Las experiencias tienen un papel fundamental en la configuración del cableado cerebral.
- El cerebro asimila información desde diferentes vías y es capaz de aprender de distintas formas, usando para ello varias estrategias y elementos del entorno.
- El cerebro cuenta con varias inteligencias que están interconectadas entre sí, que pueden trabajar de manera independiente y tener un nivel individual de desarrollo.
- El cerebro aprende a través de patrones que detecta, asimila y dota de sentido. En el procesamiento de la información y en el proceso para emitir respuestas, el cerebro utiliza mecanismos conscientes y no conscientes.
- El cerebro aprende a través de diferentes estilos. El ser humano está programado para aprender, procesar, consolidar y recordar un aprendizaje, pero puede aprender desde múltiples enfoques: visual, auditivo, lingüístico y lógico, reflexivo, analítico, global, conceptual, perceptivo, motor, emocional, intrapersonal e interpersonal.
- El desarrollo del cerebro está bajo la influencia de condiciones genéticas y ambientales. Un entorno adecuado y enriquecido despierta al cerebro para el aprendizaje y lo desarrolla.
- Las emociones matizan y ajustan el funcionamiento del cerebro. Los estímulos emocionales y las habilidades cognitivas interactúan. Tanto los sentimientos como las emociones y los estados de ánimo pueden alterar la capacidad de razonamiento, la memoria, la toma de decisiones o la actitud. Un alto nivel de distrés (estrés negativo) cambia al cerebro y afecta a las habilidades cognitivas, emocionales, perceptivas y sociales.
- Estos descubrimientos conforman un cuerpo de conocimiento para el mundo de la dirección y del desarrollo de competencias en el nuevo paradigma. (Sutil *et al.*, 2013).

De lo anterior, se desprende que los avances alrededor del conocimiento del cerebro humano y los nuevos datos acerca de su funcionamiento, abren paso a nuevas disciplinas que surgen de la conexión de la neurociencia con otras ciencias y dan a luz áreas de aplicación novedosas, (Arteaga Martínez, 2018) como la neurocomunicación

Las siguientes premisas de partida sirven de ayuda y referencia en el recorrido de este trabajo:

- Todo comportamiento es comunicación.
- La ausencia de respuesta, la no acción, el silencio y las actitudes pasivas también son formas de comunicación.
- El proceso de la comunicación se da en un contexto.
- Toda comunicación es interacción con uno mismo y/o con los demás.
- La comunicación no sólo difunde información, sino que también impone conductas y engendra estados emocionales.
- El proceso de la comunicación es circular.
- La comunicación sigue a un objetivo, aunque no sea consciente.
- La comunicación trasciende a la palabra, ya que emplea códigos que no son sólo lingüísticos, como el corporal o el canal de la voz y sus características.

4.2. Hemisferios cerebrales

La corteza está compuesta de dos hemisferios, el izquierdo y el derecho, que parecen imágenes especulares el uno del otro (Ormrod, 2005). Anatómicamente no son simétricos, ya que el hemisferio izquierdo es un poco mayor que el derecho en los humanos (Rubia, 2006; Solms & Turnbull, 2004).

El cuerpo calloso es un puente de conexiones que consta aproximadamente de 300 millones de axones que conectan los hemisferios cerebrales. Los impulsos nerviosos van de un hemisferio al otro, concediéndole al cerebro la capacidad para ver el mundo desde distintos prismas (Sutil *et al.*, 2013). El conjunto de neuronas que forma el cuerpo calloso permite una constante comunicación. De esta manera, los hemisferios colaboran juntos en la resolución de las tareas cotidianas (Ormrod, 2005).

En el origen de las investigaciones se estableció la dicotomía verbal y no verbal, considerando al hemisferio izquierdo como la parte verbal y al derecho como un área con funciones no lingüísticas. Sin embargo, las investigaciones recientes aportan datos acerca de que esta diferenciación en términos absolutos no puede establecerse. Actualmente la asimetría funcional cerebral contempla que, aunque un hemisferio tenga la preponderancia en el control de una determinada función, no puede adjudicarse de manera exclusiva y absoluta esa función a dicho hemisferio (Barroso & Nieto, 2001).

Los seres humanos no usan de manera exclusiva y excluyente un hemisferio. La realización de tareas implica el uso de ambos hemisferios. En lo que a comprensión de lenguaje se refiere, el hemisferio izquierdo interviene manejando los significados de las palabras y hemisferio el derecho considerando el contexto y detectando sarcasmos, metáforas y juegos de palabras (Beeman y Chiarello, 1998; Ornstein, 1997).

Ormrod (2005) establece que la diferenciación de las personas viene dada por la lateralización del pensamiento. Apreciamos personas que confían más en un hemisferio que otro y otras que utilizan ambos hemisferios de forma compensada y consciente.

Bausela (2006) establece que las personas que son lógicas, analíticas y verbales son más eficientes a la hora de utilizar su hemisferio izquierdo para resolver conflictos y asuntos en la vida cotidiana, mientras que las personas que tienen tendencia por la totalidad o conceptos generales son más competentes a la hora de usar su hemisferio derecho

Los líderes del nuevo paradigma deben deshacerse de la creencia de que el hemisferio izquierdo es el más apropiado para los negocios y deben entrenar las capacidades del hemisferio derecho para funcionar a pleno rendimiento.

Desde el punto de vista de la comunicación, esto implica el uso de códigos emocionales, simbólicos, persuasivos, sensitivos y creativos para estimular la acción del hemisferio derecho, así como la utilización de técnicas vocales para armonizar y dotar de ritmo al discurso.

El hemisferio izquierdo es racional y analítico ; el derecho es intuitivo, sintetizador y no intelectivo (Pérez-Rubín, 2001). El hemisferio izquierdo es más idóneo para el lenguaje, las operaciones lógicas, las matemáticas y el proceso de secuencias seriadas de información. El hemisferio derecho es más apto para el reconocimiento de patrones, de caras, de relaciones espaciales, la ideación no verbal, los componentes emocionales del lenguaje y el proceso en paralelo de muchas clases de información. El hemisferio derecho procesa la información de forma global y holística, mientras que el hemisferio izquierdo lo hace de forma local y pormenorizada (Rubia, 2006).

El hemisferio derecho tiene tendencia hacia la integración intermodal y es superior en cuanto al procesamiento de estímulos nuevos. Tiene un papel preponderante en la adquisición de un nuevo conocimiento o aprendizaje. El hemisferio izquierdo es muy competente en el uso rutinario de códigos ya adquiridos, que han sido bien aprendidos previamente (Bausela, 2006).

León-Carrión (1995) realiza un compendio de las diferencias entre ambos hemisferios. El hemisferio derecho es holístico y sintético, oposicional, activo, prelógico y su modelo de procesamiento y resolución de problemas es intuitivo. Además, es no verbal, imaginativo, visual, sensorial, asociativo y más sensitivo que el izquierdo para todas las frecuencias espaciales. El estilo cognitivo del hemisferio derecho se caracteriza por una percepción gestáltica de la realidad y por una forma prelógica de pensamiento. Está más dispuesto a la acción que a la reflexión. Está más atento a los contextos extralingüísticos que a los lingüísticos.

Por su parte, el hemisferio izquierdo está especializado en las actividades verbales. Es analítico y secuencial. Utiliza la lógica y la racionalidad para procesar la información. Está mejor dotado para juicios de análisis de secuencias temporales y presenta un funcionamiento focal. Está más orientado a la reflexión que a la acción.

Los hallazgos de la neurociencia alrededor de los hemisferios permiten conocer la forma en la que se relacionan e influyen el intelecto, la emoción y nuestra parte instintiva (Díaz y Chung, 2020).

Desde el enfoque de la comunicación es fundamental usar códigos que integren ambos hemisferios. El uso exclusivo del hemisferio izquierdo provocaría una ausencia de emociones, mientras que el dominio del hemisferio derecho desembocaría en un *aluvión emocional* (Siegel & Payne, 2012, en Gómez Gerdel, 2020, p.5).

Hemisferio izquierdo	Hemisferio derecho
Verbal, numérico, secuencial, lineal y analítico.	Rítmico, musical, espacial y asociativo.
Procesamiento lógico.	Procesamiento intuitivo.
Sigue reglas aprendidas.	Sensible a nuevos estímulos y componentes emocionales.
Piensa en local y va al detalle.	Holístico y visión de la totalidad.

Tabla 1. Características del hemisferio izquierdo y derecho. Fuente: elaboración propia, 2023 a partir de Bausela, (2006); León-Carrión, (1995); Pérez-Rubín, (2001) y Rubia, (2006).

4.3. Las neuronas espejo

Las neuronas espejo fueron descubiertas por Rizzolatti y su equipo de la Universidad de Parma mientras investigaban la zona del cerebro F5, que abarca una gran parte de la corteza premotora y que es la que planifica, selecciona y ejecuta movimientos (Iacoboni ,2009).

El hallazgo de las neuronas espejo resulta de gran importancia para explicar aspectos de la conducta humana como la interacción social (Tirapu-Ustárroz *et al.*, 2007). La actividad de las neuronas espejo podría ser una especie de marcador somático de las competencias sociales, que se van desarrollando desde los primeros años de la vida. (García, 2015).

Un mecanismo neural basado en neuronas espejo es crucial para explicar la representación de las conductas de otros y la empatía. Los circuitos neuronales activados en una persona que realiza acciones, expresa emociones y tiene sensaciones, se activan automáticamente a través del sistema de neuronas espejo en el observador (Gallese Eagle & Migone, 2006).

Las neuronas espejo se cimentan en un mecanismo neurobiológico de comprensión implícita de las acciones de los demás y de las intenciones que les subyacen. (Gallese, Eagle & Migone, 2006). Por lo tanto, la capacidad de captar la acción como la de poner una situación en perspectiva es esencial para el líder, ya que sin estas habilidades le resultará complicado establecer contacto con sus equipos (Thomas & Bennis, 2003).

Siguiendo a Iacoboni (2007), las neuronas espejo poseen importantes conexiones con el sistema límbico, las cuales pueden ser responsables de la evaluación emocional de las conductas no-verbales de los demás. Wolf *et al.* (2001) afirman que el ser humano puede absorber las sutilezas afectivas de la comunicación, ya que el sistema de neuronas espejo está programado con la capacidad para leer las expresiones emociones ajenas. Las neuronas espejo parecen ser uno de los cimientos esenciales que hacen posible el comportamiento social (Sassenfeld, 2008).

Stein (2004), establece que la empatía es la captación de las vivencias ajenas, la percepción y la interiorización de esas vivencias. Es la experiencia de la conciencia ajena (Caballero, 2012).

En la literatura científica el concepto de empatía está relacionado con la comprensión del otro y de su mundo afectivo. El proceso empático consta de captación de los sentimientos del otro y de la comprensión empática (Olmedo & Montes, 2009).

Las neuronas espejo participan en el proceso de interacción humana activando respuestas parecidas a las que experimenta el sujeto al que se observa. Ante la interactuación con otra persona las neuronas espejo se activan y hacen posible que se responda de forma similar al otro, facilitando la comunicación (Caturana, 2018). Este mecanismo se halla presente en la interacción humana acompañando a los intercambios entre personas (Poblete & Bächler, 2016) y es el origen de las relaciones (Rodríguez & Rodríguez, 2019).

5. CONCLUSIONES

En un siglo XXI repleto de desafíos, cambiante, complejo, incierto y turbulento, las competencias se han convertido en aspectos fundamentales del desarrollo. El conocimiento se ha erigido en el activo de la economía, lo que conduce a importantes transformaciones (Pacheco, 2005).

Las competencias adquieren un papel preponderante en los entornos laborales como capacidades para dar respuesta a situaciones complejas (Rychen y Salganik, 2003, en

Romero &Turpo, 2012). En este sentido, las competencias movilizan aspectos cognitivos, emocionales y vivenciales.

En la visión del liderazgo del siglo XXI, la comunicación constituye la herramienta para responder a las necesidades y formas de ver el mundo de las personas a las que se dirige y estar en línea con las características del entorno en el que se produce.

La complejidad del fenómeno comunicativo requiere enmarcarlo dentro de las relaciones interactivas y dinámicas, como un proceso circular en el que emisor y receptor intercambian alternativamente sus roles.

Hasta el siglo XX, las investigaciones en comunicación se centraban en la comprensión de las partes que intervienen en el proceso. A partir del siglo XXI, la nueva visión de la gestión empresarial pone el foco en las personas, se centra en el conocimiento y se orienta hacia la formación de los líderes y de los directivos en las competencias de desarrollo personal que tienen, además, un impacto en los demás. En este marco, aparece la idea de que las personas, sus conocimientos y habilidades son los cimientos de las empresas en la era global, compleja y digital. Las personas ya no son recursos, sino seres inteligentes, con personalidad, conocimientos, habilidades, destrezas, aspiraciones y percepciones únicas y singulares.

El modelo de talento humano en las empresas debe ser participativo y colaborativo. Para ello, se debe acentuar la importancia del clima interno, siendo la comunicación una variable de crucial impacto, que hay que abordar de la mano de la neurociencia.

Los descubrimientos alrededor del funcionamiento del cerebro humano proporcionan un nuevo enfoque en el estudio de la comunicación y ponen el acento en la importancia de los aspectos emocionales y empáticos. La neurocomunicación está directamente conectada con las emociones (Ledesma-Ayora & Fenger, 2016).

A lo largo de este trabajo, se han constatado las siguientes conclusiones acerca de la neurocomunicación: 1) las emociones tienen un gran poder en las relaciones humanas; 2) la neurocomunicación utiliza e integra características tanto del hemisferio izquierdo y del hemisferio derecho para fijar los mensajes y captar la atención; 3) El uso de recursos imaginativos, visuales, sensoriales, asociativos y sensitivos activan el hemisferio derecho; 4) la capacidad para leer las emociones ajenas y la interpretación del mundo afectivo de los demás es esencial para desarrollar la empatía; 5) un líder debe ser capaz de crear un entorno motivacional que predisponga al intercambio y a la participación; 6) los mensajes deben apelar a la parte emocional y experiencial; 7) las metáforas y las narrativas acercan los mensajes, generan empatía y activan las neuronas espejo.

En este contexto, la comunicación se erige como agente estratégico sobre el que debe girar el intercambio de experiencias, ideas, emociones, pensamientos y propuestas de los miembros de la organización para crear un escenario participativo y de intercambio, alrededor de un liderazgo centrado en la persona y en el desarrollo de sus competencias.

6. REFERENCIAS

Arteaga Martínez, S. (2018). ¿Cómo funciona el cerebro político? Guía de comunicación política para entender a los votantes y a la opinión pública. *Revista Jurídica Mario Alario D'Filippo, 10*(20), 187–212.

Bachrach, E. (2012). *ÁgilMente: aprende cómo funciona tu cerebro para potenciar tu creatividad y vivir mejor.* Buenos Aires: Editorial Sudamericana.

Barroso, J. y Nieto, A. (2001). Estudio de la asimetría cerebral con sujetos necrológicamente normales: procedimientos visuales. *Revista de Neurología, 32*(4), 382-386.

Bausela, E. (2006). Aportaciones en el estudio de la asimetría funcional. *Revista complutense de educación, 16*(2), 571-577.

Beeman, M. J. y Chiarello, C. (1998). Complementary rightand left-hemisphere language comprehension. *Current Directions in Psychological Science*, 7, 2-8.

Bennis, W. y Mische, M. (1997). *La organización del siglo XXI: reinventando la empresa a través de la reingeniería.* México: Panorama Editorial.

Bolton, S. (2006). Una tipología de la emoción en el lugar del trabajo. *Sociología del trabajo,* 57, 3-30.

Braidot, N. (2014). *Cómo funciona tu cerebro.* Barcelona: Planeta.

Caballero, J. L. (2012). Consideraciones y preguntas en torno al concepto de empatía en Edith Stein. *Aporía. Revista Internacional de Investigaciones Filosóficas,* 3, 15-28.

Campos, A. L. (2010). Neuroeducación: uniendo las neurociencias y la educación en la búsqueda del desarrollo humano. *La Educación. Revista Digital,* 143, 1-14.

Caruso, D. y Salovey, P. (2005). *El directivo emocionalmente inteligente: la inteligencia emocional en la empresa.* Madrid: Algaba.

Caturana, S. (2018). *Las neuronas espejo.* Aprendizaje, imitación y empatía. Barcelona: EMSE EDAPP.

Díaz, M. R. y Chung, C. K. K. (2020). Aportes de la Neurociencia a la Educación: Contributions of Neuroscience to Education. *Revista científica en ciencias sociales, 2*(1), 63-71.

Dispenza, J. (2008). *Desarrolla tu cerebro.* Madrid: La esfera de los libros.

Drucker, P. (1994). *La sociedad postcapitalista.* Bogotá: Editorial Norma.

Gallese, V., Eagle, M.N., Migone, P. (2006). Mirror neurons and the neural underpinnings of interpersonal relations. *Journal of the American Psychoanalytic Association,* 55 (1), p. 131-176.

Garay M. (2010). Comunicación y liderazgo: sin comunicación no hay líder. *Cuadernos del Centro de Estudios en Diseño y Comunicación. Ensayos*, 33, 61-72. https://n9.cl/ybsvc

García, V. (2015). *Neuronas espejo y Teoría de la Mente. Aportaciones de la Neurobiología a la Psicoterapia.* Flappsip VIII Congreso Latinoamericano. Lima https://n9.cl/zjpaa

Gómez Gerdel, M. A. (2020). El cerebro pleno del niño/a: La labor de un/a maestro/a de educación inclusiva con las familias en tiempos de confinamiento. Una reflexión educativa. *Revista Internacional de Educación para la Justicia Social, 9*(3), 1-10.

Hamel, G. (2008). *El futuro del management.* Barcelona: Paidós Ibérica.

Iacoboni M. (2007). Face to face: The neural basis of social mirroring and empathy. *Psychiatric Annals, 37*(4), 236-241.

Iacoboni, M. (2009). *Las neuronas espejo: empatía, neuropolítica, autismo, imitación, o de cómo entendemos a los otros.* Buenos Aires: Katz Editores.

Ledesma-Ayora, M. y Fenger, N. (2016). *Síntesis de la neurocomunicación avanzada ¿Cómo conseguir éxitos sorprendentes con las demás personas?* Quito: Editorial Jurídica del Ecuador.

Lee, N. y Chamberlain, L. (2007). Neuroimaging and Psychophysiological Measurement in Organizational Research. *An Agenda por Research in Organizational Cognitive Neuroscience. Ann. N.Y. Acad. Sci.* 1118, 18-42.

León-Carrión, J. (1995). *Manual de neuropsicología humana*. Madrid: Siglo XXI.

Minkin, B. (1996). *El futuro en los negocios: 100 tendencias, implicaciones y predicciones más importantes para el nuevo milenio.* México: Editorial Prentice Hall Hispanoamericana.

Morin, C. y Renvoise, P. (2020). *El Código de la persuasión.* Barcelona: Alienta editorial.

Olmedo P. y Montes B., (2009). Evolución conceptual de la empatía. *Iniciación a la investigación. Revista electrónica de la Universidad de Jaén,* 4, 1-10.

Ormrod, J. E. (2005). *Aprendizaje humano.* Madrid: Pearson Educación.

Poblete O. G. y Bächler, R.C. (2016). Interacción y emoción: una propuesta integradora. *Revista Argentina de Clínica Psicológica, 25*(1), 57-66.
Ornstein, R. (1997). *The right mind: Making sense of the hemispheres.* San Diego: Harcourt Brace.
Pacheco, R. (2005). Competencias claves para la comunicación organizacional. *Chasqui: revista latinoamericana de comunicación*, 90, 70-75.
Pérez-Rubín, C. (2001). La creatividad y la inspiración intuitiva: génesis y evolución de la investigación científica de los hemisferios cerebrales. *Arte, individuo y sociedad,* 13, 107-122.
Rodríguez, M. y Rodríguez, S. (2019). Las neuronas espejo: una génesis biológica de la complementariedad emocional. *Papeles del Psicólogo, 40*(3), 226-232.
Romero, M. y Turpo O. (2012). Serious Games para el desarrollo de las competencias del siglo XXI. *Revista de Educación a Distancia (RED),* 34, 1-22.
Rúas, X. Timoteo, J. y Ruiz, C. (2015). La neurocomunicación social en la reconstrucción de audiencias y mercados. *ECOS de la Academia, 1*(01), 132-145.
Rubia, F. J. (2006). *¿Qué sabes de tu cerebro?* Madrid: Ediciones Temas de hoy.
Sassenfeld, A. (2008). Reflexiones sobre el sistema de las neuronas espejo y algunas de sus implicancias psicoterapéuticas. *Revista Gaceta de Psiquiatría Universitaria, 4*(2), 193-198.
Solms, M. y Turnbull, O. (2004). *El cerebro y el mundo interior. Una introducción a la neurociencia de la experiencia subjetiva.* Madrid: Fondo de Cultura Económica.
Stein, E. (2004). *Sobre el problema de la empatía.* Madrid: Ediciones Trotta.
Sutil, L. (2013). *Neurociencia, empresa y marketing.* Madrid: ESIC.
Thomas, R. J. y Bennis, W. G. (2003). Situaciones límite: los crisoles del liderazgo. *Harvard Deusto business review*, 112, 46-53.
Timoteo, J. (2007). Neurocomunicación. Propuesta para una revisión de los fundamentos teóricos de la comunicación y sus aplicaciones industriales y sociales. *Mediaciones Sociales,* 1, 355-386.
Tirapu-Ustárroz, J., Pérez-Sayes G., Erekatxo-Bilbao, M. y Pelegrín-Valero C. (2007). ¿Qué es la teoría de la mente? *Revista de Neurología, 44*(8), 479-489.
Wolf, N., Gales M., Shane E. y Shane M. (2001). The developmental trajectory from amodal perception to empathy and communication: The role of mirror neurons in this process. *Psychoanalytic Inquiry*, 21, 94-112.
Zabalza, M. (2001). *La enseñanza universitaria. El escenario y sus protagonistas.* Madrid: Narcea.
Zapata, J. F. (2016). Un acercamiento al paradigma cuántico. *Katharsis*, 7, 110-118.

EFICACIA DE UN PROGRAMA INSTRUCCIONAL DE NEUROLIDERAZGO MEDIANTE BIOMARCADORES

Luz Martínez-Martínez[1], *Victoria Cuesta Díaz*[2], *Carolina Bengochea González*[3]

1. INTRODUCCIÓN

Según el *V Estudio de Salud y Estilo de Vida* de Aegon (Aegon, 2023) en España ocho de cada diez españoles sufren estrés de forma continua, siendo las principales razones que lo motivan las dificultades laborales y las relaciones interpersonales. Cuando se percibe una situación como amenazante se pueden mostrar síntomas conductuales negativos de estrés como agresividad, insomnio, ansiedad, baja autoestima, impotencia para cambiar una situación, preocupación, dificultad para concentrarse, problemas de sueño, además de dolores de cabeza o tensión muscular (Ekundato y Kolawole, 2012; Arapovic-Johansson *et al.*, 2018). Ante esta situación, cerca del 40% toma medicamentos o suplementos y casi un 63% no ha tomado medidas para combatirlo en el último año. Una de las poblaciones que más lo sufren son los jóvenes entre 18 y 29 años, un 90% lo ha sentido en el último año (Aegon, 2022).

Esta situación ha acentuado el interés por estrategias de inteligencia emocional, programación neurolingüística (PNL), *coaching* cognitivo conductual (CBC) o *mindfulness* que permiten el autoconocimiento y una mejor gestión del estrés, de las emociones y de la conducta (Cartwright, 2022; Greif y Palmer, 2022). Estas técnicas normalmente se basan en hacerse más conscientes de las emociones que uno siente, los procesos cognitivos al interactuar con otros, la comunicación tanto verbal como no verbal, la reacción física, la acción o inacción, todo ello para desarrollar una visión de vida positiva y libre de estrés (Ogba *et al.*, 2020). Este tipo de habilidades no sólo ayudan a gestionar o prevenir el estrés, sino también afectan en la forma en la que interactuamos con otros, por ejemplo, de forma sosegada, firme en la consecución de objetivos, con mayor atención a la interacción (Bou, 2013).

La efectividad de técnicas como el *coaching*, la PNL o el *mindfulness* se ha demostrado en diferentes investigaciones sobre el estrés en diversos campos. Ogba *et al.* (2020) comprobaron una disminución del estrés percibido y de los síntomas del estrés en gestores escolares que recibieron sesiones de *coaching* mediante cuestionarios pre y post. Del mismo modo, en su investigación sobre profesores de educación especial,

1. Universidad Complutense de Madrid (España)
2. Universidad de la Cruz Roja, Universidad Autónoma de Madrid (España)
3. Universidad Complutense de Madrid (España)

Okeke *et al.* (2021), también mostraron que los profesores que habían recibido la terapia disminuyeron el estrés percibido medio y los síntomas de estrés. Este tipo de habilidades no sólo ayudan a gestionar o prevenir el estrés, sino también afecta en la forma en la que interactuamos con otros, por ejemplo, de forma sosegada, firme en la consecución de objetivos, con mayor atención a la interacción, afectando a nuestras relaciones y a nuestra productividad. Reddy *et al.* (2021) mostraron como los profesores de escuelas urbanas desempeñaban mejor su trabajo y eran mejor valorados tras realizar un curso de coach y liderazgo educativo.

En estrecha relación con estas terapias encontramos el concepto de liderazgo personal como vía para el desarrollo personal, tanto en el propio desarrollo de cada individuo como en campos más específicos (la empresa, el liderazgo de equipos, en el deporte o entre un grupo de amigos). El objetivo es adquirir competencias como seguridad, confianza, decisión y asertividad y aplicarlas tanto en el ámbito personal como laboral, tomando el individuo el control de su propia vida. Para Kerpen (2011) algunas de las características de una persona con éxito son: que asume el cambio, acepta sus fracasos, habla de sus ideas, aprende continuamente y perdona a otros. Se trata de que los individuos sean capaces de reconocer y controlar su actitud ante la vida y las diferentes situaciones, esa consciencia dará lugar a cambios en los pensamientos y de forma automática en el comportamiento. Cuando se aplican conocimientos de neurociencia para comprender los procesos de funcionamiento del cerebro en labores como el liderazgo, encontramos lo que se conoce como neuroliderazgo. En este contexto, el verdadero líder es aquel que tiene el cerebro "preparado" para tomar las mejores decisiones en el acto (Braidot, 2009). El neuroliderazgo intenta comprender la base neuronal del líder, analizando los procesos cerebrales y psicofisiológicos para comprender el desempeño de una persona, la forma de relacionarse, de tomar decisiones o gestionar su inteligencia emocional (Arana, 2012; Ramírez *et al.*, 2020). Esto supone ser consciente de sus emociones y pensamientos, así como del estado de las personas y el contexto que les rodea, para poder controlar su actitud y tomar decisiones más eficientes. La aplicación de los avances tecnológicos se da también en el ámbito de la neurocomunicación y del neuromarketing como los ámbitos de investigación con mayor aplicación práctica y por ende más financiados y consolidados (Barrientos-Báez y Caldevilla-Domínguez, 2023).

Numerosos trabajos se centran en relacionar estas técnicas con diferentes biomarcadores de la neurociencia, intentando explicar su funcionamiento. Según la teoría del cambio intencional (ITC) involucrar el yo ideal o la visión personal de una persona es un impulsor esencial del cambio sostenido y deseado (Boyatzis *et al.*, 2015). Además de ayudar a crear motivación, se afirma que el *coaching* desde una visión personal despierta el sentimiento emocional positivo atractor (PEA), que tiene componentes de activación del sistema nervioso parasimpático y las emociones positivas. Ayuda a ser capaces de detectar y percibir nuevas ideas y escanear el entorno en busca de posibilidades, estar más abiertos a otras personas y crear una sensación de seguridad que permite a las personas enfrentar, en lugar de evitar, cuestiones difíciles (Raichle, 2010). En su investigación sobre la neurociencia del *coaching*, Boyatzis y Jack (2018) comprobaron que el *coaching* trabajado con PEA activa redes y regiones del cerebro asociadas con el panorama general de pensamiento, compromiso, motivación, regulación del estrés y modulación parasimpática, así como mayor actividad en la corteza parietal medial, involucrada en la creación de un sentido de conexión social y emocional. En relación con la práctica del *mindfulness* o atención plena, numerosas investigaciones demuestran que promueve cambios neurológicos estructurales y funcionales a largo plazo. En su investigación sobre la neurociencia del *mindfulness*, Wheller *et al.* (2017) comprobaron como las personas con un alto nivel de atención disposicional mostraron una mayor actividad en la corteza prefrontal, la corteza cingulada anterior y la corteza insular, así como una menor actividad en la amígdala cuando se involucraban en tareas a partir de sus emociones. La práctica de la atención plena mejora la atención mediante la actividad de la corteza cingulada anterior, además, modifica la autoconciencia a través de la activación de la corteza prefrontal de la línea media y la corteza cingulada posterior (Tang *et al.*, 2015). También permite un estado más sosegado y tranquilo con menores picos emocionales (*peaks arousal*) a través del estudio de la respuesta galvánica de la piel (GSR), la frecuencia arterial y ritmo cardiaco (Ramezani *et al.*, 2022; Fernandes *et al.*, 2014; Mihaela Marinescu, 2022; Monzalvo Curriel y Torres Soto, 2021). En su estudio sobre los efectos de un curso breve *mindfulness* en estudiantes con biomarcadores, Li *et al.* (2021) mostraron que el entrenamiento reducía las emociones negativas y un periodo menor de recuperación de la frecuencia cardiaca. Para ello monitorizaron la respuesta galvánica, la frecuencia cardiaca y la variabilidad intercardiaca antes y después del curso.

2. OBJETIVOS

Este trabajo persigue varios objetivos:

1) Analizar el efecto de un curso de neuroliderazgo en la gestión de emociones y en las conductas intrapersonales a corto plazo y
2) Estudiar el uso de herramientas de neurocognición para evaluar la eficacia del curso mediante el análisis de las respuestas implícitas.

La variable independiente fue la toma de un curso de neuroliderazgo y las dependientes la excitación emocional, la emoción provocada (valencia), el *engagement* y la fijación de la mirada mientras que llevaban a cabo tareas relacionales y de resolución de conflicto. Para ello se lanzaron las siguientes preguntas de investigación:

- RQ1: ¿Cuál es el efecto de un curso de neuroliderazgo en los niveles de ansiedad ante un conflicto?
- RQ2: ¿Qué efecto tendrá sobre la atención y las emociones?
- RQ3: ¿Es apropiado el uso de biomarcadores para evaluar la eficacia de un taller de neuroliderazgo?

3. METODOLOGÍA

Para realizar esta investigación, se llevó a cabo un diseño experimental intrasujetos con una muestra de 14 alumnos de un máster universitario. Al principio del curso, los alumnos realizaron un pretest compuesto de dos pruebas (*rol play*). En la primera, debían solucionar un conflicto con un compañero de trabajo de fin de máster (TFM) mientras que eran registradas sus respuestas dermoeléctricas y variabilidad intercardiaca mediante la herramienta NeurolinQ (www.shimmersensing.com/solutions/neurolynq/) del laboratorio de neurocomunicación NeuroLabCenter del departamento de Teorías y Análisis de la Comunicación de la Facultad de Ciencias de la Información en la Universidad Complutense de Madrid (www.neurolabcenter.com). El NeuroLynQ permite estudiar las emociones latentes no conscientes mediante el análisis de las respuestas implícitas de los individuos. Para ello, se colocan unos sensores (figura 1) que registran la respuesta galvánica y la variabilidad intercardiaca o *Heart Rate Variability* (HVR). El programa clasifica las respuestas en 3 categorías: no respuesta (el participante no responde de forma emocional al estímulo), respuesta media (el participante responde de forma emocionalmente moderada al estímulo) y alta respuesta (el participante responde de forma muy emocional al estímulo). Con esta clasificación se nos ofrece una presentación tanto individual como colectiva en forma de % de participantes del grado de respuesta emocional que están teniendo en cada momento de la sesión. Al mismo tiempo, la sesión es grabada mediante una webcam lo que permite relacionar los momentos de máxima respuesta emocional detectada con el tema tratado y con los diferentes sujetos de la investigación.

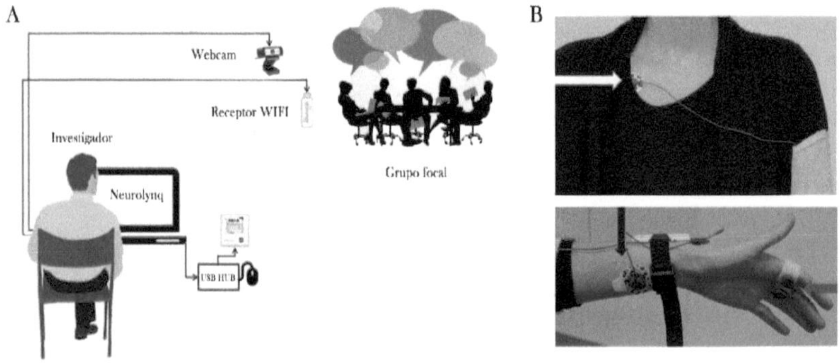

Figura 1. Esquema montaje grupal e individual NeuroLynQ. Esquema del montaje A grupal que incluye tanto el ordenador con NeuroLynQ como el receptor WIFI y webcam para grabar la sesión y B montaje individual de cada participante que incluye tanto electrodo para la frecuencia cardiaca (flecha blanca) como para la respuesta galvánica (flecha negra). Fuente: elaboración propia.

En la segunda prueba, un alumno hacía de coordinador de máster y debía comunicar al otro participante, qué hacía de alumno, algunas quejas sobre su asistencia y conducta durante el máster. Mientras que los participantes realizaban el *rol play*, se registró la fijación de la mirada de un sujeto (coordinador), y la expresión facial del otro sujeto (alumno) gracias a las gafas de *eye tracking* Tobii Pro Glasses 2. El *eye tracking* permite analizar los puntos de atención (fijaciones) así como las rutas visuales al mismo tiempo que la escena queda grabada en un clip de vídeo (Martínez-Martínez, 2021). Éste fue procesado con la aplicación AFFDEX de Imotions permitiendo analizar la expresión facial de los voluntarios mientras que recibían las quejas. La técnica de expresión facial o *Facial Expression* registra los estados emocionales mediante gestos observables o cambios micro-musculares pudiéndose establecer el valor positivo, negativo o neutro de las emociones (valencia). Tras realizar el taller de 16 horas sobre neuroliderazgo y autocontrol, los participantes realizaron el post-test con las mismas pruebas aplicando los conocimientos adquiridos en el curso.

Los participantes fueron informados del objetivo de la investigación siguiendo los protocolos éticos validados por el departamento de Teorías y Análisis de la Comunicación de la Universidad Complutense de Madrid.

4. DESARROLLO DE LA INVESTIGACIÓN

La comparativa de las pruebas pre y post-test muestran cambios significativos en varios aspectos. El análisis de las respuestas emocionales medias en el pretest mostró una media de 83,53% en el pretest y de 75,29 en el post-test. El valor medio de ansiedad media por participante disminuyó un 8,23% puntos, lo que se traduce en casi un 10% de mejora (tabla 1).

MEDIA RESPUESTA			
Sujeto	Pre-curso	Post-curso	% Diferencia
S1	80.42	72.22	-8.2
S2	96.97	86.42	-10.55
S3	59.85	72.84	12.99
S4	92.95	76.24	-16.71
S5	67.31	38.61	-28.7
S6	86.21	76.32	-9.89
S7	48.28	90.79	42.51
S8	88.54	35.71	-52.83
S9	83.33	97.62	14.29
S10	93.65	67.92	-25.73
S11	99.21	98.11	-1.1
S12	94.27	98	3.73
S13	94.9	68	-26.9
media	83.53	75.29231	-8.237692308
porcentaje diferencia	9.86195655		

Tabla 1. Valores respuesta emocional media pre y post-test. Fuente: Elaboración propia.

En el caso de la ansiedad alta, las diferencias fueron mucho mayores, con una media de 37,8% en el pretest y del 25% en el post-test, se observó una disminución del 12,75% puntos y una mejora del 33,73% (tabla 2).

ALTA RESPUESTA			
Sujeto	Pre-curso	Post-curso	% Diferencia
S1	50.54	29.37	-21.17
S2	64.67	22.22	-42.45
S3	15.91	19.75	3.84
S4	3.03	6.17	3.14
S5	21.15	18.81	-2.34
S6	19.23	19.8	0.57
S7	44.25	25	-19.25
S8	10.34	1.32	-9.02
S9	21.88	16.67	-5.21
S10	53.17	58.49	5.32
S11	54.76	66.04	11.28
S12	85.35	22	-63.35
S13	47.13	20	-27.13
media	37.80076923	25.04923077	-12.75153846
porcentaje diferencia	33.73354226		

Tabla 2. Valores respuesta emocional alta pre y post-test. Fuente: Elaboración propia.

La figura 2 muestra la comparativa de los niveles de ansiedad media y alta para el pre y el post-test donde se puede ver como la respuesta galvánica (nivel de emoción) descendió tras el entrenamiento.

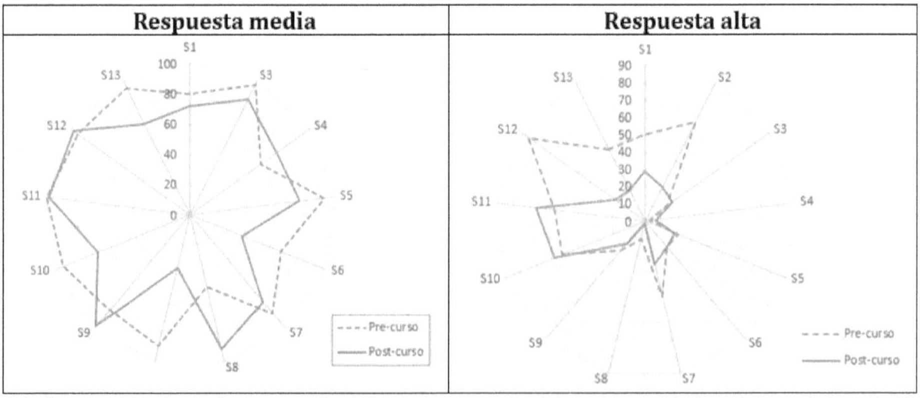

Figura 2. Comparativa niveles de ansiedad media y alta pre y post-test.
Fuente: Elaboración propia.

El análisis del *eye tracking* permite detectar el centro de atención de los individuos mediante el cálculo de las fijaciones y visualizarlo a través de los *heatmaps* o mapas de calor. La figura 3 muestra la comparativa de dos participantes en el pre y en el post-test. Como se puede observar, en ambos casos, la mirada en el pre se dispersa en la parte superior de la imagen mientas que en el post-test se centra en los ojos, buscando el contacto visual del interlocutor. Además, si comparamos la atención en el pre y en el post-test, observamos cómo la mirada se fija durante mayor tiempo en el post-test (S1: 9822.5 ms; S2: 16383 ms) que en el pretest (S1: 1851 ms; S2: 900 ms).

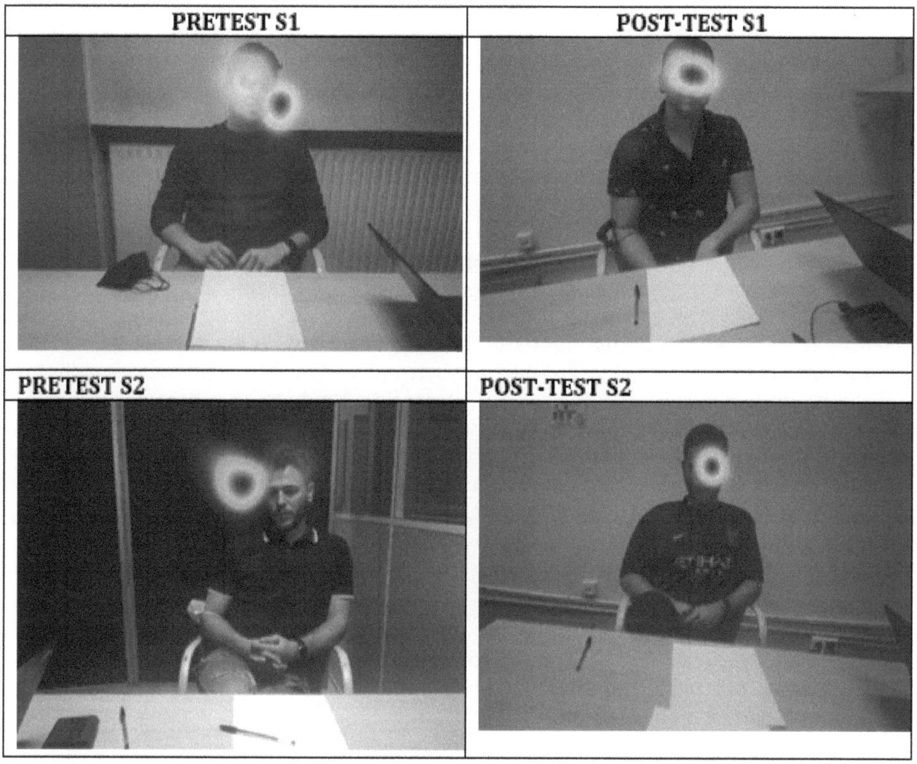

Figura 3. Ejemplo heatmap pre y post-test. Fuente: Elaboración propia.

Por último, el análisis de la expresión facial de las personas que recibían el mensaje (las quejas) muestra como los niveles de las emociones positivas aumentaron en 0.83 puntos y las negativas desaparecieron en el post en relación con el pretest. También aumentaron los niveles de atención en cerca de 60 puntos. Sin embargo, las emociones negativas y el *engagement* disminuyeron, lo que indica que el sujeto estaba mucho más relajado en la fase posterior del curso.

	Engagement	Atención	Valencia positiva	Valencia negativa	Neutral
Pre	11.94	37.88	0.05	2.11	97.84
Post	7.35	96.38	0.88	0	99.12

Tabla 3. Valores expresión facial pre y post-test. Fuente: Elaboración propia, 2023.

5. DISCUSIÓN

En una sociedad en continuo cambio, la gestión del estrés y el autoconocimiento de emociones y conductas permiten desarrollarse de forma útil y con mayor bienestar. Se trata de convertirse en líderes de la propia vida, detectar y controlar la actitud de uno mismo ante las diferentes situaciones y la forma de relacionarse. Encontramos diferentes tipos de entrenamientos o terapias como el *coaching*, *mindfulness* o la PNL que ayudan a los individuos a hacerse más conscientes de las emociones que uno siente, las reacciones físicas, la acción o la inacción (Ogba *et al.*, 2020). En este contexto, el neuroliderazgo intenta comprender la base neuronal del líder, analizando los procesos cerebrales y psicofisiológicos para comprender el desempeño de una persona, la forma de relacionarse, de tomar decisiones o gestionar su inteligencia emocional (Arana, 2012; Bernabé *et al.*, 2020). En relación con el efecto que un curso de neuroliderazgo pueda tener en los niveles de estrés o ansiedad, los datos muestran un claro descenso de los niveles de ansiedad ante un conflicto en el post que, en el test, mostrándose los alumnos más relajados tras analizar las situaciones que les provocan estrés. Esto también se refleja en una menor gesticulación del enfado, así como un tono de voz más sosegado. Estos datos respaldan los encontrados en otras investigaciones (Li *et al.*, 2021; Ramezani *et al.*, 2022; Fernandes *et al.*, 2014) donde se encontraron una menor respuesta galvánica y un ritmo cardiaco más tranquilo tras recibir cursos de *mindfulness*.

También se han encontrado diferencias tras el curso en la atención y las emociones de los participantes. Por un lado, en la prueba inicial, los participantes tenían la atención más dispersa y evitaban mirar a los ojos de su interlocutor cuando exponían el problema mientras que tras el entrenamiento le miraban fijamente a los ojos, lo que favorecía la empatía, la identificación con el otro y la comunicación. Este hecho a su vez provoca una mayor atención por parte del interlocutor (alumno que recibía la reprimenda) que se siente más relajado y menos bloqueado. Mostrándose más tranquilo, seguro, buscando un objetivo claro y permitiendo una comunicación más sosegada. Esto afectará también a las emociones que esas situaciones provocan, ser capaces de gestionarlas ante un conflicto y que no se produzcan reacciones automáticas de estrés (Braidot, 2019; Bernabe *et al.*, 2020).

Por último, el neuroliderazgo se basa en comprender la base neuronal del líder en el desempeño de una persona, la toma de decisiones o la forma de relacionarse. Es decir, los procesos cognitivos y emocionales que intervienen en la actitud y comportamiento. Para ello, las herramientas de neurocognición permiten registrar las respuestas psicofisiológicas automáticas a través de biomarcadores que se relacionan con los diferentes estadios como puede ser el estrés. En esos casos, ante un conflicto se suele disparar una respuesta de defensa que provoca déficit de atención, poca concentración, pero también ritmo cardiaco acelerado, sudoración o emociones negativas y estos indicadores pueden ser recogidos por las herramientas de neurociencia (Ramezani *et al.*, 2022; Fernandes *et al.*, 2014; Li *et al.*, 2021). La investigación muestra cómo el uso de biomarcadores como el GSR, la FC,

HRV permite evaluar el cambio en la excitación o nivel de ansiedad de los participantes. Del mismo modo, se pudo analizar la dirección de la mirada, la atención y las emociones provocadas en la interacción a través del *eye tracking* y el reconocimiento facial. Por lo tanto, podemos confirmar la eficacia del uso de herramientas de neurocognición en este tipo de cursos donde se entrena la autopercepción emocional de los individuos para hacer un seguimiento del aprendizaje y de las capacidades adquiridas.

6. CONCLUSIONES

La comparativa de las pruebas pre y post-test muestran cambios significativos en varios aspectos. Los niveles de ansiedad ante la situación con un conflicto se redujeron considerablemente, mostrándose los alumnos más relajados tras analizar las situaciones que les provocaban estrés. Los participantes mostraron también una mayor fijación de la mirada en la cara de su interlocutor mientras le exponía el problema, así como una mayor valencia positiva en aquellos que recibían el mensaje. Estos datos muestran la eficacia de este tipo de formación, y sería de gran interés aplicar estas técnicas de forma complementaria, por ejemplo, en las universidades, donde tanto alumnos como docentes puedan aprender a dirigir sus emociones y conductas hacia un bienestar mayor, una mejor comunicación y, por ende, favorables relaciones interpersonales. Del mismo modo, este estudio dispone de una pequeña muestra en un ámbito muy determinado. Por ello sería necesario realizar el curso con un mayor número de participantes, así como con diferentes edades y perfiles que permita analizar posibles diferencias.

Por otro lado, se demuestra la eficacia del uso de herramientas de neurocognición en este tipo de cursos donde se entrena la autopercepción emocional de los individuos para hacer un seguimiento del aprendizaje y de las capacidades adquiridas.

7. REFERENCIAS

Aegon (10 de junio de 2023). V Estudio Salud y Vida. https://acortar.link/K1Exeu

Arana, A. (2012). *Neuroliderazgo: una perspectiva innovadora del liderazgo.* Global Leadership Consulting.

Barrientos-Báez, A. y Caldevilla-Domínguez, D. (2023). Neurocomunicación y su relación con los medios audiovisuales públicos. En U. Cuesta, A. Barrientos-Báez, y V. Cuesta Díaz (Coords.), *Neurocomunicación y neuromarketing: nuevos escenarios y tendencias* (pp. 241-252). Editorial Fragua.

Bou, J. F. (2013). *Coaching educativo.* LID Editorial Empresarial.

Boyatzis, R. E. (2008). Leadership development from a complexity perspective. *Consulting Psychology Journal: Practice and Research,* 60, 298-313. http://dx.doi.org/10.1037/1065-9293.60.4.298

Boyatzis, R. E., Rochford, K. y Taylor, S. N. (2015). The role of the positive emotional attractor in vision and shared vision: Toward effective leadership, relationships, and *engagement. Frontiers in Psychology,* 6, 670. http://dx.doi.org/10.3389/fpsyg.2015.00670

Boyatzis, R. E. y Jack, A. I. (2018). The neuroscience of *coaching. Consulting Psychology Journal: Practice and Research, 70*(1), 11. https://doi.org/10.1037/cpb0000095

Braidot, N. (2009). Neuroliderazgo: hacia el desarrollo de capacidad atencional y liderazgo exitoso. *Facultad de Empresariales. Universidad Abierta Interamericana.*

Cartwright, J. (2022). How can *coaching* support managers experiencing stress at work? An emerging theory and implications for *coaching* research and practice. *International*

Journal of Evidence Based coaching and Mentoring, S16, 55-67. http://doi.org/10.24384/790q-ea19

Ekundayo, H. T. y Kolawole, A. O. (2013). Stress among secondary school teachers in Ekiti State, Nigeria. *Journal of Educational and Social Research*, *3*(2), 311. https://doi.org/10.5901/jesr. 2013.v3n2p311

Fernandes, A., Helawar, R., Lokesh, R., Tari, T. y Shahapurkar, A. V. (2014, December). Determination of stress using blood pressure and galvanic skin response. In *2014 International Conference on Communication and Network Technologies* (pp. 165-168). IEEE.

Greif, S. y Palmer, S. (2022). Stress and stress management in *coaching*. En S. Greif, H. Möller, W. Scholl, J, Passmore, y F. Müller (Eds.). *International Handbook of Evidence-Based coaching: Theory, Research and Practice* (pp. 863-876). Springer International Publishing.

Arapovic-Johansson, B., Wåhlin, C., Hagberg, J., Kwak, L., Björklund, C. y Jensen, I. (2018). Participatory workplace intervention for stress prevention in primary health care. A randomized controlled trial. European Journal of Work and Organizational Psychology, 27(2), 219-234. https://doi.org/10.1080/1359432X.2018.1431883

Kerpen, D. (2011). *Likeable Social Media*. McGraw-Hill.

Li, R., Li, L. y Xue, S. (2021). The effect of short-term *mindfulness* training on the emotional state of college students with different levels of *mindfulness*: evidence from neurophysiological signals. *Open Journal of Social Sciences*, *9*(5), 570-580. https://doi.org/10.4236/jss.2021.95032

Martínez-Martínez, L. (2021). Casos exploratorios aplicados a partir de distintos diseños metodológicos: eye tracking fijo y online. *Communication & Methods, 3*(2) 125-141. https://doi.org/10.35951/v3i2.136

Mihaela Marinescu, I., Mejías Martínez, G. y Nogales-Bocio, A. I. (2022). Estrategias persuasivas y emocionales en las campañas audiovisuales de la DGT en el periodo 2011-2019. *Revista de Comunicación y Salud,* 12, 1-20. https://doi.org/10.35669/rcys.2022.12.e286

Monzalvo Curriel, A. y Torres Soto, N. Y. (2021). Diseño y validación de la escala de bienestar animal: Educación emocional de los niños para prevención del maltrato. *Revista de Comunicación y Salud,* 11, 1-24. https://doi.org/10.35669/rcys.2021.11.e261

Ogba, F. N., Onyishi, C. N., Ede, M. O., Ugwuanyi, C., Nwokeoma, B. N., Victor-Aigbodion, V., Eze, U. N., Omeke, F., Okorie, C. O. y Ossai, O. V. (2020). Effectiveness of SPACE model of cognitive behavioral *coaching* in management of occupational stress in a sample of school administrators in South-East Nigeria. *Journal of Rational-Emotive & Cognitive-Behavior Therapy, 38*(3), 345-368. https://doi.org/10.1007/s10942-019-00334-2

Okeke, F. C., Onyishi, C. N., Nwankwor, P. P. y Ekwueme, S. C. (2021). A blended rational emotive occupational health *coaching* for job-stress among teachers of children with special education needs. *Internet Interventions*, 26, 100482. https://doi.org/10.1016/j.invent.2021.100482

Raichle, M. E. (2010). Two views of brain function. *Trends in Cognitive Sciences,* 14, 180-190. https://dx.doi.org/10.1016/j.tics.2010.01.008

Ramezani, A., Alvani, S. R., Levy, P. T., McCarron, R., Sheth, S. y Emamirad, R. (2022). Paroxysmal dyskinesia and electrodermal volatility: the role of mindfulness, self-compassion and psychophysiological interventions. Applied Neuropsychology: Adult, 1-12. https://doi.org/10.1080/23279095.2022.2060749

Ramírez Contreras, B, Ceballos Barrera, P. y Miranda Valdez, J. (2020): El Neuroliderazgo y su importancia en la gestión organizacional. *Revista de Investigación Latinoamericana en Competitividad Organizacional RILCO,* 7. www.eumed.net/rev/rilco/07/neuroliderazgo.html

Reddy, L. A., Shernoff, E. y Lekwa, A. (2021). A randomized controlled trial of instructional *coaching* in high-poverty urban schools: Examining teacher practices and student outcomes. *Journal of School Psychology,* 86, 151-168. https://doi.org/10.1016/j.jsp.2021.04.001

Tang, Y. Y., Hölzel, B. K. y Posner, M. I. (2015). The neuroscience of *mindfulness* meditation. *Nature Review Neuroscience,* 16, 213-225. https://doi.org/10.1038/nrn3916

Wheeler, M. S., Arnkoff, D. B. y Glass, C. R. (2017). The Neuroscience of *mindfulness*: How *mindfulness* Alters the Brain and Facilitates Emotion Regulation. *Mindfulness,* 8, 1471-1487. https://doi.org/10.1007/s12671-017-0742-x

SEGURIDAD Y PRIVACIDAD DE DATOS EN LA INDUSTRIA TURÍSTICA: RETOS DERIVADOS DEL USO DE INTELIGENCIA ARTIFICIAL Y BIG DATA. UNA REVISIÓN DE LITERATURA

Miguel Ángel Montañés-Del Río, Vanessa María Rodríguez Cornejo[1]

1. INTRODUCCIÓN

La inteligencia artificial (en adelante, IA) es considerada como un factor clave para el crecimiento pues podría permitir a cualquier organización, y entre otros logros, aumentar la eficiencia de sus operaciones, el mantenimiento y las operaciones de la cadena de suministros, optimizar y mejorar la experiencia del cliente, mejorar los productos y servicios, así como también los procesos de recomendación de artículos (*v. gr.*, PwC, 2019). Es definida como el uso de dispositivos tecnológicos destinados a reproducir las habilidades cognitivas de los seres humanos con el fin de lograr objetivos de manera autónoma, y teniendo en cuenta cualquier restricción que pudieran encontrarse (*v. gr.*, Haenlein y Kaplan, 2019). Además la combinación de la IA con el Big Data (en adelante, BD) está generando nuevas oportunidades como los sistemas que hacen posible determinar el mejor momento para comprar un viaje concreto (Loureiro, 2018), o el llevar a cabo operaciones y acciones que superan las realizadas por los humanos en términos de velocidad e importancia, siendo ya muchos los sectores que las aplican, o que lo harán en un futuro próximo (Wamba-Taguimdje *et al.*, 2020).

El nuevo paradigma de la industria turística conocido como Turismo 4.0, surge como una forma de ampliar el potencial innovador de las tecnologías habilitadoras de la Industria 4.0 (IA, Internet de las cosas, BD, etc.) a todo el ámbito de las actividades relacionadas con el turismo (de Araújo *et al.*, 2020).

Pero la paulatina incorporación de estas tecnologías también ha creado sombras: privacidad y seguridad de los datos recolectados sobre los turistas, el modo en que se hace y la existencia de un consentimiento previo, la abstracción de aquéllos a cambio de la obtención inmediata de información, el tratamiento de los datos, su distribución entre el resto de actores de la industria turística, su mantenimiento, etc. (*v. gr.*, Knani *et al.*, 2022). Organismos nacionales e internacionales ya han comenzado a enfatizar la importancia de las políticas de privacidad de datos considerándolo como uno de los desafíos del siglo XXI (van Zoonen, 2016), si bien es cierto que no se trata de un movimiento inesperado ya que muchos usuarios se han dado cuenta de la importancia de proteger su información tanto en línea, como fuera de ella, en un territorio desconocido (Afolabi *et al.*, 2020).

---

1. Universidad de Cádiz. INDESS (España)

Por tanto, la adopción de la IA en la industria turística ha generado preocupación en cuanto a la privacidad, ya que las empresas se alimentan de una gran cantidad de datos de los turistas generando información sensible de los mismos (Mohd Shith Putera *et al.*, 2022). A través del análisis de datos y el uso del aprendizaje automático, por ejemplo, las empresas turísticas son capaces de definir patrones de consumo y personalizar sus productos (Loureiro, 2018), surgiendo entonces la preocupación de entender si las ventajas tecnológicas, los servicios personalizados y las experiencias mejoradas, puedan llegar a cumplir con las obligaciones relativas a la protección de datos (Masseno y Santos, 2018).

Los turistas necesitan procesar una cantidad significativa de información para tomar diversas decisiones a lo largo de su viaje, desde la planificación previa del mismo hasta las experiencias en el destino y la evaluación posterior, o el intercambio de experiencias, lo que supone que a menudo se les pida información personal a cambio de servicios que les permitan mejorar todas estas experiencias (Tussyadiah *et al.*, 2019). Pero ello supone que los turistas faciliten de forma gratuita sus datos (Tallon, 2013), habiéndose sugerido una despreocupación temporal tanto de aquéllos como de su privacidad (Masseno y Santos, 2018).

Luego, y siguiendo las indicaciones de calidad propuestas en la declaración *Preferred Reporting Items for Systematic Reviews and Meta-Analyses* (Elementos de Información Preferidos para Revisiones Sistemáticas y Metaanálisis) y, en adelante, PRISMA 2020 (Page *et al.*, 2021), el objetivo de esta investigación es conocer por medio de una revisión sistemática de literatura el actual estado del arte en torno a la seguridad y privacidad de los datos de los turistas como consecuencia de la progresiva utilización de herramientas de IA y del BD.

Para ello, el artículo se estructura de la siguiente manera. A continuación, se presenta el marco teórico para situar la problemática de la privacidad y la seguridad de los datos de los turistas ante el uso de la IA y del BD en la industria. Después, se expone la metodología que, basada en la revisión sistemática de literatura, ha sostenido la presente investigación. Los resultados y su discusión se presentan acto seguido y, finalmente, se infieren unas conclusiones que se espera abran nuevas líneas de investigación como consecuencia de las preguntas a que aquéllas dan lugar.

2. MARCO TEÓRICO: REVISIONES PREVIAS DE LITERATURA

La declaración PRISMA 2020 señala que la racionalización de una revisión sistemática de literatura (en adelante, RSL) ha de partir tanto de una descripción del conocimiento previo existente hasta la fecha, como de las incertidumbres que se generan (Page *et al.*, 2021), para lo que es necesario observar las RSL previamente realizadas.

De este modo, Li *et al.* (2018) hacen una revisión de literatura (en adelante, RL) sobre la aplicación del BD al turismo realizando una exhaustiva clasificación tanto de las fuentes, como de los tipos de datos tratados por esta tecnología. Así, la procedencia de los datos turísticos es mayoritariamente de: 1) usuarios; 2) dispositivos, y; 3) operaciones. A juicio de estos autores, la preocupación de los turistas al compartir su información privada, sin embargo, no parece ser un tema suficientemente investigado en turismo. Tsaih y Hsu (2018) plantean otra RL sobre turismo inteligente al objeto de llegar a generar un marco conceptual para la aplicación de la IA en dicho ámbito, concluyendo en la necesidad de aplicar medidas de ciberseguridad a los datos recabados de los turistas.

Tussyadiah *et al.* (2019) realizan una completa revisión del estado del arte sobre la privacidad de la información de los turistas, y el comportamiento de aquéllos derivado de su percepción en cuanto a dicha privacidad. Llegan a la conclusión de que es precisa una mayor investigación acerca de cómo medir la preocupación de los turistas por la privacidad de sus datos, siendo conveniente experimentar estrategias de privacidad que se integren en los sistemas de IA.

Afolabi *et al.* (2020) llevan a cabo una RL con la que concluyen la existencia de una preocupación entre los turistas por la privacidad de sus datos, cuando utilizan sus dispositivos móviles al viajar a destinos turísticos inteligentes. La RL de Araújo *et al.* (2020) pone de manifiesto la preocupación de la obsoleta tecnología con que cuenta Brasil a raíz de la revolución digital y el nuevo modelo de gestión del Turismo 4.0. Por su parte, la RL de Tussyadiah (2020) infiere una agenda para la investigación de la automatización en la industria turística basada en las siguientes cuatro áreas prioritarias: (1) Diseño beneficioso de la IA; (2) Facilitar la adopción de la IA; (3) Valorar los impactos de la automatización inteligente en el turismo, y; (4) Creación de un futuro sostenible.

Knani *et al.* (2022) muestran el actual estado del arte sobre la investigación de la IA aplicada al turismo y el alojamiento, determinando que las redes neuronales artificiales fueron usadas hasta 2015 para la predicción de la satisfacción de los huéspedes, de la llegada de turistas, de los precios de los hoteles y su rentabilidad, siendo sustituidas a partir de entonces por modelos más avanzados de predicción basados en IA como son las redes neuronales recurrentes (con capacidad automática para extraer indicadores relevantes sobre demanda turística y un mayor acierto predictivo). Gong y Schroeder (2022) reconocen la popularidad que años atrás ha ganado el turismo inteligente, así como sus beneficios, sin descuidar los retos asociados al mismo en cuanto a la privacidad y la seguridad de los datos, llegando a la conclusión de que sigue siendo escasa la atención que la investigación sobre turismo inteligente presta a la privacidad y la seguridad de la información de los turistas.

Ibrahim y Handayani (2022) procesan una RSL en torno al desarrollo e implementación en la industria turística de la inteligencia aplicada a los negocios, determinando los principales grupos de interés en la misma; sus funcionalidades, y; los principales problemas que genera. La RSL de Rahmadian *et al.* (2022) sobre el potencial uso del BD para el logro de un turismo sostenible, determina que mayoritariamente esta tecnología se emplea para la identificación, clasificación, y predicción de los comportamientos de los turistas. Y, finalmente, la RL de Mohd Shith Putera *et al.* (2022) versa sobre la doctrina legal en Malasia que afecta a la protección de los datos personales, y los retos en cuanto a privacidad que plantea la IA en la industria turística, comparándose con la normativa legal sobre la materia existente en Europa.

Consecuentemente con lo hasta ahora expuesto, y siguiendo a Li *et al.* (2018), aún existen retos derivados de la aplicación al turismo de tecnologías basadas en IA y concernientes no solo a la calidad de los datos captados a través de la misma, sino también en lo relativo a su privacidad y seguridad, lo que haría justificable una RSL para su resumen y concentración.

Las RL son un componente esencial de casi cualquier proyecto de investigación en tanto que sirven para la formación de un conocimiento avanzado, facilitan el desarrollo de teorías, cierran áreas maduras de investigación, y descubren áreas noveles para la misma (Webster y Watson, 2002). Hay autores (Frank y Hatak, 2014) que se refieren a ellas como un mapa del conocimiento que analiza y sintetiza la literatura previa para conseguir, como principal objetivo, un resumen y una categorización del conocimiento (Fisch y Block, 2018).

Todos los tipos de RL son importantes contribuciones a la literatura científica porque los investigadores necesitan ser capaces de resumir y sintetizar, de forma clara, la investigación ya publicada para saber lo que se ha hecho, y qué áreas de la Ciencia necesitan aún mayor exploración y estudio (Ruppar, 2022). Las RSL al usar un método científico, teorías, y constructos que suministran información útil a sus lectores sobre su contenido y los datos reportados (Paul y Criado, 2020), se han convertido en una forma explícitamente reconocida de investigación y con un enfoque bien establecido en el ámbito de la gestión (Kraus *et al.*, 2020).

Para la consecución del objetivo aquí planteado se considera que la RSL es una metodología apropiada porque: (1) es sistemática, explícita y reproducible, siendo ideal para identificar, evaluar e interpretar la literatura académica (Hohenstein *et al.*, 2014); (2) es un método capaz de generar conocimiento mediante la síntesis de los artículos existentes de mayor relevancia e, incluso, mayor importancia que las investigaciones más actuales (Cooper, 2017), y; (3) tiene el mismo rigor que un artículo empírico (Fisch y Block, 2018).

3. METODOLOGÍA

3.1. Estrategia de búsqueda

La rigurosa identificación de evidencias es un proceso esencial para las RSL porque la muestra de estudios relevantes seleccionada determinará el resultado de la revisión, su validez, y su poder explicativo (Gusenbauer y Haddaway, 2020). La inclusión de aquéllos, sin embargo, debe estar exenta de cualquier riesgo de sesgo, por lo que es habitual el uso de estrategias de búsqueda que combinen bases de datos, Internet, y búsquedas manuales (Armstrong *et al.*, 2005). Además, y dado que una estrategia de búsqueda contribuye en gran medida a una extracción metódica de documentos, es fundamental determinar los términos clave que se utilizarán en aquélla para identificar los estudios pertinentes (Bandara *et al.*, 2011). La metodología basada en la construcción de cadenas de palabras clave para su inserción en los motores de búsqueda de las bases de datos bibliográficas usando la lógica booleana, domina las RL debido a su fácil aplicación a la mayoría de bases de datos online (Hinde y Spackman, 2015).

Siguiendo a Bramer *et al.* (2017), esta RSL ha empleado más de una base de datos electrónica (esto es, *Web of Science* y *Scopus*), para (1) intentar cubrir la mayor parte de estudios posible y evitar el riesgo de sesgo de resultados debido al ámbito específico que cubra cada una de aquéllas (Dabić *et al.*, 2021), y; (2) evitar el riesgo de sesgo de selección en el que se podría haber incurrido porque la muestra de estudios elegidos no fuese representativa de la población general de todos ellos (Jahan *et al.*, 2016), luego se ha eliminado la posibilidad de crear una incorrecta asociación entre la intervención y el resultado (Sterne *et al.*, 2022).

También, y para paliar en la medida de lo posible los riesgos de sesgo que pudieran derivarse de la búsqueda de estudios realizada de forma exclusiva a través de bases de datos electrónicas, se ha utilizado la búsqueda manual, cuya importancia ha sido reconocida por la *Cochrane Collaboration* al permitir rastrear tantos artículos relevantes como sea posible (Bickley y Harrison, 2003), contribuyendo al proceso de localización de estudios (Craane *et al.*, 2012).

De este modo, el conjunto inicial de términos de la cadena de búsqueda se ha formulado, y siguiendo a Wohlin (2014), a partir de las palabras clave de la pregunta de investigación y teniendo en cuenta los sinónimos para evitar la selección de los estudios que tan sólo usaran una terminología específica pudiéndose omitir, por lo tanto, aquellos otros que incorporasen una terminología ligeramente distinta. Igualmente, y para evitar la introducción de sesgos, no se impuso restricción alguna en cuanto al idioma de los posibles resultados obtenidos de la búsqueda (*v. gr.*, Lefebvre *et al.*, 2022).

Acorde con la amplitud de trabajos a encontrar, y para que se generase una lista tan exhaustiva de estudios como para responder a la pregunta de investigación propuesta en esta RSL (Hopewell *et al.*, 2005), se evitó restringirlos al hecho de que hubieran sido publicados con carácter previo en revistas científicas, lo que es considerado un criterio para la exclusión de una RSL por otros autores (Edinger y Cohen, 2013) debido a la ausencia de una evaluación previa en un proceso editorial que incluya su revisión y la aprobación por pares del autor. Así, se consideraron como posibles estudios a incluir en esta RSL a las publicaciones en actas de conferencias o los capítulos de libros que, encuadrándose en lo que se conoce por literatura gris, pueden escaparse del control de las editoriales comerciales y, consecuentemente, superar el sesgo de publicación (Hopewell *et al.*, 2005). La literatura gris en una RSL puede ampliar el ámbito de la investigación hacia estudios más relevantes y suministrar una visión más completa de la evidencia disponible (Mahood *et al.*, 2014), por lo que suele reconocerse como una buena práctica en la confección de una RSL (Scherer y Saldanha, 2019).

3.2. Búsquedas realizadas en Web of Science y en Scopus

La base de datos *Web of Science* (en adelante, WoS) es de carácter multidisciplinar y una de las consideradas como referentes junto a *Scopus* (García-Peñalvo, 2022) al contener información sobre investigación de alta calidad en revistas que son líderes a nivel mundial en Ciencias, en Artes y Humanidades, y en Ciencias Sociales, (Mangan, 2019). WoS es la base de datos de citas más antigua y cuenta con una amplia cobertura que se remonta al año 1900 (Boyle y Sherman, 2005), si bien las revistas de lengua inglesa están sobrerrepresentadas (Mongeon y Paul-Hus, 2016) y ello podría introducir un riesgo de sesgo derivado del lenguaje (Lefebvre *et al.*, 2022).

La cadena de términos clave utilizada, y repetida los días 16, 22, y 24 de junio de 2023 fue *(((ALL= (tourism OR hospitality)) AND (ALL= (privacy OR security)) AND (ALL= (Artificial Intelligence OR AI)) AND (ALL= (Big Data)))* obteniéndose, respectivamente, 21, 23, y 27 resultados.

Scopus, por su parte, es una base de datos internacional de publicaciones científicas y académicas revisadas por pares de todo el mundo (Perevochtchikova *et al.*, 2019), cuyo uso puede ayudar a identificar un considerable número de valiosas citas no encontradas a través de WoS, y que comprende las siguientes áreas: Química, Física, Matemáticas e Ingeniería, Ciencias de la Vida y de la Salud, Ciencias Sociales, Psicología y Economía, Ciencias Biológicas, Agrícolas y Ambientales y Ciencias Generales (Yang y Meho, 2006).

La cadena de términos clave ejecutada, y repetida los días 16 de mayo y 24 de junio de 2023 fue *((TITLE-ABS-KEY (tourism OR hospitality) AND TITLE-ABS-KEY (privacy OR security) AND TITLE-ABS-KEY (artificial AND intelligence OR ai) AND TITLE-ABS-KEY (big AND data))* obteniéndose, respectivamente, 17 y 18 resultados.

3.3. Inclusión-exclusión de estudios

Los criterios de exclusión de trabajos para esta RSL, especificados con anterioridad a su realización, se han basado en la pregunta de investigación (Kitchenham y Charters, 2007) previamente formulada atendiendo a los elementos del acrónimo PICO (Mckenzie *et al.*,

2022), esto es, identificando la población (P), intervención (I), comparación (C), y los resultados (O, de la voz inglesa *Outcomes*) según propusieron Richardson *et al.* (1995). No obstante, antes del proceso de cribado se eliminaron los registros duplicados en las bases de datos mencionadas. La estrategia PICO suele ampliarse con una variable propia de las RL en el ámbito social como es el contexto (C) (Petticrew y Roberts, 2006), pasando a llamarse PICOC (García-Perdomo, 2015), y sintetizando la estrategia seguida para categorizar las causas de exclusión de estudios (Edinger y Cohen, 2013) según la figura 1.

Categoría PICOC	Explicación	Código	Descripción
Población (P)	Los estudios obtenidos de las BB.DD. no tenían relación alguna con el turismo.	CE1	En el contenido del resumen, en el enunciado del título, o en cualquiera de ambos, no se aprecia relación alguna con el turismo.
Intervención (I)	Los estudios obtenidos no guardaban relación alguna con la implementación de tecnologías basadas en la IA, o en el BD.	CE2	En el contenido del resumen, en el enunciado del título, o en cualquiera de ambos, no se aprecia relación alguna con la IA.
		CE3	En el contenido del resumen, en el enunciado del título, o en cualquiera de ambos, no se aprecia relación alguna con el BD.
Comparación (C)	Falta de acceso al documento, o acceso limitado al mismo (i.e., solo resumen).	CE4	El documento no está accesible (Mengist et al., 2020), o el acceso es limitado tan solo a partes del mismo.
Resultado (O)	Los estudios no servían para cumplir el objetivo de esta RSL, o tan solo revisan libros previamente publicados.	CE5	No satisface el objetivo de la RSL.
		CE6	El estudio revisa un libro previamente publicado (Torres-Carrión et al., 2018).
Contexto (C)	La dimensión del concepto seguridad no es la apropiada para esta RSL.	CE7	La seguridad a la que se refiere el estudio lo es desde el punto de vista físico del turista, y no desde el ámbito de sus datos personales o información confidencial.

Figura 1. Categorización PICOC de exclusiones. Fuente: Elaboración propia.

A pesar de que ciertos autores (Oskam y De Visser-Amundson, 2022) proponen como causas de exclusión: (1) el hecho de que los estudios encontrados a raíz de las búsquedas en las bases de datos no estén publicados en revistas relacionadas con las disciplinas del turismo o del alojamiento, y; (2) que estén enfocados en un país concreto, se decidió obviarlas porque: (1) se podría generar un riesgo de sesgo de selección de estudios derivado, quizás, de uno previo de publicación (Lefebvre *et al.*, 2022), y; (2) de la lectura de los primeros trabajos reportados por las búsquedas era ya más que evidente la existencia de una metodología cualitativa de investigación, basada en el análisis y en la comparación de casos luego, y a pesar del riesgo de sesgo por la falta de generalización que ello pueda suponer, se evitó que la muestra de estudios final fuese muy reducida.

Por oposición, los criterios seguidos para la inclusión de estudios en esta RSL han sido las características clave de la población objeto de estudio y que sirvieron para responder a la pregunta de investigación (Hulley *et al.*, 2007): trabajos relacionados con la privacidad y la seguridad de los datos de los turistas mediando el uso de tecnologías basadas en la IA y el BD. En resumen, la figura 2 recoge el flujo de procesos seguido por esta RSL.

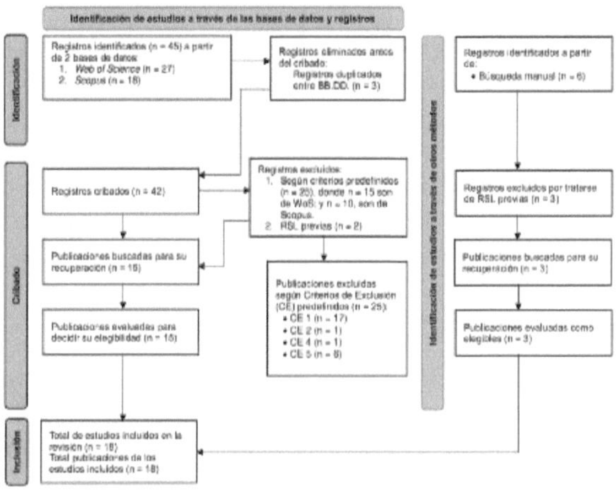

Figura 2. Flujo de procesos en la RSL. Fuente: Page *et al.*, (2021).

Para extraer la información contenida en cada uno de los estudios seleccionados, los autores de esta investigación trabajaron de forma independiente y utilizando como variables para la búsqueda de datos las propias de la metodología PICOC ya citada. Posteriormente, consensuaron sus resultados para generar un documento común.

4. RESULTADOS

La generalización de los resultados derivados de esta RSL, y fruto del proceso de síntesis de información contenida en los estudios seleccionados, es limitada por cuanto mayoritariamente se centra en estudios de casos en zonas geográficas concretas como Brasil, donde parece manifestarse una obsolescencia tecnológica que no tiene por qué ser cierta para el resto de los países del mundo. No obstante, y con la debida cautela, la aplicación de la estructura PICOC a los estudios seleccionados en esta RSL proyecta los siguientes resultados de investigación:

- Cerca de un 25% de los estudios analizados era de corte cualitativo, centrado en el análisis de contenidos, y en el de sentimientos, con entrevistas semiestructuradas.
- Sigue existiendo una preocupación entre los turistas por la privacidad de sus datos cuando viajan a destinos turísticos inteligentes, y utilizan sus dispositivos móviles, lo que podría repercutir en su comportamiento. Esta preocupación es generalizable al uso de aplicaciones relacionadas con la prestación de servicios turísticos tales como reservas, consultas de recomendaciones, inserción de comentarios en blogs y páginas web, etc.
- Por el lado de las necesidades, o de las carencias, en cuanto a seguridad y privacidad de los datos turísticos, se ponen de manifiesto varios aspectos: (1) el seguir manteniendo el reconocimiento facial de los turistas para garantizar su seguridad física en determinados destinos, (2) el hecho de contar con una base legal adecuada para proteger la seguridad de la información sobre turismo

alojada en servidores o plataformas en Internet, y; (3) consecuentemente, la ineludible creación de servicios de gestión pública de la información turística que basados en el BD traten de evitar la comisión de ciberataques; o (4) el construir plataformas de BD que aglutinen información relevante para el turismo de salud, pero también información para los turistas de 65 años o más.

- Se enumeran las principales razones por las que se viola la privacidad de la información personal de los turistas, luego su conocimiento podría tratarlas para evitar recopilaciones indeseadas de la misma.
- Aplicación de algoritmos para la encriptación de datos en las interacciones realizadas entre los turistas y las plataformas web de servicios turísticos.

5. DISCUSIÓN Y CONCLUSIONES

A raíz de las evidencias encontradas en este trabajo, se puede indicar que la recopilación, almacenamiento y distribución de grandes conjuntos de datos derivados de la tecnología basada en la IA plantea cuestiones éticas relacionadas con la gobernanza, la seguridad, los estándares de calidad de los datos, o la privacidad y la propiedad de los mismos (Zandi *et al.*, 2019). No es pues de extrañar el hecho de que la privacidad de los datos sea una de las principales causas de preocupación legal y ética que ha surgido en los últimos años debido al rápido crecimiento de los productos habilitados por la IA, esperándose que siga creciendo a medida que aumenten las tecnologías que permitan a las máquinas extraer y procesar dichos datos (Dwivedi *et al.*, 2021).

Precisamente, la investigación previa ha señalado que los consumidores (y los turistas también lo son) están preocupados por su privacidad, lo que incluye la ambigua distribución de los datos y su uso por terceras personas (Smith *et al.*, 2011). Pero se trata de una preocupación de toda la industria turística (Mohd Shith Putera *et al.*, 2022) sostenida en el hecho de que la utilización y la combinación de técnicas avanzadas de análisis mediante el uso del BD aumenta los riesgos sobre la protección de los datos y su privacidad (Davenport, 2013).

Esta situación, sin embargo, convive con la conocida como paradoja de la privacidad, por la que ciertos usuarios señalan estar muy preocupados por su privacidad pero realmente no hacen mucho para proteger sus datos personales (Barth y de Jong, 2017), lo cual es fácilmente observable cuando al intensificarse los beneficios a través de la interacción del turista con los sistemas de información basados en tecnologías de IA y de BD, parece existir cierta relajación temporal por su parte en lo relativo a dicha preocupación (Masseno y Santos, 2018). Claro que, y en ocasiones, puede que dicho turista tampoco llegue a ser consciente de que su privacidad pueda verse comprometida (Polykalas *et al.*, 2017), razón por la que la recopilación de sus datos por los operadores turísticos debería estar basada en un consentimiento previo informado y transparente, en el que se indicase qué datos se están recopilando, cómo serán usados, durante cuánto tiempo, y si podrán ser compartidos con terceros debiendo, también en esto último, permitir al turista que pueda negarse.

Si bien las personas a menudo desconocen los diversos factores que determinan su preocupación por la privacidad en una situación particular (esto es, el turismo), con la era de la información han surgido intereses institucionales y económicos en torno a la divulgación de información personal, desde las redes sociales en línea hasta la publicidad conductual (Acquisti *et al.*, 2015), de modo que algunas entidades han desarrollado experiencia en la explotación de procesos conductuales y psicológicos para fomentar la divulgación de esta información mediante lo que se ha dado en llamar la manipulación digital del mercado (Calo, 2014).

Los revisores de literatura han de ser especialmente cautos cuando, y derivado de las intervenciones observadas, hagan generalizaciones de un contexto a otro (Centro Cochrane Iberoramericano, 2012), de modo que siempre se debería establecer un equilibro entre el hecho de hacer generalizaciones amplias, pero justificables, y ser demasiado conservador en las conclusiones (Friedman *et al.*, 2015). En este sentido, y como consecuencia de la síntesis mediante la regla PICOC de los estudios de esta RSL, no es aventurado concluir que aquéllos no pueden ser generalizables a cualquier otro tipo de formulación (Centro Cochrane Iberoramericano, 2012) (esto es, país, actividades, o sectores dentro de la industria turística, etc.) dado que es posible que los administradores de las intervenciones analizadas, o los propios participantes de dichos estudios, no fuesen ni representativos ni típicos del grupo objetivo (Black, 1996).

A la vista de los resultados, sigue siendo evidente que el asunto sobre la privacidad y la protección de los datos de los turistas genera debate, pero tan solo en términos generales y abstractos (Vaz y Machado, 2022), pues no llegan a plantearse medidas concretas para evitar que el uso de la IA y el BD en el ámbito turístico viole la privacidad y la seguridad de la información propiedad de aquéllos existiendo, en su caso, simples recomendaciones acordes con la creciente preocupación que la cuestión sigue suscitando. Consecuentemente, es posible argumentar que aún existe la necesidad de una mayor investigación en este campo (Masseno y Santos, 2018).

Los sistemas basados en IA necesitan acceder a una gran cantidad de datos, y dado que en el turismo estos datos son principalmente de carácter personal (Tussyadiah, 2020), aquéllos deberían diseñarse para hacer el máximo uso de los datos con la menor intromisión posible en la privacidad de los individuos (*v. gr.*, Tussyadiah *et al.*, 2019). Además, el vínculo entre la preocupación sobre la privacidad de la información y los comportamientos derivados de dicha privacidad ha sido objeto de extensas investigaciones en diversas disciplinas pero, y por el contrario, en la literatura sobre turismo no ha recibido la atención suficiente (Tussyadiah *et al.*, 2019).

Se afirma que los riesgos sobre la privacidad de los datos de los turistas tienen una negativa influencia sobre su experiencia, afectando su satisfacción de un entorno inteligente en los destinos turísticos (González-Reverté *et al.*, 2018), y afectando sus intenciones de comportamiento (Afolabi *et al.*, 2020). Según esto último se suscita una nueva pregunta de investigación (*Research Question*, o RQ) para futuros estudios que centrada en el comportamiento del turista y siguiendo la estructura PICO cuya aplicación propone Nishikawa-Pacher (2022), podría enunciarse como *RQ1: ¿En qué aspectos concretos el turista, y en función de que apreciase una mayor, o menor, privacidad y seguridad de sus datos, podría llegar a modificar su comportamiento en el destino?*

Efectivamente los problemas que emergen de la privacidad, impulsados por el desarrollo tecnológico y moldeados por los entornos relacionados con el turismo, requieren estudios exhaustivos pero específicos del contexto para garantizar que los turistas tomen decisiones beneficiosas sobre la privacidad de sus datos (Tussyadiah *et al.*, 2019). En este sentido, Vaz y Machado (2022) proponen dos posibles estrategias a seguir en lo relativo a la gestión de la privacidad y la protección de los datos: (1) considerar la necesidad de estrechar las leyes, estableciendo medidas de seguridad, privacidad y protección de datos, y penalizando a todos aquellos que no tomasen las debidas precauciones para ello, y; (2) establecer más barreras en el uso de los datos de los turistas, de modo que solamente una economía colaborativa de los mismos, entre todos los grupos de interés, pudiera ser una solución sostenible y fructífera para la industria turística.

Los defectos normativos son esgrimidos por Wang (2018) para razonar el hecho de que se viole la seguridad y la privacidad de los datos de los turistas, por lo que se propone una nueva pregunta de investigación enunciada como *RQ2: ¿Debería la industria turística, y a consecuencia de la regeneración continua de los propósitos derivados del uso de la IA y del BD, ampliar la normativa actual que regula la protección de la privacidad y la seguridad de los datos mediante una legislación específica?*

Además, como la IA ha sido diseñada para utilizar algoritmos con los que poder clasificar, tasar, o producir cualquier resultado útil que justifique la toma de decisiones, puede existir discriminación al realizarse distinciones entre personas según ciertos parámetros predefinidos (Mohd Shith Putera *et al.*, 2022). Esto es, los algoritmos empleados por la IA podrían estar sesgados a causa de los ingenieros que los diseñan, del propio sistema, de los procesos, de las categorías de los datos, etc. (Manyika *et al.*, 2019). Este asunto, sin embargo, tampoco parece haber suscitado el interés de la literatura sobre turismo, por lo que una futura línea de investigación a seguir debiera centrarse en incrementar la transparencia técnica de la IA y reducir sus sesgos (Tussyadiah, 2020). Consecuentemente, y siguiendo a Dwivedi *et al.* (2021) se podría enunciar otra pregunta de investigación como *RQ3: ¿Cómo los clientes de servicios y productos turísticos, si se implementa una mayor transparencia en la IA y se reducen sus sesgos, se podrían ver afectados?*

En cuanto a la detección de problemas de seguridad (*v. gr.*, Feng, 2019), su abordaje debiera implicar el diseño de unos sistemas de IA basados en estándares que guíen los comportamientos ante situaciones críticas como las intrusiones y las posibles explotaciones ilícitas, o la prevención de eventos perjudiciales (Russell *et al.*, 2015). Ello genera las siguientes preguntas de investigación: *RQ4: ¿Cómo podrían los clientes de productos y servicios turísticos mediante el establecimiento de medidas de ciberseguridad específicas y apropiadas para el uso de la IA y el BD, evitar que su identidad fuera suplantada, o que se filtrasen sus datos personales, o el robo de estos?*; *RQ5: Las organizaciones turísticas que recopilan, almacenan, tratan, y/o distribuyen los datos de los turistas, ¿hasta dónde y cuándo son responsables de sus actos?*, y; *RQ6: ¿Las organizaciones turísticas, y en función del nivel de interacción que realicen con los datos de los turistas, deberían contar con niveles de seguridad y estándares diferenciados?*

6. REFERENCIAS

Acquisti, A., Brandimarte, L. y Loewenstein, G. (2015). Privacy and human behavior in the age of information. *Science*, *347*(6221), 509-514.

Afolabi, O. O., Adeshola, I., Ozturen, A. y Ilkan, M. (2020). The Influence of Context on Privacy Concern in Smart Tourism Destinations. *PEOPLE: International Journal of Social Sciences*, *6*(1), 282-293.

Armstrong, R., Jackson, N., Doyle, J., Waters, E. y Howes, F. (2005). It's in your hands: The value of handsearching in conducting systematic reviews of public health interventions. *Journal of Public Health*, *27*(4), 388-391.

Bandara, W., Miskon, S. y Fielt, E. (2011). A Systematic Tool-Suported Method for Conducting Literature Reviews in Information Systems. In V. Tuunainen, J. Nandhakumar, M. Rossi, y W. Soliman (Eds.), *Proceedings of the19th European Conference on Information Systems (ECIS 2011)*.

Barth, S. y de Jong, M. D. T. (2017). The privacy paradox – Investigating discrepancies between expressed privacy concerns and actual online behavior – A systematic literature review. *Telematics and Informatics, 34*(7), 1038-1058.

Bickley, S. R. y Harrison, J. E. (2003). How to... find the evidence. *Journal of Orthodontics, 30*(1), 72-78. https://doi.org/10.1093/ortho/30.1.72

Black, N. (1996). Why we need observational studies to evaluate the effectiveness of health care. *BMJ: British Medical Journal, 312*(7040), 1215.

Boyle, F. y Sherman, D. (2005). Scopus TM: The product and its development. In *Serials Librarian*, 49(3), 147–153. Taylor y Francis Group.

Bramer, W. M., Rethlefsen, M. L., Kleijnen, J. y Franco, O. H. (2017). Optimal database combinations for literature searches in systematic reviews: A prospective exploratory study. *Systematic Reviews, 6*(1), 1-12.

Calo, R. (2014). Digital market manipulation. *George Washington Law Review, 82*(4), 995-1051. https://doi.org/10.2139/ssrn.2309703

Centro Cochrane Iberoramericano (2012). *Manual Cochrane de Revisiones Sistemáticas de Intervenciones, versión 5.1.0 [actualizada en marzo de 2011]* (J. P. Higgins y S. Green (eds.)). Centro Cochrane Iberoamericano.

Cooper, H. (2017). Research Synthesis and Meta-Analysis: A Step-by-Step Approach. In *Research Synthesis and Meta-Analysis: A Step-by-Step Approach* (5th ed.).

Craane, B., Dijkstra, P. U., Stappaerts, K. y de Laat, A. (2012). Methodological quality of a systematic review on physical therapy for temporomandibular disorders: Influence of hand search and quality scales. *Clinical Oral Investigations, 16*(1), 295-303. https://doi.org/10.1007/s00784-010-0490-y

Dabić, M., Vlačić, B., Kiessling, T., Caputo, A. y Pellegrini, M. (2021). Serial entrepreneurs: A review of literature and guidance for future research. *Journal of Small Business Management, 61*(3), 1107-1142.

Davenport, T. H. (2013). Turning Towards a Smarter Travel Experience. In *At the Big Data Crossroads: turning towards a smarter travel experience*. Amadeus IT Group.

de Araújo, T. M. O., Ferreira de Farias, M. y Fernandes Ferreira, L. V. (2020). Um studo sobre modelo de gestão dos negócios como ênfase no turismo. *Revista Turismo Estudos y Práticas, 9*(2), 1-20.

Dwivedi, Y. K., Hughes, L., Ismagilova, E., Aarts, G., Coombs, C., Crick, T., Duan, Y., Dwivedi, R., Edwards, J., Eirug, A., Galanos, V., Ilavarasan, P. V., Janssen, M., Jones, P., Kar, A. K., Kizgin, H., Kronemann, B., Lal, B., Lucini, B. y Williams, M. D. (2021). Artificial Intelligence (AI): Multidisciplinary perspectives on emerging challenges, opportunities, and agenda for research, practice and policy. *International Journal of Information Management, 57*(August 2019), 101994.

Edinger, T. y Cohen, A. M. (2013). A Large-Scale Analysis of the Reasons Given for Excluding Articles that are Retrieved by Literature Search Suring Systematic Review. *AMIA Annual Symposium Proceedings, 2013*, 379-387. www.python.org

Feng, L. (2019). Research on tourism public crisis countermeasures based on big data. *Proceedings of 2019 IEEE 8th Joint International Information Technology and Artificial Intelligence Conference, ITAIC 2019, Itaic*, 1273-1279.

Fisch, C. y Block, J. (2018). Six tips for your (systematic) literature review in business and management research. *Management Review Quarterly*, 68, 103-106.

Frank, H. y Hatak, I. (2014). Doing a research literature review. En A. Fayolle y M. Wright (Eds.), *How to Get Published in the Best Entrepreneurship Journals. A Guide to Steer Your Academic Career* (pp. 94-117). Edward Elgar Publishing.

Friedman, L. M., Furberg, C. D., DeMets, D. L., Reboussin, D. M. y Granger, C. B. (2015). Fundamentals of clinical trials. In *Fundamentals of Clinical Trials*.

García-Peñalvo, F. J. (2022). Desarrollo de estados de la cuestión robustos: Revisiones Sistemáticas de Literatura. *Education in the Knowledge Society (EKS)*, 23.

García-Perdomo, H. A. (2015). Basic concepts on systematic review and meta-analysis. *Urología Colombiana*, *24*(1), 28-34. https://doi.org/10.1016/j.uroco.2015.03.005

Gong, Y. y Schroeder, A. (2022). A systematic literature review of data privacy and security research on smart tourism. *Tourism Management Perspectives*, *44*(August 2021), 101019. https://doi.org/10.1016/j.tmp.2022.101019

González-Reverté, F., Díaz-Luque, P., Gomis-López, J. M. y Morales-Pérez, S. (2018). Tourists' risk perception and the use of mobile devices in beach tourism destinations. *Sustainability (Switzerland)*, *10*(2), 413.

Gusenbauer, M. y Haddaway, N. R. (2020). Which academic search systems are suitable for systematic reviews or meta-analyses? Evaluating retrieval qualities of Google Scholar, PubMed, and 26 other resources. *Research Synthesis Methods*, *11*(2), 181-217. https://doi.org/10.1002/jrsm.1378

Haenlein, M. y Kaplan, A. J. (2019). A brief history of artificial intelligence: on the past, present, and future of artificial intelligence. *California Management Review*, *61*(4), 5-14.

Hinde, S. y Spackman, E. (2015). Bidirectional Citation Searching to Completion: An Exploration of Literature Searching Methods. *PharmacoEconomics*, *33*(1), 5-11.

Hohenstein, N. O., Feisel, E. y Hartmann, E. (2014). Human resource management issues in supply chain management research: A systematic literature review from 1998 to 2014. *International Journal of Physical Distribution and Logistics Management*, *44*(6), 434-463. https://doi.org/10.1108/IJPDLM-06-2013-0175

Hopewell, S., Clarke, M. y Mallett, S. (2005). Grey Literature and Systematic Reviews. En H. R. Rothstein, A. J. Sutton, y M. Borenstein (Eds.), *Publication Bias in Meta-Analysis: Prevention, Assessment and Adjustments* (pp. 49-72). John Wiley y Sons, Ltd.

Hulley, S. B., Cummings, S. R., Browner, W. S., Grady, D. G. y Newman, T. B. (2007). *Designing Clinical Research*. Lippincott Williams y Wilkins.

Ibrahim, N. y Handayani, P. W. (2022). A Systematic Literature Review of Business Intelligence Framework for Tourism Organizations: Functions and Issues. *Interdisciplinary Journal of Information, Knowledge, and Management*, 17, 523-541.

Jahan, N., Naveed, S., Zeshan, M. y Tahir, M. A. (2016). How to Conduct a Systematic Review: A Narrative Literature Review. *Cureus*.

Kitchenham, B. A. y Charters, S. (2007). Guidelines for performing Systematic Literature Reviews in Software Engineering. In *Technical Report EBSE 2007- 001. Keele University and Durham University Joint Report* (Issue January).

Knani, M., Echchakoui, S. y Ladhari, R. (2022). Artificial intelligence in tourism and hospitality: Bibliometric analysis and research agenda. *International Journal of Hospitality Management*, 107, 103317.

Kraus, S., Breier, M. y Dasí-Rodríguez, S. (2020). The art of crafting a systematic literature review in entrepreneurship research. *International Entrepreneurship and Management Journal*, *16*(3), 1023-1042.

Lefebvre, C., Glanville, J., Briscoe, S., Featherstone, R., Littlewood, A., Marshall, C., Metzendorf, M.-I., Noel-Storr, A., Paynter, R., Rader, T., Thomas, J. y Wieland, L. S. (2022). Chapter 4: Searching for and selecting studies. En J. Higgins, J. Thomas, J. Chandler, M. Cumpston, T. Li, M. J. Page y V. A. Welch (Eds.), *Cochrane Handbook for Systematic Reviews of Interventions version 6.3 (updated February 2022)*.

Li, J., Xu, L., Tang, L., Wang, S. y Li, L. (2018). Big data in tourism research: A literature review. *Tourism Management*, 68, 301-323.

Loureiro, A. (2018). There is a fourth industrial revolution: the digital revolution. *Worldwide Hospitality and Tourism Themes, 10*(6), 740-744.

Mahood, Q., Van Eerd, D. y Irvin, E. (2014). Searching for grey literature for systematic reviews: challenges and benefits. *Research Synthesis Methods, 5*(3), 221-234.

Mangan, R. (2019). *Web of Science. Manual de uso.* Web of Science Group. https://acortar.link/JG32pW

Manyika, J., Silberg, J. y Presten, B. (2019). What do we do about biases in AI? In *Harvard Business Review* (pp. 2-6). https://hbr.org/2019/10/what-do-we-do-about-the-biases-in-ai

Masseno, M. D. y Santos, C. (2018). Privacy and Data Protection Issues on Smart Tourism Destinations – A First Approach. En I. Chatzigiannakis, Y. Tobe, P. Novais, y O. Amft (Eds.), *Intelligent Environments 2018* (pp. 298-307). IOS Press Ebooks.

Mckenzie, J. E., Brennan, S. E., Ryan, R. E., Thomson, H. J., Johnston, R. V. y Thomas, J. (2022). Chapter 3: Defining the criteria for including studies and how they will be grouped for the synthesis. En J. Higging, J. Thomas, J. Chandler, M. Cumpston, T. Li, M. Page y V. Welch (Eds.), *Cochrane Handbook for Systematic Reviews of Interventions version 6.3* (updated February 2022).

Mohd Shith Putera, N. S. F., Saripan, H., Mohd Bajury, M. S. y Ya'cob, S. N. (2022). Artificial Intelligence in the Tourism Industry: A privacy impasse. *Environment-Behaviour Proceedings Journal, 7*(SI7), 433-440.

Mongeon, P. y Paul-Hus, A. (2016). The journal coverage of Web of Science and Scopus: a comparative analysis. *Scientometrics, 106*(1), 213-228.

Nishikawa-Pacher, A. (2022). Research Questions with PICO: A Universal Mnemonic. *Publications, 10*(3), 21. https://doi.org/10.3390/publications10030021

Oskam, J. A. y De Visser-Amundson, A. (2022). A systematic review of ethical issues in hospitality and tourism innovation. *Journal of Hospitality and Tourism Insights, 5*(4), 782–803. https://doi.org/10.1108/JHTI-11-2021-0305

Page, M. J., Moher, D., Bossuyt, P. M., Boutron, I., Hoffmann, T. C., Mulrow, C. D., Shamseer, L., Tetzlaff, J. M., Akl, E. A., Brennan, S. E., Chou, R., Glanville, J., Grimshaw, J. M., Hróbjartsson, A., Lalu, M. M., Li, T., Loder, E. W., Mayo-Wilson, E., Mcdonald, S. y Mckenzie, J. E. (2021). PRISMA 2020 explanation and elaboration: Updated guidance and exemplars for reporting systematic reviews. En *BMJ*, (pp. 1-36).

Paul, J. y Criado, A. R. (2020). The art of writing literature review: What do we know and what do we need to know? *International Business Review, 29*(4).

Perevochtchikova, M., De la Mora-De la Mora, G., Hernández Flores, J. Á., Marín, W., Langle Flores, A., Ramos Bueno, A. y Rojo Negrete, I. A. (2019). Systematic review of integrated studies on functional and thematic ecosystem services in Latin America, 1992–2017. *Ecosystem Services*, 36, 100900.

Petticrew, M. y Roberts, H. (2006). *Systematic Reviews in the Social Sciences. A Practical Guide.* Blackwell Publishing Ltd.

Polykalas, S. E., Prezerakos, G. N., Chrysidou, F. D. y Pylarinou, E. D. (2017). Mobile apps and data privacy: When the service is free, the product is your data. *8th International Conference on Information, Intelligence, Systems and Applications (IISA)*, 1-5.

PwC (2019). *PwC's Global Artificial Intelligence Study: Sizing the prize.* https://acortar.link/szn6OK

Rahmadian, E., Feitosa, D. y Zwitter, A. (2022). A systematic literature review on the use of big data for sustainable tourism. *Current Issues in Tourism, 25*(11), 1711-1730.

Richardson, W. S., Wilson, M. C., Nishikawa, J. y Hayward, R. S. (1995). The well-built clinical question: a key to evidence-based decisions. *ACP Journal Club, 123*(3), A12-A13.
Ruppar, T. (2022). What is the Unit of Analysis in a Review? *Western Journal of Nursing Research, 44*(8), 723. https://doi.org/10.1177/01939459221100029
Russell, S., Dewey, D. y Tegmark, M. (2015). Research priorities for robust and beneficial artificial intelligence. *AI Magazine, 36*(4), 105-114.
Scherer, R. W. y Saldanha, I. J. (2019). How should systematic reviewers handle conference abstracts? A view from the trenches. *Systematic Reviews, 8*(1).
Smith, H. J., Dinev, T. y Xu, H. (2011). Information Privacy Research: An Interdisciplinary Review. *MIS Quarterly, 35*(4), 980-1034.
Sterne, J. A., Hernán, M. A., McAleenan, A., Reeves, B. C. y Higgins, J. P. (2022). Assessing risk of bias in a non-randomized study. En W. V. Higgins, J. P. T. Thomas, J. Chandler, J. Cumpston, M. Li, T. Page (Ed.), *Cochrane Handbook for Systematic Reviews of Interventions version 6.3* (updated February 2022).
Tallon, P. (2013). Corporate Governance of Big Data: Perspectives on Value, Risk, and Cost. *Computer*, 46, 26–32.
Tsaih, R. H. y Hsu, C. C. (2018). Artificial intelligence in smart tourism: A conceptual framework. *Proceedings of the International Conference on Electronic Business (ICEB), 2018-Decem*, 124–133.
Tussyadiah, I. (2020). A review of research into automation in tourism: Launching the Annals of Tourism Research Curated Collection on Artificial Intelligence and Robotics in Tourism. *Annals of Tourism Research*, 81, 102883.
Tussyadiah, I., Li, S. y Miller, G. (2019). Privacy protection in tourism: Where we are and where we should be heading for. In J. Pesonen, y J. Neidhardt (Eds.), *Information and Communication Technologies in Tourism 2019*. Springer.
van Zoonen, L. (2016). Privacy concerns in smart cities. *Government Information Quarterly, 33*(3), 472-480. https://doi.org/10.1016/j.giq.2016.06.004
Vaz, M. J. y Machado, H. (2022). Big Data in tourism and challenges to privacy and data protection: A systematic literature review. *International Platform of Registered Systematic Review and Meta-Analysis Protocols.*
Wamba-Taguimdje, S. L., Fosso Wamba, S., Kala Kamdjoug, J. R. y Tchatchouang Wanko, C. E. (2020). Influence of artificial intelligence (AI) on firm performance: the business value of AI-based transformation projects. *Business Process Management Journal, 26*(7), 1893-1924. https://doi.org/10.1108/BPMJ-10-2019-0411
Wang, C. (2018). Research on the protection of personal privacy of tourism consumers in the era of big data. *International Symposium on Computer, Consumer and Control (IS3C) 2018*, 428-431. https://doi.org/10.1109/IS3C.2018.00114
Webster, J. y Watson, R. T. (2002). Analyzing the past to prepare for future: Writing a literature review. *Management Information Systems Quarterly*, 2, 13-23.
Wohlin, C. (2014). Guidelines for snowballing in systematic literature studies and a replication in software engineering. *ACM International Conference Proceeding Series.*
Yang, K. y Meho, L. I. (2006). Citation analysis: A comparison of google scholar, scopus, and web of science. *Proceedings of the American Society for Information Science and Technology Annual Meeting*, 43. https://doi.org/10.1002/meet.14504301185
Zandi, D., Reis, A., Vayena, E. y Goodman, K. (2019). New ethical challenges of digital technologies, machine learning and artificial intelligence in public health: a call for papers. *Bulletin of the World Health Organization, 97*(1), 2.

LA PRAXIS COMO FORTALECIMIENTO PARA EL SERVICIO POLICIAL DE LOS SUBOFICIALES Y MANDOS DEL NIVEL EJECUTIVO DE LA POLICÍA NACIONAL DE COLOMBIA

Lucy Alcira Montoya Párraga, Armando González Cortes, Juan José García Sarria[1]

El presente escrito nace de una investigación en el marco de los cursos de ascenso de la Suboficialidad que se ofrecen en la Escuela de Suboficiales y Mandos del Nivel Ejecutivo Gonzalo Jiménez de Quesada de la Policía Nacional de Colombia.

1. INTRODUCCIÓN

La Policía Nacional en la búsqueda de innovación continua, se centra en la capacidad de demostrar la toma de decisiones dentro de la propia institución, razón por la cual se preparan a los Suboficiales y Mandos del Nivel Ejecutivo, para afrontar situaciones complejas que son exclusivas de las fuerzas policiales frente a los problemas nacionales.

La cultura es un factor clave para comprender los objetivos, la estrategia y el estilo de gestión de una organización policial en particular. Según J. Jordan (2018). Un país que intenta ser tolerante necesita organizar su seguridad de la mejor manera posible, ser socialmente inteligente e innovar la forma de gestionar la convivencia, está muy relacionado con la seguridad, y el despliegue de la policía es un factor de garantía de justicia entre a ellos

Dado lo expuesto, esta investigación, tiene como propósito analizar el aprendizaje práctico para el fortalecimiento continuo del ejercicio profesional de los Suboficial de la Policía Nacional, con la intención de generar la optimización en el desarrollo y fortalecimiento de lo teórico hacia lo práctico, el objetivo propuesto es analizar los escenarios prácticos de la formación Policial al interior de la Escuela y su contribución en el desempeño profesional del futuro suboficial de policía. Igualmente se desarrolla el proceso de aprendizaje practico de manera que está frente al componente de formación en el que se relaciona el intelecto al movimiento corporal, es decir, la puesta en práctica de lo aprendido en las aulas.

El diseño metodológico es cualitativo ya que se orienta al objetivo de analizar escenarios reales de formación policial, a través de este tipo de investigación es posible analizar fenómenos sociales, en este caso desde la educación actual de los policías. El tipo de investigación es descriptivo en el sentido que pretende resaltar aspectos fundamentales

1. Escuela de Suboficiales y Nivel Ejecutivo "Gonzalo Jiménez de Quesada" de la Policía Nacional de Colombia (Colombia)

del problema, se utilizan ejercicios didácticos a partir de escenarios reales presentes y se desarrollan técnicas de recolección de datos a partir de encuestas de preguntas cerradas.

Se concluye que la finalidad de analizar escenarios prácticos para la formación policial, desde el servicio de policía obtiene una efectividad en el desempeño profesional de los futuros Suboficiales y Mandos del Nivel Ejecutivo, programada a la búsqueda de mejoras que satisfagan las necesidades que tienen los destinatarios del servicio de policía, cambiando la percepción ciudadana, la solidaridad y acato a las órdenes de esta, así como el enlace entre la teoría expuesta en la aulas de clase, la adquisición del conocimiento y la aplicación de la teoría en la práctica policial.

2. OBJETIVOS

2.1. Objetivo general

Analizar los ejercicios pedagógicos a partir de los escenarios prácticos de la formación policial al interior de la Escuela de Suboficiales y Mandos del Nivel Ejecutivo "Gonzalo Jiménez de Quesada", desde el servicio de policía y su efectividad en el desempeño profesional del futuro suboficial y Mando del Nivel Ejecutivo de policía.

2.2. Objetivos específicos

- Identificar los escenarios prácticos de formación que se brindan en Escuela de Suboficiales y Mandos del Nivel Ejecutivo "Gonzalo Jiménez de Quesada" y su relación con el desempeño profesional con base en la práctica profesional.
- Validar los escenarios prácticos de formación de la escuela con base en el desempeño del suboficial egresado desde servicio de policía.
- Proponer un replanteamiento de los planes de estudio frente a los escenarios prácticos de formación, aplicado al servicio de policía para optimizar el desempeño de su profesión.

3. METODOLOGÍA

El tipo de Investigación es descriptiva, consiste en la recopilación de datos que describen los acontecimientos ya que la descripción, incluye múltiples variables para el análisis, sin embargo, a diferencia de otros métodos, requiere de una sola variable (Borg & Gall, 1989). simplemente podría informar del porcentaje resumen en una sola variable, que en este caso es la metodología de enseñanza y aprendizaje actual que se está implementando dentro de la Institución, a partir de unos rasgos determinantes que se ha identificado dentro de la situación planteada, como es la falta de estrategias de aprendizajes prácticos dentro del área de servicio policial.

Los estudios descriptivos pueden producir datos ricos que conducen a importantes recomendaciones. Por ejemplo, Galloway (1992) basa sus recomendaciones para la enseñanza con las analogías de ordenador en datos descriptivos.

El método implementado es inductivo debido a que se partió de la formulación de una premisa es la necesidad de investigar acerca de la formación actual de los policías dentro de ESJIM, para identificar como el fortalecimiento de una pedagogía más practica puede incidir en el mal procedimiento de los futuros Suboficial durante su desempeño profesional.

Para el autor Rivas Torres (2020) en su libro Manual de Investigación Documental, hace referencia a este método investigativo como la observación de hechos particulares, donde el investigador tiene la posibilidad de estar cerca del objeto de estudio, pero antes de ello se hace un recorrido semántico, por aquellos conceptos que van a permitir dicho análisis. Es por esto que del método se establecieron las categorías la cuales fueron desarrolladas en la búsqueda de antecedentes que avalaran la problemática de investigación, en este caso se establecieron que los conceptos que más incidían dentro del proyecto fueron: sistema educativo policial, competencias policiales y formación policía, ya que dentro de ella se puede alcanzar el desarrollo de los objetivos que llevaran a las conclusiones de lo investigado.

La investigación se realizó en fases, la primera se inicia con el planteamiento del problema donde se estableció la necesidad de fortalecer la educación policial desde el escenario práctico. Luego, en la segunda fase se buscaron antecedentes que se validaron a través de otras investigaciones que preceden esta y que abordan la misma problemática. Posteriormente se empezó a realizar los marcos de referencia, conceptual e institucional, donde se buscó la información basada en las teorías que demostraban la importancia del objeto de estudio. Continuando la tercera fase, con el diseño de la metodología que es la estructura del paso a paso para implementar los instrumentos de recolección de datos, sobre el análisis del fenómeno que se está interviniendo para poder establecer las conclusiones pertinentes de la investigación y entregar una propuesta que ayude a solucionar dicha problemática, donde se puedan desarrollar más actividades prácticas que permitan el aprendizaje estratégico de los futuros Suboficial.

4. DESARROLLO DE LA INVESTIGACIÓN

Actualmente, el desempeño profesional de los Suboficiales y Mandos del Nivel Ejecutivo de la Policía Nacional está siendo cuestionado por acciones que contradicen sus objetivos declarados. Dependiendo de las circunstancias, con frecuencia siguen procedimientos inadecuados, lo que da la impresión al público, que el profesional policial carece de las habilidades prácticas necesarias para la resolución de conflictos y, en última instancia, viola la ley.

Según Giraldo (2019), el contexto de la formación docente en Colombia es visto como un referente problemático porque es un contexto que lleva a cuestiones/deliberaciones políticas, sociales, académicas y legislativas en la nación. Desde 1994, cuando se aprobó la Ley 115, la evolución educativa ha exigido que los docentes reciban una formación pedagógica, ética y científica. Por ello, se ha establecido la acreditación de la calidad y se ha apostado por la investigación pedagógica como eje principal de los planes de estudios. La relación entre teoría y práctica, el rigor científico y la inaplicabilidad de los resultados de la investigación al ámbito escolar son las principales debilidades. (págs. 67-68).

Sin embargo, según Schön (1992), la actuación de los profesionales, evidenciada por su capacidad de respuesta en situaciones del mundo real propias de un contexto profesional, está en constante cambio y se sitúa en lo que él denomina "áreas indeterminadas de la práctica. Este comportamiento se asemeja a la vacilación, la particularidad y la aparición de conflictos de valores. La preocupación por la desconexión entre el conocimiento profesional que se enseña en las instituciones educativas y las habilidades requeridas en la práctica, en el mundo real, lo cual surge de los notables problemas que se encuentran en el mundo profesional: se sabe cómo enseñar a la gente a construir barcos, pero no se puede resolver el problema de qué barcos construir.

Mirando hacia atrás en algunos procesos de pensamiento histórico, queda claro que la mayoría de las naciones crean instituciones para mantener el orden y la seguridad. En las democracias, estas organizaciones apoyan los sistemas de seguridad y justicia. El artículo 3 de la Declaración Universal de los Derechos Humanos establece que toda persona tiene el derecho fundamental a la seguridad.

Según Furlán Malamud, (2012), se entiende por "seguro" no estar afectado por el peligro o el miedo, así como "seguro o protegido"; y la seguridad es un "sentimiento seguro", en la RAE: "libre y exento de todo peligro, daño o riesgo". En esencia, la misión de la Policía Nacional de Colombia es asegurar que el Estado mantenga niveles adcuados de orden, convivencia y seguridad ciudadana, y es su trabajo, asegurar que esta misión se lleve a cabo con éxito. La RAE define "Orden Público" como la "situación y estado de normalidad en la legalidad en que las autoridades ejercen sus propias competencias". Sumado a lo anterior, es fundamental fortalecer herramientas prácticas que permitan una gestión asertiva de reclamos, conductas y comunicación, ante procedimientos deficientes ejecutados por los Suboficiales y Mandos del Nivel Ejecutivo policiales, así como la efectividad de los diversos cursos de aprendizaje práctico impartidos en el programa académico de la escuela de Suboficiales y Mandos del Nivel Ejecutivo para técnicos policiales.

Sumado a lo anterior, es fundamental fortalecer herramientas prácticas que permitan una gestión asertiva de la comunicación, comportamiento y reclamos ante las prácticas deficientes de los Suboficiales y Mandos del Nivel Ejecutivo policiales. Esto incluye reducir la cantidad de cursos que enfatizan el aprendizaje práctico en el programa académico para técnicos policiales que ofrece la escuela de Suboficiales y Mandos del Nivel Ejecutivo.

4.1. Formación Policial

Es importante conocer el concepto de formación desde la aplicabilidad de la investigación, para ello se debe definir el concepto de formación policía el cual Arias, Granados y Saín, (2012) en su investigación sobre la formación policial en Colombia, definen el concepto como "La ventaja de las competencias e instrumentos necesarios para hacer el trabajo asignado de forma efectiva, eficiente y eficaz". Dentro de su investigación ellos plantean que la formación policial es conjunto de diferentes acciones que van encaminadas a la formación técnica de los policías más un componente social y humano. Teniendo en cuenta la definición que presentan los autores mencionados se evidencia la importancia de la formación técnica la cual tiene la relación con la practicidad en la formación académica.

También se hace necesario considerar la definición que se le da por parte de la Institución al término de formación policial cómo aquello que crea informe de los procesos desarrollados por la Dirección Nacional de Educación. Estableciendo programas académicos específicos en cada una de las escuelas de formación para Suboficial y patrulleros, proceso que está encaminado a profesionalizar al personal para lograr una apropiada prestación del servicio de policía, al igual, la contribución al desarrollo personal. La formación policial es una etapa educativa primordial llevada a cabo al momento de incorporarse a las escuelas de Policía. Esta formación requiere la ejecución de un modelo educativo que impacta la eficacia académica. Policía Nacional de Colombia, (2018).

La Policía Nacional de Colombia, en el Modelo de Gestión del Talento Humano y Cultura Institucional, da a conocer la profesionalización para la prestación del servicio desde el instante del ingreso del personal de Patrulleros y Suboficial a las respectivas Escuelas de Formación Policial, en las que se establecen dimensiones como la relación entre el ámbito curricular y el didáctico, bajo los parámetros que atribuyen las nuevas tendencias pedagógicas, las necesidades sociales para con la profesión policial (2018).

Por otro lado, el concepto de formación proviene de la palabra latina *formatio*. Se trata de una palabra inscrita al verbo formar, otorgar forma a alguna cosa, concertar un todo a partir de la integración de sus partes. Por formación académica se entiende como el inventario de estudios formales que posee una persona y que definirán en el seno de la sociedad, el modo de desempeñarse en su vida personal y profesional. En una amplia formación de la integridad del desarrollo de la capacidad transformadora humana que se da en la dinámica de las relaciones entre los sujetos en la sociedad, en constante y sistemática relación, capaz de potenciar y transformar su comportamiento en el saber, hacer, ser, estar y convivir.

Este proceso permite a cada sujeto la profundización del contenido sociocultural, a la vez que se revela contradictoriamente en el propio proceso del desarrollo humano, ya sea en una totalidad, como en la individualidad, en el sujeto y su pensamiento, el cual discurre sobre la base de la continuidad que permite dar saltos cualitativos en el desarrollo humano, a partir de la apropiación de la cultura.

Teniendo en cuenta lo anterior se muestra un análisis del proceso de la asignatura de servicio de policía de los tres periodos planificados para la ejecución de esta, se hizo un ejercicio aleatorio con el cual se analizó la asignatura de servicio de policía, obteniendo los siguientes resultados de estrategias de aprendizaje tanto teóricas como prácticas.

Tal y como se muestra en la figura 1, en el primer periodo académico de la asignatura Servicio de Policía del programa Tecnología Policial, que ofrece la Escuela de Suboficial y nivel ejecutivo Gonzalo Jiménez de Quesada, se programaron 86 temas y 96 horas de clases, las cuales el 80% son teóricas, mientras que el 20% son prácticas, al igual se evidencia que el docente propone por cada unidad algunas estrategias de aprendizaje significativas, como son lecturas, ensayos, seminarios, debates, clases magistrales, las cuales son repetitivas en todos temas y se basa en la parte teórica, por otro lado propone desde la parte práctica una estrategia de juego de roles de policía, en dónde dice evaluar a los estudiantes ante la incentivación al alumno en la participación y la consulta constante aplicándolo a casos prácticos de la vida real, en el análisis se evidencia una falencia del desarrollo de las practicas hacia la profesión policial.

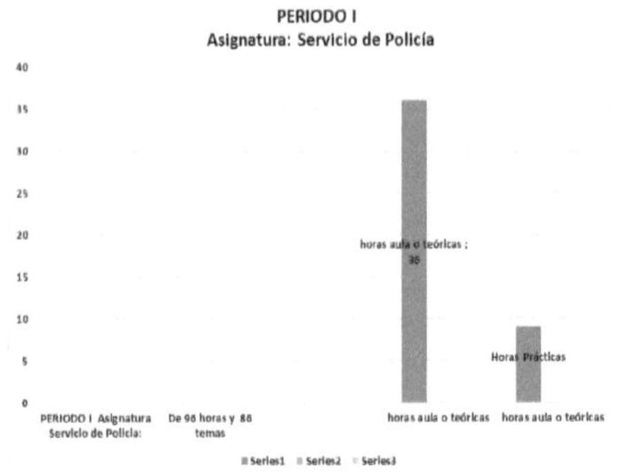

Figura 1. Análisis proceso enseñanza de aprendizaje Periodo académico I – Asignatura Servicio de Policía. Fuente: Plan de estudio I periodo ESIM

Con base la figura 2, se demuestra que en el segundo periodo académico de la asignatura Servicio de Policía del programa Tecnología Policial, que ofrece la Escuela de Suboficial y nivel ejecutivo Gonzalo Jiménez de Quesada, se programan 56 temas y 96 horas de clase las cuales el 72% son teóricas, mientras que el 22% son prácticas, se demuestra que el docente plantea por cada unidad estrategias de aprendizaje significativas, como lecturas, ensayos, seminarios, debates, clases magistrales, las cuales son repetitivas y una de juego de roles de policía, mientras que un 6% evidencia que algunas estrategias de aprendizaje no son coherentes con las temáticas propuestas, lo cual no permite claridad de verificación de datos en cuanto a los porcentaje ya que no se evidencia la coherencia entre las estrategias de aprendizaje y los temas propuestos.

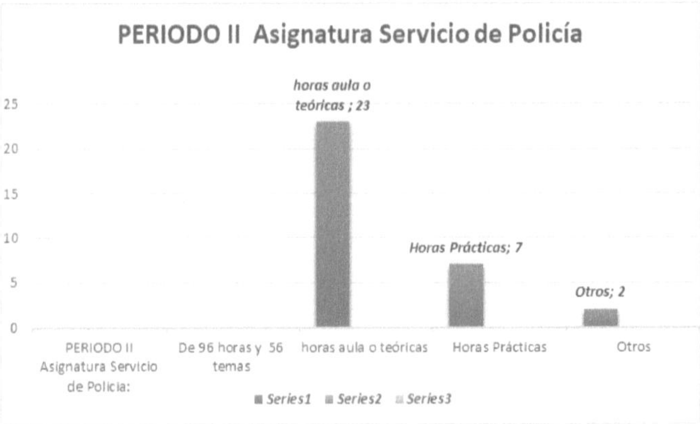

Figura 2. Análisis proceso enseñanza de aprendizaje Periodo académico II – Asignatura Servicio de Policía. Fuente: Plan de estudio II periodo ESJIM

La figura 3, indica que en el tercer periodo académico de la asignatura Servicio de Policía se programan 46 temas y 96 horas de clase las cuales el 64% son teóricas, mientras que el 22% son prácticas, al igual se demuestra que el docente plantea por cada unidad estrategias de aprendizaje significativas, como lecturas, ensayos, seminarios, debates, clases magistrales, las cuales son repetitivas y una de juego de roles de policía, mientras que un 14% evidencia que algunas estrategias de aprendizaje no son coherentes con los temas programados, lo cual, no permite claridad para verificar el porcentaje ya que no se evidencia la coherencia entre las estrategias de aprendizaje y los temas propuestos.

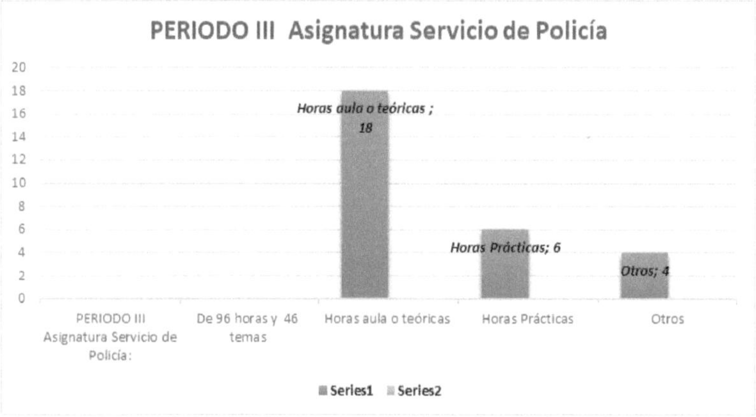

Figura 3. Análisis proceso enseñanza de aprendizaje Periodo académico III – Asignatura Servicio de Policía. Fuente: Plan de estudio III periodo ESJIM

4.2. Aprendizaje Practico

Etimológicamente el termino aprendizaje proviene de la palabra «aprendiz», que a su vez procede del bajo latín «aprehendivus», y este de «apprĕhendĕre», que significa aprender, y en donde el prefijo «ad» connota proximidad y dirección, y en donde el término «prĕhendĕre» significa «percibir».

Mientras que práctica es un concepto con varios usos y significados; la práctica es la acción que se desarrolla con la aplicación de ciertos conocimientos. La práctica asimismo es el ejercicio que se realiza de acuerdo con ciertas reglas y que puede estar sujeto a la orientación de un maestro o profesor, para que los estudiantes mejoren su desempeño. Dentro de este orden de conceptos se aplica el aprendizaje práctico en las escuelas de formación de la Policía Nacional en donde se desarrolla la praxis de los conceptos orientado por los docentes.

Al igual, se define en consecuencia una competencia como la aptitud para enfrentar eficazmente una serie de situaciones análogas, activando a conciencia y de manera pertinente y creativa, variados alcances cognitivos: saberes, capacidades, micro competencias, informaciones, valores, actitudes, esquemas de percepción, de evaluación y de razonamiento.

Según Merino (2017), las enseñanzas prácticas y experimentales desde la aplicabilidad y los conceptos teóricos, disponen un momento para despertar la motivación de los alumnos. En este contexto la metodología implementada, presenta una oportunidad para motivar e involucrar a los estudiantes en la materia de servicio de policía, como es el caso de la presente investigación, ya que consiente en evidenciar el tiempo real de la educación sin limitar el conocimiento y la práctica a los planes de trabajo.

La formación educativa se entiende como la práctica, una praxis que involucra el conocimiento para obtener determinados fines. La práctica es el saber hacer (Clemente, 2007, p. 28).

Por otro lado, la relación teoría-práctica pedagógica, algunas veces crea un problema, que en el transcurso de la historia contrapone el enfoque científico-tecnológico y el hermenéutico-interpretativo, que ponderan la teoría para subyugar la práctica, al igual la práctica tiende a dominar a la teoría. Esto plantea la necesidad de referir un nuevo paradigma que resalte la importancia y relevancia al conocimiento y la acción (Álvarez, 2012, p. 34).

Afirma Imbernón (2007) la correlación teoría-práctica las establece el docente utilizando la autocrítica y el diálogo, aproximando la teoría y la práctica, lo que parece un tema demasiado complejo en la que intervienen muchos elementos. Por ende, el docente juega un papel muy importante en este proceso siendo el responsable de los métodos educativos. Evidentemente, el docente tiene peripecia de relacionar el pensamiento y la acción, al igual ir actualizando el desarrollo profesional (p. 110).

4.3. Practica Reflexiva

Según Perrenoud (2001), a menudo se habla de la relación entre teoría y práctica pedagógica, lo cual está relacionado entre el decir, el pensar y el hacer, lo que describe las conexiones que idea el docente entre el conocimiento educativo y la realidad académica, en el cual, se centran los procesos didácticos de enseñanza-aprendizaje, constituyendo uno de los problemas en el desarrollo profesional docente.

Con base en lo anterior, se puede deducir que la teoría educativa como conocimiento formal se origina sobre la educación, y la práctica educativa como la actividad de enseñar se desarrolla en los centros educativos en general (Álvarez, 2012, p. 11).

El modelo de reciprocidad teoría-práctica es la formación del cuerpo de docentes con la capacidad de enfrentar deliberadamente los conocimientos de enseñanza-aprendizaje, favoreciendo ideas de la teoría que le ayuden en el proceso para crecer como profesional. Para ello, el docente debe seguir cinco pasos: actuar como docente, someter sus acciones a reflexión y análisis, tomar conciencia de la acción, incorporar cambios en la misma y emitir un juicio sobre la acción nueva y tomar decisiones para la puesta en marcha de un nuevo ciclo.

Con el trasfondo de toda esta producción académica previa internacional y multidisciplinar sobre el tema y tratando de situar aún más el problema de la relación teoría-práctica en la didáctica, resulta pertinente recurrir al modelo del que partimos, el conocido como Pequeña Pedagogía (Rozada, 2008).

4.4. Formación Policial, Práctica

Los investigadores consideran que la formación en la práctica reflexiva, el análisis de la propia experiencia vinculando con aspectos concretos de su propio razonamiento pedagógico, favorece que los maestros pueden dirigir su propio desarrollo profesional y es crucial incorporar esta práctica. Así mismo Anijovich y Capelletti (2018) en el marco del razonamiento pedagógico de Shulman (1986) se utilizó como un marco metodológico para comprender mejor qué y cómo aprenden los policías sobre la enseñanza a través de la relación entre la planificación, gestión, evaluación y reflexión sobre una clase. Inicialmente, el contenido científico era "el tema principal" para muchos de ellos, pero a través de sus experiencias, sus puntos de vista sobre la enseñanza pasaron a reconocer y responder a la naturaleza problemática de la práctica.

Con base en lo anterior, se hizo una indagación en la escuela de Suboficiales y Mandos del Nivel Ejecutivo de los escenarios prácticos, que brindan para el fortalecimiento de la practicidad, la cual permite mejorar y gestionar asertivamente el comportamiento y emociones para el manejo adecuado al autocontrol, programa que se implementa en la asignatura de servicio de policía permitiendo implementar una metodología practica de interiorización cognitiva aplicando las competencias institucionales, desde el ser y el hacer-hacer, para saber estar.

La práctica reflexiva (PR) es una metodología formativa de reciente aparición y por tanto una realidad muy contemporánea. Sin embargo, algunos de sus elementos constitutivos de la práctica reflexiva (la experiencia, la reflexión, el conocimiento, el aprendizaje) sí son susceptible de un somero estudio diacrónico, por ser aspectos tan antiguos como el mismo ser humano. Así mismo, Domingo (2013) considera que la práctica reflexiva abre la puerta a los docentes a un nuevo panorama y los hace entrar sugestivamente en un círculo de pensamientos y acciones sobre su quehacer profesional y, como consecuencia, altera sus perspectivas de la educación y profesionaliza su labor docente. Estas actitudes y disposiciones positivas que la PR genera en ellos, siendo mucho, no son suficiente para lograr esa mejora profesional; se precisa que se produzcan algunos cambios de enfoques curriculares innovadores y planteamientos didácticos y transformadores.

La práctica reflexiva según este autor es una metodología de formación en que los elementos principales de partida son las experiencias de cada docente en su contexto y la reflexión sobre su práctica. Se trata de una opción formativa que parte de la persona y no del saber teórico, que tiene en cuenta la experiencia personal y profesional para la actualización y la mejora de la tarea docente.

Domingo (2014) asegura que la práctica reflexiva se convierte en una de las principales competencias para el desarrollo profesional del personal docente. Al igual Perrenoud (2007) plantea que la práctica reflexiva, es una posibilidad de formación docente, que toma la reflexión como iniciación de los tres momentos de enseñanza, la acción, sobre la acción y sobre el sistema de acción. Es decir que genera mayor interés en el desarrollo de una práctica como parte del conocimiento futuro basado en experiencias y en la mejora de estas, que hacen que se intensifiquen los esfuerzos por la realización de prácticas o acciones, que en su momento brinden un grado de conocimiento, que posteriormente sean recordadas en nuevas prácticas y se aplique el conocimiento adquirido con la experiencia y finalmente se realice el mejoramiento de estas.

4.5. Efectividad en el Servicio policial

Un servicio efectivo de policía debe establecer una alta productividad de resultados contra la delincuencia, para colocar concluyentemente espacios de seguridad y convivencia entre los colombianos. Sin embargo, los resultados no se encajan así mismos, pues en todo caso deben estar fundamentados en valores y principios. Una policía efectiva anticipa el cumplimiento de sus metas con total inclinación a principios éticos, legales y reglamentarios, es eficaz y eficiente, pero ante todo comprometida con la solución de los problemas sociales. Una gestión del servicio enfocada sobre resultados efectivos debe generar gran confidencia en la ciudadanía. La meta preeminente es que cada colombiano reconozca en cada hombre y mujer policía a un ser humano profesional, confiable y competente que a través de sus actuaciones trasfiera valores éticos

Por otro lado, el significado de la efectividad procede del verbo latino *efficere*: ejecutar, llevar a cabo, efectuar, producir, obtener como resultado. Entre de los primordiales descubrimientos los estudios desarrollados, se hace mención a un tipo de eficacia de equipo sin hacer distinciones en cuanto a los diferentes contextos donde se desarrollan los equipos de trabajo.

El concepto de efectividad, eficacia y eficiencia son divergentes; no obstante, estos términos se usan cotidianamente en muchos contextos, no existe un concepto único aceptado por los diferentes expertos (Bouza, 2000).

Eficiencia como la capacidad de disponer de alguien o de algo para conseguir un efecto determinado (RAE, 2001), o expresión que mide la capacidad o cualidad de la actuación de un sistema, o sujeto económico, para lograr el cumplimiento de un objetivo determinado, minimizando el empleo de recursos (Fernández-Ríos y Sánchez, 1997).

Eficacia como la capacidad de lograr el efecto que se desea o se espera (RAE, 2001); la capacidad de una organización para lograr los objetivos, incluyendo la eficiencia y factores del entorno. A pesar de no existir consenso frente a estas, en términos generales, ambos conceptos son complementarios, su principal diferencia es que la eficacia se centra en el alcance y logro de resultados, mientras la eficiencia en la utilización de recursos (Fernández-Ríos y Sánchez, 1997).

Tohidi (2011) afirma que se presentan diez factores catalogados como principales para el impacto en la productividad del trabajo en equipo y la efectividad. Estos factores son: sistemas de recompensa, liderazgo, formación y aprendizaje, metas, desigualdad salarial intragrupo, tamaño del equipo, motivación, modelos de efectividad, mediciones del equipo y tecnologías de información

4.6. Replanteamiento de los escenarios prácticos de formación de la ESJIM

Al implementar las herramientas pedagógicas necesarias para obtener la efectividad en la aplicación del conocimiento, para alcanzar por parte de los miembros policiales la práctica y direccionar la toma de decisiones en ambientes conflictivos que requieren de acciones rápidas y eficaces, asimismo de ser mentores de los uniformados que estarán bajo su responsabilidad los cuales confiarán en el conocimiento procedimental de este. Es por esto por lo que las prácticas profesionales, enfocan el beneficio de las comunidades a las que sean destinados al futuro suboficial, ya que estará al mando con disposición para la resolución de conflictos, con la especialidad necesaria para tomar decisiones e implementar procedimientos y a su vez con capacidad y destreza adecuada para la atención del procedimiento de policial.

A continuación (figura 4), se mencionan los principales elementos formativos que se pretenden replantear en la praxis como fortalecimiento para el servicio policial de los Suboficiales y Mandos del Nivel Ejecutivo de la Policía Nacional.

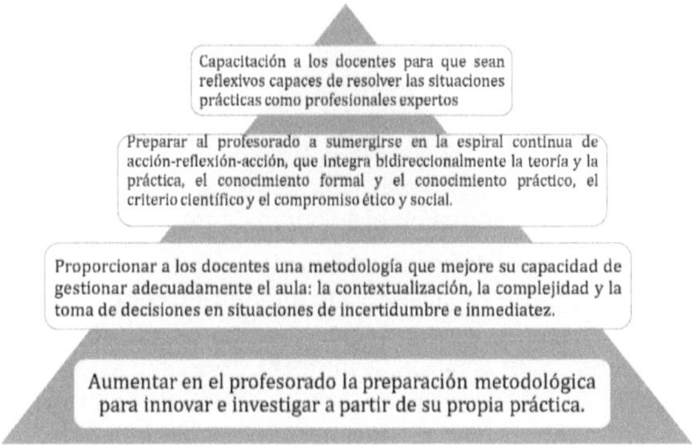

Figura 4. elementos formativos en la praxis para el servicio policial de los Suboficiales y Mandos del Nivel Ejecutivo de la Policía Nacional. Fuente: elaboración propia

Estos elementos benefician a los docentes que tienen a su cargo a los funcionarios policiales, en la medida que se implemente más la praxis para desempeñarse desde su función de acoger los escenarios precisos para el ejercicio de los derechos y libertades de los colombianos, con el entrenamiento laboral en acatamiento de las normas internacionales. De tal manera que el suboficial debe estar al tanto con claridad del paso a paso que debe desarrollar bajo parámetros que se debe formar, para la protección, integridad y bienes de las personas, pero también de otros policías y de sí mismo.

Es así, que esta investigación se hace con la finalidad de analizar escenarios prácticos para la formación policial, desde el servicio de policía y así obtener una efectividad en el desempeño profesional del futuro suboficial, programada a la búsqueda de mejoras que satisfagan las necesidades que tienen los destinatarios del servicio de policía, cambiando la percepción ciudadana, la solidaridad y acato a las órdenes de esta, así como el enlace entre la teoría expuesta en la aulas de clase, su adquisición del conocimiento y la aplicación de la teoría en la práctica policial. Al igual, es importante analizar si los estudiantes egresados de la suboficialidad policial han interiorizado adecuadamente el conocimiento desde la praxis, o posiblemente no existen los instrumentos suficientes para que los estudiantes logren vincular la práctica a la teoría. Se evidencia que la problemática crea la necesidad de analizar los escenarios para la formación que tiene el actual aprendizaje practico dentro de la Escuela de Suboficiales y Mandos del Nivel Ejecutivo, al igual se hace necesario conocer la percepción que tienen los egresados frente a la necesidad de contar con más escenarios de aprendizajes prácticos y una que contribuyan a la optimización de sus labores, mejorando así el índice de inconformidad de los ciudadanos ante el proceder de los Suboficial.

5. CONCLUSIONES

Se concluye que la finalidad de analizar escenarios prácticos para la formación policial, desde el Servicio de Policía obtiene una efectividad en el desempeño profesional del futuro suboficial, programada a la búsqueda de mejoras que satisfagan las necesidades que tienen los destinatarios del Servicio de Policía, cambiando la percepción ciudadana, la solidaridad y acato a las órdenes de esta, así como el enlace entre la teoría expuesta en la aulas de clase, la adquisición del conocimiento y la aplicación de la teoría en la práctica policial.

Por consiguiente, se considera que la formación del aprendizaje práctico es reflexiva, desde la propia experiencia articulada con los aspectos específicos, beneficiando a los futuros Suboficial para dirigir su propio desarrollo profesional y es definitivo centralizar tanto la teoría educativa como la práctica en el servicio de policía.

Es de esta forma como la práctica reflexiva es una contribución al aprendizaje profesional, que facilita que el docente tenga la opción de aprender también de su propia práctica. En este sentido se considera que el aprendizaje práctico en el mejoramiento continuo para la efectividad, eficiencia y eficacia en la materia de Servicio de Policía invita a la identificación y validación de los escenarios prácticos de formación ofrecidos en las escuelas de formación, contribuye con el desempeño profesional del egresado desde servicio de policía.

Esta investigación desarrolla el proceso de aprendizaje práctico de manera que está frente al componente de formación en el que se relaciona el intelecto al movimiento corporal, es decir, la puesta en práctica de lo aprendido en las aulas.

Se puede decir que es la capacidad que tiene una persona de estudiar su adecuada práctica con el objetivo de descubrir el conocimiento implícito, siendo este el que se compone con la realización de las prácticas anteriores, y se fija a la conciencia en forma de hábitos. Es un ejercicio intencionado y sensato que efectúa el individuo por evitar posibles faltas, examinando su práctica para modificarla, desplegando el pensamiento práctico. Desde esta visión, la reflexión accede en la orientación de las acciones en las experiencias. Este hecho consiente deslizar el pensamiento de que la ciencia les brinda a las personas juicios para actuar lógicamente, además que explicita ese conocimiento implícito, subjetivo, siempre y cuando se faciliten los medios para esto.

La práctica durante el acto educativo; lo permite hablar de un constructivismo creativo. Los espacios educativos: salones de clases, laboratorios, canchas deportivas o cualesquiera otro, son los adecuados para establecer estilos comunicacionales, llenos de expresividad para impedir los bloqueos al desarrollo del potencial creativo y contribuyan con la construcción de aprendizajes.

Finalmente, los investigadores consideran que la formación en la práctica reflexiva, el estudio de la propia experiencia enlazada, con aspectos delimitados de su propia lógica pedagógica, beneficia a los maestros para dirigir su propio desarrollo profesional y es decisivo concentrar esta práctica.

6. REFERENCIAS

Álvarez, C. A. (2012). La relación teoría-práctica en los procesos de enseñanza-aprendizaje. *Educatio Siglo XXI, 30*(2), 383-402. https://hdl.handle.net/20.500.12799/1507

Anijovich, R. y Capelletti, G. (2018). La práctica reflexiva en los docentes en servicio. Posibilidades y limitaciones. *Revista de Educación*, 28, 75-90. Universidad Nacional del Centro de la Provincia de Buenos Aires (Argentina).

Arias, Granados y Saín (2012). *Investigación sobre la formación policial en Colombia.* http://library.fes.de/pdf-files/bueros/la-seguridad/09383.pdf

Bouza Suárez, A. (2000). Reflexiones acerca del uso de los conceptos de eficiencia, eficacia y efectividad en el sector salud. *Revista cubana de salud pública,* 26, 50-56.

Clemente-Linuesa, M. (2007, enero). *La complejidad de las relaciones teórico-prácticas en educación.* Universidad de Salamanca.

Escuela de Suboficial y nivel ejecutivo Gonzalo Jiménez de Quesada (2010). *Sinopsis Histórica Escuela de Suboficial y nivel ejecutivo Gonzalo Jiménez de Quesada 1940-2008.* Policía Nacional de Colombia. www.policia.gov.co/escuelas/Suboficiales y Mandos del Nivel Ejecutivo

Domingo, A., y Serés, M. V. G. (2014). *La práctica reflexiva: bases, modelos e instrumentos* (Vol. 128). Narcea Ediciones.

Fernández-Ríos, M., y Sánchez, J. C. (1997). *Eficacia organizacional: concepto, desarrollo y evaluación.* Ediciones Díaz de Santos.

Furlán Malamud, A. (2012). Inseguridad y violencia en la educación: Problemas y alternativas. *Perfiles educativos,* 118-128. https://n9.cl/uiq2w

Galloway, J. P. (1992), Teaching educational computing with analogies; A strategy to enhance concept development. *Journal of Research on Computing in Education, 24*(4), 499-511.

Giraldo, O. E. (2019). La narrativa biográfica como una prometedora experiencia (auto) formativa en el trayecto de formación docente. *Revista Latinoamericana de Estudios Educativos, 15*(1), 68-90. https://doi.org/10.17151/rlee.2019.15.1.5

Imbernon Muñoz, F. (2012). La investigacion sobre y con el profesorado. La repercusión en la formación del profesorado: ¿cómo se investiga? *Revista electrónica de investigación educativa, 14*(2), 1-9.

Jordán, J. (2018). El conflicto internacional en la zona gris: una propuesta teórica desde la perspectiva del realismo ofensivo. *Revista Española de Ciencia Política,* 48, 129-151. https://doi.org/10.21308/recp.48.05

Merino, A., Sánchez, J. L., y López, L. (2017). Herramientas para el aprendizaje práctico de la modelización atmosférica en la universidad. *Revista Infancia, Educación y Aprendizaje, 3*(2), 306–311. https://doi.org/10.22370/ieya.2017.3.2.740

Ministerio de Educación Nacional (2007). Sistema de aseguramiento en la calidad de la educación Superior. Revolución Educativa Colombia Aprende. *Altablero,* 29 www. mineducacion. gov.co/1621/article-87399.html 16 mayo 2020

Ministerio de Educación Nacional (2018). *Nuevas tecnologías al servicio de la educación.* www.mineducacion. gov.co/1621/article-87399.html 16 mayo 2020

Perrenoud, P. (2011). *Desarrollar la Práctica Reflexiva en el oficio de enseñar.* Editorial Graó. https://doi.org/10.14375/NP.9782710123224

Policía Nacional de Colombia (2018, 15 de mayo). Modelo de Gestión del Talento Humano y Cultura Institucional. https://acortar.link/P9J0ME

Rozada, J. M. (2008). Una "Pequeña Pedagogía" transversal en la escuela primaria. Salud y ciudadanía. *Teoría y práctica de innovación,* 144, 161. http://hdl.handle. net/11162/2545

Schon, DA (1992). *La formación de profesionales reflexivos: hacia un nuevo diseño de la enseñanza y el aprendizaje en los profesores.* Paidós. ISBN/ISSN/DL: 978-84-7509-730-5

Tohidi, H. (2011). Teamwork productivity & effectiveness in an organization base on rewards, leadership, training, goals, wage, size, motivation, measurement and information technology. *Procedia Computer Science,* 3, 1137–1146. https:// doi:10.1016/j.procs.2010.12.185

USO DE REDES NEURONALES PARA MEDIR LA CAPACIDAD PREDICTIVA DE LOS COEFICIENTES HISTÓRICOS DE LOS CLUBES EN LA LIGA DE CAMPEONES Y LA COPA LIBERTADORES

Alexander Parody Muñoz, William Mancera Gracia, Javier Pardo Altamar[1]

1. INTRODUCCIÓN

En la actualidad existen herramientas estadísticas que nos dan la oportunidad de conceptuar el comportamiento de múltiples factores que resultan ser relevantes en el desempeño o resultado de eventos deportivos. Por ejemplo, se puede estimar la probabilidad de que un equipo obtenga un resultado favorable o desfavorable en un encuentro, cuál será el número aproximado de goles, tiros de esquinas o amonestaciones dentro del tiempo de juego e incluso si algunos de los jugadores tendrán una actuación destacada, etc. Alrededor de todo el mundo se han hecho diversos estudios con variadas técnicas sobre predicción de resultados deportivos (Kumar Jain, Quamer & Pamula, 2021) utilizando técnicas de minería de datos en comparación con el modelo de línea base, el estudio se ilustra sobre la predicción de los resultados de los partidos de la Liga Premier de la India (IPL), donde la mejor precisión de predicción fue del 70,58%. Un estudio relacionado a modelos de predicción deportiva y apuestas en la era del machine learning: el caso del tenis concluye que el uso de conjuntos de modelos que combinan las predicciones de múltiples enfoques demuestra ser la opción más prometedora. Debido que si los modelos se emplean de manera individual su precisión promedio de la predicción no se puede aumentar a más del 70% independientemente del modelo utilizado (Wilkens, 2021). Un estudio sobre predicción de resultados de partidos de fútbol con Machine Learning, se estudió sitios web que se basan en la fuerza del equipo como pueden ser goles marcados y cálculos matemáticos para la predicción deportiva, estos tomaron como ejemplo la temporada 2017/18 de la Premier League inglesa, este sitio web solo pudo predecir, en promedio, 2 de los 10 partidos de cada ronda, lo que demuestra el riesgo de confiar en estas predicciones (Rodrigues y Pinto, 2022)

La Liga de Campeones de la UEFA o UEFA Champions League es un torneo internacional oficial de fútbol más prestigioso a nivel de clubes en Europa. Estructurada por la UEFA se lleva a cabo actualmente desde su inauguración en la temporada 1955-56, su partido de finalización es unos de los eventos deportivos más seguidos en el mundo deportivo. El sistema de competición en sus inicios constaba de eliminación directa y en la que participaban 32 equipos. A partir de la temporada 1992-93 se implementó un nuevo formato. Las primeras fases del antiguo formato fueron reemplazadas por fases de liga de grupos que proporcionan mayor participación de equipos en la competición, debido a esto se modifica la denominación del torneo pasándose a llamar Liga de Campeones o Champions League. Con la implementación del nuevo formato se brinda la posibilidad a equipos que, sin consagrarse campeón en su liga doméstica, pero que alcanzaron en estas posiciones privilegiadas (Subcampeonato, 3° puesto y algunos casos 4° puesto.) en la clasificación final. Dado el cambio de formato la Champions League se ha transformado en una competición de mayor regularidad en sus etapas de eliminación más primerizas, disminuyendo la relevancia al error puntual, permitiendo así que responsabilidad de la clasificación pueda distribuirse entre numereros encuentros. El aumento de equipos participantes en la competición ha brindado la oportunidad a clubes con un nivel más bajo de juego hacer parte de este, disminuyendo su nivel de exigencia. En la actualidad los países con más títulos obtenidos y participaciones en fases finales respectivamente son España (19, 95), Inglaterra (12, 92), Italia (12, 82), Alemania (8, 82).

El modelo de competición de la Liga de Campeones o Champions League utiliza un coeficiente de clubes basado los rendimientos de cada equipo participante los últimos cinco años, se le da una puntuación por cada criterio que tiene establecido la UEFA siendo los más sobresalientes Victoria de la fase de grupos en adelante (2 puntos),empates en la fase de grupos en adelante (1 punto), se le otorga además una serie de bonus a los equipos cada vez que superen una ronda en la competición, lo anterior se le añade un 20% del coeficiente que obtenga la federación en la cual se encuentre afiliada(el coeficiente de la federación tiene en cuenta rendimiento de todos los equipos que representen a la misma);estos datos se utilizan para determinar los equipos cabezas de serie en los sorteos de las rondas previas y fases de grupos, para la temporada 2022-2023 de la competición, los equipos con el mayor número de puntos en su historial son Manchester City (123,000), Bayern München (121,000), Liverpool (114,000), Chelsea (114,000), Real Madrid (103,000). Por federaciones, el ranking está compuesto por Inglaterra (95,284), España (84,427), Alemania (72,606), Italia (66,354), Francia (54,664) (UEFA, 2023).

La Copa Libertadores de América, es el torneo de clubes de futbol más prestigioso de Sudamérica ya que compiten los equipos más destacados de cada una de las ligas locales de las 10 naciones afiliadas a la Confederación Sudamericana de Futbol (CONMEBOL). Compiten entre cuatro y siete clubes por país, siendo los países de Brasil y Argentina los que presentan más clubes en el torneo. Inicialmente, sólo participaban los campeones de las ligas nacionales de las competiciones de América del Sur, sin embargo, tras la repercusión alcanzada por la competición decidieron ampliar en 1966 el número de clubes participantes por lo que empezaron a participar los subcampeones de cada liga, y al igual que la Liga de Campeones, se fue incrementando el número de equipos participantes hasta llegar a 47 equipos, comenzando una fase previa de clasificación hasta iniciar una fase de grupos con 32 equipos. El reparto de cupos por país son los siguientes: Brasil (7), Argentina (6), Bolivia (4), Chile (4), Colombia (4), Ecuador (4), Paraguay (4), Perú (4), Uruguay (4), Venezuela (4), el campeón vigente de la competición y el campeón de la Copa Sudamericana. Los equipos con mayor puntaje obtenido en el histórico de la competencia son River Plate de Argentina con 593 puntos, Nacional de Uruguay con 532, Boca Juniors de Argentina con 522 y Peñarol de Uruguay con 466. Los equipos con mayor número de participaciones son Nacional de Uruguay con 49, Peñarol de Uruguay con 48, Olimpia de Paraguay con 44 y Cerro Porteño de Paraguay con 43.

El modelo de competición de la Copa libertadores de América utiliza un coeficiente de clubes fundamentado el rendimiento de cada equipo participante a lo largo de la historia de la competición, las federaciones que componen la competencia tienen un mínimo de cuatro equipos en cada torneo, la CONMEBOL tiene establecido un conjunto de criterios los cuales otorgan una puntuación como el performance de los últimos 10 años en las competiciones CONMEBOL, coeficiente histórico en torneos CONMEBOL entre 1960 y 2012, y se otorga un puntaje asociado a la ubicación en el torneo local que disputo el equipo previo a la Copa. Los equipos que más puntos en el ranking históricos de la competencia para la temporada 2023 son CA River Plate Argentina (9.660,4), Palmeiras (9.095,6), Flamengo (8.603,7), Boca Juniors (7.965), Gremio (5.714,2) (CONMEBOL, 2023).

2. OBJETIVOS

El propósito de la presente investigación es medir la capacidad de pronóstico que tienen los coeficientes utilizados para el ranking de clubes de futbol tanto para la UEFA como para la CONMEBOL, y así medir la idoneidad de ambas medidas, en donde la UEFA da prioridad al desempeño de los años recientes del club (por tal motivo equipos como el Manchester City lideran el ranking) o si ponderar el desempeño reciente y el desempeño histórico es más adecuado, como es el caso de la CONMEBOL.

3. METODOLOGÍA

Esta es una investigación descriptiva, soportada en un análisis cuantitativo correlacional del desempeño de los Coeficiente históricos de 64 equipos los cuales están divididos en dos competiciones UEFA Champions League (32 equipos), Copa CONMEBOL Libertadores (32 equipos) mediante técnicas de inteligencia artificial en el contexto estadístico y futbolístico. Se empleó una metodología que busca mostrar la relación entre múltiples factores tanto cualitativos como cuantitativos de la UEFA y CONMEBOL que conforman el ranking de los clubes de futbol con el fin de determinar su capacidad predictiva. El paquete estadístico utilizado fue el software estadístico Statgraphics versión XVI, centrándose en el uso de modelos de Machine Learning como lo es el Clasificador Bayesiano de Redes Neuronales.

Para llevar a cabo el estudio se analizaron las temporadas 2018-2019 de las competiciones UEFA Champions League y COMEBOL Copa libertadores de América, se seleccionó esa temporada porque las temporadas posteriores fueron fuertemente influenciada por las restricciones aplicadas por la pandemia de COVID 19. Para la recolección de datos en la Champions League se tuvo en cuenta la información de los equipos participantes con factores como su posición al terminar la competición, su país de procedencia, el puntaje que le asigna la competencia a cada federación, la cantidad de puntos obtenidos en esa temporada y la fase de la competencia hasta que el equipo participó. Para la Copa Libertadores de América se tuvo en cuenta la información de los equipos participantes y se analizaron factores como su posición al terminar la competición, su país de procedencia, el performance de los últimos 10 años de competición de dicho club, su coeficiente histórico a lo largo de todas las contiendas disputadas, los puntos adicionales que asigna la competición por proclamarse campeón en su liga local, la sumatoria de los últimos tres factores mencionados, la cantidad de puntos obtenidos en esa temporada y la fase de la competencia hasta que el equipo participó.

Posterior a la recolección de datos de todas las variables en estudio de las dos confederaciones de futbol, se aplicaron clasificadores probabilísticos de redes neuronales bayesianas para predecir cada una de las fases obtenidas por los clubes en la competición (octavos de final, cuartos de final, semifinal y final). El clasificador bayesiano de redes neuronales es una herramienta de aprendizaje automático que permite la clasificación de datos en función de datos previos y la estimación de la probabilidad de pertenencia a cada clase. Estos clasificadores utilizan una red neuronal que tiene conexiones entre variables de entrada y de salida. La clasificación se basa en la evaluación de la probabilidad posterior de cada clase, que se calcula a partir de la probabilidad previa y la verosimilitud de los datos de entrada para cada clase. Los clasificadores probabilísticos de redes neuronales Bayesianas son eficaces para problemas de clasificación en los que se requiere una evaluación de la incertidumbre y una explicación de las decisiones [8]. Este modelo se empleó con la finalidad de medir la capacidad de los modelos de cada competición a la hora de predecir la fase que lograra el club en la competición.

La herramienta dividió los 32 equipos en dos conjuntos (entrenamiento y validación), en el de entrenamiento se tomaron 25 equipos con la finalidad de entrenar la red neuronal, posterior a esto se tomaron los 7 equipos restantes para la validación de la capacidad de pronóstico, esto se aplicó para las rondas de octavos de final, cuartos de final, semifinales y final de ambas contiendas.

4. DESARROLLO DE LA INVESTIGACIÓN

A continuación, se muestra los resultados de la aplicación de la red neuronal para predecir la fase que logra el club en la competición, tanto para la fase de octavos de final, cuartos de final, semifinal y final, en la Champions League y en la Copa Libertadores de América. Para la red se trabajó como probabilidad a priori de alcanzar la fase los resultados evidenciados en la base de datos y se establecieron los mismos "costos de penalización" a la hora de acertar o fallar en el pronóstico, además se aplicó una optimización por jackknifing sobre el parámetro de espaciamiento usado en cada red. Las figuras 1 y 2 muestran el detalle de la estructura de las redes neuronales desarrolladas y las interacciones de los distintos nodos tanto en la red neuronal de la Liga de Campeones como la red neuronal de la Copa Libertadores.

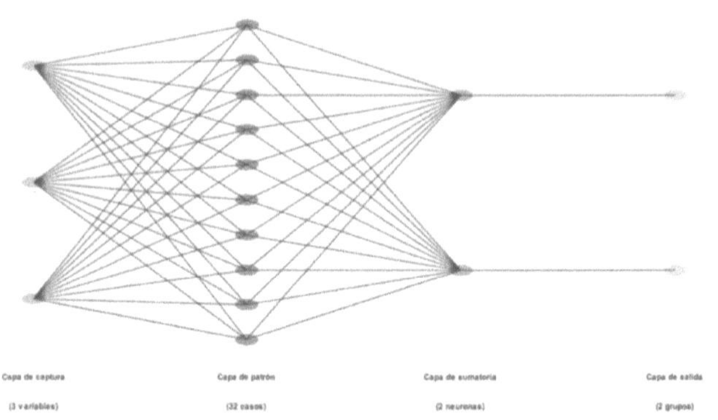

Figura 1. Gráfico de la red neuronal desarrollada para la predicción de fases en la Liga de Campeones. Fuente: Elaboración propia.

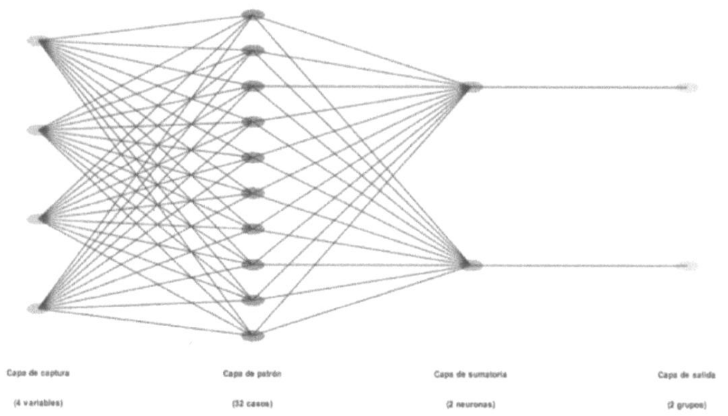

Figura 2. Gráfico de la red neuronal desarrollada para la predicción de fases en la Copa Libertadores. Fuente: Elaboración propia.

La diferencia en la estructura de las dos redes neuronales radica en el número de factores o vectores de entrada para la red neurinal, en el caso de la Liga de Campeones tiene 3 (país, puntaje federación y puntaje histórico), en cambio en la Copa Libertadores tiene 4 (país, performance últimos 10 años, puntaje histórico y ubicación en torneo local).

4.1. Red neuronal para la fase octavos de final de la Liga de Campeones

Durante la fase de entrenamiento la red logró pronosticar correctamente el 69% de los equipos que alcanzaron la fase de octavos de final, pero en el conjunto de validación se logró un importante 100% de equipos correctamente clasificados (tabla 1).

Fase	Porcentaje correctamente clasificado			
Octavos	Miembros	Entrenamiento	Miembros	Validación
No	13	62	3	100
Si	13	77	3	100
Total	26	69	6	100

Tabla 1. Resultados del entrenamiento y validación de la red neuronal construida para predecir cuándo un equipo alcanza los octavos de final en la Liga de Campeones. Fuente: Elaboración propia, 2023.

4.2. Red neuronal para la fase de cuartos de final de la Liga de Campeones

Durante la fase de entrenamiento la red logró pronosticar correctamente el 91% de los equipos que alcanzaron la fase de cuartos de final, pero en el conjunto de validación apenas se logró el 56% de equipos correctamente clasificados (tabla 2).

Fase	Porcentaje correctamente clasificado			
Cuartos	Miembros	Entrenamiento	Miembros	Validación
No	17	100	7	57
Si	6	67	2	50
Total	23	91	9	56

Tabla 2. Resultados del entrenamiento y validación de la red neuronal construida para predecir cuándo un equipo alcanza los cuartos de final en la Liga de Campeones. Fuente: Elaboración propia, 2023.

4.3. Red neuronal para la fase de semifinal de la Liga de Campeones

Durante la fase de entrenamiento la red logró pronosticar correctamente el 71% de los equipos que alcanzaron la fase de semifinal, pero en el conjunto de validación se logró un 100% de equipos correctamente clasificados (tabla 3).

Fase	Porcentaje correctamente clasificado			
Semifinal	Miembros	Entrenamiento	Miembros	Validación
No	24	75	4	100
Si	4	50	0	
Total	28	71	4	100

Tabla 3. Resultados del entrenamiento y validación de la red neuronal construida para predecir cuándo un equipo alcanza la semifinal en la Liga de Campeones. Fuente: Elaboración propia, 2023.

4.4. Red neuronal para la fase final de la Liga de Campeones

Durante la fase de entrenamiento la red logró pronosticar correctamente el 92% de los equipos que alcanzaron la fase de semifinal, pero en el conjunto de validación se logró un 100% de equipos correctamente clasificados (tabla 4).

Fase	Porcentaje correctamente clasificado			
Final	Miembros	Entrenamiento	Miembros	Validación
No	23	91	4	100
Si	2	100	0	
Total	25	92	4	100

Tabla 4. Resultados del entrenamiento y validación de la red neuronal construida para predecir cuándo un equipo alcanza los octavos de final en la Liga de Campeones. Fuente: Elaboración propia, 2023.

4.5. Red neuronal para la fase octavos de final de la Copa Libertadores

Durante la fase de entrenamiento la red logró pronosticar correctamente el 69% de los equipos que alcanzaron la fase de octavos de final, pero en el conjunto de validación se logró un importante 100% de equipos correctamente clasificados (tabla 5).

Fase	Porcentaje correctamente clasificado			
Octavos	Miembros	Entrenamiento	Miembros	Validación
No	13	77	3	100
Si	12	67	4	75
Total	25	72	7	86

Tabla 5. Resultados del entrenamiento y validación de la red neuronal construida para predecir cuándo un equipo alcanza los octavos de final en la Copa Libertadores. Fuente: Elaboración propia, 2023.

4.6. Red neuronal para la fase de cuartos de final de la Copa Libertadores

Durante la fase de entrenamiento la red logró pronosticar correctamente el 86% de los equipos que alcanzaron la fase de cuartos de final, pero en el conjunto de validación apenas se logró el 56% de equipos correctamente clasificados (tabla 6).

Fase	Porcentaje correctamente clasificado			
Cuartos	Miembros	Entrenamiento	Miembros	Validación
No	22	100	2	100
Si	6	33	2	50
Total	28	86	4	75

Tabla 6. Resultados del entrenamiento y validación de la red neuronal construida para predecir cuándo un equipo alcanza los cuartos de final en la Copa Libertadores. Fuente: Elaboración propia, 2023.

4.7. Red neuronal para la fase de semifinal de la Copa Libertadores

Durante la fase de entrenamiento la red logró pronosticar correctamente el 81% de los equipos que alcanzaron la fase de semifinal, pero en el conjunto de validación se logró un importante 100% de equipos correctamente clasificados (tabla 7).

Fase	Porcentaje correctamente clasificado			
Semifinal	Miembros	Entrenamiento	Miembros	Validación
No	24	92	4	100
Si	3	0	1	100
Total	27	81	4	100

Tabla 7. Resultados del entrenamiento y validación de la red neuronal construida para predecir cuándo un equipo alcanza la semifinal en la Copa Libertadores. Fuente: Elaboración propia, 2023.

4.8. Red neuronal para la fase final de la Copa Libertadores

Durante la fase de entrenamiento la red logró pronosticar correctamente el 100% de los equipos que alcanzaron la fase de semifinal, y en el conjunto de validación se mantuvo el perfecto rendimiento de la red neuronal con el 100% de equipos correctamente clasificados (tabla 8).

Fase	Porcentaje correctamente clasificado			
Semifinal	Miembros	Entrenamiento	Miembros	Validación
No	23	100	7	100
Si	2	100	0	
Total	25	100	4	100

Tabla 8. Resultados del entrenamiento y validación de la red neuronal construida para predecir cuándo un equipo alcanza la final en la Copa Libertadores. Fuente: Elaboración propia, 2023.

5. CONCLUSIONES

Los resultados obtenidos permiten establecer que los dos modelos para el cálculo de coeficientes en el ranking de clubes guardan una estrecha relación con el desempeño que posteriormente alcanzaría el club en la competición, al evidenciarse en varias ocasiones porcentajes de equipos correctamente clasificados por encima del 80%, incluso logrando en más de una ocasión el 100% de los clubes correctamente clasificados.

En el caso de los octavos de final el modelo a partir del ranking de la Liga de Campeones alcanzo un 100% de casos correctamente clasificados en comparación con un 86% que logró el ranking de la Copa Libertadores, así que en esta fase inicial los clubes que han mantenido un buen desempeño en los últimos años usualmente logran pasar de la fase de grupos a octavos de final en la Liga de Campeones, y la red neuronal es muy efectiva en el pronóstico.

En el caso de los cuartos de final, la red generada para la Liga de Campeones logro apenas un 56% contra un 75% logrado por la red de la Copa Libertadores, mostrando para esta fase que la red construida a partir de una mezcla de desempeño histórico y reciente es más fiable a la hora de pronosticar que equipos alcanzaran los cuartos de final.

Para la semifinal la red neuronal de la Liga de Campeones alcanzó un 100% de casos bien clasificados al igual que la red neuronal desarrollada para la Copa Libertadores, pero el resultado alcanzado por la Copa Libertadores tiene un plus y es que en su fase de validación se pronostico el 100% de los casos de equipos que alcanzaba (4 equipos) y no alcanzaban (1 equipo) esta fase, en cambio en la red de la Liga de Campeones en la fase de validación solo habían equipos que no alcanzaban la semifinal (4 equipos).

En el caso de la fase final de los torneos, la red de la Liga de Campeones logró un 100% de casos correctamente clasificados en el conjunto de validación, al igual que la red desarrollada para la Copa Libertadores permitiendo esto concluir que los coeficientes desarrollados para los rankings de clubes tanto en la UEFA como en la CONMEBOL son muy útiles para pronosticar que fase lograran los clubes en la competición, incluso en el caso de la red desarrollada para la Copa Libertadores logro un 100% de desempeño tanto en el conjunto de validación como en el conjunto de entrenamiento de la red.

6. REFERENCIAS

CONMEBOL. (1 de julio 2023). Ranking de clubes de la Copa Libertadores 2023. https://n9.cl/4yv4z

Granadillo, E. J. D. L. H., Gómez, J. M. y Polo, L. L. (2019). Evaluación de la competitividad comercial del sector industrial colombiano mediante el coeficiente de apertura exportadora. Aglala, 10(1), 180-195. https://doi.org/10.22519/22157360.1343

Jain, P. K., Quamer, W. y Pamula, R. (2021). Sports result prediction using data mining techniques in comparison with base line model. Opsearch, 58, 54-70. https://doi.org/10.1007/s12597-020-00470-9

Rodrigues, F. y Pinto, Â. (2022). Prediction of football match results with Machine Learning. Procedia Computer Science, 204, 463-470. https://doi.org/10.1016/j.procs.2022.08.057

UEFA. (1 de julio 2023). Ranking de clubes de la Liga de Campeones 2022-2023. https://es.uefa.com/nationalassociations/uefarankings/club/#/yr/2023

Wilkens, S. (2021). Sports prediction and betting models in the machine learning age: The case of tennis. Journal of Sports Analytics, 7(2), 99-117. https://doi.org/10.3233/JSA-200463

INOVAÇÃO E QUALIDADE PARA A INDÚSTRIA DE HORTOFRUTÍCOLAS: CONSERVAÇÃO, EXTRAÇÃO E LIOFILIZAÇÃO ATRAVÉS DE TECNOLOGIAS EMERGENTES NÃO-TÉRMICAS

Enrique Pino-Hernández[1]

O presente texto nasce no marco do projeto TAGUSVALLEY2030 IT (CENTRO-01-0246-FEDER-000032), TAGUSVALLEY2030 RHaq (CENTRO-04-3559-FSE-000143) e WINBIO (POCI-01-0246-FEDER-181335), ao abrigo do Fundo Social Europeu da União Europeia gerido pelo COMPETE 2020, CENTRO 2020 e PORTUGAL 2020.

1. INTRODUÇÃO

Um terço dos frutos e vegetais produzidos na Europa continuam a ser desperdiçados, o que é uma grande preocupação do ponto de vista económico, meio ambiente e segurança alimentar. Os frutos e vegetais, alimentos perecíveis, têm altas taxas de respiração e elevados valores de atividade de água que favorecem as reações bioquímicas e o crescimento microbiológico, sendo um desafio para sua conservação. Torna-se, assim, fundamental propor soluções de processamento e conservação destes alimentos para gerar um consumo seguro e equilibrado junto com a redução do desperdício alimentar.

Processos alimentares inovadores que contribuam na valorização de alimentos de baixo calibre ou subprodutos de frutos e vegetais pela utilização de tecnologias emergentes é a missão atual de todos os envolvidos na cadeia alimentar. O papel da TAGUSVALLEY no ecossistema alimentar nacional, entre Universidades e Empresas, é tornar disponíveis as novas tecnologias para explorar provas de conceitos e até fazer pequenas produções em seu espaço "nave industrial" pré-licenciado. Esta capacidade instalada, TRL 5-9, em Abrantes – Portugal, serve de apoio para tomada de decisão relativamente se uma tecnologia ou processo é interessante para investir ou não.

Na indústria alimentar, as tecnologias emergentes podem ser vistas como métodos para melhorar o produto, o processo, ou substituição total da tecnologia convencional. As tecnologias, não térmicas, podem ser usadas como tratamentos de conservação, pasteurização ao frio, ou até como pré-tratamentos para aprimorar a extração ou desidratação de alimentos [1]. Neste sentido, os ultrassons de alta intensidade (US), os campos elétricos pulsados (PEF), e alta pressão hidrostática (HPP), têm vindo a mostrar, com sucessos, potencial na área alimentar.

---

1. INOV.LINEA/TAGUSVALLEY – Parque de Ciência e Tecnologia, Abrantes (Portugal)

No que respeita a tecnologia de HPP, os alimentos são submetidos a pressões hidrostáticas elevadas de aproximadamente 200-600 MPa por 3-5 min após serem previamente acondicionados em embalagem flexível, hermeticamente fechada e introduzidos em um vaso de pressão [2]. No caso do US, é conhecido por se fundamentar no fenômeno de cavitação, o qual pode romper células e desnaturar enzimas [3]. Finalmente, o PEF é uma tecnologia baseada na potência pulsada que promove a eletroporação celular [4]. A nível industrial, a tecnologia PEF tem vindo a ser aplicada com intensidade de campo elétrico de 20 KV/cm, no máximo, para inativação microbiana, enquanto para assistir à desidratação de frutas e vegetais, menos de 5 KV/cm será suficiente.

Considerando as vantagens das tecnologias HPP, US e PEF, este documento reporta 3 (três) estudos de casos, desenvolvidos pela equipa técnica da TAGUSVALLEY, utilizando processos em sistemas contínuos "escala industrial" e *batch* "escala de laboratório" por forma a confirmar os resultados prévios que mostraram potencial destes processos para ser o *scale-up* industrial. Em particular, na extração de azeite assistida por PEF, a liofilização de frutas e vegetais assistida por PEF [5], e a utilização de HPP, PEF, US como método de pasteurização, a frio, de puré de maçã [6].

2. OBJETIVOS

Avaliar o potencial das tecnologias de campos elétricos pulsados, alta pressão hidrostática, ultrassons, e liofilização assistida, como processos inovadores alternativos à conservação, extração e liofilização convencional de frutas e vegetais.

3. METODOLOGIA

3.1. Matéria prima

Nesta investigação foram considerados como caso de estudos para conservação, extração e desidratação, as seguintes matérias primas: morango, kiwi, maçã, cenoura e azeitonas. Todas as frutas e vegetais foram lavadas e armazenadas em refrigeração até serem usadas.

Este estudo foi realizado em parceria com empresas e universidades, particularmente usando frutas e vegetais de 4a categoria, baixo calibre, por forma a valorizar matérias primas não aptas para sua comercialização em fresco.

3.2. TECNOLOGIAS

As tecnologias de alta pressão hidrostática (HPP), campos elétricos pulsados (PEF) ultrassons (US) e processos inovadores de liofilização foram avaliados em escala laboratorial e piloto, utilizando os equipamentos disponíveis em TAGUSVALLEY (figura 1).

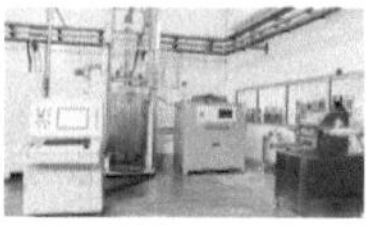	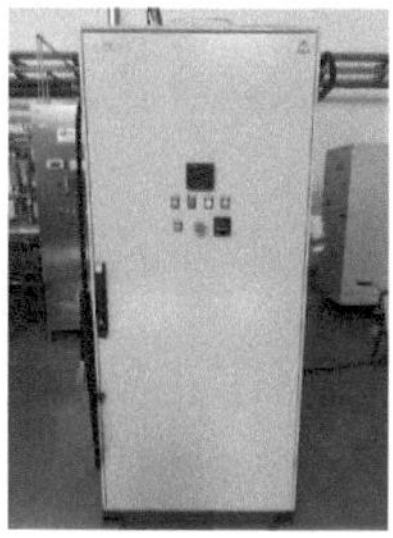	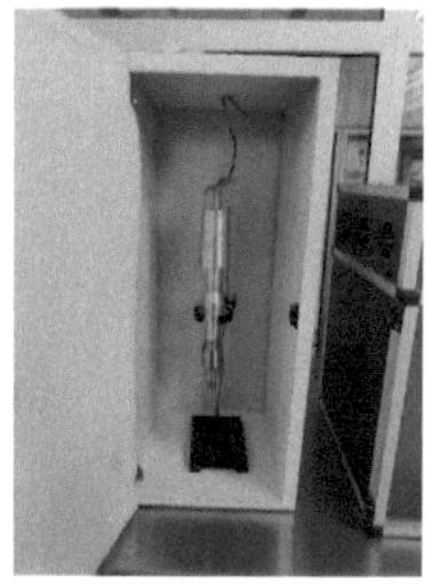
HPP	PEF	US

Figura 1. Equipamentos/tecnologias inovadoras, HPP, PEF e US, utilizadas neste estudo como tratamento independente e como pré-tratamentos associados a outros processos. Fonte: Elaboração própria.

3.3. Tecnologias utilizadas na conservação do puré de maçã

Maçãs da variedade Reineta Parda de produção nacional, Alcobaça-Portugal, foram devidamente higienizadas, cortadas em 4 pedaços e submetidas a branqueamento (100 °C por 2 min). Em seguida, foram misturadas usando um robô de cozinha (Vorwerk, Thermomix TM31, DE) e foi adicionado sumo de limão (2,5% p/p) como acidulante natural. O puré foi peneirado e imediatamente processado pelas diferentes tecnologias. A pasteurização térmica (75 °C, 30 segundos) foi utilizada como controlo, as tecnologias de alta pressão hidrostática, ultrassom, e campos elétricos pulsados, foram utilizadas como tratamentos independentes com potencial para substituir a pasteurização convencional. Foram realizados uma série de ensaios preliminares por forma a definir as condições de processamento com base na redução de pelo menos 5 Log CFU de *Escherichia coli*, inoculada no produto [7]. Neste estudo de caso (i), foi avaliado o impacto das tecnologias na inativação enzimática de forma indireta, ou seja, pelo escurecimento do produto e redução microbiológica de *E. coli* imediatamente após o processamento do puré de maçã.

3.4. Extração de azeite assistida por PEF

Investigar o impacto da tecnologia PEF na extração do azeite da cultivar Galega portuguesa em uma unidade de produção semi-industrial (figura 2), aplicando um tempo de malaxação reduzido, com foco nos rendimentos da extração foi o objetivo deste estudo de caso (ii). A TAGUSVALLEY possui um lagar de azeite que está instalado na Escola Profissional de Desenvolvimento Rural de Abrantes. As condições do processo foram determinadas por estúdios prévios realizados pela empresa Energy Pulse System [8]: pulso monopolar, Largura de pulso - 40 µs, Intensidade do campo - 2 kV/cm, Energia Específica – 8,5 kJ/kg, Frequência - 100 Hz, Vazão - 2241 kg/h.

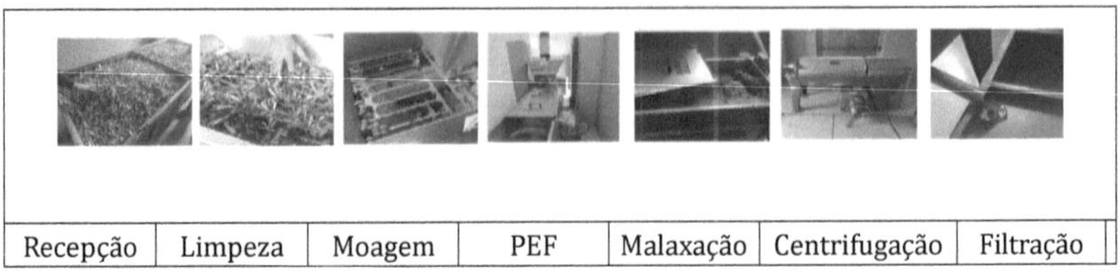

Figura 2. Esquema tecnológico de preparação e obtenção de azeite.
Fonte: Elaboração própria.

3.5. Desidratação de frutas e vegetais

Morangos, cenouras, maçãs e kiwis, todos de produção nacional (Abrantes-Portugal), foram utilizados para desenvolver este estudo de caso (iii). Ensaios com e sem pré-tratamento PEF foram desenvolvidos com o objetivo de melhorar características sensoriais e reduzir tempos de liofilização.

A preparação das amostras foi feita pela equipa técnica da TAGUSVALLEY (figura 3). A secagem por convecção foi realizada em um secador Klarstein (Master Jerky 32, Deutschland). Este processo foi realizado a uma temperatura de 60 °C, com um fluxo de ar constante de 0,5 m·s-1. A liofilização foi realizada a vácuo em um equipamento (LabConco, Freezone 6 plus, EUA) com temperatura de condensador de -85 °C. O nível de vácuo era inferior a 0,055 mBar. O pré-tratamento PEF, antes da liofilização, foi realizado por imersão do material inteiro em água e utilizando nas seguintes condições pulso bipolar, largura de pulso - 10 µs, intensidade do campo - 1 kV/cm, energia Específica – 4 KJ/kg, frequência - 100 Hz. Após a liofilização, as amostras foram armazenadas em sacos metalizados.

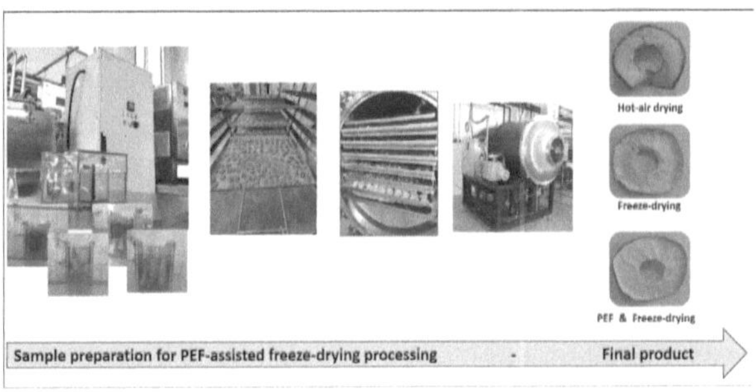

Figura 3. Preparação de amostra para processamento por liofilização assistida por PEF. Fonte: Elaboração própria. A. Câmara de processamento PEF, B. Acondicionamento das amostras, C. Amostras nos tabuleiros no liofilizados, D. Liofilizador industrial, E. Produto final.

4. DESENVOLVIMENTO DA INVESTIGAÇÃO

4.1. Conservação de puré de maçã

Todas as tecnologias utilizadas, US, PEF e HPP, nas condições determinadas neste estudo, estabilizam a cor do produto final em comparação ao tratamento controlo. Os resultados são aparentemente semelhantes aos obtidos pela pasteurização térmica. Pode-se confirmar que imediatamente após os tratamentos existe uma inativação enzimática pela ausência de escurecimento no puré (figura 4).

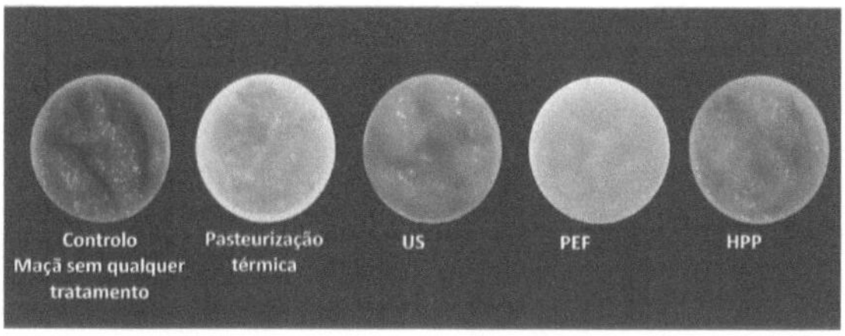

Figura 4. Cor do puré de maçã do tratamento controlo e imediatamente após o processamento pelas tecnologias térmica e não térmicas. Fonte: Elaboração própria.

HPP (400 MPa/1 min), US (24 kHz/12 min) e PEF (10 kV/cm) reduziram as contagens de *E. coli* em 6,6, 6,1 e 5,8 log CFU/g, respetivamente (figura 5). US, PEF e HPP, nas condições determinadas, podem ser usados como alternativas a pasteurização térmica para a redução de pelo menos 5 Log10 de *E. coli*, ao mesmo tempo, estes resultados podem ser vantajosos na preservação da qualidade do produto final.

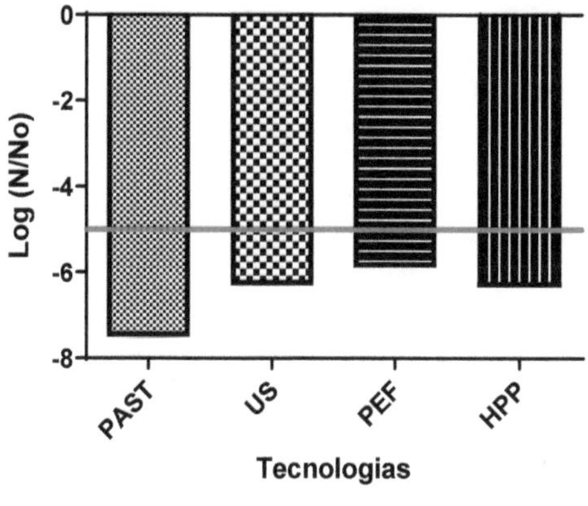

Figura 5. Redução de ciclos Log10 de E. coli em puré de maçã tratada por diferentes tecnologias. N denota a carga microbiana medida para cada tratamento e N0 a carga microbiana inicial (8,6 log UFC/gr). Fonte: Elaboração própria.

4.2. Produção de azeite assistida por Campos Elétricos Pulsados (PEF)

O tratamento com PEF em comparação com o controlo, manteve o mesmo rendimento de extração (89.3 %) reduzindo o tempo de malaxação em 33%, resultando num aumento da capacidade de produção. O PEF pode ser aplicado na produção de azeite de alta qualidade da variedade Galega, com impacto positivo na eficiência produtiva, mantendo a classificação de extra virgem.

A figura 6, mostra o azeite com e sem aplicação do PEF. Do ponto de vista sensorial, cor e aparência geral, o tratamento PEF não tem efeitos negativos sobre o produto final. O que resulta interessante uma vez que se mantém as características de qualidade do azeite quando utilizada o PEF, tecnologia não térmica.

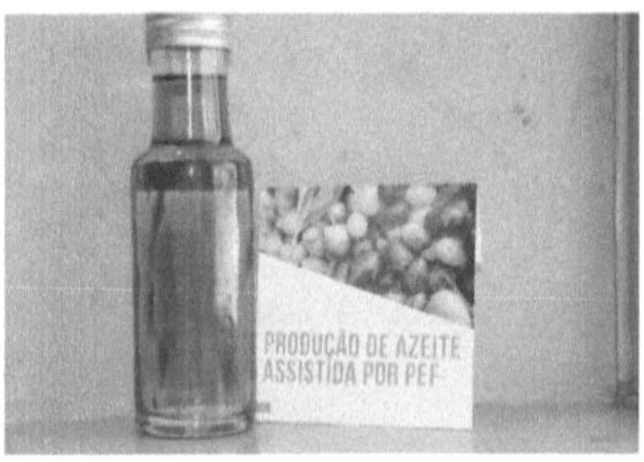

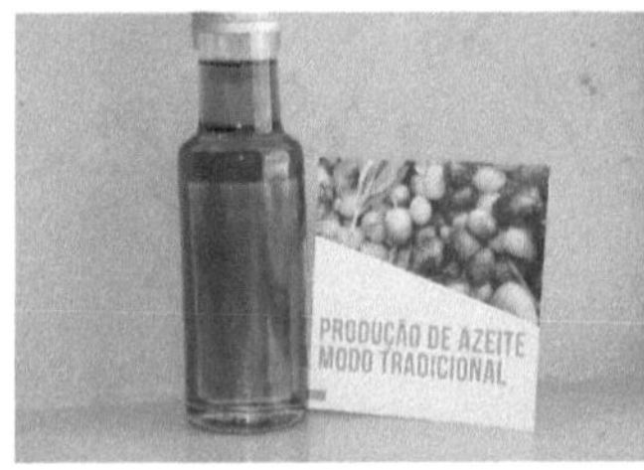

Figura 6. imagem de azeite derivado das experiências realizadas na EPDRA, com e sem aplicação dos Campos Elétricos Pulsados. Fonte: Elaboração própria.

4.3. Desidratação de frutas e vegetais

Os atributos sensoriais podem ser melhorados nos produtos quando utilizado o pré-tratamento PEF e comparado com os produtos de desidratação convencionalmente. A nível estrutural, o PEF provoca maior porosidade, relativamente às amostras sem pré-tratamento, mantendo os produtos uma melhor aparência geral. No que respeita a cor, as frutas e vegetais tratado por PEF apresentam maior luminosidade e cores mais naturais em comparação com frutas e vegetais desidratadas convencionalmente.

Do ponto de vista tecnológico ressalta-se que as amostras pré-tratadas com PEF podem apresentar a maior capacidade de reidratação conferindo maior rendimento na produção de produtos reconstituídos, o que pode ter grande interesse a nível industrial. No entanto, as amostras liofilizadas com e sem pré-tratamento exibiram capacidades semelhantes de adsorver vapor de água do ambiente.

A tabela 1, apresenta um resumo dos vários produtos, frutas e vegetais, com que a equipa da TAGUSVALLEY tem experiência e os resultados satisfatórios quando os PEF foram aplicados.

Tabela 1. Imagens de produtos finais desidratados e liofilizados com e sem assistência do PEF.

Frutas/Vegetais	Tratamentos			Comentário
	Desidratação convencional	Liofilização	PEF + Liofilização	
KIWI				Produto pré-tratado com PEF com sabor mais azedo Existe perda de cor em todos os tratamentos aplicados
ABÓBORA				Processo a ser explorado com mais detalhes Modificações a nível de estrutural Interessantes resultados quando aplicado o pré-tratamento com PEF
BETERRABA				Produtos interessantes para tipo snack Existe algum interesse neste produto para extração de pigmentos/cor Pode ser interessante obter uma farinha a partir deste produto
COGUMELO			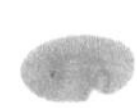	Produtos liofilizados com e sem pré-tratamento PEF, matem características semelhantes
MORANGO	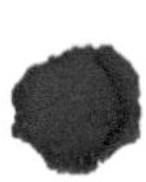	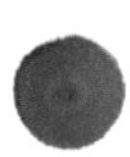		Os morangos liofilizados com e sem PEF apresentaram notas significativamente mais altas em todos os atributos sensoriais avaliados, em comparação com a secagem por convecção.

MAÇÃ	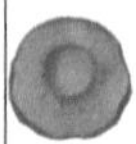			Melhores atributos sensoriais Redução do tempo de processo Qualidade *premium*
CENOURA	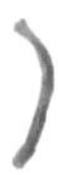			Produto pré-tratado com PEF com sabor mais doce e natural. Existe uma maior retenção da cor nas amostras pré-tratadas com PEF.

Fonte: Elaboração própria.

5. CONCLUSÕES

Em conclusão, HPP e PEF são tecnologias que podem substituir a pasteurização térmica, em condições equivalentes, com a vantagem de reter os atributos sensoriais dos produtos. PEF pode ser aplicado na produção de azeite de alta qualidade reduzindo o tempo de malaxação em 33% em comparação com a amostra de controlo. Todas as tecnologias podem melhorar características dos produtos e eficiência de processos de desidratação. Com base nas descobertas encorajadoras deste estudo, estas tecnologias devem ser exploradas para uso industrial. Além disso, este trabalho fornece informações importantes para o uso dessa tecnologia em outras matrizes alimentícias.

6. REFERÊNCIAS

E. Pino-Hernández, M. Alves, N. Moreira, V. Lima, C. A. Pinto, and J. A. Saraiva, "Effects of Equivalent Processing Conditions for Microbial Inactivation by Innovative Nonthermal Technologies on the Safety, Quality, and Shelf-Life of Reineta Parda Apple Puree," Appl. Sci., vol. 14, no. 7, p. 3088, Apr. 2024, doi: 10.3390/app14073088.

Khouryieh, H. A. (2021). Novel and Emerging Technologies Used by the U.S. Food Processing Industry. *Innov. Food Sci. Emerg. Technol.* 67, 102559, https://doi.org/10.1016/j.ifset.2020.102559

Pino-Hernández, E., Pinto, C. A., Abrunhosa, L., Teixeira, J. A., & Saraiva, J. A. (2022). Hydrothermal and High-Pressure Processing of Chestnuts - Dependence on the Storage Conditions. *Postharvest Biol. Technol*, 185, 111773, https://doi.org/10.1016/j.postharvbio.2021.111773

Ojha, K. S., Tiwari, B. K., & O'Donnell, C. P. (2018). Effect of Ultrasound Technology on Food and Nutritional Quality. *Adv. Food Nutr. Res,* 84, 207–240, https://doi.org/10.1016/bs.afnr.2018.01.001

Pino–Hernández, E., Alves, M., Gonçalves, D., Antunes, P., Rego, D., Pereira, M., Redondo, L., & Evangelista, M. B. (2023). Campos Elétricos Pulsados n Ciência e Indústria Alimentar. *iAlimentar,* 1, 60–62.

S. Dias, E. Pino-Hernández, D. Gonçalves, D. Rego, L. Redondo, and M. Alves, "Challenges and opportunities for pilot scaling-up extraction of olive oil assisted by pulsed electric fields: process, product, and economic evaluation," Appl. Sci., 2024.

Yildiz, S., Pokhrel, P. R., Unluturk, S., & Barbosa-Cánovas, G. V. (2021). Shelf Life Extension of Strawberry Juice by Equivalent Ultrasound, High Pressure, and Pulsed Electric Fields Processes. *Food Res. Int,* 140, https://doi.org/10.1016/j.foodres.2020.110040

Navarro, A., Ruiz-Méndez, M. V., Sanz, C., Martínez, M., Rego, D., & Pérez, A. G. (2022). Application of Pulsed Electric Fields to Pilot and Industrial Scale Virgin Olive Oil Extraction: Impact on Organoleptic and Functional Quality. *Foods,* 11, https://doi.org/10.3390/foods11142022

SALVADOR DALÍ Y LA CIBERNÉTICA

Anna Pou van den Bossche, Judith Urbano Lorente[1]

1. INTRODUCCIÓN

"Aunque no soy científico debo confesar que los fenómenos de la ciencia son los únicos que guían constantemente mi imaginación" (Dalí, 1975, p. 1). Dalí afirmó en numerosas ocasiones que su inspiración venía de la ciencia. Ya desde muy pequeño se sintió fascinado por los descubrimientos tecnológicos y científicos, buen ejemplo de ello es el impacto que le produjeron las imágenes del estereoscopio cuando tenía cuatro años, que le conmovieron por el resto de su vida, como él mismo afirmó (Dalí, 1942). El Dalí adolescente emulaba a Rafael Sanzio (Dalí, 1942) e identificándose con los humanistas consideraba el arte como expresión de la verdad, a la que se llegaba por medio de la inspiración y la ciencia. Conocía bien los tratados renacentistas que definían al artista como a un sabio y se identificaba con esa "genialidad" que, según él, venía de la conjunción perfecta de dos características de su mente: una irracional (paranoica) y la otra racional (inteligente). Afirmaba que estaba dotado de una "intuición pura" que le hacía anticipar descubrimientos científicos y tecnológicos como la estructura del átomo, del ADN o las tarjetas perforadas de la cibernética, entre otros. Cada etapa de su carrera artística estaba definida por estos hallazgos, que celebraba a través de escritos y obras de arte, formando parte de su cosmogonía y adquiriendo significados propios. Esta capacidad para entender el mundo y recrearlo de un modo inteligente, único y complejo, abarcando todas las facetas de la existencia en coherente conjunción, convertía a Dalí en un humanista contemporáneo, cosa de la que fue siempre muy consciente. No se cansaba de repetir que resultaba mucho más interesante como persona que como pintor y que prefería pasar a la historia como un gran pensador antes que como un artista famoso.

La ciencia no solo fue un importante punto de partida para su obra sino que le ayudó a dar un sentido a la vida, llegando a legitimar a Dios a través de los descubrimientos de su época. Dalí estaba falto de fe y deseaba llegar a las creencias religiosas a través de datos objetivos y verificables. Hacia el final de su vida afirmó que ni los literatos ni los pensadores le podían aportar nada, en cambio los científicos todo, incluso la inmortalidad del alma (La Edad de Oro, 1983). Cuando murió, en 1989, encima de su mesita de noche había dos libros: Una breve historia del tiempo de Stephen Hawking y *What is Life?* de Erwin Schrödinger.

1. Universitat Internacional de Catalunya (España).

Dalí vivió un periodo revolucionario para la ciencia y la tecnología. Fascinado por los nuevos descubrimientos, en su biblioteca personal había libros sobre física nuclear, geometría, mecánica cuántica, biología, óptica, neurología o matemáticas. Leyó a los investigadores contemporáneos como Albert Einstein, Max Planck, Sigmund Freud, Werner Heisenberg, Erwin Schrödinger o Stephen Hawking, pero también a los eruditos del pasado como Pitágoras, Platón, Ramon Llull, Juan de Herrera, Baruch Spinoza o G. W. Leibniz. Estaba suscrito a las revistas científicas más prestigiosas del mundo -como Science et Vie, Science and Invention o Scientific American- y algunas de ellas usaron sus obras para ilustrar conceptos concretos, como Nature Genetics (2015), que reprodujo en su portada el cuadro Paisaje con mariposa. *El Gran masturbador en paisaje surrealista con ADN* (1957) para referirse a las histonas[2].

La ausencia de estudios sobre Dalí y la cibernética se enmarca dentro del poco interés que ha suscitado su relación con la ciencia, a pesar de que ésta es un eje fundamental tanto en su pensamiento como en su obra. Esto se debe, primero, a un desconocimiento sobre ella -y más particularmente sobre la cibernética- por parte de los historiadores del arte y, segundo, a un desinterés de éstos por la obra daliniana de después de la Segunda Guerra Mundial, precisamente cuando la ciencia se convierte en el foco principal de sus intereses. Los estudios que se han realizado sobre Dalí y la ciencia se centran principalmente en la etapa atómica y mística (entre 1945 y 1960) y existen muy pocas investigaciones que trabajen los últimos 30 años de vida del artista, en los que la cibernética adquiere cada vez más protagonismo tanto en su pensamiento como en su obra. En 1956 en la revista Amazing Stories Dalí imaginaba el futuro: "creo que en el 2001 el arte y la ciencia se habrán fusionado" (Dalí, 1956, p. 246).

2. OBJETIVOS

El objetivo de nuestro trabajo es determinar si podemos hablar de un "período cibernético" en la obra daliniana, qué obras del pintor formarían parte de este y cuál sería su iconografía. La hipotética etapa seguiría a la "místico-nuclear" y sería consecuencia lógica de ella, constituyendo un eslabón más en la "cadena científica" de los intereses dalinianos.

3. METODOLOGÍA

La metodología empleada ha sido el visionado de entrevistas al pintor para extraer sus declaraciones con respecto a la ciencia y a la cibernética. También se han visionado distintos documentales, películas y performances en los que expresa sus ideas sobre el tema y se ha buscado información en la prensa de la época. La lectura de libros y artículos escritos por científicos e informáticos que colaboraron con él, así como el visionado de sus entrevistas, ha arrojado mucha luz sobre el tema. Ha sido especialmente importante la consulta de la biblioteca personal de Dalí en el *Archivo Centro de Estudios Dalinianos* de Figueres (Girona) para analizar qué tipo de libros tenía en su poder. De todos los dedicados a la ciencia, se ha estudiado más a fondo el tratado de Norbert Wiener *God & Golem, Inc.: A Comment on Certain Points Where Cybernetics Impinges on Religion* (1964) que presenta dibujos del pintor y hasta ahora no había sido citado ni catalogado. Todo ello ha servido

2. Proteína que proporciona apoyo estructural para un cromosoma.

para poder identificar las obras de Dalí relacionadas con la cibernética, atendiendo a su iconografía y su correspondencia con el pensamiento del artista respecto al tema.

4. DESARROLLO DE LA INVESTIGACIÓN

Los artículos de juventud publicados en *L'Amic de les Arts*, como el titulado "Sant Sebastià, Federico García Lorca" (Dalí, 1927), insistían en la objetividad científica como actitud frente al arte y la vida. El Dalí surrealista se sentía fascinado por la era maquinista tal como demuestra el *Manifest Groc* (1928). En 1935 escribió una carta a Paul Éluard definiendo su método paranoico-crítico como un "surrealismo impregnado de física», y en *La conquista de lo irracional* (1936) afirmó: "nosotros los surrealistas (...) no somos exactamente artistas ni tampoco verdaderos hombres de ciencia; somos caviar entre dos aguas, el agua fría del arte y la caliente de la ciencia" (Dalí, 2005, p.56). Precisamente durante esos años inició su estudio de la Teoría de la Relatividad, cuya influencia es clave en obras como *Persistencia de la memoria* (1931).

Posteriormente, durante sus estancias en Nueva York, Dalí tuvo la oportunidad de ponerse en contacto con científicos de forma regular. Su amigo Jaume Miravitlles (que vivió en la misma ciudad desde mediados de los años 40 hasta 1963) definió así su modo de vida: "A última hora de la tarde, nuestro amigo tiene una tertulia en su hotel. Es una tertulia de científicos (...). Esta tertulia es del gusto de Dalí (...). Deben de haber observado que en todas las declaraciones universales que hace, mezcla la ciencia de última hora, que es lo que oye decir en la tertulia del hotel Saint Regis" (Pla, 1981, p. 150). Fue en Estados Unidos, durante los años cuarenta, cuando empezó su *Período nuclear*, en el que el átomo se convirtió en el foco de su pintura mientras estudiaba el *Tratado de la divina proporción* de Luca Pacioli, que le llevó a aplicar su geometría en los lienzos. Fue entonces cuando empezó a tratar la religión desde el prisma de la ciencia para legitimar la existencia de Dios, poniéndose especialmente de relieve en el *Manifiesto Místico* (1951) y el *Manifiesto antimateria* (1958) - ambos derivados de la física cuántica - que había estudiado a través de Planck, Schrödinger y Heisenberg.

En los años sesenta, también en Nueva York, conoció personalmente a Watson y Crick, los descubridores del ADN. Obsesionado con la inmortalidad, halló en esta molécula la prueba de la vida eterna. Paralelamente empezó a interesarse por la cibernética a través de la obra de Norbert Wiener -fundador de dicha disciplina-, de las primeras exposiciones de arte digital y experimentando con ordenadores IBM así como la impresora de puntos matriciales, como veremos. Durante los años setenta se concentró en los anaglifos, esteroscopias y hologramas (fue el primer artista en hacer hologramas y conoció a su inventor, el Nobel Denis Gabor) mientras estudiaba los gráficos computacionales. Esto último lo realizó a través de los estereogramas de puntos aleatorios de Bela Julesz (neurocientífico visual y psicólogo experimental) y de las animaciones de figuras 4D, secuencias de la superficie de Veronese[3] y otras formas en movimiento del matemático Thomas Banchoff (Munarriz, 1983), como detallaremos más adelante. Éste último usó *Cuerpo hipercubo (basado en el tratado sobre la forma cúbica de Juan de Herrera, constructor de El Escorial))* (c. 1954) para ilustrar su artículo "Visual images and shadows of the four dimension" (Banchoff, 1975) que versaba sobre la formulación gráfica de objetos tetradimensionales en los ordenadores. Eso le llevó a conocer a Dalí e iniciaron una intensa relación intelectual

3. En matemáticas, la superficie de Veronese es una superficie algebraica en el espacio proyectivo de cinco dimensiones

hasta el final de su vida, elaborando anaglifos computacionales juntos y estudiando las matemáticas de René Thom, con quien Dalí mantuvo una amistad hasta el final de su vida y cuya teoría de las catástrofes inspiró muchas de sus obras. Como resultado de las investigaciones que había llevado a cabo, en 1973 Dalí realizó *Diez recetas para la inmortalidad*, dónde la ciencia legitimaba un universo divino.

En 1985 el Teatro-Museo de Figueres acogió el congreso de física que llevaba por título *Cultura y ciencia: determinismo y libertad*. En el prólogo a la publicación (Wagensberg, 1986) que acompañó el simposio -titulado "El enigma estético"- Dalí afirmó que el fenómeno estético iba íntimamente ligado a la historia de la ciencia aunque sólamente fuera por el simple hecho de la elección experimental e hizo una revisión de la ciencia desde Ramón Llull hasta René Thom ("la teoría de Rene Thom ha encantado todos mis átomos desde el día que la empecé a conocer", afirmó). Durante el simposio un periodista le preguntó: "¿Por qué tanto interés por la ciencia?" Dalí respondió: "Porque los artistas apenas me interesan. Creo que deberían tener nociones científicas para andar sobre otro terreno que es el de la unidad". (Ruiz, 2010, p. 13). Jorge Wagensberg, director del evento, afirmó que "un científico tiene una idea, pero no siempre se da cuenta de lo esencial y, además, tiene que convencer a los demás. Dalí reunía estos tres rasgos: tenía la idea, se daba cuenta y convencía. Se dio cuenta de la teoría fractal antes que Benoît Mandelbrot, como él mismo reconoció después" (Chaparro, 2013, p. 1).

4.1. Dalí y la cibernética

Dalí vio en la cibernética -como había visto en otras disciplinas científicas anteriormente- una justificación de su visión espiritual del mundo y de la inmortalidad, un tema que le obsesionaba. Durante una entrevista con Louis Pawels afirmó: "hay amores feos, pero todas las muertes son bellas, gloriosas, angélicas. Estamos gobernados por los muertos; la cibernética más poderosa es la de los muertos" (Dalí, 1968, p. 87). Estaba convencido que el ordenador superaría el abismo entre el hombre y el ángel, entre lo mortal y lo inmortal, transformando al ser humano en un "ángel mutante", vocablo que extrajo de la religiosidad de la Edad Media que tanto le apasionaba. En el documental *Dalí in New York* la entrevistadora Jane Arden comenta: "[Dalí] habla constantemente de un ángel con alas (...) y al mismo tiempo habla de cibernética, uniendo las dos ideas como si la cibernética tuviera que superar la brecha entre el hombre y el ángel". (Jacques Bond, 1965, 20:20).

En la biblioteca personal de Dalí se conservan tratados sobre cibernética, de los que se ha obviado el gran impacto que ejercieron sobre su pensamiento y su estética. Entre ellos destacan los de Thomas Banchoff, Bela Julesz, Miquel Masriera (químico y divulgador científico) o Norbert Wiener (matemático y filósofo), considerado por Dalí como un genio a la altura de Einstein (Juan, 1964). Su libro *God & Golem, Inc.: A Comment on Certain Points Where Cybernetics Impinges on Religion* (1964) -hasta ahora nunca citado en los estudios sobre Dalí- presenta en los márgenes dibujos a lápiz del artista, interpretaciones en clave daliniana de las teorías allí expuestas, que tratan sobre el aprendizaje de las máquinas, su reproducción y el lugar que ocupan en la sociedad, haciendo continuas referencias religiosas. Wiener compara la creación del hombre por Dios con la creación de la máquina por el hombre y vaticina los logros de la inteligencia artificial. Imagina también lo que hoy conocemos como *cyborgs*, que considera como derivaciones lógicas de las aplicaciones de la biónica en su momento. Los dibujos de Dalí representan ángeles, superhéroes y seres andróginos cuya relación con el texto explicaremos a continuación.

Como Wiener, Dalí intuía el dominio del mundo por el ordenador: "A mí la cibernética me atrajo siempre poderosamente y por eso busco todo lo que puedo relacionado con ella (...) dominándola podemos dominar cada día más el mundo circundante" (Irurozqui, 1962). Pensaba que la cibernética llevaría a la humanidad hacia estados superiores evolutivos, perfeccionando su cuerpo y eliminando la lucha de clases, con frases tan contundentes como "gracias a los ordenadores IBM las clases sociales desaparecerán" (Bosquet, 2003. p. 6). En 1970 afirmó que "los circuitos impresos del underground de las máquinas van a tomar el poder y emerger al exterior. Los años futuros serán de los gloriosos refinamientos de hologramas visuales y acústicos" (Lacroix, y Parinaud, 2001, p. 38).

Si en *God & Golem* Wiener relataba las enormes posibilidades de la biónica, Dalí pensaba que la introducción de la cibernética en el cuerpo humano lo llevaría hacia la inmortalidad, la genialidad y la perfección, asimilándolo a los ángeles. Buen ejemplo de la relación entre máquina e inmortalidad es su gran interés por la hibernación -sabemos que recibía regularmente la revista de *Life Extension Society*, primera organización criónica del mundo-: "estoy firmemente convencido que la ciencia descubrirá métodos para la hibernación que permitirán la prolongación de la vida. La inteligencia no será la fuerza precipitante pues todos somos asnos; las computadoras lo harán. Ya tenemos máquinas cibernéticas prodigiosas infinitamente superiores a la gente que las usan" (Bosquet, 2003, p.18).

Estaba apasionado por las máquinas que mejoraban las capacidades del cuerpo humano, sobre todo las que usaban los astronautas. Estaba particularmente interesado en la tecnología que usaba la NASA para aumentar su visión con el monóculo *Electrocular*, cuyo circuito cerrado de televisión permitía ver hacia atrás. Este artefacto le inspiró para diseñar "una forma de cibernética para los ojos" que consistía en unas "lentes de contacto para soñar en Technicolor" ("Playboy Interview", 1964) junto un tal Dr. Jayle de Marsella, cuyas imágenes tenían que ser proyectadas en una pantalla (Dalí, 1967). También imaginó una "Máquina para soñar" (Dalí, 1957) verdadera premonición del metaverso, o una máquina de fotografiar que captaba volúmenes, antecedente del holograma (Dalí, 1967). Su admiración por los astronautas era tal que en 1971 invitó a los tripulantes del Apolo 14 al hotel Saint Regis de Nueva York. Le gustaba vestirse como ellos[4] y los hizo protagonistas de performances como la que aparece en *Dali's Fantastic Dream* (Maysles y David, 1966). Sabemos que puso la figura de un astronauta en la fachada del Teatro Museo de Figueres, hoy desaparecida.

Para Dalí el astronauta era lo más parecido a un ángel, tanto por su perfección como por su recorrido vertical, sinónimo de trascendental y místico. Amaba todo movimiento ascensional que uniera la Tierra con el Cielo: desde la Asunción de la Virgen, las levitaciones de Santa Teresa de Ávila, el Misterio de Elche o el autogiro de Juan de la Cierva hasta los cohetes. En los dibujos que realizó en *God & Golem* vemos a seres voladores que miran hacia arriba, hacia el cielo, como si quisieran elevarse hacia él. Uno tiene alas: es un ángel. Otro lleva una capa y un antifaz: es Batman. Dalí relacionaba la cibernética con la religión, la ciencia ficción y la carrera espacial.

No sólo se interesó por la aplicación de la cibernética en el organismo humano sino también -y particularmente- por la humanización de la máquina, considerada como un Golem[5] (en palabras de Wiener). En su biblioteca hallamos *Controversia sobre mentes y*

---

4. Como vemos en la foto realizada por Oriol Maspons y Julio Ubiña, *Salvador Dalí en Portlligat* (1959).
5. Un Golem es una personificación en el folklore medieval y la mitología judía de un ser animado fabricado a partir de materia inanimada.

máquinas de Alan Ross Anderson (1984) que trata sobre la posibilidad de que la máquina tenga conciencia y emociones. También encontramos *La ruta de los cerebros electrónicos* (1969) de Miquel Masriera, científico que lo instruyó en temas de cibernética siendo su asesor científico durante la concepción y construcción del Teatro Museo de Figueres, abierto en 1974. Químico y periodista de *La Vanguardia*, empezó una relación epistolar abierta con Dalí en 1962. Sus artículos divulgativos relacionaban la ciencia con la filosofía, el arte y otras disciplinas, desarrollando una metafísica con base científica que influenció enormemente al artista. Resulta extraordinaria la transposición que hizo Dalí de sus artículos sobre cibernética en sus obras, retomando sus teorías y usando sus mismos términos científicos para describirlas o titularlas.

Masriera conoció personalmente a Norbert Wiener y mantuvo una estrecha relación con Eugeni d'Ors, del que Dalí extraería muchas ideas sobre los ángeles. En 1959 publicó el artículo "La cibernética, ciencia explosiva" (Masriera, 1959) definiéndola como "una ciencia que quiere erigirse en filosofía" y en 1973 "Inteligencia artificial" (Masriera, 1973) dónde calificaba a los ordenadores de "cerebros electrónicos", término que Dalí usó constantemente y con el cual se definía a sí mismo. En ese artículo citaba a Wiener y otros teóricos de la cibernética afirmando que "La filosofía cibernética pretende ir mucho más lejos todavía, pues en un séptimo grado de efectividad se intenta abarcar la evolución de todas las especies vivas para culminar en un grado octavo con la efectividad total o creación interna". En el artículo "¿Qué es la memoria?" (Masriera, 1977) la relacionaba con los *bits*, cosa que Dalí hacía constantemente en sus entrevistas.

Según Dalí, en la evolución hacia el ángel mutante que propiciaría la cibernética, el hombre sufriría dos grandes metamorfosis: una lo convertiría en *cyborg*, y la otra en andrógino. En 1968 afirmó que "El sexo de la época que viene es el andrógino (...), la gente se volverán locos de los ángeles, estará el mundo lleno de andróginos y muy poco amor de consumación, todo erotizado en el sentido espiritual y angélico" (Pérez, J., 1968, 11:04). Para el artista -como para Leonardo y los humanistas con los que tanto se identificaba-, el ser andrógino era sinónimo de perfección. En la última página del libro *God&Golem* dibujó un ser andrógino -junto a un ángel- que recuerda mucho al propio Dalí en *Dalí a la edad de seis años, cuando pensaba que era una niña, levantando la piel del agua para ver un perro durmiendo a la sombra del mar* de 1950.

Otro factor que, según Dalí, permitía a la cibernética acercar el ser humano a la inmortalidad eran los chips. Éstos contienen *bits*, es decir, memoria, que perdura en el tiempo. Esto es clave para entender la constante presencia de los chips en el Teatro Museo de Figueres, definido por el artista como un Museo de la Memoria. En la película *Impresiones de la Alta Mongolia* (Dalí y Montes-Baquer, 1976, 11:55) Dalí nos invita a visitarlo mientras dos grandes chips en forma de portal se abren para darnos paso. El artista exclama: "entrar en el Museo Dalí (...) consiste exactamente en entrar a través de placas de circuitos -es decir, de circuitos impresos en oro- en el interior más íntimo del cerebro de Salvador Dalí". Según Marc Lacroix -que visitó al pintor regularmente durante los años 70- el pintor hablaba a menudo de los circuitos impresos de su propio cerebro (es decir, chips), calificándolos de "metamorfosis alquímicas" (Lacroix y Parinaud, 2001, p. 48). Con ello Dalí se refería a sí mismo como un alquimista, transformando el metal "vil" del chip -silicio- en oro, símbolo de la inmortalidad y la perfección.

Dalí consideraba a su cerebro como un ordenador, alter ego de su genio. Se definía a sí mismo como una "máquina de pensar", nombre con el que era conocido el *Ars Magna* (c.1305) de Ramón Llull, introductor de la alquimia en Cataluña y patrón de los informáticos debido a la lógica combinatoria usada en su obra, considerada el antecedente del lenguaje cibernético. El sistema de LLull fascinó a Dalí -que lo estudió con la ayuda de Thomas Banchoff- viendo en él el antecedente del arte digital: "en el momento de la más grande indigencia espiritual en que el arte moderno se aniquila en el arte mínimo, como su propio nombre indica, la tecnología, gracias a la cibernética, llega a los dignos refinamientos de las ruedas combinatorias del arcángel Raimundo Lulio. Los circuitos impresos del underground de las máquinas van a tomar el poder y emerger al exterior. Los años futuros serán los de gloriosos refinamientos de hologramas visuales y acústicos" (Lacroix y Parinaud, 2001, p. 38).

Ramón Llull resulta fundamental para entender no sólo el papel de la cibernética en el pensamiento de Dalí sino el sentido del Teatro Museo de Figueres, obra que hasta ahora nadie ha explicado bajo dicho prisma y que realizaremos en el próximo punto de nuestro artículo. Esto debe contextualizarse en la enorme importancia que tuvo siempre la máquina en la obra de Dalí y en la progresiva asimilación de su propio cuerpo con ella, algo que tampoco ha sido estudiado hasta hoy. El pintor fue de los primeros en comprender que la máquina había cambiado por completo la noción del arte y ya a finales de los años 20 reclamaba un "anti-arte" que incorporara la tecnología - más acorde con la realidad- afirmando que "las metáforas más perfectas y exactas hoy nos las ofrece ya hechas y objetivadas la sociedad industrial" (Dalí, 2005, p. 170). Arte y tecnología no fueron nunca disciplinas opuestas sino partes de una misma creación, la más pura manifestación del espíritu. Dalí no veía separación ni contradicción alguna entre cuerpo y máquina, considerando, por ejemplo, la cámara como un ojo y usando vocablos de la técnica y la ciencia para describir estados anímicos. Un ejemplo paradigmático de esto es su temprano artículo titulado "Sant Sebastià, Federico Garía Lorca" (Dalí, 1927) en el que un heliómetro "de alta poesía" media la agonía de un santo a través de "distancias aparentes y medidas aritméticas entre valores sensuales puros".

A partir de los años sesenta Dalí empezó a identificarse con un ordenador. En sus entrevistas imitaba a los robots usando sus bigotes como un radar (Cortés, 1963, p. 51) y decía frases tan contundentes como "Tengo un cerebro electrónico" (Lieber, 1962, p. 11); "mi cerebro cibernético está recibiendo un mensaje telepático" ("Dalí el payaso místico", 1969, p.33), "sólo me importa la suma de información contenida en los viejos maestros, al igual que una máquina IBM funciona únicamente por la suma de los elementos que la alimentan" (Bosquet, p. 21), "volviendo a cerrar los ojos y mirando retrospectivamente, lo que queda son las imágenes que poseen el mayor número de «bits de información" (Dalí, S. 1968, p. 83).

4.2. Obras e iconografía cibernéticas

En su identificación con la máquina, Dalí imitó la impresora de puntos matriciales durante la promoción de la película de ciencia ficción F*antastic Voyage* (Fleischer, 1965), en la que experimentó con computadoras IBM. La protagonista del film era Rachel Welch y con este motivo se introdujo en el ordenador las medidas que supuestamente tenía que tener la "mujer ideal" (36-22-36 pulgadas), encarnada por la actriz. Cuando la impresora mostró el gráfico resultante a Dalí no le gustó y decidió hacer él mismo un retrato de Welch imitando los puntos matriciales con sus propios dedos sobre un lienzo. La obra resultante aparece en el documental *Dali's Fantastic Dream* (Albert y David Maysles, 1966). Ese mismo año realizó el primer lienzo de contenido explícitamente cibernético, con el mismo título que la película, *Fantastic voyage* (1965), dónde imitó de nuevo los puntos matriciales y pintó un "cerebro electrónico". La obra captó la atención de Andy Warhol, que veinte años más tarde (en 1985), realizaría su primera creación de arte digital con la computadora personal *Amiga* de Commodore. *Fantastic voyage* aparece en el documental *Dalí in New York* (1965) formando parte de una performance en la que Dalí se disfrazó de astronauta, acompañado de globos en forma de cohete. Los puntos que aparecen en el cuadro son los mismos que hay en *Retrato de mi hermano muerto* (c.1963) que fueron definidos por Dalí como "astronautas volando" (Bond, 1965, 22:45).

Unos años antes Dalí había introducido en su iconografía la "máquina de pensar", cuando en motivo de su 50 aniversario[6] renació de un "cubo metafísico" forrado con el alfabeto luliano. La perfección matemática del lenguaje del Ars Magna, un sistema destinado a convertir los infieles, justificaba científicamente para Dalí la existencia de Dios y la inmortalidad: "Pienso en la necesidad de encontrar dogmas llenos de autenticidad sobre la vida eterna. Intuyo que es en la obra de Ramón Llull donde algún día encontraré ciertas verdades que me van a convencer. Mientras espero ese día, mi técnica está tan avanzada que no puedo permitirme ni siquiera el pensamiento, la broma de morirme, ni siquiera de viejo" (Dalí, 2022, p 40). Desde mediados de los años 50 la "máquina de pensar" fue convirtiéndose para Dalí en un *leitmotiv,* identificándola con un ordenador y con su propio cerebro -como se desprende de sus entrevistas- y en los sesenta empezó a aparecer en sus obras, algunas de ellas no catalogadas -como *Thinking machine,* realizada para la Gallery of Modern Art en Columbus Circle (Nueva York) en 1965- o analizadas -como *Fantastic voyage* (1965)-, estando presente hasta el final de su vida en pinturas como *Máquina que piensa* (1980). Fue tan importante como concepto, que llegó a constituir el punto de partida del Teatro Museo de Figueres, concebido como un Teatro de la Memoria y un gran cerebro electrónico (el suyo).

El Ars Magna o "máquina de pensar" consistía en un sistema de preguntas y respuestas compuesto por siete discos concéntricos (conocidos como *ruedas lulianas*) con letras y símbolos que al girarse y combinarse pretendían ser capaces de mostrar toda verdad posible. Esas ruedas están muy presentes en el Teatro Museo de Figueres: Dalí mismo afirmó que en la Torre Gorgot "podemos experimentar todo el sistema de las ruedas lulianas" (Gómez de Liaño, 1983, p.65) las cuales aparecen a través de obras como *Ruedas lulianas* (1979) o *La cabra d'or del castell de Quermançó* (1979).

Si bien algunos historiadores han estudiado la relación del museo con la memoria -entre los que destaca Ignacio Gómez de Liaño- ninguno lo ha hecho con la cibernética, a pesar de las numerosas obras relacionadas con dicha disciplina que en este se encuentran:

Antes de entrar, delante de la fachada, el *Monumento a Francesc Pujols* (1975) toma forma de una gran figura que piensa, similar al *Pensador* de Auguste Rodin (1880): se trata de una "máquina de pensar", con la que el pintor se identifica y que representa a su museo. La efigie de Ramón Llull -del que Pujols se consideraba un discípulo- aparece en la parte posterior.

Entrando al museo y bajo la gran cúpula -el lugar más sagrado para Dalí, en el que se halla sepultado- encontramos a *Gala desnuda mirando al mar que a 18 metros aparece el presidente Lincoln* (1974-1975). En 1973 el artista leyó el artículo del informático Leon Harmon en la revista *Scientific American* titulado "El reconocimiento de las caras" (Harmon, 1973), que versaba sobre el mínimo de píxeles necesarios para percibir una imagen. Según Amanda Lear "la revista favorita de Dalí, que mantenía al lado de su cama, era Scientific American" (Taylor, 2005, p. 209). Harmon partía de la cara de Abraham Lincoln en el billete de 5 dólares dividiéndola en una cuadrícula donde cada píxel correspondía a un tono. El

6. En Roma, el 10 de mayo de 1954 con motivo de su exposición monográfica en el Palazzo Pallavicini Rospigliosi.

número mínimo de píxeles por el reconocimiento facial resultaba de 16x16 (256 en total). Dalí utilizó esta técnica para construir una doble imagen a través de píxeles pintados a mano. Jugando con las altas y bajas frecuencias del color, así como con la distancia con la que las percibimos, obtuvo el efecto óptico deseado, en forma de doble imagen.

Hay que apuntar que Leon Harmon hacía arte digital y se desconoce hasta el momento si se llegaron a encontrar. Lo que sí sabemos es que estaba interesado en las primeras exposiciones de arte digital pues en su biblioteca encontramos *Cybernetics, art and ideas* (Reichardt, 1971), una recopilación de ensayos producto de las colaboraciones establecidas durante la preparación de 'Cybernetic Serendipity', exposición pionera del arte digital que tuvo lugar en el Instituto de Arte Contemporáneo de Londres (1968) con obras de artistas como Nam June Paik o Jean Tinguely, entre otros. Otra muestra pionera fue *Computer generated pictures* en la Howard Wise Gallery (Nueva York, 1965) con imágenes diseñadas, entre otros, por Béla Julesz, que, como veremos más adelante, inspiró a Dalí la realización de *Odalisca cibernética* (c. 1978).

En la misma sala -y a lo largo de todo el recorrido por el museo- nos encontramos cruces hipercúbicas diseñadas por el informático Thomas Banchoff, con el que Dalí estudió la matemática de Ramon Llull, Juan de Herrera y René Thom así como el lenguaje cibernético y sus posibilidades gráficas. Con Banchoff, a quien Dalí llamaba "embajador de las matemáticas", diseñó anamorfosis tridimensionales que nunca vieron la luz. En 1981 Dalí anunció a la prensa que estaba diseñando una gran obra "cibernética" con la ayuda de científicos de Rumanía, un gran anaglifo, un caballo de 30 kilómetros de largo (AFP, 1981). Para captarlo en su totalidad, el observador tendría que mirarlo no solo desde el lugar correcto sino en el momento correcto. Era un homenaje al filósofo Spinoza, quien había hablado sobre un caballo colosal que no podía ser visto más que desde un solo punto. La obra, obviamente, nunca se realizó, pero Dalí pudo ver qué aspecto tendría gracias a los gráficos digitales de Banchoff. Cuando éste lo visitó en Figueres en 1983, proyectó ante él sus películas computacionales de formas en movimiento, que entusiasmaron al pintor (Munarriz 1983).

En la planta baja también encontramos *Princesa Cibernética* (1975), cuya instalación se ubica en el Templete de Bramante que Dalí bautizó como una "capilla cibernética sagrada" (Pitxot et al., 2005, p. 136) y que fue realizada por Emilio Gómez Piñeiro según las medidas del *Discurso sobre la forma cúbica* de Juan de Herrera, a su vez basado en Ramón Llull y en el que Dalí se inspiró para realizar *A propósito del "Discurso sobre la forma cúbica" de Juan de Herrera* (1960). La relación de la cibernética con la alquimia, de la que hemos hablado más arriba, se ve claramente a través de la princesa, inspirada en la momia de la princesa china Dou Wan (Dinastía Han, 206 aC - 220 dC) cuyo vestido funerario estaba compuesto por placas de jade unidas con hilos de oro para asegurarle la vida después de la muerte. Dalí creó otra momia con chips evocando el valor emblemático del material, asociado a la inmortalidad. Esto se justifica aún más si tenemos en cuenta que la misma princesa es la protagonista de la película ya mencionada *Impresiones de la Alta Mongolia* (Dalí y Montes-Baquer, 1976), en la que Dalí, detrás de grandes chips, nos cuenta que preside una antigua y remota "dinastía alucinógena" cuyas setas crecen en una arqueta compuesta por chips. Esta caja, que los arqueólogos han desenterrado, guarda los secretos de su estirpe y determina "de una manera ineluctable todos los estilos del museo [de Figueres]". El efecto alucinógeno de la seta se describe como un viaje espacial -con cohetes y planetas- en la línea de las películas de ciencia ficción, mientras se muestran pantallas de ordenador con números y letras. La princesa está colocada en un sepulcro de cristal como una escultura yaciente, coronado este último por una cruz desplegable con símbolos de la tecnología y la ciencia que parecen encarnar la fe en el futuro y la superación de la muerte. La entera instalación es un tributo a la inmortalidad. Resulta curioso comprobar cómo las esculturas cibernéticas de Dalí son siempre femeninas, como también lo es *Giganta cibernética* (1962), una obra no catalogada, que creemos aún se sitúa en su lugar original en Portlligat (en el túnel del paseo de ronda); de hecho, el título lo puso Dalí en una entrevista (Irurozqui, 1962).

En el Palau del Vent es donde se concentran la mayoría de obras cibernéticas. En el dormitorio hay la escultura llamada *Peregrino* (1970), que lleva en sus manos un tablero de chips en el lugar que ocuparían las Sagradas Escrituras. La obra se sitúa entre unas grandes *Ruedas lulianas (1979)* y el tapiz de la *Persistencia de la memoria* (sin fecha). Esta obra muestra la representación del cuadro homónimo, flanqueado por circuitos impresos (es decir, chips) que forman la figura de dos robots, a izquierda y derecha. *La persistencia de la memoria* (1931) fue para Dalí una especie de "manifiesto" de la verdad, pues conforme avanzaba el tiempo y se iba interesando por las diversas ramas de la ciencia los relojes iban cambiando de significado, transformándose en metáforas de sus nuevos intereses. Los llegó a explicar desde la teoría de la relatividad, la geodesia, la física nuclear, la topología o la biología molecular. Parece ser que en este tapiz lo hizo desde la cibernética. Esto se justifica aún más si tenemos en cuenta que la figura con gorro de la parte baja del tapiz se trata ni más ni menos que del Gran Mongol que aparece en *Impresiones de la Alta Mongolia*, el cual tiene evidentes conexiones con el biombo de estilo orientalizante que rodea el féretro de *Princesa cibernética.*

Siguiendo en el Palau del Vent, en la sala que da a la fachada principal del museo, la cibernética aparece en todo su esplendor, como adalid de la memoria. El espacio contiene bustos de autores españoles realizados en estuco que pertenecen al antiguo teatro. Uno de ellos es Quevedo, personaje muy admirado por Dalí y que, según él, fue el primero en afirmar que el hombre era una "máquina de pensar". Creemos que es precisamente por esta razón que el artista unió su busto a un chip mediante un hilo. A su vez, el chip parece coronar una especie de altar con un gran cuadro llamado *La máquina que piensa* (1980), que se ha definido como un tributo a su ego (King, Elliott, 2010).

Subiendo la escalera en dirección a Sala de los Grandes Maestros nos encontramos con *Odalisca cibernética (1978),* cuadro que partió del interés de Dalí por los generadores de números aleatorios, la base de la simulación computacional. Éste fue el objeto de estudio del neurocientífico Béla Julesz, el creador del "estereograma de puntos aleatorios", formado por dos imágenes hechas por puntos que se distribuyen azarosamente produciendo sensación de profundidad. Sus campos de puntos coloreados obtenían diferentes texturas según el emparejamiento de los componentes cromáticos. Los novedosos estereogramas y cinematogramas de puntos aleatorios, generados por las primeras computadoras digitales en Bell Labs, apasionaron a Dalí. Las imágenes resultantes, publicadas *Foundations of Cyclopean Perception* (1971) -tomo que se halla en su biblioteca personal y que el pintor estudió- tenían que ser vistas a través de unas gafas especiales (llamadas anaglifos) que venían con el libro, revelando unas superficies tridimensionales complejas. Dalí realizó una serie de pinturas para ser vistas con ellas a las que llamó "cibernéticas", como *Sin título Piedad* (1975-76), también ubicada en el museo.

Al lado de *Odalisca cibernética* hay una gran cabeza plateada (sin catalogar) que dirige su mirada hacia ella, muy similar a las del jardín de la Casa Museo de Portlligat. Quizás se trate de una alusión al "cerebro electrónico" o "máquina de pensar". Por la escalera llegamos a la sala de los Grandes Maestros dónde vemos el esbozo para *Cien mil vírgenes virtuales reflejadas por un número indeterminado de espejos cibernéticos 'Étant donnés'* (1974), título que contiene evidentes referencias al mundo digital.

5. CONCLUSIONES

Ya desde muy joven, en 1928, Dalí auguró "el fin del fenómeno artístico, cada día más desplazado y anacrónico" y la manifestación de "los espíritus realmente superiores y originales (...) bajo formas nuevas más adecuadas y fecundas, imposibles aún de imaginar, completamente fuera del límite de las bellas artes y absolutamente de acuerdo con nuestra época" (Madrid, 1928, s.p.) En 1962, tal como había hecho con otros descubrimientos científicos que le habían obsesionado con anterioridad, afirmó ser el "inventor de la cibernética. Una máquina capaz de pensar por sí sola. Puede llegar a escribir hasta un perfecto y complicado tratado de matemáticas" (Muñoz 1962, p. 87). Al año siguiente, cuando le preguntaron qué cosa era la más importante que había realizado en su vida y respondió "Entre las más importantes, descubrir la cibernética, naturalmente que, a mano, no la electrónica" ("Dalí de Gala", 1963, s.p.), y afirmó que si tuviera más tiempo y dinero, su hobby preferido sería la cibernética (Cortés, 1963, p.16). Poco después comentaba que ya no le interesaban los "juegos de la literatura y el arte" sino tan sólo "la cibernética, la biología molecular y la física cuántica" (Bond, 1965, 20:55). En 1981 afirmó que "la investigación a base de cibernética conduce a una nueva dimensión del universo; a una nueva concepción de un arte universal, y ofrece un renacimiento de la pintura (...) Se debe pintar a base de cibernética (...)" (AFP, 1981, s.p.). El mismo año afirmó que "Hoy es indiscutible que no se pueden realizar obras maestras sin los ordenadores y la cibernética. Éste es el futuro de la pintura". (Quinta, 1981, s. p).

Después del estudio de la biblioteca personal del pintor, de sus entrevistas, de las declaraciones de los científicos que trabajaron con él, de la prensa contemporánea y de sus obras, podemos concluir que efectivamente existe un periodo cibernético en la trayectoria de Salvador Dalí. Es evidente su interés por el tema a partir de los años 50 y las numerosas referencias que aparecen tanto en sus escritos como en su producción. Así, se desprende una iconografía específica que podemos encontrar en varias obras del pintor y que hemos analizado en este artículo.

6. REFERENCIAS

AFP. (1981, 13 de enero). Dalí proyecta en París un gigantesco homenaje al filósofo Spinoza. *El País.* https://elpais.com/diario/1981/01/14/cultura/348274805_850215.html

Aguer Teixidor, M., Pitxot Soler, A. y Puig Castellano, J. (2005). *The Dalí Theatre Museum in Figueres.* Triangle postals.

Banchoff, T. (22 de enero de 1975). Visual images and shadows of the four-dimension, *Washington Post*, p. 2.

Banchoff, T. (1996). *Beyond the Third Dimension: Geometry, Computer Graphics, and Higher Dimensions.* Scientific American Library.

Bond, J. (1965). *Dalí in New York* (DVD)

Bosquet, A. (2003). *Conversations with Dalí.* Ubu Classics.

Cortés, J. (27 de octubre de 1963). Psicoanálisis de Salvador Dalí. *Abc*, 51-54.

Dalí Chaparro, L. (2013). La obsesión de Dalí, 2013) por una musa llamada ciencia. *SINC Ciencia contada en español.* https://n9.cl/26eebv

"Dalí de Gala". (14 de septiembre de 1963) *Fotos*, 1383, s.p.

"Dalí el payaso místico del siglo XX". (3 de enero de 1969). *Eva*, 33-35.

Dalí, S. (1927). Sant Sebastià, Federico García Lorca. *Amic de les Arts*, 16, 52-54.

Dalí, S. (1956). *Amazing Stories, 30*(4), 246.

Dalí, S. (1957). Salvador Dalí Predicts. *Nugget*, April, 25.

Dalí, S. (25 de febrero de 1967). Salvador Dalí escribe en rigurosa exclusiva. *Diario de Lérida*, 16.
Dalí, S. (1968). *Les passions selon Dalí*. Denoël.
Dalí, S. (15 de abril de 1968). Who is Surrealism? *Vogue*, 82-85
Dalí, S. (1975, septiembre 23-27). Dedicatoria de Salvador Dalí a Severo Ochoa en Homenaje al profesor Severo Ochoa en su 70 aniversario. International Symposium on Enzymatic Mechanisms in Biosynthesis and Cell Function. Barcelona, España.
Dalí, S. y Montes-Baquer, J. (1976). *Impresiones de la alta Mongolia* [DVD].
Dalí, S. (2005). *Obras Completas*. Ediciones Destino; Fundación Gala- Salvador Dalí.
Dalí, S. (2022). *Diario de un genio*, 1952-1964. Tusquets (original 1964)
Dalí, S. (2022). *La vida secreta de Salvador Dalí*. Fundació Gala Salvador Dalí (original 1942).
Feischer (1965). Fa*ntastic Voyage* (DVD)
Gómez de Liaño, I. (1983). *Dalí*. Casimiro.
Harmon, L. (1973). The recognition of faces. *Scientific American*, 229(5), 70-83
Irurozqui. (6 de septiembre de 1962). Ha nacido el tejido Dalí. *La Vanguardia*, s.p.
Juan, S. (20 de mayo de 1964). Una entrevista a la medida. *La Vanguardia española*, p. 11.
King, E. (2010). *Salvador Dali: the Late Work*. High Museum of Art Atlanta. Yale University Press.
La edad de Oro. (1983, 17 de mayo). TVE.
Lacroix, T. y Parinaud, A. (2001). *Dalí, Lacroix, Gala. El privilegio de la intimidad*. Instituto Cervantes.
Lieber, L. (4 de marzo de 1962). The Mystery of Venus's Arms. *This Week Magazine*. p. 11.
Madrid, F. (6 de noviembre de 1928). El escándalo del Salón de Otoño de Barcelona. Salvador Dalí, pintor de vanguardia, dice que todos los artistas actuales están putrefactos. *Estampa*, s.p.
Masriera, M. (26 de febrero de 1959). La cibernética, ciencia explosiva. *La Vanguardia*, 5.
Masriera, M. (1969). *La ruta de los cerebros electrónicos*. [S.n.]
Masriera, M. (18 de septiembre de 1973). Inteligencia artificial. *La Vanguardia*, 13.
Masriera, M. (15 de febrero de 1977) ¿Qué es la memoria? *La Vanguardia*, 6
Maysles y David (1966). *Fantastic Dream* [DVD]
Munarriz, N. (26 de mayo de 1983). Dalí se entusiasmó con las formas en movimiento del matemático Banchoff. *La Vanguardia*, 29
Muñoz, R. (11 de octubre de 1962). En su torre de Portlligat, Salvador Dalí ha pintado su último cuadro «La batalla de Tetuán». *La Actualidad Española*, 84-87.
Nature Genetics 47(10) (2015)
Pérez, J. (1968) Portlligat (ESPAÑA) en la segunda mitad del siglo XX. TVE
Pla, J. (1981). *Salvador Dalí*. Dasa Edicions.
Playboy Interview (1964, 31 de julio). Salvador Dalí. A candid conversation with the flamboyantly eccentric grand vizier of surrealism. *Playboy*, pp. 41-48.
Quinta, A. (1981, 27 de noviembre). Dalí: Tengo tantas ideas que me vienen a la cabeza... *El País. https://elpais.com/diario/1981/08/27/cultura/367711204_850215.html*
Reichardt, J. (1971). *Cybernetics, art and ideas*. New York Graphic Society.
Ross, A. (1984). *Controversia sobre mentes y máquinas*. Tusquets.
Ruiz, C. (2010). Salvador Dalí y la ciencia, más allá de una simple curiosidad. *Pasaje a la Ciencia*, 13, 4-13
Taylor M. R. (2005) *The Dali Renaissance. New Perspectives on His Life and Art after 1940*. Paperback Illustrated.
Wagensberg, J. (1986). *Procés a l'atzar*. Tusquets editores.

Wagensberg, J., Landsberg, P. T., Herralde, G., Zeki, S., Gómez de Liaño, I., Parkinson, G. y Úbdea, J. (2005). *Dalí, noves fronteres de la ciència, l'art i el pensament*, Generalitat de Catalunya.

BUSINESS SIMULATOR: GEOLOGICAL-GEOTECHNICAL TESTING LABS

María Fernanda Ramírez-Parrales, Jose Luis Chavez Torres[1]

The following text is part of the Ascendere Project on Teaching Innovation (2022) framework at the Technical University of Loja (UTPL).

1. INTRODUCTION

Business simulation in the educational field of geology and geotechnics has been identified as a highly effective learning strategy in current research. This methodology aims to promote the development of learning skills through the practical application of business concepts in a safe environment, allowing students to immerse themselves in practical situations without facing real risks. Furthermore, immediate feedback is emphasized to achieve meaningful and practical learning.

The fields of geology and geotechnics are inherently complex due to multiple variables. In this regard, a business simulator proves particularly beneficial as it allows students to gain a deeper understanding of decision-making processes related to construction techniques, as well as the management of resources and budgets in geological-geotechnical testing laboratories, which play a crucial role in the evaluation and characterization of materials used in construction, as well as in identifying the geotechnical properties of soils. A business simulator allows students to explore and apply business techniques and strategies in a safe and controlled environment.

The assessment of skills acquired during the business simulation process is based on the learning outcomes established by Ecuador's Council for Quality Assurance in Higher Education (CACES). Furthermore, to ensure accurate and fair assessment, specific rubrics have been developed to evaluate the different criteria that constitute a satisfactory learning outcome. This assessment is conducted comprehensively and systematically, encompassing theoretical knowledge and the ability to apply it in practical situations. Various assessment methods, such as checklists of specific characteristics, practical tests, oral presentations, team technical projects, and performance analysis, are used. Participation, teamwork ability, resolution of technical challenges, and adaptability to change throughout the learning process are also valued.

---

1. Technical University of Loja (UTPL) Ecuador

2. OBJECTIVES

The objectives pursued through the implementation of this teaching innovation project are:

- Train students with entrepreneurial skills that enable them to establish and manage businesses effectively. Additionally, the project aims to foster in them the ability to tackle complex challenges and find innovative solutions, promoting teamwork, effective communication, and collaborative decision-making.
- Ensure that students understand the business environment well, comprehending its functioning and the opportunities it presents, contributing to strengthening their entrepreneurial capacity, stimulating critical thinking, and developing problem-solving skills.

3. METHODOLOGY

The students carried out the process of formalizing a Geological-Geotechnical services company, dividing the activity into two phases. In the first phase, students will focus on establishing the company, while in the second phase, the main objective will be to win a technical consulting project once the company is established. During each project stage, a final presentation was conducted where a panel of experts in technical, business, and organizational matters will evaluate the work done.

3.1. Phases in the construction of the business simulator

The project's first phase involved market research to identify the demand and needs in the geological and geotechnical services field. Regarding the establishment of the company and role assignments, entrepreneurial characteristics were evaluated to select General Manager who would lead and supervise the team. Each board member presented their curriculum vitae, and a human resources organizational chart was established to define responsibilities and salary projections. Subsequently, the company was formalized, with values, name, logo, mission, and vision being defined, and decisions were made regarding infrastructure and financing. An economic model was established, a SWOT analysis was conducted, and a detailed business plan was developed. Services to be offered were identified, such as soil studies, geotechnical risk assessment, and foundation design, and a competition analysis was carried out to establish appropriate pricing strategies and service offerings. The need for specialized equipment and trained personnel in geology and geotechnics was recognized. Digital business simulators were recommended for planning the company's creation and developing resource management skills. A marketing plan was developed, and the company's legal form was selected.

Once the company was established, commercial operations began by executing a technical project in the construction field in the city of Loja. Considering that this city is located in an active seismic zone, fundamental geological and geotechnical aspects were taken into account by construction companies to ensure the safety of the structures being built. In this context, the project's second phase was proposed to the students, in which the newly created company would offer consulting services for building construction and civil works. These services included soil studies, seismic risk assessments, foundation design and planning, and advice on material selection and construction techniques. Each student group would compete to secure the assignment of the technical project to their company.

The technical report presented the project entitled "Stabilization of a Slope in Sierra Nevada-Loja," which aimed to analyze the stability of a slope located on a main road, projecting its lifespan for 30 years. Geotechnical characteristics of the slope were provided, offering crucial information about the properties of the terrain. Based on the safety analysis performed on the slope, it was necessary to determine qualitatively the most suitable mitigation method and its corresponding implementation, utilizing available data for the analysis and determination of the geological and geotechnical characteristics of the soil.

Numerical methods for slope stability analysis, such as the simplified Bishop method and the Fellenius method, would be employed using tools like Excel spreadsheets or specialized software like Slide. These analyses and calculations aimed to provide an accurate assessment of slope stability and propose necessary measures to ensure the safety and durability of the structure in question. The technical report would also include a comprehensive detail of obtained mechanical parameters, a recommendation of the mitigation measure, and a proposed budget reference. Additionally, a 10-minute oral presentation would be required to present the findings and conclusions of the project to a jury specialized in slope stabilization.

A detailed report describing the activities should be submitted at the end of each phase. The evaluation and grading of each report will be based on the assessment of the selected learning outcomes. Each phase of the project is designed to be worked on in parts, and each part consists of a list of activities and criteria that must be fulfilled by each group, as explained in the subsequent sections.

3.2. Selection of Learning Outcomes for Assessing the Business Simulator

The evaluation of the learning outcomes was carried out following the standards established by the Council for Quality Assurance in Higher Education (CACES) in Ecuador, which are used to assess and accredit university programs.

Six learning outcomes were selected to evaluate the business simulator that describes the skills, knowledge, and attitudes students should acquire upon graduation. These six learning outcomes include critical and analytical thinking, teamwork and leadership, effective communication, disciplinary competencies, ethics and citizenship, and lifelong learning (Table 1).

The learning outcomes were divided into two phases of the project: phase 1, which encompasses critical and analytical thinking, teamwork and leadership, and effective communication, and Phase 2, which includes disciplinary competencies, ethics and citizenship, and lifelong learning.

Different Geology and Civil Engineering courses were involved in gathering the necessary information. Additionally, students from different academic cycles participated as follows: Soil Mechanics-CE (33 students from the second cycle), Soil Mechanics-GEA (30 students from the second cycle), Soil Mechanics-GEB (26 students from the second cycle), Stratigraphy and Sedimentation-GEA (17 students from the fourth cycle), Stratigraphy and Sedimentation-GEB (15 students from the fourth cycle), and Foundations-GE (25 students from the seventh cycle).

The learning outcomes were evaluated by forming groups of 5 randomly selected individuals from a total of 146 students. Each group was responsible for carrying out the activities corresponding to each project phase.

3.3. Criteria for the evaluation of each learning outcomes

Predefined criteria were provided to evaluate each learning outcome (LO) (Table 1). These criteria enable quantifying students' achievement levels using assessment tools such as checklists, rubrics, and ideation. In this way, the level of learning attained in each evaluation criterion is assessed and established using a scale that includes the following levels: Initial, Satisfactory, Good, and Excellent.

LO1: CRITICAL AND ANALYTICAL THINKING		
Criterion 1: Description of the Company	Criterion 2: Business Idea	Criterion 3: Market Study
The business idea is clearly defined in a comprehensible manner. The trade name is unique and original. An adequate amount of information is provided regarding the company's details and characteristics.	The proposal is original and innovative in describing the product or service, its motivated selection, and the differentiating elements compared to the competition. Furthermore, the Canvas model is satisfactorily applied.	A market study is presented that covers the future of the company, justifying the decisions and conclusions. The competition is defined. The customer empathy map is carried out. SWOT analysis is conducted.
LO2: TEAMWORK AND LEADERSHIP		
CRITERION 4: MARKETING PLAN RESEARCH	CRITERION 5: LOGO AND BRAND RESEARCH	CRITERION 6: LEGAL RESEARCH
A comprehensive analysis of the economic sector in which the business will operate is conducted, considering the company's market position. Effective product promotion strategies are designed, applying the 4Ps of the marketing mix (product, price, distribution, and promotion).	Develops a distinctive slogan and establishes a proprietary logo and brand, showcasing creativity in design.	Selects a legal structure for the company that is reasonably aligned with its characteristics.
LO3: EFFECTIVE COMMUNICATION		
CRITERIO 7: WRITTEN EXPRESSION, WRITTEN REPORT	CRITERION 8: ORAL PRESENTATION	
The work is presented impeccably, demonstrating outstanding attention to spelling and syntax without any detectable mistakes or errors.	The slides are organized and legible. The content is appropriate and concludes on time. They demonstrate a strong command of the subject matter and respond correctly to the questions.	
LO4: DISCIPLINARY COMPETENCIES		
CRITERION 1: IDENTIFYING THE BACKGROUND OF THE GEOLOGICAL PROBLEM	CRITERION 2: FORMULATING METHODOLOGY AND WORKFLOW FOR INFORMATION PROCESSING	CRITERION 3: SOLVING A PROBLEM RELATED TO THE GEOLOGICAL-GEOTECHNICAL FIELD

The problem is identified comprehensively, and the necessary information for the project is acquired with precision and thoroughness.	The individual demonstrates proficiency in utilizing techniques, tools, and methods to tackle problem-solving. They create a workflow diagram and provide feedback on it.	They present an appropriate solution supported by solid foundations and demonstrate efficiency.
LO5: ETHICS AND CITIZENSHIP		
CRITERION 1: RECOGNIZES ETHICAL DILEMMAS, STAKEHOLDERS, AND THEIR CONSEQUENCES	CRITERION 2: DEMONSTRATES HONESTY AND INTEGRITY FOLLOWING ETHICAL AND DEONTOLOGICAL PRINCIPLES ESTABLISHED BY SOCIETY AND INSTITUTION	
Consciously identifies ethical dilemmas, the stakeholders involved, and the consequences that arise from them.	Demonstrates a solid commitment to honesty and integrity, acting by the ethical and deontological principles established by the corresponding Society and Institution.	
LO6: LIFELONG LEARNING		
CRITERION 1: IDENTIFIES WHAT NEEDS TO BE LEARNED	CRITERION 2: UTILIZES APPROPRIATE STRATEGIES WITHIN THEIR DISCIPLINE TO CONTINUOUSLY LEARN	CRITERION 3: EVALUATES THEIR LEARNING PROCESS
Has a clear understanding of what information is relevant for learning and organizes it coherently.	Understand which information is relevant for learning and structure it coherently and organized.	Recognize achievements and areas for improvement, demonstrate a consistent commitment to the learning process, and continuously seek improvement.

Table 1. Description of criteria for the evaluation of learning outcomes.

4. RESULTS AND ANALYSIS OF THE RESEARCH

The following results were obtained for each evaluated course during the application of the various rubrics and the comprehensive evaluation of each selected learning outcome for each phase of the project. These results are based on the levels achieved by the students, with the most significant being those in the "good" and "excellent" range. This approach allows for determining the student's level of performance and achievement concerning the established criteria.

4.1. Evaluation of Learning Outcomes for Soil Mechanics CI Students

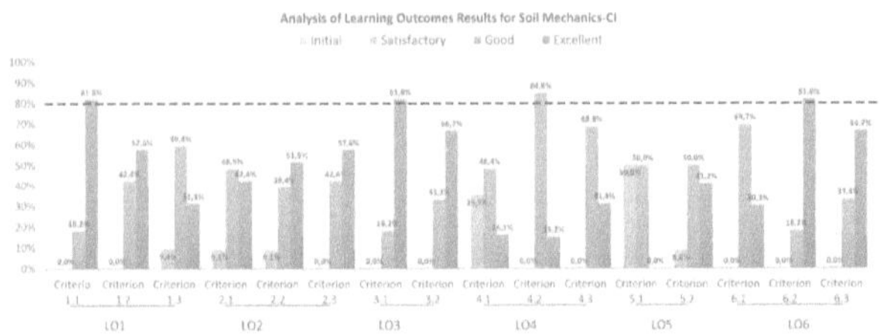

Figure 1. Analysis of Learning Outcomes Results for Soil Mechanics students in the Civil Engineering program UTPL.

Observations made on a group of second-cycle students in the Civil Engineering program revealed an excellent level of development, with a percentage exceeding 80%, in several Learning Outcomes (LOs). These include the ability for analysis and critical thinking (criterion 1), effective communication (criterion 1), disciplinary competencies (criterion 2), and lifelong learning (criterion 2).

Criterion 2 is fundamental disciplinary competencies, which achieved this study's-highest percentage of development. This group of students has notably developed a systematic methodology for solving engineering problems, demonstrating organization and a systematic approach.

However, it has been observed that Learning Outcomes (LOs) related to teamwork(LO2) and ethical dilemmas(LO5) showed a lower level of development in this group of students. These aspects require greater attention and effort from both students and teaching staff, as they are considered fundamental skills in students' individual and social development.

4.2. Evaluation of Learning Outcomes Soil Mechanics IGA Students.

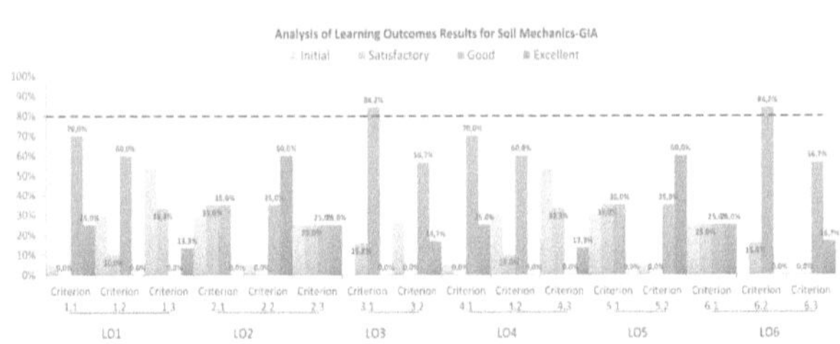

Figure 2. Analysis of Learning Outcomes Results for Soil Mechanics A students in the Geological Engineering program UTPL.

Analyzing the percentages obtained by this group of second-cycle Soil Mechanics-A students in the Geological Engineering program, it can be observed that two learning outcomes stand out for their higher development: effective communication(LO3) (criterion 1) and lifelong learning (LO6) (criterion 2), with a percentage exceeding 80%, corresponding to the excellent level on the learning levels scale. However, it is identified that the other learning outcomes have not reached a satisfactory level, as they fall below 80% for most students. This indicates variability in the student's development of these skills. Additionally, clear indications of effective acquisition of these skills are not evident. It is relevant to highlight that the ethics and citizenship (LO5) learning outcome is the least developed, achieving a maximum of 60% in its highest criterion. Likewise, the teamwork criterion also registers a percentage of 60%. On the other hand, the remaining learning outcomes maintain an average of 70%.

These results underline the need to provide greater attention and support to students and teaching staff in developing ethical, citizenship, and teamwork skills. These areas represent significant opportunities for improvement to ensure comprehensive training of future geological engineers and strengthen their professional performance.

4.3. Evaluation of Learning Outcomes for Soil Mechanics-IGB Students

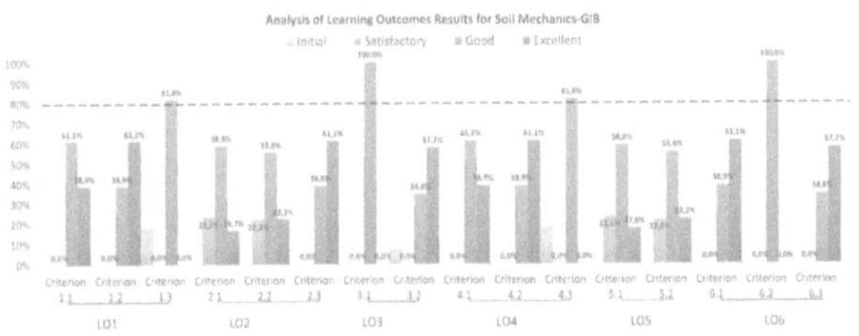

Figure 3. Analysis of Learning Outcomes for Soil Mechanics B Students in the Geological Engineering Program UTPL.

The results of Soil Mechanics-IGB students, notable development has been observed in learning outcomes related to critical thinking (LO1) (criterion 3), effective communication (LO3) (criterion 1), disciplinary competencies (LO4) (criterion 3), and lifelong learning (LO6) (criterion 2). Notably, 100% of the students in this course have demonstrated excellent performance in written communication, identification of geological problems, and disciplined application to develop strategies that foster continuous learning. However, it is observed that there are learning outcomes with a lower degree of internalization by students, as they do not reach a 60% level of development. These results are related to teamwork (LO2) and ethics and citizenship (LO5). Deficiencies have also been identified in carrying out entrepreneurial creation and ideation activities.

Nevertheless, when addressing engineering problems, the results indicate that students have adequately developed their skills. These findings highlight the importance of strengthening teamwork, promoting ethics and citizenship, and enhancing entrepreneurial creation and ideation capabilities. These areas represent opportunities for improvement that require greater attention from students and faculty. By doing so, the comprehensive development of future professionals in Soil Mechanics can be ensured, improving their performance in the field of engineering.

4.4. Evaluation of Learning Outcomes for Stratigraphy and Sedimentation-IGA Student

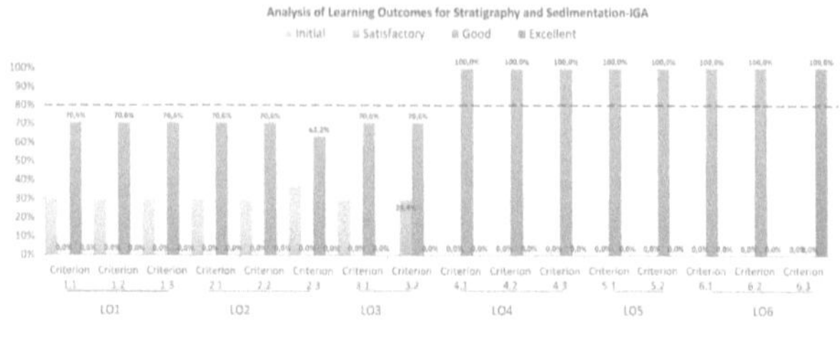

Figure 4. Analysis of Learning Outcomes for Stratigraphy and Sedimentation-A Students in the Geology Engineering Program UTPL.

The learning outcomes of the Stratigraphy and Sedimentation-A group in the fourth cycle of the Geology Engineering program, heterogeneity in student performance is observed. For the evaluated criteria of LO1, LO2, and LO3, a percentage of 70.6% is achieved, indicating that only a certain portion of the group completed the activities to assess those criteria. On the other hand, LO4, LO5, and LO6 were developed at an excellent level for 100% of the students.

It is noteworthy that the learning outcomes in disciplinary competencies, ethics and citizenship, and lifelong learning remain consistently at the "Excellent" level. In criteria 1 and criteria 2 of LO5, emphasis is placed on geological knowledge to characterize slopes, such as stratigraphic characterization of outcrops, sedimentary facies characterization, and the determination of sedimentary environment. This demonstrates the solid understanding of students in these areas and the effectiveness of the employed teaching strategies.

However, additional attention is required to improve performance in the remaining criteria and achieve a more balanced development of the learning outcomes. Through specific interventions and additional support, students can enhance their understanding and application of assigned tasks.

These findings underscore the importance of continuous assessment and instructional improvement to drive student learning.

4.5. Assessment of Learning Outcomes for Stratigraphy and Sedimentation Students-IGB

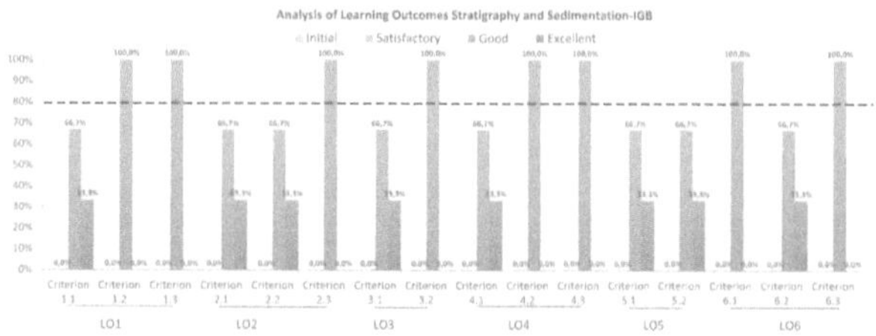

Figure 5. Analysis of Learning Outcomes for Stratigraphy and Sedimentation-B students in the Geological Engineering program UTPL.

In the Stratigraphy and Sedimentation B group, corresponding to the fourth cycle of the Geology Engineering program, there are a total of 15 students. Overall, a significant development was observed in the majority of the learning outcomes, with 100% of the student population achieving an "Excellent" level on the scale. The most notable and well-developed learning outcomes, based on the evaluated criteria, were critical and analytical thinking, as well as disciplinary competencies that include the stratigraphic characterization of the slope. Additionally, the learning outcome related to lifelong learning (LO6) also achieved a high level of development. However, it is important to note that the learning outcome addressing ethics and citizenship (LO5) had a student assimilation rate of 66.7% for its two criteria. Although there is evident progress in this aspect, it still falls below the "Developed-Excellent" level. It is worth highlighting that, despite most of the learning outcomes reaching excellent levels, there is high variability in specific outcomes, such as teamwork. In this regard, it was identified that the criterion with the highest development in this area is criterion 3, related to legal research.

However, criteria 1 and 2, which refer to the ideation and marketing of the company, show a less significant level of development in most groups.

The fact that most of the learning outcomes have been satisfactorily developed is a positive indicator of progress in skill development for this group of students. However, it is necessary to emphasize that the ethical and citizenship aspect continues to have a low level of development in most students. These findings highlight the importance of continuing to provide support and specific attention to ethics and citizenship, as well as promoting strategies that foster teamwork and the development of skills related to ideation and entrepreneurial marketing.

4.6. Assessment of Learning Outcomes for Foundations-IG Students

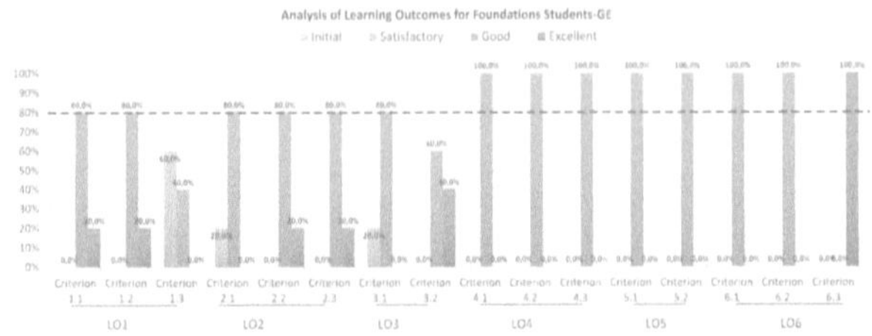

Figure 6. Analysis of Learning Outcomes for Foundations Students in the Geology Engineering program -UTPL.

The evaluated learning outcomes for the Foundations course in the seventh cycle of the Geology Engineering program, consisting of 25 students, demonstrate significant development in most learning outcomes and criteria, surpassing 80% and reaching 100% of the total students.

In this group of students, it is noteworthy that the learning outcome related to ethics and citizenship has been extensively developed in its two criteria. Additionally, teamwork and effective communication (criterion 1) have been assimilated by the majority of the students. However, a lower level of development is observed in criterion 3 LO1, which pertains to the investigation of the legal constitution of the company. This may be attributed to the possibility that the students, in their engineering education, are not familiar with the current legislation regarding the company constitution.

Another learning outcome that exhibits a lower percentage of student assimilation reaching 60% in criterion 2, is effective oral communication. Therefore, it is necessary to implement improvement strategies to strengthen the outcomes in these two areas with lower assimilation percentages. It is worth emphasizing that as students in the penultimate cycle, most of their entrepreneurial skills evaluated in the learning outcomes are developed and ready to enter the workforce.

5. CONCLUSIONS

After implementing the business simulation project in the field of geology and geotechnics to evaluate the learning outcomes of Geology and Civil Engineering students at UTPL, the following conclusions have been drawn:

1. The business simulation gives Geology and Civil Engineering students a unique opportunity to apply the theoretical knowledge acquired in classroom practice. This allows them to develop specific skills and competencies for their future professional careers.
2. Through the business simulation, students can face real-life situations and challenges they may encounter in the workforce. This helps strengthen their problem-solving, decision-making, and teamwork abilities, which are essential aspects of professional practice.
3. The business simulation promotes the development of cross-cutting skills such as effective communication, ethics and citizenship, critical and analytical thinking,

and lifelong learning. These skills are fundamental for success in any professional field and contribute to a well-rounded education for students.

4. Continuous feedback and monitoring during the business simulation enable students to identify their strengths and areas for improvement in the learning outcomes. This allows them to work on their personal and professional development, focusing on aspects that require more attention and practice.
5. The business simulation also fosters an entrepreneurial spirit and innovative capabilities among students. It gives them the experience of creating and managing their own simulated company, allowing them to explore their creativity, develop leadership skills, and understand the challenges and opportunities associated with the business world.
6. The implementation of the business simulator has revealed variability in the level of development of ethics and citizenship as a learning outcome. Some groups have shown a good level of assimilation, while others have demonstrated lower assimilation in these skills. It is necessary to continue working on implementing strategies that promote a solid ethical and civic education in future professionals, so they can responsibly face ethical challenges and contribute positively to society.
7. Civil Engineering and Geology students at UTPL demonstrate a higher level of development in specific learning outcomes, such as critical and analytical thinking, effective communication, disciplinary competencies, and lifelong learning. However, it is essential to note that these conclusions may vary depending on the course and cycle evaluated and the assessment criteria used. Therefore, it is crucial to continue promoting effective pedagogical strategies that foster the comprehensive development of students in all areas of learning.

6. REFERENCES

Bernal, C., & González, L. (2016). La simulación empresarial como estrategia de aprendizaje en el desarrollo de habilidades emprendedoras. *Estudios Gerenciales, 32*(139), 139-149.

Cárdenas, A. F., & Blanco, R. E. (2018). Desarrollo de competencias emprendedoras a través de la creación de empresas simuladas: un enfoque práctico. *Revista de Investigación Académica*, 47, e39.

Cooney, T. M., & Kelleher, C. (2013). The business incubator model: A resource for enhancing entrepreneurship education. *Journal of Education and Training Studies, 1*(1), 49-55.

Mendoza, L. A., Gutiérrez, L. A., & Castañeda, M. C. (2016). La simulación empresarial como herramienta para el desarrollo de competencias emprendedoras. *Innovación Educativa, 16*(71), 43-54.

Orellana, D. (2017). Desarrollo de competencias emprendedoras a través de la creación de empresas en el aula. *Revista de Emprendimiento e Innovación, 3*(1), 19-29.

Prat, E. J., Solana, L. B., & García, J. L. (2017). La simulación empresarial como estrategia para el desarrollo de habilidades emprendedoras. *Cuestiones Pedagógicas*, 27, 143-160.

Sáenz, M. J., & Echániz, E. (2018). Las empresas simuladas en el aprendizaje de la gestión empresarial. *Estudios de Economía Aplicada, 36*(2), 629-646.

REALIDAD VIRTUAL: LA RECUPERACIÓN DE INSTALACIONES ARTÍSTICAS A TRAVÉS VR, ER Y AR

Lidón Ramos Fabra, Carlos Pesqueira Calvo[1]

El presente texto nace en el marco del proyecto VIRTUAL MAZE, Proyecto de investigación financiado por el Vicerrectorado de Investigación y Posgrado dentro del Programa de Fomento y Desarrollo de la Investigación. Universidad Francisco de Vitoria.

1. INTRODUCCIÓN

El uso de la realidad virtual como método de reconstrucción arqueológica es sobradamente conocido (Prieto, 1998). Herramientas como la realidad virtual, la realidad aumentada o la fotogrametría son de vital importancia para cualquier estudio histórico, arqueológico o artístico que quiera representar con realismo obras ya desaparecidas. Las recreaciones históricas o las exposiciones demostrativas relacionadas con autores y con obras artísticas ya forman parte del imaginario colectivo y tienen un valor didáctico y divulgativo incalculable. Se considera que, del mismo modo, resulta relevante la reproducción de instalaciones artísticas ya desaparecidas, ya que esta reproducción ayudará a entender el arte y su evolución a través de la experiencia.

Una instalación artística es un diálogo directo entre el artista y el espectador. Esta pretende derribar la cuarta pared para introducir al espectador dentro de la obra y hacerle partícipe de una manera que ningún otro tipo de obra artística consigue. Es desde su concepción, muy similar a la realidad virtual, por lo que supone un método inigualable para su reproducción. Son obras muy ligadas a su tiempo y a su contexto, y sólo se pueden entender desde la vivencia. Este texto nos llama a pensar sobre una cuestión fundamental en torno a estas obras y su planteamiento inicial. ¿Estaban destinadas a ser efímeras? ¿O su desaparición es circunstancial? Si su destino inicial era efímero ¿es lícito reproducirlas tratando de aproximarnos al tipo de experiencia para el que fue creada? Y si aun así se reproduce ¿debe ser exactamente igual a la propuesta inicial o deben introducirse nuevos elementos que la distancian del modelo original?

---

1. Universidad Francisco de Vitoria (España)

2. OBJETIVOS

El objetivo de este estudio es demostrar, mediante una primera aproximación, la importancia de recuperar las instalaciones artísticas desaparecidas del siglo XX y XXI. Las instalaciones *site-specific* por las propias características de los espacios para los que están concebidas, están pensadas como una experiencia finita. Pero la expectación sobre ellas, no lo es tanto. Esto y gracias a las nuevas tecnologías plantea un cambio de paradigma en el mundo del arte, no solo en la conversación que debe iniciarse en cuanto a lo que debe ser conservado y como, sino también a cuestiones éticas que se plantean en torno a la licitud de recuperar estas obras. No se trata de obras artísticas que hayan sufrido daños accidentales o premeditados, sino que son obras, desde su origen, destinadas a desaparecer (Scholte, 2022).

También se propone concienciar tanto a artistas, como a galeristas y editores, de la necesidad de documentar rigurosamente las instalaciones artísticas efímeras, dado que permitirá en el futuro la recreación de estas obras.

3. METODOLOGÍA

Mediante un estudio y análisis de obras artísticas Site-specific, de los textos aportados por los propios artistas, entrevistas, planos de las instalaciones, fotografías, documentación de los catálogos, libros o monográficos que permiten y permitirán la reconstrucción parcial o total de las obras artísticas seleccionadas. También se revisarán estudios en los que se plantean los retos que este tipo de obras generan para su conservación y futura reproducción (García y Montero, 2010). A lo largo del estudio se tratará de indagar no solo en las cuestiones teóricas o prácticas del proceso, sino también en el tipo de experiencia propuesta por el artista, la necesidad de reproducir este tipo de obra y la problemática que plantea su conservación.

La reflexión sobre los distintos textos que utilizaremos como material de estudio, nos servirán para cuestionarnos la importancia de estas obras, la atención que merecen, la perspectiva sobre la que abordar su posible reproducción y como enlazarla e incluso disociarla de los principios que actualmente se están utilizando para la reproducción y recuperación de obras artísticas. Por último, abordar, aunque sea sesgadamente, y debido al momento en el que nos encontramos, con los derechos de autor y el surgimiento de los NFTs, la necesidad de un replanteamiento de la deontología profesional asociada a las recuperaciones y recreaciones artísticas.

4. DESARROLLO DE LA INVESTIGACIÓN

El proyecto del que surge esta investigación está directamente ligado con la reconstrucción de instalaciones artísticas y de espacios arquitectónicos efímeros. Este tipo de investigación, no únicamente ligada a la investigación teórica, permite al investigador, adentrarse en las dinámicas propias de la obra artística. Entendiendo, no solo la parte conceptual y contextual, sino también las necesidades matéricas, espaciales y lumínicas propias de cada una de estas instalaciones. Esto provoca que el estudio de la obra artística, además de intelectual, sea experiencial. Este tipo de estrategias es polémica dentro del campo de las humanidades, pero desde nuestro equipo entendemos que las artes no solo pueden investigarse desde lo teórico, ya que parte del interés por las obras artísticas del tipo que sean, reside en cuestiones tan poco cuantificables como la sensibilidad, la experiencia o la trascendencia. Del mismo modo que se analizan todos los elementos que constituyen una iglesia gótica, una mezquita o un templo griego, para realizar una buena investigación es necesario analizar el contexto histórico, sociológico y religioso. Esto permite hacernos una idea, no solo de las funciones de dicha "construcción", sino de la intencionalidad de los artistas para llegar a sensibilizar a un grupo de personas de una manera muy concreta. Eso además es cuantificable de distintas maneras, mediante datos, cifras y fechas. Depende de la calidad artística y de lo intangible.

Sin embargo, ocurre que, en el caso de las instalaciones artísticas contemporáneas, la sensibilización del espectador es mucho más difícil de cuantificar. El arte contemporáneo se ha diversificado y se ha globalizado, pero su capacidad de comunicar y de interactuar con el espectador aún está en entredicho. Por el contrario, en muchas de las instalaciones Site-specific sí que logran afectar a los espectadores consiguiendo un fenómeno poco frecuente y es que el público, vuelve una y otra vez a repetir esa experiencia. No nos referimos al turismo del arte, otro fenómeno relacionado con este tipo de obras y que se suele dar en eventos como la Documenta de Kassel o La Bienal de Venecia. Las obras, las Site-specific, que es el tipo de instalaciones que interesan en este estudio, tienen la complejidad mayúscula de que están asociadas a un espacio. Normalmente un espacio de dimensiones y condiciones anormales, lo que limita la perdurabilidad de la obra y su posible conservación posterior. Esta relación con lo efímero, parecido a lo que ocurre con el Land art, pero con mucha mayor repercusión, forma parte de su atractivo. Y aunque es cierto que dichas instalaciones están destinadas a desaparecer físicamente, no implica que el interés que surge después de que hayan sido desmanteladas disminuya.

En primer lugar, nos enfrentamos al hecho de que ya no podemos definir las representaciones artísticas desde un canon concreto. El arte contemporáneo, pero fundamentalmente el arte actual está fuera de todo tipo de cánones. No solo por la propia naturaleza de las obras, sino también por las nuevas técnicas asociadas a este tipo de representación.

En segundo lugar, también nos enfrentamos a la propia concepción de la obra, una concepción total por parte del artista, en la que pretende entablar un diálogo o provocar una reflexión con y por parte del espectador que se dará mediante la observación y, fundamentalmente, a través de lo experiencial.

Por ello resulta imprescindible la vivencia de la instalación artística. No hay directrices claras respecto a lo que podemos encontrarnos dentro de cada una de ellas. Por un lado, aparece la problemática acerca de la conservación de determinadas instalaciones, el objeto artístico se disuelve exponencialmente (Sánchez, 2021) y, por otro lado, nos encontramos que muchas de estas instalaciones ya han desaparecido, no han sido conservadas y siguen teniendo un gran interés como obras artísticas. De ellas solo podemos encontrar rastros, planos, explicaciones sobre los materiales, sobre el lugar de la exposición o sobre las obras objetuales que se asocian o surgen de estas instalaciones. Pero la experiencia en sí, algo intrínsecamente asociado a la instalación artística y sobre todo a la instalación *site-specific*, no podemos encontrarla.

3.1. *Site-specific*

Gran parte del interés de esta investigación reside en las instalaciones *site-specific*. Dadas las dimensiones, el tipo de materiales utilizados y el contexto, resultaría muy complicado adaptarlas a otros espacios o reconstruirlas físicamente.

Obras como las de Anish Kapoor para el Gran Palais de París en 2011, Sibboleth I de Doris Salcedo para la Sala de Turbinas de la Tate Modern de Londres en 2007 o Surronded islands de Christo y Jeanne-Claude en 1980-1983 son difíciles de repetir.

El Land Art, que es un tipo de obra híbrida en el que interviene la arquitectura del paisaje, la escultura y donde la naturaleza tiene un papel determinante, se diferencia de las obras Site-specific en que las obras Land Art están completamente expuestas a la naturaleza, a la erosión y pueden llegar a desaparecer por completo o incluso a resurgir como ocurrió con la Spiral Jetty de Robert Smithson (1970), construida en el Gran Lago Salado del desierto de Utah, que intermitentemente permanecía sumergida. Finalmente se sumergió por completo y en 2002, a causa de la sequía, un retroceso del lago y a los sedimentos depositados, esta construcción de basalto ha resurgido.

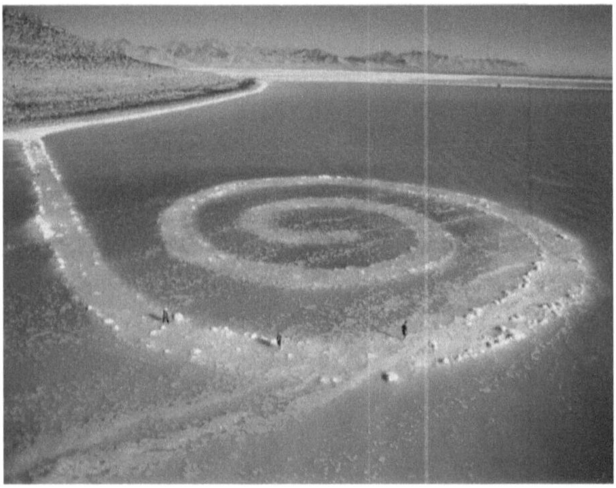

Figura 1. Spiral Jetty. Robert Smithson (1970), 2019. Fuente: Holt/Smithson Fundation and Dia Art Fundation en www.diaart.org

Este tipo de obras dependen de que el entorno, la erosión, los elementos de la naturaleza y el tiempo las transformen, por lo que reproducirlas en realidad virtual no tendría sentido, ya que están sujetas a una evolución y a un tiempo indeterminado. Gran parte de su belleza reside en el paso del tiempo, por lo que la posibilidad de verlas en realidad virtual, en time lapse o en tiempo acelerado desnaturalizaría la obra.

A diferencia de estas, las instalaciones Site-specific no solo están pensadas para un lugar específico, sino también para un tiempo determinado. Una vez se agota este tiempo la obra desaparece, es desmantelada y solo queda el registro, el archivo y las obras creadas en torno a ellas.

Pasa a convertirse en otro tipo de obra más manejable, tradicionalmente asociada a lo objetual, al artefacto. Sánchez-Díez (2021) hace hincapié en la importancia de este tipo de obras y en el interés que despierta su naturaleza efímera. Una vez desvanecidas las obras, quedan los vestigios de su hacer y registros de fotografía, vídeos, esquemas, dibujos o transcripciones. Del mismo modo, pueden generar pautas metodológicas, parámetros especiales o pasos a seguir.

Un excelente ejemplo de este registro y del artefacto asociada a la obra es el trabajo de Christo y Jeanne-Claude. En su caso, las obras son tan complejas y monumentales que resulta prácticamente imposible su reproducción y conservación más allá de lo anecdótico. Además, muchas de sus obras están asociadas a la intervención sobre algún monumento, por lo que resulta inviable que se convierta en una obra permanente. Por ello, su modo de trabajar, como hicieron en Surrounded Islands, donde intervinieron sobre 11 islas de la Bahía Vizcaína en Miami, es trabajar paralelamente en las obras que quedarán una vez desaparezca la obra matriz. Dibujos, grabados, planos que se consumirán en el circuito del arte.

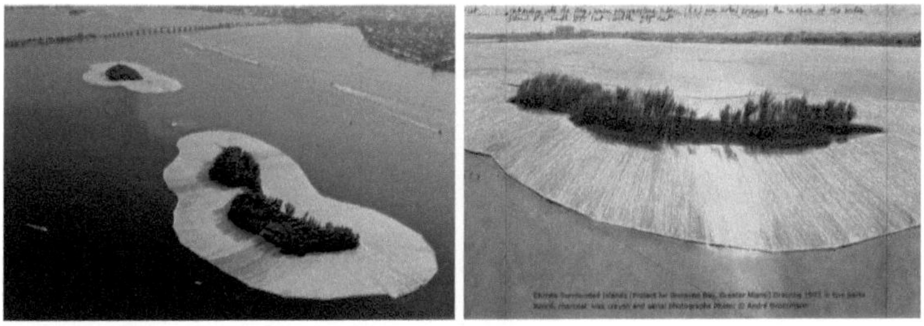

Figura 2. Surrounded Islands. Christo y Jeanne-Claude. 1980-1983.
Fuente: www.christojeanneclaude.net

Como dice Crespillo (2021), el reto al que nos enfrentamos pasa por la reformulación de las metodologías de catalogación de la obra de arte y por la renovación de las categorías de contenidos partiendo de la innovación que, de por sí, ya proporcionan algunos medios como la realidad virtual (inmersión, participación, interacción, presencia) o las tecnologías computacionales (análisis de datos, inteligencia artificial, visualización de contenidos con nuevos formatos) que amplían la capacidad de comprensión de los eventos más complejos o, incluso, que nos aportan respuestas a nuevas preguntas formuladas en torno a la manifestación histórico artística.

3.2. Realidad virtual como factor determinante en la recuperación de instalaciones artísticas *site-specific*

La recuperación de obras artísticas mediante la realidad virtual es un hecho, que lleva aplicándose casi desde el nacimiento de las tecnologías que lo han permitido. Pero esta recuperación ha estado mayoritariamente asociada a la monumentalidad, a la arqueología y a las instalaciones demostrativo-divulgativas. Pero ¿qué ocurre si interviene la Realidad Virtual como herramienta de conservación y recuperación de instalaciones artísticas contemporáneas?

Actualmente, el factor de la conservación también es necesario en la reproducción de ciertas obras que conllevan el montaje íntegro de la instalación, o eventos artísticos dirigidos a través de las pautas establecidas por su autor o autora. En este caso, la conservación se basa en recrear y reacondicionar una réplica, respetando su carácter inicial sin la necesidad de la presencia del artista. Tal y como dicen García *et al.* (2010), en este sentido, la terminología 'original', 'copia' y 'réplica' adquieren nuevos significados. Considerando que 'original' es la obra de la que no se han hecho copias, y que 'copia' se designa a aquella repetición que busca la máxima semejanza posible de la obra por alguien ajeno al creador, en el arte digital, y al mismo tiempo en el inmaterial e instalativo, "se hablaría de ediciones o de réplicas, a aquellas otras realizadas por el mismo autor" (Sánchez-Díaz, 2021, pp. 36-37).

Si tenemos en cuenta que esta recreación no implica una sustitución, sino, como señala Sánchez Díaz, partimos de la idea de la copia, puede resultar muy útil para la catalogación y conservación digital de dichas obras. ¿Pero es lícito exponerlas sabiendo que estaban destinadas a ser efímeras? Artistas como Olafur Eliasson, uno de los mayores exponentes de obras Site-Specific, con su The Weather Project, 2003 para la Tate Modern de Londres, se ha encargado sistemáticamente a través de su página web, de libros y de las redes sociales de evitar que esta obra desaparezca, la mantiene viva. Entonces, la idea de la transitoriedad, ¿de dónde surge? ¿Sólo es efímero en cuanto a la permanencia física pero no a la documental?

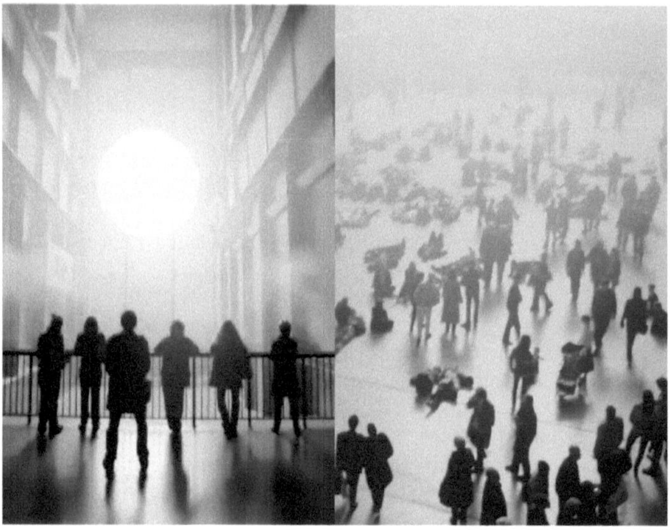

Figura 3. The Weather Project. Olafur Eliasson (2003). Tate Modern de Londres. Fuente: https://olafureliasson.net/artwork/the-weather-project-2003/

Esta relectura constante de la obra por parte de los artistas, como hemos visto en Christo y Jeanne-Claude, Robert Smithson (documentó con grabaciones todo el proceso de construcción y resultado) y Olafur Eliasson, entre otros muchos, abren la puerta a esta discusión.

Por otro lado, en el caso de las instalaciones artísticas u obras que estén directamente realizadas con herramientas como la realidad virtual, se plantearán nuevas cuestiones como la autenticidad. Por su parte, Coronado-García (2021) habla de la necesidad de ampliar el significado de lo auténtico para poder ser aplicado a las instalaciones contemporáneas concluyendo que la autenticidad está compuesta por la técnica, la relación con el autor, su reproductibilidad o su constante sustitución de sus partes o su totalidad matérica, mientras se continue con la transmisión de conceptos, funciones, intenciones o significados para los cuales fueron creadas, todo esto influirá en la manera en la que serán intervenidas y conservadas. La recuperación de obras artísticas, ya sean monumentales, pictóricas, escultóricas o las que por el momento nos atañen aquí, se diferencian respecto a las obras que se están empezando a construir en realidad virtual en que la materialidad, las distancias de una falsificación, de una posible merma de su autenticidad ¿Qué ocurrirá cuando lo único que necesitemos para la recuperación de una instalación artística sea conocer el código?

5. DISCUSIÓN

Las herramientas interdisciplinares y virtuales han resultado fundamentales, especialmente las virtuales (Prieto, 1998), que han permitido la recuperación de obras artísticas total o parcialmente desaparecidas. Para ello ha sido necesario crear nuevos protocolos para su desarrollo y su utilización en conservación y restauración (García y Montero, 2010). En la cuestión de las instalaciones site-specific surgirá, como hemos visto, una nueva cuestión, que añade complejidad al proceso de recreación o reconstrucción de obras artísticas, sobre todo aquellas concebidas originalmente desde lo digital, y es la cuestión de la autoría. (Coronado-García, 2021).

Nosotros argumentamos que tanto el proceso de conservación, como el de recuperación de la propia obra es un paso que ha comenzado a darse por parte de los propios artistas que trabajan en este tipo de obras (Holt y Smithson, 2019; Eliasson, 2003; Christo y Jeanne-Claude, 1980-1983). Del mismo modo que otros investigadores ya están analizando las implicaciones que este nuevo paradigma representa para los museos (Scholte, 2022). Todo esto acompaña, aunque posiblemente no resuelva, los objetivos aquí planteados, la necesidad de la utilización de las nuevas tecnologías, tales como la realidad extendida, la realidad virtual y la realidad aumentada como catalizador necesario no solo para posible recuperación de estas instalaciones sino para iniciar la necesaria conversación acerca de cómo, cuándo y qué implicaciones éticas tiene (Sánchez-Díez, 2021; García y Montero, 2010). Por todo ello nuestra conclusión es que resulta necesario seguir investigando sobre la delgada línea que se plantea aquí, entre la reproducción, la reconstrucción, la interpretación o incluso la sustitución. La necesidad de reproducir fielmente estas obras o trabajar sobre la revisión. Nos resulta muy interesante, sobre todo si hablamos de artistas vivos o sobre aquellos que siguen en activo, su opinión sobre cómo actuar en estos casos. Del mismo modo, proponemos definir un código deontológico que sirva para establecer límites referidos a las reproducciones y a cómo enfrentarse a nuevos paradigmas que presenta el campo artístico como son los NFTs.

6. CONCLUSIONES

Se ha podido comprobar la necesidad de abrir un debate en cuanto a la ética de la recreación de obras ideadas específicamente para ser efímeras, también la de recuperar y conservar ciertas instalaciones artísticas transitorias con el fin no sólo de "vivir" o "revivir" la obra, sino también la necesidad de recuperar la experiencia a través de la realidad virtual para entender el contexto en el que se dieron con mayor claridad. Cabe mencionar a su vez la necesidad de establecer unos límites consensuados para reproducir las instalaciones Site-specific. Añadir así mismo si esa reproducción debe ser fácilmente reconocible, sobre todo cuando lleguemos al difícil momento de recuperar todo aquello que nazca como código. Definir cuestiones tan importantes como la ética, pero otras tan sustanciales como aquellas que afectan al mercado del arte. En este último caso se ha mencionado la necesidad de recurrir a planteamientos semejantes a los de la obra gráfica, donde el compromiso del artista reside en la limitación de la reproductibilidad. Pero no debemos olvidar que una de las cuestiones que puede afectar sustancialmente a todo lo que se ha planteado en este texto puede cambiar con el boom de los NFTs. Si cualquiera de estas obras está asociado a un NFT, es probable, que tanto el planteamiento como las preguntas que aquí surgen no sean necesarias.

7. REFERENCIAS

Christo y Jeanne-Claude (1980-1983). Surrounded Islands. www.christojeanneclaude.net

Coronado-García, C. M. (2021). La autoría, autenticidad y originalidad reformuladas, y su aplicación en instalaciones contemporáneas múltiples y orgánicas. Intervención. https://doi.org/10.30763/intervencion.243.v1n23.22.2021

Eliasson, O. (2003). The Weather Project. Tate Modern de Londres. https://olafureliasson.net/artwork/the-weather-project-2003/

García, L. y Montero Vilar, P. (2010). Conservación y Restauración del Arte Digital. Un problema conceptual. https://doi.org/10.1387/ausart.23088

Holt y Smithson, R. (2019). Fundation and Dia Art Fundation. www.diaart.org

Prieto Vinagre, J. J. (1998). Internet: la máquina del tiempo. La reconstrucción virtual de lugares arqueológicos. Cuadernos de Arqueología de la Universidad de Navarra. 6, 201-230. https://doi.org/10.15581/012.6.27794

Sánchez-Díez, I. (2021). Problemática de la conservación de obras contemporáneas de carácter inmaterial, instalativo y tecnológico. AusArt. https://doi.org/10.1387/ausart.23088

Scholte, T. (2022). The Perpetuation of Site-Specific Installation Artworks in Museums. Stanging Contemporary Art. Amsterdam University Press. https://doi.org/10.1515/9789048554546

MATEMÁTICAS ORIGINADAS EN ESTADIOS DE FÚTBOL

Alejandro Rosas Mendoza[1], *Jorge Luis Rosas Mendoza*[2], *Juan Gabriel Molina Zavaleta*[3]

En este trabajo se presenta el desarrollo y aplicación de un problema real basado en dos contextos diferentes, pero cercanos a los alumnos, con el objetivo de generar en ellos la necesidad de poder calcular un elemento cualquiera de una sucesión numérica, y la de expresar esos elementos en términos de una variable conocida. El problema desarrollado utiliza la aproximación conocida como Aprendizaje Basado en Problemas, de manera que este enfoque sustenta este trabajo. Entre los resultados encontrados tenemos que los estudiantes interaccionan espontáneamente para trabajar en equipo y apoyarse entre ellos, además de realizar diferentes ensayos de expresiones algebraicas para los elementos de la sucesión.

1. INTRODUCCIÓN

En todos los cursos de Cálculo Integral es necesario abordar el tema de sucesiones numéricas porque la forma de introducir el tema de la integral definida se basa en las Sumas de Riemann. De acuerdo a esta definición, para calcular el área contenida entre el eje de las abscisas y la gráfica de una función, es necesario ver la sucesión de sumas de rectángulos que se encuentran bajo la gráfica (suma inferior) que nos da un valor menor al área buscada; y por otra parte la sucesión de sumas de rectángulos que se encuentran sobre la gráfica (suma superior) que nos da un valor mayor al del área que se está buscando.

En muchos de los libros de Cálculo Integral utilizados como libros de texto en México, los ejemplos utilizados para introducir el tema de las sucesiones son parecidos entre ellos, y no suele darse mucha importancia a la cercanía que esos ejemplos pudieran tener con la vida diaria de los alumnos. Esto provoca que el tema, aunque importante, no sea tomado con la suficiente atención por parte de los estudiantes. En Rosas (2007) y Gutiérrez (2009) se buscó estudiar algunos de los problemas que enfrentan los alumnos al estudiar sucesiones y series numéricas infinitas.

1. Profesor Investigador Instituto Politécnico Nacional/CICATA-Legaria (México)
2. Profesor Instituto Politécnico Nacional/UPIBI (México)
3. Profesor Investigador Instituto Politécnico Nacional/CICATA-Legaria (México)

2. OBJETIVOS

Buscando que los estudiantes de cursos de Cálculo Integral, tanto de nivel medio superior (bachillerato) como de universidad, tuvieran ejemplos cercanos se construyeron dos ejemplos donde los alumnos deben encontrar una expresión para los elementos de una sucesión. El objetivo principal de este trabajo es que los alumnos conozcan que las sucesiones pueden surgir en contextos cercanos a ellos, que trabajen con sus elementos y que encuentren expresiones para algunas sucesiones sencillas; un objetivo secundario es evitar que los estudiantes vean a las sucesiones numéricas como algo que sólo representan funciones extrañas para ellos. Con lo anterior, buscamos generar una reflexión que les ayude a comprender mejor los temas y métodos matemáticos relacionados con las sucesiones numéricas.

3. METODOLOGÍA

El Aprendizaje Basado en Problemas (PBL) se originó en la Universidad McMaster en Canadá, con la idea de apoyar a los estudiantes de medicina a que integraran sus conocimientos en la práctica clínica (Jarrah *et al.*, 2023), y es una aproximación didáctica que está centrada en el estudiante (Center for Teaching Innovation, s.f.; Structural Learning, 2021), de manera que él resuelve problemas abiertos de la vida diaria, cuya solución genera el aprendizaje de tópicos y promueve el trabajo colaborativo. Esta aproximación busca ser diferente del método clásico en que el profesor proporciona datos y fórmulas, y el alumno sólo aplica para resolver los ejercicios planteados por el profesor (Kurt, 2020). Estas características buscan motivar al estudiante a desarrollar habilidades que los estudiantes utilizarán durante su vida profesional (Maastricht University, s.f.).

Sukackė *et al.* (2022) mediante una revisión de literatura acerca del PBL y otras técnicas didácticas (como el project-based learning y el challenge-based learning) encontraron unas características comunes que pueden usarse para definirlo como un enfoque de aprendizaje, en el que se tiene: (i) problemas reales abiertos no estructurados que actúan como marco para el aprendizaje; (ii) la resolución de problemas es un vehículo para adquirir conocimientos y desarrollar habilidades; (iii) aprendizaje autodirigido, en equipo y colaborativo; (iv) los docentes se convierten en facilitadores de los procesos de aprendizaje; (v) el aprendizaje es ejemplar, contextual y experiencial, y (vi) reflexivo con construcción del conocimiento y autoevaluación.

Después de su análisis de literatura, Sukackė *et al.* (2022) encontraron que PBL puede ser usado para mejorar habilidades técnicas y habilidades transversales como el trabajo en equipo, la comunicación y la resolución de conflictos; que son habilidades deseables en los profesionales de la ingenería.

Existen ejemplos de su aplicación en diferentes contextos (Alpaslan & Yalvac, 2022; Crichton *et al.*, 2022; Wynn, 2022; Segar, 2022; Trullàs *et al.*, 2022; Nunes, 2023), y hasta en la pandemia por COVID-19 se utilizó (Kelly *et al.*, 2022). También se ha investigado su eficacia (Trullàs *et al.*, 2022; Sukackė *et al.*, 2022).

4. DESARROLLO DE LA INVESTIGACIÓN

En primer lugar, vamos a describir el problema que se les presenta a los estudiantes. En segundo lugar, describiremos la sesión de aplicación del problema.

4.1. Descripción del problema

En primer lugar, se buscó presentar un problema a los estudiantes que tuviera un planteamiento cercano a ellos. Tomando en cuenta que en muchas ciudades hay estadios deportivos se consideró que generar el problema en este contexto haría que fuera más cercano a los alumnos. Se consideraron dos versiones diferentes que generaran una misma situación problemática. Elegimos utilizar un estadio de futbol de forma elíptica para que, en las cabeceras del estadio, el número de asientos por fila aumentara, como lo muestra la figura 1. Entre más arriba está la fila, tiene más asientos.

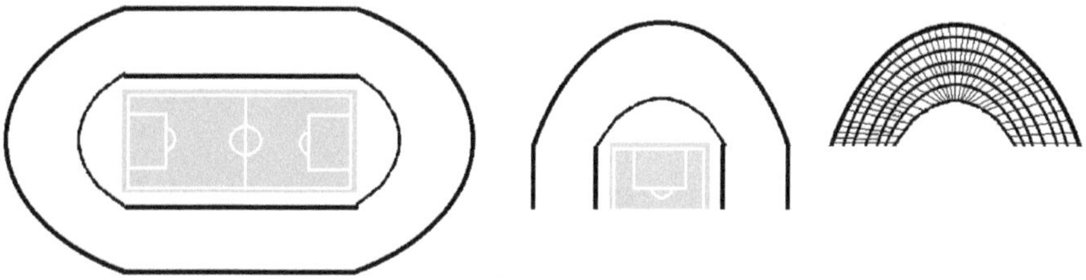

Figura 1. Estadio elíptico, las cabeceras del estadio tienen diferente número de asientos en cada fila. Fuente: Elaboración propia.

En la versión A del problema, a los estudiantes se les indica que, en el campeonato de futbol, los equipos Alfa y Beta se van a enfrentar para definir al líder de la liga; sin embargo, debido a que se han presentado riñas entre los aficionados de ambos equipos, la autoridad municipal ha ordenado que sólo se utilicen los asientos de las gradas que se encuentran a lo largo del campo. Por lo que es necesario saber cuántos asientos se quedan sin vender en ambas cabeceras y de esa manera poder calcular el monto económico que dejará de ingresar.

En la versión B del problema, a los estudiantes se les indica que en el estadio se va a realizar un concierto del cantante más famoso del momento. Pero ha indicado que el escenario que utiliza para su presentación cuenta con luces, escenografía y grúas mecánicas que ocupan toda la zona posterior a una de las porterías. Esto provoca que todos los asientos de la cabecera queden sin usarse y por esa razón es necesario saber el total de asientos para calcular el monto total de boletos que no se podrán vender por estar detrás del escenario.

En ambas versiones, los estudiantes deben calcular el total de asientos que hay en una cabecera del estadio (en la versión A se usa el doble). Por lo que se les presenta la figura 2 para explicar la situación de los asientos y realizar las primeras preguntas a resolver.

En esas zonas, el número de asientos va aumentando conforme la fila está más arriba; por ejemplo:

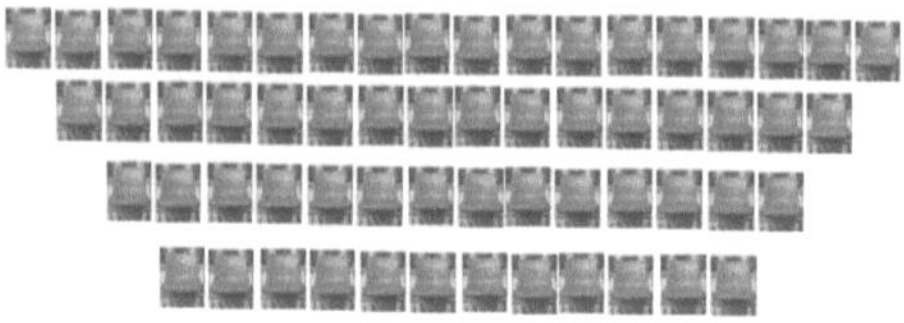

18 asientos, fila 4

16 asientos, fila 3

14 asientos, fila 2

12 asientos, fila 1

Ahora responde las siguientes preguntas:

1. ¿Cuántos asientos hay en la fila 10?___________
2. ¿Cuántos asientos habrá en la fila 25?___________

Figura 2. En cada fila de la cabecera del estadio hay un número diferente de asientos. Fuente: Elaboración propia.

Posteriormente se les muestra cómo expresar el número de asientos por fila de manera que puedan establecer una expresión en términos del número de fila, lo cual lograrán después de completar una tabla; también se incluye un segundo conjunto de preguntas, lo que puede verse en la figura 3.

3. Completa la tabla:

Fila	Número de asientos
1	12
2	14 = 12+2 = 12 + 2(1)
3	16 = 12+2+2 = 12 + 2x2 = 12+2(2)
4	18 = 12+2+2+2 = 12 + 2x3 = 12+2(3)
5	
6	
7	

4. Escribe una expresión como la roja para los asientos que hay en la fila 10:_______________
5. Ahora escribe una expresión para el número de asientos de la fila "**n**":_______________
6. Comprueba tu expresión, calcula el número de asientos de las filas 1, 2, 3, 4 y 5. ¿Funcionó?___
7. ¿Cómo quedaría una nueva expresión si en la primera fila hay 30 asientos, la segunda tiene 34, la tercera tiene 38, la cuarta tiene 42, etc.?_____________________

Figura 3. Tabla para expresar el número de asientos en términos del número de fila. Fuente: Elaboración propia.

También se incluye una tabla con expresiones en fracciones de manera que los estudiantes la completen, esto con la intención de que expresen las fracciones en términos del número indicado. La tabla se muestra en la figura 4.

Observa las siguientes fracciones y busca una fórmula que te permita calcular cualquier valor n que se te pida.

Valor	Sucesión 1	Sucesión 2	Sucesión 3
1	$\frac{1}{2}$	$\frac{5}{4}$	$\frac{1}{2}$
2	$\frac{2}{3}$	$\frac{10}{7}$	$\frac{3}{4}$
3	$\frac{3}{4}$	$\frac{15}{10}$	$\frac{5}{8}$
4	$\frac{4}{5}$	$\frac{20}{13}$	$\frac{7}{16}$
5			
6			
10			
n			

Figura 4. Tabla de expresiones numéricas en forma de fracciones para que los alumnos encuentren expresiones en términos de "n". Fuente: Elaboración propia.

4.2. Sesión de aplicación

La aplicación del problema se realizó en el aula de clases a estudiantes de segundo semestre de la carrera de Ingeniería Ambiental. La sesión se dividió en tres fases para poder captar los diferentes avances alcanzados por los alumnos.

En la primera fase, en una hoja de papel, se les proporcionó el encabezado del problema con la versión B, junto con el esquema y las preguntas que aparecen en la imagen 2. No se formaron equipos de trabajo, pero a los estudiantes se les permitió interactuar libremente; y de esta forma, ellos participaron intercambiando ideas e información, haciéndose comentarios y ayudándose a resolver el problema.

Antes de iniciar la segunda fase, se recogieron todas las hojas con las respuestas que generaron los alumnos. Entonces se les repartió una segunda hoja con el contenido de la imagen 3. Al principio algunos estudiantes no comprendieron qué es lo que se mostraba en la tabla, pero otros más si comprendieron que debían seguir el patrón que se les mostraba en la tabla. Después de unos momentos, todos los alumnos pudieron completar la tabla, aunque no todos obtuvieron una expresión adecuada. Como fin de la fase 2 se recogieron todas las hojas de respuestas de los alumnos.

En la tercera fase se les proporcionó la tabla mostrada en la figura 4 para que obtuvieran la expresión matemática para las sucesiones en cada columna. Al final también se recogieron las hojas de respuestas.

5. ANALISIS

En la primera fase los estudiantes realizaron el conteo de los asientos de las filas para poder encontrar los valores que se les solicitó en las preguntas 1 y 2, como se observa en la figura 5.

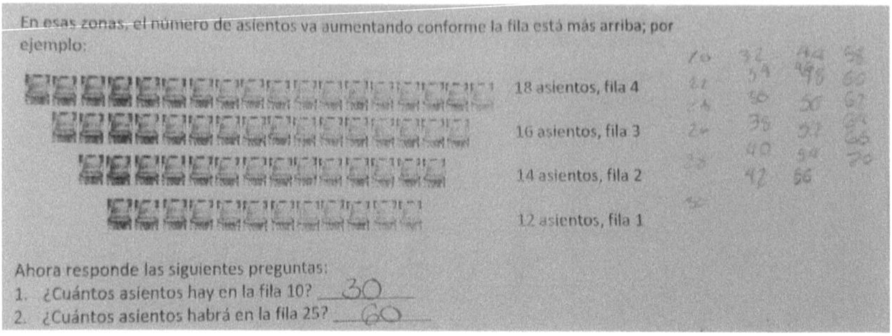

Figura 5. Respuesta de un alumno en la que se observa cómo realizó el conteo para obtener la respuesta solicitada. Fuente: Elaboración propia.

En esta fase no se observó que los estudiantes hayan buscado alguna forma de aproximar una expresión que les permita calcular los valores solicitados, aunque hubo comentarios orales sobre que "sería bueno tener una fórmula", no se encontró algún intento de ello en las hojas de respuestas.

En la segunda fase, podemos observar que los estudiantes completan la tabla que se les presenta con la intención de influir en ellos sobre cómo expresar las cantidades de manera que se obtenga una "fórmula". Sin embargo, algunos estudiantes logran encontrar una expresión en forma textual, pero no lo logran expresarla en notación matemática, como se ve en la figura 6.

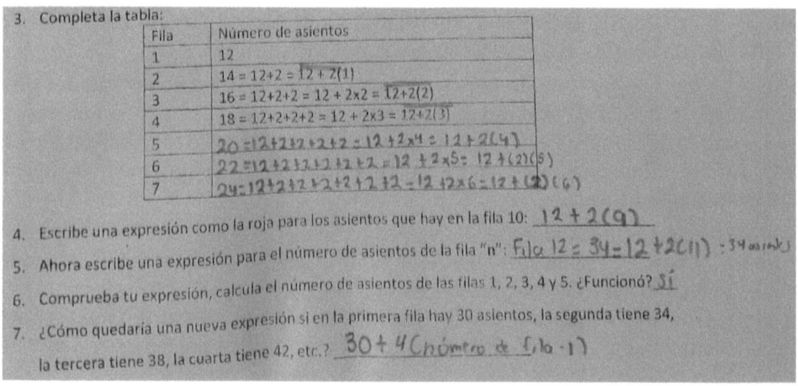

3. Completa la tabla:

Fila	Número de asientos
1	12
2	14 = 12+2 = 12 + 2(1)
3	16 = 12+2+2 = 12 + 2x2 = 12+2(2)
4	18 = 12+2+2+2 = 12 + 2x3 = 12+2(3)
5	20 = 12+2+2+2+2 = 12 + 2x4 = 12 + 2(4)
6	22 = 12+2+2+2+2+2 = 12 + 2x5 = 12 + (2)(5)
7	24 = 12+2+2+2+2+2+2 = 12 + 2x6 = 12 + (2)(6)

4. Escribe una expresión como la roja para los asientos que hay en la fila 10: 12 + 2(9)
5. Ahora escribe una expresión para el número de asientos de la fila "n": Fila 12 = 34 = 12 + 2(11) = 34 asientos
6. Comprueba tu expresión, calcula el número de asientos de las filas 1, 2, 3, 4 y 5. ¿Funcionó? Sí
7. ¿Cómo quedaría una nueva expresión si en la primera fila hay 30 asientos, la segunda tiene 34, la tercera tiene 38, la cuarta tiene 42, etc.? 30 + 4(número de fila - 1)

Figura 6. Respuesta de un alumno, completa la tabla, pero no obtiene la expresión matemática, sólo la expresa en palabras. Fuente: Elaboración propia.

En la figura 7 se observa que este alumno completa la tabla y logra encontrar la expresión matemática para los elementos de la sucesión (pregunta 5), también encuentra la expresión que se le solicitó en la pregunta 7.

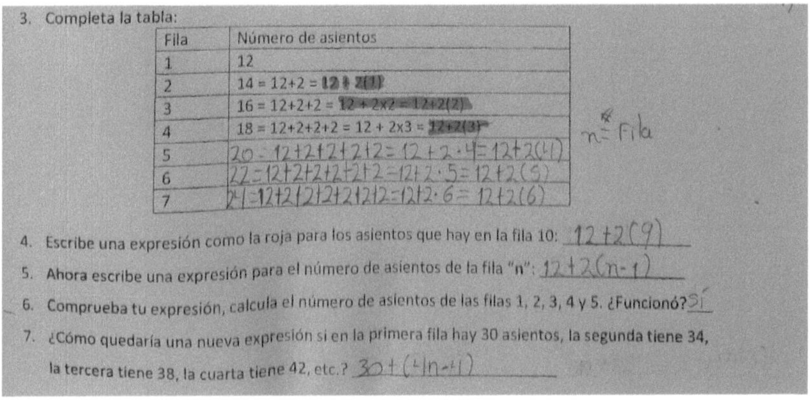

3. Completa la tabla:

Fila	Número de asientos
1	12
2	14 = 12+2 = 12 + 2(1)
3	16 = 12+2+2 = 12 + 2x2 = 12+2(2)
4	18 = 12+2+2+2 = 12 + 2x3 = 12+2(3)
5	20 = 12+2+2+2+2 = 12 + 2·4 = 12+2(4)
6	22 = 12+2+2+2+2+2 = 12+2·5 = 12+2(5)
7	24 = 12+2+2+2+2+2+2 = 12+2·6 = 12+2(6)

n = Fila

4. Escribe una expresión como la roja para los asientos que hay en la fila 10: 12+2(9)
5. Ahora escribe una expresión para el número de asientos de la fila "n": 12+2(n-1)
6. Comprueba tu expresión, calcula el número de asientos de las filas 1, 2, 3, 4 y 5. ¿Funcionó? Sí
7. ¿Cómo quedaría una nueva expresión si en la primera fila hay 30 asientos, la segunda tiene 34, la tercera tiene 38, la cuarta tiene 42, etc.? 30+(4n-4)

Figura 7. Respuesta de un alumno, encuentra las expresiones que se solicitaron. Fuente: Elaboración propia.

En la figura 8 se observa que otro alumno también completa la tabla y logra encontrar la expresión solicitada, aunque en este caso se observa que el estudiante ha realizado más ensayos y cálculos para generar su respuesta.

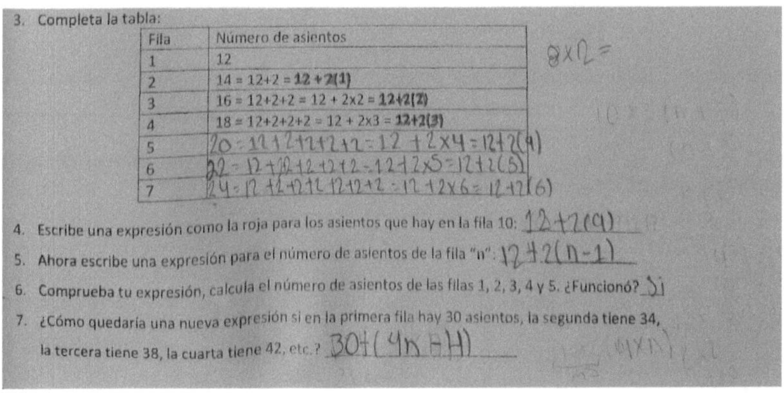

3. Completa la tabla:

Fila	Número de asientos
1	12
2	14 = 12+2 = 12 + 2(1)
3	16 = 12+2+2 = 12 + 2x2 = 12+2(2)
4	18 = 12+2+2+2 = 12 + 2x3 = 12+2(3)
5	20 = 12+2+2+2+2 = 12 + 2x4 = 12+2(4)
6	22 = 12+2+2+2+2+2 = 12+2x5 = 12+2(5)
7	24 = 12+2+2+2+2+2+2 = 12+2x6 = 12+2(6)

8x12 =

4. Escribe una expresión como la roja para los asientos que hay en la fila 10: 12+2(9)
5. Ahora escribe una expresión para el número de asientos de la fila "n": 12+2(n-1)
6. Comprueba tu expresión, calcula el número de asientos de las filas 1, 2, 3, 4 y 5. ¿Funcionó? Sí
7. ¿Cómo quedaría una nueva expresión si en la primera fila hay 30 asientos, la segunda tiene 34, la tercera tiene 38, la cuarta tiene 42, etc.? 30+(4n-4)

Figura 8. Respuesta de un alumno, encuentra las expresiones que se solicitaron. Fuente: Elaboración propia.

En la tercera fase se repartieron las hojas finales que contenían la tabla de la figura 4. Consideramos que con el trabajo que los alumnos realizaron en las fases 1 y 2, pero principalmente en la fase 2, pudieron encontrar expresiones para las sucesiones que aparecen en las columnas de la tabla. Una de esas respuestas aparece en la figura 9.

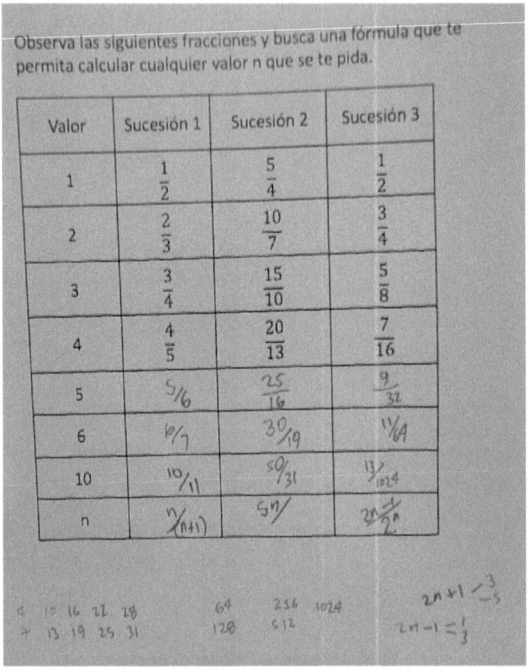

Observa las siguientes fracciones y busca una fórmula que te permita calcular cualquier valor n que se te pida.

Valor	Sucesión 1	Sucesión 2	Sucesión 3
1	$\frac{1}{2}$	$\frac{5}{4}$	$\frac{1}{2}$
2	$\frac{2}{3}$	$\frac{10}{7}$	$\frac{3}{4}$
3	$\frac{3}{4}$	$\frac{15}{10}$	$\frac{5}{8}$
4	$\frac{4}{5}$	$\frac{20}{13}$	$\frac{7}{16}$
5	5/6	25/16	9/32
6	6/7	30/19	11/64
10	10/11	50/31	13/1024
n	n/(n+1)	5n/	2n-1/2ⁿ

Figura 9. Tabla completa de la fase 3 con expresiones correspondientes a las sucesiones de las columnas. Fuente: Elaboración propia.

La aplicación de las tres fases tomó la hora completa que corresponde a la clase, durante ese tiempo los estudiantes se mantuvieron interactuando entre ellos, apoyándose con comentarios y corrigiendo sus expresiones si comprobaban que obtenían los valores correctos. Al final de la clase se realizó una breve socialización de los resultados que obtuvieron, y se hicieron comentarios sobre cómo realizar la suma de los asientos de la cabecera, esto con la idea de generar la necesidad de realizar la suma de los elementos de una sucesión numérica.

6. CONCLUSIONES

La aproximación PBL nos permitió generar un problema, basado en un contexto conocido por los estudiantes, que auxilia a los alumnos en la comprensión del concepto de sucesión al ayudarlos a ver cómo los elementos de la sucesión van cambiando. Se observó que los alumnos participaron haciendo comentarios y organizándose de manera espontánea para trabajar con sus compañeros que estaban en las bancas más cercanas. También lograron trabajar con los datos proporcionados para generar las expresiones matemáticas solicitadas para las diferentes sucesiones que se les presentó. Por lo anterior, consideramos que el objetivo del problema se cumplió. En este momento se está trabajando una extensión de este problema para incluir el concepto de serie numérica, para lo cual estamos trabajando en que los alumnos busquen expresiones para sumar el total de asientos en las gradas del estadio.

7. REFERENCIAS

Alpaslan, M. M. y Yalvac, B. (2022). *Integrating Mathematical Modelling into Problem Based Research: An Evaporation Activity. Journal of Problem Based Learning in Higher Education*. Advance online publication. https://doi.org/10.54337/ojs.jpblhe.v11i3.7501

Center for Teaching Innovation. (s.f.). *Problem-Based Learning*. Cornell University. https://n9.cl/oa1dz

Crichton, M., Crichton, H. y Colville, G. (2022). Students' Perceptions of Problem-Based Learning in Multidisciplinary Groups When Seeking to Solve an Engineering Grand Challenge. *Journal of Problem Based Learning in Higher Education, 10*(1), 20-35. https://doi.org/10.54337/ojs.jpblhe.v10i1.6823

Gutiérrez, N. (2009). *Una secuencia didáctica para generar los conceptos de sucesión y serie en el nivel medio superior* [Tesis de Maestría, Instituto Politécnico Nacional]. https://www.cicata.ipn.mx/oferta-educativa/prome/oferta-educativa/maestria.html

Jarrah, M., Girmay, B. y Ezezika, O. (2023). Interdisciplinary Pedagogy through Problem-Based Learning. A Case Study in Global Health Education. *Journal of Problem Based Learning in Higher Education*. Advance online publication. https://doi.org/10.54337/ojs.jpblhe.v11i3.7584

Kelly, D., Conway, C., Harney, S. y McKeague, H. (2022). Temporary Transitions to Online Problem-based Learning: Advice for Tutors and Learners. *Journal of Problem Based Learning in Higher Education, 10*(1), 1-19. https://doi.org/10.54337/ojs.jpblhe.v10i1.6362

Kurt, S. (January 8, 2020). *Problem-Based Learning (PBL)*. https://educationaltechnology.net/problem-based-learning-pbl/

Maastricht University. (s.f.). *Problem-Based Learning*. Autor. https://www.maastrichtuniversity.nl/education/why-um/problem-based-learning

Nunes, J. M. (2023). Reflecting on 21 years of running full PBL programs. *Frontiers in Education, 8*, 1-7. https://doi.org/10.3389/feduc.2023.1033764

Rodríguez González, C. A. y Fernández Batanero, J. M. (2016). A review of Problem-Based Learning applied to Engineering. *International Journal on Advances in Education Research, 3*(1), 14-31.

Rosas, A. (2007). *Transposición didáctica de las series numéricas infinitas. Una caracterización del discurso escolar actual en el nivel superior* [Tesis doctoral, Instituto Politécnico Nacional]. https://n9.cl/vwk17

Segar, S. (julio 19, 2022). Four Favorite Problem-Based Learning Example Activities to Prioritize in your Classroom. Experiential Learning Blog. https://n9.cl/7k3b7

Structural Learning. (2021). *Problem based learning: a teacher's guide*. https://www.structural-learning.com/post/problem-based-learning-a-teachers-guide

Sukackė, V., Pereira de Carvalho, A., Ellinger, D., Carlos, V., Petronienė, S., Gaižiūnienė, L., Blanch, S., Marbà-Tallada, A. y Brose, A. (2022). Towards Active Evidence-Based Learning in Engineering Education: A Systematic Literature Review of PBL, PjBL, and CBL. *Sustainability, 14*(21), 13955. https://doi.org/10.3390/su142113955

Trullàs, J. C., Blay, C., Sarri, E. y Sarri, E. (2022). Effectiveness of problem-based learning methodology in undergraduate medical education: a scoping review. *BMC Medical Educcation,* 22, 104. https://doi.org/10.1186/s12909-022-03154

Wynn, C. (2022). Facilitating Postformal Thinking Through Problem-Based Learning in the History Survey Course: An Empirically Tested PBL Model. *Journal of Problem Based Learning in Higher Education, 10*(1), 121-133. https://doi.org/10.54337/ojs.jpblhe.v10i1.7288

EL PODER DE LOS MAPAS. CARTOGRAFÍA DEL DESPLAZAMIENTO Y LA PERTENENCIA EN LA OBRA DE MONA HATOUM

María Luz Ruiz Bañón[1]

El presente texto nace en el marco del grupo de investigación: E028-06 "Estudios Visuales: Imágenes, Textos y Contextos de la Universidad de Murcia"

1. INTRODUCCIÓN

La creación e interpretación de los mapas ha estado siempre sujeta a la influencia y agenda de los poderes hegemónicos. A pesar de su aparente objetividad, estos no son representaciones neutrales del mundo, sino que incorporan la subjetividad e intereses de quienes los diseñan. Por tanto, los mapas integran entre sus trazados cuestiones de frontera, límite, identidad, nacionalidad, libertad, poder y control político, económico, social, cultural, religioso e incluso legal (Ruiz, 2021). En este capítulo nos adentramos en la intrincada relación entre los mapas y las manifestaciones de poder, y en cómo las cartografías artísticas son capaces de poner en cuestión esta relación entre individuo, entorno y autoridad.

Durante siglos, nuestro imaginario colectivo geopolítico ha estado conformado por una visión predominantemente eurocéntrica marcada por los intereses de Europa Occidental y América del Norte. Esto queda reflejado en la legitimación generalizada del mapamundi que el cartógrafo flamenco Gerardus Mercator hizo en 1569, en el que los países occidentales son representados en una proporción sobredimensionada respecto al resto. En 1973, el cartógrafo alemán Arno Peters desafió esta norma, difundida durante cinco siglos, diseñando un mapamundi con proporciones más realistas y precisas "en tanto que es una representación visual mucho más fiel a las medidas físicas de los continentes" (Aroch, 2022, p. 256). Una de las principales diferencias entre ambos mapas se encuentra en la representación de los continentes de Sudamérica y África, que en este último caso incrementan notablemente su superficie respecto al de Mercator, mientras otros como Groenlandia, Norteamérica o Europa la reducen sensiblemente. Sin embargo, a pesar de ser conocedores de la proyección desproporcionada del mapa de Mercator, hoy en día este continúa siendo el mapamundi mayoritariamente aceptado al haberse producido un proceso de naturalización de esta imagen entre la población global. Esta representación gráfica de su diseño ha consolidado simbólicamente el dominio de la cultura occidental

1. Universidad de Murcia (España)

sobre las demás, reafirmando la premisa de Jonathan Culler (1973) de que la ideología se reduce a la naturalización y asimilación visual de una historia.

El interés en controlar y perpetuar los imaginarios geopolíticos por parte de los grupos hegemónicos radica en su plena consciencia sobre el inmenso poder que tienen los mapas para influir sobre todas las facetas de nuestras vidas. Su capacidad de legitimar y configurar identidades nacionales, así como de delimitar fronteras, le otorga un valor fundamental como instrumento de comunicación al servicio del poder. En ese sentido, Colin Cherry (1957/1980) pone en evidencia cómo, a través de estas construcciones simbólicas, los seres humanos pueden influir en el estado o el comportamiento de los demás durante una interacción comunicativa. Es decir, "los mapas son capaces de crear vínculos identitarios que van a afectar y moldear el comportamiento de sus habitantes influyendo en la formación de identidades nacionales" (Ruiz, 2021, p. 189). A la vez que estos establecen fronteras, también codifican la propiedad, definiendo, en su caso, los derechos de la ciudadanía e imponiendo la autoridad de los Estados-nación. Como subraya Irit Rogoff, se puede decir que "los mapas producen la 'Ley' (...) que es diseminada por medio del sistema jurista, de la gramática, y del establecimiento de parámetros como 'la frontera', los cuales sustentan la división entre los privilegiados con derechos y quienes quedan fuera" (2000/2014, p.99). Históricamente, los mapas han sido objetos codiciados por ser uno de los principales vehículos de poder y dominación al servir de apoyo de los discursos hegemónicos. Estos han desempeñado un papel decisivo en la construcción de los Estados sirviendo como herramientas de conquista y reflejo de ideas políticas, determinando quiénes pueden ser clasificados como parte de estos y quiénes no, quién tiene posesión de qué, y a quiénes obligan y defienden sus leyes; todo con el propósito de salvaguardar los límites y reafirmar la soberanía territorial correspondiente (Janz, 2001). Como apunta John Brian Harley, "lejos de fungir como una simple imagen de la naturaleza que puede ser verdadera o falsa, los mapas redescriben el mundo, al igual que cualquier otro documento, en términos de relaciones y prácticas de poder, preferencias y prioridades culturales" (2005, p.61).

Las fronteras son el elemento central de los mapas. Por su relevancia, estas han sido tradicionalmente delimitadas y preservadas a través de estrechos controles militares o policiales. Sus trazados no son fijos, sino que están constantemente influidos por las acciones humanas y los vaivenes de los deseos de los grupos de poder. Por ende, como señala Tzelepis (2013), las fronteras experimentan un continuo proceso de reasignación, metamorfosis y consolidación. Frecuentemente, estas delimitaciones son impuestas de manera unilateral, sin considerar la realidad geográfica y social de las comunidades, privilegiando los intereses económicos y políticos de los grupos de poder. Según Denis Wood, cuando la construcción social del mapa se oculta detrás de un aparente desapego y su autoridad se vuelve incuestionable, el mapa adquiere la libertad para ejercer cualquier forma de violencia que desee. Puede representar un mundo fragmentado en Estados-nación y presentarlo como algo natural y verídico (Wood, 2006). En consecuencia, esto convierte a los mapas y sus fronteras en centros de tensiones y conflictos territoriales y sociales. La mayoría de las veces, la legitimidad de las fronteras se basa en acuerdos y convenciones históricas, pero su imposición o la falta de ocupación también pueden influir en la percepción de su legalidad. Cuando los ciudadanos internalizan la idea promovida por los poderes dominantes de que los límites y fronteras son indispensables para salvaguardar sus intereses económicos, culturales e identitarios, los gobiernos se sienten con la autoridad respaldada por su población para proteger sus fronteras "del otro", incluso recurriendo a la violencia. Este condicionamiento basado en el lugar de nacimiento ejerce un impacto significativo en nuestras vidas. Para obtener la legitimidad y autoridad del mapa, los Estados apelan a derechos históricos, jurídicos o políticos respaldados por convenciones, tratados y legislación internacional, resolviendo disputas territoriales a través de procesos judiciales o arbitrales entre las partes involucradas (Ruiz, 2021). Pero, si estos Estados no logran generar esta sensación de veracidad y, por el contrario, se producen cuestionamientos, internos y/o externos, de las fronteras establecidas se derivarán tensiones que van a desafiar y hacer peligrar su autoridad y legitimación.

Los mapas no deben confundirse con el propio territorio (Janz, 2001). La formación de este último se produce como consecuencia de nuestra intervención con el espacio, lo que provoca que este adquiera una nueva configuración que unifica "lo mental y lo cultural, lo social y lo histórico" (Lefebvre, 1974/2013, p. 57). Como señala el filósofo Henri Lefebvre, "si cada sociedad produce un espacio, su espacio, de ello se derivan ciertas consecuencias" (1974/2013, p. 111), es decir, se genera su territorio. Los mapas son abstracciones creadas por el ser humano que no logran captar plenamente las complejidades del mundo. Las cartografías, por su parte, sí consideran cuestiones deliberadamente ocultadas o reveladas por los mapas. Estas se presentan en diversas formas, como las temáticas, políticas, topográficas, artísticas, urbanas, históricas, entre otras.

Sin embargo, son las cartografías artísticas las que permiten la creación de perspectivas alternativas que desafían la artificialidad de los mapas y fomentan una conexión más personal y sensorial del espectador con la geografía. La cartografía artística no se limita solo a la representación física del territorio, sino que también puede abordar temas como la identidad cultural, la memoria histórica, las relaciones humanas, los desplazamientos y las experiencias emocionales. A través de esta, se busca cuestionar las concepciones tradicionales de la cartografía y explorar nuevas formas de comprender y experimentar el mundo que nos rodea. El arte posee la habilidad de establecer un vínculo con la realidad, de tal forma que los discursos dominantes se tornan evidentes y accesibles a través de la implicación emocional del espectador (Giudice, 2016). Estas obras son capaces de desdibujar las fronteras entre espacios familiares y desconocidos, creando un mapa vivo que refleja vidas reales. Al desafiar la rigidez de las fronteras y representar la fragmentación de los espacios, la cartografía artística es capaz de revelar y visibilizar la fragilidad de la delimitación territorial y la construcción de la identidad. La visualización, en este contexto, implica "hacer visibles y comprensibles al ser humano aspectos y fenómenos de la realidad que no son accesibles al ojo, y muchos de ellos ni siquiera son de naturaleza visual" (Costa, 1998, p. 14), a través de estos medios gráficos. Mediante estas representaciones, los artistas evidencian el entramado que vincula la cartografía política y las dinámicas de poder, y revelan la construcción de la dimensión simbólica (Giudice, 2016). Como señala Hessler, los mapas se utilizan, "no solo como herramientas analíticas para mostrar distancias y fronteras con precisión y para visualizar complejos y cambiantes conjuntos de datos, sino también como forma expresiva de arte visual con objetivos culturales y políticos, y con profundos cimientos estéticos" (2020, p. 7).

En la actualidad, se ha observado un auge significativo en la experimentación de la cartografía artística, manifestándose a través de múltiples formas como son las instalaciones escultóricas, las audiovisuales o las sonoras. Este fenómeno surge de la necesidad de ofrecer respuesta a una sociedad que busca dar sentido, establecer, estructurar y ubicar nuestro mundo contemporáneo, además de comprender cómo afecta esto a nuestra dimensión emocional. Artistas como Mona Hatoum utilizan mapas en sus obras para subvertir y desafiar el orden establecido y explorar temas de desplazamiento y pertenencia. Las cartografías artísticas de Hatoum evidencian la artificialidad intrínseca de los mapas y desenmascaran los mecanismos del poder ocultos tras ellos. A través de la fragmentación y reconfiguración de los mapas, la artista cuestiona el dominio de las instituciones hegemónicas y revela la naturaleza simbólica de la construcción del mundo. Estas representaciones cartográficas trascienden lo local y lo particular, buscando transformar las concepciones oficiales del mundo al resaltar las distorsiones presentes en todas sus dimensiones. En este capítulo, nos sumergimos en el arte de Mona Hatoum y su empleo de mapas como un claro exponente del uso de la cartografía artística como medio de crítica y subversión. Al adentrarnos en sus obras, nos introducimos en la compleja interacción entre los mapas, el poder y la construcción de la realidad, lo cual nos permite descubrir nuevas perspectivas para comprender y relacionarnos con el mundo que nos rodea.

2. OBJETIVOS

El objetivo principal de este capítulo es explorar la relación entre el concepto contemporáneo de mapa y frontera y los intereses de las estructuras de poder, en relación con las diversas implicaciones sociales, legales, económicas y culturales que surgen de su establecimiento. Se busca presentar la cartografía artística como una disciplina que nos permite expresar e interpretar esa relación, para explorar y representar nuestra conexión con el entorno que habitamos. A través de ella, podemos estudiar su capacidad discursiva y su potencial metafórico para evocar territorios, culturas e ideologías en un contexto temporal particular. Se pretende reforzar la intervención comprometida del arte en la promoción de reivindicaciones socio-políticas-culturales, contrastando con el discurso único y desconectado de las historias locales. Específicamente, en este estudio se examina detalladamente la obra de la artista Mona Hatoum, enfocándonos particularmente en sus cautivadoras cartografías artísticas. Estas creaciones hacen uso de una diversidad de metáforas visuales, sonoras, olfativas y cinestésicas con el objetivo de desafiar la narrativa lineal hegemónica y resistir el control impuesto por las cartografías del poder. Se busca analizar el impacto del lenguaje sutil pero contundente utilizado por Hatoum en sus obras, con el propósito de involucrar al espectador en una instalación artística que está cargada de crítica sociopolítica. A través de su trabajo, Hatoum busca estimular reacciones físicas y emocionales que fomenten un pensamiento crítico y flexible en aquellos que la experimentan. Mediante el uso de elementos visuales y sensoriales, su arte invita a reflexionar sobre las dinámicas sociales y a cuestionar las estructuras de poder establecidas. Al desafiar las convenciones y provocar una respuesta activa, Hatoum busca generar un diálogo profundo y transformador en la sociedad. Se presta especial atención a la creación de "imágenes-pensamiento" o "Denkbilder", concepto destacado por Mieke Bal (2020), donde la imagen y el argumento se integran de forma cohesiva. Estas instalaciones se convierten en espacios de resistencia que utilizan la cartografía y la metáfora icónica del mapa como poderosos medios para transmitir su mensaje.

Asimismo, se busca reafirmar la visión intencionada de la cartografía artística como un mecanismo en la interpretación de la realidad. Se examina la capacidad de la frontera para influir en la construcción de la identidad cultural, especialmente en obras como Present Tense (1996) de Mona Hatoum, y se muestra cómo, estas pueden llegar a quedar ancladas en el tiempo a través de la memoria colectiva de una catástrofe en curso, transmitida mediante la postmemoria y la experiencia cotidiana de las nuevas generaciones en el exilio, tal como señala Ihab Saloul (2020). A través de sus cartografías, Hatoum crea una contra-geografía del distanciamiento que deshace y redefine constantemente la persistente cartografía del poder, ofreciendo una realidad alternativa y nuevos mapas afectivos (Iannicciello, 2018, p. 64). Este capítulo se propone profundizar en la obra cartográfica de Mona Hatoum, explorando su relación con el poder, su impacto en el espectador y su potencial para transmitir mensajes críticos y reflexivos sobre identidad, territorio y sociedad, a través de la intervención comprometida del arte y la interpretación de la realidad a través de la cartografía.

3. METODOLOGÍA

Para llevar a cabo estos objetivos, se siguió un procedimiento metodológico basado en el análisis cualitativo inductivo para interpretar los procesos presentes en el ámbito de estudio y comprender las motivaciones, expectativas y relaciones existentes. Inicialmente, se realizó una revisión bibliográfica sobre cartografía artística y su relación con el cuestionamiento de los mapas, analizando distintas producciones artísticas y teóricas. De entre todas ellas, este estudio se ha centrado en el análisis de pensamiento y producción de la artista palestino-libanesa Mona Hatoum, al considerarla como un objeto de estudio imprescindible en este contexto. Se llevó a cabo una revisión documental de sus cartografías artísticas, examinando las dinámicas y narrativas establecidas en su trabajo. Estas fueron clasificadas en función del alcance o calado de sus reivindicaciones, que abarcan desde lo local hasta lo global.

La mayoría de las cartografías de Mona Hatoum son instalaciones escultóricas que articulan cuestiones fundamentales sobre fronteras e identidad, aunque estas se plantean desde diversos contextos. Al observar estas obras en conjunto, se establece un diálogo entre ellas, revelando una temática y lenguaje común que se centra en el cuestionamiento del despliegue de fronteras y mapas en contextos determinados. Estas estrategias narrativas contribuyen al objetivo general de Hatoum de desafiar el imaginario hegemónico transmitido por los mapas. Aunque sus trabajos parecen destacar la intimidad y la individualidad, la estrategia global de sus instalaciones es sorprender al público y transportarlo a mundos interactivos donde la artista demuestra que es posible plantear y generar nuevas alternativas a la realidad impuesta por las estructuras de poder.

4. LA CARTOGRAFÍA ARTÍSTICA DE MONA HATOUM Y EL LENGUAJE DE LOS MAPAS

Las cartografías artísticas de Mona Hatoum constituyen una profunda reflexión sobre las limitaciones de los mapas al desvelar los mecanismos del poder y desafiar los órdenes establecidos, subvirtiendo el monopolio de las instituciones hegemónicas. Entre las diversas obras cartográficas de Hatoum destacan por orden de realización: *Present Tense* (1996), *Map* (1999-2015), *Continental Drift* (2000), *Routes* (2003), *Hot Spot I, II y III* (2006-2009), *Projection* (2006-2013), *Clouds* (2007*), 3-D Cities* (2008-2010), *Bukkara (Red and White)* (2008), *Untlitled (rack)* (2011), *Suspended* (2011), *Shift* (2012), *Projection Velvet* (2013), *Orbital I* (2018), *Hot Spot Stand* (2018), *Dark Matter* (2019), *Inside Out* (2019), *Map Mobile* (2019) y *Tectonic* (2022). En cada una de ellas, la artista emplea materiales y técnicas poco convencionales para cuestionar la solidez de nuestra comprensión del espacio.

4.1. Huellas del desplazamiento: desvelando narrativas personales

Durante su trayectoria artística, Mona Hatoum ha desarrollado diversas cartografías de resistencia, abarcando desde un ámbito más local y específico a otro más global. La primera vez que utilizó la instalación y la cartografía artística como recurso narrativo fue en 1996 con su obra *Present Tense*. Cuando desde la Galería Anadiel en Jerusalén se le ofreció la oportunidad de realizar esta exposición, Hatoum dudó en aceptar debido a la carga emocional que esto suponía para ella (Archer *et al.*, 1997) al ser parte de una segunda generación de palestinos nacidos en el exilio. En 1948, sus padres tuvieron que abandonar Palestina debido a la guerra árabe-israelí buscando refugio en el Líbano, donde ella nació. Sin embargo, nunca fue reconocida como ciudadana libanesa, aunque si llegó a obtener la ciudadanía británica gracias al reconocimiento del trabajo como funcionario que su padre desarrolló durante la época del mandato británico de Palestina. En 1975, cuando tenía veinte años, estalló la guerra civil libanesa lo que la llevó a establecer su residencia en Londres, donde ha vivido desde entonces (Tzelepis, 2013). Hasta 1996, la artista nunca había tenido la oportunidad de estar en la tierra de sus padres, por lo que, en realidad, hasta ese momento había tenido que experimentar el conflicto a través del relato de terceros. La posibilidad de visitar Jerusalén generó en Hatoum un conflicto emocional que se movía entre el desplazamiento y el arraigo, la alegría y la tristeza. La realización de la obra *Present Tense* implicaba la necesidad de visitar la tierra de su familia y símbolo de su herencia cultural. Un lugar que, debido a las complejas circunstancias sociopolíticas y las intensas luchas de poder existentes, se le había negado la oportunidad de experimentar personalmente.

La instalación está compuesta por una serie de objetos comunes cuyas funciones habituales han sido transfiguradas hasta llevarlos a la extrañeza, produciendo la coexistencia de emociones opuestas en el observador. La obra se compone de 2.200 pastillas de jabón elaboradas con aceite de oliva. Estas fueron dispuestas en el suelo de la galería como una imponente alfombra de oración de aproximadamente 3 metros de largo, 2,4 metros de ancho y 4,5 centímetros de alto. Sin embargo, lo más relevante de esta instalación es la presencia de pequeñas bolas de vidrio rojo incrustadas en la superficie del jabón, dibujando el contorno de las fronteras geopolíticas entre Palestina e Israel según lo establecido en los Acuerdos de Paz de Oslo de 1993. Estas fronteras representan los límites territoriales que se supone deberían configurar el territorio de Palestina, pero que en realidad Israel no ha reintegrado en su totalidad, incluso después de vencerse el plazo establecido en dichos acuerdos. Esta representación del territorio se asemeja a un archipiélago compuesto por fragmentos dispersos de tierra en todo Israel (Schulemberg, 2014). La presencia de esta frontera trae consigo una sensación de tensión y suspenso, como si esta estuviera congelada en el tiempo, atrapada en un infinito lapso de espera. Sin embargo, el título y la forma en que *Present Tense* se materializa evocan una fuerte ambivalencia en el espectador (Tzelepis, 2013) al enfatizar inmediatez sugiriendo una acción que está ocurriendo en el momento presente. Esta experiencia ambivalente se ve reforzada por la experimentación en tiempo real del espacio expositivo, donde el espectador se encuentra cara a cara con esta realidad inquietante y desconcertante (Ruiz, 2021).

El espacio expositivo en sí mismo tenía una gran carga simbólica al encontrarse en el corazón del casco antiguo de Jerusalén Este, punto de tensión en el conflicto palestino-israelí. Por esta razón, *Present Tense* fue concebida originalmente como una instalación *site specific,* pero también *time-specific,* al ser diseñada como respuesta y crítica directa a un momento histórico y temporal específico (Ruiz, 2021). El contexto de la ciudad de Jerusalén y la situación del conflicto en ese momento influyeron en el significado de la obra, destacando su dimensión política y añadiendo el relato y la experiencia personal de la artista como exiliada o desplazada de segunda generación. Al omitir los contornos del mapa de Israel y trazar únicamente los territorios palestinos en el jabón, Hatoum centró su atención en la situación de Palestina dentro del conflicto. No obstante, la artista no solo indagó en las implicaciones del mapa en el contexto palestino, sino que además persiguió establecer una conexión entre su obra y el espectador general (Schulenberg, 2014). Para lograr esto, adoptó un lenguaje estético con vínculos al arte minimalista y a un surrealismo actualizado. Este resalta el material utilizado, generando una interacción entre el contenido político de la obra, el espacio expositivo y el espectador. En este caso, se utilizó la estrategia sorprendente de estimular los sentidos a través del olfato mediante el jabón de Nabus, lo que en consecuencia intensificaba la familiaridad y las emociones asociadas a los objetos utilizados en la instalación y al entorno donde se exhibió la obra. Estas familiaridades y objetos evocan un hogar simbólico y desplazado que parece haber quedado congelado en el tiempo, resaltando la capacidad del conflicto para seguir afectando en el presente a través de la experiencia de la postmemoria, con una intensidad similar a la que tuvo en el pasado.

La instalación artística logra que los espectadores se sumerjan en la historia con su propio cuerpo y experimenten empatía con ella (Giudice, 2016, p. 34) generando afecto a través de su vivencia en el tiempo presente. Según Ernst Van Alphen (2008), estos afectos pueden transmitirse tanto a través de la presencia de otra persona como mediante una obra de arte o un texto literario. Es decir, surgen de la interacción con objetos, un contexto o incluso con otras personas. Sin embargo, como señala el autor, la transmisión de los afectos no es lo mismo que la transmisión de la memoria (Van Alphen, 2006). Por lo tanto, los recuerdos que los padres, quienes vivieron el exilio en primera persona, transmiten a sus hijos son los efectos emocionales y personales de su trauma, pero no la experiencia real en sí misma. De este modo, las generaciones siguientes no tienen recuerdos directos de esos momentos traumáticos, sino que reciben una experiencia filtrada a través de sus padres. Es decir, la continuidad intergeneracional de la experiencia de la pérdida del hogar debe considerarse no como una construcción de la identidad palestina en la actualidad, sino como un modelo de postmemoria orientado hacia el presente. La memoria cercana se convierte en un símbolo de resistencia y esperanza para superar el dilema de la pérdida en el exilio y dirigirse hacia el futuro (Saloul, 2020).

A partir de *Present Tense*, Hatoum crea otras representaciones cartográficas que evocan, desde lo local y lo específico, su compromiso político turbador y personal en relación con cuestiones de frontera, límites, exilio, pertenencia y desplazamiento (Tzelepis, 2013). Un ejemplo destacado de esta cartografía que aborda territorios locales en disputa y las secuelas del desplazamiento es su obra *3D Cities*, realizada entre 2008 y 2009. En esta instalación compuesta por tres tableros de mesa sobre caballetes de madera, la artista representa los mapas de tres grandes ciudades que se vieron afectadas por los conflictos armados que estaban activos en ese momento en Oriente Medio en las que había algún tipo de intervención de los países occidentales: Beirut en el Líbano, Bagdad en Irak y Kabul en Afganistán. Estas representaciones cartográficas capturan la complejidad y las consecuencias de estos eventos traumáticos en las ciudades y sus habitantes. Hatoum crea en cada uno de sus mapas recortes circulares concéntricos que generan elevaciones y depresiones en su superficie. Estas formas tridimensionales, similares a cráteres, parecen representar los posibles impactos de las bombas, mientras que las elevaciones o motas circulares recortadas simbolizan la reconstrucción arquitectónica de las ciudades. De esta manera, nos recuerdan cómo la destrucción y la reconstrucción se entrelazan en los espacios devastados por la guerra. Estos mapas "heridos" con un bisturí parecen ser "una operación realizada por cirujanos que no se han molestado en comprender el organismo sobre el que estaban interviniendo" (Sánchez, 2011, párr. 15). Las heridas o recortes dispersos en esos mapas generan interrogantes en el espectador al humanizar y poner de manifiesto los posibles efectos del conflicto sobre la sociedad que habitaba esas calles bombardeadas. Estas cicatrices despiertan la conciencia del espectador, quien activa su memoria mediática o su imaginación en un intento por comprender. Sin embargo, como en *Present Tense*, la memoria de lo no vivido nunca puede reemplazar la experiencia real en sí misma.

Otra intervención sobre mapas ya existentes la encontramos en una obra anterior titulada *Routes* (2003), una serie compuesta por cinco piezas de diferentes tamaños. En esta ocasión, la artista utiliza pluma y tinta para intervenir mapas encontrados en las revistas que las aerolíneas proporcionan en sus vuelos. Hatoum llena con color los espacios entre las líneas que representan las rutas de los aviones, dando lugar a una red o malla compleja que trastoca las fronteras y el paisaje. El resultado es una obra que transforma los mapas originales en una representación visual intrigante y evocadora. Al igual que ocurre en *Present Tense*, donde se muestra cómo el exiliado queda atrapado en una disputa territorial sin resolución, esta obra también nos brinda una metáfora visual de los tiempos de transición. En este caso, utiliza el viaje en avión como símil, representando el tiempo en el que nos encontramos inmovilizados mientras duran nuestros desplazamientos. Estamos suspendidos en espacios intermedios, atrapados en el presente continuo, dentro de un espacio que está en constante negociación.

Haciendo referencia una vez más a los desafíos del desplazamiento y la migración que enfrenta el mundo árabe (Mathis, 2011), en 2011 Hatoum creó la obra *Suspended.* Esta instalación artística consta de 35 columpios negros y rojos suspendidos de cadenas en el techo de la sala, formando un archipiélago de islas móviles. Cada columpio presenta grabado en su asiento un fragmento del callejero de una capital seleccionada al azar de cada uno de los seis continentes. Los columpios están colocados en un ángulo oblicuo entre sí, lo que crea una sensación de desplazamiento geográfico que alude al flujo migratorio constante entre las ciudades de todo el mundo, especialmente en el mundo árabe (Humphrey, 2011). En los asientos se incluyen fragmentos arbitrarios de los mapas de las ciudades, lo cual dificulta comprender la esencia de la vida en esos entornos. "El visitante se mueve por la instalación como un turista en busca de los puntos de referencia de cada mapa, y la identificación solo es posible en función de los conocimientos y experiencias de cada individuo" (Sánchez, 2011, párr. 6). Los columpios continúan balanceándose incluso cuando los visitantes se han marchado, creando una sensación de movimiento perpetuo en el espacio. Esto confiere a la obra una inquietante sensación de inestabilidad, evocando la volatilidad del mundo contemporáneo y del sistema en el que habitamos. Este mundo aparentemente sin barreras revela la transitoriedad de estos espacios flotantes, que ocultan el sufrimiento de aquellos que habitan los espacios intermedios o las zonas de tránsito y exclusión, que son invisibles en los mapas (Sánchez, 2011, párr. 10).

Este tipo de obras nos brindan la oportunidad de repensar las temporalidades disyuntivas y cuestionar la solidez del terreno bajo nuestros pies, donde parece imposible arraigar y cultivar las raíces de la pertenencia (Ianniciello, 2018). Se contraponen a las cartografías del poder que trazan mapas de divisiones políticas que se nos presentan falsamente como permanentes y definitivas. Estas fragmentaciones aparentan ser inalterables e inmutables, pero en realidad son extremadamente inestables y solo existen con certeza en el tiempo presente, algo que Hatoum sugiere de manera ingeniosa con el título de su obra *Present Tense.*

4.2. Más allá de las fronteras, el conflicto global: la cartografía de la fragilidad identitaria, la pertenencia y el hogar

Otras creaciones cartográficas de la artista, como *Map* (1999-2015), *Hot Spot* (2006-2018), *Bukhara (Red and White)* (2008), o su obra más reciente, *Tectonic* (2022), establecen una relación más amplia y genérica con los problemas derivados de los conflictos políticos mundiales, que a menudo están enraizados en cuestiones de territorio y frontera. Estas obras se convierten en espacios comprometidos que ponen de manifiesto las cartografías del poder impuestas por la economía cultural y política de los colonialismos occidentales, tanto en el pasado como en el presente. De esta manera, plantean una perspectiva de aplicación a escala global que aporta enfoques diversos, pero con un trasfondo común.

Con el propósito de desafiar la interpretación simbólica predominante que coloca a la cultura occidental en una posición superior, Mona Hatoum integra con frecuencia el mapa de Arno Peters en su arte, resaltando de esta manera la artificialidad de las cartografías hegemónicas (Giudice, 2016). Hatoum utilizó este mapa por primera vez en 1999, en su provocadora obra *Map*. Esta representación cartográfica del mundo está conformada por canicas de vidrio transparente de 14 mm de diámetro dispuestas sobre el suelo de madera de la sala expositiva, abarcando una dimensión de 10 metros de ancho por 1,8 metros de largo. La obra está concebida de tal manera que se pueden apreciar los contornos geográficos naturales de los continentes, pero no las fronteras geopolíticas. Al no estar las canicas fijas al suelo, el público tiene la posibilidad de participar en la instalación, alterando la disposición de los continentes al moverlas con la vibración de su tránsito la ubicación de las canicas. Conforme el público interactúa, el mapa va perdiendo su forma original, desplazándose y reconfigurándose al azar (Westphal, 2016), como una metáfora de la fragilidad e inestabilidad de las fronteras. Esta obra invita a reflexionar sobre la manera en que las fronteras geopolíticas son construcciones arbitrarias y cambiantes, cuestionando la supuesta solidez y permanencia de los límites territoriales.

A lo largo de su trayectoria artística, Mona Hatoum ha creado varias obras para instalar en el suelo en la que representa las dimensiones y formas de los continentes de acuerdo con el mapa de Peters. Un ejemplo de ello es la obra *Bukhara (Red and White)*, realizada en 2008, creada a partir de una alfombra oriental de lana con dimensiones de 143 cm de alto y 225 cm de ancho. Hatoum representa en esta obra un mapamundi cuya superficie ha sido dibujada con láser, simulando que esta hubiera sido dañada por polillas y transformándola en un paisaje en desintegración. La elección de una alfombra persa tradicional de lana Bukhara tejida a mano, con su distintiva cuadrícula geométrica, rememora objetos familiares de la infancia de la artista. Esta obra plantea el mundo entero como algo desconocido y desolado. Los continentes, quemados con láser, parecen parches desgastados que se unen formando una geografía calcinada de terrenos agotados y paisajes erosionados. La alfombra oriental también es utilizada en la obra *Baluchi (Blue and Orange)* de 2008 de similares dimensiones y composición. Por otro lado, *Tectonic* (2022) es la más reciente instalación de suelo en la que Hatoum proyecta el mapa de Peters. Está compuesta por 48 placas de vidrio sobre las cuales la artista graba este mapamundi mediante chorros de arena. Al igual que en las obras anteriores, el título de la obra adquiere gran relevancia al sugerir el alejamiento o la colisión de las placas terrestres de la litosfera, utilizando los movimientos de estas como una metáfora de la inestabilidad de las fronteras. Las placas de vidrio descansan precariamente sobre 198 pequeñas esferas de vidrio, creando un frágil equilibrio que se ve alterado por el paso de los visitantes, generando una interacción similar a la que ocurre en *Map*. Todas estas obras de Hatoum exploran dos temas recurrentes en su obra: la obsesiva exploración de planos de ciudades y mapamundis utilizando diversos materiales como cartón, terciopelo o cristal; y su habilidad para crear una sutil inestabilidad, haciendo que sus esculturas se descompongan ligeramente, generando una sensación de fragilidad y desequilibrio.

El mapa de Peters es también utilizado en otras cartografías de Hatoum, pero en su forma tridimensional, representando una esfera del mundo. Una de las obras más destacadas en este formato es *Hot Spot*, que fue creada por primera vez justo después de que Israel bombardeara Líbano en 2006, aunque existen diferentes versiones posteriores. La obra representa un globo terráqueo de grandes dimensiones, hecho con tubos de neón rojo, que muestra el mapamundi de Peters. Aunque no se distinguen fronteras, se respeta la escala y el ángulo de inclinación de la tierra. La iluminación de neón roja da la impresión de ser una señal de peligro o advertencia sobre los efectos de la globalización, desde un enfoque que introduce en la ecuación la internacionalización e interrelación de los conflictos armados que se nutren de los intereses políticos, económicos y sociales hegemónicos. No obstante, la obra tiene otro nivel de lectura pudiendo ser interpretada también como un espacio de oposición a la gestión medioambiental mundial, haciendo referencia a los efectos devastadores producidos a escala global por el cambio climático y la crisis ambiental en la que nos vemos sumidos en la actualidad. De nuevo el titulo marca una significación muy intencionada, advirtiéndonos del punto caliente en el que se ha convertido la tierra donde existen conflictos armados constantes y está en peligro el equilibrio medioambiental. Mediante *Hot Spot*, Hatoum logra captar la atención del espectador de manera física, estimulando su sistema perceptivo a través de la creación de una intensa luz roja que se refleja en su piel, atrapándolo en su influjo sin posibilidad de escape. Como resultado, el espectador experimenta dicha luz tanto en su piel como en sus retinas, mientras el inquietante zumbido de los neones resuena en el entorno. Esta combinación genera una serie de señales de alerta que se envían al cerebro del espectador, provocando una reacción cinestésica caracterizada por una sensación de tensión y desasosiego. *Dark Matter* (2019), es otro ejemplo del uso del globo terráqueo en las cartografías de resistencia de Hatoum. En esta ocasión, la obra representa un globo de 147 cm de diámetro, construido con acero templado e imanes, que se encuentra cubierto por una densa alfombra de limaduras de hierro. Esta superficie suave y vellosa crea un patrón interminable y tortuoso, sugiriendo las ondulantes tripas de un sistema digestivo. Además, dicha superficie está expuesta a cambios si los imanes que la sostienen pierden su fuerza o al enfrentarse al campo magnético de otro imán, como ocurre en su obra *Continental Drift* del año 2000. Un patrón ondulante similar cubre la escultura *Inside Out* (2019), aunque a una escala menor y fundida en bronce. Por otro lado, la obra *Orbital I* (2018) con forma de globo terráqueo que asemeja una serie de planetas girando en órbita, se construye a partir de barras de refuerzo dobladas y adornadas con fragmentos ásperos y texturizados que evocan materiales relacionadas con la guerra y la destrucción. Como señala Said (2011, p. 236), "el arte de Hatoum es difícil de soportar (...) pero es necesario verlo como un arte que parodia la idea de una sola patria". Sus instalaciones escultóricas interaccionan con el tiempo presente del espectador ayudando a estimular su conciencia y su capacidad crítica.

5. CONCLUSIONES

A lo largo de este capítulo, se esbozaron algunos de los diferentes matices existentes en la relación entre el concepto contemporáneo de mapa y los intereses de las estructuras de poder. También hemos podido apuntar las distintas implicaciones sociales, legales, económicas y culturales que tiene el propio mapa en función del establecimiento de este nexo. Nuestro principal objetivo era presentar la cartografía artística como una disciplina que permite expresar e interpretar esa relación para explorar y representar nuestra conexión con el entorno que habitamos. Para ello, se ha examinado detenidamente la obra cartográfica de la artista Mona Hatoum.

Este estudio ha puesto de manifiesto cómo las representaciones cartográficas no solo tienen la capacidad de desafiar las desigualdades en las relaciones de poder existentes en nuestro mundo globalizado, sino que también revelan los efectos de desplazamiento y manipulación a diversas escalas que impactan las interacciones humanas en el presente, pasado y futuro, así como nuestra memoria histórica e identidad. En un mundo acelerado y extraordinariamente cambiante bajo los impulsos de los intereses de los grupos de poder, todos debemos estar preparados para adaptarnos. Las fronteras y las divisiones geopolíticas pesan sobre nuestras vidas como un derecho, pero también como una carga. Como sugiere la artista Mona Hatoum, la sensación de distanciamiento y desconexión con los que habitan en los espacios intermedios y el temor que experimentamos frente a ello, a menudo nos vuelven cautelosos e indiferentes con lo que ocurre a nuestro alrededor. Por lo tanto, en ocasiones necesitamos un recordatorio sobre nuestra responsabilidad personal y ética como ciudadanos conscientes y comprometidos con los demás (Giudice, 2016) que puede venir a través del lenguaje del arte.

Hemos mostrado cómo las cartografías de Hatoum ofrecen al espectador nuevas perspectivas sobre cómo relacionarse, transitar y desplazarse en el espacio. Estas crean una cartografía viva del paisaje, recordándonos que los mapas están compuestos por vidas reales (Tzelepis, 2013). Hatoum propone que experimentemos la cartografía con nuestro propio cuerpo a través de sus instalaciones. Esto nos permite establecer una conexión física y sensorial que facilita su comprensión. Para Ianniciello (2018), los mapas de Hatoum revelan lo que la cartografía oficial oculta, esto es la experiencia de la geografía como un recorrido vital que expone la precariedad de las fronteras y la desintegración de los espacios. Estos mapas representan un recorrido subversivo que nos lleva al umbral entre lo conocido y lo desconocido, lo propio y lo impropio, superando cualquier correspondencia entre la delimitación territorial y la identidad.

La obra de Hatoum pone en cuestión el establecimiento y funcionamiento de fronteras y mapas, pero sobre todo desacredita la forma en la que estos son impuestos por los poderes hegemónicos de forma unilateral enfrentando la realidad normalizada del mapa a otra alternativa a través de la generación de una narrativa espacio-temporal múltiple y una experiencia performativa heterocrónica que se apoya en la instalación artística. Por ejemplo, en la obra *Present Tense* la audiencia se enfrenta a la imagen de un mapa creado en el pasado, que debería existir en el presente, pero que sin embargo ha quedado suspendido en el tiempo *sine díe*. Esta espera y este conflicto afectan tanto al pasado, como al presente y futuro, al haber entrado en un bucle de retroalimentación sostenido por la postmemoria vivida en el presente. Entre sus manos, los iconos palestinos más íntimos consiguen abordar preocupaciones universales sin perder su singularidad. Al final, el objetivo de Hatoum no parece ser la disociación de una experiencia árabe de una occidental, sino encontrar lo que hay de común en ambas para disociar lo bueno de lo malo en la experiencia humana en su conjunto, o quizá para recordarnos que esas disociaciones no son tan fáciles como creemos (Loujami, 2019).

Es importante destacar que la artista no impone de forma imperativa y contundente su crítica frente a las cartografías del poder, sino que a partir de su obra busca generar empatía en el espectador estimulándole a forjar su propia experiencia y a poner en cuestión la interpretación hegemónica de la realidad. Esta visión va a estar indudablemente condicionada por las vivencias y características individuales de cada persona. Según Nicolás de Oliveira, a través de las instalaciones los artistas motivan a los espectadores a experimentar las obras de manera abierta y los convierten en autores y generadores de sus propios significados (De Oliveira *et al.*, 2003). Sus obras invitan al espectador a cuestionar y reflexionar sobre las narrativas preestablecidas, ofreciendo un espacio para la imaginación y la exploración de nuevas perspectivas, un espacio de oposición a las manifestaciones geopolíticas impuestas por los grupos de poder o, como Kimberly Lamm llega a denominar, a las cartografías patológicas del poder (2004). Estos espacios nos recuerdan la paradoja de que en ocasiones esas fronteras y mapas creados a su voluntad, que parecen mantener a salvo nuestro nivel de vida, cultura e identidad, y que nos encierran en la seguridad de nuestro territorio familiar, también pueden llegar a convertirse en prisiones (Said, 2000).

Al trastocar la concepción convencional de los mapas como representaciones objetivas del espacio, Hatoum expone la naturaleza subjetiva y arbitraria de las fronteras. Esta alteración sirve de metáfora de la desubicación y desorientación que experimentan las personas desplazadas. En las obras de Hatoum, los mapas se convierten en paisajes simbólicos que evocan recuerdos, historias y relatos personales y colectivos. Incorpora diversos materiales y técnicas para transformar los mapas en intrincadas instalaciones, esculturas o piezas de técnica mixta. De este modo, añade capas de significado e invita al espectador a explorar los polifacéticos aspectos del desplazamiento y la pertenencia. Los mapas artísticos de Hatoum destacan a menudo la interacción entre el espacis físico y psicológico, reflejando la tensión entre el deseo de arraigo y la realidad de la movilidad y la fugacidad. A través de sus mapas artísticos, Hatoum también aborda cuestiones de poder, vigilancia y control. Examina cómo las fronteras pueden convertirse en lugares de opresión, exclusión y vigilancia, y cómo estos mecanismos conforman las identidades individuales y colectivas. En consecuencia, las obras de Hatoum incitan al espectador a cuestionar la naturaleza construida de las fronteras y el modo en que afectan a nuestra comprensión de la pertenencia y la noción de "hogar".

6. REFERENCIAS

Archer, M., Brett, G. y Zegher, C. D. (1997). Interview: Michael Archer in conversation with Mona Hatoum. En M. Archer, G. Brett, y C. de Zegher (Eds.), *Mona Hatoum* (pp. 6–31). Phaidon Press.

Aroch, P. (2022). La abducción según Peirce: Reflexiones desde el Sur sobre la crisis de representación desencadenada por el COVID-19. *Nóesis. Revista de Ciencias Sociales, 31*(61), 243-267. https://doi.org/10.20983/noesis.2022.1.12

Bal, M. (2020). It's about Time: Trying an Essay Film. *Text Matters, 10*(10), 27–48.

Brian, J. B. (2005). *La Nueva Naturaleza de los Mapas.* Fondo de Cultura Económica.

Cherry, C. (1980). *On human communication: A Review, a Survey, and a Criticism.* (3.ª ed.) MIT Cambridge. (Original publicado en 1957).

Costa, J. (1998). *La esquemática. Visualizar la información.* Paidós.

Culler, J. (1973). Structure of Ideology. *New Literary History, 4*(3), 471-482.

De Oliveira, N., Oxley, N. y Petry, M. (2003). *Installation Art in the New Millennium: The Empire of the Senses.* Thames & Hudson.

Giudice, C. (2016). Contemporary art as a visual expression of power. *Documenti geografici,* 1, 31–45.

Hessler, J. (2020). Reunir el mundo en una imagen. En R. Pickles (Ed.), *Mapas* (pp. 6-9). Paidon.

Humphrey, C. (2011, 2 abril). *Mona Hatoum Suspended Bunker.* criticalmatters.net. http://www.criticalmatters.net/mona-hatoumsuspended-bunker/

Ianniciello, C. (2018). *Migrations, Arts and Postcoloniality in the Mediterranean.* Routledge.

Janz, B. B. (2001). The territory is not map: Place, Deleuze and Guattari, and African Philosophy. *Philosophy Today, 45*(4), 392–405.

Lamm, K. (2004). Seeing feminism in exile; the imaginary maps of Mona Hatoum. *Michigan Feminist Studies*, 18, 1–34.

Lefebvre, H. (2013). *La producción del espacio.* (E. Martínez, trad.) Capitán Swing Libros, S.L. (Obra original publicada en 1974).

Loujami, Y. (2019, 7 de agosto). *Tea with the Bogeyman: Towards an Arab Reading of Mona Hatoum.* 7iber.com. https://n9.cl/r8l0z

Mathis, C. (2011). *Le Bunker de Mona Hatoum.* Stiletto. fr. http://www.stiletto.fr/culture/le-bunker-demona-hatoum

Rogoff, I. (2014). *Terra Infirma: La Cultura Visual de la Geografía.* (A. Molinari Tato, trad.). Universidad Nacional Autónoma de México. (Obra original publicada en 2000).

Ruiz, M.L. (2021). *Tiempos Instalados. Análisis de los Comportamientos Heterocrónicos y Anacrónicos en Instalaciones de Artes Sociopolíticas Contemporáneas (1989-2019).* [Tesis de doctorado, Universidad de Murcia]. Digitum.

Said, E. (2000). *Reflexions on Exile and Other Essays.* Harvard University Press.

Said, E. (2011). El arte del desplazamiento: la lógica de los irreconciliables de Mona Hatoum. *Quaderns de la Mediterrània*, 15, 233–236.

Saloul, I. (2020). Postmemory and Oral History. Inter-generational Memory and Transanational Identity in Exile. En G. Pasternak (Ed.), *Visioning Israel-Palestine: Encounters at the Cultural Boundaries of Conflict* (pp. 244-263). Bloomsbury.

Sánchez, J. A. (2011, 12 de marzo). *En el flujo de las ciudades: suspensión e impermanencia.* Parataxis 2.0. https://n9.cl/c3d4a

Schulenberg, A. (2014). Sites and Senses Mapping Palestinian Territories in Mona Hatoum's Sculpture Present Tense. En J. Goudeau, M. Verhoeven, y W. Weijers, (Ed.), *The imagined and real Jerusalem in art and architecture* (pp. 11–32). Koninklijke Brill NV. 10.1163/9789004270855_003.

Tzelepis, E. (2013). Dis-placing the World: Nomadic Politics in Mona Hatoum's Living Cartographies of Passages. *The Greek Review of Social Research 140* (140–141), 169-184. https://doi.org/10.12681/grsr.63

Van Alphen, E. (2006). Second-generation testimony, transmission of trauma and postmemory. *Poetics Today, 27*(12), 473–88.

Van Alphen, E. (2008). Affective operations of art and literature. *RES: Anthropology and Aesthetics, 53*(1), 20–30.

Westphal, B. (2016). Mona Hatoum and the paradoxical Map of the Mediterranean Myth. En C. V. Assche, y C. Wallis (Eds.), *Mona Hatoum* (pp. 96–117). Tate Publising.

Wood, D. (2006). Map art. *Cartographic Perspectives,* 53, 5–14.

ANÁLISIS DEL MÉTODO DE SUJECIÓN DEL PORTAAGUJAS MAYO HEGAR AL REALIZAR UNA SUTURA PARA DETERMINAR PARÁMETROS DE DISEÑO

Nayeli Celeste Sánchez Romero, Ariel Alonso De la Torre Ramos, Fausto Enrique Aguirre Escárcega[1]

El presente texto nace en el marco de un proyecto de maestría de la Universidad Autónoma de Ciudad Juárez, "Diseño y desarrollo de nuevas formas para el instrumental quirúrgico, específicamente portaagujas de Mayo Hegar, en función del método de sujeción empírico al realizar alguna sutura."

1. INTRODUCCIÓN

Un médico cirujano durante su etapa de preparación como estudiante analiza teorías, adquiere conocimientos y se le adiestran técnicas específicas para cada procedimiento quirúrgico; por ejemplo, el método de sujeción del instrumental quirúrgico del portaagujas "Mayo Hegar", el cual se utiliza para sujetar la aguja con precisión y seguridad, evitando que el médico tenga un contacto directo con el tejido blando al realizar alguna sutura (González, 2018). Sin embargo, se observa que, a los médicos internos de pregrado durante su etapa de estudios en la universidad, se les adiestra la técnica para suturar con principios básicos para un cierre óptimo de heridas y pasos específicos, donde se tiene como prioridad la aproximación o unión de tejidos u órganos, para facilitar el proceso de cicatrización con el mejor resultado estético, minimizando el riesgo de complicaciones posibles (González, 2018), todo esto en relación con el portaagujas "Mayo Hegar", donde existe un método de sujeción basado en la teoría y especificaciones del fabricante del instrumental quirúrgico. La presente investigación analiza lo instruido en la teoría y aquello que está basado en la experiencia y en la observación de los hechos.

A pesar de este adiestramiento que los médicos internos tuvieron durante su etapa como estudiantes al llegar a su internado se enfrentan a nuevos retos, donde pondrán en práctica los conocimientos previos adquiridos, de tal manera que comienzan una nueva trayectoria de aprendizajes basados en la experiencia, donde utilizan un método de sujeción distinta a la que se les instruye en su etapa estudiantil, provocando un desgaste prematuro en la cremallera del portaagujas "Mayo Hegar", jugando un papel importante este elemento del portaagujas al suturar una herida, que fija la aguja en una posición, para

1. Universidad Autónoma de Ciudad Juárez (México).

evitar el desplazamiento de la misma al pasar el punto (Zárate, 2021), así, dejándolo sin utilidad.

2. OBJETIVOS

Esta investigación se realizó con el objetivo de analizar los métodos de sujeción del portaagujas "Mayo Hegar" para identificar las ventajas de usabilidad al realizar una sutura. Se realizó mediante la observación directa no participativa basada en una recopilación de datos lógica y sistematizada por medio de un registro visual y verificable de lo que se pretende conocer (Campos, 2012), y de tal manera determinar los parámetros de la forma en el diseño del portaagujas.

3. METODOLOGÍA

Para el desarrollo de esta investigación se utilizó la metodología de observación directa no participativa, la cual es caracteriza por la forma en que el investigador recolecta la información, es decir, que el observador recoge información relevante y significativa del sujeto observado sin establecer alguna interacción con él, siendo espectador de lo que ocurre.

En este caso el participante debía ser notificado sobre el estudio a realizar, ya que esta observación consistió en el registro del método de sujeción clásico al suturar una herida, que es adquirido por los médicos internos de pregrado durante su etapa de estudios en la universidad y del método de sujeción empírico al suturar una herida, que es instruido por los médicos especialistas a los médicos internos de pregrado durante su internado. Por ello fue necesario la determinación de un protocolo para la recopilación de datos, con la finalidad de dar seguimiento a un plan de trabajo óptimo para el desarrollo de esta investigación, donde, se fijó como objetivo la documentación de ambos métodos de sujeción, la selección de herramientas necesarias a utilizar por el sujeto meta determinado y el observador.

El plan de trabajo consistió en:

- Primeramente, se realizó el montaje del escenario donde fueron acomodados los materiales y herramientas necesarios para la documentación. Se utilizaron materiales específicos, por ejemplo: una cámara, un trípode, una esponja para simular la herida, una aguja de sutura, sutura, tijera, exacto y el portaagujas "Mayo Hegar".
- Después se le presentó el tipo de estudio al médico especialista con lo siguiente: título del protocolo, la introducción, planteamiento del problema y el objetivo general. Se documentó el método de sujeción clásico al realizar una sutura, y se le solicitó al médico especialista que acompañara cada movimiento con una descripción oral de la acción a realizar, se replicó el mismo procedimiento anterior, pero ahora con el método de sujeción empírico al realizar una sutura.
- Finalmente, el investigador le indicó al médico especialista que sujetara el portaagujas "Mayo Hegar" en función del método de sujeción clásico y del método de sujeción empírico para hacer una toma de fotografías desde una vista superior para reforzar la documentación y análisis a realizar.
- Los datos recabados le permitieron al investigador transcribir los métodos de sujeción en relación con el diseño del portaagujas "Mayo Hegar", después se

realizó un análisis comparativo entre el método de sujeción clásico y el método de sujeción empírico en relación de las variables de usabilidad identificadas para la determinación del valor de usabilidad que aporta cada método de sujeción.

4. DESARROLLO DE LA INVESTIGACIÓN

Con base a la observación, documentación y análisis de los métodos de sujeción al realizar una sutura, se desarrolló la investigación en relación con el diseño del portaagujas "Mayo Hegar", lo cual logro la identificación de dos métodos de sujeción: "método clásico" el cual es adquirido por los médicos internos de pregrado en la etapa universitaria y el "método empírico" el cual es instruido por los médicos especialistas a los médicos de pregrado durante el internado.

Se consideraron variables como tiempo, ángulos de giro e inclinación de la mano y destreza, para la comparación de ambos métodos con el objetivo de determinar cuál tiene mayor valor de usabilidad en relación con el diseño del portaagujas "Mayo Hegar".

4.1. Método de sujeción

La función principal del portaagujas "Mayo Hegar" es sujetar la aguja con precisión y seguridad, siendo un instrumento guiado a través de los tejidos por el médico especialista. El portaagujas puede sujetarse de dos formas, el primero método de sujeción corresponde al clásico: donde se introducen los dedos dentro de sus anillas (figura 1); y el segundo método de sujeción corresponde al empírico: donde no se introducen los dedos dentro de sus anillas (figura 2).

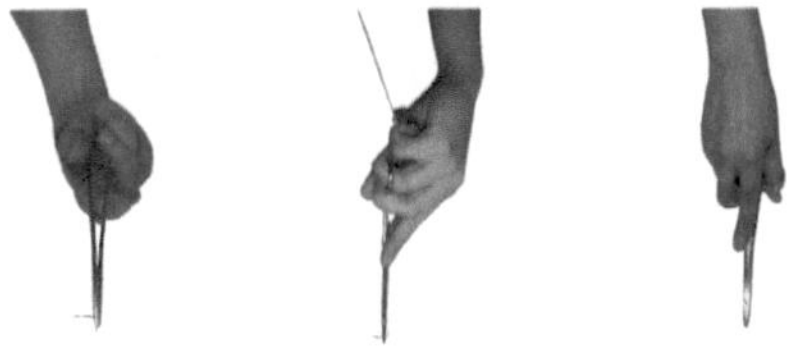

Figura 1. Forma de sujetar el portaagujas "Mayo Hegar", método clásico.
Fuente: Elaboración propia.

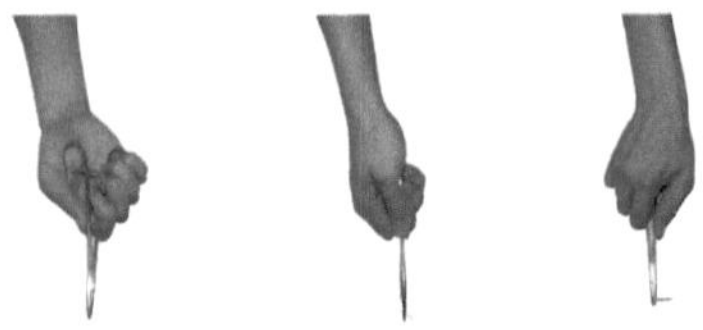

Figura 2. Forma de sujetar el portaagujas "Mayo Hegar", método empírico. Fuente: Elaboración propia.

4.2. Tiempo

Para la toma de tiempos de cada uno de los métodos de sujeción al realizar una sutura y la realización de una comparación entre ambos, fue necesario delimitar la toma de tiempo por cada punto de sutura, debido a que, en la simulación, el especialista implemento una técnica de sutura individual, es decir, puntos individuales. Tomando el tiempo inicial desde que la aguja es colocada en la punta del portaagujas "Mayo Hegar" y culmina hasta donde fue cortada la sutura, después de haber realizado el nudo (figura 3).

Tiempo	Técnica
33.82 ´´	Clásica
28.88 ´´	Empírica

Figura 3. Medición de tiempos en segundos del método de sujeción clásico y método de sujeción empírico al realizar un punto de sutura. Fuente: Elaboración propia.

Con base en los resultados obtenidos, se consideró que no existe una muestra significativa de la toma de tiempo de cada método de sujeción, si se realiza punto por punto de sutura. Sin embargo, se toma en cuenta una intervención especifica, como lo es la episiotomía, donde se realiza una episiorrafia, la cual es una sutura continua y cruzada que se lleva a cabo en el periné con la finalidad de unir la pared vaginal (mucosa), tejido muscular y piel al final de un parto. El corte controlado que realiza el médico especialista es posible que logre extenderse 3 ó 4 cm. De tal manera que la sutura se conforma por más de uno o dos puntos continuos.

A partir de la información recolectada, se identificó que al sumar el tiempo realizado punto por punto entre cada técnica, existe una diferencia de tiempo significativa, de tal manera que el método empírico ofrece un mayor valor de rapidez en comparación del método clásico.

4.3. Ángulos de giro e inclinación de la mano

La evaluación de ángulos de giro e inclinación de la mano consistió en el análisis biomecánico de los movimientos de prono-supinación, flexión y extensión que implementa el médico especialista en Ginecología al aplicar el método de sujeción clásico o el método de sujeción empírico al realizar un punto de sutura.

Después de la documentación de los métodos por separado, se utilizó una herramienta de apoyo para la observación a detalle de los movimientos biomecánicos que utiliza el médico especialista, al realizar un punto de sutura. El programa GOM Player fue de gran apoyo para este análisis comparativo, debido a que este reproductor multimedia, capaz de abrir formatos de audio y video, es caracterizado por tomar una ráfaga de capturas por segundo del video que se está analizando. La ráfaga de capturas por segundo puede ser configurada acorde a las necesidades del investigador, en este caso se utilizó una ráfaga de 10 capturas por segundo.

En el análisis biomecánico del método de sujeción clásico en relación con el diseño del portaagujas "Mayo Hegar", muestra que limita los ángulos y rangos de movimiento del médico especialista, ya que debe realizar rangos de movimiento que implica la flexión y extensión de la muñeca para poder completar el ángulo de giro de 180° al realizar una sutura (figura 4). Tomando en cuenta que al realizar una sutura en una cavidad estrecha como lo es la vagina, es posible que aumente el área de obstrucción, obteniendo como resultado una menor visión del campo vaginal y la disminución de los ángulos de giro, extensión y flexión.

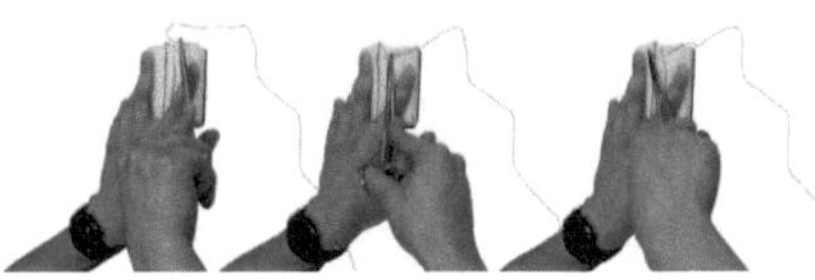

Figura 4. Movimiento de prono-supinación implementando el método de sujeción clásico al realizar un punto de sutura. Fuente: Elaboración propia.

En el análisis biomecánico del método de sujeción empírico en relación con el diseño del portaagujas "Mayo Hegar", muestra que este método le ofrece al médico especialista un ángulo de giro que excede ligeramente los 180°, sin forzar el rango de movimiento de la muñeca (figura 5).

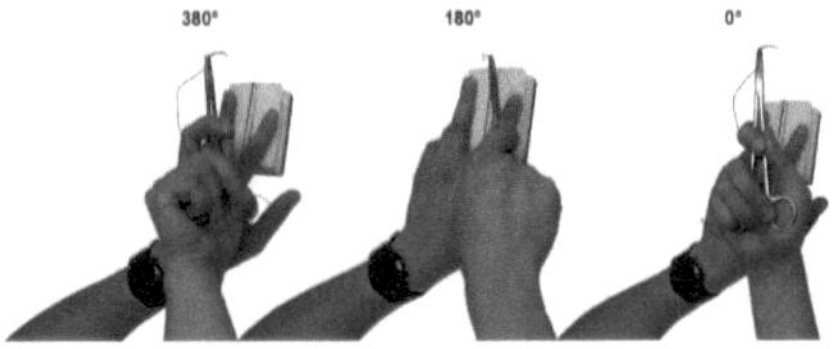

Figura 5. Movimiento de prono-supinación implementando el método de sujeción empírico al realizar un punto de sutura. Fuente: Elaboración propia.

Por lo tanto, el método de sujeción empírico ofrece un mayor valor en los movimientos biomecánicos, incrementando los ángulos de giro y disminuyendo los movimientos de inclinación que desempeña el médico especialista con la mano en relación del portaagujas "Mayo Hegar". En resumen, se obtiene una mayor visión del campo vaginal.

4.4. Destreza

Esta variable consistió en observar todos los movimientos que genera el brazo del médico especialista al desempeña cada uno de los métodos de sujeción en relación del diseño del portaagujas "Mayo Hegar" al realizar los puntos que conforman una sutura.

Cuando el médico especialista aplica el método de sujeción clásico para realizar un punto de sutura, al momento de introducir la aguja de una pared a otra para unir el tejido blando, genera un ángulo de giro en sentido de las manecillas del reloj, donde, genera movimientos específicos para hacer encajar el movimiento forzado de cada articulación: muñeca, codo y hombro. El médico especialista realiza un ángulo de giro con la mano el cual está acompañado de una inclinación de la muñeca, seguida de una flexión en el codo, finalizando con un movimiento de abducción y giro del hombro sin obstruir el campo visual (figura 6).

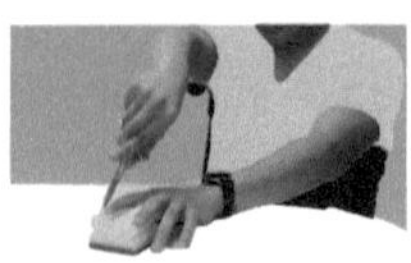

Figura 6. Muestra de la destreza al utilizar el método de sujeción clásico. Fuente: Elaboración propia.

De lo contrario, cuando el médico especialista aplica el método de sujeción empírico para realizar un punto de sutura, al momento de introducir la aguja de una pared a otra para unir el tejido blando, no es necesario generar movimientos específicos para hacer encajar los movimientos de cada articulación: muñeca, codo y hombro. Debido a este método de sujeción del portaagujas "Mayo Hegar", le permite al especialista sentir el instrumental como si fuera una extensión más de la mano, atribuyéndole realizar todos los ángulos de giro sin tener que mover el codo y el hombro de arriba hacia abajo al suturar una herida. Tomando en cuenta que todos los movimientos de la muñeca, codo y hombro siguen a los ángulos de giro efectuados por la muñeca del especialista, sin afectar el campo visual (figura 7).

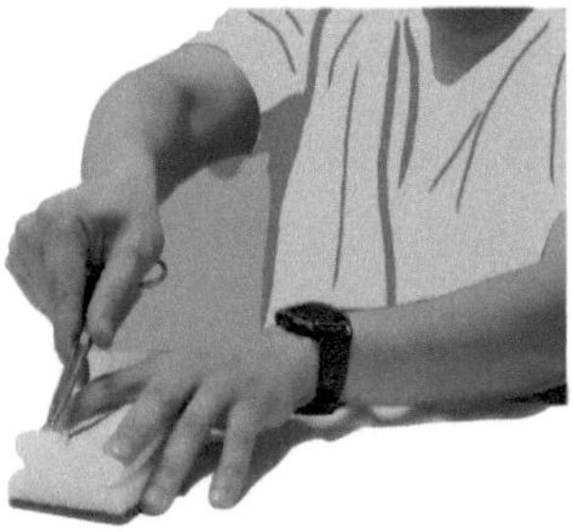

Figura 7. Muestra de la destreza al utilizar el método de sujeción empírico.
Fuente: Elaboración propia.

5. CONCLUSIONES

Tras la documentación de esta investigación, es posible el desarrollo de un análisis comparativo entre el método de sujeción clásico y el método se sujeción empírica, de usabilidad, tomando en cuenta 3 variables: tiempo, ángulos de giro e inclinación de la mano y destreza. Se determino que no existe un método de sujeción erróneo, pero aquel que ofrece una mayor ventaja de usabilidad en función del diseño del portaagujas "Mayo Hegar" al realizar una sutura, es el empírico, que si se utiliza el método de sujeción clásico. La reducción de tiempo, el aumento rangos de movimiento de la mano sin afectar el campo de visión al realizar una sutura en una intervención médica es sumamente importante para el médico especialista.

En relación con lo antes expuesto, se llegó a la conclusión de que a pesar de los valores positivos en cada una de las variables de usabilidad que ofrece el método empírico en relación del diseño del portaagujas "Mayo Hegar", no está diseñado acorde a este método de sujeción, y por ello se obtiene como resultado un desgaste prematuro en la cremallera del portaagujas. Por lo que es necesario un rediseño del portaagujas que se adapte al método de sujeción empírico para ofrecer mayores ventajas de usabilidad al médico especialista al realizar una sutura, es decir, un diseño centrado en el usuario.

6. REFERENCIAS

Campos, G. L. y Lule-Martínez, N. E. (2012). La observación, un método para el estudio de la realidad. *Xihmai*, *7*(13), 45-60.

González-Cely, M., Miranda, A. y Alviar, J. D. (2018). Principios en técnicas de suturas de piel: una guía para estudiantes. *Revista Mpedicas UIS*, *31*(2), 65-76. https://doi.org/10.18273/revmed.v31n2-2018008

Zárate, G. Z. (2021). Técnicas de sutura. En G. P. Zárate, *Manual de Heridas y suturas* (pp. 2-73). Universidad Finis Terrae.

EVALUACIÓN DE LA INVESTIGACIÓN MEDIANTE UNA PRUEBA ESTRUCTURADA DE COMPETENCIAS PROFESIONALES

Pilar Valderrama[1], Ángel Valderrama[2]

1. INTRODUCCIÓN

El enfoque educativo actual de la universidad española está basado en competencias. Los ejes de este nuevo paradigma de aprendizaje son la orientación hacia la empleabilidad en entornos socio-económicos globales y la consecución de competencias profesionales, entendidas en un sentido amplio, como el conjunto de conocimientos, habilidades y actitudes que necesita una persona para ocupar adecuadamente un puesto de trabajo. Ello ha supuesto un cambio en las metodologías y procesos de evaluación que poco a poco se van incorporando en los distintos grados universitarios.

El éxito en la incorporación al mercado laboral de los estudiantes universitarios recién egresados depende, en gran parte, de las competencias adquiridas durante su formación. Por ello, en áreas de Medicina se está implantando, un sistema de evaluación basado en una serie de pruebas que permiten determinar el nivel de adquisición de las competencias clínicas mediante la Evaluación Clínica Objetiva Estructurada (ECOE) (Hardem *et al.*, 1975).

El buen resultado de la experiencia médica (Cardona-Arias, 2022) hace que este tipo de evaluación pueda ser de utilidad en otras áreas, como es Información y Documentación. Un ejemplo de aplicación puede ser la evaluación de la investigación de profesores e investigadores con el objeto de obtener los sexenios de investigación que, a través de indicadores bibliométricos, evalúa su actividad científica y académica durante un período de seis años. Existen empresas que ofrecen servicios dirigidos a la evaluación de la actividad científica y académica tanto de profesores e investigadores como de diferentes organismos, e instituciones de educación superior y entidades que desarrollan actividades de I+D+i, fundaciones, hospitales e institutos sanitarios, entre otros. Esta actividad puede plantear un servicio de *outsourcing* que parte de externalizar en dichos organismos las actividades de evaluación científica que desarrollan.

Estos servicios son un ejemplo perfecto de aplicación profesional para diseñar pruebas de evaluación objetiva estructurada de competencias profesionales del Grado de Información y Documentación y supondría un cambio revolucionario desde la perspectiva de profesores, alumnos, así como de la propia sociedad, que ayude a entender dicho

1. Universidad de Granada (España)
2. Digital Virgo (España)

título desde un enfoque más actual (Ortiz-Repiso *et al.*, 2013). Así mismo, facilitaría la adquisición de habilidades y actitudes necesarias para ocupar adecuadamente un puesto de trabajo más allá de una biblioteca.

2. OBJETIVOS

El objetivo del presente trabajo consiste en diseñar una de prueba objetiva estructura que permita evaluar o acreditar hasta qué punto los graduados en Información y Documentación han adquirido dos competencias necesarias para evaluar la cantidad y calidad de la investigación de profesores e investigadores que solicitan sexenios de investigación. Dichas competencias son: búsqueda y recuperación de información y organización y almacenamiento de la información.

3. MARCO TEÓRICO

Bunk (1994) define las competencias profesionales como un conjunto de conocimientos, destrezas y aptitudes que se necesitan al ejercer una profesión, resolver los problemas profesionales de forma autónoma y flexible, así como, tener la capacidad de colaborar en su entorno profesional y en la organización del trabajo. Suponen combinaciones complejas de conocimientos, actitudes, destrezas y valores que son necesarias para realizar una tarea (Ortiz-Repiso *et al.*, 2014). Las competencias profesionales se clasifican en dos grandes bloques: específicas y transversales. Las específicas, también denominadas *hard skills*, varían de una profesión a otra y se adquieren mediante una formación específica; mientras que las transversales, o *soft skills*, son comunes a distintos ámbitos profesionales, como, por ejemplo, iniciativa, capacidad de trabajo en equipo, etc.

En el título de Información y Documentación, el Libro Blanco elaborado en 2004 por las Universidades españolas apoyadas por la Agencia Nacional de Evaluación de la Calidad y Acreditación (ANECA, 2004), para adaptarlo el EEES, clasifica las competencias en los dos bloques anteriormente citados. Dentro de las específicas, se incluyen las de Conocimientos, Competencias Profesionales y Competencias Académicas; y dentro de las transversales, las Instrumentales, Personales y Sistemáticas. Posteriormente, el Real Decreto 1393/2007 del 29 de octubre, incluye un listado de las diferentes competencias específicas del profesional de la Información y Documentación (Oliva Marañón, 2012).

Este campo se encuentra en un entorno muy cambiante debido al impacto de la revolución digital, lo que exige una adaptación continua. Por ello es fundamental la definición y adquisición de competencias que permitan el desarrollo profesional en entornos caracterizados por cambios dinámicos y continuos (Tramullas, 2016). Así, las distintas Universidades han ido definiendo las competencias del Grado en Información y Documentación y, en concreto, la Universidad de Granada (s.f.) las agrupa en 5 competencias básicas, 23 generales y 22 específicas y profesionales. Dentro de estas últimas se encuentra la búsqueda y recuperación de la Información y su organización y almacenamiento.

Cuando el aprendizaje se basa en competencias y no en contenidos, el protagonista es el estudiante más que el profesor, lo que provoca un cambio importante en las metodología y evaluación (Sáinz y Román, 2011). La evaluación por competencias es compleja y difícil y cada titulación debe elaborar los procesos necesarios para llevarla a cabo, aunque no siempre los especialistas han estado a favor de utilizarla en los estudios universitarios, pero sí en formación profesional (Paulson, 2001). Frente a la evaluación tradicional sumativa, la evaluación formativa orientada a la adquisición de competencias presenta ventajas para la educación superior: mejora los procesos de aprendizaje, desarrolla la responsabilidad y autonomía del alumno potenciando el aprendizaje permanente y aumentando su motivación, incrementa la calidad docente, el rendimiento y el éxito escolar y es una experiencia en si misma (Vallés Rapp *et al.*, 2018). La selección de instrumentos de evaluación es de gran transcendencia y en cuanto a competencias profesionales, el reto es diseñar actividades de evaluación pertinentes que contribuyan a desarrollar y determinar el nivel de adquisición de competencias clave para los futuros profesionales. El diseño de las rúbricas de evaluación, como instrumentos normalizados, permiten valorar el grado en que los estudiantes adquieren dichas competencias en un proceso transparente y conocido de antemano (Ortiz-Repiso *et al.*, 2014).

Medicina, ha sido pionera en desarrollar un sistema de evaluación de competencias profesionales mediante pruebas objetivas. En 1972, el equipo del Dr. Ronald M. Harden de la Universidad de Dundee (Escocia) desarrolla por primera vez la ECOE (Hardem *et al.*, 1975) con la finalidad de crear un sistema estandarizado de pruebas capaz de reducir las variables que influyen en el impacto de la evaluación del desempeño de los estudiantes de Medicina. Esta iniciativa se originó para hacer frente a la protesta de muchos estudiantes ante el hecho de que, al terminar el grado de Medicina, todo el aprendizaje se reducía a un único examen teórico, pero no existía ningún examen que evaluase las competencias o habilidades clínicas y prácticas del alumnado. Esto suponía una dificultad para los residentes de primer año a la hora de enfrentarse o tratar a un paciente.

Previo a su creación, las pruebas para la evaluación del rendimiento clínico se basaban en exámenes orales con pacientes, cuyos resultados se veían sesgados debido a factores como el agotamiento de los propios pacientes, la parcialidad del examinador, un esquema de calificación no estandarizado y el rendimiento real del candidato, entre otras (Domínguez-González y Guzmán-Valdivia, 2018).

La ECOE es una prueba cronometrada, estructurada como un circuito de estaciones que simulan escenarios clínicos reales y cada estación evalúa una fase del proceso clínico, con tareas específicas que permiten evaluar la competencia clínica de los estudiantes de último curso de Medicina, aunque en algunas universidades aplican este examen desde tercero, cuarto o quinto. El número de estaciones varía entre 12 y 18 (Trejo-Mejía *et al.*, 2014), según una serie de factores como los objetivos a conseguir, qué aspectos se quiere evaluar, la disponibilidad de recursos materiales, personales, etc. El tiempo de duración de cada estación es de entre 10 y 15 minutos y cada una de ellas representa una fase del proceso clínico global independiente. La ECOE ha demostrado ser válida y fiable y su implementación mejora el desempeño de los estudiantes y sus habilidades cognitivas, clínicas y motoras (Cardona-Arias, 2022).

4. METODOLOGÍA

4.1. Servicio a elegir

Uno de los servicios más demandados de las empresas en el ámbito de la bibliometría es "Evaluación de la calidad de la investigación de sexenios". Los sexenios de investigación son el reconocimiento de un tramo de investigación de un período de seis años, que pueden ser o no consecutivos. Se solicita anualmente, durante el periodo abierto y establecido por la Comisión Nacional Evaluadora de la Actividad Investigadora (CNEAI). Este servicio está relacionado con varias competencias y, entre ellas, se han seleccionado dos que se consideran fundamentales del área de Información y Documentación:

1. Búsqueda y recuperación de información.
2. Organización y almacenamiento de la información.

Se va a diseñar una prueba objetiva estructurada formada por 5 estaciones, para evaluar el nivel alcanzado por los alumnos en estas dos competencias y para llevar a cabo una actividad profesional concreta: "Evaluación de la calidad de la investigación de sexenios".

4.2. Diseño de la rúbrica

Esta prueba constará de 5 estaciones. En cada una de ellas se incluye:

1. Breve descripción de las tareas a realizar.
2. Nivel de dificultad a partir de currículum diferentes: 1- nivel bajo, 2- nivel medio y 3- nivel alto
3. Puntuación total que se puede alcanzar en cada una de ellas.

4.3. Tabla de especificaciones

Se ha diseñado la tabla de especificaciones donde quedan definidas las estaciones de la prueba y su descripción. A cada estación se le asigna un Nivel de dificultad en función de diversos factores:

Nivel de conocimiento previo Tiempo necesario para la realización Complejidad en la ejecución Nivel de responsabilidad	Nivel bajo Nivel medio Nivel Alto

4.4. Diseño de estaciones

Partiendo del servicio seleccionado se definió un total de 5 estaciones:

- Estación 1-Evaluación del currículum vitae (CV) y estimación de las posibilidades de conseguir un sexenio de investigación
- Estación 2- Asesoramiento a los investigadores sobre las publicaciones a seleccionar de cara a la evaluación de tramos de investigación
- Estación 3-Búsqueda de los indicios de calidad de las publicaciones seleccionadas de acuerdo a los criterios establecidos por CNEAI
- Estación 4- Redacción de los indicios de calidad de acuerdo a los criterios específicos del año de la convocatoria
- Estación 5- Asesoramiento sobre la redacción del campo 'Resumen', teniendo en cuenta la Sentencia del Tribunal Supremo STS 2524/2018 sobre evaluación de sexenios.

A cada una de las estaciones se le añadió una breve descripción con la función a realizar dentro de cada tarea.

4.5. Criterios de evaluación

Para la evaluación de las listas de cotejo de cada estación se estableció un sistema de evaluación con una puntación máxima de 100 puntos, de forma que, para superar una estación se debe conseguir al menos el 50% de la rúbrica establecida en cada estación. Para ello, se pueden utilizar CV evaluados previamente por expertos para que el alumno pueda autoevaluarse en cada una de las estaciones.

5. RESULTADOS

Partiendo de las dos competencias de "Búsqueda y recuperación de información" y "Organización y almacenamiento de la información", se ha diseñado una serie de pruebas objetivas estructuradas en 5 estaciones. Cada una representa distintas tareas del servicio de "Evaluación de la Calidad de la Investigación para la obtención de sexenios".

La tabla 1 recoge de manera resumida las 5 estaciones en las que se ha estructurado el servicio de Evaluación de la Calidad de la Investigación con una breve descripción. Cada estación viene representada por un nivel y puntuación.

Estación	Nivel	Puntuación
1-Evaluación del CV y estimación de las posibilidades de conseguir un sexenio de investigación		
Evaluación del CV del aspirante, estimando las posibilidades de éxito en la posible solicitud y seleccionando las aportaciones y años más favorables. Revisión de los criterios del área deseada de cara a poder realizar la correcta seleccionas de las aportaciones a presentar en el sexenio de investigación. Revisión del baremo CNEAI conforme a los criterios del año anterior. Si se hace una mala selección de las publicaciones se corre el riesgo de que le denieguen el sexenio al candidato.	3	25
2- Asesoramiento a los investigadores sobre las publicaciones a seleccionar de cara a la evaluación de tramos de investigación		
Selección de las publicaciones más idóneas o que más se ajusten a los criterios analizado en la estación anterior, para afrontar con garantías de éxito la convocatoria	2	20
3-Búsqueda de los indicios de calidad de las publicaciones seleccionadas de acuerdo a los criterios establecidos por CNEAI		
Búsqueda de los indicios de calidad de dichas aportaciones. El alumno deberá leer los criterios de evaluación para cada área publicados en el BOE.	3	25
4-Redacción de los indicios de calidad de acuerdo a los criterios específicos del año de la convocatoria		
Redacción del campo de indicios de calidad de acuerdo a los criterios establecidos por la CNEAI, en la plataforma habilitada por el Ministerio de Educación y Formación Profesional. La aplicación/plataforma permite redactar un máximo de 4000 caracteres	2	15

5- Asesoramiento sobre la redacción del campo Resumen, teniendo en cuenta la Sentencia del Tribunal Supremo STS 2524/2018 sobre evaluación de sexenios		
Asesorar sobre la redacción del manuscrito final, en el cual el investigador deberá escribir de manera clara las publicaciones más relevantes de su investigación, su posición (primer autor, segundo autor, último autor, autor de correspondencia, y otras posiciones) y contribución (diseño del estudio, realización del trabajo, puesta a punto de la metodología, bases de datos, análisis estadístico, redacción del manuscrito, revisión y edición, etc.) en el trabajo, la vinculación de sus publicaciones con proyectos de investigación, estancias, congresos, etc. La plataforma permite un máximo de 4000 caracteres	1	15

Tabla 1. Estaciones de la actividad "Evaluación de la investigación para obtener un sexenio de investigación": descripción, nivel de dificultad y máximo de puntuación. Puntuación Máxima=100. Fuente: Elaboración propia.

En las tablas 2, 3, 4, 5 y 6 se muestran de manera detallada las actividades que el alumno deberá realizar en las estaciones diseñadas. Cada estación cuenta con un nivel de dificultad y su puntuación la cual se desglosa en función de la tarea que desempeñe el alumno.

1-Evaluación del CV y estimación de las posibilidades de conseguir un sexenio de investigación.	
Actividad a desarrollar y criterios que deben cumplir en la rúbrica de evaluación	Puntuación
ANÁLISIS DE LA SITUACIÓN PREVIA Se asigna al alumno un CV de un candidato y debe estudiar y analizar cuál es la situación de su CV hasta el momento actual y desde una perspectiva específica para sexenios de investigación.	Total de puntos: 5
Identificar el área a profesional del candidato Total de sexenios reconocidos y años que incluyen Total de denegaciones previas Importancia: Condiciona los años que se pueden seleccionar En caso de que no tenga ningún sexenio Confirmar que la categoría profesional del candidato le permite presentarse a la convocatoria de sexenios. Por ejemplo, un profesor asociado no puede presentarse si procede de una universidad pública.	3 puntos 1 punto 1 punto

IDENTIFICACIÓN DE LOS CRITERIOS DE EVALUACIÓN DE LA CATEGORÍA PROFESIONAL SEGÚN CNEAI Una vez garantizado que el candidato cumple con los requisitos necesarios para solicitar el sexenio, el alumno debe revisar el documento que recoge los criterios de la CNEAI: Analizar las características CNEAI del área a la que pertenece el investigador, de cara a seleccionar aquellas publicaciones que más se adecúen a los criterios de evaluación. Si el candidato tiene un alto número de publicaciones Q1, se debe tener en cuenta factores como: número total de autores por publicación, total de citas recibidas, total de páginas. Esto ayuda en la selección o descarte de los artículos más relevantes. Importante: Esta estación es clave, para que, a la hora de asesorar al investigador sobre qué publicaciones seleccionar, no le denieguen el sexenio. Se valorará en cierta medida la rigurosidad, la comprensión lectora y el conocimiento previo que tenga el alumno sobre las bases de datos bibliométricas tales como Journal Citation Reports (JCR) o Scimago Journal & Country Rank (SJR).	Total de puntos: 15 9 puntos 6 puntos
REVISIÓN DEL BAREMO CNEAI DEL AÑO PREVIO A LA SOLICITUD DEL SEXENIO Revisión del baremo CNEAI del año anterior a la solicitud para tener una idea previa sobre cómo se ha evaluado y que se ha valorado en cada publicación Los criterios pueden cambiar de un año a otro, pero las diferencias suelen ser mínimas.	Total de puntos: 5 5 puntos
Importante: Antes de asesorar sobre las publicaciones, es importante tener claro los puntos anteriores para evitar que al candidato le denieguen el sexenio.	

Tabla 2. Descripción de la rúbrica de la primera estación: 1-Evaluación del CV. Estimar posibilidad de obtenerlo. Nivel 3. Puntuación máxima 25. Fuente: Elaboración propia.

2- Asesoramiento a los investigadores sobre las publicaciones a seleccionar de cara a la evaluación de tramos de investigación.	
Actividad a desarrollar y criterios que deben cumplir en la rúbrica de evaluación	Puntuación

ASESORAMIENTO SOBRE LAS ACTIVIDADES A INCLUIR EN LOS SEXENIOS DE INVESTIGACIÓN Selección de las publicaciones más idóneas o que más se ajusten a los criterios analizados en la estación anterior, para afrontar con garantías de éxito la convocatoria. Para afrontar estas garantías, tener en cuenta lo aplicado en la estación anterior. No solo el baremo de calificaciones y los criterios en cuanto a valor cuantitativo sino también cualitativo. Los baremos son Orientativos.	Total de puntos: 20
Hacer un proceso de exclusión de aquellos méritos que no sean relevantes. Asegurar que los méritos que se han incluido en la evaluación estén situados en sus campos correspondientes, y en caso de haber errores recolocarlos en la categoría correcta	8 puntos 4 puntos 8 puntos

Tabla 3. Descripción de la rúbrica de la segunda estación: 2- Asesoramiento a los investigadores sobre las publicaciones a seleccionar de cara a la evaluación de tramos de investigación. Nivel 2. Puntuación máxima 20. Fuente: Elaboración propia.

3- Búsqueda de los indicios de calidad de las publicaciones seleccionadas de acuerdo a los criterios establecidos por CNEAI.	
Actividad a desarrollar y criterios que deben cumplir en la rúbrica de evaluación	Puntuación
BÚSQUEDA DE LOS INDICIOS DE CALIDAD DE DICHAS APORTACIONES Los indicios de calidad deben ir orientados a lo cuantitativo, tratando de demostrar que cumple sobradamente con lo especificado en los criterios publicados en la convocatoria	Total de puntos: 15
Identificar e incorporar los correspondientes indicios de calidad. El alumno deberá estudiar los criterios comunes para todas las áreas tales como, el número total de aportaciones, los elementos de los que debe disponer una publicación, el tipo de publicación realizada, etc. Determinar la relevancia científica del medio de difusión en el que se haya publicado cada aportación. Uso de herramientas para hallar los indicios de calidad: El alumno deberá desenvolverse con las herramientas necesarias para encontrar y aportar los distintos indicios acreditativos de la calidad de las publicaciones que se presenten en la solicitud	8 puntos 2 puntos 5 puntos
Importante: Si el medio de difusión es bueno en cuanto a indicadores, pero NO justifica una relevancia científica e impacto social del trabajo, el comité podría valorarla como aportación no relevante y bajar la puntuación. Por ello, es importante realizar un balance y tratar de definir los resultados de una publicación antes de ser seleccionada definitivamente.	

REVISIÓN DE LOS CRITERIOS DE EVALUACIÓN PARA CADA ÁREA PUBLICADOS EN EL BOE Revisar que todos los méritos del solicitante se ajustan a los criterios del BOE Como paso previo a su valoración, el alumno debe establecer si cada aportación es adecuada a la convocatoria, utilizar un medio de difusión apropiado y responder a una línea de investigación coherente. Ello no implica juicio alguno sobre su calidad intrínseca, sino tan solo constatar que se trata de una aportación evaluable.	Total de puntos: 10 5 puntos 5 puntos
Importante: La aplicación de carga de sexenios del Ministerio permite incluir información sobre indicios de calidad hasta un máximo de 4000 caracteres contando espacios en el cómputo, más que suficiente para incluir de manera clara todas las bases de datos en las que la aportación pueda estar indexada, con amplia información sobre índice de impacto, cuartiles, citas recibidas/ difusión, si la revista sigue un proceso de revisión por pares, etc.	

Tabla 4. Descripción de la rúbrica de la tercera estación: 3- Búsqueda de los indicios de calidad de las publicaciones seleccionadas de acuerdo a los criterios establecidos por CNEAI. Nivel 3. Puntuación máxima 25. Fuente: Elaboración propia.

4- Redacción de los indicios de calidad de acuerdo a los criterios específicos del año de la convocatoria.	
Actividad a desarrollar y criterios que deben cumplir en la rúbrica de evaluación	Puntuación
Identificación y redacción de los indicios de calidad de las aportaciones a incluir en la solicitud de acuerdo a los criterios establecidos por la CNEAI. El alumno deberá hacer explícitos los indicios de calidad que la Comisión, sus comités asesores y las personas expertas especialistas valorarán, una vez verificada su exactitud, sin que la Comisión, los comités y las personas especialistas estén obligados (aunque eventualmente puedan hacerlo) a buscar por sí mismos indicios o datos complementarios	Total de puntos: 15
Una vez seleccionadas aquellas publicaciones o trabajos que se van a incluir para el sexenio, el alumno realizará una búsqueda en diferentes bases de datos bibliométricas (Web of Science, Scopus, Journal Citation Reports, etc). Después irá recopilando la información de los méritos del investigador como: Factor de Impacto de las revistas donde ha publicado, índice H, total de citas recibidas, etc. Una vez recogida la información de las distintas bases de datos bibliométricos, para la redacción de los indicios, el alumno debe acceder a la plataforma habilitada por el Ministerio de Educación y Formación Profesional.	9 puntos 6 puntos
Importante: Las aportaciones seleccionadas deberán contar con un impacto medio-alto dentro de la categoría y año de publicación para aumentar las posibilidades de que pueda ser mejor calificado/valorado, así como justificar la relevancia científica de la investigación y de la aportación llevada a cabo por el investigador dentro de la misma.	

Tabla 5. Descripción de la rúbrica de la cuarta estación: 4-Redacción de los indicios de calidad de acuerdo a los criterios específicos del año de la convocatoria. Nivel 2. Puntuación máxima 15. Fuente: Elaboración propia.

5- Asesoramiento sobre la redacción del campo Resumen, teniendo en cuenta la Sentencia del Tribunal Supremo STS 2524/2018 sobre evaluación de sexenios.	
Actividad a desarrollar y criterios que deben cumplir en la rúbrica de evaluación	Puntuación
ASESORAMIENTO SOBRE LA REDACCIÓN DEL MANUSCRITO FINAL El alumno deberá asesorar al investigador sobre cómo rellenar el resumen de forma que el investigador escriba con claridad las publicaciones más relevantes de su investigación como:	Total de puntos: 15
Posición: 1er autor, 2º autor, último autor, autor de correspondencia y otras posiciones. Contribución en el trabajo: diseño del estudio, realización del trabajo, puesta a punto de la metodología, bases de datos, análisis estadístico, redacción del manuscrito, revisión y edición, etc. Vinculación de sus publicaciones con proyectos de investigación. Total de estancias. Total de congresos.	15 puntos
El campo resumen no constará exclusivamente de un resumen del contenido, sino que en él se tratará de argumentar la relevancia e impacto social de la investigación y participación del investigador en la misma, sobre todo en caso de coautoría/multiautoría, la cual debe ser justificada en caso de que la haya para no generar demasiadas dudas al comité sobre el trabajo del investigador.	

Tabla 6. Descripción de la rúbrica de la quita estación: 5- Asesoramiento sobre la redacción del campo Resumen, teniendo en cuenta la Sentencia del Tribunal Supremo STS 2524/2018 sobre evaluación de sexenios. Nivel 1. Puntuación máxima 15.
Fuente: Elaboración propia.

6. DISCUSIÓN

El diseño de este tipo de exámenes puede brindar la oportunidad de retroalimentar el proceso de enseñanza-aprendizaje. Al tratarse de pruebas con un gran nivel de elaboración, tienen una parte de trabajo extra para docentes o personas encargadas de su elaboración y consumen mucho tiempo o recursos, entre otros. En las ECOE pueden llegar a contratar actores, aunque la mayoría suelen ser médicos (García-Puig *et al.*, 2017). La información que se obtiene es mucho más exhaustiva en cuanto al nivel de adquisición e incluso informa sobre destrezas profesionales o habilidades psicomotrices. Esto puede ayudar al alumno a identificar sus errores o falta de destreza, con lo cual el *feedback* que se consigue es importante.

Existen grados que se caracterizan por su carácter profesionalizante, como por ejemplo aquéllos pertenecientes a Ciencias de la Salud como Medicina, Enfermería y Odontología, entre otros. Es, por lo tanto, evidente que se hayan tomado medidas para evaluar de forma válida y fiable las competencias profesionales que en este caso son clínicas. La Medicina ha sido pionera en utilizar la ECOE. En subáreas como Neurología se ha demostrado que este tipo de pruebas permiten evaluar las habilidades clínicas de forma planificada y los elementos fundamentales para su diseño fueron el comité de examen, tabla de especificaciones, diseño de estaciones y logística del examen (Hernández Gutiérrez *et al.*, 2017).

Chung *et al.* (2019) evaluó la fiabilidad de esta modalidad de examen en un estudio donde se analizaron 14 ECOE aplicados a 2.995 estudiantes de cuarto y quinto curso de la Facultad de Medicina de la Universidad de Granada y los resultados mostraron que la fiabilidad fue mayor de 0,70 en el 92,84% de las ECOE. También se concluyó que el formato debía constar de al menos 10 estaciones, con una duración superior a 60 minutos.

Fuera del ámbito de la Medicina, las ECOE se han aplicado en Farmacia en una estructura de 5 estaciones obteniendo una puntuación similar. Se consideró que la prueba ECOE es una herramienta muy útil para la evaluación de competencias de alumnos del Grado en Farmacia (Calatayud-Pascual *et al.*, 2020).

Se trata de una prueba de formato flexible, que permite conocer si los estudiantes y, en consecuencia, los programas docentes, cumplen el objetivo de «formar en competencias».

Dado el éxito reflejado en Ciencias de la Salud, parece interesante adaptar esta metodología a otros Grados, como Información y Documentación, para evaluar el nivel de consecución de las competencias profesionales alcanzadas por los alumnos. Este trabajo presenta un diseño completo de lo que podría ser una evaluación objetiva estructurada adaptada a este Grado. Este tipo de pruebas sirven de concienciación a los propios profesores, ya que puede serles de ayuda para formar a los alumnos desde una perspectiva profesionalizante. Hemos seleccionado una actividad profesional claramente reconocida, el asesoramiento para conseguir los sexenios de investigación. Para ello se han diseñado 5 estaciones, y dentro de ellas se ha desarrollado de forma pormenorizada lo que podría ser una evaluación de competencias objetivas estructuradas en cada estación, incluyendo el nivel de dificultad y las rúbricas de evaluación. El siguiente paso sería la aplicación de dichas pruebas sobre alumnos del Grado de Información y Documentación, lo que nos permitiría, en función de los resultados, establecer un sistema de *feedback* para mejorar el diseño de evaluación de estas competencias. Podría ayudar a impulsar un cambio en la perspectiva de profesores, alumnos y la sociedad, en general de este Grado, alineándola con las demandas del mercado laboral y proporcionando a los estudiantes habilidades relevantes más allá del ámbito bibliotecario.

7. CONCLUSIONES

Aunque evaluar competencias profesionales es complejo, no es imposible y puede ayudar a través de un buen *feedback* a mejorar la docencia para que ésta se enfoque a una formación en el Grado de Información y Documentación adaptada a las ofertas profesionales, lo que redundará en una mayor motivación de nuestros estudiantes, tal y como ha venido ocurriendo con las ECOE en Medicina.

La consecución de cada una de las estaciones permite al alumno conocer distintas facetas del Grado de Información y Documentación más allá de las bibliotecas, donde habilidades como el conocimiento de plataformas de datos, la gestión de datos y el uso de indicadores de calidad tienen gran relevancia en servicios relacionados con el área, fuera del ámbito universitario. Permite por otro lado desarrollar capacidades como la atención directa al cliente, asesoramiento y análisis de perfiles curriculares, entre otras.

8. REFERENCIAS

Agencia Nacional de Evaluación de la Calidad y Acreditación. (2004). *Libro Blanco del Título de Grado en Información y Documentación*. www.aneca.es/documents/20123/63950/libroblanco_jun05_documentacion.pdf/

Bunk, G. (1994). La transmisión de las competencias en la formación y perfeccionamiento profesionales de la RFA. *Revista Europea de Formación Profesional*, 1, 8-14. https://dialnet.unirioja.es/servlet/articulo?codigo=131116

Calatayud-Pascual, M. A., Balaguer-Fernández, C., Salar-Ibáñez, L., Moreno-Royo, L. y López-Castellano, A. (2020). Evaluación de los conocimientos y habilidades de los alumnos del Grado de Farmacia: Prueba ECOE (Evaluación Clínica Objetiva Estructurada). *Farmacéuticos Comunitarios, 12*(1), 29-34. https://doi.org/10.33620/FC.2173-9218.(2020/Vol12).001.06

Cardona-Arias, J. A. (2022). Revisión sistemática de las aplicaciones de la evaluación clínica objetiva estructurada (ECOE) en la formación médica latinoamericana. *Boletín Semillero de Investigación En Familia, 4*(1), e-827. https://doi.org/10.22579/27448592.827

Chung, C., Navarrete, L., Florido, J., Salamanca, A., Torne, P., López, R., Albendín, L., del Moral, F. y Peinado, J. M. (2019). Fiabilidad de un examen clínico objetivo estructurado para predecir la futura competencia profesional de estudiantes de medicina. *Revista de la Fundación Educación Médica*, 22(3), 137-143. https://dx.doi.org/10.33588/fem.223.998

Domínguez-González, A. y Guzmán-Valdivia, G. (2018). Cómo afrontar con éxito el examen clínico objetivo estructurado (ECOE). *Educación Médica, 19*(6), 369-74. https://doi.org/10.1016/j.edumed.2018.03.016

García-Puig, J., Vara-Pinedo, F. y Vargas-Núñez, J. A. (2018). Implantación del Examen Clínico Objetivo y Estructurado en la Facultad de Medicina de la Universidad Autónoma de Madrid. *Educación Médica, 19*(3), 178–187. https://doi.org/10.1016/j.edumed.2017.01.003

Harden, R. M., Stevenson, M., Downie, W. W. y Wilson, G. M. (1975). Assessment of clinical competence using objective structured examination. *British Medical Journal, 1*(5955), 447–451.

Hernández Gutiérrez, L. S., Trejo, J. A. y Marín Campos, Y. (2017). Diseño de un ECOE para evaluar habilidades clínicas en neurología en estudiantes del quinto año. *Investigación en Educación Médica, 6*(24), 248-254. www.redalyc.org/articulo.oa?id=349753310006

Oliva Marañón, C. (2012). Competencias y formación universitaria del documentalista* en el Espacio Europeo de Educación Superior (EEES): estudio de su adecuación al entorno laboral. *Investigación Bibliotecológica, 26*(58), 15-45. https://n9.cl/85ox1

Ortiz-Repiso, V., Calzada-Prado, J. y Aportela-Rodríguez, I. M. (2013). ¿Qué está pasando con los estudios universitarios de Biblioteconomía y Documentación en España? *El Profesional de la Información, 22*(6), 505-514. https://doi.org/10.3145/epi.2013.nov.02

Ortiz-Repiso, V., Zorita, C. G., Pacios, A. R. y Vianello, M. (2014). Planificación y evaluación del Trabajo de Fin de Grado: El caso del Grado en Información y Documentación de la Universidad Carlos III de Madrid. *Revista General De Información y Documentación, 24*(2), 279-304. www.proquest.com/scholarly-journals/planificación-y-evaluación-del-trabajo-de-fin/docview/1651920597/se-2

Paulson, K. (2001). An Annotated Bibliography on Competencies. *New Directions for Institutional Research*, 110, 97-111.

Sáiz, M. C. y Román, J. M. (2011). Cuatro formas de evaluación en educación superior gestionadas desde la tutoría. *Revista de Psicodidáctica*, *16*(1), 145-161. www.ehu.eus/ojs/index.php/psicodidactica/article/viewFile/1116/796

Tramullas, J. (2016). *Hannibal ad portas*, o los futuros perfiles profesionales de la información". *El Profesional de la Información*, *25*(2), 157-162. https://doi.org/10.3145/epi.2016.mar.01

Trejo-Mejía, J. A., Blee-Sánchez, G. y Peña-Balderas, J. (2014). Elaboración de estaciones para el examen clínico objetivo estructurado (ECOE). *Investigación en Educación Médica*, *3*(9), 56-59. www.redalyc.org/articulo.oa?id=349733231008

Universidad de Granada (s.f.). *Grado en Información y Documentación*. https://grados.ugr.es/documentacion/pages/titulacion/objetivos

Vallés Rapp, C., Martínez Mínguez, L. y Romero Martín, M. R. (2018). Instrumentos de evaluación: su uso y la competencia de los profesores universitarios en su aplicación. *Estudios Pedagógicos (Valdivia)*, *44*(2), 149-169. https://n9.cl/v2md9c

INCIDENCIA DE LA CORROSIÓN EN ACERO Y ALUMINIO EN LA INDUSTRIA METAL MECÁNICA DE MÉXICO

Arlett Valdez Anaya, José Luis Arcos Vega[1]

El presente texto nace en el marco de un proyecto de la Universidad Autónoma de Baja California (UABC), "Metodología para la programación de un instrumento caracterizador de corrosión con aplicación en ciencia de los materiales e industria".

1. INTRODUCCIÓN

La imagen digital representa un medio de información fácilmente manipulable que permite realizar una evaluación rápida de un objeto, sin embargo, la valoración de sus características tiende a variar de acuerdo con la percepción del individuo, en especial dentro de casos que involucren cambios sutiles de coloración como lo es el fenómeno de corrosión pueden llegar a ser incorrectos de no ser atendidos por un experto.

Desde los años 50 las capacidades de percibir y analizar han intentado ser incorporadas a sistemas artificiales, lo cual ha provocado el desarrollo de la tecnología en diferentes dispositivos como ordenadores y cámaras digitales, en los que se observa un incremento constante en la capacidad de procesamiento que ha impulsado el campo de la visión computacional (Rodríguez *et al.*, 2012); actualmente existen plataformas virtuales como LabVIEW® que ayudan en su análisis, utilizando una programación de bloques que aplica desde funciones matemáticas simples hasta condiciones de lógica para separar las características representativas o que requieran ser manipuladas para una evaluación posterior, por tal razón disponer de este tipo de herramientas representa una oportunidad para el desarrollo de un instrumento ajustado al razonamiento humano que permita tener imparcialidad y precisión en la toma de decisiones.

2. OBJETIVOS

2.1. Objetivo general

Elaborar un sistema de detección de corrosión por imagen aplicable a materiales de aluminio y acero al carbón utilizados en la industria metal mecánica de Mexicali.

---

1. Universidad Autónoma de Baja California (México)

2.2. Objetivos específicos

Determinar la presencia de corrosión en superficies metálicas de aluminio y acero al carbón al procesar su imagen mediante la instrumentación virtual.

Conocer la presencia de corrosión en pintura a base de resina acrílica en una superficie metálica de acero al carbón al procesar su imagen mediante la instrumentación virtual.

3. MARCO TEÓRICO

3.1. Detección de la corrosión por métodos de visión computacional y sus efectos en la industria en zonas de América y Asia

Varios estudios han reportado que el costo por corrosión en un país se encuentra entre el 1 al 5 %, el cual internacionalmente equivale aproximadamente a 3 billones por año, sin incluir costos de pérdidas en producción, o paros de procesos para realizar reparaciones en el equipo; solo en 1993 se reportó un costo estimado de 60% por daños relacionados a este fenómeno en plataformas de producción del mar del norte, además de que factores medio ambientales actuales han favorecido el incremento de estos números, debido a la presencia de compuestos de CO, CO2, SOx, y NOx que resultan de la quema de combustibles fósiles y, por estar en contacto con radiación solar, llegan a generar H_2SO_4 contenido en neblina amarilla que acidifica el aire y precipita en forma de lluvia acida, lo cual es perjudicial no sólo para los metales sino también para la vida humana.

Existen diversos métodos para mitigar la corrosión, los cuales se dividen en tecnológicos y por gestión; los primeros son utilizados para controlar el ataque corrosivo, tal es el caso de protecciones catódicas y anódicas, inhibidores, recubrimientos, selección de materiales y diseño, en donde no se considera el factor humano, los segundos fueron inicialmente introducidos por la industria del petróleo en Irán y consideran a los recursos disponibles como la experiencia, energía y tiempo, concentrándose en el moldeo, la forma en la que la corrosión afecta el sistema, uso de la información y transparencia (Javaherdashti, 2000). Hay que considerar que dentro del estudio de la corrosión el definir un modelo es altamente recomendable para evidenciar factores que afectan su desarrollo; su aplicación permite observar e identificar cambios en los recursos o variables dentro de un proceso o sistema, de forma que se obtiene la máxima información de las trasformaciones por las que pasan las entradas que resultan en una o más respuestas de salida, lo que conduce a deducciones aceptables de un problema de manera rápida, económica y simple (Luveras, 2018).

Entre los factores predominantes para la selección de un modelo de análisis de corrosión se encuentra el climático o medio al que es expuesto el material, por lo cual la ISO 12944 correspondiente a recubrimientos y barnices clasifica los ambientes corrosivos en tres tipos; de inmersión, atmosféricos y por zonas de contacto al agua, dentro del tipo atmosférico se estiman diferentes tipos de localidades, donde las rurales presentan bajos índices de corrosión comparadas con las industriales y marinas, pues las primeras presentan altos contenidos de partículas sólidas en la atmosfera, como arena y sales de sulfato, y las segundas muestran alta concentración de iones de cloruro (Sorense *et al.*, 2009).

Estudios como el realizado en Polonia evidencian la presencia de esos componentes en la atmosfera, a través de la exposición de muestras de acero, cobre y zinc analizadas en una ciudad urbana y caracterizadas mediante microscopia electrónica de barrido y espectroscopia de rayos X de energía dispersiva, las cuales presentan cambios en su apariencia que prueban la presencia de productos corrosivos que resultan en cambios en la coloración y estructura de la superficie, estos productos se observan con forma redonda y con un diámetro de 25 μm; en acero se detectó la presencia de oxígeno y azufre, lo que indica una cobertura compuesta por diversos óxidos como FeOOH, $Fe2O_3$ o Fe_3O_4, en cobre se tienen O, C, S, Al, Si y Cl, mientras que los compuestos que pueden formarse serian CuO, Cu_2O, y $Cu(OH)_2$, el zinc fue cubierto por una capa grisácea, debido a la formación de $Zn(OH)_2$ que posteriormente se convierte en $CaCO_3$. 3Zn $(OH)_2$ como resultado de la presencia de CO_2 (Kumierek *et al.*, 2015), para combatir estas condiciones y sus efectos se recurre al uso de recubrimientos cuyas formulaciones son manipuladas para una mayor efectividad en sus sistemas anticorrosivos, es decir métodos tecnológicos, sin embargo su degradación se ve acelerada por exposición a la humedad, temperatura y luz ultravioleta (Sorensen, 2019). Estimaciones cuantitativas del daño y predicciones de este fenómeno se realizan con el uso de indicadores cuantitativos o cualitativos, los cuales definen el método de protección más apropiado; los primeros requieren métodos muy elaborados y condiciones de laboratorio; por otro lado, los segundos incluyen examinación visual y monitoreo del cambio de la solución o medio (Enikeev *et al.*, 2016).

En el sector aeroespacial el aluminio y sus aleaciones han sido ampliamente utilizados, por lo que se han desarrollado diversos estudios relacionados con los daños por corrosión en estos, la mayoría enfocados en el mecanismo de formación de un ataque por picadura en ambientes salinos; técnicas no electroquímicas podrían ser las más apropiadas para combatir el desarrollo de esta condición, ya que evitarían largos periodos de inducción, determinar la corriente eléctrica de cada picadura, suposiciones de áreas activas o complicaciones relacionadas con la evolución de hidrogeno dentro de la picadura, de aquí que el análisis por imagen resulta una opción para determinar la morfología y extensión de corrosión localizada (Pereira, 2012).

Otros estudios del aluminio fueron desarrollados en el área de Wann en la provincia de China, mediante datos anuales de la atmosfera y sus efectos en especímenes de aluminio 70755 ultra duro utilizados en aviación; se evalúan principalmente dos clases de corrosión en parámetros de profundidad de la picadura y velocidad de corrosión (Zhigang *et al.*, 2020). Gran variedad de trabajos han reportado que la textura representada en una imagen es apropiada para la caracterización de corrosión en superficies metálicas, otra característica relacionada a este fenómeno son los cambios de color, por lo que en conjunto ambas ofrecen información relevante para el diseño de un sistema de detección de corrosión basado en métodos de red neuronal y selección, el cual es la mejor opción para el manejo de una amplia base de datos y definir niveles de generalización.

Un algoritmo popular para el análisis de textura son las matrices de co-ocurrencia del nivel de gris, el cual mediante la segmentación de la imagen le es posible extraer similitudes entre los pixeles en áreas vecinas como nivel de grises y relación espacial, mientras que para los cambios de color se utiliza el modelo de color de tono, saturación e intensidad (HSI); la implementación de curvas de discriminación linear de Fisher y un reservorio de características de operación se consideran técnicas de análisis adecuadas para mantener un sistema de toma de decisiones para la detección de este fenómeno (Medeiros *et al.*, 2010). La capacidad de visión de un sensor puede llegar a realizar varios tipos de inspecciones por apariencia, de posición o para detectar un defecto, mediante el establecimiento de reglas dentro de un sistema, bajo las cuales es posible obtener resultados con un grado de exactitud constante, reducir los costos y tiempos de inspección, ya que hace posible una recolección y análisis de los datos en forma simultánea (Idris *et al.*, 2015).

3.2. Corrosión en la industria metal-mecánica y avances en su detección utilizando LabVIEW® en Mexicali, Baja California, México

Entre los metales más utilizados en la industria se encuentran el aluminio, cromo, cobre, hierro, magnesio, níquel, titanio y zinc; los aceros lisos representan la primera opción por su bajo costo y aplicaciones de alta resistencia en las operaciones, a medida que estos son expuestos a zonas áridas como Mexicali en el interior de las empresas se ha encontrado corrosión, siendo los sulfuros y sus derivados la principal causa, por lo que las industrias metalmecánicas han optado por la aplicación de recubrimientos metálicos, entre los más comunes por ASTM 2000 están los depositados por suministro de corriente eléctrica en la superficie del metal como el cobreado, que puede llevarse a cabo por baño alcalino con soluciones de cianuro, por baño con ácido de sulfatos y floururoboratos o por baño de fosfato puro con sustancias alcalinas; el cromado y niquelado, se depositan por medio del proceso de galvanoplastia, el cual comprende los pasos de limpieza, pretratamientos que faciliten la deposición del cromo en etapas posteriores, y colocación del recubrimiento (López *et al.*, 2016).

4. METODOLOGÍA

La presente es una investigación mixta, experimental, correlacional enfocada en la Industria metal mecánica ubicada en la ciudad de Mexicali, Baja California, conformada por 33 empresas maquiladoras, de las cuales 6 realizan aplicación de recubrimientos. El principal propósito en esta investigación es ofrecer una herramienta de evaluación de daños por corrosión para agilizar operaciones de producción y evitar el almacenamiento de piezas que ya no es posible reprocesar debido a este defecto.

4.1. Sujeto de estudio

Se tiene como sujeto de estudio a la empresa de Accuride International ubicada en Mexicali, Baja California, dedicada a la fabricación de diapositivas de cajones de grado comercial, sistemas de guías lineales y soluciones de bloqueo electrónico para gabinetes con aplicaciones comerciales, residenciales e industriales, localizada en el parque industrial Nelson No. 1, conformada por 1000 empleados, con una estructura jerárquica constituida por un director ejecutivo y departamentos de recursos humanos, ventas, ingeniería, diseño y calidad, la cual ha prestado sus servicios para la generación de muestras de acero. Como segundo sujeto de estudio se tiene al establecimiento de Vidrio y Aluminio de Mexicali, ubicado en Mexicali, Baja California, Av. Electricistas #1420, Libertad, 21030, dedicada a la fabricación de cristales y espejos, la cual contribuyo en el corte de las muestras de aluminio.

4.2. Método

El análisis de método es mixto, experimental, correlacional (Sampieri *et al.*, 2014) en materiales de aluminio y acero utilizados en la industria metal mecánica de la ciudad de Mexicali, donde las variables color y rugosidad fueron analizadas en imágenes con corrosión de aluminio y acero. Como método mixto que se fundamenta en características cualitativas de las imágenes adquiridas por el microscopio AVEN Cyclops Digital Microscope, el cual proporciono condiciones de luz y enfoque útiles para obtener una captura de alta calidad de la rugosidad y color de las muestras de estudio, las cuales a su vez se traducen en características cuantitativas de desviación estándar y arreglos o vectores del espectro de color; como método experimental la presencia de corrosión se define de acuerdo a limites determinados por el experto cercanos a una correlación con significancia de 0.05 respecto al color y a pruebas de ajuste con imágenes prueba contra imágenes patrón para la rugosidad, mediante el diseño de conjuntos borrosos; como método correlacional se realiza un análisis estadísticos de correlación de Pearson (Zavala, 2011), regresión lineal múltiple(de la Garza *et al.*, 2013) y conjuntos borrosos (Morcillo, 2011) para la validación de los resultados obtenidos por el instrumento virtual; para el desarrollo experimental se utilizó el software de Paquete Estadístico para las Ciencias Sociales (SPSS) creado en 1968 por el Dr. Norman H. Nie y el instrumento virtual LabVIEW® con representación del área de automatización e instrumentación virtual del Instituto de Ingeniería (II) de la Universidad Autónoma de Baja California (UABC).

4.3. Materiales

Para la realización del experimento se consideraron como material de muestra 17 Cupones de acero de 1"x3" y 16 Cupones de aluminio de .5"x1"; para la construcción de una cámara salina se utilizo 1 Almohadilla térmica de silicón, 3 Contenedores de plástico, 1 Ventilador, 1 Nebulizador, 1 Temporizador, 1 Regulador de temperatura incorporado a la almohadilla y 1 Termómetro; como reactivos se emplearon 16L de agua al 5% de cloruro de sodio (agua de mar), y 1L de agua al 3.5% de cloruro de sodio; para pruebas únicamente de corrosión uniforme en aluminio se utilizaron 4 vasos clínicos de 100 ml y 1 frasco de vidrio de 1L.

4.4. Equipo

La elaboración y procesamiento de las muestras de estudio requirió del uso de una cámara salina de elaboración experimental, 1 microscopio digital Microscopio digital (AVEN Cyclops Digital Microscope), y un computador portátil habilitado con la plataforma virtual de LabVIEW®.

4.5. Programación del instrumento virtual

La programación se realiza dentro de varias estructuras de secuencias plana, cuya consecución representa las 7 fases de programación del instrumento virtual; lectura de datos de tabla patrón, interface del dialogo con el usuario para la selección de la imagen de análisis con sus respectivos mensajes al usuario, generación del ROI (región de interés), guardado del ROI, generación del histograma de grises para análisis del contraste en la imagen y determinación de la desviación estándar, obtención del espectro de color para la generación del arreglo o vector del espectro de color considerado en los análisis estadísticos, y finalmente la fase de lógica difusa y resultado que define la presencia de corrosión como baja, media o alta de acuerdo a los conjuntos borrosos establecidos.

4.6. Elaboración de muestras de aluminio y de acero al carbón

La preparación de las muestras se efectúo de acuerdo con la ASTM G1-03; realizando un trabajo de pulido hasta obtener una superficie limpia libre de señales de óxido o rayaduras. Para el caso de las muestras de acero al carbón la empresa Accuride International brindo los servicios de corte, limpieza y aplicación de recubrimiento, este último proceso solo a 9 muestras con dos tipos de procesamiento diferente, de las cuales se entregó información de las características de composición, como se muestra a continuación:

Tipo E.- Fosfatizado de zinc, y aplicación de pintura a base de resina acrílica y pigmento blanco por proceso catódico (ELECTRO COATING).

Tipo F.- Zincado electrolítico, seguido de fosfatizado de zinc, y aplicación de pintura a base de resina acrílica y pigmento blanco por proceso catódico (ELECTRO COATING).

Para la generación de corrosión uniforme en muestras de aluminio se utilizó como medio corrosivo 1L de agua de mar (agua potable al 3.5% de NaCl), en donde 11 muestras fueron sumergidas individualmente en 80 ml de solución sin tocar ninguna de las paredes de cada recipiente cerrado durante 2 semanas.

Las 17 muestras de acero al carbono y 5 muestras de aluminio fueron sometidas a la prueba de cámara salina, manteniendo condiciones de temperatura (40°C) y medio corrosivo (agua al 5% de NaCl), con una intermitencia de operación de 30 minutos de apagado y encendido por especificación ASTMB117. Las muestras para la generación de corrosión uniforme y por picadura estuvieron bajo observación, y se determinó una condición aceptable para el estudio después de dos días en muestras de acero al carbono y 15 días para el caso de muestras de aluminio para corrosión por picadura; las 9 muestras con recubrimiento de pintura a base de resina acrílica requirieron de una preparación previa por la especificación ASTM-D1654 para esta prueba, realizando cortes en ambas caras de la superficie con una navaja de un solo filo, en este último grupo se consideran primeramente los tiempos definidos por especificación ASTMB117, sin embargo se encontró que la apariencia en la superficie no contenía la corrosión necesaria, por lo que todas las pruebas fueron prolongadas, resultando en los tiempos finales de 9 días para las muestras tipo E y 15 días para las muestras tipo F.

Imágenes de muestras finales:

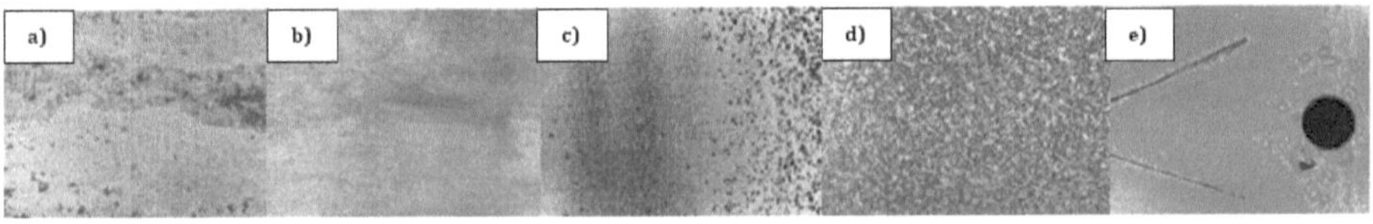

Figura 1. Resultado en muestras con corrosión; a) aluminio con corrosión por picadura, b) aluminio con corrosión uniforme, c) acero con corrosión por picadura, d) acero con corrosión uniforme, e) acero con pintura a base de resina acrílica con corrosión filiforme. Fuente: elaboración propia.

5. RESULTADOS

En las tablas 1, 2, 3, 4 y 5 se observan los resultados de correlación de Pearson para el vector de prueba proveniente de una imagen externa de cada tipo de corrosión estudiado respecto a la matriz de datos totales comprendido por 111 vectores patrón resultante de las muestras elaboradas, donde se señalan niveles de significancia de 0.05 (*) y 0.01 (**) en la correlación, lo cual indica una alta coincidencia entre ambos tipos de vectores.

AL1C1P	AL1C2P	AL2C1P	AL2C2P	AL2C2SUPP	AL3C1P	AL3C1MEDP	AL3C2P
.577*	.959**	.898**	.537*	.527*	.882**	.489	.606*
AL4C1P	AL4C1INFP	AL5C1P	AL5C1INFP	AL5C2P	AL2ART1P	AL2ART2P	AL2ART4P
.544*	.879**	.577*	.740**	.538*	.661**	.003	.415

Tabla 1. Correlación de Pearson entre vector prueba y vectores patrón en la matriz de datos de aluminio con corrosión por picadura. Fuente: SPSS® Statistics, 2011.

ALAB1C1U	ALAB1C2U	ALAB2C1U	ALAB2C2U	ALAE1C1U	ALAE1C2U	ALAE2C1U	ALAE2C2U
.764**	.843**	.818**	.893**	.638**	.686**	.726**	.753**
ALAE3C1U	ALAE3C2U	ALAE4C1U	ALAE4C2U	ALCE1C1U	ALCE1C2U	ALCE2C1U	
.729**	.699**	.810**	.759**	.885**	.782**	.952**	

Tabla 2. Correlación de Pearson entre vector prueba y vectores patrón en la matriz de datos de aluminio con corrosión uniforme. Fuente: SPSS® Statistics, 2011.

FEINF1C2P	FEMED1P	FESUP1C2P	FEINF2C2P	FEMED2C2P	FESUP2C1P	FECTRLUZ 32P	FEINF3C2P
.189	.869**	.742**	.152	.620*	.225	.447	.094
FEINF4C2P	FEMED4C2P	FESUP4C1P					
.812**	.683**	.828**					

Tabla 3. Correlación de Pearson entre vector prueba y vectores patrón en la matriz de datos de acero con corrosión por picadura. Fuente: SPSS® Statistics, 2011.

FE1INFU	FEMED1C2U	FEINF2C1U	FESUP2U	FECTRLUZ31U	FECTRLUZ33U	FEINF3C1U	FESUP3C2U
.455	.384	.250	.557*	-.104	.570*	.419	.601*
FE6C1U	FE43C2U	FE6C2U	PATRONC1	PATRONC2	PATRONC3	PATRONC4	PATRONC5
.522*	.589*	.600*	.871**	.754**	.277	.888**	.930**
PATRONC6	PATRONC7	PATRONC8	PATRONC9	PATRONC10	PATRONC11	PATRONC12	PATRONC13
.887**	-.095	.293	.798**	.035	.784**	.764**	.472
PATRONC14	PATRONC15						
.762**	.765**						

72/4Tabla 4. Correlación de Pearson entre vector prueba y vectores patrón en la matriz de datos de acero con corrosión uniforme. Fuente: SPSS® Statistics, 2011.

E2CARAISUP	E2CARAXINF	E2CARAXMED	E2CARAXSUP	E3CARAIINF	E3CARAIMED	E3CARAISUP	E3CARAXINF
.991**	.157	.989**	.981**	.995**	.803**	.870**	.914**
E3CARAXSUP	E4CARAIINF	E4CARAIINF2	E4CARAIMED	E4CARAXINF	E4CARAXMED	E4CARAXSUP	E5CARAIMED
.820**	-.103	.162	.173	.485	.980**	.840**	.989**
E5CARAISUP	E5CARAXINF	E5CARAXMED	E5CARAXSUP	F2CARAIINF	F2CARAIMED	F2CARAISUP	F2CARAXINF
.164	.622*	-.050	.981**	.328	.997**	.999**	.613*
F2CARAXMED	F2CARAXSUP	F3CARIINF	F3CARAIMED	F3CARAISUP	F3CARAXINF	F3CARAXMED	F3CARAXSUP
.652**	.988**	.914**	.988**	.862**	.338	.994**	.992**
F4CARAIINF	F4CARAIMED	F4CARAISUP	F4CARAXINF	F4CARAXMED	F4CARAXSUP	F5CARAISUP	F5CARAIMED
.992**	.999**	1.000**	.109	.799**	.995**	.988**	.974**
F5CARAXINF	F5CARAXMED	F5CARAXSUP					
.608*	.071	.009					

Tabla 5. Correlación de Pearson entre vector prueba y vectores patrón en la matriz de datos de acero con burbujas por corrosión filiforme. Fuente: SPSS® Statistics, 2011.

Reduciendo el análisis a solo al grupo de vectores dentro del tipo de corrosión, se consideran las condiciones del resumen del modelo de análisis de regresión lineal generadas por el instrumento SPSS del coeficiente de correlación de Pearson R, el coeficiente de determinación R2 y el error estimado, así como datos arrojados de los coeficientes no estandarizados al modelo para la constante y el vector patrón de la matriz de datos que resulto más adecuado por análisis de regresión lineal para definir la ecuación de la recta en cada tipo de corrosión, terminando con una comprobación de la hipótesis mediante el cociente de mínimos cuadrados F y su significancia contenidos en la tabla de ANOVA.

Resumen del modelo de Al corrosión por picadura

Modelo	R	R^2	R^2 ajustada	Error Std. del estimado
1	1.000[a]	1	1	0.00045

Tabla 6. Resumen del modelo de análisis de regresión lineal simple entre el vector prueba y los vectores patrón de las muestras de aluminio con corrosión por picadura. Fuente: SPSS® Statistics, 2011.

Resumen del modelo de Al corrosión uniforme

Modelo	R	R^2	R^2 ajustada	Error Std. del estimado
1	1.000[a]	1	1	0.00103

Tabla 7. Resumen del modelo de análisis de regresión lineal simple entre el vector prueba y los vectores patrón de las muestras de aluminio con corrosión uniforme. Fuente: SPSS® Statistics, 2011.

Resumen del modelo de Fe corrosión por picadura

Modelo	R	R^2	R^2 ajustada	Error Std. del estimado
1	.988[a]	0.977	0.942	0.03618

Tabla 8. Resumen del modelo de análisis de regresión lineal simple entre el vector prueba y los vectores patrón de las muestras de acero con corrosión por picadura. Fuente: SPSS® Statistics, 2011.

Resumen del modelo de Fe corrosión uniforme

Modelo	R	R^2	R^2 ajustada	Error Std. del estimado
1	1.000[a]	1	1	0.00007

Tabla 9. Resumen del modelo de análisis de regresión lineal simple entre el vector prueba y los vectores patrón de las muestras de acero con corrosión uniforme.
Fuente: SPSS® Statistics, 2011.

Resumen del modelo de Fe corrosión filiforme

Modelo	R	R^2	R^2 ajustada	Error Std. del estimado
1	1.000[a]	1	1	0.00002

Tabla 10. Resumen del modelo de análisis de regresión lineal simple entre el vector prueba y los vectores patrón de las muestras de acero con corrosión filiforme.
Fuente: SPSS Statistics, 2011.

De acuerdo con los resultados obtenidos en el resumen de los modelos R correspondiente al coeficiente de Pearson indican que el vector se ajusta en gran medida a una de las opciones de la matriz y por lo tanto a la recta, R2 demuestra que la condición buscada en la imagen se puede explicar en entre un 97.7% a un 100% con la matriz de datos totales, y el error estimado estándar refleja una desviación del vector a la recta de regresión no mayor a 0.05, por lo cual es un resultado de coincidencia óptimo.

Por medio del análisis estadístico se obtuvieron los siguientes modelos de la recta para cada tipo de corrosión generados del vector patrón con mayor coincidencia con al vector prueba, a partir de los cuales se plantean la hipótesis nula y alternativa, donde M corresponde a la pendiente de la recta.

Aluminio con corrosión por picadura: Y= 0 + 1.087X

Aluminio con corrosión uniforme: Y= 0+ 3.193X

Acero con corrosión por picadura: Y= -.002+ 1.346X

Acero con corrosión uniforme: Y=4.688E-5 -.116X

Acero con corrosión filiforme: Y=6.116E-7 +1.092X

H0: M ≠0, los elementos del vector de prueba presentan una coincidencia significativa con uno o más de los vectores patrón de la matriz de datos.

H1: M=0 los elementos del vector de prueba no presentan una coincidencia significativa con uno o más de los vectores patrón de la matriz de datos.

Posteriormente se comprueban las hipótesis por medio de un análisis de varianza ANOVA.

ANOVA para Al con corrosión por picadura

Modelo		Suma de cuadrados	df	Media cuadrática	F	Sig.
1	Regresión	0.462	9	0.051	256019.97	0
	Residual	0	6	0		
	Total	0.462	15			

Tabla 11. Análisis de varianza ANOVA para aluminio con corrosión por picadura. Fuente: SPSS® Statistics, 2011.

ANOVA para Al con corrosión uniforme

Modelo		Suma de cuadrados	df	Media cuadrática	F	Sig.
	Regresión	0.896	8	0.112	106154.3	0
1	Residual	0	7	0		
	Total	0.896	15			

Tabla 12. Análisis de varianza ANOVA para aluminio con corrosión uniforme.
Fuente: SPSS Statistics, 2011.

ANOVA para Fe con corrosión por picadura

Modelo		Suma de cuadrados	df	Media cuadrática	F	Sig.
	Regresión	0.332	9	0.37	2.82E+01	0
1	Residual	0.008	6	0.001		
	Total	0.34	15			

Tabla 13. Análisis de varianza ANOVA para acero con corrosión por picadura.
Fuente: SPSS Statistics, 2011.

ANOVA para Fe con corrosión uniforme

Modelo		Suma de cuadrados	df	Media cuadrática	F	Sig.
	Regresión	0.392	11	0.036	8065207	0
1	Residual	0	4	0		
	Total	0.392	15			

Tabla 14. Análisis de varianza ANOVA para acero con corrosión uniforme.
Fuente: SPSS Statistics, 2011.

ANOVA para Fe con corrosión filiforme

Modelo		Suma de cuadrados	df	Media cuadrática	F	Sig.
1	Regresión	0.848	9	0.094	3.10E+08	0
	Residual	0	6	0		
	Total	0.848	15			

Tabla 15. Análisis de varianza ANOVA para acero con corrosión filiforme.
Fuente: SPSS Statistics, 2011.

Considerando el valor del cociente de medias cuadráticas representado por F resultante en las tablas de ANOVA junto con una significancia de $0 < 0.05$ se demuestra la correspondencia de los predictores sobre la variable dependiente, por lo que se acepta la hipótesis nula (H_0) de los elementos del vector de prueba presentan una coincidencia significativa con uno o más de los vectores patrón de la matriz de datos, y rechazo de la alterna y se concluye una relación lineal significativa entre las variables del modelo de recta sugerido, y se rechaza la alterna (H_1).

Una vez concluido el análisis de validación por métodos estadísticos se ajustaron los límites de los conjuntos borrosos en el instrumento virtual para la obtención de resultados más precisos.

6. DISCUSIÓN

Esta investigación tuvo como propósito identificar la presencia de corrosión sobre superficies de aluminio y acero con y sin recubrimiento utilizados dentro de la industria metal-mecánica, considerando características de color y rugosidad capturadas por imagen digital, utilizando funciones de alto y bajo nivel, y algoritmos de visión computacional disponibles en la plataforma de LabVIEW®.

Realizando un análisis del estado del arte en investigaciones previas de los temas relacionados con corrosión y visión computacional, se encontró que la detección de este fenómeno se basa en el análisis de textura y cambios de color, caracterizados por el modelo de co-ocurrencia de niveles de grises (GLCM) y por el modelo de color de tono, saturación e intensidad (HSI), fundamentado en métodos de redes neuronales (Medeiros *et al.*, 2010; Enikeev *et al.*, 2016), en contra parte Jiacheng *et al.*, (2020) define al modelo RGB como otra opción para caracterización del color.

De acuerdo con esta información la investigación realizada coincide con la utilizando redes neuronales como metodología, así como considerar las variables de textura y color dentro del análisis, sin embargo para términos del presente estudio se recurre al uso de lógica difusa como método de red neuronal para emular el razonamiento humano, donde los conjuntos borrosos son definidos por la desviación estándar obtenida de la rugosidad o textura y el porcentaje de correlación del espectro de color de imágenes patrón en modelo RBG para la identificación de corrosión; adicionalmente se complementa la información con análisis estadísticos de correlación de Pearson, regresión lineal y ANOVA de los espectros de color patrón con respecto a una imagen prueba que demuestran la confiabilidad de los resultados obtenidos, lo cual se ha observado en otros análisis por imagen con aplicaciones médicas.

7. CONCLUSIONES

De acuerdo con los resultados obtenidos se concluye que se generó un instrumento virtual programado mediante conjuntos borrosos donde se definen los límites de color y rugosidad relacionados con la presencia de corrosión por imagen aplicable a materiales de aluminio y acero al carbón utilizados en la industria metal mecánica de Mexicali, capaz de detectar de forma inmediata dichas características del fenómeno, con lo que se comprueba la hipótesis nula (H_0) los elementos del vector de prueba presentan una coincidencia significativa con uno o más de los vectores patrón de la matriz de datos, que es consistente con los resultados de análisis estadísticos de correlación de Pearson, regresión lineal y ANOVA aplicados sobre las imágenes de las muestras de estudio.

Utilizando la herramienta para diseño de controles de lógica difusa en LabVIEW® se obtiene una respuesta congruente con lo observado en la imagen analizada por el instrumento, resultante de las funciones de membresía o conjuntos borrosos que describen el comportamiento de las variables de color y rugosidad, con lo cual se delimita el arreglo o vector del espectro de color con mayor coincidencia, porcentaje de correlación y el grado de la presencia de corrosión en la superficie analizada.

Por medio del análisis de correlación de Pearson fue posible observar la alta incidencia de tonos señalado por las significancias de 0.05 y 0.01 del vector prueba del espectro de color de una imagen externa en determinados vectores patrón de los espectros de color dentro de la matriz de datos, demostrando que esta última representa correctamente la característica o tipo de corrosión buscado, además de la funcionalidad del instrumento.

Se verifica mediante un análisis de regresión lineal simple la coincidencia entre el vector prueba del espectro de color de una imagen externa y los vectores patrón de los espectros de color dentro de la matriz de datos de un tipo específico de corrosión, mediante un modelo de la recta del vector patrón que presente una alta coincidencia de correlación en cada uno de los valores de intensidad de color contenidos en el vector prueba.

Se demuestra la aceptación de la hipótesis nula (H_0) por análisis de ANOVA, al cumplirse que la significancia resultante es menor a la requerida en el estudio.

8. REFERENCIAS

De la Garza, J., Morales, B. N. y González, B. A. (2013). *Análisis estadístico multivariante.* McGrawHill.

Enikeev, M., Gubaydullin, I. y Maleeva, M. (2017). Analysis of corrosion process development on metals by means of computer vision. *Engineering Journal, 21*(4), 183-192. https://doi.org/10.4186/ej.2017.21.4.183

Gao, Z., He, Y., Zhang, S., Zhang, T. y Yang, F. (2020). Research on corrosion damage evolution of aluminum alloy for aviation. *Applied Sciences (Switzerland), 10*(20), 1-16. https://doi.org/10.3390/app10207184

Hernández, R. (2014). *Metodología de la investigación.* McGrawHill Education.

Idris, S. A., Jafar, F. A., Jamaludin, Z. y Blar, N. (2015). Improvement of Corrosion Detection Using Vision System for Pipeline Inspection. *Applied Mechanics and Materials,* 761, 125-131. https://doi.org/10.4028/www.scientific.net/amm.761.125

Javaherdashti, R. (2000). How corrosion affects industry and life. *Anti-Corrosion Methods and Materials, 47*(1), 30-34. https://acortar.link/U3u8Ia

Kusmierek, E. y Chrzescijanska, E. (2015). Atmospheric corrosion of metals in industrial city environment. *Data in Brief*, 3, 149-154. https://doi.org/10.1016/j.dib.2015.02.017

Lluveras Pérez, E. M., Martínez Gutiérrez. J., González Ortega, L. C. y Fundora Miraba, J. A. (2018) Aplicación de software Estadísticos y modelos matemáticos para la evaluación de la velocidad de corrosión en acero. *Revista U.D.C.A Actualidad & Divulgación Científica, 21*(1), 179-186. https://doi.org/10.31910/rudca.v21.n1.2018.676

López, G., Ocampo, C. S., Delgadillo, J. M. y Ling J. C. (2016). Análisis de corrosión en aceros con recubrimiento impacta en la competitividad en la industria metalmecánica de Mexicali. *Investigación y Ciencia de la Universidad Autónoma de Aguascalientes*, 69, 39-46. https://dialnet.unirioja.es/servlet/articulo?codigo=6137539

Medeiros, F. N. S., Ramalho, G. L. B., Bento, M. P. y L. C. L. Medeiros (2010). On the evaluation of texture and color features for nondestructive corrosion detection. *Eurasip Journal on Advances in Signal Processing, 817473* (2010). https://doi.org/10.1155/2010/817473

Morcillo, C. G. (2011). Lógica Difusa, una introducción práctica. *Técnicas de softcomputing*, 29. https://acortar.link/RD4VEz

Pereira, M. C., J. Silva, W. J., Acciari, H. A., Codaro, E. N. y Hein, L. R. O. (2012). Morphology Characterization and Kinetics Evaluation of Pitting Corrosion of Commercially Pure Aluminium by Digital Image Analysis. *Materials Sciences and Applications, 3*(5), 287-293. https://doi.org/10.4236/msa.2012.35042

Rodríguez, R. y Sossa, J. H. (2012). *Procesamiento y análisis digital de imágenes*. Alfaomega.

Sørensen, P. A., S. Kiil, S., Dam-Johansen, K. y Weinell C. E. (2019) Anticorrosive coatings: a review. *Journal of Coatings Technology and Research,* 6, 135-176. https://doi.org/10.1007/s11998-008-9144-2

Zavala, R. (2011). *Estadística básica*. Trillas.

APROXIMACIÓN BIBLIOGRÁFICA HISTÓRICA (PUNTUAL) EN ESPAÑOL AL CÓDICE VOYNICH

Leonor Zozaya-Montes[1]

1. INTRODUCCIÓN

El manuscrito Voynich posiblemente sea el códice más famoso de Occidente. Las publicaciones sobre él acostumbran a describirlo como el libro manuscrito más misterioso y enigmático del mundo, lo cual –según apunta este estudio–, a su vez quizás condicione al público a acercarse a él, pero también, en otros casos, a alejarse de él. Por si alguien aún no lo conoce, se accede a la versión digitalizada mediante la referencia bibliográfica adjunta de Yale University Library (2004), en cuya biblioteca Beinecke de Estados Unidos se custodia con la signatura MS 408.

Este estudio histórico atiende a quién y cuándo ha publicado cierta información relacionada con teorías sobre la elaboración del manuscrito, y que, por extensión, afectan a su autoría y a la época en que fue confeccionado. Para analizarlo, por un lado, se cotejan las reediciones de tres libros en español de divulgación científica sobre la historia del códice: el de Kennedy y Churchill (2012), el de Santos (2010 y 2014) y el de Walker (2018). De forma complementaria, se analizan sucintamente algunos de esos datos procedentes de cuatro publicaciones breves en español, así como de cuatro trabajos en inglés. Por otro lado, se tiene en cuenta la noticia del año 2009 –bien difundida en 2011– del análisis de carbono-14 (c-14) que dató el pergamino en algún año de los comprendidos entre 1404 y 1438. Con ello, se examina someramente si siguen siendo válidas las hipótesis de datación y autoría que dieron esas obras. Además, se observa otra información, como sus títulos o el idioma en que están escritas.

1.1. Introducción al códice Voynich, y ciertos datos relacionados con este estudio

El manuscrito Voynich es un códice de pergamino encuadernado que conserva 116 folios numerados, pero unos faltan, otros son desplegables y otros están mal foliados; los que se conservan, escritos por ambas caras, sumarán unas 230 páginas. Su escritura no se ha logrado descifrar, por lo que tampoco se sabe ni qué dice ni quién lo escribió ni qué lengua representa, si es que representa alguna. Así, se duda de si se trata de una lengua natural que cayó en desuso, un código criptográfico, un idioma inventado... e incluso una broma sin significado. Dado que se desconoce el sentido de sus signos gráficos, su escritura se ha

---

1. Instituto de Análisis Textuales, Universidad de Las Palmas de Gran Canaria (España) y Centro de História da Sociedade e da Cultura, Universidad de Coimbra (Portugal).

denominado voynichés, y su estudio es cultivado por voynichologistas. Periódicamente aparece alguien que anuncia haberlo descifrado, a lo que sigue por respuesta una lluvia de críticas pues, por ahora, nadie ha logrado leerlo de manera consistente ni coherente ni convincente.

Suponiendo que los dibujos que ilustran el códice se correspondan con su contenido escrito, suelen distinguirse seis partes: una, de botánica, por las plantas, aún sin identificar con éxito; otra de astronomía o astrología, con diagramas astrales y signos zodiacales; otra balneológica, con figuras humanas, principalmente féminas que se bañan desnudas; otra de rosetones complejos de describir; otra de farmacopea, con plantas, raíces y albarelos; otra, con estrellitas al margen izquierdo –a modo de los calderones, esos antiguos signos ortográficos auxiliares de la escritura–, más texto.

Numerosos estudios sobre el manuscrito suelen describirlo como una rareza única que no tiene par, olvidando a veces que se trata de un códice elaborado con la técnica tradicional europea tardomedieval y renacentista. Muchos trabajos, además, al narrar diversos fragmentos de su historia, insisten en plantearse lo ignoto, a menudo de manera un tanto novelesca. Un tema, cuyo tratamiento tiende a avivar la imaginación, es el de la creación del manuscrito, que se liga a su hipotética autoría, la cual, aprovechando que es desconocida, se intenta atribuir a personajes tan famosos como Roger Bacon (1214-1294) o Leonardo da Vinci (1452-1519). En relación con ello, otra trama atractiva es la historia del cambio de propiedad del manuscrito, ya antes que lo adquiriese en la Italia de 1912 Wilfrid Voynich (1884-1930), por cuyo apellido se conoce popularmente al códice. Al narrar las manos por las que pasó, suelen destacar varios sospechosos que pudieron haberlo elaborado, cual falsificadores arteros, para intentar que pareciese un códice enigmático, desde Edward Kelley (del siglo XVI), John Dee (1527-1609), hasta el propio Wilfrid después.

Esos nombres saldrán luego brevemente a colación, pues tienen que ver con cómo los libros aquí analizados narran la hipotética autoría y creación del manuscrito, para confrontar esa información con el resultado del carbono-14 que dató el pergamino en el siglo XV. Sin embargo, aquí no tienen cabida otros temas históricos muy interesantes, como los métodos criptográficos usados durante más de un siglo para intentar descifrar el manuscrito, que analizan obras como la de Kennedy y Churchill (2012).

Este estudio se enmarca en la corriente historiográfica que considera que la fascinación por el códice no debe producir noticias a costa del rigor científico; en parte, porque la desinformación del público es un gran problema para la ciencia y las instituciones de investigación (Rugg, 2019), que afecta por extensión a las humanidades y al estudio de la historia (Fagin Davis, 2019). Así, huelga anotar que estas páginas no hablan de misterios acientíficos. Aquí se despoja al manuscrito de sensacionalismos innecesarios, para hacer un análisis historiográfico mediante la metodología de la historia, propia de las ciencias humanas, e insisto en reivindicar la palabra *ciencia* para las humanidades, al igual que he hecho en otros ámbitos, como en el campo de la paleografía (Zozaya-Montes, 2021).

2. OBJETIVOS

En inicio se tenía el objetivo de ver qué estudios históricos de investigación científica había en español sobre el manuscrito Voynich y desde qué enfoque se habían editado. Con ello, se pretendía ofrecer un panorama bibliográfico desde el ámbito de las ciencias humanas que orientase al público hispanohablante sobre las teorías vigentes. Sin embargo, no se hallaron obras de tal naturaleza, pero sí infinidad de publicaciones, de diversas calidades, cuyo estudio era imposible de abarcar en estas pocas páginas.

Entonces, el objetivo se centró en analizar sólo tres libros, aunque se aludiese a otros trabajos colaterales. Dado que el tema seguía siendo inmenso, para acotarlo se limitó a revisar someramente ciertas teorías sobre la autoría y fecha de creación del manuscrito, cuyo pergamino es de inicios del siglo XV, según el c-14. Ese resultado científico se eligió por ser uno de los datos más sólidos de la historia del códice, y porque puede convivir con teorías anteriores –según cómo se narren– sin que un trabajo quede obsoleto.

3. METODOLOGÍA

Se ha usado metodología de investigación histórica, y se han analizado fuentes secundarias. En inicio, se buscó, seleccionó y contrastó bibliografía sobre la historia del códice en español publicada en España. Las pesquisas comenzaron acudiendo a los registros de la Biblioteca Nacional de España, de donde se seleccionaron tres libros, de los que luego se consultaron sus reediciones: el de Gerry Kennedy y Rob Churchill (2012), el de Marcelo dos Santos (2010 y 2014) y el de David Walker (2018). Después, se buscó más bibliografía complementaria en diversas bibliotecas y en repositorios digitales mundiales de Internet, también en inglés, pues era la lengua esencial para tratar ese tema, según se intuía y según ratificaron pronto las búsquedas.

Seleccionada la bibliografía complementaria y los tres libros para analizar, se interpretó la información oportuna. Durante esa tarea, se examinó la vigencia u obsolescencia de diversas teorías sobre la elaboración del códice, a las que afectó –de modo directo o indirecto– la datación del manuscrito tras los análisis de laboratorio dados en 2009. La labor se continuó al abordar someramente algunas publicaciones breves en español, al estilo de artículos de divulgación científica, y ciertas obras en inglés (respecto al inglés, por cierto, las citas textuales aquí se suelen traducir entrecomilladas directamente).

3.1. Criterios para seleccionar esos tres libros sobre el manuscrito Voynich

Dada la limitación de espacio, y ante la gran cantidad de publicaciones sobre el códice, se seleccionó el criterio homogéneo de escoger, para el análisis principal, sólo libros en español con ISBN español. Entre ellos, se eligieron los que aplicasen el método de estudio que dota del rigor exigido en publicaciones divulgativas de carácter histórico. Pese a que los libros localizados no eran científicos en términos académicos –según se comentará–, destacaron tres de divulgación científica muy indicados. Entre otras ventajas, están muy bien escritos y documentados, por lo que desempeñan una gran labor difusora, aunque algunos puedan incluir algunas teorías obsoletas. Por supuesto, se han rechazado obras acientíficas que han ido más allá a buscar autorías en otros mundos, hasta llegar a afirmar que sería verosímil el origen extraterrestre del manuscrito, como aseveró Mario Pérez-Ruiz (Pérez-Ruiz, 2002, p. 176).

Por la naturaleza del examen aquí efectuado sobre los tres libros aludidos, he de recordar, primero, que han sido seleccionados por haberlos considerado interesantes y de gran calidad; segundo, que la crítica es inevitable en el presente análisis historiográfico; y, tercero, que todos los estudios pueden ser objeto de crítica constructiva, incluido éste, que sólo representa una primera aproximación historiográfica al tema, y que tiene la intención de ayudar a difundir conocimientos certeros sobre el códice. Se espera no haber olvidado ningún monográfico editado en España publicado cuando fue escrito este capítulo.

4. EL ANÁLISIS DE CARBONO-14 DE 2009 Y SUS CONSECUENCIAS TEÓRICAS

En el año 2009 se dio un hito esencial para la historia del manuscrito. Greg Hodgins sometió al códice a diversas pruebas de laboratorio, y los análisis de c-14 confirmaron que sus folios de pergamino se elaboraron en algún año de los comprendidos entre 1404 y 1438, con un 95% de probabilidad (y con un 68%, entre 1411 y 1430). Sin embargo, eso no confirma que el texto o las imágenes sean de la misma época (Zyats *et al.*, 2016, p. 28). Ese pergamino es de piel de becerro, según otros análisis de aminoácidos efectuados sobre diez de sus hojas (dados en 2012, según Fagin Davis, 2022, p. 4). En el año 2009, también se examinaron las tintas, que eran las comunes al siglo XV y a los manuscritos medievales en general. Todo ello era coherente con los cosidos y estructura del códice de época medieval, y en general del periodo gótico, de los años 1300 a 1600 (Zyats *et al.*, 2016, pp. 27, 35).

Aunque varias fuentes presenten los datos sobre aquellos análisis de laboratorio un tanto confusos o imprecisos, los resultados forenses constituyeron un gran avance en la investigación, y deben ser tenidos en cuenta para integrarlos con otros hechos fehacientes del pasado, para así inclinarse por unas u otras hipótesis. En el campo de la historia, los datos cronológicos del c-14 excluyen la teoría relativa a la autoría de Bacon, anhelada ya por Wilfrid Voynich (Harkness, 2016, p. viii) y apoyada reiteradamente en cuantiosas publicaciones. Además, dado que es sumamente improbable que los pergaminos permaneciesen en blanco unos cien años, y se escribiese en ellos después (Fagin Davis, 2023, 8m 31s), cabría dudar seriamente de varias teorías posteriores. De hecho, una voz científica como la de la historiadora e investigadora Lisa Fagin Davis –en quien luego me detendré algo más–, afirma que las pruebas científicas del c-14 refutan las teorías de la autoría de Bacon (estaba ya muerto), las de Leonardo (aún no había nacido), las falsificaciones modernas y las referidas a la Mesoamérica postcolombina (Fagin Davis, 2020a, p. 166; 2020b, p. 80).

La información del c-14 se divulgó en 2009 mediante una rueda de prensa y un documental televisivo, más tres congresos académicos en 2012 y 2014 (según Zandbergen, 2020). Tras ese documental de 2009 en alemán (Steindl y Sulzer, 2009), que no será comentado aquí, hubo otros dos en 2011 que sí difundieron la información de c-14 aludida. Al menos, uno en inglés, "El libro que nadie puede leer" (Sulzer y Steindl, 2011), y otro en español (TV2), que partía de la versión doblada de un título inglés, "El códice Voynich: el manuscrito más misterioso del mundo" (Steindl y Sulzer, s.f.). Ambos descartaban todas las teorías de autoría propuestas hasta entonces no coevas del códice, ya fuesen tempranas (como la de Bacon) o tardías (como la de Leonardo, etc.).

Además, al menos desde 2011, se multiplicaron las noticias periodísticas de aquellos análisis con c-14 del códice Voynich. Es el caso del artículo en inglés publicado por la Universidad de Arizona (Stolte, 2011), del de la revista canadiense *Medievalists.net* (Medievalists.net, 2011), o del de la BBC en español (BBC, 2011), entre otros ejemplos.

Algunas publicaciones de divulgación histórico-científica también recogieron en España la noticia años después, como los trabajos que ahora serán analizados someramente, con el ojo crítico que otea algunos datos que aquí interesan. En 2016, la revista de divulgación histórica *Clío* publicó un artículo del "manuscrito Voynich, un libro que nadie puede leer", de la periodista divulgativa Helena Olmo. Recoge interesantes datos sobre los análisis del c-14 (Olmo, 2016, p. 9), pero los incluye de manera confusa. Recoge que el pergamino se hizo entre 1404 y 1438, pero no inserta esa información en el resto del contenido del artículo de modo coherente. Así, aporta datos complejos de encajar, como empezar diciendo que "una anotación hallada entre las hojas de la obra dice que es copia de un original escrito por Roger Bacon", para luego reunir teorías que proponen que es un antiguo libro azteca de la Mesoamérica del siglo XVI a juzgar, entre otras razones, por el paralelismo con códices mexicas o la identificación de plantas similares a las de allá (Olmo, 2016, pp. 8-10).

En 2017, el astrónomo y astrofísico Francisco Violat-Bordonau publicó un artículo sobre el códice en la revista divulgativa *Fronteras de la ciencia.* Entre su bibliografía, remite a dos libros aquí analizados: al de Santos (2010) y al de Kennedy y Churchill (pero cita la edición inglesa de 2004, no las españolas posteriores). Violat menciona los resultados del laboratorio de 2009, pero añade que el periodo más probable sería entre 1412 y 1420, sin decir en qué se basa. En cualquier caso, integra los datos del c-14 en su discurso, y afirma que entonces "ninguno de los autores propuestos había nacido", como Leonardo da Vinci que fue anterior, o John Dee que fue posterior, de manera que así descarta los no coevos del códice (Violat-Bordonau, 2017, p. 38).

En 2018, Carlos Taranilla, historiador del arte y profesor de enseñanza media, publicó un libro didáctico de divulgación sobre criptografía que se reeditó en 2021. Dedicó un capítulo al manuscrito Voynich, que considera el mayor reto de la criptografía actual. Aunque incluye los datos del c-14 y las tintas (Taranilla, 2021, p. 261), no relaciona la nueva datación con diversas teorías que reúne, como la de Leonardo (Taranilla, 2021, pp. 267-268), que requeriría explicar mínimamente el desfase porque fue posterior al manuscrito. Se hubiese agradecido algún tipo de aclaración –aunque fuese somera– del estilo que comenta con la teoría dada por Anichkin, quien sostiene que el códice describe unas plantas halladas en Siberia, donde hubo un gran templo destruido en 1530, "un siglo después aproximadamente de la fecha en que se ha datado el manuscrito Voynich, por lo que cronológicamente entra dentro de lo posible que hubiera sido elaborado allí" (Taranilla, 2021, p. 269).

Para acabar este apartado, se ha decidido hacer una excepción respecto a incluir autoediciones, para comentar una similar a las de naturaleza académica científica. Es la del doctor Gerard Cheshire, de la Universidad de Bristol, quien en 2021 usó la fórmula experimental de *Academia Letters* para autoeditarse cuatro páginas en español, en las que resume cómo averiguó –según él– intuitivamente el sistema de escritura y el idioma del manuscrito (Cheshire, 2021), de teorías que desarrolló en inglés en una revista científica en 2019 (Cheshire, 2019). Su propuesta fue bien criticada por voynichologistas (p. ej., Rugg, 2019; Fagin Davis, 2019), y la crítica fue ampliamente difundida (p. ej., Ouelette, 2019), por lo que ahora sólo me centraré en datos de la datación de c-14 y elaboración del códice. Según Cheshire, lo *redactó* una monja que lo *compiló* para María de Castilla, Reina de Aragón (Cheshire, 2019, pp. 31-32). Dado que él afirma, en *Academia.edu,* ser paleógrafo e investigador científico, y que su autoedición era de 2021, se echa en falta alguna aclaración, pues cuesta sostener que lo escribiese una sola mano sin aportar pruebas, tras los análisis paleográficos de Lisa Fagin de 2020, que identificaron la colaboración de cinco manos para escribirlo, y no sólo dos principales, según se creía por las teorías de Currier de la década de 1970 (Fagin Davis, 2020a).

Según el doctor Cheshire, el manuscrito data de hacia 1444, pues incluye un mapa de una misión de rescate por causa de la erupción volcánica de aquel año en la isla de Isquia (Cheshire, 2021, p. 2). Afirma que el pergamino "se ha datado con carbono en 1404-38 (Reddy y Knight, 2011), lo que indica que el pergamino usado para el manuscrito ya tenía unos años cuando se utilizó. También es posible que parte del manuscrito fuese escrito e ilustrado antes de que el mapa fuese creado hacia 1444-1445" (Cheshire, 2019, p. 32), y pasa a otro tema. Al respecto, sorprenden varios hechos. Uno es que ataje ahí la cita de

Reddy y Knight, pues ellos continúan diciendo que, según el instituto McCrone, "la tinta se añadió poco después" (Reddy y Knight, 2011, p. 78). Ese *poco* obligaría al doctor Cheshire a ofrecer numerosas aclaraciones (p. ej.: ¿y si el pergamino datase de 1404, y no de 1438?), en vez brindar sólo conjeturas vagas para cuadrar su idea intuitiva con la cronología de laboratorio. También sorprende que respecto al c-14 cite sólo a Reddy y Knight, pues, a juzgar por su publicación de 2011, parecían ser informáticos que ofrecieron un resumen sobre lo que se sabía del códice; además, en la primera nota al pie afirmaron que los datos del c-14 eran inéditos, sin ofrecer ninguna referencia de su fuente (Reddy y Knight, 2011, p. 78). Así, sorprende que Cheshire citase algo inédito tan impreciso, en vez de aludir, en 2019, al estudio de Zyats y su equipo, del año 2016 (Zyats *et al.*, 2016) o, en 2021, al de Zandbergen de 2020 (Zandbergen, 2020).

5. TRES LIBROS EN ESPAÑOL CENTRADOS EN EL MANUSCRITO VOYNICH

Hay tres libros publicados en España, titulados *El Manuscrito Voynich* más algún subtítulo, que resumen sus vicisitudes históricas, las teorías que han intentado explicar su razón de ser, o las conjeturas que acompañan al paso de propiedad de unas manos a otras, entre otros temas. Están escritos de forma amena y orientados al gran público, y son de divulgación científica histórica, pero, ¿incluyeron las novedades bien difundidas del c-14 en las reediciones posteriores a 2009?. Para responderlo, se revisan ciertos datos, también sobre el talante de los libros, pues eso podría justificar algunas cuestiones.

5.1. El libro de Gerry Kennedy y Rob Churchill (1ª ed. en inglés de 2004)

En el año 2005 apareció en España un libro muy serio sobre el códice, reeditado en 2012 –versión que es empleada aquí como fuente–, titulado *El manuscrito Voynich. Un enigma sin resolver*, de Gerry Kennedy y Rob Churchill (Kennedy y Churchill, 2012). Era la traducción de una obra original escrita en inglés del año 2004, de subtítulo más extenso, cuya traducción sería "El enigma sin resolver de un libro extraordinario que ha desafiado interpretaciones durante siglos"[2]. Suma 302 páginas.

La edición española era excepcional en 2005, pero el inconveniente de su reedición en 2012 es que no incluyó los resultados de las pruebas del c-14 bien difundidos entre 2009 y 2011. Con ello, quedaron obsoletas varias teorías que recogía el libro, en parte por cómo las enfocaba. Por ejemplo, las referidas a Roger Bacon que, al vivir en el siglo XIII, no pudo haber elaborado el códice, pero, según los autores, "queda por responder si Bacon es el autor del manuscrito" (Kennedy y Churchill, 2012, p. 59), teoría ya superada.

Es una pena, pues el libro en su día sí ayudó a divulgar el conocimiento científico. De hecho, considero que ha sido la mejor publicación sobre el códice en español anterior a los descubrimientos del c-14. Pero después, en 2012, lo idóneo sería que se hubiesen matizado numerosas páginas que explican contextos de hipótesis sin evidencias barajadas como plausibles. En ese sentido, además del capítulo 2 dedicado a proponer la autoría de Roger Bacon (Kennedy y Churchill, 2012, pp. 23-60), también convendría que hubieran revisado el capítulo 8 centrado excesivamente en la teoría de la falsificación de Edward Kelley o de John Dee, o del mismo Wilfrid Voynich (Kennedy y Churchill, 2012, pp. 243-259). Finalmente, plantean con escepticismo por qué el manuscrito no ha sido examinado con análisis químicos y de c-14 para determinar su autenticidad, y sugieren que la universidad de Yale tema tener un falso entre sus estanterías (Kennedy y Churchill, 2012,

2. Todo ello, según la contraportada de la 2ª edición manejada de 2012 (Kennedy y Churchill, 2012).

pp. 259-261, 292). También quedaban así desfasadas diversas opiniones sobre cuándo fue elaborado el códice, más otras derivadas de ese dato, dadas por conocidos voynichólogos, y reunidas al final del libro, a modo de entrevista, como si fuesen las últimas ideas actuales sobre el códice (Kennedy y Churchill, 2012, pp. 268-292). Al no acertar ninguno con sus propuestas, si se hubiese añadido el año original de la entrevista, esa información –obsoleta en cierto sentido– tendría gran valor historiográfico, pues aportaría aún más al estado de la cuestión de aquel entonces.

Para seguir observando en conjunto la publicación de Kennedy y Churchill, baste resumir algunos de sus datos biográficos: ambos son escritores y viven en Londres; Kennedy colaboró en programas de la cadena inglesa BBC de radio, Churchill de televisión, y participaron en calidad de consultores de un documental de la BBC sobre el códice (Library of Congress, s.f.). Pese a que no sean historiadores, en la obra se aprecia un gran talante científico, en parte por utilizar el método de citar referencias bibliográficas usando notas tras la gran mayoría de las menciones. Cierra el libro una bibliografía bastante completa (conf., Kennedy y Churchill, 2012, pp. 301-304), sobre todo para su primera edición, aunque no tanto para su reedición de 2012. En definitiva, el libro está muy bien escrito y traducido, pero se detectan desfases en ciertas teorías.

5.2. El libro de Marcelo dos Santos (1ª ed. en español de 2005)

El segundo libro analizado lo publicó Marcelo dos Santos, y lo tituló *El manuscrito Voynich. El libro más enigmático de todos los tiempos*, en 2005 en Barcelona, según consta en la reimpresión manejada de 2010 (Santos, 2010). El volumen está bien escrito y ofrece una exposición clara con un índice nítido. Tiene 194 páginas más 16 láminas en color. En una reedición en *e-book* del año 2014 (Santos, 2014) existen cambios mínimos (por ejemplo: no usa paginación), sin importancia para las conclusiones de este estudio.

A diferencia del libro antes analizado, Santos muestra mayor cautela en la relación de Kelley y Dee con su supuesta tenencia y falsificación del códice (2010, pp. 72-80), en la discreción con que recoge la teoría que propone la autoría de Leonardo (2010, pp. 147-148), o en la brevedad del capítulo dedicado a la supuesta autoría de Bacon o a la falsificación de Wilfrid (2010, pp. 101-112). Sin embargo, Santos afirma que la solución de la autoría se resolverá con la datación del manuscrito (2010, p. 103). Eso obliga a señalar ciertas contradicciones del libro, derivadas de que está obsoleto respecto a la datación del códice: dice que en 1991 se intentó aplicar el método del c-14 pero fue infructuoso por lo contaminado que estaba, con lo que asevera que "ya no resulta válido para fechar el manuscrito" (Santos, 2010, p. 146), pero omite su fuente de información.

Ahí, Santos procede al igual que en tantas otras páginas, sin citar fuentes sistemáticamente. Por ilustrar lo afirmado, el vacío bibliográfico destaca cuando menciona autores famosos sobre el códice, cuyas investigaciones centran varias páginas, como Gordon Rugg (citado por ejemplo en Santos, 2010, pp. 152-157), del que menciona que publicó en 2004 sus teorías en un artículo en inglés (Santos, 2010, p. 153) pero no lo cita en la bibliografía (conf., Santos, 2010, p. 190). Ejemplos parecidos de omisión de fuentes abundan; tal es el caso del apartado sobre "La hipótesis de Sherwood" (Santos, 2010, pp. 147-148), cuya fuente omite[3], también en la bibliografía, la cual, al ser de apenas página y media (conf., pp. 189-190), resulta escasa para tantas teorías como menciona. Ese hecho, o el de que en la bibliografía convivan ciertas ausencias con la presencia de libros como el acientífico de Pérez-Ruiz (Pérez-Ruiz, 2003), sorprenden.

En relación con el libro de Santos, es preciso recordar que en la solapa se afirma que el autor, que es argentino, cursó diversos estudios de medicina, cine e informática, y que fue guionista y productor televisivo (Santos, 2010). De ese modo, se da a entender, de manera indirecta, que su obra ni pretende ser científica ni está escrita por un historiador. Desde luego, logra con creces el fin divulgativo que se propone, pese a las pegas bibliográficas aludidas y a la lógica desactualización de ciertas teorías casi 20 años transcurridos después de su primera publicación, sucesivamente reeditada.

5.3. El libro de David G. Walker (1ª ed. en español de 2013)

El tercer libro en español aquí analizado se titula *El manuscrito Voynich. El libro más misterioso del mundo*. Incluye una introducción de David G. Walker, más una copia en color del manuscrito Voynich. Se publicó inicialmente en Málaga en 2013 (Walker, 2013), y tuvo una segunda reedición en 2018 que es la aquí manejada (Walker, 2018). Si se comparan, la novedad sobre la primera es el cambio –por omisión– de un detalle informativo de la solapa del libro que luego se comentará.

El trabajo introductorio de Walker, de 38 páginas con ilustraciones, reúne diversas ventajas, como su claridad o la calidad de su escritura. También incluye con acierto las historias de personajes como Bacon, Dee o Kelley –obsoletas en otras publicaciones–, por el enfoque que ofrece. Este justifica que se centre en Bacon no porque Walker crea que pudiese haber sido el autor del códice, sino porque Wilfrid Voynich pensó que Bacon podía haberlo escrito, y por ello cuenta su historia (Walker, 2018, pp. 17, 21, 22). En ese estilo, justifica que haya otras tantas páginas dedicadas a Dee o Kelley, por ejemplo, porque algún teórico los incluyó en la historia del códice o en su estado de la cuestión.

Walker alude a la información sobre diversos análisis de laboratorio resumidos por el científico Greg Hodgins en el congreso sobre el manuscrito celebrado en 2012 en la Villa Mondragone (Italia), y arguye que "el animal del que se obtuvo el pergamino murió a principios del siglo XV, lo cual puede indicar que la creación del manuscrito tuvo lugar en aquel tiempo, aunque también podría ser posterior" (Walker, 2018, p. 43). Una frase acertada de ese estilo podría resolver algunos desfases de datos de las otras obras analizadas, publicadas tras 2009, para justificar que sean posibles otras hipótesis sobre ciertas autorías. Así, Walker se justifica por seguir la tesis de Sherwood, quien propuso que el códice pudo ser una obra de juventud de Leonardo (Walker, 2018, pp. 38-43).

Al respecto, el libro de Walker de 2013, también de la editorial Sirio, tenía una sobrecubierta que incluía un mensaje circundado por una línea dentada, con fondo rojo, situado en la esquina inferior derecha, que decía: "¿Obra precoz de Leonardo da Vinci?" (Walker, 2013). Ese globo o bocadillo no consta en la edición manejada de 2018 (Walker, 2018), por lo que quizás Walker haya comprendido que la hipótesis de Leonardo resulte más improbable que antes, de modo que omitirlo parece una solución prudente.

3. Edith Sherwood, en su web en inglés, incluye la teoría del c-14 e insiste en que sólo data el pergamino, no los dibujos ni la escritura, por lo que subraya que Leonardo podría ser su autor (Sherwood, 2008-2022). La doctora Sherwood es química, y considera que la datación de c-14 tuvo errores, pero que también se requiere asesoría de historiadores del arte (Sherwood, 2015-2022). A ello, según considero, le faltó añadir también la asesoría paleográfica.

La obra de Walker carece de bibliografía, ni final ni en notas al pie, lo que le resta confianza en entornos académicos. Sin embargo, compensa algo esa ausencia con el apartado de *Agradecimientos*, en el que resume sus fuentes, cuyas referencias no cita al completo (pero son fáciles de hallar en Internet). Ahí reconoce basarse en infinidad de voynichologistas que publican sus ideas y hallazgos en Internet, lo cual es muy generalizador para citar autorías. En otros reconocimientos de fuentes más puntuales, alude a la web de René Zandbergen –sin incluir el enlace–, los trabajos de Edith Sherwood –por la teoría de Leonardo–, el clásico libro de Mary D'Imperio de 1978, y el de Kennedy y Churchill de 2004 (Walker, 2018, p. 46), omitiendo así las versiones en español. La cita académica de esas obras hubiese añadido rigor a la obra.

En parte por esa manera informal de citar fuentes, se entiende que es un breve trabajo de divulgación. Eso se corrobora al leer el perfil de Walker en la solapa del libro, en que explica que nació en 1950 a orillas del Mediterráneo, o haber trabajado en las profesiones más diversas (Walker, 2018). Tras navegar en Internet, se comprueba que su nombre completo es David *García* Walker, y que ha publicado numerosos ensayos en español no científicos, por lo que este libro no parece una traducción. En cualquier caso, es una obra muy recomendable para introducirse en el tema, que tiene en cuenta los resultados de los análisis del c-14 y los adapta a la teoría histórica, aunque sea de forma generalista.

6. MENCIÓN BIBLIOGRÁFICA EN INGLÉS SOBRE LOS TEMAS TRATADOS

Según he comprobado, la bibliografía localizada en español sobre el manuscrito Voynich sirve sólo para aproximarse de manera general al tema, pero no vale para profundizar científicamente, y menos aún para conocer las últimas teorías con rigor. Todas las obras de referencia obligatoria están escritas en inglés, y, con suerte, cuando se han traducido en su día publicaciones excelentes, como el libro de Kennedy y Churchill, o el artículo de Gordon Rugg (2004a, del inglés Rugg, 2004b), son casos excepcionales, y aunque algunos de sus argumentos sigan vigentes, varias de sus teorías han quedado obsoletas[4].

A diferencia de las publicaciones en español, es ingente la bibliografía en inglés sobre el códice. Es la lengua científica vehicular para estudiarlo, según se confirma tras leer numerosas obras (algunas de las cuales se citan aquí de modo secundario, como se puede comprobar en el compendio final de referencias bibliográficas). Sin embargo, para ofrecer aquí una mínima reseña bibliográfica en inglés esencial sobre los temas tratados, ahora sólo se revisarán de forma breve y crítica cuatro obras primordiales: dos webs, un libro y un capítulo de las actas del último congreso Voynich.

La primera es una web fundamental que se titula *The Voynich Manuscript*, de René Zandbergen (Zandbergen, 2004-2023), un autor muy respetado en el mundo de la voynichología por sus publicaciones sobre el códice, algunas de las cuales constan en esta bibliografía. La web aúna datos históricos sustanciales de manera clara, sintética y muy bien escrita, con una nutrida bibliografía. Además, reúne las últimas hipótesis actualizadas más significativas de los temas aquí abordados, e incluso suma el apartado

4. Gordon Rugg, de la Universidad de Keele, en Inglaterra, desarrolló la posibilidad de que el códice fuese un timo cifrado, criptografiado e imposible descifrar, creado mediante la plantilla de Cardano, apellido del matemático italiano que introdujo esa técnica criptográfica en 1550. Con ella, Rugg probó que era posible elaborar una falsificación tan compleja como el Voynich, lo que concordaría con las sospechas sobre Dee y Kelley (Rugg, 2004a, p. 79). Aunque el c-14 haría improbable la teoría de Cardano, sí seguiría vigente la hipótesis de Rugg de que sería fácil de crear un códice similar que fuese una patraña.

sobre la datación de c-14 para personas no expertas (Zandbergen, 2020), lo cual es un ejemplo excelente de divulgación científica rigurosa. Es resultado de la tarea admirable de Zandbergen, que procura mostrar los datos del modo más objetivo posible. Aunque trabaja cual experimentado historiador, en un apartado afirma no ser medievalista, sino un científico del espacio interesado en el manuscrito Voynich desde 1994. Comenzó su web (con otro enlace) hará unos 25 años, porque escaseaban los datos en Internet sobre el códice, con el ánimo de difundir información fiable al respecto. Sin embargo, considera que hoy día se da la situación opuesta, la del exceso de información en línea (Zandbergen, 2023), aserción corroborada al elaborar este estudio.

La segunda fuente clave es la web de la biblioteca Beinecke que, desde el año 2004 (Clemens, 2016b, p. 61), ofrece acceso gratuito a la versión digitalizada del códice (Yale University Library, 2004). Brinda información esencial (como el análisis de las tintas en PDF, o una videoconferencia excepcional y actualizada de Lisa Fagin), pero también incluye datos contradictorios. Por ejemplo, para ver la descripción física completa del manuscrito hay que ir al registro del catálogo, que difunde teorías obsoletas, pues afirma que según algunos académicos el códice parece ser obra de Bacon. Dado que ese registro lo firmó Barbara Shailor (Shailor, s.f.), antigua directora de la biblioteca Beinecke, y dado que está anticuado (quizá sea de cuando lo digitalizaron en 2004), sería fácil que añadieran una nota que señalase que algunos temas no están actualizados, con el fin de orientar al público. Este quedará confundido al ver que la web (que todavía no ofrece ningún texto redactado sobre el c-14) incluye un vídeo que empieza afirmando que el códice es de inicios del siglo XV, lo cual contradice la teoría de Bacon que recoge en otro apartado.

No obstante, ese mismo vídeo publicita la tercera obra básica aquí: un libro actualizado de conjunto publicado por Yale en 2016, que coordinó Clemens (2016b). Entre sus interesantes aportaciones incluye, además de una copia en color del manuscrito, un capítulo fundamental ya citado sobre las dataciones de laboratorio de c-14 del códice, de Paula Zyats y colegas, científicos expertos en conservación de Yale (Zyats *et al.*, 2016).

Por último, cabe citar algún trabajo de Lisa Fagin Davis, doctora en historia medieval, paleógrafa, codicóloga y conservadora en la biblioteca Beinecke. De sus contribuciones destacan dos ya aludidas; una, sobre la autoría del códice, que afirma que el c-14 descarta teorías no coevas del pergamino (Fagin Davis, 2020a y 2020b); otra, sobre las cinco manos que colaboraron al elaborarlo (2020a). Conviene ahora añadir su participación en un volumen clave –el cuarto alistado aquí– en el que ahonda sobre la última teoría: las actas del último Congreso Voynich, celebrado en Malta en 2022. En él, Lisa Fagin retoma el análisis metodológico de paleografía latina, sumado a la aplicación del *software* libre Archetype, con el que diseñó VoynichPal para estudiar las grafías del códice. Así, profundiza de nuevo sobre la naturaleza colaborativa en la creación del manuscrito, en cuya elaboración confirma que participaron cinco manos de escribas (Fagin Davis, 2022). Considero que si alguien, en especial del campo de la paleografía, quisiera proponer una teoría sobre la autoría del códice, debería tener en cuenta tales estudios para explicar ciertos pormenores relativos a la elaboración del manuscrito.

7. POCAS OBRAS DEL CÓDICE EN ESPAÑOL Y MUCHAS EN INGLÉS: REFLEXIÓN

Un hecho que ha destacado desde las primeras pesquisas bibliográficas es la escasez de obras académicas sobre el códice en español, máxime en comparación con la producción en inglés. Y es que, en algunos contextos de habla inglesa, como Estados Unidos, desde la primera mitad del siglo XX, el manuscrito despertó gran atracción entre académicos que empezaron a publicar sobre él; a su vez, también fascinó al público en general desde entonces hasta hoy (Clemens, 2016a, pp. 55, 58). De hecho, aunque atrajo a diversos eruditos aventureros, incluidos amateurs adeptos a ideas conspiranoicas, también avivó la curiosidad de historiadores reputados que publicaron sobre el códice desde la década de 1920, aunque varias teorías fuesen erradas, como las relativas a la autoría de Bacon dadas por Newbold, según mostró Manly (Sherman, 2016, p. 40), netamente infundadas[5]. Las publicaciones sobre el códice en inglés se multiplicaron tanto, que la matemática Mary D'Imperio comenzó su obra de 1978 planteando que quien lo leyese diría: "¿Por qué otra publicación sobre el manuscrito Voynich?", para justificar que, pese a lo mucho que ya se había escrito, faltaba una monografía que aunase todas las teorías dadas desde 1912 (D'Imperio, 1978, p. ix). La bibliografía en inglés ha seguido aumentando. Tal interés hacia el códice se ha dado en contextos angloamericanos, pero, ¿y en contextos hispanohablantes?

A diferencia del panorama descrito, la falta de publicaciones académicas sobre el códice Voynich es llamativa en España, y la escasa divulgación científica es relativamente reciente en español. Por ello, es preciso reflexionar sobre las posibles causas de esa situación; una es efecto de que no haya despertado suficiente interés entre la comunidad investigadora científica hispanohablante. Las razones de ese desinterés pueden ser varias. La primera es que el códice haya sido relacionado con vocablos de misterio, que lo sitúan en entornos que suelen distanciarse del contexto científico que frecuenta la Academia más seria, que en historia suele destacar por su formalidad.

Acaso a esa situación hayan contribuido los títulos de libros en español sobre el manuscrito que contienen las palabras *misterio* (Walker, 2018) o *enigma* (Kennedy y Churchill, 2012; Santos, 2010). Incluirlas es comprensible, dada la naturaleza única del ejemplar, por un lado, y, por otro, dado que las obras en español parecen seguir la tradición en inglés, de la que nació esa moda. Fue John Manly quien dio al códice el título de "el manuscrito más misterioso" (Brumbaugh, 1987, p. 93). Lo hizo en la publicación divulgativa de una revista mensual que tituló "The Most Misterious Manuscript in the World", del año 1921, cuando era catedrático de inglés en la Universidad de Chicago (Clemens, 2016a, p. 55). Después, en 1931, afirmó en una revista académica que "el manuscrito es misterioso en grado superlativo no admite duda alguna" (Manly, 1931, p. 345). Otro de los interminables ejemplos podría ser el de la edición en inglés compilada por Robert S. Brumbaugh, que comenzaba por *El manuscrito más misterioso del mundo* (Brumbaugh, 1978), al estilo que también han seguido repitiendo diversos autores en obras de divulgación, como Lawrence y Nancy Goldstone (2005). La lista sería inmensa, pues los títulos dominantes suelen incluir ese tipo de palabras de misterio y enigma.

Otra razón importante para que la tradición bibliográfica principal esté escrita en inglés puede derivar de que, desde hace unos cien años el manuscrito llegó a Norteamérica (donde pronto atrajo a los estudiosos), en vez de permanecer en algún país de lengua romance. Quizá la situación fuese diferente si el códice siguiese conservado en Italia

---

5. Un fragmento que cabe traer a colación, no citado por Sherman pero situado en la misma página que él alude, y cuyo tema lleva a otro esencial en este estudio, es que Manly afirmó hace ya casi cien años que "la crítica histórica muestra claramente que algunos de los mensajes más pretenciosos no podrían haber sido escritos por Roger Bacon ni por ningún otro inglés del siglo XIII" (Manly, 1931, p. 390). Atribuir la identidad del manuscrito a Bacon parece ser resultado de la pura especulación de Marcus Marci, expresada en la carta que escribió a Athanasius Kircher del año 1665 y que adjuntaba el códice cuando lo compró Wilfrid Voynich en 1912 (Zandbergen, 2016, p. 3).

(algunos de cuyos territorios formaron parte de la Corona de Aragón), de cuya biblioteca jesuítica de la Villa Mondragone lo sacó Wilfrid Voynich al comprarlo en 1912; desde entonces, comenzó su gira itinerante por Europa (también buscando venderlo), y continuó su posterior periplo a Estados Unidos, donde acabó en la Universidad de Yale, quizás de manera algo azarosa, en el año 1969. Así, es comprensible que la lengua angloamericana predomine en los estudios sobre el manuscrito, pues a la cercanía espacial se une la lingüística del idioma del país que lo preserva, con el interés que esa circunstancia pueda generar. En ese sentido, por ejemplo, en el año 1931 ya habían depositado un conjunto de fotocopias del manuscrito en el British Museum (Londres) para poder estudiarlo (Manly, 1931, p. 391), lo cual antaño podría parecer una solicitud acaso exótica si eso mismo se hubiese solicitado desde otros países, por ejemplo, de habla hispana.

Quizá la situación fuese también diferente si en España se recordase más su propio pasado, pues las escenas del códice medieval con mujeres bañándose juntas podrían parecer relativamente conocidas, desde la óptica cultural, dada su tradición medieval. En al-Andalus abundaban los denominados baños árabes; tanto, que muchas de sus estructuras arquitectónicas aún se conservan (VV.AA., 2019). En ellos también se bañaban las mujeres desnudas (López Guzmán, 2019, p. 109), al ser un enclave íntimo donde podrían mostrarse libremente sin ropa, donde hasta se celebraban rituales nupciales femeninos prematrimoniales (Boloix Gallardo, 2019, p. 87). Incluso, varios baños se construyeron en pleno siglo XVI (López Guzmán, 2019), pese al peso de la Iglesia y la Inquisición. Por causa de esas instituciones, que rompieron la convivencia de *la España de las tres culturas* (judía, musulmana y cristiana), lo raro es que se hayan conservado imágenes de mujeres desnudas bañándose, pero no debería extrañar tanto la escena histórica. Puedan o no considerarse aplicables al códice las situaciones aludidas[6], sorprende que el tema haya atraído tan poca atención de los estudios científicos hispánicos, por la relativa proximidad cultural histórica (aunque por supuesto el *hammam* también sea común a otras culturas semíticas del Mediterráneo).

De cualquier modo, la tradición historiográfica más importante sobre el manuscrito está escrita en inglés. Cabe considerar que a esa circunstancia se sumó después que en Europa, desde hace décadas, el inglés comenzó a ser la lengua científica de numerosos temas académicos –no de todos–, entre los que se encuentra el estudio del manuscrito Voynich, en vez de el italiano, aunque desde Italia hubiese salido el códice hace unos cien años. Así, según se ha ido apartando al manuscrito de sus raíces europeas, al acercarse a las angloamericanas, con la distancia geográfica e idiomática, ha ido proliferando la bibliografía en inglés, todo lo cual a su vez se retroalimenta.

8. CONCLUSIONES

Es evidente que el códice Voynich encierra numerosas incógnitas. A ello se suman varias causas que han condicionado para que se le considere "el manuscrito más misterioso del mundo", que a su vez estimulan la curiosidad del gran público. La primera causa es que los títulos de abundantes ediciones acostumbran a describirlo con conceptos vinculados al enigma o al misterio del libro ilegible. Valgan por caso los títulos mencionados de varias obras en español, que a su vez parecen seguir prototipos en inglés iniciados hace ya unos

6. También, por curiosidad, mencionaré que las estrellas de los vanos de las cubiertas de los baños medievales de al-Andalus con forma de estrella de seis a ocho puntas (*e. g.:* VV.AA., 2019, pp. 29, 38, 52 ó 64) recuerdan a muchas del códice Voynich; por ejemplo, a las del último bloque de texto y estrellas (ff. 103r-116r).

cien años. Esas etiquetas que atraen el códice hacia el gran público, a la vez pueden estar alejando de su estudio científico a numerosos académicos.

La segunda causa que podría promover la consideración tan misteriosa del manuscrito es que se sigan repitiendo teorías tan enigmáticas como obsoletas sobre su creación y autoría, sin explicar que están anticuadas tras pasar por la prueba de c-14 al pergamino, que lo dató en algún año comprendido entre 1404 y 1438. Eso, lógicamente y según han afirmado expertos en el códice, invalida la enigmática teoría de la autoría temprana por parte de Bacon, y, como poco, debilita hipótesis de otras autorías tardías, como las de Leonardo, Kelley, Dee o las mesoamericanas postcolombinas, que son incluso directamente descartadas por Lisa Fagin Davis, al no ser coevas del pergamino.

Unir unos y otros datos, tanto de autoría del códice como de datación del pergamino, se ha resuelto con más o menos éxito por las obras revisadas someramente, teniendo en cuenta que los resultados de laboratorio se dieron en 2009 y fueron harto difundidos, al menos, durante 2011. Si se observan ahora solamente los tres libros analizados, el desfase de la información del c-14 se detecta en los dos libros cuyas primeras ediciones eran anteriores a 2009 (de Kennedy y Churchill, 2004, y Santos, 2005), que fueron reeditados después en las versiones estudiadas en estas páginas. En esos casos, a favor de sus autores, cabe barajar la posibilidad de que las editoriales tuviesen contratos cerrados, con lo que revisar ediciones de libros no siempre sea una opción factible para un autor. Sin embargo, son obras que siguen sirviendo de referencia sobre el tema en conjunto, pero advirtiendo del desfase cronológico anotado y de sus consecuencias históricas.

De cualquier modo, se trabaje el códice Voynich desde la especialidad que sea –y sea la persona experta en historia o no–, se debería tener en cuenta que si unas fechas se contradicen o no encajan bien en el discurso habrán de ser revisadas y, si es preciso, habrá que añadir alguna explicación consistente, que asimismo sea coherente con la naturaleza de la publicación (ya sea de divulgación o de investigación), y que atienda al alcance histórico de los datos dados. Para que ese discurso sea sólido, además, habrá que apoyarse en información histórica consistente, y respaldarse en una bibliografía seria y actualizada; la esencial, en el caso del manuscrito, está escrita en inglés, lengua vehicular para las principales publicaciones del códice. A todo ello, cabe sumar el recordatorio de que no hace falta añadir ningún misterio ni inventarse nada irreal sobre el manuscrito. Sólo con verlo se comprueba que es de por sí tan especial que, aún prescindiendo de cualquier aditamento verbal de tintes misteriosos, atraerá la atención de las personas más variopintas. Seguir estos pasos básicos ayudaría en el camino de acercar el conocimiento sólido sobre el códice Voynich a la ciencia y a la sociedad.

9. REFERENCIAS

BBC (11 de febrero de 2011). Resuelven uno de los misterios del libro que nadie puede leer. *BBC News Mundo*. https://bbc.in/44fGdkj.

Boloix Gallardo, B. (2019). El baño como espacio de encuentro y vida social para hombres y mujeres. En VV. AA., *Los baños en al-Andalus* (pp. 78-89). Fundación Pública Andaluza El Legado Andalusí.

Brumbaugh, R. S. (Ed.). (1978). *The World's Most Mysterious Manuscript. The Voynich "Roger Bacon" Cipher Manuscript.* Southern Illinois University Press.

Brumbaugh, R. S. (1987). The Voynich Cipher Manuscript: A Current Report. *The Yale University Library Gazette, 61*(3/4), 92-95.

Cheshire, G. (2019). The Language and Writing System of MS408 (Voynich) Explained. *Romance Studies, 37*(1), 30-67. 10.1080/02639904.2019.1599566.

Cheshire, G. (2021). El manuscrito y sus meandros mentales. *Academia Letters,* 4020, 1-4. https://doi.org/10.20935/AL4020.

Clemens, R. (2016a). The World's Most Mysterious Manuscript. En R. Clemens (Ed.). *The Voynich Manuscript* (pp. 53-59). Yale University Press.

Clemens, R. (Ed.) (2016b) *The Voynich Manuscript.* Yale University Press.

Clemens, R. (2016c). Preface. En R. Clemens (Ed.). *The Voynich Manuscript* (pp. xi- xvii.). Yale University Press.

D'Imperio, M. E. (1978). *The Voynich Manuscript: An Elegant Enigma.* National Security Agency/ Central Security Service.

Fagin Davis, L. (14 de agosto de 2019). The Voynich Manuscript Speaks to Almost Everyone, but Is Anyone Really Listening to What It Has to Say? *The Washington Post.* https://wapo.st/45gAfRm.

Fagin Davis, L. (2020a). How Many Glyphs and How Many Scribes? Digital Paleography and the Voynich Manuscript. *Manuscript Studies, 5*(1), 5-21.

Fagin Davis, L. (2020b). What Will It Take to Solve the Voynich Manuscript? *Manuscripts, 70*(2), 73-85.

Fagin Davis, L. (2022). Voynich Paleography. En C. Layfield, y J. Abela (Eds.), *International Conference on the Voynich Manuscript 2022. Proceedings of the 1st International Conference on the Voynich Manuscript 2022* (pp. 1-11). CEUR. https://bit.ly/3skIq0A.

Fagin Davis, L. (15 de junio de 2023). Voynich contra la inteligencia artificial (cap. 8). [Entrevista en episodio de Podcast]. En T. Martínez, y R. García (Eds.), *El puzle Voynich.* Podium - SER Podcast 4. https://linktr.ee/elpuzlevoynich.

Harkness, D. (2016). En R. Clemens (Ed.), *The Voynich Manuscript* (pp. vii-ix). Yale University Press.

Kennedy, G. y Churchill, R. (2012). *El manuscrito Voynich. Un enigma sin resolver.* Melusina.

Library of Congress (s.f.). *Contributor Biographical Information for the Voynich Manuscript: The Mysterious Code that has Defied Interpretation for Centuries. Gerry Kennedy and Rob Churchill.* Library of Congress. https://bit.ly/45tRK0c.

López Guzmán, R. (2019). La comunidad del Hammam andalusí. Los baños de la Granada Morisca. En VV.AA., *Los baños en al-Andalus* (pp. 108-115). Fundación Pública Andaluza El Legado Andalusí.

Manly, J. M. (1931). Roger Bacon and the Voynich Manuscript. *Speculum, 6*(3), 345-391.

Medievalists.net (2011). Mysterious Voynich Manuscript Dates Back to the 15th Century. *Medievalists.net.* https://bit.ly/3E2jWM7.

Ouelette, J. (15 de mayo de 2019). No, Someone Hasn't Cracked the Code of the Mysterious Voynich Manuscript. *Ars Technica.* https://bit.ly/3P3oEj0.

Pérez-Ruiz, M. M. (2002). *El Manuscrito Voynich y la búsqueda de los mundos subyacentes. Un viaje a través del misterio del libro más raro del mundo.* Ed. Océano.

Reddy, S. y Knight, K. (2011). What We Know About the Voynich Manuscript. *Proceedings of the 5th ACL-HLT Workshop on Language Technology for Cultural Heritage, Social Sciences, and Humanities,* 78-86. Association for Computational Linguistics. https://aclanthology.org/W11-1511.pdf.

Rugg, G. (2004a). El misterio del Manuscrito Voynich. Un nuevo análisis de un críptico documento pergeñado hace más de cuatro siglos induce a pensar que no se trata sino de un galimatías. *Investigación y ciencia,* 336, 74-79.

Rugg, G. (2004b). The Mystery of the Voynich Manuscript. New analysis of a famous cryptic medieval document suggests that it contains nothing but gibberish. *Scientific American, 291*(1), 104-109.

Rugg, G. (26 de junio de 2019). Neither Researchers nor the Media can Put Down the World's Most Mysterious Book, and It's a Problem for Science. *The Conversation*. https://bit.ly/44bCxjn.

Santos, M. dos (2010). *El manuscrito Voynich. El libro más enigmático de todos los tiempos*. Círculo de Lectores.

Santos, M. dos (2014). *El manuscrito Voynich. El libro más enigmático de todos los tiempos*. Penguin Random House Grupo Editorial.

Shailor, B. A. (s.f.). Beinecke MS 408 [Catalog record]. *Yale University, Beinecke Rare Book and Manuscript Library*. https://bit.ly/3qE87st.

Sherman, W. (2016). Cryptographic Attempts. En R. Clemens (Ed.), *The Voynich Manuscript* (pp. 39-43). Yale University Press.

Sherwood, E. (2008-2022). *The Voynich Manuscript: Leonardo da Vinci's First Codex*. Edith Sherwood Pd.D. https://bit.ly/3OJAZHG.

Sherwood, E. (2015-2022). *Radiocarbon Dating of the Voynich Manuscript*. Edith Sherwood Pd.D. https://bit.ly/3OIELkv.

Steindl, K. T. y Sulzer, A. (2009). *Das Voynich-Rätsel: die Geheimnisvollste Handschrift der Welt [Documental]*, ORF TV. https://bit.ly/3P73qkw.

Steindl, K. T. y Sulzer, A. (s.f.). *The Voynich Code: The World's Most Mysterious Manuscript [Documental]*. https://www.youtube.com/watch?v=YG9CV4t0TlA.

Stolte, D. (9 de febrero de 2011). UA Experts Determine Age of Book 'Nobody Can Read'. *The University of Arizona News*. https://bit.ly/3QLZvL1.

Sulzer, A. y Steindl, K. T. [2011]. *The Book that Can't Be Read [Documental]*. National Geographic. https://bit.ly/44h68I8.

VV.AA. (2019). *Los baños en al-Andalus*. Fundación Pública Andaluza El Legado Andalusí.

Violat-Bordonau, F. A. (2017). El códice Voynich. *Fronteras de la Ciencia. La ciencia como nunca antes te la han mostrado*, *2*, 34-43.

Walker, D. G. (2013). *El manuscrito Voynich. El libro más misterioso del mundo*. Sirio.

Walker, D. G. (2018). *El manuscrito Voynich. El libro más misterioso del mundo*. Sirio.

Yale University Library (2004). *Voynich Manuscript. Beinecke Rare Book & Manuscript Library*. https://bit.ly/3OZRh0t.

Zandbergen, R. (2004-2023). *The Voynich Manuscript (web)*. https://www.voynich.nu/.

Zandbergen, R. (2020). The Radio-Carbon Dating of the Voynich Manuscript. *The Voynich Manuscript*. https://www.voynich.nu/extra/carbon.html#n01.

Zandbergen, R. (2023). Introduction: about me and about this site. En *Site Map. The Voynich Manuscript (web)*. https://www.voynich.nu/roadmap.html#ack.

Zandbergen, R. (2016). Earliest Owners. En R. Clemens (Ed.), *The Voynich Manuscript* (pp. 3-9). Yale University Press.

Zhang, S. (10 de septiembre de 2017). Has a Mysterious Medieval Code Really Been Solved? *The Atlantic*. https://bit.ly/3QSCyFQ.

Zozaya-Montes, L. (2021). Nociones sobre paleografía, esa ciencia autónoma que estudia la escritura... escrita no sólo sobre materia blanda. *LaborHistórico*, *7*(3), 696-724. https://doi.org/10.24206/lh.v7i3.52470.

Zyats, P., Stenger, J. y Lemay, M. F. (2016). Physical Findings. En R. Clemens (Ed.), *The Voynich Manuscript* (pp. 23-37). Yale University Press.

CIENCIAS SOCIALES EN ABIERTO

Editada por
David Caldevilla Domínguez y Almudena Barrientos-Báez

Vol. 1 Almudena Barrientos-Báez / David Caldevilla Domínguez / Javier Sierra Sánchez (eds.): Inteligencia Artificial ¿amiga o enemiga?. 2024.

Vol. 2 Ana Tomás López / Sara Navarro Lalanda / Paola Eunice Rivera Salas (eds.): Las artes como expresión vital. 2024.

Vol. 3 Carmen Paradinas Márquez / Juan Andrés Rodríguez Lora / Daniel Becerra Fernández (eds.): Empresa, empresariedad y comunicación mercantil. 2024.

Vol. 4 Tania Brandariz Portela / Xabier Martínez Rolán / Virginia Sánchez Rodríguez (eds.): Desde la óptica del género: el género como perspectiva. 2024.

Vol. 5 Sara Mariscal Vega / Carmen Cristófol Rodríguez / Fernando García Chamizo (eds.): Comunicar a través del idioma: Pensar y traducir. 2024.

Vol. 6 Arantza Lorenzo De Reizábal / Marta Talavera Ortega / Guillermina Jiménez López (eds.): Recursos, competencias y enfoques para la enseñanza de lenguas. 2024.

Vol. 7 José Luis Corona Lisboa / Encarnación Ruiz Callejón / Alba María Martínez Sala (eds.): Límites y potencialidades de la gobernanza. 2024.

Vol. 8 Blanca Tejero Claver / Carmen Dorca Fornell / Carmen Lucía Hernández Stender (eds.): El factor humano en la salud. 2024.

Vol. 9 Daniel Muñoz Sastre / Andrés Sánchez Suricalday / Manuel Osvaldo Machado Rivera (eds.): Futuro poliédrico del fenómeno social a principios del siglo XXI. 2024.

Vol. 10 Pedro Pablo Marín Dueñas / Alberto García Moreno / Basilio Cantalapiedra Nieto (eds.): Contenidos audiovisuales para un mundo de pantallas multivalentes. 2024.

Vol. 11 María Santamarina Sancho / Virginia Dasí Fernández / Mercedes Herrero De la Fuente (eds.): Perspectivas para la visibilización del género. 2024.

Vol. 12 Dolores Rando Cueto / Francisco Jaime Herranz Fernández / Coral Ivy Hunt Gómez (eds.): Internet al servicio de la modernidad en red. 2024.

Vol. 25 Cinta Gallent Torres / Mónica Fernández Morilla / Olga Bernard Cavero (eds.): Descodificando lo cultural e histórico patrimonial desde una óptica actual. 2024.

Vol. 26 María Nereida Cea Esteruelas/ Ignacio Sacaluga Rodríguez / Juan Manuel Barceló Sánchez (eds.): Persuasión neurocomunicativa. La ciencia del comportamiento nos observa. 2024.

Vol. 27 Francisco Javier Cristófol Rodríguez / Alexandra Sandulescu Budea / Raúl Terol Bolinches (eds.): Lecturas emergentes en los campos de la ciencia, tecnología y técnica. 2024.

www.peterlang.com

www.ingramcontent.com/pod-product-compliance
Ingram Content Group UK Ltd.
Pitfield, Milton Keynes, MK11 3LW, UK
UKHW041830031026
15587UKWH00002B/670